俄 国 史 译 丛 · 历 史 与 文 化

*Серия переводов книг по истории России*

# Россия

## ОЧЕРКИ РУССКОЙ КУЛЬТУРЫ XVIII ВЕКА

俄国史译丛·历史与文化

СЕРИЯ ПЕРЕВОДОВ КНИГ ПО ИСТОРИИ РОССИИ

狂飙年代

18世纪俄国的新文化和旧文化

（第一卷）

ОЧЕРКИ РУССКОЙ КУЛЬТУРЫ XVIII ВЕКА

[俄] 鲍里斯·亚历山德罗维奇·雷巴科夫 / 主编

万冬梅　崔志宏 / 译

Борис Александрович Рыбаков

社会科学文献出版社

SOCIAL SCIENCES ACADEMIC PRESS (CHINA)

SSAP

Борис Александрович Рыбаков

ОЧЕРКИ РУССКОЙ КУЛЬТУРЫ XVIII ВЕКА

© Издательство Московского университета, 1987

本书根据莫斯科大学出版社 1987 年版本译出

1. 彼得一世

3. Ф.М. 阿普拉克辛

2. А.Д. 缅希科夫

5. Ф.А. 戈洛温

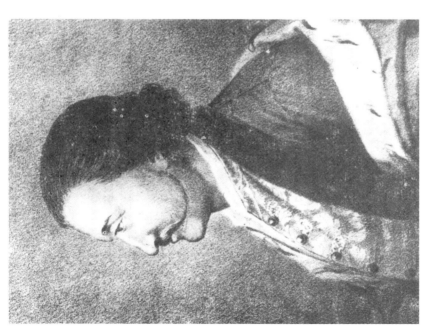

4. Б.А. 戈利岑

6. A.A. 马特维耶夫

7. **П.И.** 亚古任斯基

BORIS PRINCEPS DE KURAKIN,
EQUES ORDINIS Sᵗ ANDREÆ.
SACRÆ SUÆ CZAREÆ MAJESTATIS MINISTER
Ā SECRETIORIBUS CONCILIIS, COLONELLUS LOCUMTENENS
COHORTIS PRÆTORIANÆ, GENERALIS PRÆFECTUS
VIGILIARUM. &c. &c.

**8. Б.И.** 库拉金

ALEXY·COMES·DE·BESTUSCHEF RIOMIN.

**9. А.П. 别斯图热夫 – 留明**

ALEXANDRE COMTE          DE BESBORODKA

**10. A.A. 别兹博罗德科**

11. **П.И.** 舒瓦洛夫

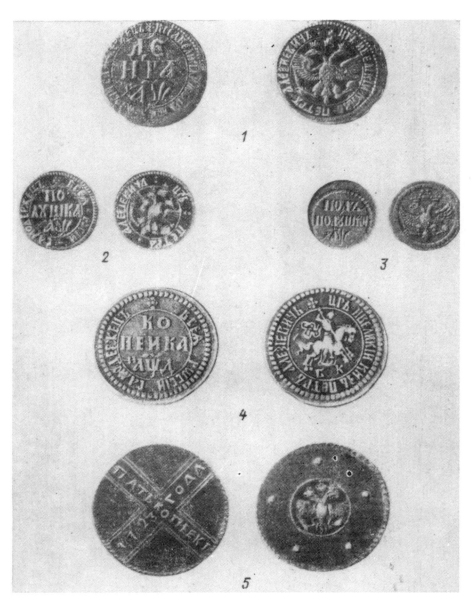

12. 图 1–3 为 1700 年发行的第一批铜币，分别为金戛（半戈比）、波鲁什卡（四分之一戈比）和八分之一戈比；图 4 为 1701 年发行的铜戈比；图 5 为 1723 年发行的五戈比铜币

13. 18 世纪重铸的铜币：图 1 为安娜女皇时期用彼得一世时期的戈比重铸而成的金戛；图 2 为安娜女皇时期用彼得二世时期的戈比重铸而成的波鲁什卡；图 3 为用 1723~1730 年发行的五戈比铜币重铸而成的戈比；图 4 为 1767 年用 1755 年发行的戈比重铸的半戈比铜币；图 5 为用五戈比铜币重铸的半戈比铜币及印模；图 6 为 1762 年用伊丽莎白女皇时期的半戈比铜币重铸而成的四戈比铜币；图 7 为叶卡捷琳娜二世时期用 1762 年发行的四戈比铜币重铸的半戈比铜币；图 8 为 1762 年用伊丽莎白女皇时期的五戈比铜币重铸的十戈比铜币；图 9 为叶卡捷琳娜二世时期用 1762 年发行的十戈比铜币重铸的五戈比铜币；图 10 为 1785 年用 1772 年发行的两戈比铜币重铸的铜戈比；图 11 为 1796 年叶卡捷琳娜二世用其此前发行的五戈比铜币重铸的十戈比铜币；图 12 为 1796 年用 1791 年发行的十戈比铜币重铸的五戈比铜币

14. 图 1：彼得一世时期戈比的印模，币面上除了第一个没有标注日期，其他的分别印着 СД（1696）、СЕ（1697）、CS（1698）、СЗ（1699）、СИ（1700）、АѰ（1700）、АѰИi（1718）；图 2：用"点"的形式给不识字的民众标识币值；图 3：1699 年试制的波尔季纳（半卢布）；图 4：1701 年发行的切尔文金币

15. 图 1：1704 年彼得一世时期发行的卢布；图 2：1724 年圣彼得堡发行的卢布；图 3：1757 伊丽莎白·彼得洛夫娜时期发行的金币

16. 图 1：1730~1740 年发行的刻有安娜女皇肖像的卢布；
图 2：1708 年圣彼得堡秘密铸造的荷兰杜卡特金币；图 3：为
纪念银行造币厂成立而设计的纪念章

17. 圣彼得堡国家纸币银行

19. 卫戍营的尉官和校官

18. 步兵上将、中将和少将

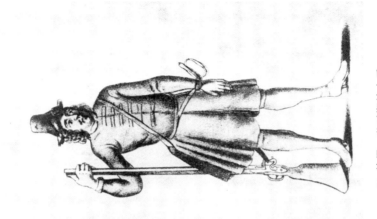

21. 彼得一世时期的士兵

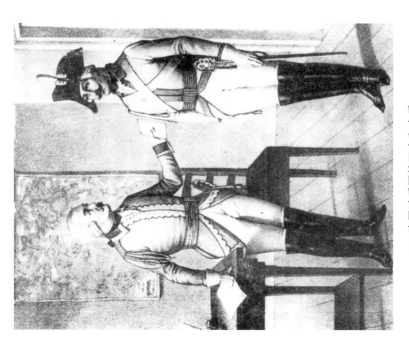

20. 胸甲骑兵团的军官和士兵

22. П.А. 鲁勉采夫

23. A.B. 苏沃洛夫

КНІГА
УСТАВЪ
морскои.
о всемъ что касается доброму управленію
въ бытности флота на морѣ.

Напечатася повелѣніемъ
ЦАРСКАГО
ВЕЛІЧЕСТВА

въ санктпітербургскои Тупографіи
лѣта Господня 1720.
Апрьля въ 13 день

24. 《海军章程》（圣彼得堡，1720）的卷首画和扉页

25. 甘古特战役

26. 纸张制造

27. 铸字工

28. 图书印刷

29. 图书装订

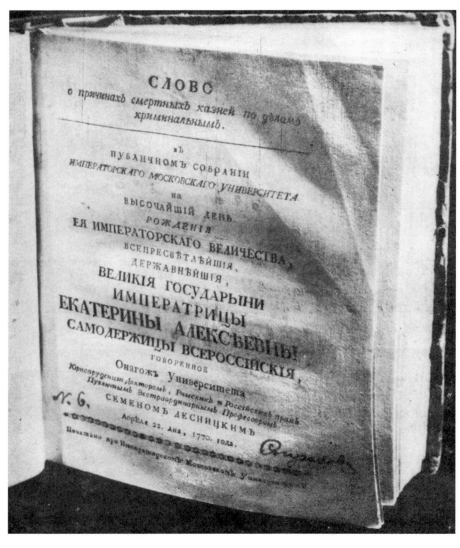

30.C. 杰斯尼茨基《法学研究方法论》（莫斯科，1768）扉页

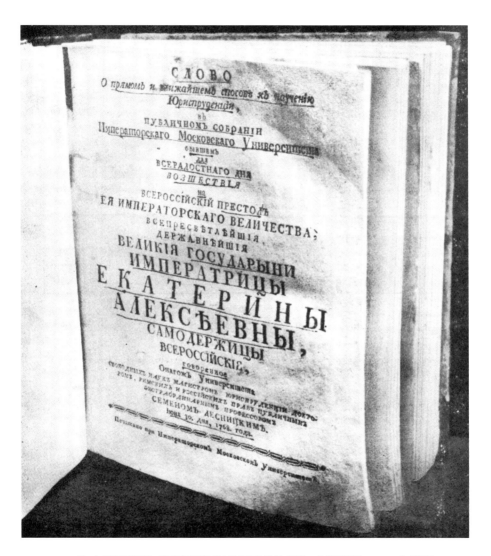

31. C. 杰斯尼茨基《刑事案件判处死刑的依据》（莫斯科，1770）扉页

ЮРИДИЧЕСКОЕ РАЗСУЖДЕНІЕ

О вещахъ священныхъ, святыхъ и принятыхъ въ благочестіе, съ показаніемъ правъ, какими оныя у разныхъ народовъ защищаются.

на
высокоторжественный день
РОЖДЕНІЯ
ЕЯ ИМПЕРАТОРСКАГО ВЕЛИЧЕСТВА,
ВСЕПРЕСВѢТЛѢЙШІЯ,
ДЕРЖАВНѢЙШІЯ,
ВЕЛИКІЯ ГОСУДАРЫНИ
ИМПЕРАТРИЦЫ
ЕКАТЕРИНЫ АЛЕКСѢЕВНЫ,
САМОДЕРЖИЦЫ ВСЕРОССІЙСКІЯ,
говоренное
въ
торжественномъ
ИМПЕРАТОРСКАГО МОСКОВСКАГО УНИВЕРСИТЕТА
СОБРАНІИ,
Апрѣля 22. дня, 1772. года.
Обоихъ правъ Докторомъ, Римскихъ и Россійскихъ
Экстраординарнымъ Профессоромъ
СЕМЕНОМЪ ДЕСНИЦКИМЪ

Печатано при Императорскомъ Московскомъ Университетѣ,
1772. года.

33. 《古俄罗斯史丛书》（圣彼得堡，1773）扉页

32. С. 杰斯尼茨基《法律研究》（莫斯科，1772）扉页

ИРТЫШЬ

ПРЕВРАЩАЮЩІЙСЯ ВЪ ИПО-
КРЕНУ,

ЕЖЕМѢСЯЧНОЕ СОЧИНЕНІЕ,

издаваемое

отъ

Тобольскаго главнаго народнаго училища.

МѢСЯЦЪ СЕНТЯБРЬ

1789 Года.

Развезываа умъ и руки,
Велитъ любить торги науки,
И счастье дома находить.

Ода въ фѣмицъ напечан въ 1 част. соб. люб. рос. сл.

ВЪ ТОБОЛЬСКѢ

Въ Типографіи Тоб. купца Вас: Корнильева.

35. 杂志《灵泉额尔齐斯河》（1789）扉页

ЖИВОПИСЕЦЪ,

ЕЖЕНЕДѢЛЬНОЕ

на

1772 годъ

СОЧИНЕНІЕ.

ВЪ САНКТПЕТЕРБУРГѢ.

34. 杂志《画家》（1772）扉页

36. 《А.П. 苏马罗科夫诗歌、散文全集》（莫斯科，1781）卷首画和扉页

38. И.П. 格拉祖诺夫

37. П.П. 别克托夫

**39. M.B.** 罗蒙诺索夫

# СОБРАНІЕ
## РАЗНЫХЪ СОЧИНЕНІЙ
### въ стихахъ и въ прозѣ
#### михайла ломоносова.

**КНИГА ПЕРЬВАЯ.**
ВТОРОЕ ИЗДАНІЕ СЪ ПРИБАВЛЕНІЯМИ.

Печатано при Императорскомъ Московскомъ
Университетѣ 1757. года.

**40.**《**M.B.** 罗蒙诺索夫文选集》（圣彼得堡，1757）扉页

41. 莫斯科大学校舍

本书获得教育部人文社会科学重点研究基地

吉林大学东北亚研究中心资助出版

# 出版说明

　　《狂飙年代：18世纪俄国的新文化和旧文化》俄文原书为四卷本，主要研究俄国18世纪的文化，四卷本内容设置没有先后之分，本书为俄文版第二卷，考虑出版时间，中文版调整为第一卷。

# 主编简介

鲍里斯·亚历山德罗维奇·雷巴科夫（Борис Александрович Рыбаков）（1908~2001）　历史学博士，教授，苏联/俄罗斯考古学家，斯拉夫文化及古俄罗斯史学者，曾任莫斯科大学副校长、历史系主任。

# 译者简介

**万冬梅** 毕业于俄罗斯莫斯科国立大学语文系，文学博士，吉林大学外国语学院俄语系副教授。主要从事俄罗斯文学、翻译等领域的研究与教学实践工作，出版专著《阿·尼·托尔斯泰女性群像研究》（俄文）、译著《钢铁是怎样炼成的》《俄国专制制度与商人》《俄罗斯政党：历史与现实》，并参与国家重大出版基金项目"世界文学史"的翻译工作，译作 200 余万字；先后在《莫斯科大学学报》等国内外学术期刊发表论文 20 余篇。主持及参与各类基金项目 10 余项。

**崔志宏** 毕业于俄罗斯莫斯科国立大学历史系，历史学博士，吉林大学东北亚研究院国际政治所副教授。主要从事俄罗斯政治制度与外交、东北亚地区国际关系等领域的研究与教学工作，出版专著《当代俄罗斯多党制》（俄文）、编著《东北亚地缘政治与长吉图战略》、译著《俄罗斯政党：历史与现实》《俄国专制制度与商人》等，发表学术论文 20 余篇。主持及参与各类基金项目 10 余项。

# 总　序

我们之所以组织翻译这套"俄国史译丛",一是由于我们长期从事俄国史研究,深感国内俄国史方面的研究严重滞后,远远满足不了国内学界的需要,而且国内学者翻译俄罗斯史学家的相关著述过少,不利于我们了解、吸纳和借鉴俄罗斯学者有代表性的成果。有选择地翻译数十册俄国史方面的著作,既是我们深入学习和理解俄国史的过程,还是鞭策我们不断进取、培养人才和锻炼队伍的过程,同时也是为国内俄国史研究添砖加瓦的过程。

二是由于吉林大学俄国史研究团队(以下简称"我们团队")与俄罗斯史学家的交往十分密切,团队成员都有赴俄进修或攻读学位的机会,每年都有多人次赴俄参加学术会议,每年请2~3位俄罗斯史学家来校讲学。我们与莫斯科国立大学(以下简称"莫大")历史系、俄罗斯科学院俄国史研究所和世界史所、俄罗斯科学院圣彼得堡历史所、俄罗斯科学院乌拉尔分院历史与考古所等单位学术联系频繁,有能力、有机会与俄学者交流译书之事,能最大限度地得到俄同行的理解和支持。以前我们翻译鲍里斯·尼古拉耶维奇·米罗诺夫的著作时就得到了其真诚帮助,此次又得到了莫大历史系的大力支持,而这是我们顺利无偿取得系列书的外文版权的重要条件。舍此,"俄国史译丛"工作无从谈起。

三是由于我们团队得到了吉林大学校长李元元、党委书记杨振斌、学校职能部门和东北亚研究院的鼎力支持和帮助。2015 年 5 月 5 日李元元校长访问莫大期间，与莫大校长萨多夫尼奇（В. А. Садовничий）院士，俄罗斯科学院院士、莫大历史系主任卡尔波夫教授，莫大历史系副主任鲍罗德金教授等就加强两校学术合作与交流达成重要共识，李元元校长明确表示吉林大学将大力扶植俄国史研究，为我方翻译莫大学者的著作提供充足的经费支持。萨多夫尼奇校长非常欣赏吉林大学的举措，责成莫大历史系全力配合我方的相关工作。吉林大学主管文科科研的副校长吴振武教授、社科处霍志刚处长非常重视我们团队与莫大历史系的合作，2015 年尽管经费很紧张，还是为我们提供了一定的科研经费。2016 年又为我们提供了一定经费。这一经费支持将持续若干年。

我们团队所在的东北亚研究院建院伊始，就尽一切可能扶持我们团队的发展。现任院长于潇教授上任以来，一直关怀、鼓励和帮助我们团队，一直鼓励我们不仅要立足国内，而且要不断与俄罗斯同行开展各种合作与交流，不断扩大我们团队在国内外的影响。在 2015 年我们团队与莫大历史系新一轮合作中，于潇院长积极帮助我们协调校内有关职能部门，和我们一起起草与莫大历史系合作的方案，获得了学校的支持。2015 年 11 月 16 日，于潇院长与来访的莫大历史系主任卡尔波夫院士签署了《吉林大学东北亚研究院与莫斯科大学历史系合作方案（2015～2020年）》，两校学术合作与交流进入了新阶段，其中，我们团队拟 4 年内翻译莫大学者 30 种左右学术著作的工作正式启动。学校职能部门和东北亚研究院的大力支持是我们团队翻译出版"俄国史译丛"的根本保障。于潇院长为我们团队补充人员和提供一定的经费使我们更有信心完成上述任务。

2016 年 7 月 5 日，吉林大学党委书记杨振斌教授率团参加在莫大举办的中俄大学校长峰会，于潇院长和张广翔教授等随团参加，在会议期间，杨振斌书记与莫大校长萨多夫尼奇院士签署了吉林大学与莫大共建历史学中心的协议。会后，莫大历史系学术委员会主任卡尔波夫院士、莫大历史系主任杜奇科夫（И.И.Тучков）教授（2015年11月底任莫大历史系主任）、莫大历史系副主任鲍罗德金教授陪同杨振斌书记一行拜访了莫大校长萨多夫尼奇院士，双方围绕共建历史学中心进行了深入的探讨，有力地助推了我们团队翻译莫大历史系学者学术著作一事。

四是由于我们团队同莫大历史系长期的学术联系。我们团队与莫大历史系交往渊源很深，李春隆教授、崔志宏副教授于莫大历史系攻读了副博士学位，张广翔教授、雷丽平教授和杨翠红教授在莫大历史系进修，其中张广翔教授三度在该系进修。我们与该系鲍维金教授、费多罗夫教授、卡尔波夫院士、米洛夫院士、库库什金院士、鲍罗德金教授、谢伦斯卡雅教授、伊兹梅斯杰耶娃教授、戈里科夫教授、科什曼教授等结下了深厚的友谊。莫大历史系为我们团队的成长倾注了大量的心血。卡尔波夫院士、米洛夫院士、鲍罗德金教授、谢伦斯卡雅教授、伊兹梅斯杰耶娃教授、科什曼教授和戈尔斯科娃副教授前来我校讲授俄国史专题，开拓了我们团队及俄国史研究方向的硕士生和博士生的视野。卡尔波夫院士、米洛夫院士和鲍罗德金教授被我校聘为名誉教授，他们经常为我们团队的发展献计献策。莫大历史系的学者还经常向我们馈赠俄国史方面的著作。正是由于双方有这样的合作基础，在选择翻译的书目方面，很容易沟通。尤其是双方商定拟翻译的30种左右的莫大历史系学者著作，需要无偿转让版权，在这方面，莫大历史系从系主任到所涉及的作者，克服一切困难帮助我们解决关键问题。

五是由于我们团队有一支年富力强的队伍，既懂俄语，又有俄国史方面的基础，进取心强，甘于坐冷板凳。学校层面和学院层面一直重视俄国史研究团队的建设，一直注意及时吸纳新生力量，使我们团队人员年龄结构合理，后备充足，有效避免了俄国史研究队伍青黄不接、后继无人的问题。我们在培养后备人才方面颇有心得，严格要求俄国史方向硕士生和博士生，以阅读和翻译俄国史专业书籍为必修课，硕士学位论文和博士学位论文必须以使用俄文文献为主，研究生从一入学就加强这方面的训练，效果很好：培养了一批俄语非常好、专业基础扎实、后劲足、崭露头角的好苗子。我们组织力量翻译了米罗诺夫所著的《俄国社会史》《帝俄时代生活史》，以及在中文刊物上发表了70多篇俄罗斯学者论文的译文，这些都为我们承担"俄国史译丛"的翻译工作积累了宝贵的经验，锻炼了队伍。

译者队伍长期共事，彼此熟悉，容易合作，便于商量和沟通。我们深知高质量地翻译这些著作绝非易事，需要认真再认真，反复斟酌，不得有半点的马虎。我们翻译的这些俄国史著作，既有俄国经济史、社会史、城市史、政治史，还有文化史和史学理论，以专题研究为主，涉及的领域广泛，有很多我们不懂的问题，需要潜心研究探讨。我们的翻译团队将定期碰头，利用群体的智慧解决共同面对的问题，单个人无法解决的问题，以及人名、地名、术语统一的问题。更为重要的是，译者将分别与相关作者直接联系，经常就各自遇到的问题发电子邮件向作者请教，我们还将根据翻译进度，有计划地邀请部分作者来我校共商译书过程中遇到的各种问题，尽可能地减少遗憾。

"俄国史译丛"的翻译工作能够顺利进行，离不开吉林大学校领导、社科处和国际合作与交流处、东北亚研究院领导的坚定支持和可靠支援；莫大历史系上下共襄此举，化解了很多合作路上的难题，将此举视为我们共同的事业；社会科学文献出版社的恽薇、高雁等相关人员将此举视为我们共同的任务，尽可能地替我们着想，使我们之间的合作更为愉快、更有成效。我们唯有竭尽全力将"俄国史译丛"视为学术生命，像爱护眼睛一样地呵护它、珍惜它，这项工作才有可能做好，才无愧于各方的信任和期待，才能为中国的俄国史研究的进步添砖加瓦。

　　上述所言与诸位译者共勉。

吉林大学东北亚研究院和东北亚研究中心

2016 年 7 月 22 日

# 目　录

# 绪　论

　　18 世纪的俄国，社会经济、政治和文化生活领域都发生了巨大的变化。《狂飙年代：18 世纪俄国的新文化和旧文化》（第一卷）从文化发展的角度记述了俄国主要经济领域（农业经济和工业经济）呈现的新特征和新趋势，在商品贸易发展进程中出现的新的交通道路和交通工具，同时，追踪记录人们物质生活中一些重要元素的变化，如居民点、农舍和服饰的变化。

　　本卷首先关注的是 18 世纪头 25 年俄国各项改革取得的成果，揭开了俄国在国家、社会、经济、思想以及军事活动等领域进行改革的序幕。

　　18 世纪，俄国强化了君主专制政体，构建了等级制，在中央和全国各地形成了以官僚体制为主导的国家行政管理体系、以等级制为审断原则的司法审判体系，同时发展了新的司法理论以及公文处理制度。所有这些都符合俄国统治阶级——贵族的基本利益和需求，即实现对国家的掌控。实质上，当时已开始出现一些新概念，如"国家财政"和"国家预算"，并且新兴的贷款业务获得了一定的发展。同时，对军队的激进改革及创建海军舰队促使俄国能够完成对外任务。

　　俄国首次确立了普通教育和专业教育制度，对图书出版业进行改革，期刊的出现促进了文学的繁荣和发展。同时，宗教的思想垄断地位被动摇了，它开始向实行君主专制的国家政权俯首称臣，从而推动了文化

"世俗化"的发展进程。

这些变革的实现符合俄国贵族的利益。当时，俄国国内环境异常复杂，农奴制占据统治地位，贵族群体对待人民的态度极其任性、专横，国家又极度缺乏推进这些变革所需要的相关领域的专家。同时，俄国国内的阶级矛盾尖锐，阶级内部的斗争也接连不断。尽管这些变革的影响力并不是独一无二的，但其仍然对俄罗斯民族发展所需的物质文化和精神文化发挥了巨大的积极作用。这部著作致力于思考和阐明18世纪俄国进行的各项变革，包括社会、经济、政治、思想和文化领域的变革及其成果对于俄罗斯文化发展的积极意义。

本卷的筹备工作由莫斯科国立罗蒙诺索夫大学历史系文化史研究所完成。参与筹备工作的包括莫斯科国立罗蒙诺索夫大学历史系苏联史教研室从事封建史和资本主义史研究的研究人员，以及苏联科学院苏联史研究所和民族问题研究所、国立埃尔米塔什博物馆、苏联科学院档案馆、库比雪夫国立大学的研究人员。

参与著作撰写的还包括莫斯科国立罗蒙诺索夫大学历史系俄国文化史研究所的研究人员，包括 Л. А. 亚历山德罗娃、Л. Н. 弗多维娜、В. А. 多罗申科、В. А. 科夫里金娜、Н. В. 科兹洛娃、Л. В. 科什曼、В. В. 波诺玛廖娃、Е. К. 瑟索耶娃、В. Р. 塔尔洛夫斯卡娅、Л. Б. 霍罗希洛娃。

# 第一章
# 君主专制制度

И. А. 费多索夫

    18 世纪的俄国文化是在君主专制制度下发展起来的。在当时，俄国以君主专制为核心构建其封建社会政治权力上层建筑。君主专制制度的确立标志着权力集中化的实现，而社会已经失去了自然的、古老的特征，取而代之的商品货币关系逐渐成为见证社会发展的重要因素。①

---

①  Кареев Н. История Западной Европы в новое время. Спб. , 1893. Т. Ⅲ ; Он же. Западноевропейская абсолютная монархия ⅩⅥ – ⅩⅧ веков. Спб. , 1908; Милюков П. Очерки по истории русской культуры. Спб. , 1906. Ч. Ⅲ . Вып. 1; Виноградов П. Г. , Гессен В. М. , Ковалевский М. М. и др. Политический строй современных государств. М. , 1905. Т. 1; Градовский А. Д. Высшая администрация России ⅩⅧ в. и генерал-прокуроры // Собр. соч. : В 9 т. Спб. , 1899. Т. 1; Лаппо-Данилевский А. Очерк внутренней политики императрицы Екатерины Ⅱ . Спб. , 1898; Тарановский Ф. В. Политическая доктрина в Наказе императрицы Екатерины Ⅱ . // Сб. статьей по истории права, посвященный М. Ф. Владимирскому-Буданову. Киев, 1904; Плеханов Г. В. История русской общественной мысли. М. , 1919. Т. Ⅲ ; Ольминский М. С. Государство, бюрократия и абсолютизм в истории России. М. -Л. , 1925; Воровский В. В. О природе абсолютизма // Соч. : В 3 т. М. , 1932. Т. 1; Сыромятников Б. И. «Регулярное» государство Петра Первого и его идеология. М. -Л. , 1943; Абсолютизм в России (ⅩⅤ – ⅩⅧ вв. ) . М. , 1964; Белявский М. Т. Крестьянский вопрос в России накануне восстания Е. И. Пугачева. М. , 1965; Материалы дискуссии об абсолютизме // История СССР. 1968. （转下页注）

　　在这一时期之前，俄国仍然是封建农奴主阶级专政的体制。即便面对统治阶级，封建农奴主也保持了极大的自主性。这种局面的形成使不同的社会力量和阶层始终处于相互争斗的状态，而君主政权本身则成为平衡各方势力的稳定器。但应当指出的是，当时君主政权更多代表和反映的是封建农奴主的利益和诉求。

　　君主专制制度的形成需要一个漫长而复杂的过程。它获得发展的历史前提是中世纪封建等级制的瓦解，封建农奴主的政治地位受到削弱，阶层间和阶层内部的斗争日益激化，农民对统治阶级的反抗也越发激烈。

　　随着经济和政治管理上的统一，作为国家组织，俄国开始发生一系列变化，封建社会内部结构也发生了改变，那些阻碍政治权力集中且古老陈旧的制度被淘汰了。在此基础上，国家的统治形式也发生了变化。所有这些进程的最终结果是俄国确立了君主专制制度。

　　此前，封建俄国实行的集权统治形式是等级代议君主制（16世纪中期至17世纪下半期），它是向君主专制体制过渡的统治形式。在此期间，俄国中央政权机构日益收拢并强化手中的权力，赢得了更多社会阶层的支持，其中就包括服役贵族和商人。这些人在17世纪激烈的社会斗争中逐渐加强了自己的特权，特别是在1694年缙绅会议通过了新的宗教法典（它成为当时俄国最重要的法典）之后。以这些人为代表的社会阶层日后成为波雅尔贵族的敌人，在反对政治分裂主义的斗争中成为中央政权的可靠支柱。同样，这些人也被日益强大的中央政权吸引，认为这样的政权可以摆脱特权贵族阶层的控制，并能够从统治阶级的利益出发协调和理顺不同阶级以及阶层间的关系。17世纪下半期，彼得一世的改革加快

　　（接上页注①）№ 2, 4, 5；1969. № 1；1970. № 1, 4；Федосов И. А. Социальная сущность и эволюция российского абсолютизма //Вопр. истории. 1971, № 7；Он же. Просвещенный абсолютизм в России // Вопр. истории. 1970. № 9.

了君主专制体制确立的进程。在18世纪的头25年，当时被认为是最先进的、政治集权化的漫长进程终于结束了，俄国最终建立了中央集权化的国家统治体制——君主专制体制。

19世纪下半期之前，俄国君主专制制度并没有发生大的变化。总体而言，它的发展可以划分为三个主要阶段：第一阶段，18世纪头25年，君主专制制度的确立和形成阶段；第二阶段，18世纪下半期至19世纪初，"开明专制"时期；第三阶段，1815~1861年，君主专制制度走向终结，成为社会进步的障碍。1861年，在封建农奴制被取缔后，俄国君主专制制度发生了改变，开始从封建君主制转向资产阶级君主制。

***

尽管君主专制制度并不能完全符合每一个国家自身的发展特点，但它是当时众多欧洲国家普遍采用的统治制度。

君主专制思想主要形成于中世纪时期。就本质而言，它具有极强的封建属性，但它同时又违背了封建历史传统，因为它的主体思想就是反对封建割据，并确立统一的中央集权政治制度。君主专制思想新鲜的一面在于，它强调君主自身要跳出封建社会的等级体系，并用给予统一国籍的形式取代以前存在的君主和下属的附庸关系。

君主专制思想在西欧完成了理论构建，关于这一点可以从托马斯·霍布斯的政治观点中找到依据。托马斯·霍布斯认为，人的天性是自私的（"一个人对于其他人而言永远是一只狼"），所以社会的自然状态永远是"所有人对所有人的战争"，而出路就在于社会和国家制度的转变，即建立一种能够使人们达成妥协的制度。而国家组织吞没了所有个体，永远凌驾于他们之上；并且，国家是一个"人造的""合成机体"，而人只是这个庞大机体的最小的组成部分，必须接受国家对他的命运安排，并臣服于拥有无限权力的国家政权。托马斯·霍布斯写道，"国家是一个统一体，所有人都必须服从于它的意志"。最高权力（最好的就是君主制，因为在这种制度下帝王就是人民的化身）永远高于一切法律，永远可以不负任何责任且不受任何惩罚，它的权限不受制约且至高无上。[①]

在实行过程中，君主专制制度显得比较直接且简单粗暴。法国政治家、君主专制思想家、大公黎塞留在遗嘱中写道："在任何情况下，永远都要把国家的目的置于所有人的意志之上。对于政府而言，首先要确保所有人无可置疑地臣服于自己。"[②] 因此，关于君主权力不受限制和至高无上的规则就变得更加合理了。而托马斯·霍布斯最重要的观点——社会契约论，通常被君主专制思想的支持者们"选择性遗忘"，或被他们拿来按照自己的需要进行解释，最常用的手段就是灌输君权神授的观点。

俄国君主专制思想的主要内容形成于 18 世纪头 25 年。彼得一世的支持者、俄国宗教和社会活动家 Ф. 普罗科波维奇在自己的著作（《君主权力的公正性》《宗教条例》）中较为全面地阐述了这些思想。他一方面不遗余力地支持君主权力不受任何限制；另一方面他认为君主掌握的国家权力首先来自"上帝的旨意"（肯定了君权神授的观点），其次来自"人民的愿望"（人民同国家达成了契约，由此产生的结果是人民自愿拒绝使用自己的权力，从而使君主受益）。Ф. 普罗科波维奇认为，人民根据上帝的旨意把所有权力奉献给君主后，已经不能任意改变自己的决定或废除自己的君主。人民的责任就是无条件地服从君主的旨意，而君主应当努力达成"全体人民的利益"（如在司法审判、教育、对外政策等领域保障人民的利益）。君主专制思想号召人民，无论是在个人生活还是社会生活方面都要接受君主的旨意和领导，其中包括"君主对于民事、宗教事务和习俗的改变，服饰和房屋的使用，建筑以及举行宴会和婚丧嫁娶等

---

① Гоббс Т. Избр. соч. : В 2 т. М. , 1964 г. Т. 1. С. 298–308, 310, 345, 349.

② Цит. по：Кареев Н. История Западной Европы в новое время. Т. Ⅲ. С. 320.

所有仪式的规定"。

在创建君主专制国家的过程中，彼得一世起到了独一无二的作用。他充分展示了自己广阔的视野、巨大的智慧和无穷的精力。他把所有法律规条以信条的形式注入政权肌体中，使之变得强大，充满自信且不受制约。沙皇彼得在立法和具体措施中高度复制了 Φ. 普罗科波维奇的理论和思想，他自己也为君主专制思想的形成做出了巨大的贡献。

彼得一世时期出台了大量的法律法规，同时也撰写了相关的序言和阐释性文章，这些在日后都被收录进政论著作系列中。所有这些著作、文章及解释性说明都是为了让人民坚信，沙皇政府的一切活动都是为了"所有人幸福"、"国家的利益"和"祖国的利益"，是沙皇对所有臣民美好生活的关爱。彼得一世认为，创建一个强大的、能够吸引所有人的、值得所有人拥护的，并且政令严格、细致、明确的国家，就是为所有人民创造幸福。同时，彼得还认为，沙皇不仅仅是国家不受制约的领袖，也是国家的仆人，为了国家的利益，他必须有"奋不顾身"的勇气，这是他的责任和义务。在波尔塔瓦战役前夕，彼得在自己那份著名的命令中高呼："战争！……你们不应该认为自己是在为彼得战斗，你们是在为授予彼得权力的国家而战，是为自己的民族和自己的祖国而战……"①

因此，君主专制思想的典型特征如下。

（1）认为君主制国家是政治组织发展的最高阶段，只有君主制国家能够实现"所有人幸福"，即所有臣民，不管他们的社会地位如何，都能过上好生活。在君主制国家，"所有人幸福"和"国家的利益"这两个概念被认为是一致的。

（2）认为国家同最高政权和君主是一体的，君主的权力不可能也不应该被某人或某物限制，他的权力是绝对正确且不受制约的。

---

① П и Б. М. -Л. , 1950. Т. 9. Вып. 1. С. 226.

（3）需要崇信君主的强大，并信任他的一切立法活动。

毫无疑问，君主专制思想超出了中世纪时人们对君主的认知。当时的人们认为，在封建等级制中或在划分权力时君主就是最大的那个封建领主。而彼得一世时期的君主专制思想仍然保留了封建属性。一般而言，专制统治者的独裁专政情结都源自君主专制思想。这一思想认为，应该为统治机构确定必要的原则，如不允许持不同思想和观点的人存在，应统一国家的各项制度。因此，这一思想的形成导致国家极力追求对人民的日常生活、精神道德的控制，在一切社会生活领域中设置严格且细化、明确的规章制度，这对不同领域的文化发展产生了极大的影响。应该说，君主专制思想的缺点归根结底在于它的天性，这在封建社会晚期出现危机时暴露无遗。

同阶级社会中其他政治制度一样，君主专制制度最重要的任务就是巩固统治阶级的权力，建立有能力完成国家对内和对外任务的国家机关。彼得一世面临的任务艰巨又意义非凡，但这符合历史发展进程的逻辑，即打通通往欧洲的门户，使沙皇俄国能够长期地稳定在欧洲国家体系内，实现中央集权化的目标，建立新的管理体系。而为了完成这些任务，就必须清除那些陈旧过时的残余势力，并努力将俄国经济、政治和文化实力提升到欧洲发达国家的水平。

在18世纪头25年，俄国完成了管理制度改革，其内容广泛且包罗万象。首先，改革触及了权力的所有中心机构，设立了完全依附于沙皇的新的官僚机构——参政院和主教公会，它们取代了与波雅尔杜马和主教紧密相连的波雅尔贵族和宗教特权阶层以及一些始终觊觎最高权力的贵族官僚。其次，改革废除了陈旧过时的指令和规定，因为它们无法明确管理机构和部门的职责。同时，为取代过时的机构设立了新的管理部门和机关，它们分布于俄国各地，受参政院管辖，并明确了其具体的管理权限和职能。

由此，以行政等级划分为特征的地方权力体系也在俄国建立起来。

上述改革的意义在于俄国建立了行政管理制度，其核心思想是中央集权主义，所有机构都要服从于最高政权。事实上，彼得建立这套统治制度深受产生于18世纪前的一些因素（它们与当时的社会结构相吻合）的影响。当然，随着改革建立起来的权力机构并不都具有生命力，也不是所有的机构都能经得起时间的考验。但总体上，新的行政管理体制成为18世纪和19世纪俄国国家发展的主要制度要素。

另一个重要的改革举措是招募新兵，允许建立新的常规部队以取代已经进入封建社会等级行列的贵族武装等其他军事组织。新组建的军队直接隶属于中央政权，不受各大封建主和其他封建团体的支配，在解决对内和对外问题时成为政权所依赖的力量。招募新的武装力量是中央政权直接同国内民众取得联系的重要手段之一，同时，这也切断了国内民众对不同等级阶层的依附关系。

新的税收制度（按人头计税）涉及底层阶级的所有男性，这不仅给国家带来了必要的物质财富，也巩固了国内民众对最高政权的顺从关系，并赋予政权更大的独立性和自主性。

彼得一世在行政领域的主要改革活动是确立了专制国家制度。专制国家制度的确立符合当时俄国的社会经济发展水平，它是俄国经济发展和社会结构发生深层次变化产生的政治结晶。同时，它与俄国国内的阶级力量布局相契合，并能够为当时俄国的发展提供必要的保障。

而彼得一世对社会领域的改革是由他设定的目标决定的。彼得坚定地、持续不断且目的明确地同力图保留自己封建特权的波雅尔贵族以及希望中央分权的势力做斗争。这些人从未这样虚弱过，此前存在的封建统治关系孕育并滋养了他们。彼得进行社会改革的主要支持力量是他亲手提拔的侍从贵族以及新生的商业和从事工场手工业的资产阶级，他们同专制政权紧密相连，并紧紧地依附于政权。侍从贵族同世袭贵族间的斗争贯穿了整个 18 世纪，成为当时俄国政治生活的主要特征。

　　贵族——封建社会的上层阶级，在封建生产关系占统治地位的情况下，由他们主导的经济逐渐转变为封闭的、自然发展的状态，这导致国内政治运行常态化乃至固态化。而专制体制的确立防止了这种态势的进一步蔓延。因为，专制政权总是极力鼓励贵族从事商业和工业生产活动，同时也要求他们承担起国家职责和义务，对此首先就是军事义务。1714年颁布的《一子继承法》将普通地主同具有世袭领地的贵族置于平等地位，在阶级间统一了法律使用标准，并使他们更加依附于国家政权。而对于希望逃避国家义务的贵族则在法律上设置了更加严厉的惩罚措施。另外，1722 年颁布的《官秩表》是具有深远影响和意义的法令。该法令确定了官员任职的原则，不仅成为激励贵族积极投身于国家工作的有效手段，也极大地拓展了专制政权的社会基础，为一些等级体制外的人员进入统治阶级创造了机会。于是，封闭的封建阶级关系被打破了，俄国贵族被赋予了新的特点。А.И. 赫尔岑曾写道："不应该忽视的是，正是彼得一世创造了一个不再封闭的等级社会，它不断地吸引所有人加入进来，从而远离民主的土壤，它的复苏得益于它的根基……在俄国贵族之下，还需要清楚哪些人不属于农村或城市社团，哪些人是官吏。对于王公和波雅尔贵族的后代以及渴望成为世袭贵族的次一级官员的儿子们来说，权利和特权都是一样可以得到的。俄罗斯贵族压迫被它战胜的所有阶层，虽然它们之间并没有发生真正的战斗。在一个容纳了战士、官员、牧师以及拥有成千上万农奴的贵族等不同阶层的社会中寻找一致性和同一性绝对是不可能的。"[1] 毫无疑问，赫尔岑过分夸大了贵族出身的民主性及其自身的先进程度。但是，他正确指出了贵族阶层成分的复杂性。

　　18 世纪的俄国，专制政权在农民问题上依然坚持传统政策，即加强

---

[1]　Гурцен А. И. Соч.：30 т. М.，1956. Т. 7 С. 176.

控制土地的封建所有制形式，发展农奴关系，并且，注意在新征服的地区和农民阶层尚未稳定的地方推动落实这些政策。同时，专制政权采取一系列措施废除陈旧古老的封建附属关系（意指纯奴隶式的附庸关系），鼓励农民开展商业和生产活动。应该说，它之所以关注农民阶层，首先是因为农民是国家的纳税人，是新兵和工人的来源，也就是说政权看重农民阶层让国家"受益"的方面。但不管是新税收制度，还是新兵招募制度，都在很大程度上起到了摧毁封建等级制的作用，使农民阶层能够和沙皇政权取得更为直接的联系。

彼得一世是贵族出身的沙皇，虽然他很理解贵族阶层的利益，但他必须让这些利益同整个民族和国家的利益保持一致。

专制政权对商人阶层的政策取决于现阶段工商业所取得的成绩。沙皇政府费尽心机，为的就是激励商品贸易，发展民族企业，使国家有实力达成对外活动目的。换言之，沙皇政权对商人的态度取决于国家利益需求。彼得并不希望商人阶层成为新的社会关系的载体（在当时它还没有成为这样的角色），而是要它成为一个具有封建社会属性、从事商贸和工业企业活动、为国家提供所需的群体阶层。

在 18 世纪头 25 年，早在中世纪时期形成的俄国城市居民结构仍处在解体的过程中，而正在形成的新结构主要以从事商品生产活动和拥有财产的资格为原则。于是，自 17 世纪中期形成的 7 个阶层开始消失，取而代之的是把城市居民划分为两个等级："正规"公民和"非正规"公民。但是，这种划分方法仍然具有等级制的特点。并且，从那时起资本主义元素在俄国开始发展，到资产阶级作为独立的阶级出现，共历时一个半世纪。

18 世纪头 25 年里，俄国专制政权进行政治改革的重要成果是构建了官僚阶层，它作为社会上的一个特殊阶层，对沙皇专制政权起到了关键的支柱作用。

国家公职人员的数量大幅增加，并且他们的来源渠道也得到了拓宽（包括贵族阶层、前官员以及出身于下层阶级的人）。1714年，沙皇政权开始引入薪水制，即薪水成为"对从事国家工作的人给予的单独的、唯一的酬金"。这种制度不仅"切断了公务员同土地所有权之间的义务联系，也加强了官僚对沙皇政权的依附关系"①。最终，1722年的《官秩表》改革对国家事务的管理及官僚习气的产生起到了决定性作用，成为官僚阶层形成的关键要素。所以，官僚制度的出现是由构建中央集权制国家引发的，它在君主专制时期，即中央集权制的最高阶段达到了顶峰。官僚制成为中央集权制最重要的统治手段和工具：它的一切活动都是为了反对封建割据，以保护君主专政体制和政治上的集权制。官僚阶层是在商品经济发展到一定程度时产生的，他们对自己的未来发展非常感兴趣，他们的收入来源不再是曾与他们的利益直接挂钩的封建服役，而是薪俸。

官僚阶层在形成阶段主要由一些"中等"阶层的代表构成，包括领地贵族、修道士和从事工商业的代表。它在封建阶级社会中并没有深刻的历史根源，也不具备其他任何阶层和团体的权力及传统，它是一个"处于阶层间的阶层"，被传统的特权阶层所仇视。因此，它要极力摧毁这些特权阶层，把所有的民众都变成自己的奴仆，而把自己变成位于最高政权和普通民众间的中间人，以及最高政权用来统治民众的骨干力量。这就是形成于专制统治时期的官僚阶层的资产阶级本质。列宁曾指出，作为反对封建贵族阶级的代表，官僚阶层一经形成，其主干群体（主要是上层和中层官僚）就与贵族融合在一起，掌握了贵族的思想，成为保守主义势力，转而支持新出现的社会关系，对此它并不抵触，因为它知道，这符合专制政权的利益。列宁认为，19世纪末俄国的官僚阶层成为

---

① Демидова Н. Ф. Бюрократизация государственного аппарата абсолютизма XVII–XVIII вв. // Абсолютизм в России（XVII–XVIII вв.）. С. 222, 229, 230.

坚定维护农奴制的力量，只不过还保持着资产阶级活动的目的和形式。①

专制体制是封建社会政治上层建筑发展演变的最高阶段，它的出现与当时俄国社会在经济、文化和政治发展上所取得的进步相吻合。也就是说，沙皇俄国为了完成重大的对外任务及创建国家机关和新型军队，需要提高整个社会的文化水平，并发展科学和教育。

沙皇专制政权是有目的地主导俄国历史发展的进程，它的一切统治行为和严格举措都以国家利益为出发点，涉及社会及个人生活的各个方面，对俄国文化发展产生了重要影响。同时，它也鼓励俄国文化必须优先发展国家需要的方面。在这一方面，彼得一世始终坚持以服务于国家利益为指导原则，因此，他为发展俄国的教育和科技做出了许多努力。彼得认为，国家需要有文化的官僚、学识渊博的工程师和经验丰富的军官，为此，他不遗余力地创建这样的精英队伍。从本质上来说，建立各种不同的学校（包括技工、工程技术、炮兵以及数学等学校）具有功利主义和实用主义的特点，但不管怎样，它们也都属于基础教育，而彼得在教育和科学领域的改革使 18 世纪俄国的教育和文化发展取得了巨大的成就。但值得注意的是，当时能够在学校学习的人都属于特权阶层，而且贵族子弟优先。由此，沙皇专制政权的文化和教育政策带来的另一个后果是，封建特权阶级同普通民众间的差距不断扩大。这一结果不仅是因为存在不平等的社会和经济地位，同时也是由不平等的教育和文化水平决定的。这种状况对日后整个国家的文化发展产生了重大的影响，并且也具有典型的俄国特征。

彼得一世之后，俄国进入不断发生宫廷政变的时期（1725～1762），这没有给俄国发展带来任何有益的改变。各种宫廷集团斗争让人眼花缭乱，不同的执政者走马灯似的换来换去，时间像沙漏停止了一样，国家

---

① Ленин В. И. Полн. собр. соч. Т. 21. С. 58.

的政治路线和方向不清晰，发展前景暗淡，能够让人记住的只是一些琐碎小事，如不同统治者的兴趣和行为等。这成为这一时期俄国政治生活的典型特征。

1741年前，不同的沙皇政权在制定政策时一直遵循彼得一世的改革原则，同时，他们也尝试过恢复从前的政权统治形式，但是都没有获得成功。在伊丽莎白·彼得罗芙娜统治时期，她开始重拾由彼得一世奠定的基本政治路线，恢复彼得的各项改革举措，她认为只有这样才能使政权更加稳定和牢固。在这一时期，彼得在文化领域进行改革的积极影响开始显现。M. B. 罗蒙诺索夫的伟大发明，B. H. 塔季谢夫、A. Д. 康捷米尔、B. K. 特列季亚科夫斯基等人的杰出活动无不印证了俄国科学事业的飞速发展。1755年，莫斯科大学的成立揭开了新的发展阶段的序幕，这里不仅指的是高等教育事业，同时也指俄国教育和文化事业开始进入新的发展阶段。

18世纪下半期，在专制政权统治下俄国的发展有了质的飞跃。

叶卡捷琳娜二世统治时期（1762~1796）在历史文学作品中通常被描述为"开明专制"时期，但学界对"开明专制"的年代界定还存有争议。作为封建社会时期的政治制度，"开明专制"成为专制制度发展的顶峰。在这一时期，俄国封建社会的阶级力量对比也发生了一些新的变化：贵族实现了经济收益最大化，但是在资本主义生产方式开始出现的情况下他们逐渐丧失了进一步发展的潜力；商人的数量激增，团体发展迅速，但是依然徘徊在封建阶层，并没有形成一个独立的、有可能成为社会领导者的阶级；最后，农民和所有城市、乡村的下层阶层加剧了反对农奴剥削制度的斗争。而专制政权在这一时期依靠由它创建的官僚阶层、金融制度和军队攫取了更大的自主性。

在理性主义和启蒙主义思想的影响下，俄国形成了关于国家政权及其在历史发展进程中角色的理论阐释。当时的俄国同其他一些国家（如普鲁士、奥地利等国）一样，资产阶级发展水平还不够高，但一些客观因素的出现可以使最高政权愿意接受启蒙思想，并利用它们为专制国家的利益服务。在这一时期，俄国专制政权尝试利用自己所接受的思想，在国家管理、司法、文化、经济政策等领域进行改革。当然，前提条件是这些思想并不会改变现存的社会关系，并能够解决国家面临的现实问题。

专制主义思想形成于彼得一世统治时期，并一直没有改变。但是，为了论证专制权力不受限制的观点又引入了新的论据，即具有典型俄国特征的地理因素，这借鉴了一些拥有启蒙思想的作家的文学作品，符合俄国专制政权的需求。"不管哪一种权力，当它刚刚交到帝王手中时，都不能够使这么大的国家立刻有效地运转起来"，叶卡捷琳娜二世在1767年新法典编纂委员会上发布的那份著名《圣谕》中如是写道。① 除了"上帝的意志"和"人民的选择"，叶卡捷琳娜二世又提出了其他的论据以论证专制统治形式的合理性，即人民零散地分布在俄国广袤的土地上，并且他们的文化水平很低。另外，专制制度必须充分具体地证明最高权力不受限制的必要性，为此，专制政权必须在社会中寻找新的政治思想来源。

同样，人们也过分夸大了"开明专制"时期法律的作用和专制政权进行立法活动的意义。并且，按照"开明"女沙皇的想法，为了"让全国人民都过上好日子"，政府工作应以"各项法律法规为坚实基础"。叶卡捷琳娜二世认为，国家体制的理想模式是奉行中央集权制和不受限制的官僚君主制，只有在这样的国家，依据"永不更改"的法律，权力机构才会有效运行。1764年的参政院改革将参政院划分为6个委员会（4个在圣彼得堡，2个在莫斯科），这反映了俄国最高权力机构的官僚化得

---

① Памятник русского законодательства 1649 - 1832 гг. , издаваемые императорской Академией наук. Спб. , 1907. С. 3.

到了进一步加强。但是，在削弱曾是最高权力机构——参政院作用的同时，叶卡捷琳娜二世发现，她无法构建庞大的中央行政机构体系。

后续的沙皇政府对地方管理体制的改革保持了连贯性。一般来说，专制政权比较愿意且乐于对地方管理体制进行变革，因为这样做基本不会损害君主权力的根基，同时还能巩固民众对君主的臣服关系。

1775 年对地方行政区划单位——省的改革是经过精心策划的改革，出台了细致而严格的具体措施。

（1）扩大了省和县的数量（沙皇政权首次把人口因素，即居民数量纳入行政区划的划分依据中）；扩大了省长的职权范围，他由沙皇任命，直接听命于沙皇，是沙皇所信任的人物，所以他被授予的权力也是不受限制的。

（2）按照等级制的原则，为贵族、商人和国家农民等不同阶层创建了独立的司法机构。同时宣布，审判法庭与行政机构脱离，并且在组建审判机构时还利用了一些选举元素。

（3）地方县级机构的权力完全移交给贵族，即县一级的领导者由贵族选举产生，并由省长任命。

（4）引入阶层自治原则，并尝试让自由阶层的人组建联合法庭（指的是处理一些非重大案件的调节与仲裁法庭）；同时颁布圣谕，统一管理学校、医院、养老院、孤儿院以及劳动场所的修建。

（5）省长有权联合省级管理和司法审判等国家机关就新法案不合理的地方向参政院提起质询（"代表权"）。①

总之，虽然这一改革扩大了地方权力机构的职权范围，但它的最终目的是进一步加强中央集权制，因为这些地方机构虽隶属于省长，但省长直属于沙皇。另外，改革中提到的司法审判权同行政权力分离，设置

---

① ПСЗ. Т. ХХ. № 14392.

"代表权"以及一些机构产生时利用选举等元素证明当时情况下政治思想得到了快速发展，同时也说明，专制政权并没有打算事无巨细地监管整个官僚体系。这些改革措施的实际意义在于指明了国家的发展方向，即分权和吸引社会民众参与地方管理。毫无疑问，启蒙思想对此产生了影响。但值得注意的是，当时沙皇政权想要的官僚机构还未形成，专制政权的活动和行为还要受制于社会阶层，首先就是贵族阶层的牵制。并且，对地方行政机构的改革也没有明显改变他们的活动内容。

18世纪下半期，支撑沙皇政权的主要力量——贵族始终是专制政权关注的焦点。沙皇政府看到了此前出现的一些变化，如贵族地位和社会阶级力量对比等的变化。在有关俄国"开明专制"的纲领性文件，即在1767年新法典编纂委员会发布的《圣谕》中专门有一个章节是关于贵族的，虽然篇幅不长，但充满了相似的短句（如"贵族是荣誉的象征""功勋可以把普通人提升到贵族的层次"等）。但同时，这种评价上的不确定性和模糊性让贵族有机会在法典编纂委员会会议上自由发表自己的观点，因为委员会是社会各阶层代表，包括贵族、商人以及世袭贵族和服役贵族频繁接触的地方。而这些阶层间的接触和联系表明，在当时的俄国还没有任何一支社会力量可以冲破封建社会关系和封建意识形态的限制。

18世纪70年代初爆发的农民战争促使叶卡捷琳娜二世政权的社会政策加速形成。同以前的战争一样，这场战争既没有带来新的思想，也没有产生新的社会关系，但它的目的是明确的，直指一切封建剥削制度。为了加强自身统治的社会基础，沙皇政府采取了决定性措施，即以县和省为单位凝聚和强化统治阶级组织，为此，建成了一些贵族自治机关（根据1775年改革要求）。而地方自治权力机构由选举出的贵族代表管理，这些代表已经融入俄国官僚等级体系，他们被专制政权视为自己在地方的主要是能够掌控警察等职能部门权力的代表。

1785 年颁布的《贵族特权诏书》显示出叶卡捷琳娜二世的亲贵族政策。该诏书对于贵族的政治权力和特权并没有做出什么新的规定，但为贵族提供了适应新经济条件的机会。诏书宣称，贵族的权利包括"可以批发销售一切他们村庄自产的物品和手工制品"，"可以安村设厂"，可以在自己的庄园内"开辟一些小的场所从事交易活动或开办集市"，"可以在城市中购买房屋，并在其中从事手工业活动"。①

《贵族特权诏书》遭到了特权贵族思想家们的激烈抨击。M. M. 谢尔巴托夫曾写道，诏书并没有给予贵族任何新的特权，即便是给了，也少得可怜。而在他看来，贵族会议得到的"代表权"只是"一种被打时可以发出尖叫的权利"②。

毫无疑问，叶卡捷琳娜二世远没有满足贵族阶层的所有愿望，她保留了彼得一世确定的规则以及为世袭贵族所痛恨的服役期限，同时，把贵族自治置于行政管理的监控之下，从而保护了最高权力阶层的独立性和特权。这就是所谓的专制政权的独立性，即使面对统治阶级也是如此。但是她庄重地宣布贵族的权利和特权是永恒的和绝对必要的，这清楚地表明专制政府制定的所有政策都是以亲贵族为目的。所以，在俄国贵族后裔的记忆中把 18 世纪下半期称为贵族的"黄金时代"，把叶卡捷琳娜二世称为贵族女沙皇绝非偶然。

俄国专制政权对待农民和农奴的政策具有公开和鲜明的农奴制特点（残酷镇压农民暴动，向乌克兰和顿河沿岸地区普及农奴制，允许地主任意将自己管辖的农民流放到西伯利亚）。叶卡捷琳娜二世在致地主的信中提出，在对待农民时应"避免使用暴力"或"需要有节制"，在自由经济协会上她甚至抛出了关于农民私有财产的问题，当然还包括其他一些很出名的观点和主张。但值得注意的是，专制政权的政策本质并不是由这

---

① ПСЗ. Т. ⅩⅫ. № 16187.

② Щербатов М. М. Соч. ; В 3 т. М. , 1896. Т. 1. С. 300.

些观点决定的。

专制政权对于城市的政策并没有什么新意。尼·米·德鲁日宁院士是对的，他曾写道："1785 年时城市的地位仍然源于彼得时期的法律规定。"[①] 实际上，叶卡捷琳娜二世沿用了支持城市的传统政策，只不过她把城市居民视为不同封建阶层的集合，是能够满足国家财政需求的纳税群体。这一时期城市立法的特点是以保障国库为目的，叶卡捷琳娜二世为城市居民设立的城市自治组织虽然能够保障城市的发展，但实质上它的活动并没有超出封建社会关系的范畴。

在经济政策领域则出现了相当大的变化：宣布工商业活动自由、消除垄断、宣布强权主义原则、创建自由经济协会、成立科考队以研究和勘察国家的自然资源，同时还包括其他一些措施。毫无疑问，这些政策促进了俄国生产力的发展，但同时应该指出的是，它们只是满足了以贵族为主要社会依赖力量的国家的利益。沙皇政府支持经济发展中出现的新变化，因为它们并没有超出当时的经济体制框架，依然服务于经济发展，同时它们也不违背并能顺从和服务于统治阶级的利益。同彼得一世的改革相比，叶卡捷琳娜二世的经济政策更加保守，因为她已经倾向于支持 18 世纪下半期形成的封建统治阶级。在这种情况下，叶卡捷琳娜二世专制政权能够保持统治的独立性和主动性，同时，它并不总是满足某一社会群体的利益要求。

启蒙主义哲学思想对科学、教育、文学和艺术领域的政策制定给予了更加广泛的影响。18 世纪下半期无疑是俄国文化发展的重要阶段，而俄国专制政权在这一进程中起到了巨大的推动作用，扮演了支持者和倡议者的角色。尼·米·德鲁日宁总结归纳了文化领域中由沙皇政府主动推行的改革措施：设立直属于科学院的特殊的俄国语言和文学研究院，

---

① Дружинин Н. М. Просвещенный абсолютизм в России // Абсолютизм в России（ХVII - ХVIII вв.）. С. 451.

扩大艺术研究院，创建宫廷博物馆，邀请俄国和国外的设计师设计建造宫廷和其他建筑。[①] 这份清单还可以接续下去，如成立科学界协会，出版大量的新杂志，鼓励开展图书出版活动和音乐、戏剧艺术活动。

与彼得一世时期不同，18 世纪下半期在俄国社会中形成了对科学、教育和文化意义的广泛理解和认同，社会民众也对文化领域中有关人文和世界观方面的观点越来越感兴趣。专制政权则从立法者的角度出发，确定上述发展的内容和方向。叶卡捷琳娜二世曾说过一段经典名言："剧院——人民的学校，而我就是这所学校的教师，为了自己的事业我要对上帝负责。"在文化的其他领域里，她也总是极力扮演教师和立法者的角色。

应该指出的是，对于这些政策不应过分解读其中存在的资产阶级元素。

专制政权在文化领域的改革目的并不是要摧毁现存的社会关系，而是要加强它们。

叶卡捷琳娜二世非常仔细地探查当时的各个思想流派，既对西欧社会政治运动表现出宽容和世人皆知的倡导思想自由的态度，也对俄国社会思想表现出嫉妒和消极的态度。并且，她认为俄国社会思想不可能登堂入室地进入由她所控制的、"普罗克卢斯托沃包厢"式的高雅殿堂。由此，在专制政权和进步的文化活动家、思想家和作家之间不可避免地会爆发冲突；而对于那些胆敢越过女沙皇划定的界限的人，专制政权会进行残酷的迫害。这样的例子包括 Д. И. 冯维辛、А. Н. 拉吉舍夫、Н. И. 诺维科夫、Я. Б. 克尼亚日宁等人。对此，女沙皇与同时期另一位奉行"开明专制的君主"弗里德里希二世的观点是完全一致的。弗里德里希二世曾经说过："我只保护这样的思想家，即他们拥有体面的行为方式和理智的观点！……思想家们不能总是咆哮着指责一切都是愚蠢的……他们

---

① Дружинин Н. М. Указ. соч. С. 434.

的话不能用来煽动民众使其不顺从，或是让心生不满的人抱团儿，也不能成为鼓动人民暴动的借口。对于由国家规定并视为神圣的习俗他们应该充满敬畏，同样，他们也应该尊重政府以及政府的成员和保卫者。"①

叶卡捷琳娜二世推行"启蒙"政策的目的是培养和创造"新型人群"，即他们是有教养的且奉公守法的人，同时，他们对专制政权的忠诚"并不是因为害怕，而是发自内心"。在教育领域，为了培养恭顺的国民，专制政权常常会施加些许的关怀，这是他们教育政策的典型特点。毫无疑问，叶卡捷琳娜二世和她的幕僚们（Г. Н. 捷普洛夫、U. U. 贝茨基、E. P. 达什科娃）在教育领域取得了一些积极有效的成果。其中，她的主要成就是颁布了《沙俄帝国国民学校章程》，虽然在 18 世纪这部章程并没有得到贯彻实施，却为以后的教育立法活动奠定了基础。根据章程的规定，应该在沙俄帝国的领土范围内为普通学校建立完整的教育体系，确定学校的组织结构，设定教学科目，以及制定教学标准。章程并没有对教育设置任何阶层限制。但是，必须指出的是，等级性和等级制度是封建社会发展的必经阶段，对于所有的历史发展时期以及任何一个国家而言，这一阶段所得到的评价也都是不一样的。章程中缺乏对等级限制的规定并不意味着沙皇政府要消除这些差别限制，它只是表明，在不让国家受到损害的前提下，无法在教育领域中设置这些限制条件。沙皇政府制定这一政策的初衷并不是希望中下阶层的人民都能够接受教育，而是因为许多贵族并不希望自己的孩子在普通学校内学习，同时也是因为国家的发展急需有知识的人群。应该指出的是，这一政策的基础还是由彼得一世奠定的。

另外，无可争议的是，当时在俄国民族文化中已经出现了资产阶级元素和发展趋势，这既表现在文化所呈现的主题内容中，也反映在越来

---

① 　Цит. по：Кареев Н. История Западной Европы в новое время. Т. Ⅲ. С. 327.

越多的不同阶层民众表现出对文化不同程度的了解。但应该指出的是，这并不是由于专制政权的政策包含资产阶级特征而产生的结果，而是因为俄国社会正发生着深刻变革。18世纪头25年沙皇进行的改革保持了自己的作用和意义，并在此后的时间里确定了专制政权的政策目标。可以说，这一时期沙皇的改革政策不仅没有削弱，反而进一步加强了封建制度的基础。

18世纪俄国专制政权对经济、教育和科技的发展起到了一定的积极作用。他们建立了中央集权制政权，创建了与当时社会经济发展水平相适应的管理机构，为新生产力的发展开辟了广阔的空间。但是，专制政权支持新生产力的发展只是因为其暂时还没有威胁到封建制度的基础，相应地，文化思想的发展也被严格限制在狭小的、专制政权规定的意识形态框架内。在不远的将来，当封建关系面临危机时，专制政权必将丧失自己的发展能力，变成反动的力量和社会进步的绊脚石。

# 第二章
# 阶层与等级制度

M. T. 别利亚夫斯基

18 世纪，俄国还停留在加强专制农奴制时期，但事实上它已经步入封建关系开始解体的历史阶段。在 18 世纪最后 30 多年间，俄国社会中开始零星地出现一些资本主义元素，与之相伴的是，资本主义制度以及相关方式也正在形成。这些因素暂时还无法对沙皇俄国的经济发展及国内生活的方方面面产生决定性影响，但是它们标志着一个无法遏制的进程的开启，即社会开始积聚力量，为沙皇俄国进入封建农奴制的危机时代创造条件。

列宁曾指出，在奴隶社会和封建社会中，阶级的差别也是用居民的等级划分固定下来的，同时还为每个阶级确定了在国家中的特殊法律地位。所以奴隶社会和封建社会（以及农奴制社会）的阶级同时也是一些特别的等级。① 在指出了封建社会阶级结构的特点后，列宁还提到，阶层是阶级差别的一种表现形式。② 沙皇政权以法律形式强化了特权、权利、

---

① Ленин В. И. Полн. собр. соч. Т. 6. С. 311（прим.）.

② См.：там же. Т. 2. С. 476（прим.），475.

责任、义务和公务，导致了阶级差别的产生。并且，这些差别也是由对不同种类税款缴纳的金额和形式，以及是否免缴税款等情况决定的。

阶层团体出现在封建关系形成的过程中，并且，在它们产生及发展时，一部分阶层得到强化并壮大，另一部分则消失了，又出现了新的阶层取而代之，还有一部分阶层则分化成不同的独立的阶层团体。鉴于此，在封建社会结构中存在两大对立阶级，即统治阶级和被压迫阶级，阶级矛盾更加复杂和尖锐。

在俄罗斯法典、各项契约、宗教文献、御赐诏书等各种不同的文件，以及 1497 年和 1550 年颁布的法典，特别是内容更加全面细致的 1649 年《会议法典》中，有关阶层差别的规定可以信手拈来。但是，在 17 世纪末的俄国，对于任何一个阶层、团体和其他不同类别的组织来说，既没有为它们设置常规的固定组织机构，也没有从法律角度对它们的特权、权利和义务做出明确规定。在这一时期，统治阶级加强了对自身的清理和整顿，一方面，强化了阶级的封闭性；另一方面，决定将一些服役人员和公职人员（根据等级设置）从统治阶级中剥离出来。这是因为，向这些服役人员和公职人员征税有利于增加国库收入，并且还需要向他们征收宫廷税，所有这些都加快了他们向赋役阶层靠拢的步伐。[①]

17 世纪俄国城市居民的组成成分是非常复杂且不匀称的。在乌拉尔地区和西伯利亚地区的许多城市，以及在贝尔戈罗德地区和伊久姆地区的城市中几乎没有或很少有从事工商业活动的人群，射击军、炮兵、显贵、城市哥萨克以及其他一些低等级服役或公务人员构成了这些地区城市居民的主体。俄国中部和其他一些比较古老的城区都有规模较大的工商业区，而其中最富裕的一批人位于商业阶层的最上层。

繁华的莫斯科及其热闹的中心商场，同时还包括上百名身穿呢绒制

---

① Новосельский А. А. Феодальное землевладение // Очерки истории СССР. XVII век. М.，1955. С. 139–147.

服的人就是鲜活的例证，这百人拥有受到专门文件保障的非常大的权利和特权。但是，这个封闭的群体必须承担极为沉重的国家公务，如海关、国家贸易、企业和货币铸造，所以许多富有的商人都极力避免被列入这百人之中。

商人、手工工匠、普通工人和孤苦无依的人成为从事工商业活动的主要人群。根据自身财产状况他们分属于不同的阶层，法律并没有给他们规定明确的权利。这些人的共同点是承担国家赋税，国家以不同形式的公务活动和货币支付为名目向他们征收税款。贸易和工业领域的上层人物在从事工商业活动的人群中占据特殊的地位，他们剥削城市工人、无依无靠的人和其他下层城市居民，这些被剥削的人憎恨剥削他们的人，这一点在 17 世纪俄国城市爆发起义时呈现得淋漓尽致。17 世纪的俄国普遍缺少工艺车间，这导致城里的居民只能从事简单的手工制作和交易活动，因此，他们还不属于工商业阶层。并且，从 17 世纪下半期开始，城市居民的手工和交易活动也受到限制，这是因为国家开始立法使工商业阶层对贸易和工艺制作活动的垄断合法化。同时，立法规定，禁止从事工商业的人群迁移到其他城市或村庄，任意迁移将被视为逃窜，并将承担由此引发的一切后果。①

为了巩固专制制度和保护统治阶级的利益，专制政权充分利用了各阶层间的矛盾。恩格斯就指出过封建社会的这一特点，他强调，各诸侯阶级、低级贵族或骑士、高级和低级别的神职人员、律师、出身高贵的贵族、小市民和农民组成了非常混乱的一个群体，在所有方面，他们的需求既交织在一起，又彼此矛盾，每一个阶层都横在其他阶层的面前，并不间断地与其他所有阶层进行着或明或暗的斗争。②

---

① Смирнов П. П., Сперанский А. Н. Посадские люди // Очерки истории СССР XVII век. С. 198–220.

② Маркс К., Энгельс Ф. Соч. Т. 7. С. 348–358, 393, 433–438.

专制政权的主要目的就是维护和加强现存的封建制度，统治阶级的经济方式和政治立场，让被压迫阶级首先是农民对专制政权服从和恭顺。为了实现这些目的，必须在法律上认定等级制度。到那时，贵族的权利和特权不仅会迅速扩大，也会以法律的形式巩固下来，而贵族就会成为唯一完全享有特权的阶级和阶层，同时设立贵族阶层组织，并确定它们的职能。此外，同样需要确定其他阶层的权利和义务，对此，专制政权会为这些阶层的一些上层人物提供实质性的特权，但前提是不能触动贵族阶层的利益。最后，在确立等级制的过程中，还要在法律上确定俄国的普通民众（主要指农民）是没有任何权利的，尽管在封建依附形式上普通民众的阶层或类别间也存在很大的差别。

国家政权以法律的形式确定各个阶层在国家政治生活中的地位。关于这一点，列宁曾指出，对不同阶层地位的规定是统治阶级在政治和经济上的需求，是统治阶级意志的体现。[①] 等级制的确立一定会影响到俄国的发展方向、特点和形式，同时也会对俄国文化的特征产生影响，即加强了文化上的等级特征。

在法律上确立等级制的同时，沙皇专制政权还极力设置障碍以防止封建关系解体，并阻止资本主义生产关系得到发展。而当时，在欧洲发达国家资产阶级已经走到了台前，中世纪时形成的封建关系也只是苟延残喘，改变不了其夕阳西下的趋势。

在 17 世纪和 18 世纪之交，专制政权的主要任务之一就是把统治阶级联结成统一的阶级和阶层。例如，把地主的庄园地产同世袭领地联系起来，扩大地主的所有权，消除门第主义，同时还实行其他一些措施。在 17 世纪下半期特别是在 17 世纪末，专制政权开始起草和制定一系列法律文件，以便最终完成这一进程。

---

[①] См.：Ленин В. И. Полн. собр. соч. Т. 17. С. 164；Т. 32. С. 340.

贵族作为阶级和阶层，其成分也绝不单纯。首先，被列为贵族的是数量很少的特权贵族。他们拥有成千上万的农奴和大面积的土地，在政权及其统治机构中担任要职，在自己的领地上建有规模庞大的手工工场、宫殿和宏伟的庄园，在城堡内设有剧院和乐队，可以举办大规模的狩猎活动，拥有规模宏大的图书馆，收藏大量的名画和雕塑，并且，他们都具有很高的文化水准。其次，在贵族阶层中中产阶级贵族地主的比例要略大一些。与特权贵族相比，他们拥有数百名农奴和相对比较贫瘠的土地。众所周知，贵族地主的地位仅次于特权贵族，但他们却温和得多。最后，贵族阶层中数量最多的是领地较小或根本就没有领地的贵族。他们在经济上的发展潜力比较小，新的文化对他们的日常生活、习俗、生活方式和教育水平几乎没有影响。

1714 年彼得颁布的《一子继承法》对所有贵族地产规定了不受限制的继承权，从而消除了普通领地和世袭领地间的原则性差别。半个世纪后，在 1764 年，叶卡捷琳娜二世颁布敕令，使教会土地实现了世俗化。于是，土地所有权转到了国家手中，而曾经属于修道院管辖的农民转为国家农民，他们获得的另一个新的称呼为"经济农民"。同时，专制政权为了管理农民又设立了专门的国家经济委员会。

由此，贵族阶级和阶层拥有了对财产和农民土地的绝对控制权，这进一步加强了他们在社会经济和政治领域内的统治地位。[1]

在 18 世纪的头 25 年，专制政权开始清理整顿贵族阶级和阶层，清除他们之中的边缘阶层。1724 年，此前曾从事"旧役的人员"，他们属于低级官吏或小地主，现在被划入国家农民的行列，开始承担赋役和纳税的义务。小官吏中任军官以上级别的上层人物是例外，只有他们可以被列入贵族行列。

---

[1]　ПСЗ. Т. Ⅴ. № 3287, 5653；Т. ⅩⅡ. № 9267；Т. ⅩⅥ. № 12060；и др.

18世纪，俄国法律被普及到俄国领土的每个角落。专制政权利用一切机会积极向贵族们获得的新领地推广俄国法律，但这样做也不能保证他们获得坚实可靠的社会支持。所以，他们在波罗的海、立陶宛、白俄罗斯、右岸乌克兰地区保留或在法律上肯定封建主们（包括德国和瑞典出身的男爵以及波兰的大地主和小贵族）的所有基本权利和特权。在向沙皇宣誓效忠后，这些人可以进入统治阶级和阶层的行列。①

在左岸乌克兰地区，哥萨克族长们早在17世纪就把大部分土地控制在自己手中，并把自己同土地上的农民和普通哥萨克之间的关系变为封建依附关系。到了18世纪，无论是在土地占有规模，还是在所属农民的数量以及所有制特征等方面，哥萨克族长们都同俄国贵族并无差别。1783年，叶卡捷琳娜二世从法律上确定，开始在左岸乌克兰地区和乌克兰自由居民区实行农奴制；1785年，她又给予哥萨克族长们权力和御赐贵族的特权。②

18世纪90年代成立的黑海（库班）哥萨克的情况有些复杂，因为库班地区没有农民。族长们在这里拥有大量的土地，但是沙皇只是出于对为国家服役的奖赏，而把贵族称号赐给了个别族长代表。1802年，黑海地区哥萨克军队的军衔已经开始与俄国常规部队的军衔保持一致，并且，所有获得尉官以上军衔的哥萨克族长代表都可以自动获得贵族称号。③

18世纪，专制政权极大地扩大了贵族的权利和特权。它把贵族从赋税和兵役以及体罚和站岗放哨义务中解放出来，同时，赋予他们对属下的农民个体及其财产的全部管辖权，以及对辖区内农民不受任何监督的审判权和处治权。而贵族的财产权限也扩展到他名下所拥有的一切，包

---

① ПСЗ. Т. V. № 3819；Т. XXIII. № 17108；и др.

② ПСЗ. Т. XII. № 20508.

③ Там же.

括土地、森林和河流等。

18 世纪下半期，沙皇俄国的各县和省逐步设立了以等级制为原则的贵族会议。贵族会议在很大程度上可以吸引贵族参加社会活动，尤其是那些在贵族中等武备学校或贵族寄宿学校以及大学接受过教育的贵族。当时，专制政权已经把各县的实际权力和管理权都移交给了由县贵族会议选举出来的贵族。因此，各县和省的贵族阶层领袖就具有了非常大的影响力。而各县城的主政者都是由贵族且通常为退伍军官的贵族担任。同时，只有贵族才能出任议员、各委员会的主席和副主席、各委员会的成员、各厅的主任以及其他权力机构的领导等职位。另外，省长、副省长、检察长和法院院长等职位只能由贵族担任。

为了组建常规军队和海军舰队，建立庞大的官僚权力机构，加速发展工商业，研究俄国的领土和资源，解决重大的外交问题，改变俄国在国际关系中的角色和地位，沙皇专制政权不仅需要统治阶级作为它的社会支柱，也需要他们去完成上述这些任务。因此，国家需要那些受过良好培训的贵族来承担国家公务。1722 年颁布的《官秩表》规定，决定贵族官衔与地位的不是他们的"类别和等级"，而是他们所承担的国家公务和工作是否合格，或是否获得过功劳。《官秩表》强调，即便是大公的儿子，"在他们还没有为我们（指的是沙皇）和国家做出任何贡献或取得任何功绩的时候，他们也不会获得任何等级的官职"，同时，当有人"通过服役（指军事工作）获得了尉官职衔，他本人却并非贵族出身，那么他本人及其在任职尉官期间所生育的孩子都将获得贵族的待遇"。[①] 所以，任何贵族在开始从事国家公务时都是"没有官衔"的，只有当他们在军队和舰队上的工作以及在文职或御前内侍工作中做出成绩时，才可以依据《官秩表》规定的 14 个等级的官衔得到晋升，有权获得"与官衔相符

---

① ПСЗ. Т. Ⅵ, № 3890.

的一切待遇，如盛装、马车和制服"。最低的 6 个等级（14~9 级）统称为"尉官"，非贵族军人只要获得最低的、14 级尉官职衔——准尉，他就可以成为世袭贵族。接下来的 4 个等级（8~5 级）被称为"校官"。在文职工作中，非贵族人员要想获得世袭贵族的封号就必须获得八品文官的职衔。最高 4 个等级的军衔和文职官衔（4~1 级）为"将官"，从陆军少将、海军少将、五级文官起，最高为陆军元帅、海军元帅和二级文官。类似的品级同样应用于御前内侍的官衔上，但是能够在这一类官职上获得晋升的通常都是特权贵族的代表。

在升迁问题上，专制政权用适用原则取代原来的血缘和贵族优先的原则，这只是在表面上符合了资产阶级的升迁原则。实际上，贵族获得尉官职衔只需要 1~2 年的时间，而其他阶层的人却需要先用 4~10 年的时间获得中士衔，然后再用 6~15 年的时间获得准尉衔，并且前提条件是在所有这些年间他不能受过任何"罚款和惩罚"。另外，当时开始广泛推行的措施是，在贵族的孩子还很小的时候就为他们登记，把他们列入军队的团级单位。这些孩子可以继续留在家中，跟着私人家教或在寄宿学校学习。但从登记之时起，他们就已经开始服役，在此期间他们将被培养成中士或尉官。

彼得·格利尼奥夫（A. C. 普希金的小说《上尉的女儿》中的人物）还在出生前就被列入了谢苗诺夫斯基团，被算作中士，对他的描述是正处于"毕业前的休假状态"。但事实上，"他还是个小孩子，整天就知道追逐鸽子，或在院子中与小伙伴们跑跳嬉闹"。在他 16 岁时，父亲将他派到奥伦堡服役，在那里，这个青年很快被晋升为准尉，这种情况在当时很普遍。

贵族特别是显赫和富有的贵族子弟在官职晋升方面由于可以享受所有的优惠待遇而显得格外顺利和轻松。至于非贵族子弟，专制政权在 18 世纪的第二个 25 年，特别是在 18 世纪下半期颁布了一系列密令和规则，对他们的晋升设置障碍，或直接禁止他们晋升，因为得到官职意味着这些非贵族子弟可以获得世袭贵族的权力。在军队中服役的则是例外。在军队中，贵族最不愿意参加普通士兵的日常训练。于是，这项责任就落到了士官和排长的身上。这些职务一般由非贵族承担，他们在经过长时间的服役后会被晋升为准尉或是少尉。尽管表面上他们获得了贵族的称号，但实际上他们仍然处于非贵族状态，因为他们徒有军官的职衔，却既没有土地，也不拥有农民。《上尉的女儿》中的贝尔戈罗德要塞司令的身边"一共也只有一个女洗衣工——帕拉什卡"。

18世纪末，一半的贵族人口没有领地或领地很小，相应地，他们的生活来源也并不依赖于收取地租，而是依靠在军队中服役或从事文官工作所获得的薪水。

18世纪前夕，大部分贵族还是没有多少文化的人，并且，他们之中的许多人也没有强烈的学习愿望。在这种情况下，沙皇政权以服兵役、禁止结婚、没收财产来威胁年轻贵族使其出国学习，在那里他们要学习造船、航海和军事工程技术，以及建筑和外交知识。到了18世纪下半期，贵族阶层才开始明白和理解，只有接受教育才能保住自己统治阶级的地位，才能保证自己在仕途上快速升迁。

18世纪初，许多外籍医生、法律学者、冶金工作者等各行各业的专家受邀来到俄国工作。当时的学校还掌控在教会手中，它们始建于17世纪，以莫斯科的斯拉夫-希腊-拉丁学院和基辅莫吉拉学院为模板，但这样的学校无法培养出国家急需的人才。因此，沙皇政权在莫斯科开设了"数学和航海科技学校"，其后来又变更为海军学院，只招收贵族子弟。1731年，沙皇政权创建了陆军贵族中等武备学校，专门培养军官和文职精英，之后又陆续建立了海军、工程兵、炮兵和贵族子弟军官学校，以及各部直属的士官学校。

当时，贵族中学已经被纳入莫斯科大学的体系。在大学读书的贵族学生并不多，并且他们中的大多数人还没毕业就已加入军队或去从事文职工作。这种情况直到 18 世纪最后 25 年才发生改变，当时在莫斯科大学法律系念书的贵族学生开始多起来。这是因为，如果能够在法律系顺利毕业，他们在从事文职工作时可以直接获得《官秩表》中规定的 10~9 级的官衔。此外，相当多的贵族子弟在喀山中学学习，因为在伏尔加河和乌拉尔地区还没有开设任何适合他们这一等级阶层的学校。

在 18 世纪最后 25 年，俄国国内已经建立了大量的贵族寄宿学校，其中第一个建成的学校是直属于莫斯科大学的贵族寄宿学校。在这所学校高年级就读以及毕业的学生，可以自己选择听一些莫斯科大学的课程或者直接成为大学生，这样一来提高了贵族学生在大学生中的比重。在 18 世纪下半期，贵族出国的人次（主要是特权贵族阶层）逐渐增多，但是，这与去国外大学进行系统性学习没有什么关系。到 18 世纪头 25 年的末期，特权贵族和比较富裕的贵族家庭比较流行聘请教师、私人男家教或女家教，并且，这些教师通常是由外国人担任。①

应该说，上述这些举措促进了俄国贵族文化水平的提高，改善了他们的日常生活条件，改变了他们的需求和生活方式，总之，对俄国文化的发展起到了实际的作用和影响。

同样，对于 18 世纪俄国贵族而言，建筑的发展也与他们权力的改变、生活方式和日常生活的变化，以及自身统治地位的加强密切相关。在这一时期，政府机构大楼、宫殿、特权贵族的私邸、庄园、公园，如冬宫、皇村、彼得戈夫宫、塔夫利达宫、А. Д. 孟什科夫的宫殿、库斯科沃庄园、奥斯坦丁诺庄园、各省城的贵族会议大楼，以及 В. В. 拉斯特列里、Д. 科瓦连基、В. И. 巴热诺夫、М. Ф. 卡扎科夫、Е. И. 斯塔罗夫、Н. А. 李沃夫的杰作都是俄国乃至世界建筑发展史上的标志性成就。同

---

① 关于 18 世纪俄国教育发展情况的内容详见本书的"学校与教育"部分。

时，如果在这些宫殿、私邸、庄园、政府大楼中没有装饰 И.Н. 尼基金、Ф.С. 罗科托夫、Д.Г. 列维茨基、В.Л. 鲍罗维科夫斯基、И.П. 阿尔古诺夫的肖像作品，А.П. 罗先科、Г.И. 乌戈留莫夫的画作，Ф.И. 舒宾、Ф.Г. 高尔捷耶夫、М.И. 科兹洛夫斯基的雕塑作品，没有要塞剧院和号角乐队，没有图书馆以及其他众多既与贵族新的生活方式，也同俄国文化发展相关的事物，简直让人无法想象。另外，必须指出的是，所有上述人物和事物都是当时贵族阶级最优秀的代表和成就，他们为俄国文化和社会政治思想的发展做出了巨大的贡献。

从法律角度对贵族的界定极大地扩大了贵族的权利和特权，不仅加强了他们在国家社会经济、政治和文化生活中的地位，也使"最高尚的"阶层——贵族阶层同其他被视为"下流的"阶层，或者是奴隶阶层对立起来。有些时候，这种对立直接体现在一些琐碎的小事上。例如，乘坐四轮马车是贵族独享的权利（而在 18 世纪末，才开始提供四轮马车给一等商人享用）；1762 年，《贵族自由宣言》颁布后，贵族拥有了专门的服饰和帽子，从外表上同其他阶层有了明显的差别。如此一来，贵族在对待其他阶层及其传统、创作和用语时，总是抱以高傲和蔑视的态度。另外，学习法语、崇尚法国的时尚与生活方式成为俄国贵族阶层越来越狭隘的典型特征。在这种情况下，大部分俄国贵族只是极为肤浅地模仿法国文化及其贵族日常生活的表象，如法兰西贵族不顾法国大革命日益迫近的现实，还在恣意狂欢享受"在瘟疫时举办的盛宴"。Н.И. 诺维科夫曾写道："我发现，我们所有年轻的贵族，当他们在别的国家旅行时，他们得到的信息永远是那里的人们是如何穿戴的，是如何娱乐活动的，或者是关于当地人的丑闻，他们中却很少有人知道，旅行的终点和目的到底是什么。我从没听他们任何一个人讲过，他们是如何记述当地人民的风俗习惯和法令、其他一些有益的制度以及能够使旅行变得更有意义的事情。我完全不喜欢这样的旅行方式，与其毫无意义地旅行，尤其是还可能损害到自己祖国的声誉，不如不去。"①

1765 年颁布的《关于酿酒业的章程》对于巩固贵族阶层的经济统治地位具有实际的意义。章程的第一章宣称："授权允许所有贵族及其家族从事酿酒业，其他人则没有这个权利。"② 由此，对酿酒产业的垄断极大地提高了贵族的收入，同时也扩大了粮食生产和交易的规模。

拥有世袭领地的贵族运营的手工工场使用的是免费原料，并且可以强迫农奴农民进行无偿的劳动，这极大地提高了贵族的收入，同时也吸引他们加入商品货币关系中。应当指出的是，1767~1768 年贵族议员在新法典编纂委员会上提出了一系列委托书，并进行了针对性的发言，其中心意思是贵族不仅对土地和农民具有垄断权，也有权处理和农业经济有关的原料问题。对于这一问题，雅罗斯拉夫尔县的贵族委托书通过援引《关于酿酒业的章程》进行了解释说明，内容指出，之所以授权贵族垄断酿酒产业，是因为"生产酒的原料的土地是属于贵族的"，所以以此推断，"使用亚麻、麻和其他当地经济作物的工场也同样属于贵族"。③ 于是，谢尔布霍夫斯基、塔鲁萨、奥博连斯克等县的贵族认为必须给他们授权，以便他们能够在自己的领地上运营"这样的工厂或手工工场"，而不必去征得工场委员会的许可。④ 在同对此问题持坚决反对意见的城市议员接触后，贵族议员们被迫放弃了对酿酒生产领域的垄断要求，但同时，他们也坚决拒绝了商人们提出的同样的垄断要求。当时的一位思想家、大公 M. M. 谢尔巴托夫在自己的发言中指出，手工工场不是什么别的事物，"它只是把最原始的原材料加工成物品"。在俄国，"这些最原始的物品要么来自农耕生产，要么来自经济生产"。所以，必须让贵族们理解，"他们作为土地的自然拥有者，至少应该接受与商人们平等地运营手工工

---

① Сатирические журналы Н. И. Новикова. М. -Л. , 1951. С. 212.

② ПСЗ. Т. ⅩⅦ . № 12448.

③ Сб. РИО. Т. 4. С. 30.

④ Там же. С. 424.

场，共同生产出俄国的手工制品……所有种类的、制作俄国产品的手工工场都应该既允许贵族运营，也允许商人运营"。① 因此，在这一时期，在世袭领地经营手工工场已经成为农奴制经济体系不可或缺的一环，手工工场的数量在整个 18 世纪也一直在持续增长，但实际上从 18 世纪中期开始，手工工场在俄国工业中的比重越来越小。

俄国专制政权推行的等级政策一方面使封建主团结成统一的阶级和阶层，另一方面，它也促成了被压迫阶级——农民的团结。

当时，俄国农民占国家总人口的 90%，是由不同类别的阶层和团体组成的。其中，地主农民的数量占一半以上，另有 40% 由国家农民和宫廷农民组成，与前二者相比，宫廷农民的数量要少得多。所有农民都被束缚在土地上，承受着来自地主、专制农奴制度、农奴制权力和管理机构以及封建法庭的剥削和压迫。但对于不同阶层和类别的农民而言，压迫的特点也是不同的，他们缴纳地租的数量和形式，包括他们的义务和权利都是不一样的，甚至根据农民聚居地的划分也能呈现出差别。

1649 年《会议法典》在法律上实现了农奴制度合法性，保证了封建主对农民个体的拥有权，把农民永久束缚在土地上，规定了封建主有权无限期追踪和讨回逃跑的农民及其后代。18 世纪，一系列诏书、命令、规章以及其他法律文件的颁布最终促使俄国农奴制采取了更加粗暴的形式，用列宁的话来说，"同奴隶制并没有什么区别"②。

人丁税，是指所有男性农民不分年龄大小和劳动能力强弱都必须缴纳的税，这极大地提高了农民的赋税数额，但有利于国家收入的扩大。同时，贵族可以利用征召新兵的制度派不听话的农奴去当新兵，从而使属下的农奴对自己保持敬畏和恭顺。18 世纪 60 年代陆续颁布了一系列的立法文件，极大扩展了贵族对属下农民的管辖权限。1760 年，伊丽莎

---

① Сб. РИО. Т. 8. С. 106，107.
② Ленин В. И. Полн. собр. соч. Т. 39. С. 70.

白·彼得罗芙娜的敕令授权地主可以将自己的农奴发配到西伯利亚，而到了 1765 年，根据叶卡捷琳娜二世的敕令，地主可以发配农奴去做苦役。[①]

1763 年，叶卡捷琳娜二世颁布的敕令规定，"那些脱离了所属贵族和地主的农奴，在犯下许多恣意妄为的罪行后"，"必须对他们施以惩罚"，并且，他们还必须为因驱逐他们而产生的军事命令支付一切费用，"这样才能使他们变得更加警醒"。[②] 参政院的报告阐述了这一敕令的合理性，指出农民"已经习惯了来自主人的最严厉的惩罚"，惩罚队的讨伐对他们已经没有什么效果了。最终，根据叶卡捷琳娜二世于 1767 年 8 月颁布的敕令，任何农民对自己所属地主的抱怨都将被视为国家罪行，因此，谁口出怨言，谁就将受到最严厉的惩罚以及被流放做苦役。[③] 由此，贵族就成为拥有无限权力的法官，他们对农民施加的行为不受国家权力机构、法庭和管理机关的监控。

的确，地主没有权力杀死农民，但残酷的惩罚措施常常会造成农民的死亡，多数情况下专制政权对此都是睁一只眼闭一只眼。即便农民的死亡偶尔引起了当权者的关注，法庭也会对触犯法律的贵族"宽大处理"，哪怕他不是来自显赫的贵族家庭。例如，乌拉尔地区的一个下层山地官吏是一个领地很小的贵族，他的妻子高尔捷耶娃用鞭子抽打了侍候她的女仆安娜·特洛菲莫娃，因为女仆打碎了她的一个瓷碗。然后，这个下层小官吏的妻子命令把已处于昏迷状态的被扒掉了衣服的女孩扔到家里的门厅，就这样这个女孩在 1 月的严寒中躺了整整一个晚上。到了第二天早上，下层小官吏的妻子又派这个"拖着沉重的病体、赤着脚、只穿一件衬衣的女孩去河边"清洗带有血污的衬衣。但是，安娜·特洛

---

① ПСЗ. Т. ⅩⅤ. № 11166；Т. ⅩⅦ. № 12311.

② ПСЗ. Т. ⅩⅥ. № 11875.

③ ПСЗ. Т. ⅩⅤ. № 11403；Т. ⅩⅥ. № 11687；Т. ⅩⅦ. № 12316, 12633, 12648；и др.

菲莫娃只走了几步，就倒在雪地上，"很快地死掉了"。对此，参政院认为，小官吏妻子的"惩罚并没有造成女仆的死亡"，即"她不是被殴打致死的"，"很明显她是被冻死的"，而这只能说是上帝的意愿了。鉴于此，对小官吏妻子的惩罚仅仅是监禁一个月，并要她做出忏悔和签署一份协议，承诺以后"不再对自己的下人进行粗暴的惩罚"。叶卡捷琳娜二世肯定了参政院的处理意见，但认为签署协议的做法是多余的。[1]一名女监所长被法律委员会判处死刑，参政院把死刑改成了做苦役，而叶卡捷琳娜二世最终判定把这名女监所长投入修道院监狱服刑。当时，根据叶卡捷琳娜二世的命令，女监所长们可以折磨甚至打死农民，但一位乡村牧师如果埋葬了被折磨致死的农民，则会被残忍地处以鞭刑或被永久流放做苦役。又如，沃洛格达地区某个地主在一次醉酒后的狂躁中杀死了别人的农民，叶卡捷琳娜二世在严厉惩罚他时给出的理由是："让他继续做贵族吧，他已经因为某次同农民一起酗酒这样不体面和卑劣的行为玷污了自己的名号。"在这里需要补充一下，1801年，那名被投入修道院监狱服刑的女监所长被赦免，同时恢复了她的贵族称号和领地，当她死去时，在她的墓地上竖起了一座大理石三脚架，上面挂满了桂树枝编成的花环。[2]

专制政权在法律上保障了贵族对属下农民拥有无限的权力，这是农奴制得到广泛推广的前提条件，特别是在18世纪下半期出现了最让人感到沉重及最令人生厌的情况，即贵族和地主可以单个出售农民。这是真实存在的奴隶交易：农民的孩子们被贩卖，被迫与自己的父母分离。在各大报纸上也经常刊载售卖公告，其中的一行就列举了马匹、敞篷马车、家具以及奴仆。一些比较大的地主常常会派人到马卡里耶夫市或其他专

---

① Вестн. Моск. ун-та. Сер. История. 1963. № 6. С. 52, 53.

② Вестн. Моск. ун-та. Сер. История. 1963. № 6. С. 52, 53；Белявский М. Т. Крестьянский вопрос в России накануне восстания Е. И. Пугачева. М. 1965. С. 155–157.

门售卖牲口和女仆的集市，在那里将要被售卖的女仆用绳子捆绑双手，拴在马车旁。同时，贵族和地主们可以在集市上用农民交换敏捷的狗和马匹。所有这些行为在专制政权机构看来都是正常的现象。并且，当时的法律并不禁止买卖农民，只是建议不要将三岁以下的孩子同母亲分开交易。其理由在于，如果没有了妈妈，这些小孩子通常就活不下去了，对国家来说，这等于失去了人丁税的来源，对地主来说，则失去了可以服劳役的劳动力。在整个18世纪只颁布过一次关于售卖农民问题的命令（1773年2月21日），但它看起来只针对农奴。这份命令指出，叶卡捷琳娜二世了解到，贵族和地主由于债务问题拍卖领地时，他们是会出售农民的，同时出售的还包括土地、建筑物、家具以及牲畜。因此，命令特意声明，这种做法违背了上帝和人类的原则，在这位睿智、宽容的"祖国母亲"的治理下是不允许发生这样的事情的，为此，女沙皇特意下达了书面命令，规定以后"在售卖农民时禁止使用木槌拍卖的方式"①。

18世纪初，俄国已经不存在农奴阶层了。但是，无论在个人地位，还是在具体用途上，贵族和地主家庭中数量众多的仆人都非常接近农奴阶层。而贵族和地主阶层认为，这些仆人来自依附于他们的农民家庭。

在商品货币关系不断发展的情况下，贸易、手工制作业、捕鱼业，以及农民外出打短工和地主开设的手工作坊都得到了快速发展，这种情况在俄国中部的非黑土地地区尤为普遍，促使农民在自己的劳作中加入了捕鱼、手工制作和小商品交易等作业种类，并使贵族和地主认识到，这些是可以扩大代役范围的。同时，地主一般很少允许农民登记注册从事商业活动或到加工厂工作，如果允许，则意味着他们要收取数百或数千卢布的赎买费用。

18世纪俄国的社会经济发展和日常生活方式已经发生了巨大的变化，

---

① ПСЗ. Т. XIX. № 13950.

深处这些变化中，贵族越发感受到对有文化农民的迫切需求，比如管家和伙计、书记员和有文化的仆人。而大贵族阶层需要自己的奴仆中有演员，以及懂音乐、绘画、建筑设计、园艺、镶地板等各种不同技能的"专业人员"。于是，随之出现了有文化的农奴，他们的生活状况常常很艰难，命运也很悲惨。实际上，有文化农奴的出现是贵族领地发展演变的需要，而农奴们则必须满足贵族领地上出现的一切需求。

但是，贵族阶层普遍认为没有必要让所有农奴农民接受初级教育，并且认为这样做是有害的。1768 年 5 月，在法典编纂委员会会议上展开的大辩论就充分证实了这一点。在会上，下诺夫哥罗德农耕战士代表 И. 热列布佐夫提议，"应该教孩子们学习学校的知识，这可以在日后为社会带来巨大的回报"。但是，许多贵族议员代表立刻起身抨击和指责他。C. 柳巴弗采夫声称，И. 热列布佐夫 "提出了不体面的要求，使自己的称号蒙羞"，因为 "对于庄稼人来说，学校就是教他们的孩子学习耕作和做其他家务活儿的地方"。如果 "让他们在小孩子的时候就投身科学"，"那对社会没有丝毫好处，除了坏处，什么都不用指望"，因为他们会沉迷于 "撒谎、挥霍、懒惰以及偷窃等不良行为"。所以，"完全不应该为农民建立学校"，他们的孩子也不应该 "学习科学知识"，"如果谁想学" 就让他学学识字吧，那也不需要为此专门建立学校。

奥博扬地区的贵族议员 M. 格拉佐夫又进行了补充发言，他认为，如果把农民的儿子都送去上学，那土地就没有人打理了，妇女和儿童也就不会有食物，国家则可能损失数百万卢布的人丁税。贵族决不能提议为农民建学校，而是 "应当建议农民每到礼拜天或节假日不劳作时去教堂做礼拜……这样他们就不会有时间去做偷窃或是抢劫的事儿，而是在教堂进行忏悔和领取圣餐"，这样对农民就足够了，"甚至国家也不会因此而破产或蒙受损失"。

事实上，也有贵族议员代表支持 И. 热列布佐夫的提议，如来自谢尔佩伊斯克县的 A. 斯特罗甘诺夫和克林斯基县的 Π. 奥尔洛夫。但是，他们的支持只局限于一点原因，即"教育的目的只是单纯向我们展示对上帝、君主和社会的责任"，因为，农民的"野蛮和无知"会导致"他们杀死自己的主人，这是可悲的和耻辱的"。[①]

地主的议员代表坚决推翻了为所有农民孩子建学校的提议，更何况这还需要他们花费金钱。贵族特别是大贵族和特权贵族有对一定数量的识字农民的需求，他们把自己的农奴送进学校学习。18 世纪 80 年代，俄国建立了一批小规模的学校，大部分学生是农奴农民的孩子，他们都是地主派到这里学习的。这种情况持续了一些年，之后，在学校里学习的农奴孩子的数量大幅减少。[②] 一些地方的大地主建立了一些小的学校，专门为自己的领地培养识字的仆人和管理人员。在某种程度上，这些做法提高了农民的识字率，也使新文化的某些元素渗入农民的生活中，但过分夸大农民的识字水平和文化水平则缺乏必要的依据。并且，专制政权已经通过立法确定农奴农民是没有任何权利的，而地主对他们个人及其财产则拥有无限的权力，突出了"高雅的"贵族阶层和"无知的"农民阶层间存在巨大的差别，这就导致在贵族们新的生活方式中农民看起来就是格格不入的人，并且对贵族们充满了仇恨。所以，农民阶层极力保持自己传统的生活习惯，并在一些民间文化创作中表达和汲取自己的精神财富。

耕种国家土地的农民（在 1724 年敕令颁布后，他们被称为"国家农民"）被束缚在了土地上，并要缴纳封建地租，但不是向地主缴纳，而是交给国家。他们的确拥有一些地主农民没有的权利，但事实上在面对自己的主人，即专制国家时，他们是完全没有任何权利的。同时，在整

---

[①]　Сб，РИО. Т. 32. С. 400，411，412，457，520-522，533，534.

[②]　История Москвы. М.，1953. Т. 11. С. 481；Вестн. Моск. ун-та. Сер. История. 1959. № 2. С. 112-114.

个 18 世纪，大部分国家农民和奴仆都可以被赏赐给贵族，也可以被随意出售或被列为工厂的劳动力。与地主农民相比，国家农民有时呈现出一些本质上的差别，他们可以被划分为一些不同的类别和团体，且都有自己的特点。

18 世纪初期以前，在早已被开垦过的中部地区实际上缺少国家农民，这一群体主要集中在俄国的欧洲部分、西伯利亚、乌拉尔地区和伏尔加河流域的部分地区。他们向国家缴纳的封建地租以货币形式为主（人丁税的一种补充形式），最初是 40 戈比，到 18 世纪末这一数额几乎涨了 10 倍。确实，应该考虑到货币汇率变化的问题，在整个 18 世纪俄国货币"便宜了很多"，但农民缴纳的货币税的涨幅明显超过了货币贬值的速度。同时，另有许多种不同形式的义务补充到货币地租中，国家农民必须无偿或以比雇佣工人低 50%~80% 的薪酬履行这些义务。例如，国家农民需要完成驿站或水下运输的任务，通常他们要运送国家的货物、军人、信使、地方权力机构的代表；要赶着马车或驾驶平底船（在小河中行驶的平底小船），载着粮食转运数千里至科雷万湖—沃斯克列先斯克和涅尔恰的工厂或矿山，以及雅库特和科雷马地区；要修建公路、桥梁、渡口；要维护军队的营地，保障他们的饲料、粮食等给养。而国家农民履行类似义务所需的花费，特别是在西伯利亚和欧洲北部地区的费用要高出其所缴人丁税的 3~4 倍。除此之外，还有各种各样体系内的苛捐杂税，以及需要交给军队长官、行政官僚和商船队头领的贿赂。与地主农民不同，国家农民可以变更或出售自己的土地，但前提是买家必须同意继续履行所有的国家义务。总之，国家农民有机会从事手工工场的工作或进行商业活动；地主不能干涉他们的家庭生活，他们也不用每天为可能遭到惩罚或被出售而担惊受怕；最后，他们独立从事经营活动的机会要比地主农民大得多。

1764 年以前，修道院农民与地主农民在地位上的差别只有一点，即他们是由修道院而不是地主来掌管。但这不是私人所有制，而是封建所有制下的小团体管理形式。教会土地世俗化开始将修道院农民转变为国家农民的一个类别，即经济农民。以前，修道院土地的耕作是通过让农民服劳役完成的，而在教会土地世俗化之后土地转移到农民手中，毫无疑问，这改善了农民的地位和处境。总体上，俄国北方和西伯利亚地区的经济农民和国家农民的地位是比较相似的。

处境与上述不同类别的国家农民比较接近的是缴纳毛皮贡税的贡民，他们聚居在伏尔加河流域和乌拉尔地区。在那里，毛皮贡税逐渐被人丁税取代，并建立了成体系的管理机构、法院和全俄立法机构。同时，到处充斥着不合法的苛捐杂税和贿赂现象，当然，最直接且最过分的掠夺来自沙皇政府。18 世纪前夕，生活在这些地方的非俄罗斯民族社会经济发展水平还很落后，他们以父权制关系为主，一些民族只是拥有土地，在经营方面占主导地位的是捕鱼业和畜牧业。

18 世纪，专制俄国创造了新的国家农民类别——国有农民。于是，来自乌拉尔山区及其周边地区，以及外乌拉尔和西西伯利亚地区的大部分农民被划拨给工厂（主要是冶金工厂），这些农民必须在工厂做工以代替缴纳人丁税的义务。为此，沙皇政府为他们制定了劳动报酬标准——比雇佣劳动者报酬低 50%~80%。而农民在一年内去工厂做工数次，每次往往要来回奔波数百或数千里路，有时仅在路上就要花费两个月或更多的时间。但这段时间是不会算作农民的工作时间的，也不会给农民任何报酬。如果劳动工具，如斧子、锯、镐头等出现损坏，农民必须通过做工的形式补偿损坏工具的价值。除此之外，农民还常常面临罚款、惩罚等局面，以及来自工厂主、管事的人和做工师傅的各种严苛要求。如果把这些与为地主服役进行比较，只能得出更不好的结论，因为被强征做工的农民错过给地主服役的时间恰恰是农耕时间，在这段时间内，农民往往需要从事耕地、收割粮食和割干草等农活，所以，强征农民去工厂做工对农业经济造成的损失是无法挽回的。

同一时期，在黑土地和伏尔加河中部地段生活的农民中一些"旧时代服役官僚"的后代比较醒目，他们的祖辈、父辈都是根据国家需要被分配到这里的，其群体主要定居在图拉和贝尔戈罗德地区的防御地段——鹿砦线一带，另有一部分人在伊秋木斯克沿线居住。同贵族一样，根据服役的情况他们可以获得20～300俄亩的"林区领地"，表面上享受着贵族的部分权利和特权。但是，他们得到的土地是人烟稀少和未经开垦的，而且没有农民。所以，这里大部分土地拥有者都允许逃亡农民或其他背井离乡的农民定居在自己的土地上，并把他们变成自己的奴隶，到了18世纪，这些奴隶又成为农奴农民。同时，这些服役人员也逐渐转变为需要用自己的劳动保障生存的农民。到18世纪末期，在国家立法及其他文件中，他们被归结为一类人，统称为"独院小地主"，即依靠自己的院落生活的人。

表面上看，独院小地主保留了拥有农民的权力，但事实上30个独院小地主才共同拥有一个农奴农民。在地位和处境上，他们与不同类别的国家农民已经没有太大的差别。从18世纪初期开始，他们也需要缴纳人丁税和服兵役，实际上已经成为国家农民群体中的一个新类别。独院小地主中等级最低的是农耕战士，他们主要生活在伏尔加河流域中部地带和外伏尔加河地区，18世纪时他们被迁居到设有防御线和堡垒的地区，分给他们的土地面积相当于一个普通农民的份地，并且不再享有任何领主的权力。

宫廷农民构成了一个特殊的阶层类别，他们属于沙皇家族，同时，沙皇家族对他们个人及其财产拥有不受限制的权力。在这一点上，宫廷农民同地主农民的处境是一样的。在俄国的伏尔加河流域和中部地区，相当一部分宫廷农民在沙皇领地上不同种类的手工工场中工作。在剩下的人中，大部分人缴纳代役税并履行各种不同的义务，这并没有使他们越来越接近地主农民，而是更加类似于国家农民，但在绝大多数情况下他们履行的义务要略少于国家农民。应当指出的是，比起国家农民和地主农民，宫廷农民拥有更多的机会被列入商人阶层，或是从事手工工场活动。18 世纪，宫廷农民数量的补充来源主要是俄国新掠夺领土（黑土地带、乌克兰、白俄罗斯、克里木、外伏尔加河地区）上的农民，但他们的总数量增长很慢，因为很多本属于宫廷的镇、村庄和乡都被沙皇赏赐给了地主。同时，宫廷农民和各种不同类别的国家农民（除了经济农民）也成为沙皇随时赏赐给贵族的礼物。这一类赏赐是常有的，并在 18 世纪下半期达到了空前的规模。在此值得一提的是，在整个 18 世纪沙皇赏赐给贵族的宫廷农民和国家农民的数量总计超过百万，并且他们都转变为地主农奴。

18 世纪，教会和宗教仍是沙皇统治制度最重要的思想支柱。

宗教界根据经济和法律地位分为两个阶层团体：不结婚的神职人员（修道士）和结婚的神职人员（教区牧师、教堂助祭、诵读《圣经》的下级职员、教堂司事）。18 世纪 60 年代以前，前者是封建主阶级的重要组成部分，并且主教和修道院掌管着上百万的男性农奴和广袤的土地及林地。1764 年，教会土地世俗化以后大量的修道院被关闭或转为教区教堂，而在保留下来的修道院中修道士及其他修道院工作人员的数量急剧减少。

自从废除总主教、设立主教公会以及实行教会土地世俗化的改革之后，教会变为国家专制机构的一部分。所有不结婚的神职人员，从敲钟人和烤圣饼的人一直到大主教，他们的收入除了完成教会工作而获得的薪酬，还包括其他诸如举行洗礼、下葬、加冕等不同种类的仪式活动而获得的赏赐，每年可获得的总收入为 12～6000 卢布。

在世俗化改革后，教会第一等级的人员（主教和修道士）约占教会人员总数的 10%。教会人员的基本群体是修道士，他们主要由城市和乡村教区的教会人员组成，其生活来源也主要依靠自己教区的居民。宗教界的最顶层——莫斯科和圣彼得堡的大教堂的教士，以及其他比较出名且较为古老的大教堂的教士，如弗拉基米尔、诺夫哥罗德、大罗斯托夫、斯摩棱斯克等城市的大教堂，他们的薪酬都是由国库支出。普通教区的教士虽然不用缴纳人丁税、服兵役和遭受体罚，但他们完全处于地主、市长和警察局长的权威之下。

18世纪，教会对本阶层人员的进出管理愈加严格，在主教和修道士中贵族所占的比例大幅降低。同时，严厉禁止落发为僧的行为，并在服役阶层的已婚神职人员中选拔高级宗教教职人员。并且，国家也规定，要想被选拔为高级教职人员，宗教界人员的子女必须经过培训。在18世纪第二个25年，特别是在18世纪下半期，俄国每个省（大部分在1775年被确立为省）的主教辖区内都建立了神学院，这提高了教会人员的受教育水平。没有文化或由于懒惰和能力差而学习成绩不佳的人将会被送去服兵役，并被宗教阶层除名，或者被发配到国家工厂做工作人员等。但是，由于在神学院的学习是以死记硬背和经院哲学为主，这样培养出来的普通教会人员的道德和教育水平既无法让教区居民满意，也无法让教会高层和世俗社会的权力阶层满意。

一些学校在培养教会各级人员方面表现很突出，如莫斯科的斯拉夫-希腊-拉丁学院和基辅莫吉拉学院，谢尔吉耶夫三圣修道院和亚历山大·涅夫斯基修道院的神学校。在这些学校中，学生们了解并学习一些世俗社会的科学知识，一方面，利用其中的某些知识服务于教会和宗教的利益需求；另一方面，是为了推翻和否定那些与教会法规和教条相违背的科学知识。一些大教堂和大的修道院常常举办传道讲座，并会将讲座内容专门整理成文集出版。

在军队中引入新兵终身服役制，这促使军队形成了两个阶层类别，即军人和军人的孩子。当一个人加入了新兵团，就意味着他已经脱离了原来的阶层。他本人、妻子以及在他加入新兵团后出生的孩子不再是地主农民、国家农民和宫廷农民，也不再是小市民或者商人，而是一名军人或军人的孩子。军人的儿子自动成为士兵，与那些新兵相比，他们的军队之路是完全不同的。到了8岁，他们就会被送进士兵学校，并被培养成未来的士官，在那里他们将学习识字、算数、站队列和构筑工事。在18世纪第二个和第三个25年，如果贵族不愿去医科、采矿、"航运"等学校，以及大学办的学校或者是各类艺术院校学习，那么允许他们从军人的孩子中挑选有能力的"胆小鬼"去这些地方学习。可以说，在18世纪俄国科学和文化发展的所有领域中都有军人孩子的贡献。比如，值得记忆的包括 C. П. 克拉舍宁尼科夫、И. И. 波尔祖诺夫、А. Я. 波列诺夫和 М. И. 科兹洛夫斯基等许多把自己的名字永远刻入俄国文化发展史的人。18世纪70年代末期，随着贵族在社会生活中的角色和地位的日益强化，上文所提到的邀请军人的孩子去大学或专业学校读书的情况完全被禁止了。

在18世纪的俄国，领土、社会和经济方面的巨大变化对半特权服役阶层——哥萨克的地位和处境造成了比较大的影响。18世纪下半期，克里木汗国已不复存在，俄国取得了到黑海的通道，即从德涅斯特河至库班河。乌克兰哥萨克的族长们已经转变为封建领主，而农民和普通哥萨克则成为他们的农奴。位于乌克兰中部地区的军事营地——扎波罗热-谢奇已经没有了存在的必要。况且，它也威胁到在乌克兰第聂伯河左岸和斯洛博达地区农奴制的顺利推广。所以，1775年，军事营地扎波罗热-谢奇被取缔了，而从18世纪60年代起专制政权就陆续在乌克兰第聂伯河左岸和斯洛博达地区建立全俄权力和管理机构体系，从80年代起，乌克兰的族长们正式加入俄国贵族的行列。

虽然取缔了扎波罗热、乌克兰、霍贝尔斯克和伏尔加河地区的哥萨克人聚居区，但是专制政权绝没有完全清除哥萨克阶层的打算。由此，顿河和捷列克河流域的哥萨克被保留了下来，奥伦堡地区的哥萨克人口数量甚至增长了，在 18 世纪末期又创建了黑海地区（库班地区）哥萨克。当政权当局在新夺取的领土上大规模发展农奴制时，哥萨克阶层不仅保留了下来，而且成为半特权服役阶层，他们不用支付人丁税，并且享有许多权利和特权，其中就包括自治权，这个情况是很奇怪的。但是，应当指出的是，他们时刻处在沙俄军事委员会和其他国家权力机构的限制和严密监视之下。实际上，沙皇俄国专制政权是需要哥萨克的，作为非正规部队，哥萨克军队从不向当局索要军费开支，同时，它又像俄国常规部队一样，可以在骑兵序列中发挥重要作用。

专制政权保留哥萨克的目的是把他们视为一支军事力量，既能够成为专制农奴制的支柱，也可以预防农民战争的再次爆发，他们已经成为沙皇政权对付农民起义的急先锋和军事上的核心力量。鉴于此，在 18 世纪最后一个 25 年，哥萨克变为半特权的军事服役阶层，哥萨克族长们的官衔与俄国常规部队军官的官衔持平。从此，他们拥有了大量可以继承的土地、捕鱼的水域和其他林地及狩猎场，这极大地提高了哥萨克族长们的经济地位，并把他们转变为封建领主。同俄国贵族相比，他们利用不同的方式和方法收取封建地租。

正是沙皇专制政权采取的这些措施使哥萨克同无权、无地位的农民阶层对立起来，并逐渐成为专制政权剿灭农民暴动、起义以及镇压革命运动的重要打击力量。

18 世纪，市民阶层及其类别的人口数量仅占全国总人口的 3%。而事实上城市居民的数量要比这多很多，他们包括贵族家的仆人、手工艺人、进城打短工的农民、在纺纱厂和手工作坊工作的工人，还包括商人雇用的厨师、仆役、管家、护卫，以及官吏、小市民等。他们既没被列入城市阶层，也不被认为是市民。在 18 世纪的诸多领域，如日常生活、教育、世俗文化的普及方面城市各阶层都扮演了重要的角色。

1649 年颁布的《会议法典》从法律角度巩固了市民的一些权利和特

权，同时也把他们固定在自己的"城市份地"上。对于市民阶层，政权当局给他们设置了一系列向国库缴费的义务以及需要无偿对国家履行的义务。于是，在城市中形成了不完全享受权利的城市居民阶层。在 18 世纪头 25 年，这些人需要缴纳人丁税并服新兵役，同时，他们所要履行的国家义务的种类也在不断增多，规模在不断扩大。

沙皇政府和贵族明白在国内经济和对外关系中发展工业、手工业和商业的紧迫性，并且知道，没有那些富有的、掌握巨大权利和特权的商人阶层是不可能达成目的的。按照彼得一世的想法，"应该把这个零落的圣殿组装起来"。为了实现这些目的，沙皇政府在各个城市里都创建了地方机构——市政府和市自治机构。这些机构的工作人员由划分为两个等级的"正规市民"选出。第一等级包括"那些做大买卖的著名商人"以及一些富有的手工艺人——珠宝匠人和圣像绘画人，其他商人和手工业者构成了第二等级。剩余"所有只能靠做雇工和干粗活的下等人"被确定为"非正规市民"，他们是不能参加选举的，其权利同国家农民并没有太大的区别。①从 18 世纪初开始，从事对外贸易的商人以及拥有大型手工工场和工厂的商人逐渐凸显出来，并获得了越来越多的权利。他们可以从国库获得补助，可以把国家农民招入他们的工厂工作，个别工厂主还被允许售卖农民。当与国外企业竞争时，俄国政权当局通过设定高额的关税保护所有俄国企业主的生产活动。

1785 年颁布的《俄罗斯帝国城市权利和利益诏书》（也被称为《御赐城市特权诏书》）确定了商人阶层的等级权利和特权。诏书将商人阶层同其他城市居民的类别区分开，并把商人阶层划分为三个等级。每个等级的确定依据是商人们所拥有资产的最小规模，如第三等级最少拥有资产 1000 卢布，第二等级为 5000 卢布，第一等级为 10000 卢布，不同资

---

① ПСЗ. Т. Ⅵ. № 3708；Т. Ⅶ. № 4624.

产规模规定了不同等级商人所拥有的不同权利。第一等级的商人有权拥有工厂、纺织厂、海上船只，可以在国内和国外市场从事商品购买和销售的批发及零售业务，他们被允许"承包国家合同或替国家包收捐税"，同时解除他们为国家售卖盐和酒的工作，以及允许他们不再从事摊床买卖、征税、计量、警卫等工作，这些全都交给其他等级的市民完成。对第一等级和第二等级的商人不能动用体罚措施，并且，对于农奴制下人们的想法和生活方式呈现得比较有代表性的是，第一等级的商人竟然会抱怨"他们的权利仅限于偶尔乘四轮马车游览城市"。根据诏书的规定，所有等级的商人都不用再缴纳人丁税，取而代之的是他们每年需要向国家缴纳自己资产的1%，同时，他们也不用再服新兵役，只需按规定缴纳一定数额的费用即可。此外，第二等级的商人有权经营纺织厂和工厂，拥有在湖泊和河里行驶的小船，可以在国内市场上从事批发和零售贸易，可以"偶尔乘坐马车"环游城市，但不能是四轮马车。

第三等级商人可以拥有"一些纺织器具并生产手工制品，拥有且维护小型的河上船只"；"在城市和县城可以经营一些小买卖"，可以在农村集市向农民批量购买商品，然后再以零售的形式卖出；可以拥有小旅店、大车店和自己经营的浴池；有权乘马车环城旅行，但马车所套的"马匹不能多于1匹"；最后，第三等级的商人并没有摆脱体罚的惩罚措施。①

仔细研究不同等级商人的权利和特权后，应该注意的是，当商人陷于破产并无法支付等级税的时候，商人就自动脱离了等级，同时也丧失了他曾拥有的权利和特权。

18世纪，俄国商品货币关系逐渐开始渗透到农奴制经济的各个领域，国内贸易和对外贸易得到了快速发展，大型工场手工业规模也急剧扩大，到18世纪末期绝大多数纺织厂和工厂都归商人所有。鉴于此，俄国资产

---

① ПСЗ. Т. ⅩⅫ. № 16188. Разд. Е, Ж, З, И.

阶级的形成看起来似乎已经具备了良好的条件，但事实上，所有这些条件形成于农奴制经济占主导地位的时期，贵族的权利和特权不仅在不断扩大，还得到了法律上的保障和强化。在为商人尤其是其上层阶层提供了众所周知的一些权利和特权的同时，专制政权仅对不触及贵族权利及农奴制根基的方面做出些许让步，而恰恰是农奴制阻碍了俄国资本主义的发展和资产阶级的形成。

作为一个封建阶层，商人阶层已逐渐适应了现存制度，并学会利用封建剥削的方法。为了自身的利益，在这一时期商人阶层不会去反对农奴制，而后者正是创建雇佣劳动市场（这是加速封建社会解体、发展资本主义、形成资产阶级的必要条件）的障碍。

商人阶层表态支持纯粹的本阶层要求：加强商人对国内和对外贸易以及工业生产的垄断，禁止领地上手工工场的生产和农民进行的买卖交易。同时，他们坚持补充一点，即不是只有工厂主才有权贩卖和掌握农奴农民，从事商品贸易的商人也应该拥有这一权利。商人代表们正是在法典编纂委员会上提出了这些要求。"如果不是自己拥有农民的话，纺织厂和工厂的厂主们无论如何也不可能让自己的工厂不断扩大规模，或让生产始终处于良好的状态，因为自由人永远不会像国有农民和农奴那么听话……所以，在不拥有农民的情况下想让工厂生产维持最好的状态是不可能的"，——科斯特罗马地区的商人们在提交给纺织厂厂主代表 В. И. 斯特里加列夫的委托书中这样表示道。之后，在谢尔佩伊斯克地区的商人们呈交给工厂主代表 P. A. 格林科夫的委托书中，这个要求得到了进一步强调。他们在委托书中指出，"如果没有农奴绝不仅仅"会导致工厂无法扩大规模，甚至它都不能维持正常的生产秩序，因为它需要"众多经过培训的具有相当工艺水平的手工艺人"，而这一切的前提是必须拥有农奴。雇佣劳动者则需要很多年的培训，在培训完毕后，他"一定会索要不菲的价格"，或者是"任性地弃工厂而去"。除此之外，雇佣劳动者还会"带来许多不确定的危险因素，要防备他们偷窃或做出其他的不良行为"。小雅罗斯拉夫的商人们应和了科斯特罗马和谢尔佩伊斯克地区商人们的提议，并强调，"对于雇佣劳动者你不能指望太多"，因为"在这些人中随时可能发生逃跑、偷钱等不好的行为"。并且，"如果不允许商人从地主那里购买农民，那么，谁还愿意从他那儿买这些人"。谢尔佩伊斯克地区的工厂主代表格林科夫在重申了商人们的所有要求和他们的理由后，又提出了补充要求，即"为了应对其他等级的商人，应该赐予第一等级工厂主和商人们利剑和优先权"。但是，与里亚日斯克市的商人们的提议相比，格林科夫的提议就逊色多了，这些商人提出，"应该把一切好的特权和荣誉都颁给所有工厂和纺织厂的厂主，允许最好的工厂主和最出色的纺织厂厂主的职位可以世袭，他们的子女可以晋身贵族阶层，同时，赐予这些人贵族称号，并免除他们的赋役和需要支付的税款，免除他们为士兵和军官维护宿营地的义务以及其他地方性和警察义务；通过这样的奖励，他们就可以心无旁骛地去经营对外贸易和商业批发业务"[1]。

因此，商人阶层的请求和提议并不具有反对农奴制的资产阶级特点。而商人阶层的封建特征不仅在18世纪留存下来，而且一直保持到19世纪中期封建农奴制危机时期。在等级制得以保留的前提下，一些大工厂厂主在加强自己的等级权利和特权的同时获得了贵族头衔，在此情况下，他们成为文化艺术和学术的庇护者，其生活方式也越来越接近特权显贵们。并且，这一时期商人阶层的主体部分仍然信守东正教旧教派的礼仪习俗，对新产生的世俗文化始终抱有敌视的态度。

18世纪，俄国手工业出现了显著的变化：专制政权通过立法的形式确立了手工业行会的原则。这一过程始于彼得一世，最终完成的标志是

---

[1]　Сб. РИО. Т. 8. С. 94，95；Т. 93. С. 83 – 89，173，174；Т. 107，С. 34，162 – 165；Т. 144. С. 240，241；и др.

1785 年颁布的御赐诏书，其中纳入了详细的《手工业条例》。①

建立手工业行会在很大程度上促进了手工业的发展，提高了它的技术水平和手工业者的技术熟练程度。同时，这一类行会组织的建立最终形成了具有典型封建等级特征的生产组织。而在欧洲国家，正是这些手工业行会的解体和崩溃成为具有资本主义特征的手工工场获得发展的前提。在 18 世纪的俄国，手工业行会的确没有了中世纪时行会那种实行严格的封闭等特点，但是它也在尽可能地限制那些并不依附于手工业行会的组织的发展，如农村和城市手工业。地主农民要想进入手工业行会工作首先要征得主人的同意，并且，不管是农民还是手工业者，在赎回自由身及进行新的核查之前，都必须支付双倍的人丁税。收取双倍的人丁税正是在这些情况下执行的，同时也适用于其他类别的国家农民。表面上看，手工业行会组织垄断了手工生产，但是，不管是政府政令，还是手工业行会会长没收农民的手工制品，抑或是城市杜马强加的各类罚款，都无法阻止非手工业行会组织或个人的生产。因为，消灭这一类生产会使贵族阶层特别是非黑土地地带的贵族蒙受巨大的损失。②

位于等级商人和行业手工业者之后的第三类城市居民是小市民，他们是城市居民的主要组成部分。小市民由划分并不明确的两个阶层团体组成："真正的城市居民"和"工商业者"。属于前者的小市民（即城里人），"他们要么在城里有一处房子，要么拥有一幢建筑，或是一处居所，或是一块土地"；同时规定，他们可以被列入"行业协会、手工业行会或市政公务人员"，也可以"在城市里承担工作或粗活、累活以领取薪水"。工商业者被允许在自己居住的地方操作机器以"生产手工制品"，他们可以拥有"售卖

---

① ПСЗ. Т. Ⅵ. № 3980，4054；Т. ⅩⅫ. № 16188.

② ПСЗ. Т. ⅩⅫ. № 16188. Ст. 120-122. Ремесленное положение.

自制手工产品或是小物件的小铺子"，以及拥有小旅店、小饭馆、大车店、浴池。① 此外，按照规定，小市民无权乘坐套着两匹马的马车。②

第四类城市居民是由"来自别的城市或者国外的客人"组成的，他们通常居住在大型商业城市里。他们有权经营"纺织厂和手工工场等，并有权拥有上述工厂"，他们被允许"宗教信仰自由"，有权携带家眷返回故乡，当然，前提条件是他们要预先通告给市政府，并缴清所欠债务和 3 年的人丁税。③

在关于城市的御赐诏书中，"有名望的市民"属于第五类城市居民。他们的成分复杂多样：既包括两次被选拔进这一类别的城市居民，"在工作中获得过表彰奖励"的市政机关代表、市长、市政机构长官、拥有"证明自己头衔、职称及艺术造诣"的学院或大学文凭的学者、艺术家，也包括"建筑设计师、画家、雕塑家、音乐家，或者本人就是学院成员，抑或是拥有学院证书以证明自己的称号、职称以及所取得的艺术成就的人"。④ 另外，被纳入这一类别的城市居民还包括"资产至少在 50000 卢布，或者声明拥有更多资产的资本家"，"资产在 100000～200000 卢布的银行家"，以及主要从事批发贸易的商人和"拥有能够出海的大型船只"船主。这些有名望的市民被允许经营纺织厂和工厂，可以拥有在海上或河流、湖泊中行驶的各种船舶，以及"位于城郊的庭院和花园"，他们乘坐的四轮马车不仅可以套两匹马，也可以套四匹马。对于有名望市民的孙子，如果他的祖父和父亲直到去世都保留着名人称号，他本身的"生活也无可非议"，那么他可以"申请成为贵族"。鉴于此，有名望的市民显然已经摆脱了各种体罚的措施。⑤

---

① Там же. № 16188. Разд. Г. С. 77；Разд. Д. С. 99；Разд. М. С. 139-145.

② Там же. Разд. В，Г，М.

③ Там же. Ст. 66，68. Разд. Д.

④ Там же. Разд. К.

⑤ Там же. Разд. Л.

随着等级制度的形成和不断强化，专制政权也开始设立针对不同阶层的城市管理机构。这还是从彼得一世时期开始推行的改革措施，如设立市政机关、城市自治机构和主管的市长，其负责管理俄国各城市的居民。但是，这些等级管理机构并不拥有管理城市的所有权力，它们的权力和职权范围与中世纪时西欧发达国家中的城市自治机构和市政机关的管理权限相比还有很大的差距。并且，俄国的这些城市管理机构逐渐转变为政权统治的辅助机构，它们主要从事的工作是为国家收取各种不同的税、征兵以及监督市民完成各种国家公务和履行各义务等。

1785年颁布的《俄罗斯帝国城市权利和利益诏书》确立了新的城市自治机构。如建立了城市杜马，每三年召开一次会议，并选举城市长官；所有上述五个类别的城市居民进行公开选举，首先选出城市的常设机构——六人杜马，它由市长和每个不同类别的阶层分别选出的代表共同组成。经选举产生的六人杜马必须保障市民的"幸福生活"，维护城市中的"和平、宁静与和谐"，保护城市"以避免同其他城市及乡村产生分歧和竞争"，同时避免一切"与良好的秩序和管理相违背的情况"，促进贸易的发展，"努力提高城市的收入"，规定建设场地、码头、粮库、仓库、学校、医院、养老院等"所有城市所急需，且与城市相适合和有意义的事物"。应该说，这些口号还是很有意义的，但是城市杜马在城市中没有实际权力。1775年，专制政权设立了新的管理单位——省，它把管理城市的行政大权交到了市长手中。一般来说，市长是由沙皇政府任命的，由贵族出身的退伍军官担任。到了1782年，为了辅助市长，又创建了新的、由市长直接领导的"市政局或警察局"。①

《俄罗斯帝国城市权利和利益诏书》规定，"对商人和小市民的罚款"必须用于城市急需解决的问题，如"维持城市里的学校以及其他社会救

---

① ПСЗ. Т. ⅩⅩ. № 14392；Т. ⅩⅪ. № 15379；Т. ⅩⅫ. № 16188.

济机构"。① 但是，直到 18 世纪最后的几十年，仅在莫斯科、圣彼得堡等一些大城市中建有这样的学校，并且，它们并不是由城市权力机构建立和负责运营。只是到了 18 世纪 80 年代，在俄国各省和县城创建了国民学校体系，到 19 世纪前夕，俄国超过一半的县城都拥有了小规模的国民学校，其中大部分学校的学生人数都没有超过 100。

在此情况下，城市市民的识字率以及对新文化某些元素的掌握程度要比农村居民高得多，日常生活的变化也要大得多。当然，对此起到促进作用的还包括很重要的一点，即城市各阶层市民的子女有权在医科、采矿等不同专业学校进行学习。到了 18 世纪最后 25 年，城市为商人的子女创建了商科学校。同时，许多市民开始向抄写员、官吏和牧师学习。城市中也开始售卖图书和报纸，部分市民已经习惯了购买和阅读这些东西。但是，绝对不能过分夸大这些因素。因为，还有相当一部分市民保留着传统的生活习惯，对新兴的世俗文化还抱着敌视的态度。

沙皇政权不断从立法角度加强等级制度，1775 年在各省和县建立不同阶层等级的审判制度就是最好的写照。例如，为贵族在省里和县里建立了高等地方法院；同时，为市民在省和县建立了市政局；另外，为国有农民设立的法庭名称是很有针对性的，在省里设立的法庭被称为高级惩治法庭，在县里则为低级惩治法庭。但必须指出的是，对于占全国人口一半的地主农民而言，沙皇政权并没有为他们建立任何法庭。并且，地主们得到授权，他们可以不受任何制约和监督地审判和惩罚自己的农奴（一些重大的犯罪行为除外，如盗抢、杀人、纵火等罪行）。此外，值得注意的是，专制政权通过任命自己人做法官、检察官和司法稽查官的方式进一步强化了贵族在司法体系中的主导地位。

如此一来，专制政权通过立法的形式确立了等级制度，使不同阶层

---

① ПСЗ. Т. ХⅦ . № 16188. Ст. 150，152.

及不同类别的居民群体享有不同的权利、特权以及承担不同的国家义务，这些都进一步加强了专政制度和农奴制，强化了贵族阶层在国家各个生活领域中的主导地位。同时，这也阻碍了封建农奴制关系的解体，成为资产阶级形成和资本主义发展的绊脚石。

专制政权确立的政治制度和等级政策的特点导致教育（是社会文化发展的基础）成为贵族和宗教界人士的特权之一；贵族阶层成为享受文化发展成果的主要群体，对于赋税阶层群体而言，只获得了一些残羹冷炙。这导致宗教对社会思想、法律和普通大众的日常生活保持了巨大的影响力。

尽管如此，18世纪俄国文化发展还是取得了巨大的进步，并在世界文化发展史上占有一席之地。值得一提的是，正是在农奴制和不平等的等级制度日益强化的情况下，那些被压迫和没有任何权利的普通劳动人民为俄国民族文化发展做出了巨大的贡献。在18世纪俄国文化发展史上知名的贵族包括：B. H. 塔季谢夫、A. Д. 康捷米尔、A. П. 苏马罗科夫、Д. И. 冯维辛、A. B. 苏沃洛夫（1730～1800）、Ф. Ф. 乌沙科夫、H. A. 李沃夫、Г. P. 杰尔查文、H. И. 诺维科夫和 A. H. 拉吉舍夫。而能够与这些贵族比肩的那些普通阶层出身的人包括 M. B. 罗蒙诺索夫、C. П. 克拉舍宁尼科夫、И. И. 波尔祖诺夫、A. K. 纳尔托夫、A. Я. 波列诺夫、И. И. 列皮奥欣、Д. C. 阿尼奇科夫、C. E. 杰斯尼茨基、Ф. И. 舒宾、B. И. 巴热诺夫、И. П. 阿尔古诺夫、И. M. 尼基金、M. И. 科斯洛夫斯基、E. И. 斯塔罗夫、Ф. C. 罗科托夫、П. И. 热姆丘戈娃（科瓦廖娃）、И. E. 汉多什金和 Ф. Г. 沃尔科夫以及其他许许多多普通劳动人民的子女，他们为俄国民族文化发展做出了巨大的贡献，永远都值得人们怀念。

# 第三章
## 国家管理体制

Н. Б. 戈利科娃

Л. Г. 季斯利亚金娜

在俄国国家制度发展史上，如果说 17 世纪下半期是从等级代表君主制向君主专制体制过渡的时期，那么 18 世纪则是君主专制体制形成、发展和繁荣的时期。并且，俄国国家制度发展所经历的变化异常深刻且复杂，涉及国家管理体系的重建。所以，俄国"18 世纪的专制制度及其官僚制度和服役阶层"同"17 世纪俄国专制制度及其波雅尔杜马和波雅尔特权贵族"相比有了更多、更深刻的变化。[①]

其实，长久以来，俄国一直在酝酿行政体制改革的条件。国家在社会经济领域得到了发展，商品货币关系已经渗入城市和乡村的日常生活中，随之而来的是对农奴更加苛刻的剥削以及统治阶级特权的不断扩大，这些都进一步激化了阶级矛盾。专制国家的主要任务和目的就是要人民大众服从专制统治，现在它变得更加复杂了，所以需要建立新的针对性更强的管理体系，以便能够有效地保障及维护封建主的利益。17 世纪俄

---

① Ленин В. И. Полн. собр. Т. 17. С. 346.

国政权是把职能管理原则和地域管理原则结合在一起，这导致常常出现一个命令需要执行两次的情况，并且各个阶层都有不同的从属关系，这往往会为国家公务的执行设置难题和障碍，再加上缺乏协调人和监督人以及专门的惩罚机构，这些都令衙门体制丧失了必需的能动性，对许多政府措施的落实效果产生了负面影响。

向新的国家管理体系转变本身就是一个复杂的过程，它需要不间断地探索更加适应俄国国情、更加有效的管理形式，表面上看，它会触及国家管理的所有领域。因此，18世纪俄国国家管理机构的改革史也被视为不断完善管理文化的一段历史过程。

至于对国家管理机构的改革，彼得一世统治时期进行的改革内容丰富。当时，彼得政权确定了行政改革的主要方向和目标，加快了中央和地方管理机构改革的进程，制定了新的选拔和培养管理干部的原则、新的各项事务管理制度以及创造出新的公务术语。但是，在意识到必须改革的同时，17世纪末18世纪初的沙皇政府对于如何进行改革，以及改革的方向和目标还没有明确的思路。虽然彼得一世的先辈们先期进行了一些相关的改革，算是为改革开了头，但他们并没有为彼得一世留下任何已经成形的具体行动方案。而彼得还是个年轻的沙皇，对于管理国家不可能立刻形成自己的理论和经验，只是比较熟悉处理国务的传统方法和方式，比如先辈们在衙门制度下解决问题的方法和措施。所以，彼得一世将行政改革分成了几个阶段，不仅呈现出具体的改革内容，也体现了以制定新的管理方法为目标的理论思想的发展。

彼得一世推行行政改革的第一阶段大致延续到了1708年。这一阶段的特点是，彼得尝试通过局部的改变清除衙门制度的一些弊病。而指导改革的理论思想具有功利主义特点，它们在这一时期仅局限于指导一些具体事务，尽管在一些新出现机构的活动中已经体现出某些新特征，但这些特征只有在日后才得以充分展现出来。

1689 年，彼得一世开始登台执政，当时俄国的几大宫廷集团已经进行了长期的内斗。在这种情况下，新上台的沙皇首先要做的就是极力巩固自己的地位，这并不令人惊讶。因此，彼得尽可能让行政权力职位掌握在自己人手中，创建新的不从属于旧的军事衙门的军队，组织力量对沙皇的政治敌对势力进行密查。在落实这些措施的同时，彼得更换了衙门法庭和一些军政长官。此后，彼得逐渐扩大了普列奥布拉任斯基和谢苗诺夫斯基两个少年兵团的编制，这为沙皇政府提供了可靠的安全保障。更有甚者，在即位当年，即 1689 年，为了调查索菲娅女皇的幕僚及同情者，彼得一世建立了侦缉事务衙门。它所负责的工作领域比较小，针对性较强，让人想起了阿列克谢·米哈伊洛维奇的侦查委员会。同时，在建立之初，这个衙门的工作就具有临时性的特点，但直到 1694 年它才被取缔。

在选拔行政机构长官的时候，彼得一世及其母亲 H. K. 纳雷什金娜身边的人占据了重要的职位。以前，这种在权力机构中重新进行力量调配的情况往往出现在沙皇更替之际，但在 1682 年废除了按照门第选拔官员的制度后，在任命官员方面沙皇政府获得了更大的自由度和机动性。与从前相比，行政官员的任命不再过多地依赖于官衔的高低。这表明，在俄国开始形成一种新的趋势，即新管理职位的产生完全取决于最高执政者的个人意志，并已经在政治现实中得到了实践。

在描述索菲娅女皇下台后成立的政府时，聪明而又善于观察的 Б. И. 库拉金（同时也是一位知名的外交官）指出，那些获得很高职位的波雅尔贵族并没有什么特别的天分。他指出，外交事务衙门的法官 Л. К. 纳雷什金的"智商相当平庸"，职官衙门长官 T. H. 斯特列什涅夫是一个"性格阴险和脾气火爆的人，智力水平也很平庸"。根据库拉金的描述，还有很多人在处理公务时"毫无反应"，在参加会议时"像被电流击中的泥塑"，完全就是旁观者的样子。库拉金认为喀山宫殿衙门的法官 Б. A. 戈利岑是个例外，此人"具有大智慧，看问题深刻而尖锐"，但他是个轻浮的人，"不适合处理公务"。①

彼得一世在 17 世纪 90 年代初的活动只局限于一些军事问题以及沙皇小时候进行的一些不同寻常的嬉闹儿戏。但正是在这段时间里，以前供沙皇和小伙伴儿们玩耍的小木屋开始变成一个闻名天下且具有巨大影响力的国家管理机关。最初，它只是管理普列奥布拉任斯基团和谢苗诺夫斯基团的机构，后来逐渐发展成管理机构中心，通过它发布一系列与军事训练有关（但是采取儿戏的方式）的措施，以及关于在佩列亚斯拉夫尔-扎列斯基和阿尔汉格尔斯克建造船舶的措施。这促使普列奥布拉任斯基小木屋从 1695 年起就取得了同衙门等同的地位。

根据 17 世纪俄国总的管理原则，普列奥布拉任斯基衙门拥有对普列奥布拉任斯基团和谢苗诺夫斯基团的所有权力，包括司法、行政和军事组织权力。它的活动并没有超出衙门体制规定的范畴，它所得到的额外指令也与它的职权范围没有直接关系。但是，所有这些额外指令要么需要快速执行，要么需要特别的委任［如招集大量的人员，执行关于筹备亚速海行军的措施，组织莫斯科的警察工作，守卫新圣母修道院（从1689 年起下台的女皇索菲娅一直被关押在此），以及其他一些审判事务］。于是，在领导未来禁卫军的同时，普列奥布拉任斯基衙门成为一个专门完成特别指令的特殊部门。最初，它所进行的审判内容包括了不同性质和轻重程度不一的各种案件，从政治犯罪到小的刑事过失罪应有尽有，审判活动显得混乱无序且毫无规律可言，但这种情况并没有持续很久。在第二次亚速海行军后，彼得一世明确地规定了普列奥布拉任斯基衙门的司法职能，即它对俄国境内的政治犯罪拥有绝对的调查权和审判权。在这些案件的侦办和审理过程中，所有中央和地方权力机构都要服从于

---

① Архив кн. Ф. А. Куракина. СпБ., 1890. Кн. 1. С. 63, 64.

它。正是这些权力让普列奥布拉任斯基衙门可以逮捕任何人，而不必在意他们的等级阶层和官职地位。Б. И. 库拉金在描述该衙门法官 Ф. Ю. 罗莫达诺夫斯基时写道："他可以调查任何人，也可以根据调查决定是实行逮捕还是继续调查。"[1] 以前，没有任何一个衙门拥有这样的权力。

1702 年，在搜索政敌的过程中，普列奥布拉任斯基衙门被赐予了特别权力。一方面，沙皇通过颁布敕令肯定了普列奥布拉任斯基衙门拥有极大的权力；另一方面，针对在执行命令过程中可能遇到的各级长官的干涉，责成 Ф. Ю. 罗莫达诺夫斯基对这些长官拥有审判权和行政处罚权，而不必在意他们的官职高低。不管是世俗社会还是宗教界的掌权者及显贵们，以及所有农奴和奴隶的拥有者，都必须把那些"言行不轨"的人交给普列奥布拉任斯基衙门。[2] 18 世纪初，普列奥布拉任斯基衙门的侦查和追缉工作更加专业化，行动效率也得到进一步提升，这是因为彼得一世解除了之前交给它的若干任务指令。

以前，在各衙门的部门内部隐匿着许多政治犯罪行为，现在，彼得一世把侦查和审判这些罪行的权力集中到特殊设置的机构中，这是新管理体制下的重要举措，是创建中央集权机构部门网络道路上的重要一步，由此逐渐取代了 17 世纪的衙门制度。设立新的专门的机构以调查政治犯罪行为表明，消除反政府情绪是它的主要任务，因为这种情绪是阶级矛盾和阶级内部矛盾爆发引起的，已经无法用旧的方法解决。维护统治阶级的利益需要加强权力机构，彼得一世在自己执政之初施行的政策措施就很好地证明了这一点。普列奥布拉任斯基衙门只听命于彼得一世，这恰恰证明沙皇在不断强化国家权力机构，并使国家管理体制向君主专制体制发展。

普列奥布拉任斯基衙门以巨大的影响力、无边的权限和敢于投入实

---

① Архив кн. Ф. А. Куракина. Кн. 1. С. 77.
② ПСЗ. Т. IV. № 1918.

际行动的特点对那些掌握行政权力的官僚和俄国社会产生了极大的震慑力。在那里常常进行残酷的刑讯，并禁止把案件转交给其他衙门，对于那些曾手握重权的衙门法官和军政长官而言，在那里他们必须听命于任何人，却不必理会沙皇——所有这些在官僚们眼中都是全新的无法习惯的事务，触犯了他们曾经拥有的权利，与他们习惯的传统背道而驰。最初，世俗社会和宗教机构的掌权者总是尽量无视普列奥布拉任斯基衙门的命令，千方百计地拖延给他们指派的任务和命令，并为捍卫自己的权利进行了激烈的斗争。① 由此，Ф. Ю. 罗莫达诺夫斯基，这个曾经并不起眼的御前大臣，现在为自己赢得了可怕的荣誉和所有人的憎恨，他成了各种酷刑的化身，如拷问、流血、鞭刑和拷刑架。Б. И. 库拉金曾经写道，Ф. Ю. 罗莫达诺夫斯基的"外表像个畸形，性格残暴像个暴君，最突出的一点是，他是个不愿给任何人好处的人"②。在彼得一世统治期内，普列奥布拉任斯基衙门始终保持着自己的称号和权力。

从 17 世纪 90 年代起，彼得一世开始更加积极地参与国家管理事务。在组织第一次亚速海行军时产生的复杂问题，建造船舶时遇到的难题和阻碍，国库中缺少必需的流动资金，金融管理上的混乱无序，以及沙皇治下的权力机关总是无法快速准确地完成任务，所有这些都让彼得认清了现有行政机构的问题和弊病，并意识到必须废除这些机构。游历西欧各国的经历使彼得一世开阔了视野，他头脑中充满了许多新奇的事物，这更加坚定了彼得变革国家体制的决心。但是，对于变成什么样和如何变革，他当时还没有想清楚，这一点在 1699 年以及 18 世纪初期时彼得一世对所有行政机构进行的改革中得到了印证。

1699 年，彼得一世推行的规模最大且最重要的改革措施是对税收和城市管理机构进行重组。改革的最直接原因是沙皇政府迫切需要资金，

---

① Голикова Н. Б. Политические процессы при Петре Ⅰ. М.，1957. С. 31，32.

② Архив кн. Ф. А. Куракина. Кн. 1. С. 65.

因此，它希望统一管理税收，并提高基本税收种类的收费额度。同时，改革被认为可以优化和完善城市发展条件，使城市成为国家收入的来源。这样做的目的是从那些拥有军事武装的封建主手中夺取位于城郊且从事工商业的居民，并允许工商业区自治以取代武装封建主的统治。

17世纪70年代，俄国其实已经尝试过统一和集中管理税收工作。而国外先进的经验促使沙皇彼得决定提前进行改革，于是改革在1699年开启。彼得一世曾出游西欧各国，在游览期间参观了许多发达的城市，并熟悉和掌握了城市管理的特点。这些都充分体现在彼得一世的改革中，如地方长官更名为自治官，新的中央管理机构被命名为市政院，之后更名为市政厅；另外，彼得意识到，应该确立选举制为组织管理的基本原则，这不仅针对下层工商业机构，也适用于市政厅，就像欧洲国家中各城市普遍采用的原则一样。以前，在衙门制盛行时，将选举原则作为组建中央机构的基本原则从来没有被提起过。最终，可以预计的是，彼得在推行改革时希望以《马格德堡法》为基础，因为他曾指派参加卡尔洛韦茨大会的俄国大使 А. Б. 沃兹尼岑"将《马格德堡法》抄录下来，因为这是一部可以让小市民实现自我管理的法案"[1]。

彼得一世曾考虑过，如果工商业区的市民同意上缴双倍工资的钱，那么他就允许他们拥有自治权。但是，只有少数工商业区的社团（70个社团中的11个）同意这个条件，因此，上缴双倍工资的设想就被取消了。另外，收缴小酒馆为酒支付的关税、代役税和射击税的职权都转交给了市政厅的部门，以前这些税是由许多衙门分别收取的，而现在市政厅成为俄国总的财政金融机构。"四大衙门"（弗拉基米尔、加利奇、科斯特罗马和乌斯秋什）立刻失去了所有的称号，并被取缔。其他的衙门或完全（大使馆、小俄罗斯、诺夫哥罗德、斯摩棱斯克）或部分（职官

---

① 　Богословский М. М. Петр Ⅰ. М. , 1946. Т. Ⅲ. С. 249.

部、大宫、喀山宫）地失去了自己的财政权。于是，沙皇在推行集权管理的道路上又迈出了重要的一步，即削减旧衙门的数量，并削弱它们的职权。

1699 年城市改革的主要特点是改革的不彻底性。虽然市政厅从众多衙门手中夺取了很多权力和职能，但它并不是俄国唯一的财政部门。同它一样拥有财政权的衙门包括大国库、驿务衙门、西伯利亚衙门和御马司，但不同的是，上述这些衙门只保留部分财政权。除此之外，改革并没有推广到西伯利亚地区，也未能涵盖俄国所有的城市居民，它针对的只是生活在工商业区的居民。并且，军政长官管理体系与新的城市管理体系是并行的。这导致在现实生活中许多地方管理机构实际上依附于更强大和更有权力的军政长官。

1699 年颁布的关于选举市政院的各项敕令主要针对的是城市工商业区和"各种级别的商人群体"，其内容解释了改革的原因。同时，敕令还指出，工商业群体的管辖权不统一以及军管区行政机构存在舞弊行为对工商业群体和国家税收造成了巨大的损失。因此，在敕令中对管理体制的改革被解释为沙皇对国家和人民幸福生活的关爱。[①] 这样一来，可以看出，彼得一世在早期的敕令中已经提出了一些关于君主专制思想的观点，并且它们已经具体体现在已颁布的立法和各种官方文件中。

17 世纪末至 18 世纪初，因为改革，俄国旧衙门机关中出现了一些世人皆知的变化。一部分衙门被废除了，在它们中有些获得了新的职责，而一些新的衙门建立起来。这样，到 1701 年前夕，俄国一共废除了 14 个旧衙门，同时又创建了 6 个新衙门。类似的改革在之后数年一直延续着，最常见的情况是几个衙门合并在一起，并且旧衙门的职责和功能也被纳入新衙门的职责范围。如军械库同制金和制银事务衙门合并，国库衙门

---

① ПС3. Т. Ⅲ. № 1674, 1675.

同大国库衙门合并。在这种情况下，众多衙门的合并都是有组织和可靠的行为，同时，在现实的管理中这些身具不同职能的衙门往往只服从于某一个人。比如，大贵族 Ф. А. 戈洛温管辖的衙门，除了军械库外，还包括驿务衙门、管理邀请外国人加入俄国海军的海军衙门、使馆衙门以及以前就归他管辖的大俄罗斯、小俄罗斯、斯摩棱斯克等衙门。另一个类似的情况是 Т. Н. 斯特列什涅夫领导着职官衙门和一些宫殿衙门。[①] 但是，在这类情况下的结合往往是表面性的，即它们虽然服从于某一个人的管辖，但依然可以保留自己的称号、组织结构和人员编制。

于是，大部分衙门得以继续存在，并且，由于赋予了新的公务和指令，它们的工作领域也得到了扩展，当然，这些公务和指令往往与它们从前的职权领域并没有什么关系。例如，1701 年，制金局被指派管理刚组建的 9 个骑兵团；1699~1701 年，军械库被委派生产和销售印花纸，收缴烟草税，以及向那些在伊万诺夫广场制作私人证件的书吏收税。[②] 有时，衙门需要长时间地执行这些指令，有时它们又可以迅速把这些指令转交给其他衙门。另外，它们还会收到完全取代衙门自身工作的任务。如弗拉基米尔诉讼衙门原本专门审理贵族的诉讼案件，但在 1696 年，它被指派领导船舶制造的事务，同时受命监督与舰船活动有关的其他一切事务，这直接导致它的工作量急剧增加，这些事务甚至成为它的主要工作。1700 年，当弗拉基米尔诉讼衙门把舰船事务转交给新成立的衙门——海军事务衙门后，它立刻就被废除了，而那些贵族的诉讼案件也转交给了莫斯科诉讼衙门。

在相当复杂的改革过程中，地方自治衙门和射击军衙门消失了。首先，射击军衙门的职能与废除的地方自治衙门有关联。地方自治衙门主要负责管理莫斯科城郊的工商业区以及首都的公共设施。在废除了地方

---

① Богословский М. М. Петр Ⅰ. М.，1948. Т. Ⅳ. С. 262.
② ПСЗ. Т. Ⅲ. № 1628，1673，1703，1717；Т. Ⅳ. № 1838，1869.

自治衙门后，射击军衙门的职能范围扩大了。但是，随后射击军衙门管辖的莫斯科射击军被解散，这导致射击军衙门只保留有前地方自治衙门的某些职能，失去了以往的职能和存在的意义，甚至只好顶着地方事务衙门的名号度过了一小段时间。另外，有一些衙门只是换了个名称继续存在，如旧的炮匠衙门被冠以新的名称——炮兵事务衙门。

1699年，彼得一世创建了一个全新的中央管理机构——近臣办公厅，它受命负责核算"整个国家的薪水支出和收入，以及所有缴税和无税的支出"[①]。

除了编制国家预算，以及审核并监督各项收入，沙皇个人办公厅的职能也从普列奥布拉任斯基衙门转到了近臣办公厅。从18世纪初开始，正是通过近臣办公厅转发沙皇的各种命令和指令，它也成为彼得一世召开"大臣委员会"的主要场所，即召集亲近的幕僚和各衙门法官开会的地方。这一时期，波雅尔杜马处理国家事务的地位和作用开始迅速降低。

1700年，在经历了重组后的衙门中军事事务衙门占据了显要的位置。并且，从1702年初起普列奥布拉任斯基衙门总部负责重组军队的职能移交给了它。从那时起，军事事务衙门开始系统性地组建团级部队，它首先考虑的是召集自由逃民和义务兵，然后才考虑招募新兵。在当时，由于北方战争战事胶着，这成为最重要的事务。

同时，一个特殊的负责筹备军粮的部门从军事事务衙门独立出来，它取代了被废除的国库衙门的位置和人员编制。它的主要责任和任务是为军队补给粮草，并且从全国各地搜寻储备粮食。

在新成立的衙门中值得一提的是矿务衙门，它的主要任务是在俄国领土范围内寻找"金矿、银矿和其他矿藏"，换句话说，沙皇俄国开始尝试集中管理搜寻有益矿藏的事务。

---

① Архив кн. Ф. А. Куракина. Кн. 1. С. 258.

在稍后出现的机构中，必须提到谢苗诺夫斯基衙门的一个院，它在之后获得了伊若拉办公厅的称号，再晚些时候更名为英格尔曼兰衙门办公厅。谢苗诺夫斯基衙门办公厅的责任是负责管理新的代役制并收取代役租金，它是根据那些擅长为国库"横征暴敛的人"（也被称为聚敛官）的建议组建的。它新获得的权力包括管理在北方战争中并入俄国领土的波罗的海地区的土地，当时 А. Д. 缅希科夫被任命为这一地区的总督。谢苗诺夫斯基衙门办公厅的结构相当复杂，因为它还管辖一些比较小的负责不同种类税收的办公厅。它们的名称取决于它们收缴不同种类的税，如它们分别被冠名为面粉制品、浴池、捕鱼、制蜜、养马、收缴毛皮贡税、住宿和宫廷事务办公厅。① 另外，那些仍然保留有某些财政功能的衙门已经把收缴代役租金的职能转交给了谢苗诺夫斯基衙门办公厅。鉴于此，可以看出，谢苗诺夫斯基衙门办公厅的建立有利于进一步削弱旧衙门的职能。

在 18 世纪初的行政管理机构中，谢苗诺夫斯基衙门办公厅占有特殊的地位。因为，它是根据那些擅长为国库"横征暴敛的人"的提议建立的，这些人支持扩大国库收入的方案。并且，它的建立同旧衙门的继承性和延续性毫无关联。这可以以它的成员组成来说明：那些擅长"横征暴敛的人"领导办公厅大部分的分支机构，它的成员对于衙门体制内的人来说都是新人，基本都来自"波雅尔贵族群体"。他们包括：公爵 М. 切尔卡斯基和 В. 叶尔绍夫的人，杜马贵族 А. 赫鲁晓夫和 А. Я. 涅斯捷罗夫的人，Б. 戈利岑和 С. 瓦拉克辛等几位公爵的人，同时还包括那些出身"低贱"却来自著名的彼得一世亲手组建的"少年军团"的人（如 А. 西尼亚温和 П. 基金）。② 这个新成立的部门接受 А. Д. 缅希科夫的领

---

① ПСЗ. Т. Ⅳ. № 1959，1961，1973 и др.

② Павлов-Сильванский Н. П. Проекты реформ в записках современников Петра Великого. Спб.，1897. С. 92，93，138，139.

导。同时，彼得向那些擅长"横征暴敛的人"保证，他们可以不受任何干扰地实施自己的方案，这样一来，这些人就不用再担心旧的衙门阻碍他们做事。经过深思熟虑后，沙皇彼得一世亲自任命了办公厅的新书记——A. 史楚金。

俄国社会民众对于那些聚敛官和谢苗诺夫斯基衙门办公厅的评价极差。因为，这些劳动人民需要负担各种沉重的苛捐杂税以及缴纳代役租的费用，这些都是根据那些擅长"横征暴敛的人"的提议制定的，所以劳动人民痛恨他们。一些人"杜撰和虚构"了许多不同种类的税收，造成了"人民生活的动荡和贫困"，И. Т. 波索什科夫称这些人为善于"虚构的人"①。贵族阶层和宗教界的封建领主们被迫向国库缴纳各种代役租金，由此蒙受了巨大的经济损失，所以他们总是千方百计地抱怨甚至辱骂那些聚敛官。御前官员和衙门的上层人物也很蔑视他们，并且，他们逐渐对这个新成立的机构也抱有同样的蔑视态度。Б. И. 库拉金在评价谢苗诺夫斯基衙门办公厅时就流露过这样的态度。他的话很简洁，却足够清楚，他认为，这个新建立的机构既不符合传统，也不是出于对功勋卓著的波雅尔贵族的尊重，只是波雅尔贵族的那些走狗在无聊时编造出来的。② 对此，那些聚敛官表示，他们同样不喜欢这些旧衙门机构的代表者，并且为了达到自己的目的，他们绝不会放过这些人的任何失误和过错，同时，他们也在尽可能地公开渲染自己的功绩，强调自己的尊严。

从 17 世纪 90 年代下半期开始，各衙门法官中补充进许多新的力量。在这一时期被提拔的人包括：被认为是当时最有天分和最聪明的政治活动家 Ф. А. 戈洛温，成为最有分量的人物"海军部"御前大臣 Ф. М. 阿普拉克辛，正在不断积蓄经验和力量的 А. Д. 缅希科夫。在衙门法官中书记的数量增加了。如书记 А. 伊万诺夫领导领地衙门；书记 А. 维尼乌斯

---

① Посошков И. Т. Книга о скудости и богатстве. М. , 1951. C. 209.
② Архив кн. Ф. А. Куракина. Кн. 1. C. 266.

管理西伯利亚衙门，后来他又奉命管理炮兵衙门和医务衙门；书记 Г. 捷列弗宁从 1693 年起开始领导大宫衙门和宫廷诉讼衙门。渐渐地，许多新人都补充进了旧的衙门。1705 年，Б. П. 舍列梅捷夫的旧部、一位聚敛官——A. A. 库尔巴托夫被任命为市政厅总监察长，此前，他在 1699 年被任命为军械库的书记。

各衙门领导岗位上的变动表明，能够适应工作、快速有效地完成各种不同的任务以及积极地组织各类活动是官员们加官晋级的加分项，这与以往是不同的。但必须指出的是，这一时期在仕途之路上"出身"还没有完全失去自己的意义。

在这一阶段，为各个机构培养和选拔干部成为最迫切的问题。虽然衙门的数量减少了，但衙门下属人员的总的编制数量却增加了，且极度缺乏普通的书吏人员。大部分衙门在培养干部时都是参照以前的办法，即把新人直接投入衙门工作中磨炼。只有使馆衙门例外，它在 18 世纪初开设了俄国第一所翻译学校。[1]

废除、重组或建立新的衙门一般都是通过颁布敕令的形式完成的。通常，这些敕令内容简洁，与常见的内部工作指令的特点一致。所以，这些关于管理制度变化的信息往往对外传递得都很慢，甚至首都居民都很晚才会获悉它们。关注改革且常有回应的主要是那些御前大臣和衙门里的官僚，他们总是认真关注与行政职位任命和调配有关的所有信息。在建立普列奥布拉任斯基衙门以及推行那些聚敛官提出的方案后，18 世纪初彼得一世对宗教管理的改革给俄国社会留下了更加深刻的印象。

在大主教阿德里安去世（1700 年 10 月）后，彼得一世决定不定期推迟选举新主教。为此，彼得授权都主教 С. 亚沃尔斯基管理宗教事务，任命他为"临时代理主教"，并为他设立了宗教事务衙门。同时，彼得下令

---

[1]　Очерки истории СССР. XVIII век. Первая четверть. М. , 1954. C. 664.

关闭了原来的主教事务衙门，其所有公务分别移交给莫斯科法院等其他不同的衙门。1701 年初，沙皇政府恢复了修道院衙门，并授权它负责管理宗教界财产，核算属于宗教界的土地以及收取相关费用等事务，它由波雅尔贵族 И. А. 穆辛-普希金领导。这样一来，世俗政权完成了对宗教领地、收入、支出和财产的监控。

可以得出的结论是，关于宗教改革的问题已经预先经过了彼得一世亲近幕僚们的讨论，并且，在推行改革时考虑到了 А. А. 库尔巴托夫（他是第一个被称为聚敛官的人）的建议。在列举了许多宗教管理的弊病后，А. А. 库尔巴托夫建议沙皇暂停选举新主教，并随便授权某个高级主教管理宗教事务。同时他提出，应该设立特殊的衙门管理宗教地产，并从中收取相应的费用。①

А. А. 库尔巴托夫的想法非常大胆，因为他反对的是当时最有影响力且最强大的封建制度，而宗教界和主教的威望是极高的。在击败索菲娅女皇时，彼得一世曾在很多事务上仰仗大主教约阿基姆和谢尔吉耶夫圣三一修道院的支持。但是，А. А. 库尔巴托夫的提议彻底摧毁了宗教界在政治和经济领域的自主性，并且，他的提议实际上是在为彼得一世考虑。因为，俄国宗教界在心理和精神上都是反对西方文化的，并在此影响下会表现出极强的保守性，对于新即位的沙皇彼得一世来说，它是个危险的敌人。

对宗教管理制度的改革是与沙皇颁布的一系列敕令结合在一起的，它们不仅改变了修道士们依赖的生活条件和物质保障，同时也大范围地触动了宗教界享有的权利。面对可能失去经济自主性以及往日特权的局面，宗教界并不想屈服，他们不仅反对这些改革，也反对一切新生事物，同时，他们也充分利用自己的影响力，引导俄国社会的各个阶层和团体反对改革。为此，宗教界的掌权者们常常公开辱骂沙皇彼得一世，暗地里传递各种抨

---

① Устрялов Н. Г. История царствования Петра Великого. Спб. , 1863. Т. Ⅳ. Ч. 2. С. 164.

击沙皇政府的信件，为彼得的反对者遭受的惩罚鸣冤，到处制造沙皇是基督反对者的言论，散布沙皇背弃东正教信仰的谣言。并且，神职人员们多次拒绝为沙皇做祷告，И. А. 穆辛－普希金和那些聚敛官也常常遭到宗教界人士的批评。神职人员们还常常抨击沙皇政府，为此，他们特意在城市和农村中搜集各种批评和反对沙皇改革的证据，并认为，沙皇政府实行的各种苛捐杂税和徭役是令人民生活贫苦的主要原因。

同 18 世纪初进行的其他改革一样，宗教改革也未能进行到底。实际上，被废除的宗主教制在法律上被保存下来，主教职位的临时代理者和宗教事务衙门不再臣服于世俗政权，他们保住了宗教界的独立性和自主性。

总之，尽管改革的思路还不够完善和成熟，改革也不够彻底，并且还保留了许多衙门制的弊端，但是在 17 世纪末至 18 世纪初行政机构具体改革措施中可以清晰地捕捉到彼得希望加强集权化管理，以及精简 17 世纪时过于庞大和复杂的政府机构的改革思路。各项改革的方向表明，虽然完善和优化政治权力机构的探索过程还显得较为混乱，但其趋势具有积极的意义。改革的具体成果包括建立了一些比较大的部门并扩展了新的管理领域，由此，沙皇政府力图填补国家管理体系中缺乏却又迫切需要的环节。

彼得一世的行政管理改革第二阶段内容主要包括省的改革（1708～1710）和设立参政院。

1707 年末，彼得确定了地方管理改革中必须解决的一些问题，当时俄国的财政比较困难。虽然 А. А. 库尔巴托夫领导的市政厅在工作上积极努力，但并不能总是取得好的成绩。比如，他们从地方收缴税费就很难，总是遇到拖延、欠费或者不按期缴费的情况。此外，由于机构的设置五花八门，收费的种类也各式各样，严重限制了政府在资金使用上的自由度和机动性，这使财政问题复杂化。

　　但是，财政上的问题并不是促使彼得改革的唯一原因。之所以必须改革地方管理机构，是因为它们的弊端早在 17 世纪时已经暴露出来，[①]而在 18 世纪初的战争年代和国内阶级矛盾日益激化时，这些弊端更是呈现得淋漓尽致。例如，在中央权力机构和众多的县级权力机构之间缺乏必要的中间环节，在公务上各县城的军事长官服从于不同的衙门，并且，个别地方机构的顶头上司不止一个，这给国家政策措施的落实制造了障碍和困难。特别是在阿斯特拉罕和巴什基尔各县城农民起义以及布拉温哥萨克起义爆发时，各地方管理机构表现得无能为力，这令沙皇政权感到震惊。所有这些因素促使彼得一世加快了改革的进程。

　　1707 年 12 月 18 日，彼得一世颁布了关于建立新的领土区划单位的指令，其中具体列出了"位于几个大城市间的城市群目录，但距离莫斯科 100 俄里以外的城市未被列入其中。之后，彼得又颁发了设立省的命令，把全国分为八大省——莫斯科省、基辅省、斯摩棱斯克省、亚速省、喀山省、阿尔汉格尔斯克省、英格尔曼兰省（很快在 1710 年更名为彼得堡省）和西伯利亚省。1708 年，彼得又下令以省为单位编制省内各县城中心及其周边地区的名录"[②]。并且，规定各省的名称按照各省会城市的名称命名，但以托博尔斯克为省会城市的西伯利亚省和以圣彼得堡为省会城市的英格尔曼兰省是例外。另外，各个省在具体规模、县城数量以及省会城市同各县城之间距离的规定等方面都存在巨大的差异。虽然关于设省彼得颁布了一系列命令，但这并不意味着已经建立了省级管理机构。由于彼得亲赴正在进行战斗的军队，设省的事情被暂时搁置了。后来，在 1709 年 2 月关于设省的问题又被提出来，当时已被任命为各省总督的 Т. Н. 斯特列什涅夫、А. Д. 缅希科夫、Д. М. 戈利岑、П. А. 戈利岑、П. С. 萨尔特科夫、Ф. М. 阿普拉克辛和 П. М. 阿普拉克辛收到命令，他们应该着手收集

---

① Очерки русской культуры XVII века. М., 1979. Ч. 1. С. 318–320.
② ПСЗ. Т. IV. № 2176, 2218.

自己管辖省份的信息，以便"从 1710 年起能够接手所有事务以及收取各项费用"[1]。于是，推行省级单位改革的事宜又被推迟了。

在研究关于 1708~1710 年俄国省级单位改革时，П. Н. 姆罗切克-德罗兹多夫斯基得出结论，认为彼得一世于 1708 年颁发的命令并不是一份关于设立省的最终决议文件，它只是一份纲领性文件，因为之后又加入了许多修改意见和有关变化的建议。而 П. Н. 米留可夫则表示反对，他认为改革并没有体现出什么新意，而"建省依据的也只是 17 世纪时的一些筹备文件和具体的指令，那时的每份文件和指令都有具体的目标"[2]。相应地，其实两位作者都认为，在建立省以前沙皇政府并没有进行具体的准备工作，关于省的改革在实施过程中仿佛都是顺其自然，没有什么规律可循。但是，从这些作者所引用的论据可以推断，改革实际上并不像他们所说的那样。

首先需要注意的是，彼得一世在 1707 年发布了关于建立省的指令，但他并没有执着于要快速地完成指令，这意味着，彼得并不认为引入新的行政管理体系是当时俄国面临的首要任务。彼得给各位总督的命令是"认真对待和研究"将要建立的各省的事务，同时应就自己的管理思路和想法提出具体的报告。这样做的目的是让各位总督能够仔细研究和了解地方的特点，明确管理者在具体管理领域中的工作和任务，形成对于省级区划单位改革的具体思路和办法。关于这些，彼得一直在同各行政机构长官进行讨论和沟通，他与 A. A. 库尔巴托夫的通信就证实了这一点。

A. A. 库尔巴托夫对市政厅的工作投入了巨大的精力，他是集中管理税收工作这一思想的坚定支持者和捍卫者。他认为，如果把税收工作交

---

[1] Цит. по: Милюков П. Н. Государственное хозяйство России в первой четверти XVIII столетия и реформа Петра Великого. Спб., 1905. С. 279, 280.

[2] Мрочек-Дроздовский П. Н. Областное управление в России XVIII в. до учреждения о губерниях 1775 г. М., 1876. С. 21, 26; Милюков П. Н. Указ. соч. С. 255.

给各个总督，那么必定会严重损害市政厅的职权，即实际上否定和废除了 1699 年的改革成果。所以，他反对改革对税收方面做出的变化。1709 年，А. А. 库尔巴托夫拟定了详细的财政报告，指出有些地方的工作由于与市政厅工作重叠已经出现了负面影响，以及将收费工作分摊给各个不同部门造成了不良后果。彼得在给他的信中写道："你肯定会记得，把这些权力交给那么多人是不会有好结果的……关于这一点我们讨论过很多次了，并且现行秩序也没有那么糟糕。"从彼得的信中可以清楚地看到，沙皇对于在众多衙门间划分财政职责是非常不满的，但他也不认为应该把这些职责都交给市政厅，他觉得，市政厅的长官也"很难做到分而治之"。①

因此，事实上这两个人都支持财政管理权的集中，但他们为达成这一目的的途径却是不同的。А. А. 库尔巴托夫支持由统一的中央部门管理财政，而彼得则支持由更大范围的区域集中管理财政，他们都是依据自己的经验得出结论。如果说 А. А. 库尔巴托夫的出发点是为了在俄国建立更加完善的财政事务管理机构，那么彼得则是为了解决沙皇政府所面临的涉及领域更加广泛的事务。沙皇政府在不同年代采取的一些具体措施②已经证明了加强地方权力的好处，并且，与县级区划单位相比更大规模的区划单位在处理事务时更加便利。

在规定各省管理者的管理权限和责任范围的沙皇命令中有两份文件为人所熟知，一份是彼得一世在 1706 年颁发给 Я. Н. 里姆斯基-科萨科夫的命令，因为实际上他才是真正管理英格尔曼兰省的长官，而名义上的总督 А. Д. 缅希科夫当时正忙于指挥对瑞典人的军事行动；另一份文件是发给亚速省的命令，它的内容与颁给 Я. Н. 里姆斯基-科萨科夫的命令几乎是一样的。

---

① Цит. по：Милюков П. Н. Указ. соч. С. 266-269.
② Например，приписка городов к Азову и Воронежу в 1700 и 1704 гг.，изъятие из ведомства Ратуши городов Поволжья，объединение управления северо-западными пограничными районами страны.

在俄国省级区划单位改革的进程中，类似于 1706 年和 1710 年在沙皇敕令中出现内容重复的情况说明，在沙皇正式下令建立省级区划单位之前，中央政权一直围绕着管理大面积区域的长官的权限和责任做文章。另外，它也表明，彼得一世把颁给 Я. H. 里姆斯基-科萨科夫的命令作为一个标准的命令格式，它能够统一确定各省总督的主要职权，只是在涉及各省自身不同的特点时需要做一些具体的修改。并且，彼得决定各省总督在改革实施前要熟悉并了解本省的事务。最后，通过对比沙皇彼得的命令发现，1709 年，彼得专门召开了"委员会会议"，听取并"会诊"各省总督根据他的命令所做的汇报。因此，无可置疑的是，当时在实施省的改革前沙皇政府就已开始了相关的筹备工作，并且，这些工作主要致力于对彼得执政期间积累的管理实践经验进行系统性的理论探索。同时，这些工作既总结了在行政管理体制改革进程中所取得的巨大进步，也在努力探索新管理体制的基本原则。上文所述并不意味着沙皇政府在改革中能够面面俱到地考虑到新管理体制的所有特点，也不意味着它能够预见到改革所带来的所有不良后果，但可以肯定的是，沙皇政府努力避免改革后可能出现的不良变化。于是，各省总督获得了管辖省份内所有事务的权力，包括行政管理、财政、司法和军事方面的权力，他们只服从和听命于沙皇。各县城的军事长官获得了新的头衔——警备司令，他们直接隶属于总督，失去了原来可以直接向中央权力机构汇报的权力。至于总督的任期并没有严格的规定，这完全取决于沙皇政府的意愿和考量。他们每年的薪俸是 1200 卢布和 600 俄石粮食，完全变成从政府领取收入的官僚，这同改革前各地方军政长官的待遇有了本质上的差别。

省府人员的编制是这样的：总管，负责管理法庭审判事务，在总督缺席的情况下代管省里的一切事务；警备司令，负责管理军事事务；总专员，负责管理资金收入；军需官，负责管理粮草和饲料；以及其他具体的办事职员。各地方自治机构要服从总督的领导和管辖。

省府机关所有有职务的人员在职务称呼上都被冠以外来的名称。比如，"省"这个词本身就不是俄语词语。类似的术语在省级区划单位改革前很早就被引入俄国。例如，阿尔汉格尔斯克的军政长官 Ф. М. 阿普拉克辛早在 1694 年就被称为总督。从 1703 年起，在设立彼得堡省之后，А. Д. 缅希科夫也被称为总督；而在 1706 年，И. А. 托尔斯泰被封为总督，管理亚速省。但是，总督这个称呼在当时还不是一个代表行政权力级别的称谓，它只是一个听起来比较光荣的名称，这从 П. М. 阿普拉克辛致彼得一世的信件中得到了印证。1706 年，在获得了阿尔汉格尔斯克军政长官这一职位后，Ф. М. 阿普拉克辛一直在恳请沙皇，是否可以将职务称谓改为总督①。1706 年，Я. Н. 里姆斯基-科萨科夫获得了总管的职衔，而军需部长官 С. 亚济科夫被称为总军需官。

当时，新的术语被应用到行政权力体系中往往是通过沙皇颁布的敕令。这表明，彼得一世及其幕僚了解西欧一些国家，尤其是瑞典和德国的行政管理体系，清楚它们普遍在使用上文所述的那些表示行政权力职衔的术语，但这并不意味着彼得要把它们的行政管理体系移植到俄国。欧洲的这些术语常常被简单翻译成俄文的概念，并保留本身的含义。这些外来的职务名称与俄国行政职务相对应并不能说明俄国的行政官员与同样职位的西欧国家官僚的职权是一样的。如瑞典的总管只履行纯粹的法庭审判职能，而在俄国，总管是总督的第一助手和主要副职，他兼管法庭审判和行政事务。有一个很好的例子可以说明这一差别，1706 年，根据彼得的书面敕令，Я. Н. 里姆斯基-科萨科夫受命根据俄国法律和具体情况变化管理英格尔曼兰省。这份书面敕令还包含了一些非常典型的与 17 世纪军事训令类似的因素，如清点并登记城市居民，使收入翻倍及必须"产生利润"，保障秩序，"使居民免缴额外的税、避免受到

---

① П и Б. Спб., 1887. Т. 1. № 26, 28.

欺侮或遭遇破产"，等等。在敕令中，一些新的要求主要涉及整顿税收秩序和进款收入的程序。于是，在使用外来术语的同时，当时俄国的立法者们也在其释义及含义中充分考虑和补充了符合俄国实际需要和传统的内容。

1708 年敕令中规定的省从 1710 年开始正式行使自己的职能。1713 年，又增设了里加省，1714 年从喀山省分出了两个省——下诺夫哥罗德省和阿斯特拉罕省。1712～1715 年，省下面又划分了若干行政单位。虽然这一措施并没有实施到底，但对省级区划单位的划分获得了普遍认可。在省的下面划分若干州，而州的下面又划分若干县级区划单位，这在很大程度上加强了中央政权对地方的权力控制。地方权力机构不再是松散和分散的，而是呈现出垂直和向心的特点，因为通过改革形成了新的权力体系，即各县服从于州的行政管辖，而各州又服从于省级权力机构的管辖。由此，在地方管理机构中逐渐形成了官僚主义特点和习气。

各州的建立和州长权力的扩大不可避免地影响到中央管理体系的正常运转。比如，对省的改革就对衙门制度造成了沉重的打击，因为新的地方权力体系实际上取代了众多原本领导和管辖地方管理机构的衙门，这导致一些衙门被取缔，另一些的地位也发生了变化。最先被取缔的衙门包括西伯利亚衙门和喀山宫衙门，1711 年，它们的工作正式终止。而职官部、小俄罗斯等其他管理城市事务的衙门把一些职权和事务移交给了省级管理机构，它们的权限大幅缩小。另外，矿务衙门被撤销；地方事务衙门、地方自治衙门、大宫衙门的权限范围被局限在了莫斯科县城这一区域内，它们都服从于莫斯科省总督；市政厅的职权范围也被限制在莫斯科省的范围内，只保留了有限的权力；英格尔曼兰（谢苗诺夫斯基）衙门办公厅从中央管理机构转变为彼得堡省总督驻莫斯科的代办处。由此，留下来的衙门保住了中央管理机构的地位，但是数量急剧减少。

尽管如此，新的管理体系还没有完全建立起来。新成立的机构和之前已存在的机构彼此间的职责和相互关系并没有得到明确规定，这为具体事务的处理制造了混乱。并且，如何让各省总督同长期驻留于军队中的沙皇保持常规联系，也是一件复杂的事。各省总督都是独立处理事务，这就导致他们的命令有时在执行时无法有效协调。

波雅尔杜马在这一时期之前就已完全丧失了自己往日的作用和价值。在它的影响力不断受到削弱的同时，君主专制制度得到了不断的巩固和加强，衙门制度则处于解体和崩溃的边缘。早在17世纪中期，在处理重大的国务问题、筹备沙皇敕令和波雅尔决议时，波雅尔杜马就已开始被迫同沙皇招徕的"近臣杜马"及其亲近幕僚们展开竞争。到18世纪初，波雅尔杜马常常让位于"近臣委员会"，这是一个由"沙皇近臣"组成的机构，但这些人并不一定都是杜马官员，或者重要衙门的法官以及有影响力的杜马议员。最初，近臣委员会与波雅尔杜马同时进行工作，但之后近臣委员会逐渐占据了主导地位。显然，它动摇了波雅尔杜马的地位，并主导了行政体制改革。如果说以前各衙门的法官自然成为杜马成员，由此各衙门与杜马形成了有机的联系，那么，随着众多衙门被撤销，或者几个衙门合并由一个人领导，或者在一些重要岗位上任命的人并不是杜马官员，这些都表明杜马同执行权力机构的联系被削弱了，甚至与其关系被瓦解了。因此，杜马的规模由于自然减员和御封杜马官员数量的大幅减少而急剧缩小。所有这些因素导致波雅尔杜马彻底让位于近臣委员会，并最终解体。

А. Д. 格拉多夫斯基在描述近臣委员会时写道，这个机构与杜马的区别只有一点，即"其成员称号不是波雅尔，而是大臣"。而 В. О. 克柳切夫斯基却认为"委员会"没有什么新意，并把它称作"昔日波雅尔杜马的残留"，他认为，由于波雅尔杜马逐渐退化，沙皇就以杜马为基础建立了这样一个委员会。Д. С. 巴布林则认为，杜马和近臣委员会在权力上实际是平等的。① 这些作者的依据是，参加近臣委员会的基本都是波雅尔贵族，但近臣委员会的实质作用并不是由波雅尔决定的。虽然波雅尔贵族参与了近臣委员会的具体工作，但他们并不是以波雅尔贵族阶层代表的身份，而是以沙皇任命的行政官员的身份，波雅尔头衔在这里不再有意义。因此，"近臣委员会"与波雅尔杜马的深层次区别在于，它不再是等级代表机构，而是沙皇的行政管理委员会。这也是君主专制体制同等级代表君主制在当时阶段体现出的新的差别。

　　在不断挤压杜马生存空间的同时，近臣委员会在 1700～1710 年常常参与处理国家重大事务，但它仍然不是一个常设机构，这是它与杜马的重要区别。参加近臣委员会的人数及近臣委员会的构成是由具体情况决定的，并随时会发生变化。在解决具体问题时，会由某个人出面组织召开近臣委员会会议，并筹划和提供具体的讨论问题。从 1697 年起，彼得一世常常离开莫斯科出行，他的解决办法是委派临时管理者，授权这个人为"国家的临时元首，负责管理日常事务"，同时，这个人也被授权招集其他人协助自己管理。于是，这些人就这样被招集到了近臣委员会。② 但是，这样的管理形式只能在某种情况下出现，即只有当国家权力机构都集中在莫斯科，以及各衙门法官都出席近臣委员会会议，使各种问题能够顺利、有效地得以解决。而在建立了各省之后，只有常设机构以及沙皇授权的中央管理机构才能有效地监督和协调各省总督的工作，与他们保持不间断的联系，解决他们之间的争端并推行全国性的政策措施。这一点在各省开始正式行使自己的职能之初显露得淋漓尽致。彼得在 1711 年 2 月 6 日致 А. Д. 缅希科夫的信中清楚地透露出必须采取措施的思想，他写道："到目前为止，只有上帝才知道，我是多么的痛苦，因为这

---

① Градовский А. Д. Высшая администрация России XVIII ст. и генерал-прокуроры. Спб., 1866. С. 72；Ключевский В. О. Боярская дума. М.，1902. С. 445；Очерки истории СССР. XVIII век. Первая четверть. С. 304.

② Ключевский В. О. Указ. соч. С. 446，447.

些总督总是对自己处理的事务刨根问底……"①

因此，关于设立参政院的敕令很快就颁布了。但这份文件开头的一句话（"设立参政院是为了在沙皇暂离的情况下进行管理"）存在很大歧义，根据其内容，参政院类似于以前的近臣委员会，只是一个临时机构，只在彼得离京前往普鲁茨基行军期间才起作用。② 但出现这些歧义的原因是人们没有对文件内容进行正确的解读，提出异议的人对彼得给出的"自己可能常常会暂离"的理由做出了不恰当的判断。对此，彼得一世立刻决定将参政院设定为常设机构，并于1711年3月2日颁布敕令。在这次敕令中，彼得略为详细地说明了设立参政院的目的："由于战事，我可能常常会暂离，因此确定参政院为管理机构，所有人都应该像服从我一样服从参政院的命令。"③ 参政院的权限很大，覆盖了管理的各个领域，除此之外，它还拥有立法权和审判权。同时，彼得重点强调了参政院的权限很大，无论是宗教界和世俗社会，还是军队和地方权力机构，不管官职高低都要服从于它。对于不顺从的人，沙皇威胁要给予不同程度的最高直至死刑的惩罚。

1711年，彼得特别列出了参政院急需完成的一些任务。第一，参政院应该成为"一个公正的法庭，惩罚那些不公正的法官"。对这个问题的关注在18世纪头10年激化了地方上的阶级斗争，当时民众对没有权利感到不满，对地方军政长官和行政权力机构的暴政感到愤怒，所有这些情绪仿佛一下子都迸发了出来。组建"公正法庭"的意义就在于弱化民众不满的情绪，并使民众对于在最高管理机构找回公平和公正充满希望。

---

① Цит. по：Соловьев С. М. История России с древнейших времен. М.，1962. Кн. Ⅷ. С. 354.

② Петровский С. А. О Сенате в царствование Петра Великого // Описание документов и бумаг МАМЮ. М.，1876. Т. 3. С. 30.

③ Законодательные акты Петра I：Сб. документов / Сост. Н. А. Воскресенский. М.-Л.，1945. № 242. С. 201.

参政院的第二个任务是，根据沙皇的命令监督国家财政，提高国库的收入，因为"从本质上来说，金钱是战争的动脉"。对这一点又特别补充了一些要求，如促进贸易的发展，整顿票据业务，提高对盐务垄断行业的收费。第三，沙皇给参政院提出的任务是完善和优化机构的考核功能，为军队干部需求刻意去挖掘和搜寻优秀的贵族军官。另外，沙皇敕令确定将职官衙门的职能转交给参政院，并废除了这个存在时间很久曾发挥过重要作用的机构。

在一些欧洲国家，如瑞典和波兰，"参政院"被冠以皇家委员会的名称，现在，这个名称被引入俄国。但是，不同国家的参政院在组成成分、结构体系和职权方面都有很大的差别，这是由每个国家政治发展的不同特点决定的。俄国最熟悉的是邻国的政治制度。但是，在波兰的政治体系中，议会和地方的缙绅会议与参政院并驾齐驱，这严重限制了国王的权力，对已经决定走君主专制之路的俄国并不适合。而瑞典的参政院，在国王领军出征时能够很好地管理国家，它对于彼得来说是一个合适的值得效仿的范例。

俄国和瑞典的参政院在权限以及通过告密和揭发等手段形成监督制度方面是一致的，它们不同的地方在于参政院的人员组成和结构体系。除此之外，俄国并没有确定精确的规则，以便细化和明确参政院同其他国家机关的具体关系。俄国的参政院只是根据彼得的想法，在1711年将瑞典的经验和范例搬到了俄国。

瑞典参政院的人员构成包括各委员会主席、科学院大臣、总督和其他著名的政治活动家。与瑞典参政院不同，彼得为俄国参政院只任命了9位参议员，他挑选的原则是看以前的工作成绩。因此，在9位参议员中有5位之前都在军事机构中工作。莫斯科省总督Т. Н. 斯特列什涅夫从1689年起就一直任职职官衙门法官，他还负责管理军队干部、兵员补充和俄国南部边境地带；Г. И. 沃尔孔斯基大公曾是图拉军械厂的管理者；

军需部的侍从将官 M. M. 萨马林曾领导过制服办公厅；H. П. 梅利尼茨基曾是军事衙门副法官；Г. H. 普列米扬尼科夫曾是海军衙门副法官。于是，这5个人都被选拔进参政院。对他们的任命体现了彼得明确的用人思路，即他想把这样一批人集中到参政院工作，如曾在军事部门工作或参与过解决军队建制以及军备事务问题的人，因为这些人谙熟政府对军事问题在认识和理解上的需求和障碍。其他参议员都由显赫的行政管理者担任。如具有深厚资历和丰富从政经验的 И. A. 穆辛-普希金，他曾服侍过彼得一世之前的几任沙皇，并被委任过不同职务：他曾在阿斯特拉罕和斯摩棱斯克做过军政长官，曾是西伯利亚衙门副法官，曾在波雅尔杜马工作多年，从1701年起他受命领导修道院衙门。另外，B. A. 阿普赫金曾是制币厂和商务厅的管理者，П. A. 戈利岑曾任阿尔汉格尔斯克省总督。还有一些人被选拔进参政院作为这些参议员的助手，他们都熟知中央和地方管理的特点，并非常了解财政金融事务。根据以前工作的经历，大部分参议员都拥有处理法庭事务的经验。他们中的一些人曾参加过近臣委员会会议。根据以前的职衔，有两位参议员曾任波雅尔，其他人都是御前大臣。这样一来，参政院建立，被委任为参议员的人绝对都是彼得信任的御前亲信。英格尔曼兰衙门办公厅的书记 A. 史楚金被任命为总秘书，领导参政院秘书办。

所有参议员的第一项工作是宣誓，誓词由彼得一世亲自拟就。誓词内容反映了彼得对参议员的基本要求，归纳起来包括，他们的工作应当"忠诚与纯净，不倦怠，更加勤勉"。参议员的责任包括：恪守对"君主和国家"的忠诚，"不管是解决民众间的问题，还是处理国家重大事务"都要保证"真理和公正的审判"，按照国家利益需求"提高国库收入，并搜寻一切人才和其他东西"。同时，参议员们必须承诺，"行为举止真诚公正"，既不应因为受贿和恐惧而违背誓言，也"不能出于怜悯而大发慈悲，或因为琐事而睚眦必报"。在彼得于1711年3月5日下发给参政院的命令中有一条引人关注，它规定，所有参议员的次序排位，即"谁先谁后必须依照命令中已经确定的名单的顺序"。位于名单第一列的是波雅尔贵族 И. А. 穆辛-普希金和 Т. Н. 斯特列什涅夫，其他人则按照御前次序排列。这样一来，参政院基本保持了以前的次序原则、规则和标准，虽然这种按门第排位的原则在俄国已经被取缔差不多快 30 年了。但彼得考虑到了一些具体情况，使参议员们在讨论和处理事务时不至于因争吵和争执而误事。

尽管要求遵守官阶秩序，但参议员还是有平等的投票权，在处理事务时需要集体参加，并且在形成最终决议时需要一致同意。①

被委任为参议员并不意味着他们的原有官职被解除。只有 Т. Н. 斯特列什涅夫和 П. А. 戈利岑例外，取代他们的分别是派往莫斯科省的 В. 叶尔绍夫和派往阿尔汉格尔斯克省的 А. 库尔巴托夫，他们两人的官衔都是副总督。很显然，在提拔自己的亲信——那些聚敛官去管理省时，彼得一世还不想冒险把他们放到与总督同等的地位，毕竟这些总督具有杜马和御前的各种职衔。在这一点上，只有 А. Д. 缅希科夫例外。

虽然参政院的班子是经过深思熟虑选拔而成的，但它并未能以完整的形态保持太长时间。1712~1714 年，有 5 位参议员由于各种不同的原因离开参政院，而面对参议员职位的空缺也并未进行满额补充。就这样，参政院以参议员始终不满额的形式一直存在到中央各部的建立。

参政院中除了对参议员和参议员办公室职员的数量实行定额编制，在参政院下还构建了两个不同的体系：省级委员和监察委员。

根据 1711 年 2 月 22 日的敕令，参政院同各省建立了常规联系。敕令规定，每个省选出两名委员，一名在参政院，另一名留在省里。他们必须让参政院了解省里的一切事务，并向省里转达参政院的各项命令和书

---

① Законодательные акты Петра Ⅰ. № 243. С. 201, 202; № 244. С. 203, 204.

面文件。委员由总督选出，一般由贵族担任，有时由军官担任，个别时候由书记担任，但委员的职务任命权归于参政院。参政院对每一名委员的基本要求是，他应该成为一个"无所不知的人，最好能根据下达的命令回答关于省里的所有事务"。在实际工作中，省里的委员不仅要保障参政院和省里的联系畅通无阻，同时也要保证省里及时完成参政院的各项命令。如果参政院的命令未能完成或延期完成，委员就会被处以罚款甚至被拷打追责。这种情况在当时并不罕见，可见委员的职责也并不轻松。

　　监察委员会隶属参政院，是一个专门进行监督和监察的机构，它与瑞典的同类机构作用相似。它由总监察长、若干省级监察官以及隶属于他们的"下级"监察官组成。他们的任务包括"秘密监察所有事务，打听和了解有关不公正法庭的情况；对国家税收和其他方面的事务进行监督"。稍晚些时候，1714 年 3 月，彼得一世进一步明确了有关监察事务的范围，包括"查处一切隐秘事件和行为：（1）所有违反命令的犯罪行为；（2）所有受贿和偷盗国库等损害国家利益的行为，哪怕连犯罪人的名字都没有；（3）所有那些与人民有关却无人向沙皇禀告的事务……"监察官必须向参政院提交并当场揭发由他们指控的犯罪行为人的罪行，"不管这个人的等级有多高"。但是，在总监察长不在场的情况下不能追究"最高法官和总司令"的责任。① 瑞典对有关监察官的法令的规定甚至可以追溯到 1718 年，当时由度支院的顾问 Г. 菲克制定了瑞典监察官的职能守则。但瑞典的范例并没有完全移植到俄国，因为瑞典监察官的一些职能作用（如监督路况，揭发小偷、强盗和敌人的间谍等）在俄国是无法效仿和推广的。两个国家的监察委员会在组织结构上存在一些差别。例如，在瑞典，省级监察官只需要服从于总监察长；而在俄国，他却有双重隶属性：总监察长和总督。② 于是，我们注意到，正是在这种情况下，瑞典

---

① 　Законодательные акты Петра Ⅰ. № 241. С. 200；№ 244. С. 204；№ 352. С. 332.

② 　Петровский С. А. Указ. соч. С. 115.

的方案在俄国就只能被重新修订。

监察委员会的建立迁延了数月之久。原因不仅在于其组织建设缓慢、费时，而且反映出原有行政权力机构包括参政院都对新机构抱有强烈否定的态度。新设立的监察委员会的职权功能与行政权力机构对监察官及其利益的认识是不一致的，他们认为，新设监察官的工作与人们对这一岗位的传统认知相违背，在他们的意识里，监察官岗位不只是国家给予的一份工作，同时也应该是个人收入的源泉，是可以"养家糊口"的，这反映出官僚阶层仍然寄希望于从国家收取的封建地租中分一杯羹。

因此，可以预见到，在组建监察委员会时会遇到来自其他行政权力机构的阻力，同时，也可以理解，为什么难以找到一个能够同职务犯罪进行斗争的领导人。彼得一世对总监察长的人选要求是，"一个聪明、受人尊敬且没有瑕疵的人，无论他出身于何职"①。彼得比较认可的做法是，任命一个不起眼的人做总监察长，因为这样的人同御前大臣的联系和瓜葛少，对他们的依附性低，只能依靠沙皇的支持。为了不再拖延，彼得提名普列奥布拉任斯基衙门的书记 Я. 贝林斯基为总监察长。但是，这一提名遭到了御前大臣们的强烈反对，彼得被迫妥协，同意由参议员自行"从廷臣中"选择总监察长人选。最终，他们选择了御前大臣 М. 热利亚布日斯基。

一年后监察委员会正式成立，其人员架构为：1 个总监察长和 2 名助手，4 名监察官负责莫斯科的监察工作，2 人专职负责侦查工作，16~22 名监察官负责各省的监察工作。1714 年，彼得下发敕令，规定了监察委员会的定员编制。敕令规定，在总监察长之下应设 4 名助手（其中 2 人来自商人阶层，"他们可以秘密监管商界事务"），每个省会中心城市设 4 名监察官，每个普通城市设 1~2 名监察官，其中要有来自商人阶层的

---

① Законодательные акты Петра Ⅰ. № 244. С. 204.

人，这样就可以实现"从城市角度进行监管的作用"①。监察官的独特之处在于国家对他们工作的支付方式。他们并没有固定薪酬，彼得为了激发他们的工作积极性，规定如果成功检举案件，他们可以获得一半的罚金（由于受到起诉或被追责而处以的罚金，在瑞典因奖励可以获得1/3的罚金）。这种支付方式对国家是有利的——国家既有了收入，又不用花钱去供养监察官，还可以激发监察官们对工作的积极性。1713年秋，M.热利亚布日斯基希望停止由于罚金引发的争议，他建议为监察官引入固定薪酬，但参政院否决了他的提议。1714年，沙皇政府决定，案件应处罚金的一半奖励给检举成功的监察官，1/4分给省级监察办公室，另外1/4分给总监察长办公室，它可以奖励给下属监察官。来自商人阶层的监察官除了获取应得的罚金份额外，还可以获得免缴税款的权利。②

监察官的调查报告揭开了席卷俄国社会的职务犯罪黑幕。在调查报告中，监察官通过细致的调查，清晰而明确地呈现出18世纪初俄国行政权力机构，从小书记员到参议员等所有官僚对权力的利用及其个人的道德精神面貌。如监察官通过调查确定，大公 Г.И. 沃尔孔斯基少校曾说过，"绝不允许呈现自己不好的一面，那会让人觉得自己像一只身上长满刺的山羊"；参议员 Я.Ф. 多尔戈鲁基参与了对 А.С. 舍因的无继承人财产的掠夺，并把这些财产分别送给了那些身居高位的人；另外，像 М.П. 加加林、П.М. 阿普拉克辛、А.Д. 缅希科夫这些总督以及其他当时身世显赫的政治活动家也都在尽可能多地利用自己手中掌握的权力。③ 在领地衙门中，那些小书记员常常出具伪造的土地注册文件，而大国库衙门的小官吏们在收取贿赂后往往会姑息放任小工的偷盗行为。贪污受贿、搞

---

① ПСЗ. Т. V. № 2786.

② Там же. № 2786，3211.

③ ЦГАДА. Ф. № 9. Кабинет Петра Ⅰ. Кн. 95. Л. 713－718，757－772. Ф. 248. Оп. 106. Д. 89. Л. 11；Д. 225 и др.；Петровский С. А. Указ. соч. С. 125－127，150，151.

裙带关系、直接掠夺、伪造和捏造文件、贿赂、勒索敲诈——这些还不是能够列举出的所有恶习，但对各级行政官员来说却是最典型的，他们从不放过任何为个人谋取利益的机会。一位监察官曾在报告中描述过一名上校的贪婪行为，"他甚至把团旗藏起来，交给妻子，让她改成了一件裙子"①。

虽然设立监察官职位明显有利于监察委员会为国家工作，但它的职责却是"沉重而令人憎恨的"。1712 年，俄国教会首领 C. 亚沃尔斯基就曾公开表示反对设立监察官。他宣称，根本就"不应该设立"监察官的职位，因为掌握了这一权力的人"想揭发谁就揭发谁，想诽谤谁就能诽谤谁"②。

监察官同参议员之间的关系并不简单。一方面，参议员应当协助监察官的工作，并负责调查他们提交的报告；另一方面，总监察长有权揭发那些声名和权势显赫的大人物，这让参议员们感到不安和愤怒，觉得自己随时都可能成为被调查和揭发的对象。因此，参议员们总是装作很看重和欣赏监察官们的工作，但实际上却千方百计地拖延具体案子（特别是当案子牵连到那些达官显贵时）。当时，对于监察官们来说，Я. Ф. 多尔戈鲁基和 Г. Н. 普列米扬尼科夫是他们最不能容忍和妥协的敌人。

А. Я. 涅斯捷罗夫与许多参议员保持着频繁的交往，他是一位出身于农奴的聚敛官，在彼得一世执政时期是一个特点鲜明的人物。他的仕途之路对于众多的聚敛官来说是非常典型的：最初，他在谢苗诺夫斯基办公厅的一个分支机构工作，之后又先后在亚姆斯基衙门和莫斯科省办公厅任职，后来他又被调往参政院任总监察长的助手。他很聪明，善于观察，又非常勇敢，并且很清楚，自己的仕途生涯取决于沙皇对自己的赏

---

① ЦГАДА. Ф. 248. Оп. 6. Д. 205. Л. 190-192.
② ПСЗ. Т. V. № 3479; Петровский С. А. Указ. соч. С. 136, 149.

识。因此，从作为监察官的第一天起，他就对工作抱以最大的热情和积极性，破获了许多涉及大小官员的职务犯罪案件。并且，他常常将这些案件直接禀报给彼得本人。[①] 在屡次呈递尖锐的报告并不断抱怨沙皇总是放任和纵容参议员们之后，彼得终于对参政院进行了严厉斥责。1713 年 5 月 1 日，彼得在给参政院的信中写道："参议员先生们！我在此正告你们，根据监察委员会的报告，你们没有完成哪怕一件主要的案子，你们一直在拖延时间，忘记了上帝和自己的灵魂，为此，这是我最后一次警告你们：如果在 11 月 1 日前你们不能办完五六件主要案件，并对那些为了个人利益而损害国家利益的犯罪分子处以死刑，那么，你们就会得到这样的下场。"[②]

来自沙皇的支持巩固了 A. Я. 涅斯捷罗夫的地位，但同时也更加激起了参议员们对他的敌对情绪。涅斯捷罗夫对工作的积极和热情与热利亚布日斯基对工作的拖延和懒政形成了鲜明的对比，为此，彼得在 1715 年 4 月任命涅斯捷罗夫为总监察长，他在这一职位上一直任职到 1722 年。

在当时的俄国，彼得一世为官员设立的监察和管控制度并没有得到健康发展。在首都，迎接监察官的常常是参议员的不满情绪和对抗行为；在各地方城市，监察官也往往会遇到来自地方政权机构毫不掩饰的蓄意对抗。监察办公厅每天都会接到无数的申诉，如既不给监察官分配墨水和纸张，也不配合监察官向其出示所需要的各种文件，甚至还辱骂、殴打监察官，把监察官投入监狱、千方百计地追捕或者"拷打"监察官，等等。[③] 但是，监察官旨在剥夺权力机构从事经营活动的工作却得到了下层民众的支持。这些人是俄国社会底层的代表，包括从事工商业的人群、农民、奴仆、士兵、下岗的小书记员，他们都愿意出庭作证，甚至是作

---

① ЦГАДА. Ф. 9. Кн. 17. Л. 938，940-943，957-961 и др.

② Петровский С. А. Указ. соч. С. 60，61.

③ ЦГАДА. Ф. 248. Оп. 106. Д. 12，82，89，285，345 и др.

为揭发人。但必须指出的是，这样的支持并不意味着监察官已成为人民大众利益的捍卫者。他们的工作在形式上是同统治阶级中个别滥用职权的人进行斗争，客观上巩固了贵族阶级国家的利益，这是他们工作的最终目标。

值得注意的是，监察官的工作就是致力于揭发职务犯罪，但他们自己也常常会沾染上这些毛病。1714 年，波波夫、列夫申、尤什科夫和省级监察官 C. 波普佐夫都被送上了法庭。A. Я. 涅斯捷罗夫本人也没有抵抗住诱惑，在经过长达两年的调查后，法庭对他滥用职权的指控最终得到确认，1724 年，涅斯捷罗夫被处以死刑，并以车裂的形式执行。[①]

涅斯捷罗夫的悲剧命运说明，那些聚敛官在自己的仕途之路上充分利用了彼得一世的信任，并依靠自己的才干和功绩爬到了很高的位置，当他们手握大权，开始跻身统治阶层后，他们很快就融入了进去。A. A. 库尔巴托夫案件就是鲜明的例证。1714 年，由于掠夺罪和受贿罪，库尔巴托夫被免去阿尔汉格尔斯克副总督的职务。库尔巴托夫认为，自己为国家立下的功勋允许自己获得额外的收入。他为自己的行为进行了辩解，"希望沙皇能够宽恕我做的这些事情，他了解我在工作上的勤勉以及额外付出的努力"，"他知道为了供养这么多人我所做的一切，哪怕是最微不足道的事情，不管是金钱、食物还是军队补给都是我自己张罗的"。[②] 另外，A. Д. 缅希科夫的贪婪也是众所周知的，他为了攫取个人财富肆无忌惮地利用手中的权力，П. П. 沙菲罗夫等其他"新晋权贵"也都是这样贪得无厌的人。

参政院的惩治法庭负责整理监察官提交的各种与案件相关的调查报告（不包括更加复杂和需要参议员们慎重对待的案件）。这个惩治法庭是在参政院内设立的特别法庭，是专门的审判机构。除了整理各种监察报

---

① Петровский С. А. Указ. соч. С. 140–143，152，153.

② Цит. по：Павлов-Сильванский Н. П. Указ. соч. С. 58.

告，惩治法庭还需要处理对于其他行政机构做出的错误决定的申诉，因此，它实际上获得了最高审判机构的地位。作为参政院的分支机构，惩治法庭一直保留了下来，1714 年彼得颁布敕令，首次正式确定了三级审判制度：从各城市的警长到管辖他们的总督，再到参政院。

参政院的司法权并没有挤占旧的刑侦委员会的权力空间。刑侦委员会的建立是为了解决那些有限期的、非常复杂的案件，或者是根据参政院命令甚至是彼得亲自下令需要处理的极特殊的案件。1718～1723 年，刑侦委员会一般由近卫军的少校指挥，因此又被称为少校委员会。参政院在建立初期的一段时间内，其结构并没有发生具体的变化。但是，随着时间的推移，它的管理结构逐渐形成了更加发达的、繁茂的枝状体系，这与俄国在 1717~1722 年进行的行政权力机构改革紧密相连。

在行政改革的最后一个阶段，彼得一世尝试引入欧洲的专业人士，并且考虑俄国的特殊性，尽力使改革建立在深思熟虑和有理有据的基础上。这一阶段对中央管理机构的改革为日后确立集权化体制、复杂的参政院权力构架和体系以及创建各种委员会奠定了基础。

彼得第一次对委员会有所了解是在 1698 年，当时他在英国接触到一位英国人弗·李写的方案《关于正确组建彼得的政府》，其主要思路是在政府中建立 7 个委员会。但在当时，这一提案并未获得彼得的青睐。[①] 之后，在研究瑞典的参政院制度时，彼得被瑞典的委员会深深吸引。至此，可以完全明确的是，彼得关于建立与瑞典相似的、专门的、可以集体处理国家事务的中央机构的想法与其创建参政院的想法是同时形成的。因此，当时也出现了关于建立委员会的一些方案。例如，1711 年"采矿指挥官"И. Ф. 布里格尔提议建立管理采矿事务的委员会，1713 年一位不知名的提议者建议建立整顿和规范贸易活动的商务委员会以及为了核算

---

① Милюков П. Н. Указ. соч. С. 421-424.

国家的进出款项设立财务监督委员会。在这些提案之后，很快就迎来了一份记名命令："建立专门的委员会管理和规范贸易活动"，首席委员 Д. 索洛维耶夫受命组建委员会。为此，他招集了纳尔瓦商界人士、一些宾客代表以及莫斯科工商界代表组建委员会。但是，接下来搭建委员会的组织架构以及审议海关法等具体事务却未能进行下去。

1715 年，彼得交给参政院一份包含 7 个委员会的名单，让参政院进行"仔细斟酌和筹划"。同年，彼得命令驻丹麦大使 В. Л. 多尔戈鲁基搜集有关丹麦委员会的信息，命令驻维也纳大使 А. П. 维谢洛夫斯基搜集欧洲其他国家委员会的信息，同时精心挑选一批专家参与组建俄国的委员会。① 当时，受邀到俄国工作的有精通法律、经济和政治制度建设的德国专家 Г. 菲克，他负责编撰关于介绍瑞典行政机构是如何运转的著作；著作《对俄罗斯帝国经济的思考》的作者——А. 柳别拉斯男爵。后来，他们都参与了组建俄国委员会以及为其制定相关章程、规则的工作，并且，他们都获得了沙皇的委任：Г. 菲克被任命为度支委员会顾问，А. 柳别拉斯被任命为矿务和手工工场委员会的副主席。

关于设立各委员会的命令以及与其制度建设相关的首批具体措施都是在 1717 年 10 月前出台的，但涉及各委员会具体组织建设的工作直到 1720 年才最终完成。当时决定建立 10 个委员会。外事委员会取代了使馆衙门，主要负责对外交往。军队、城市卫戍部队以及"其他所有军事事务"都由陆军委员会管辖。海军舰队、舰炮生产厂、造船厂、从事海上经贸业务的手工工场以及管理国家林业等事务都被纳入海军事务委员会的管辖范围。司法委员会被授权管理领地衙门、侦缉衙门、地方自治衙门以及所有司法衙门，同时监察职权和人员编制也从参政院转交给它。3 个负责财政金融的委员会主要管辖的内容分别包括：度支委员会负责管

---

① Законодательные акты Петра Ⅰ. № 25，27. С. 44–46.

理公职人员薪酬和非薪酬开支的税、军事包工、咸水捕鱼及修路；开支委员会负责监察国家各项支出；监察委员会负责监督地方对国家资金的使用。与度支委员会的建立有关的是废除了修道院衙门，管理教会土地成为度支委员会的责任与权力，因为由它产生的收入仍然要归入国库。领地委员会主要管理工业，但不包括采矿业和冶金业，它们归矿物委员会管辖。商务委员会主要负责贸易问题。1721年，又设立了第11个委员会——世袭贵族委员会，它主要负责保护贵族的土地权益和特权，因此，原本由司法委员会管理的所有与贵族土地所有权事宜都转归世袭贵族委员会管辖。

委员会体系很快就在俄国各地推广开来，与衙门体系形成了鲜明的对比。一些委员会也在地方拥有了自己的人员编制（各委员会可以根据自己的办公地点选择在莫斯科或圣彼得堡建立办事处；除此之外，度支委员会在各省和各县城设立了具体的办事机构；领地委员会则利用了总督办公室）。

早在1717年，沙皇就任命了各委员会的主席和副主席。大部分委员会主席职位都由俄国贵族担任，他们构成了俄国新权力结构的主体。所有副主席职位均由受邀到俄国工作的外国人担任。各委员会的主席都直接进入参政院，因此，彼得授权参政院负责接下来各委员会的具体组建工作。原本这项工作由 Я. 布柳苏领导，在他的举荐下，Г. 菲克被临时借调过来负责各委员会的组建工作。

委员会人员都是由彼得直接下令任命的，包括1名主席、1名副主席、4~5名参议员和4名低级文官。在处理事务时依据所有成员都参与表决情况下多数赞成的原则，其中包括了秘书、公证人、翻译、记录员、抄写员、登记员、办事员，之后又补充了检察官和监察官。此外，各委员会还必须引入一些外国专家。在任命委员会各职位人选时，参政院无权选择参议员的亲属及其"亲信"，具体人选要根据事先拟定好的名单，按照投票选举的程序完成。但是，各委员会的建立拖了很长时间。1718年夏天，彼得作出批示，他指出，各位参议员及主席竟然"懒于聚在一起讨论委托给他们的工作"，为此，每周专门给他们两天时间进行讨论，并且也下过书面命令，会议必须"由一群正直的人参加，而不是像市场上卖东西的老太婆一样，讨价还价，喋喋不休"。①

组建委员会的工作之所以拖延是因为与之相关的基本文件始终难以制定出来，而恰恰需要这些文件确定委员会的地位和职能。问题变得复杂化的原因在于，俄国对于委员会运转的基本原则并不熟悉，或者说根本就很陌生。委员会的一个基本原则是绝不允许把各种不同类别的职权全交到一个人手中，因此，这个原则要求精确地分配委员会的职能和权限，同时也要确定它们同参政院的关系、彼此间的关系以及同地方行政管理机构的关系。

因为考虑到委员会的结构必须适合自身的工作，当时决定制定两类文件：一类是总章程，适用于所有委员会；另一类是为每个委员会量身定制的规则，必须考虑到各个委员会不同的工作特点。当这些保存完好的章程被展示出来后，人们了解到这项任务的艰巨性和复杂性。H. A. 沃斯科列先斯基曾公布过一份历经12稿的修改，篇幅达700多页的手抄稿，而这还只是一份总章程。这份总章程的原始方案是由 Г. 菲克拟定的，他利用了瑞典的资料——*Cantseilia Ordnungh*（1661）②。但参议员和各委员会的顾问对 Г. 菲克的方案进行了多次讨论及修改，他们的修改原则是根据彼得的命令，只留用对俄国有益的条款，而其他那些"不符合国家现状和要求，以及 Г. 菲克通过自己的推论得出的条款"都被删掉。③ 许多彼得署名的命令都涉及委员会组建的问题，这见证了在制定委员会章程和

①　Там же. № 261. C. 216，217；№ 263. C. 218；№ 271，272. C. 225，226.
②　Там же. C. 411，412.
③　ПСЗ. Т. V. № 3197.

规则时彼得的亲力亲为和积极参与的状态。①

　　委员会总章程的内容主要是确定各委员会的结构，处理事务的程序，成员的责任及其行为准则。在各委员会的规则中分别勾勒出了与委员会相关的工作范围，介绍了委员会结构的特点以及它们的分支机构，同时规则还尝试明确这些委员会同地方管理机构的相互关系。在委员会的规则中明确显示出君主专制主义观点，这在具体的要求中体现为，所有委员会的成员都要把效忠沙皇及其家族看得"高于一切"，"要千方百计地确保他们的利益和安全，尽可能地使他们避免损失、伤害和危险"。在总章程和规则中还可以看出国家学说的影响力，国家作为一种超阶级的力量，要捍卫所有国民的利益，要关心所有人的幸福生活。同时，总章程和规则补充了新的条款，即国家通过委员会"调整商业、艺术和工场手工业的活动"，这些属于国家必须完成的经济和文化类任务。② 另外，在总章程和规则中还提及了国家的军事防卫作用。

　　新成立的委员会成为参政院和各省行政管理机构间的中间环节，这使参政院的作用发生了一些变化。参政院会把一些忙不过来的事务直接转给委员会，因为委员会也受参政院管辖，所以参政院的监管工作就变得更加复杂和繁重，也反映出参政院必须进行变革的迫切性。而且，把所有委员会主席纳入参政院的办法已经被证明是无效的。对此，彼得一世发表了自己的看法，他强调："参议员们只有不在委员会内才能真正实现对委员会的监管；而现在他们自己就身处委员会中，他怎么能够评判自己呢？"因此，由于事务繁忙，参议员不再兼任参政院工作和委员会的领导职务。于是，曾经极力让俄国参政院效仿瑞典参政院的尝试最终没有成功。

　　在 1722 年 1 月 12 日颁布的沙皇敕令中，彼得改变了组建参政院的原

----

① 　Законодательные акты Петра Ⅰ. Разд. 3，5，7–10.

② 　Законодательные акты Петра Ⅰ. № 400. С. 413，414.

则，首先他保留了之前确定的参政院成员主体，并在此基础上任命新的委员会主席。但是，有3个委员会是例外：海军事务委员会、陆军委员会和外事委员会，它们的主席职务仍然由参议员担任。并且，彼得决定取消监察委员会，其职能归于参政院。那些保留了参议员职位的委员会主席只有在讨论重大问题或自己管辖的委员会事务时才有权出席参政院会议。参议员的总数量扩大了，这是因为沙皇提议"要把几位目前在国外工作的部长级人物列入参政院"（指的是在国外担任公使的几个人）。同时，敕令规定，参政院应该由三级文官和二级文官组成，而且他们必须是按照当年发布的新官秩表得到晋升的人。参议员在会议大厅中的座次要严格依照个人的官职品级排列。

除了改变参政院的人员组成，彼得还对参政院的体系结构进行了实质性的改革，设立了总呈送官、庶务官、总监察长、总检察长和铨叙官等职位。

1719~1720年的司法改革促使沙皇设立了总呈送官职位。当时，俄国首次尝试将行政权和司法权分开，并确定按审级处理案件的程序。但是，改革进行得并不彻底，只是在地方行政管理机构中试行。[①]

并且，关于重新尝试建立严格合理的审级制度的改革更加复杂化了。这是因为中央权力机构如各委员会及与其相关的一系列办公室都保留了自己的司法权力。而且，对它们工作和活动的申诉并不是呈送给司法委员会，而是参政院，这给参政院的相关工作制造了难题和麻烦。最初，这些申诉与其他文件首先都要呈送给参政院的总秘书官 A. 史楚金，但是在1720年，沙皇决定专门分派一些人员负责此类事务。于是，在1722年，沙皇授权总呈送官负责处理申诉事务。除了受理申诉，彼得还委托总呈送官接待那些企图绕过各种审级希望直接面见沙皇的申诉人。

---

① 参见本书"法律与司法"部分。

庶务官有责任监督沙皇署名敕令和参政院命令是否能够及时传递给其他中央和地方行政机构。他负责登记这些命令，并发送给指定机构，同时也必须核查各委员会在规定期限内对命令的执行情况。同时，把此前专属于参政院的一些基本职能，如组织经济、财政和军事行政命令等职能都转交给了委员会，并且，为此又设立了专职庶务官，那么之前在各省设立相关的委员职位就显得多余了，因此，省级委员职位在改革之初被大幅削减，之后就被完全取消了。

在参政院设立总监察长是与之后监察工作的开展密不可分的。当参政院的监察官都要听命于司法委员会时，其他所有委员会以及军队和海军舰队也都引入了监察官职位。这种全新的、零散的监察体系必须由参政院的总监察长来统一领导。

1722 年设立检察官职位成为彼得改革重要的一步。参政院的总检察长被授权全面监督最高检察机构及地方检察官的工作，这些工作主要集中在各个委员会和地方法院。在参政院，总检察长主要负责监督所有沙皇命令和法令的执行情况，以及参议员在司法领域的工作，同时还要审查财政报告和申诉书。一份命令中非常形象地描述了总检察长的作用和地位，他"既是我们的眼睛，也是整个国家的心脏"。在揭穿那些违法罪行的同时，总检察长必须立刻采取措施，要么通过参政院对犯罪人绳之以法，要么直接面呈沙皇。参政院办公室和庶务官都要接受总检察长管辖，在工作上总呈送官和总监察长必须同总检察长保持密切的接触。

彼得任命 П. И. 雅古任斯基为第一任总检察长。他的父亲曾在德意志自由民区的路德教会演奏风琴。1701 年，他被编入普列奥布拉任斯基团，之后他逐渐成为彼得的亲信之一。同时，彼得还确定由 Г. Г. 斯科尔尼亚科夫-皮萨列夫任首席检察官以协助 П. И. 雅古任斯基，前者也是彼得的亲信。

在讨论检察官在俄国起源的问题时，历史学家一致认为总检察长的前身是总稽查官，沙皇于 1715 年在参政院内部设立了这一职位。它的职责主要包括在参政院内部监督沙皇命令的执行情况，但事实上它却没有能够保证这种监督发挥作用的权力。Н. П. 巴甫洛夫－西尔万斯基认为，К. Н. 佐托夫曾给彼得一世写过一封非常有名的信，信中详细介绍了法国检察官的信息，正是这封信为制定俄国总检察长工作细则奠定了基础。另外，就这一问题彼得在同 Г. 菲克的往来便函中交流了德国的情况。①同其他类似情况一样，彼得亲自参与了总检察长工作细则的制定工作，并督促制定者充分考虑俄国的现实情况。

　　П. И. 雅古任斯基和 Г. Г. 斯科尔尼亚科夫－皮萨列夫的工作立刻吸引了众人的关注，沙皇所有下发给参政院的署名命令都要经过他们。总检察长和首席检察官认真地监督着这些命令的执行情况，并不时地在参政院中就各委员会在落实命令时发生的各种不准确甚至是错误的情况提出意见，他们会对犯错者采取措施，支持所有人为解决问题提出建议，有时他们还会亲自主持调查活动。可以说，他们是参政院秩序的监督者。直到彼得去世之前，П. И. 雅古任斯基始终享有圣眷，这一点从未改变过。一些保存完好的史料证实，俄国的第一任总检察长是一个才华出众、超凡卓越的人，而且在当时的官僚中，他对沙皇的忠诚是无人可比的，同时，他果敢刚毅，有勇有谋。所有这些特质都使他既能同参议员们保持和谐的关系，同时也不会对他们卑躬屈膝、步步退让。并且，他也要求自己的下属保持这样的品格和行为。有一次，Г. Г. 斯科尔尼亚科夫－皮萨列夫希望"凭着一股热情"解决问题，并责骂 П. П. 沙菲洛夫是"犹太人的后代"，他的父亲是波雅尔的奴隶和走狗，П. И. 雅古任斯基立刻制止了他。П. И. 雅古任斯基曾在自己的信件中流露出类似的想法，他指出，"我不能洋洋自得，因为当你圣眷正隆时，以前的低贱和卑微都会被掩盖"②。这是

---

① 　Павлов-Сильванский Н. П，Указ. соч. С. 75，76.

② 　Цит. по：Голомбиевский А. Л. Сотрудники Петра Великого. М.，1903. С. 16.

一种新的对事物认识的态度和观点，它与守旧的、由于长期身处行政权力圈子而养成的官僚习气有着巨大的差别。这种态度使那些被彼得提拔起来的官员可以凭借自己的功绩抹平同贵族阶层间的差距。

在 П. И. 雅古任斯基的领导下，检察机关的工作卓有成效。在致彼得的信中，总检察长对此给出了积极的评价："检察机关的工作人员勤勤恳恳地工作着，他们改变的不仅仅是自己的官衔和职位，同时他们尽可能地去观察并修正那些陛下感兴趣的地方，从不轻易漏掉任何东西……"①

在完善国家监督制度的过程中，建立检察机关是彼得一世改革的最后一个环节。

在参政院设立铨叙官的职位，同时设立铨叙局隶属于参政院，这意味着沙皇意识到必须整顿在参政院已荒废的考核工作，以及有意识地整顿贵族阶层的工作。应该说，优化干部考核工作不仅是国家利益的简单需求，国家的行政管理需要精英干部；同时，也是贵族阶层需要的措施，因为工作是他们获得财富的重要来源，并且，仕途也是他们社会地位的重要标识。这样一来，贵族的统治地位才能得到进一步加强。"必须熟悉并掌握国家所有贵族，不管他们是高级别官僚，还是低级别官僚，也不管他们是以前的官僚，还是现任官僚"，同时也必须掌握他们子女的情况，这些工作要尽早委托统治阶级的上层人士去完成。② 但必须注意的是，以前的相关工作也有值得利用的价值，如在已经制定好的名册表上按照官职高低、所属军团以及供职县城进行了清晰的分类。③ 此外，铨叙局还制定了贵族家族实名签名册，并且统计了象征着贵族身份的领地纹章。

---

① Там же. С. 17.

② Законодательные акты Петра I . № 282. С. 236；№ 368. С. 353，354.

③ Троицкий С. М. Русский абсолютизм и дворянство в XVIII в. М.，1974. С. 156.

1722 年，铨叙局在莫斯科成立，各委员会的铨叙办公室都受它管辖。

1722 年敕令——《关于参政院的职权》确定了参政院是国家最高政府机构，高于所有其他中央和地方机构。至此，参政院的改革告一段落。

参政院获得崇高地位绝没有削弱皇权，因为它完全服从于沙皇。在彼得的授意下，1716 年颁布的《军事法规》清晰地描述了君主的地位和权力。其中明确指出，君主"不必向任何世人回答或解释关于自己的事情，但他有权拥有自己的国家和土地，就像信仰基督教的国君一样，可以按照自己的意志和善念治理国家"。为了从法律上强化沙皇权力不受限制的规条，彼得在 18 世纪头 25 年利用了君权神授的理论，以及在西欧国家中非常盛行的、经过了众多哲学家和法学家（C. 普芬道夫、托马斯·霍布斯等人）论证的自然权力学说。彼得及当时的人都认为，"君主的权力就是专制权力，是上帝出于良心命令人民必须服从的权力"，"君主既可以合法地命令所有人民为了国家的利益必须做出牺牲，同样也可以命令所有不喜欢他的人做同样的事情，只要人民不受伤害且不违背上帝的意志"。① 鉴于此，君主就成为国家的化身，君主的权力也就不受任何人或事的限制。

1721 年，在签订《尼斯塔特和约》之后，参政院授予彼得帝王的尊号，从而巩固并强化了彼得作为专制君主的政治作用和地位。1722 年，俄国出台了关于帝位继承的规章，规定君主有权根据自己的意愿指定帝位继承人。至于设置国家机构及其他所有行政管理机构，根据当时的理解，其目的是要成为沙皇政权的支柱，成为沙皇命令的执行者及其落实的保障者。

18 世纪 20 年代，沙皇政府开启了宗教改革，为此制定了宗教规条，并出台了一系列相关法令。1721 年，宗教事务委员会宣布成立，后来更名为

---

① ПСЗ. Т. Ⅴ. № 3006. С. 325；Т. Ⅵ. № 3718. С. 316；Т. Ⅶ. № 4870. С. 628.

东正教行政总署。东正教行政总署在内部结构上与委员会并没有太大的差别，C. 亚沃尔斯基成为主席，诺夫哥罗德主教（Φ. 亚诺夫斯基）和普斯科夫主教（Φ. 普罗科波维奇）为副主席。东正教行政总署的管辖范围包括宗教事务、教会的诉讼程序以及教会领地。但它不能随意支配从教会领地上获得的收入，像从前一样，这些收入都要上缴国库。为了便于直接管理教会领地，东正教行政总署重新设立了修道院衙门，在莫斯科建立了总署办公室。1722 年，参政院设立了总检察长的职位，从此，各个教堂的监察官都要服从总检察长的管辖。因为总检察长是从世俗社会的官僚中选拔任命的，① 所以从那时起教会开始处在世俗社会对它的严密监督之下。

在改革后，普列奥布拉任斯基衙门仍然作为国家行政管理机构的重要组成部分继续存在，它保留了自己的所有权力，并且不依附于任何其他管理机构。尽管司法委员会的主席多次面见沙皇，但都未能成功地将普列奥布拉任斯基衙门归于自己麾下。拥有相同处境的还包括秘密办公厅，它最初创立时只是一个临时侦查委员会，专门处理皇太子阿列克塞的案件，后来它成为政治侦查机构，位于圣彼得堡。普列奥布拉任斯基衙门得以保留的主要原因在于，彼得多次以命令的形式强调它存在的重要性。秘密办公厅被取消后，它所负责的所有事务以及人员编制都归于普列奥布拉任斯基衙门。政治侦查部门的独立性是由它特殊的重要性及任务的机密性所决定的，因此彼得始终将对它的管辖权和监督权握在自己手中。

随着各委员会的建立和参政院的改组，俄国政府也开始对地方行政管理机构进行改革。沙皇政府一直在摸索寻找一种管理形式，它既能够促进中央集权化的进一步发展，巩固和加强中央对地方的控制，同时最好又能够减轻中央对地方的监控工作。1713 年，在各省设立了省政务委

---

① 详见本书"宗教与教会"部分。

员会，它由 8~12 名贵族组成，这些贵族是参政院根据各省总督提供的名单任命的。省政务委员会应当参与地方事务的处理和解决，这让贵族有机会积极参加地方事务管理工作。1715 年，沙皇政府决定在各省内划分县，以此取代之前一直未能完成的、在各省内划分州的改革。并且，在划分县的时候首次运用了统计学原理，即 5536 户划为一县。[1] 各县由政务委员会领导。但是，这项改革并没有贯彻始终，很多县城仍然由城防司令管辖。改革的停滞和不彻底性给具体管理带来了很多困难。所以，1718 年，沙皇政府开始筹备进行新的地方改革。

为此，沙皇政府仍然委托 Г. 菲克制定新的地方管理体系改革方案。菲克又一次拿出了瑞典的例子，并提出了划分为三级行政管理的方案。但是，参政院并不支持他的方案，因为菲克的方案意味着要把农民吸收进低级别的行政管理单位中。"在县城的农民中根本就找不到聪明能干的人"，参议员们对此抱以嗤之以鼻的态度。[2] 因此，1719 年沙皇政府最终决定采用两级行政管理体系：省和区。

新地方改革方案的施行使俄国建立了 50 个省。这一次沙皇政府明确拒绝使用统计方法，而是以旧的基本区划布局为基础，以新的调整为补充，即将大型中心城市临近及其周边的城市划归大型城市。由于各省的规模不同，省级行政区划单位也有了明显的差别，但管理机构还是一样的。边疆或规模较大的省份以总督为首，其他的则以州长或军政长官为首，他们都受参政院和各委员会的管辖。各区由地方自治会的长官管理，他们服从于各总督或州长。改革后，地方管理机构的数量明显增加，但管理体系更加明确和清晰了。

1721 年，彼得开启了第二轮城市改革。根据具体的改革举措，城市工商业区的居民再次从所属地的行政管理体系中分离出来，他们要接受

---

① Богословский М. М. Областная реформа Петра Великого. М.，1902. С. 47，48.

② Там же. С. 49.

在大型城市中新设立的市政府的管辖，在小规模城市中则要接受市政厅的管辖。大型城市的市政府与各委员会是平级的。但是，在税收方面它要服从度支委员会的管理，在管理城市经济活动方面它要接受手工工场委员会和商务委员会的管辖。大型城市市政府主要负责统计城市人口、维护城市秩序、督促工商业群体缴税以及负责涉及工商业群体的司法事务（即等级司法职能）。在工商业区引入了严格的群体等级划分方法，一类人被称为"正规市民"，它由商人和在工场中注册过的手工工人组成；另一类人被称为"非正规市民"或"贱民"，包括工商业区的下层居民和纯粹的劳工人员。

尽管进行了多次改革，地方管理体系也得到了加强，但行政管理机构看上去却显得庞大而笨重。在实际工作中，具体管理活动常常会因为地方行政权力间的竞争、习惯于旧的管理体系以及地方领导人总想要更大的自主性而变得复杂化。由此，无休止的对抗，争相向参政院投诉成为地方管理活动中的日常行为。这使得许多小城市的工作人员，甚至是一些委员会办公室的领导人常常不知道该听谁的，因此，地方上大部分问题的处理都是由州长和军政长官决定的，而不是距离遥远的委员会。所有这些都违背了改革者的初衷，在一定程度上促进了省级管理体系的发展。出现这样的局面说明地方行政管理机构改革不彻底，并且未来还必须进一步完善和优化地方权力机构。

18世纪头25年进行的行政机构改革的一个重要影响是国家机构的人员编制大幅增加。根据 Н. Ф. 杰米多娃的统计，公职人员的数量几乎增长了两倍，国家各委员会的人员开支为98288卢布，而地方机构的人员开支为173383卢布。① 随着许多新的职位的出现，官员的成分也越发复杂。

---

① Демидова Н. Ф. Бюрократизация государственного аппарата абсолютизма в XVII–XVIII вв. // Абсолютизм в России（XVII–XVIII вв.）. М., 1964. C. 223, 230. Подробнее см.: Медушевский А. Н. Развитие аппарата управления России в первой четверти XVIII века // История СССР. 1983. № 6. C. 136–143.

军人和非军人的公职就有明显的差别，1722 年出台的《官秩表》严格规定了不同职务的等级，官员被划分为 14 级。排在最前列的 4 个级别是第一等级，他们是担任最高行政职务的人（包括参议员、各委员会主席、总督）；接下来第 5~8 级由各委员会的副主席、参事、文官和省级军政长官组成；而最后的第 9~14 级由所有担任低级职位的官吏构成。

在官方的表述中，官员升迁的基本原则是工作的适用性。为此，彼得一世曾写道："当他们还没有为我和国家做出任何贡献的时候，我……是不会许给他们任何级别的官职的。"[①] 这给那些名门望族的残余势力带来了最后的沉重打击，昔日建立在出身原则上的官僚体系彻底被粉碎了。

另外，《官秩表》还引入了一项创新，即从现在起任何人只要在非军人职位升到第 8 级职位，或者在军人职位升到尉官，他就可以被赐予世袭贵族的称号。在第 9~14 级的官吏中有很多小书记员，非世袭贵族们常常为此而抱怨，然而正是这样的程序使国家公务成为普通人获取贵族称号的阶梯。但必须指出的是，即便是这样的阶梯也仅仅是对为数不多的非贵族阶层代表开放的。[②]

对于大部分贵族来说，国家给的薪俸是他们财富积累的重要来源。因此，他们极力提升自己的官级职位。而对于大部分官吏而言，他们对晋身贵族阶层的渴望促使他们更加勤勉地对待国家工作，从这一点来看，官吏群体成为专制国家最忠实和最可靠的武器。总之，早在 17 世纪俄国就已出现了官僚阶层形成的种种迹象，在 18 世纪头 25 年这一过程明显加快，到彼得一世执政末期官僚阶层已经事实上存在了，"它是由专门负责管理，对人民大众拥有特权的一群人组成的特殊阶层"[③]。

在俄国社会中，随着官僚阶层的出现，官僚的行为规范和特殊的性

---

① ПСЗ. Т. Ⅵ. № 3890.

② 详见本书"阶层与等级制度"部分。

③ Ленин В. И. Полн. собр. соч. Т. 2. С. 455.

格特征也随之形成。这样一来，官场中孕育的不再是从前那种简单的下级服从并尊重上级的情况，而是习惯于极力寻找能够庇护自己的圈子，由此产生了各种不良习气，如盲从附和，暗箭伤人，对下属轻视和傲慢以及对上级各种阿谀奉承等。同时，一些旧时官场的陋习也保留了下来，如贪污受贿，利用权力地位谋私利，大搞裙带关系等。

彼得一世时期，文官同武官一样，都来自贵族阶层，他们的工作性质是义务性的。以前在衙门工作的公职人员也都融入了官吏群体，并且一些来自外国的专家也被纳入国家编制。一些出身于其他阶层的人从事低级别的工作，他们包括神职人员的孩子、工商业区的代表以及曾经退职的人员。高级别的职位通常都留给身世显赫的官僚世家的成员；当然，少数由彼得亲手提拔的人例外。同官吏们一起在国家机构中工作的还有大量在城市中缴纳赋税的居民。就像在17世纪一样，他们必须承担与工商业相关的工作，同时还要积极投身于海关、捕鱼和狩猎、钱庄以及其他各种经营和金融等方面的工作，此外一些人还在市政厅和市政府工作。他们的工作都是免费的，采用以数年为一个周期进行轮班的形式。这样的形式与性质使这些国家公务具有了封建时期的特征，使工商业区背负着沉重的负担。因此，可以肯定的是，在专制主义发展时期，俄国官僚机构在形成过程中是与旧时的义务工作机构相结合的。

改革后，国家机构中的人员数量急剧增多，沙皇政府开始关注通过专门的教育培训提高工作人员的工作效率。为此，沙皇政府派遣大批的年轻贵族，有时也会派一些书记员到国外实习和学习。1721年，俄国建立了委员会工作人员培训学校，专门教授年轻人算数、公文处理、信函体裁和格式等科目，这些都是"好的书记员应该掌握的东西"。各委员会下设"年轻士官"学校，每6～7个贵族孩子分为一班，在实践工作中，他们要从抄写员做起，连续通过数级工作阶梯式的考验。在这种条件下，100个青年贵族被安置到地方法院工作。但是，绝大部分官吏还是会被直接安排到具体工作中。

对旧管理制度的改革实际上改变了政府机构对待公文处理的态度和方式。彼得一世改革的目的就是要优化管理的组织形式，简化事务的处理程序，而文书内容也要做得更加清晰、明确和简洁。正是 1699 年的法令开启了这一改革，根据法令要求，管理机构应该制定各种不同种类的私人契约、诉状及其他需要呈送给国家机构的文书所需要的模板，同时还要为个人制定各种不同形式的、带有印章的登记模板。与此同时，取缔在广场上专门为人书写文书的书记员，而制定不动产文件的职能移交给了各个衙门及专门的衙门事务机关。但是，由事务繁忙的衙门管理不动产事务使情况变得更加复杂，于是在 1701 年成立了专门的"不动产事务局"（它归专门管理印章生产的军械局管辖），负责制定私人文件。1706 年，不动产文件处理转归各城市的市政厅管理，到了 1719 年，俄国所有城市都设立了不动产办公室。最初它们隶属于各地方法院，而在地方法院被取缔后，它们受州长和军政长官管辖（在这一问题上，州长和军政长官需向司法委员会汇报）。

把私人文书拟成不同价值的公文取决于文书的重要性和内容，而这些文书的原始文稿看上去就像是各种不同形式的"文章"。为此，沙皇政府颁布了一系列法令，其内容都是针对文书的书写。例如，1702 年，政府命令"所有不同级别的官员"都必须"以自己完整的名和号"签署需要上呈的文书或其他文件。随着这项命令的颁布，在官方往来公函中那些带有轻视意味的、类似于"小名"的称呼逐渐消失了。之后，又出台了一项命令，规定需要上呈的文书和官方的复文不允许再像以前那样采用自由的文体，必须按照规定的要点写，且内容要简洁。17 世纪时的呈文满篇都是细节，它所展现的已经不仅仅是需要反映的事实，还充满了呈递人的情绪，而现在的改革就是要以更加清晰和简洁却又比干巴巴的请愿书好得多的呈文代它。

1700 年，沙皇政府曾经尝试不在卷书上书写文书，而是采用笔记本。这种做法的原因在于，在笔记本上书写可以从两侧尽量填满纸张，使用起来更加经济和节约，而卷书容易粘在一起，在查找时很难找到需要的文件，并且卷书易破损，不管是把它卷起来还是展开都很不方便。但是，当时这一举措并未立即为人接受，直到 1726 年卷书才被彻底放弃。

18 世纪头 25 年，公文处理工作中开始启用许多新的文件名称，逐渐淘汰了旧的公文术语。如官方回复及其存储被官方发布和官方记事公文取代，军事报告被称为战情报告，低级别官吏的报告被称为汇报，"证书"这一术语彻底被"命令"取代，等等。分析上文所引用的例子发现，个别新的术语名称源于俄国，但大多数名称则是借鉴西欧的术语。除了公文名称外，在文书公函中还出现了许多外来词汇。这表明，俄国同西欧国家的联系比以前更加紧密，但同时也导致官方公文事务同普遍口语化的俄语严重脱节。当时，一些新的文件类型正在出现。如 1707 年在俄国第一次出现编制备忘录的工作。这是沙皇命令"大臣委员会"开展的工作，他要求委员会成员在讨论时每个人都要发言，并形成具体的意见。彼得要求大臣们记录下来自己的意见，"因为这样就可以把所有愚蠢的想法暴露出来"①。沙皇认为，这份命令可以提升委员会大臣对自己言行和建议的责任感。随后，在参政院的工作中也引入了备忘录制度，1714 年各州级单位和军事部门开始启用备忘录制度，之后轮到各委员会。这样，沙皇的一系列命令逐渐确立了管理行政事务的规则。

在参政院中设有一张特别的桌子，桌子上摆放着各种手册，如到访参政院的登记说明和载有各种命令和规则的手册，这些可以让人很快地找到所需的信息和资料。命令通常清晰地分为两类：一类具有常规法令特征，另一类则是临时性的或个人的命令。署名命令也有区别，可以分

---

① Законодательные акты Петра Ⅰ. № 238. С. 196.

为沙皇的敕令和参政院的命令。需要向人民公布的命令往往会下令增加印数，然后分发给各个教堂，神职人员必须在节假日和礼拜天向前来做礼拜的人宣读。

根据国家公务进程编制摘要是 18 世纪头 25 年出现的新现象。这些摘要不同于 17 世纪的"报告"，其特点是简单明了地阐述事务内容和过程，根据完成调查的情况或在调查的特定阶段进行简要的说明。同时，在具体公文中引入阿拉伯数字取代字母编号具有积极的意义。并且，在公文处理时开始利用各种公文形式和表格，这可以直观地呈现含有统计数据的资料。另外，为各委员会制定章程规则是当时最突出的新举措，其详细介绍了新成立委员会的地位、架构和职能。

1724 年，沙皇对参政院下发了关于保存国家机密事务档案的命令，同年沙皇又下令在莫斯科设立专门的库房，用以保存衙门里那些已失去实际意义却具有历史价值的文件。这些命令在管理国家公文时起到了巨大的作用。

总之，彼得一世的行政管理改革完全清除了 17 世纪时期的衙门制度，以及与之相关的所有特征。虽然并不是所有由彼得开启的改革都能够善始善终，也不是都能得以延续和贯彻下去，甚至一些改革措施具有矛盾性，破坏了改革的完整性，但总体上，改革的最终结果是以相对完善的中央集权管理体制取代了衙门体制。组建专业性强且政令通达的中央和地方管理机构，创建常规军队和海军舰队，同时通过引入人丁税实现中央集权化管理的税收体系，这些措施极大地巩固了贵族国家的稳定，保障了贵族在国家中的统治阶级地位。

＊＊＊

彼得一世时期构建的国家行政管理体系相当稳定和值得信赖，在彼得去世后它也一直留存下来。在18世纪第二个25年，这一体系只发生了微小的变化，并没有触及彼得时期确定的行政管理原则。同以前一样，国家行政管理机构的发展方向是由权力体系的集权化发展趋势，以及以广泛吸收贵族加入官员队伍为基础的官僚体制的发展决定的。

彼得一世的继任者于1726年创建了最高枢密会议，于1727年进行了地方管理机构改革，这些是彼得去世后在行政管理体系中发生的最大变化。这两项措施在逻辑上延续了贵族统治阶级继续完善国家行政管理体系的举措，证实了君主专政体制的发展趋势。

还在彼得一世时期，国家行政机构的发展方向就已经暴露出自己的严重问题，即参政院的事务负载过重。这造成公务处理过于缓慢，很多工作停滞不前，有的甚至被彻底遗忘。对此，彼得立刻做出了敏锐的反应，他以充沛的精力亲自干预各类不同的问题，并根据不同事务的性质和意义做出决断。彼得的个人办公厅（被称为沙皇办公厅，大约从1704年起，许多法令和命令都是通过它对外发布的）以办公厅秘书A.马卡洛夫为首，它的工作效率很高，在很大程度上减少了由于参政院"磨洋工"带来的危害。除此之外，参政院还常常收到已准备好的决议，这些都是由彼得及其亲近幕僚召开的"秘密会议"制定的。后来，参政院工作效率低下的问题越发明显，这促使沙皇建立更加机敏、有活力、充满效率的中央最高常设管理机构。于是，俄国创建了最高枢密会议，它取代了叶卡捷琳娜一世定期召开的幕僚会议（这个幕僚会议的召开是因为叶卡捷琳娜一世很难独自处理治理国家时所遇到的各种问题）。

由于最高枢密会议的构成最终取决于御前各派力量进行权力斗争的结果，最高枢密会议的作用和政策也会随着获胜派的观点、意图以及对沙皇影响的改变而发生变化。

最初，执掌最高枢密会议的是A.Д.缅希科夫，旧贵族在彼得二世执政时期占据了优势地位。彼得二世死后，旧贵族势力未能成功地限制女沙皇安娜·伊凡诺芙娜的权力，使其屈从于自己的操纵之下。

第一份创建最高枢密会议的法令指出，建立最高枢密会议的目的是解决国家事务中重要的国内和对外事务。[①] 但是，法令并没有明确规定最高枢密会议的职权范围，这反映了它的权限是很大的，法令实际上赋予了它处理一切事务的权力。这进一步促使最高枢密会议将所有低级行政管理机构掌控在自己手中。

1726～1729 年，对国家所有重大的对外和机密事务的处理权，以及任命高级别官员和独立处理财政事务的权力都陆续从参政院转交给了最高枢密会议。参政院不再作为最高上诉法院，因为对它及各委员会的申诉现在可以呈送给最高枢密会议。陆军委员会、海军事务委员会、外事委员会脱离了参政院，转归最高枢密会议管辖，1725 年恢复建立的监察委员会也再次失去了对国家收支资金的监控权。П. И. 雅古任斯基被委以外交重任派往波兰，实际上失去了总检察长的职务，参政院也因此失去了同君主的直接联系，同时总呈送官的职位也被撤销，而废除监察制度极大地压缩了参政院的监督权限。诸如此类已经实施的措施都削弱了参政院的声望，此外还包括削减它的人员编制，以及当参议员的报告需要审议时却禁止参议员出席最高枢密会议等。参政院的名称也发生了变化，新的名称之前被冠以"政府"，这被认为"不体面"，随后它又被改为"高级"参政院。

参政院地位的改变与委员会制度的变化紧密相连。由于一些委员会直接受最高枢密会议管辖，这使这些委员会拥有了特权地位，在某种程度上打破了委员会间地位平等的状态。1726 年 7 月出台了与所有委员会相关的措施，即将委员会的人员编制削减至 6 人，其中包括委员会的主席和副主席。即便在这种情况下，委员会的成员还被要求轮流上班，每

---

① ПСЗ. Т. Ⅶ. No 4830.

年都要换班，他们也只有在工作期间才能获得薪俸。在对事务处理进行表决时，如果出现 3 名委员表示异议的情况，主席的意见就是决定性的。这表明，俄国的行政管理制度正一步步从集体领导向一长制领导过渡。另外，隶属于最高枢密会议的委员会的权力扩大了，它们获得了很大的独立性和自主性。如以前由参政院管辖的乌克兰盖特曼政权领地事务、亚伊克河流域的哥萨克人和卡尔梅克人事务现在转归外事委员会管辖。

其他委员会的职权范围也在不同程度上得以扩大，但是管理机构的数量却相应地减少了。如在 1726 年，公务人员办公室委员会划归度支委员会管辖。在财政金融方面的集权化体现在把收取人丁税、盐税以及其他税款的职权转交给了度支委员会；同时，因需要管理那些没收充公或收归国有的财产而在 1729 年建立的查抄办公室，现在也转归度支委员会管辖。但是，由于各个委员会依然保留着财政职权，并且专门负责催缴欠缴税款的缴税办公室也依然存在（它最初受最高枢密会议管辖，之后转归参政院管辖），财政权力的统一体系始终未能形成。

1728 年，手工工场委员会与商务委员会合并，作为主管商务活动的委员会，并且，改善和优化对外商贸组织也被纳入其职权范围。最高枢密会议撤销了市政府长官职位，各城市的市政机构要服从于各州长和所在地的军政长官。由此，各城市的居民又开始受到地方行政权力的管辖，他们甚至失去了在彼得一世执政期间获得的最微小的权利。这反映出贵族阶级希望把各城市的权力完全掌控在自己手中。

普列奥布拉任斯基衙门的情况也发生了变化，它被改称为普列奥布拉任斯基办公厅，隶属于最高枢密会议。但事实证明，沙皇政权是要完善这一政治侦查机构，因为普列奥布拉任斯基衙门又被赋予了更多不同种类的事务。除了它的老本行——政治侦查，它还必须调查大量的诬告案件和一些诸如近卫军军人诉讼的小案子。1727 年，最高枢密会议委托参政院调查圣彼得堡地区发生的政治犯罪行为，同时要求普列奥布拉任斯基办公厅调查在莫斯科和位于"偏远地区的州和省"里发生的案件。1729 年，普列奥布拉任斯基办公厅被撤销。从此，参政院负责调查不太重要的政治案件，而重大的政治案件由最高枢密会议亲自负责调查。[①] 但这一举措对于解决问题来说却不是正确的决定。参政院和最高枢密会议一下子就被湮没在公文和案件的海洋中，因为地方权力机构无法确定这些案件的重要程度，所以它们往往不加区分且一股脑儿地将其呈送给中央。这样处理问题的程序是不能长期存在下去的，安娜·伊凡诺芙娜一上台就立刻对它进行了变革。

管理制度改革同样涉及教会权力。1726 年，沙皇政府对主教公会进行了改革。它被分为两个院：第一个院，专门负责信仰和教会事务，隶属于秘密会议；第二个院，负责管理教会土地，并因此得名——主教公会管理经济事务委员会，对参政院负责。

1727~1728 年，沙皇俄国再次对地方管理体系进行改革。其原因在于，彼得一世于 1719~1722 年进行的地方改革不仅未完成，而且建立了臃肿而庞大的管理机构。作为国家政权体系的重要环节，俄国的地方行政管理机构始终软弱无力，民众对此感到强烈不满，沙皇政权也越来越清晰地感受到由此带来的问题。因此，为了强化地方权力机构，沙皇政权重新确立一长制管理制度，取消二元制管理体系，通过进一步完善等级制度加强中央集权制。

沙皇政府保留了对州和省的行政划分，用县取代了彼得一世时期设立的区，同时确定了严格的隶属关系：各县的军政长官受省级单位管辖，而各省级单位受州长的管辖。保留下来的地方管理机构的数量大幅减少，它们都要接受州长和军政长官的领导。各委员会设在地方的机构、地方法院以及更低级别的法院都被撤销。由于各州长获得了更加广泛的权力，

---

① Голикова Н. Б. Органы политического сыска и их развитие в ⅩⅦ-ⅩⅧ вв. // Абсолютизм в России（ⅩⅥ-ⅩⅧ вв.）. C. 263，264.

包括地方的军政、财务和司法事务的权力，这使他们掌握的权力在这一时期达到了顶峰。应该说，新的管理体系看起来很稳定，它一直留存到1775 年的省级管理体制改革之前。

安娜·伊凡诺芙娜执政时期虽然发布了一系列涉及国家管理机构改革的法令，却鲜有新意。她所推行的改革措施并不是由深思熟虑的改革方案产生的结果，更多的是高层的寡头政治同贵族群体由于争权夺利而被迫产生的结果。

安娜·伊凡诺芙娜上台前，统治阶级内部形成了相互敌对的集团。这不仅因为对立双方对于如何组织管理存在分歧，同时也在于双方都希望在以后扩大自己的特权。其中，寡头政治集团由一群位居权力顶层——最高枢密会议的特权贵族组成，他们支持 Д. М. 戈利岑的方案，认为瑞典模式是理想型样板，即皇权应该受到由显赫贵族代表组成的委员会的限制；而对于自身，他们认为应该扩大最高枢密会议的权力。正是基于这些"标准"（为此，他们已经提请安娜女皇批准同意），在"最高枢密会议大臣"缺席的情况下安娜女皇不能单独处理有关对外和国内政治方面的任何问题。另外，近卫军和军队的指挥权也归于最高枢密会议。并且，他们打算取消根据工作年限进行职务晋级的原则。与寡头政治集团的意见相反，贵族群体的方案希望将一切权力归于沙皇陛下；同时，他们坚持认为，要么取消最高枢密会议，要么扩大它的成员数量；此外，他们要求恢复参政院的职权，扩充它的成员，召开贵族会议商讨新的法令，在女沙皇同意的情况下通过贵族会议选举各行政管理机构的负责人，并将此项措施制度化。

最终，安娜女皇撕毁了寡头政治集团制定的"基本标准"，同时她满足了贵族群体的部分要求。于是，最高枢密会议被撤销，参政院重新拿回了昔日的权力，它的组成和成员数量也进一步扩大了。除此之外，参政院还被授权侦查重大政治犯罪行为，女沙皇恢复了总呈送官和总检察长等职位。1730 年，在莫斯科已经堆积了 2 万余件尚未解决的案件，于是根据参政院的建议成立了专门的司法机关：诉讼衙门和侦缉衙门。侦缉衙门的职责是侦查和追捕重大刑事犯罪行为人，而诉讼衙门则负责处理莫斯科居民的申诉工作。对于这些新成立机构的申诉可以提交给司法委员会。当时，为加强对西伯利亚地区各军政长官活动的监控，再次设立了西伯利亚衙门。但值得注意的是，新成立的这些衙门只是在名称上与旧衙门相近，在具体的职能和组织形式上它们已经是具有典型 18 世纪特征的管理机构。

但是，安娜·伊凡诺芙娜女皇颁布的首批法令的效力很快就消失了。这是因为，1731 年前夕，在参政院之上又设立了一个新的机构——女皇内阁，它在本质上与之前的最高枢密会议是一样的。事前，由于担心参政院反对，沙皇政府将参政院划分为 5 个院。第一个院主管宗教事务，第二个院主管军事和海军事务，第三个院主管财政事务，第四个院主管司法事务，第五个院主管工商业事务。参议员们被分配到各院，每院平均为 4~5 个参议员。同时要求，各院只有在讨论本院需要处理的事务和问题时，参议员们才能聚集在一起开会。这样一来，参议员的数量是扩大了，但之前经过仔细酝酿而制定的措施，即强化参政院作为政府机构的作用，已经失去了原本的意义。

女皇内阁的建立再次把参政院降到了从属地位。它被剥夺了对所有重大对外军事以及秘密事务的处理权，这一职权被转交给了女皇内阁。在 1730 年重归参政院管辖的陆军委员会和外事委员会现在也由女皇内阁领导。至于政治侦查机构，沙皇政府仿照普列奥布拉任斯基衙门的例子建立了专门的秘密侦查事务办公厅，它被授权可以调查发生在俄国领土上的一切政治犯罪行为，所有中央和地方行政机构都必须快速和无条件地执行它的命令和指示。当时，已经由普列奥布拉任斯基衙门转到参政院和司法委员会的所有案件，以及衙门的人员编制和档案，现在都转交给秘密侦查事务办公厅。1732年，该办公厅迁往圣彼得堡，在莫斯科只留下了办事处。在地位上，秘密侦查事务办公厅等同于委员会，但是它的长官 A. И. 乌沙科夫获得了单独觐见女皇并向其汇报的权力，它的具体工作由女皇本人及其内阁直接领导。

秘密侦查事务办公厅的建立及其在国家权力体系中的特殊地位都表明，没有这样专门的政治侦查机构的辅助，贵族国家就无法稳固自己的统治地位。当时，人民大众的不满情绪、农民反抗强加于他们身上的枷锁和桎梏的怒吼，以及贵族地主的残酷剥削行径都要求国家政府要时刻准备好进行保护贵族利益的斗争。此外，安娜·伊凡诺芙娜女皇的即位是宫廷集团斗争的结果，她感到自己地位不稳固，从而强烈需要能够帮助她粉碎敌人的特殊机构。而秘密侦查事务办公厅对待女皇敌人的残酷无情从来就没有削弱过，在它刚成立的四年间，仅在莫斯科经它的法庭审判而被判刑的人数就超过了4000人。[①] 严刑拷打和处决是它的主要手段，这使它赢得了比普列奥布拉任斯基衙门更加恐怖的名声。

除了领导一些重要的委员会和秘密侦查事务办公厅，女皇内阁还把一些财政机构罗致麾下，如房屋管理处，专门管理盐的提炼和生产以及国有盐销售业务的盐务管理处，1736年设立的专门管理国有制铁工厂的总经理办事处，女皇内阁可以全权管理和支配上述机构的收入。其他的委员会仍归参政院管辖。1731年，矿物委员会被撤销，它的事务转归商务委员会。1738年，主教公会的经济委员会转归参政院管辖。

安娜·伊凡诺芙娜统治期间特别注意组建警察机构。根据1727年的改革措施，警察机构隶属于各州以及各军政长官办公室。在彼得一世执政末期曾建立特殊的警务办公厅，但仅限于圣彼得堡和莫斯科两地。1733年，为了加强对10个州和13个省级城市的监控，沙皇政府决定组

---

① Веретенников В. И. Из истории Тайной канцелярии 1731–1762 гг. Харьков，1911. С. 111.

建更大规模的地方警察机构网络，它们分别隶属于所在地行政权力机构。1734 年，为了协调和统一所有警察机构的活动创建了总警务办公厅，隶属于女皇内阁。

行政管理机构中出现的这些变化促使沙皇政府开始核定新的办公厅人员编制，并于1732 年应用于公务机构。到1754 年前夕，与首批登记的官员相比，官员的数量达到了 5379 人。[①]

同以前一样，官员们主要是通过工作和经历逐渐成长的。对高级官员的任命必须通过女皇内阁，对其他官员的任命则主要通过参政院和铨叙局。一般来说，对于官员们的工作期限并没有严格规定，只有军政长官的任期是 2 年。而且，官员们的工作是连续无间隙的，想要获得短暂的休假必须以个人名义进行公务申请，对于擅离工作岗位的人要施以罚款。

但是，贵族们对国家所要求的对待公务工作的责任性和无期限性表示强烈的不满。考虑到这一点，安娜女皇于 1736 年 12 月发布了一份诏书。诏书指出，如果一个贵族家庭中有多个儿子，那么其中一人有权不工作。此外，诏书允许贵族在工作 25 年后自由离岗，患病的人也不必在岗位上一直工作到"指定年限"。贵族应从 20 岁起参加国家公务工作，此前他们必须"学习"。官员们的薪俸取决于他们的职务级别，大概是同级别军人薪水的一半（依据彼得一世于 1724 年颁布的法令）。

在彼得一世之后的几任继任者统治时期，俄国官僚阶层的不良习气越来越严重。其中，任人唯亲是最严重的，它甚至在很长时期内一直是俄国君主专制统治的典型特征。其实，任人唯亲的习气产生于彼得一世执政时期，现在它不仅获得了至高无上的地位，同时也拥有了不同的表现形式。如果说在彼得一世执政时期提拔沙皇的红人需要的要素是这样

---

[①]　Троицкий С. М. Указ. соч. С. 164，173.

的：大家观点一致、没有异议，并且这个人具有聪明、精力旺盛、有事业心等优秀的工作特质。那么，现在需要提拔的人所具备的特质是这样的：喜欢搞阴谋、洞悉统治者的弱点、擅长陪伴统治者尽情娱乐。这些因素对官员们产生了重要的影响。首先，沙皇的宠儿会把自己的亲信布置在沙皇身边，把沙皇包裹起来，并且把这些亲信提拔为高级官员。在安娜女皇执政时期，这种情况更加严重了。当时，在女皇宠儿 Э. И. 比隆的影响下，一批外国野心家跻身政权高层之列，他们毫无廉耻地掠夺俄国的财富。而与他们进行斗争是极其艰难的，尽人皆知的 А. П. 沃伦斯基案件就证明了这一点。А. П. 沃伦斯基是当时俄国一位极有影响力的显赫高官，但他为了推翻比隆而付出了自己的生命。直到伊丽莎白·彼得罗芙娜上台才彻底终结了这批"德国帮"（前文所说的外国野心家——译者注）的暴政，并且在她执政时期俄国的行政管理机构再次进行了改革。

＊＊＊

1741 年 11 月 25 日凌晨，普列奥布拉任斯基团的一支连队发动了宫廷政变，随后彼得一世的女儿伊丽莎白·彼得罗芙娜登上了帝位。这次政变是由俄国一些显赫家族和高级官员的代表共同策划和实施的，他们认为伊丽莎白·彼得罗芙娜是俄国帝位的法定继承人和唯一现实的候选人，由她做皇帝可以保证权力能够掌握在"俄国派"手中。

1741 年 11 月 28 日沙皇政府发布的公告宣称，"比隆暴政"使人民大众的生活状况日益恶化，激化了阶级矛盾，使生产发展陷入停滞，国家经济秩序陷入混乱，对臣民则"极尽欺压之能事"①。

宫廷政变后的当天，即 11 月 25 日，伊丽莎白·彼得罗芙娜命令建立

---

① ПСЗ. Т. XI. № 8476.

最高临时机构——由 11 个人组成的"大臣和将军会议",它也被称为"11 人会议"①。它制定了涉及国家行政权力机构及其管理的具体改革方案。方案以报告的形式呈现,主要分析和阐述了当时俄国行政管理体系的无序和混乱状况,于 1741 年 12 月 9 日由昔日的参政院成员呈递给伊丽莎白·彼得罗芙娜女皇。方案和报告的核心是恢复彼得一世时期创建的国家行政管理体系。② 1741 年 12 月 12 日,伊丽莎白·彼得罗芙娜女皇下令,参政院重新获得"管理国内事务"的权力,所有委员会也重归它的管辖之下。同时,这一命令还撤销了女皇内阁,设立了女皇办公厅。另外,在命令发出之前,伊丽莎白·彼得罗芙娜就已任命了一批自己的亲信作为国家行政权力高层的官员,他们都来自俄国显赫的贵族世家,在《官秩表》中也达到了高级官员的级别。并且,他们都是经验丰富的官员(其中,一些人早在彼得一世执政时期就开始任职了),非常了解俄国的行政管理机构,谙熟它的优点和不足。

彼得一世创建的权力机构体系的特点是,君主本人要积极地参与国家的管理。但是,伊丽莎白·彼得罗芙娜显然没有准备好成为这个庞大国家的治理者。因为,她并没有接受过相关的教育,本人还很懒政,耽于游乐,很快她就为自己的责任感到苦恼。因此,当内阁(在安娜·伊凡诺芙娜执政时期,由它代表最高权力)被撤销后,一切立法和执行权力都掌握在了参政院手中,参政院也成为实际意义上的"执政者"。为此,研究者们甚至称伊丽莎白·彼得罗芙娜统治时期为参政院的"黄金时代"。

但是,参政院面临的众多复杂问题亟待解决,包括整顿立法、行政管理和司法秩序中的问题。想要恢复彼得一世时期的秩序不太现实,因为它与新的历史条件不一定相符。但参政院仍在努力寻找不同于彼得一世时期的改革和完善行政管理机构的方法,为此,他们综合了国内已有

---

① 　См.：Сенатский архив. Спб.，1892. Т. Ⅱ. С. 301.
② 　Сенатский архив. Спб.，1892. Т. Ⅴ. С. 306；ПСЗ. Т. ⅩⅠ. № 8480.

的改革经验，并且不再去考虑欧洲国家的模式。

之后，参政院制定并下发了一系列法令，并严格监督它们的执行和落实情况，同时它负责管理国内事务，监管中央和地方各级机构的具体活动，成为最高级别的上诉法庭。实际上，当时所有下级管理机构都已掌握在它的手中。这段时期的参政院成为集体的化身，因为它呈现出的是俄国统治阶级——贵族阶级的"集体经验和集体智慧"。[①] 作为君主专制国家的行政管理机构，参政院推行的国内政策既要符合贵族的利益，也要在客观上与国家利益相吻合，促进商贸、工业和教育的发展。

在伊丽莎白·彼得罗芙娜即位后的第一年，她很快恢复了检察官制度、矿物委员会和手工工场委员会，以及隶属于陆军委员会的给养局，同时还包括市政总局，撤销了前任执政时期设立的众多办事处和办公厅。女皇陛下、总检察长、参议员、各委员等不同行政管理机构人员都可以针对不同的国内问题和状况提请参政院进行讨论。在讨论之前，相关的机构要进行必要的筹备工作。在这一时期，管理国内事务的大权基本掌握在总检察长 H. Ю. 特鲁别茨科伊手中。他不仅是一个经验丰富的官员，同时又是充满智慧且广聚人脉的御前大臣，这使他在比隆垮台后能够一直保持自己的权力和职位。[②]

参政院内部的集团派别斗争始终没有停止过，这对沙皇政府的内外政策的制定产生了极大的影响。从18世纪40年代中期开始，以 П. И. 舒瓦洛夫（1710~1762）为首的集团在参政院中占据主导地位，他是伊丽莎白·彼得罗芙娜女皇身边的红人 И. И. 舒瓦洛夫的兄弟。到了1760年，以 М. И. 沃隆佐夫和 Р. И. 沃隆佐夫兄弟为首的集团在参政院占据了优势地位。这两派都是贵族阶级利益的代表，但他们是有区别的。沃隆佐夫集团的政策主张代表的是狭隘的个别贵族派别的利益，因此他们反复重

---

① Ленин В. И. Полн. собр. соч. Т. 5. С. 30.

② Сб. РИО. Т. 6. С. 424，446-450；Соловьев С. М. Указ. соч. М. ，1963. Кн. XI. С. 166.

申，正是因为对整个贵族阶级特权的扩大不加限制，才导致其他阶级的生活状况日益恶化。而舒瓦洛夫集团及其支持者更加关注俄国工商业发展的紧迫性，因此他们在制定政策时必然会考虑商人阶层的利益。关于这点可以在参政院于18世纪40年代末期至50年代发布的经济政策中找到实证（如1752~1754年发布的关于征收关税的一系列法令；1753年发布的关于取消国内关税的法令；关于自由交易粮食的法令；与商业贷款、货币流通、土地测量等有关的政策措施；等等）。П. И. 舒瓦洛夫还提议在1754~1766年召开法典编纂会议。[①]

在许多文献中，对 П. И. 舒瓦洛夫的评价都是负面的。它们更多关注的是 П. И. 舒瓦洛夫个人性格中的贪婪、吝啬且贪图权势的特点，尤其是他利用自己的特权发展个人的企业，甚至大搞垄断经营。这些的确是舒瓦洛夫本人所固有的特点，但同时它们也适用于当时其他的国家重臣和显贵，其中就包括舒瓦洛夫的政敌沃隆佐夫兄弟。但必须指出的是，研究舒瓦洛夫不能排除他的那些优秀品质，如在处理国务以及解决国内问题时展现出的广阔视野。

俄国官僚阶层的上层是通过参政院和各委员会管理国家，并推行旨在加强君主专政及其社会基础——贵族阶层的各种政策，在他们之上是专制君主——女沙皇伊丽莎白·彼得罗芙娜。没有她的决定（或认可），任何法令都无法具有法律效力，而由她做出的重要决策是必须实行的。自从登基后，伊丽莎白·彼得罗芙娜在处理国务时效仿自己的父亲，亲自参与解决国家管理事务。但实际上，她并不是总能做到。觐见女沙皇的官方程序首先要通过女沙皇的个人办公厅，所有的公文和事务都要呈送到那里，以便女沙皇审阅和做出决策。如果是个人需要面见女沙皇汇报工作，要么是在宫廷接待日时寻找觐见机会，要么只能寻求"强势"

---

① Рубинштейн Н. Л. Уложенная комиссия 1754-1766 гг. и ее проект нового Уложения «О состоянии подданных вобще» // ИЗ. 1951. Т. 38. С. 217, 218, 250 и др.

人物（即女沙皇的宠臣或御前大臣）的帮助。所以，当时俄国那些与宫廷有着千丝万缕联系的显贵们显然拥有更多的机会影响女沙皇的决策。① 宠臣是专制君主制国家不可避免的现象，他们甚至在伊丽莎白·彼得罗芙娜的治理时期占据主导地位。在女沙皇的统治下常常会出现一些非正式的"政府"，它就是由女沙皇特别信任的大臣组成的，而在这个"政府"中掌握实权的往往是女沙皇的宠臣。正是因为与女沙皇的亲近，才使这些"得到机会的人"（取自俄语词语"机会"与"成功"）能够凌驾于那些国家高级官僚之上。

为了解决重大的外交事务和难题，伊丽莎白·彼得罗芙娜常常召开紧急会议（人员由女沙皇最信任的人组成），后来逐渐演变为御前会议。御前会议正式设立于1756年，即在俄国准备参加"七年战争"之前。与其他国家机构相比，在法律上并没有对御前会议的权限和地位进行规定，但在形式上它代表的是最高政权，这决定了它在管理国家事务时的角色和地位。渐渐地，在处理国家重大事务时御前会议显露出巨大的影响力。

尽管伊丽莎白·彼得罗芙娜并不总是亲自处理国家事务，但她绝不会让这些事务脱离自己的视线，而在处理一些不太重要的事务时，她都会亲自监督。在这种情况下，往往都是由她的秘书来处理与各地方和中央机构的往来公函（这不是事务处理的正常程序——编者注），参政院因此常常处于不知情的状态。为此，在处理事务时参政院经常会陷入尴尬的境地，即在女沙皇已完全了解情况的前提下发布法令，而地方机构在必须立刻执行这些法令的同时，还要把法令的"准确副本"发送回参政院（当然，"除了可能涉及秘密办公厅的法令副本"），并且，"也不能因为对某一件事务不知情而做出不同的决议"。② 这一事实准确地刻画出

---

① Шоховский Я. П. Записки кн. Я. П. Шоховского，писанные им самим. Спб. ，1821. С. 104-124.

② ПСЗ. Т. XI. № 8806.

专制君主与最高政府机构之间的关系。在俄国，君主完全凭着自己的主观意愿行事，不会屈从于任何法律的限制，也不会按照任何机构的程序办事。而参政院则完全依赖于君主的权力支持，由它拟定的政策措施并不是都能得以实施。君主可以通过最高政府机构处理政务，他的行为既不受法律的约束，也不受国务程序的制约，在他决策时考虑的因素是"仁慈"、"公正"和"国家利益"。

女皇对参政院的态度是复杂的。一方面，她把参政院视为最高"政府"机构，就像她在 1741 年 12 月 12 日颁布的敕令中描述的那样，所以她始终支撑着它的威信和地位。另一方面，她认为参政院只是一个有责任完成女皇所有指令的管理机构，这样的指令甚至包括为宫廷组织运输水果。正是因为承载了过多这样不重要的事务，参政院对于领导和管理整个国家这样的主要职责显得力不从心。如女皇就常常因为上诉案件迁延时间过长而感到不满。事实上，参政院的恢复仍然是基于"以前的历史考量"，却没有考虑到俄国管理制度中发生的变化，而正是这些变化促使俄国的社会和政治生活日益复杂化。

18 世纪四五十年代，参议员的人数一般在 9～12 人浮动。1760 年，在参议员整体换班之际，参议员的人数被扩大到了 16 人，但并不是所有参议员都在完成参政院的工作，因为这些人还担任着其他国家要职，还有别的事务需要处理。1722 年的法令规定，只有在所有参议员都聚集在一起的时候，参政院才具备完整意义的职权和职能。但也正因如此，往往在处理"最紧迫的"国家要务时会出现困难和阻碍。在这种情况下，当必须处理那些刻不容缓的事务时，在参政院通常只有三四名参议员参与决策，对于那些未出席的参议员，参政院会派人将附有处理事务记录和所采纳决议的简报送到他们家中，让他们签名。[①]　在 18 世纪四五十年

---

① История Правительствующего Сената за двести лет. 1711 – 1911 гг. Спб. ，1911. Т. 11. С. 159，160.

代，参政院办公室的人员并不多，1743 年，有 70 名官吏在这里工作。其中，共有 3 名总管秘书负责管理所有公文的处理工作，他们每个人领导一个科室，科室也分别以他们的姓命名。通常，总管秘书按科室给办事员分配事务；低级文书、抄写员和一些由各委员会派往参政院学习的士官生则要接受办事员的管辖和支配。到了 60 年代末期，参政院办公室的人员编制进一步扩大，但永远也无法赶上事务的增长速度。并且，由于工作组织的不完善，办公室的事务日益繁重，无论哪个科室都没有固定的事务处理范围。

在参政院，所有关于国家重要事务的解决措施的采纳和实施程序是这样的：根据参政院的决议建立一个专门的委员会小组，并把相关领域的专家纳入进来；一般来说，这个小组由参政院指定一名参议员领导，或者指派相关委员会的主席领导；参政院会议根据这个委员会小组提供的报告采取决议，决议往往是赞同，或者是直接发往需要落实的部门。在一些情况下，参政院会采纳与委员会小组日后工作相适合的决议，实际上等于回归或恢复了彼得一世时期参政院的工作制度。

负责编纂新法典的委员会是 18 世纪五六十年代中作用和意义最大的委员会。1741 年，为了完善立法工作，女皇要求参政院开始重新审议现行立法。为此，参政院首先将彼得一世时期的立法文件同彼得一世时期之后的法令进行了比对，但费尽周折后只搜集到彼得一世之后 13 年以内，即 1732 年之前的法令。在明白这一想法不现实之后，在 1754 年 3 月 11 日召开的参政院会议上，П. И. 舒瓦洛夫提议不再搜集以前的立法文件，而是直接着手编制新的法典。[1] 参加法典编纂工作的人员来自各个委员会和办公厅，他们分别负责编制与自己所在部门相关的法律条文。[2] 但是，法典编纂委员会在 1754～1766 年的工作并未取得成果。十月革命前

---

[1] История Правительствующего Сената ... Т. Ⅱ. С. 57，58.

[2] Там же. С. 162.

的一些史学研究成果认定，法典编纂委员会的工作是完全失败的；与这些结论不同，Н. Л. 鲁宾施泰因认为，法典编纂工作进行得比较顺利，但是由于当时的政治环境问题这项工作未能完结。因为，在沃伦佐夫集团入主参政院后，法典编纂工作更加举步维艰，法典编纂委员会的人员组成也发生了变化，现在改由 Р. И. 沃伦佐夫亲自领导。这导致法典经过了再次编辑，在这一稿中法典的主要章节变为"关于贵族和他们的财产"[1]。

1761 年 3 月，沙皇政府宣布要召集选出的贵族和商人代表听取法典方案，同年 9 月，又宣布要召集代表。但是，这些经选举产生的代表最终也未能听取法典方案。1762 年爆发宫廷政变后，叶卡捷琳娜二世登基，法典的讨论工作也被搁置，这些代表也都被解散了。

当时，"制定关税法律的委员会"的活动具有极大的影响和意义，它负责筹备关于消除国内关卡的法令。1760 年，П. И. 舒瓦洛夫提出建立"关于研究商务法律的委员会"的建议，它被划归参政院总检察长 И. Г. 切尔内绍夫治下的"总管理处"管辖。

18 世纪四五十年代，参政院面临着一系列棘手的问题需要解决，而完善国家行政管理体系就是其中之一。在 30 年代最高行政权力机构的大权被一群外国野心家把持和操纵，俄国的行政管理体系陷入混乱。1741 年，沙皇政府重新确立检察官制度，使其恢复了"往日的行事作风和习惯"，这成为重整秩序的第一步。但各个委员会和地方管理机构中的检察官刚一上任迎来的都是不好的信息，如有些官员不上班，有些迟到，有些早退，有很多积案无人理睬，公文处理混乱、毫无次序，等等。[2] 为了在各办公厅公职人员中重树纪律，检察官们立刻采取了一系列措施，如对不守纪律者处以鞭刑，或者处以拘留直至其完成工作。而最普遍的处罚方式是罚款（旷一天工要罚一周的薪水，迟到一小时罚一昼夜的薪

---

① Рубинштейн Н. Л. Указ. соч. С. 226，227.

② Соловьев С. М. Указ. соч. Кн. XI. С. 201，202.

水）。除了这些惩罚措施，检察官也着手表彰优秀的榜样官员。如参政院办公厅的工作人员如果工作勤勉，会被允许"佩戴长剑"①。

18 世纪 40 年代初期，俄国中央和地方行政管理机构的实际情况表明，对行政管理体系的改革已势在必行。所以，在宫廷政变爆发后，参政院立刻将这个问题列入日程。② 1755 年，新法典编纂委员会拟定了关于对中央管理体系进行局部改革的方案。同时，舒瓦洛夫提交了关于州改革的方案，目的是优化地方行政管理结构，调整地方机构的人员编制，完善职务任命，为地方机构公职人员发放薪水，并为他们的培训提供资金。③ 但是，在四五十年代提出的各种改革方案全都未能实现，因此，中央和地方的行政管理机构依然停留在 18 世纪头 25 年的程度。

当时，管理的集权化已经到了很高的程度，为此，各委员会的工作总是处于挨批评的状态。参政院的工作开展也是由沙皇的各项法令在后面推着走，它只好常常干预各委员会的工作，甚至亲自替它们解决问题。但正是这样的举动导致各委员会失去了工作的主动性和独立性，它们的作用仅限于被动地执行或是记录参政院的各项决议，实际上它们已变成"参政院的办公厅"④。

由此，委员会制度的不足越发明显地暴露出来，必须集体解决问题这一方式阻碍了中央集权化管理的进一步发展。因为，根据总章程规定，委员会的所有成员，从级别最低的官吏开始，都必须就讨论的问题提出自己的意见。但是，这些人通常"不会提出任何建议或做出任何结论"，所以，委员会的主席也只好独自做出决定。而在会后，另一些缺席会议的人会在记录本上补签名，但他们并不总是愿意去了解会上所讨论问题

① История Правительствующего Сената ... Т. Ⅱ. С. 192.
② Соловьев С. М. Указ. соч. М.，1964. Кн. Ⅻ. С. 584，585.
③ Готье Ю. В. История областного управления в России от Петра Ⅰ до Екатерины Ⅱ. М.-Л.，1941. Т. Ⅱ. С. 140—147.
④ Градовский А. Д. Высшая администрация России ... С. 249.

的本质。一等文官 A. П. 别斯图热夫对这一现象极为不满，因此表示不再去委员会办公，他声称："与其枯坐委员会，我宁愿待在家里，这样我自己就可以处理那些事务。"[1] 而实际上，他在委员会也是自己处理这些事务的。这样的工作状态表明，委员会制度开始过时了，在君主专制国家不断发展的历史条件下一长制成为更有效的制度。

18 世纪四五十年代，俄国地方行政管理体系没有发生任何变化。1741 年只是恢复了州检察官的职务，并重新设立了市政府。但是，检察官在各州的监督工作必须符合 1733 年下发的工作细则的要求，即他们要监督州办公厅的工作及其处理事务的数量，督促各州政权机构及时向中央管理机构递交报告，保证那些"有人情的案子"不被借故推迟和延缓等。州检察官的一个新的工作职责是监督州政权机构高层的工作出勤率，"督促他们要每天出席会议"。1733 年工作细则束缚了检察官在工作中的创造性，使他们变成了普通的法律维护者。[2] 这样的角色和作用明显不能满足一些工作积极的检察官，于是他们开始扩大性地解读自己的职责权限，试图在给总检察长的报告中加上诸如地方政权机构粗暴地违反法律、滥用职权以及不按程序做事等事项。但是，这些报告通常不会有任何结果，总检察长要求自己的下属们要信守 1733 年工作细则，"不要去干涉自己职权范围之外的事"[3]。

国家行政管理机构的人员编制问题是 18 世纪四五十年代俄国政府面临的现实问题，因为各级机构常常会感到官吏不足。[4] 为了加强管理机构和调整人员编制，俄国政府对官员们进行了登记，之后也对各办公厅的工作人员进行了登记。这项工作进行了两年多（1754~1756），涵盖了

---

[1]　Соловьев С. М. Указ. соч. Кн. XI. С. 510.

[2]　Готье Ю. В. Указ. соч. С. 14.

[3]　Там же. С. 21–26.

[4]　Троицкий С. М. Указ. соч. С. 159.

95%的中央管理机构和部分人数较少的地方机构。[1] 这次登记的资料仅被用来制定1763年的人员编制预案。表面上看，这次收集的资料展示了18世纪中期以前官僚构成的一些变化，主要体现的是官僚教育程度的变化。在官僚组成中出现了新生知识分子的代表，如学者、建筑师、采矿工程师、医生、地质测量学家等。他们的职务被纳入《官秩表》上相应的级别中，一些职务与军官的职务级别是相同的。[2]

当时，专制俄国面临着越来越多的复杂问题，这就要求官僚们具备专业的知识，或受过专门的培训。俄国政府机构急需技术熟练或经验丰富的干部骨干，所以政权机构关注的不仅是培养有文化的干部，同时还包括已经在国家各个行政管理领域里历经锤炼的官吏。此外，沙皇政府还特别关心贵族子弟的教育问题。18世纪50年代中期前夕，沙皇政府的努力取得了一定的成果。在官僚阶层中，虽然那些曾经在家自学或是在工作过程中自学的官吏仍占多数，但已经有大约20%的官吏毕业于各种军事培训学校（如工程兵技术学校、炮兵学校、数学学校、航海学校、中等军官学校以及海军学院）；并且，还有一些官吏毕业于民办培训学校（如各委员会下属的军官学校、外交委员会下属的学校、科学院下属的学校、在莫斯科开设的德国中学以及外国大学等），这在当时是新鲜事物；除了上述学校，还有算术学校、驻军学校和采矿工业学校。[3] 那些掌握国家管理大权的高层官僚特别重视教育程度。官僚中越来越多的人受过教育，这意味着贵族阶层对接受教育的态度发生了很大变化。

一般来说，参政院是通过宣令局办事处监督官吏们的培训情况。另外，考虑到各委员会下属的士官学校在培养官吏方面的效率并不高，参政院决定，"只要时间允许"，就向刚成立的莫斯科大学派遣士官生学习

---

[1] Там же. С. 67-169.

[2] Там же. С. 164.

[3] Там же. С. 276-278.

语言。此外，贵族子弟在 20 岁之前虽然已经被列入军职和文职公务系列，但允许他们进入莫斯科大学学习，并且他们不会因此失去工作以及已累积的职务晋级所需的年限。

到 18 世纪中叶，官吏之间的差距扩大了。因为官吏队伍主要来自贵族以及各办公厅的公务人员，这些公务人员则是从衙门公职人员的后代，以及小书记员、神职人员和少部分出身于纳税阶层——从事工商业的人群和农民的孩子中选拔出来的。① 沙皇政府试图在衙门公务人员中创造出一个特权阶层，但在所有官吏以及贵族和普通官吏当中保留了等级差别。办公厅的公务人员如果想在《官秩表》上进一步晋级只有一种可能，即想办法谋得州办公厅秘书的职位，而这一职位要求具备在办公厅长期工作后才能获得的大量的专业知识储备。但是，在 40 年代这一职位基本由贵族获得，并且都是由参政院负责任命。② 所有这些都进一步促进了俄国国家管理机构的阶级融合。同时，贵族对待世俗工作的态度也有了明显的变化，许多人立刻投身到文职工作中，这些人多半是那些领地小或没有领地的贵族的孩子。大部分贵族子弟从 12 岁起就已投身文职工作，渐渐地，从事文职工作也像投身军队一样荣耀。

直到 1763 年人员编制表制定完成之前，给官吏发薪水一直没有形成制度，许多办公厅的公职人员根本就没有收到薪水，至于"供养自己的问题"，他们只能像 17 世纪的官吏们一样，从那些"求他们办事的人"那里获取财物，"能够给多少，就只有凭人的意愿了"。③ 这种情况导致受贿行为合法化，促使公务处理上出现拖拉以及公务程序上日益复杂烦琐等现象，对整个国家管理机构的日常工作产生了消极的影响。另外，在国家公务人员的薪水上也存在巨大的差别。女皇为那些位居权力高层的

①　Демидова Н. Ф. Бюрократизация государственного аппарата абсолютизма в XVII-XVIII вв. // Абсолютизм в России（XVII-XVIII вв.）. С. 237.

②　Там же. С. 232.

③　Там же.

达官显贵确定了专门的薪水；根据以前的传统，官吏中的那些外国人被作为专家对待，他们也领取高额薪水。在确定薪水级别时，伊丽莎白·彼得罗芙娜坚守彼得一世确定的原则，即官吏得到的薪水是同级别军官薪水的一半。但对于旨在建立强力官僚机构的君主专制国家——俄国而言，这样的薪水发放原则与国家的利益和面临的问题相违背。1760年，总检察长 Я. П. 沙霍夫斯科伊公爵建议，取消给外国人官吏的高额工资，因为在现有的俄国官僚中他们的教育程度已经不再突出。1761年4月，他在参政院发言，提议加快制定新的人员编制预案。但直到叶卡捷琳娜二世执政时这项工作才最终完成。[①]

18世纪四五十年代，俄国国家管理体制依然延续彼得一世建立的体制。当这一体制在俄国不再有发展前景时，对管理体制进行重要改革的问题被提上了日程。长期以来，参政院将所有立法提案权、执行权力和司法权力都握在手中，达到了自己权力发展的顶峰，从50年代中期开始，它在国家管理中逐渐失去了往日的作用和地位。这不仅是因为当时伊丽莎白·彼得罗芙娜女皇设立了御前会议，致使一部分立法建议通过它而生效，更主要的是因为女皇对管理体制的极度集权化对参政院的活动产生了极大的负面影响。为此，参政院被迫去做许多琐碎的事务，无法集中精力处理国家重大事务，并且，许多由它做出的决议或采取的措施，要么最后变成无效的，要么半途而废或无疾而终。在中央和地方管理机构中，集体领导体制往往成为迅速处理事务的障碍。因此，各委员会的主席、各州长以及军政长官常常独自处理各种事务。

到18世纪50年代末期，俄国的政权阶层终于统一了意见，确定必须对国家管理体制进行改革。

18世纪60年代，俄国开启了社会经济和政治发展的新时代。与此紧

---

① Троицкий С. М. Указ. соч. С. 265.

密相连的是在俄国封建社会形态中出现了资本主义成分，日益发展的资本主义元素对俄国的经济、政治和文化生活产生了巨大的影响。在新的历史条件下，君主专制国家一方面仍然是贵族专政的权力机构，它遵循着在未来不断扩大以及在法律上强化贵族阶层的各项权利和特权的原则；另一方面，它也被迫去适应和接纳新的历史条件。在俄国专制发展史上，18 世纪 50 年代末至 70 年代初这一时期被称为"开明专制"阶段。在这一阶段，随着国家管理机构官僚化的不断发展以及专制君主对权力的日益强化，俄国最终形成了"贵族官僚"君主制。① 于是，形成于 18 世纪头 25 年的国家行政管理体系在 18 世纪下半期依然保留下来，但它经历了相当大的改变。

在君主专制国家，镇压被压迫阶级的统治机构与君主本人是紧密相连的，并且，它的作为在很大程度上取决于君主的个人素质。在长达 37 年的时间里，彼得一世的继任者们都是些碌碌无为的人，他们没受过多少教育，根本无力治理这个庞大的帝国。所以，在这段时期内，这个君主专制国家的政策制定者实际上是那些御前大臣组成的小集团。但它们彼此间也为了争权夺利而斗得你死我活，甚至发动宫廷政变。不过，有意思的是，"这些宫廷政变发生得既荒谬，又容易，往往只是说话间的工夫，一群贵族或封建主就已夺取了政权，却又转身交给了另一群贵族"②。从 1725 年至 1762 年，这样的政变共发生过 5 次。在这种情况下登上帝位的俄国君主们，在治理国家时依靠的权力机构主要包括最高枢密会议、内阁、御前会议以及参政院。在这一时期，要么是上述权力机构在治理国家，要么是沙皇的宠臣在进行管理。但是，不管是谁，都没有筹划过任何有关改革的具体规划。彼得三世的短命王朝就是这类统治的典型，正是由于不学无术，他根本无力对国内政策制定和国家治理发挥任何影

---

① Ленин В. И. Полн. собр. соч. Т. 20. С. 121.
② Там же. Т. 37. С. 443.

响力。在他的统治时期，原本在 1760 年就羽翼渐丰的沃伦佐夫集团在治理国家时发挥了主导作用。而在这段时期之前，参政院就已失去了往日的地位和威望。1762 年 5 月，沙皇在参政院之上设立了皇帝御前会议①，其主要由沙皇的亲信和亲属组成。作为新的权力机构，对它的职权范围和地位并没有清晰的界定，但是它被授权可以以沙皇的名义颁布法令，也就是说，在专制俄国它是可以与诸如最高枢密会议和内阁相媲美的最高权力机构之一。原属于参政院的立法提案权现归御前会议掌握，但具体法律文件的制定仍由参政院完成（这是因为参政院积蓄了官僚群体"集体的智慧和经验"，君主专制政权暂时还离不开它）。参政院管理上诉案件的职能进一步扩大，这使它逐步转变为国家的最高司法机构。于是，总检察长的地位和影响力急剧提升，时任总检察长的是 А. И. 格列博夫，根据叶卡捷琳娜二世的描述，他是一个"天才"，"但也是一个狡猾的骗子"。② 当时，所有关于参政院事务的决议都由格列博夫拟定，并直接呈送沙皇签字。

　　1762 年的宫廷政变后，叶卡捷琳娜二世即位，这是俄国国家管理中的重大变化。叶卡捷琳娜二世本人精力充沛，异常聪慧。在伊丽莎白·彼得罗芙娜执政时，她曾度过了一段隐居生活，在此期间她自学了很多知识，读了很多法国哲学家的著作，特别关注他们关于国家的学说，并通晓和掌握了孟德斯鸠的一些理论，其中就包括关于权力划分的理论。这样一来，在彼得一世去世后，俄国的皇位终于迎来了一位文化水平高的君主，她很笃定，明白自己要做什么和达到什么目的。与彼得一世一样，叶卡捷琳娜二世总是对国家管理事务事必躬亲，她常常会审阅或聆听长达数千页的疑难案子的卷宗。

　　叶卡捷琳娜二世的统治是俄国君主专制制度向前发展的重要环节。

---

① ПСЗ. Т. XV. № 11418, 11538.

② Записки императрицы Екатерины II. Спб., 1907. C. 710.

女沙皇对于国家事务的处理常常独断专行，她在依靠现行国家行政管理机构的同时，也在想办法对它们进行改造和完善。现在，所有立法权力完全掌握在叶卡捷琳娜二世手中，这表明专制权力得到进一步加强。① 女沙皇办公厅的地位和作用也迅速提升，在这里聚集着所有与国家管理有关的重要事务。此外，叶卡捷琳娜二世统治时期还标志着俄国的管理体制正急剧从集体管理体制向一长制和内阁制过渡。

在 1762 年 6 月 28 日发生的宫廷政变刚刚结束的几个月内，叶卡捷琳娜二世就已经在认真思考关于国家行政管理机构改革的事情。为此，她委托自己的亲信制定具体的改革方案。1762～1763 年，Н. И. 帕宁和Б. К. 米尼赫提交了对最高行政管理机构进行改革的一系列方案，同时由Я. П. 沙霍夫斯科伊公爵筹划的关于新的人员编制和地方行政管理机构改革的方案也提交给了女沙皇。②

当时，Н. И. 帕宁成为新型官僚高层的典型。他并非出身于大富大贵之家或显赫的贵族家庭，但在当时那个时代，他却是受教育程度最高、最有文化的人，他以一种崭新的态度对待国家公务工作，即他不仅是出于义务和责任，而是"甘于和乐于"为国家工作，③ 他对国家工作的解读成为同时代人争相效仿的典范。1762 年 8 月，他向女沙皇递交了关于《设立沙皇会议及把参政院划分为若干院》的宣言草案。④ Н. И. 帕宁建议在专制君主和参政院之间设立由 6～8 名参议员组成的委员会，他认为，所有最高政权机构需要处理的事务都必须先由这个委员会审议。

---

① Ленин В. И. Полн. собр. соч. Т. 2. С. 99.
② Готье Ю. В. Указ. соч. Гл. V；Соловьев С. М. Указ. соч. М.，1965. Кн. XIII . С. 142–149；Чечулин Н. Д. Проект Императорского совета в первый год царствования Екатерины II . Спб.，1894. С. 15, 16；История Правительствующего Сената … Т. II . С. 331–339, 383–411.
③ Архив кн. Воронцова. М.，1875. Т. 7. С. 455，456.
④ Сб. РИО. Т. 8. С. 209–217.

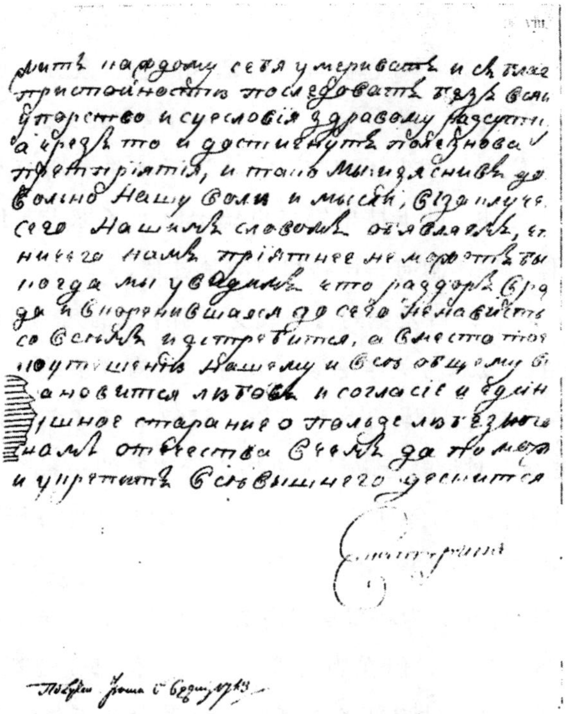

**图 3-1　1763 年 6 月 6 日叶卡捷琳娜二世致参政院的手谕**

　　大部分历史学家尤其是 C. M. 索洛维约夫①，认为这份草案的核心是力图通过特权贵族寡头集团对专制政权进行限制。但是，这种观点没有考虑到当时的历史和现实因素，而俄国历史学家 H. Д. 切丘林在自己的研究中注意到了其中的一些因素。②

　　首先，在分析草案的报告中，H. И. 帕宁界定了什么样的专制统治形式对于俄国是适合的，他认为，不管是参政院、委员会，还是总检察长，都不能实现"对国家的统一管理"，这样的"角色应当归于君主"。其次，

---

　　①　Соловьев С. М. Указ. соч. Кн. ⅩⅢ . С. 146-149.

　　②　Чечулин Н. Д. Указ. соч. С. 15，16.

草案保留了参政院的角色——最高管理机构，同时草案提出在参政院和最高政权之间设置新的环节——沙皇会议，并指出，在这个新的机构中最好能够杜绝彼得一世管理体系中宠臣干政的现象。最后，草案提出，沙皇会议的角色作用不同于之前的最高枢密会议、内阁和彼得三世时期的御前会议等机构，它应该只是作为女沙皇的个人办公室。并且，"这个会议中的任何东西都不能用来索取君主的亲笔签名"。此外，参议员有权签署的公文仅限于现阶段的纸质版公文。①

于是，沙皇会议被设想成一个纯粹的官僚机构，它的职责包括减轻君主治理的负担，提供事务处理方面的专家为君主分忧，消除宠臣的影响，特别是那些因为没有官方地位，反而"可以不用负任何责任的人"的影响。此外，草案内容还包括将参政院划分为若干院的提议，其目的是改善参政院的"管理和处理事务的程序"。②

Н. И. 帕宁草案中关于设立沙皇会议的想法最终没有实现，但它的意义是重大的，因为它反映出官僚高层在国家事务管理中的地位和作用提高了。而帕宁关于将参政院划分为若干院的想法得到了沙皇的认可，因为这样正好可以整顿参政院的工作，但事实上改革具有更深层次的意味。在治理国家时，叶卡捷琳娜二世希望能够独断专行，她不想让参政院在旁掣肘，她认为，参政院拥有了太多最高政权拥有的特权。根据叶卡捷琳娜二世的认识，在专制国家所有权力都只能归属于君主。因此，参政院的角色最后被认定为"法律条例的保存者"。

根据 1763 年的改革结果，③ 参政院被划分成六个院（头四个位于圣彼得堡，第五个和第六个位于莫斯科）。每个委员会的职能和权限都经过严格规定，实际上推动了参政院在组织工作方面的完善。第一院主要负

---

① Сб. РИО. Т. 7. С. 203，214.
② Там же. С. 202，204.
③ ПСЗ. Т. ⅩⅥ. № 11989.

责处理与国内管理相关的所有事务，包括一切"国家和政治方面的事务"
（如财政、经济、人员编制以及以前设立的秘密考察队）。第二院主要负
责司法事务和土地测量。第三院负责管理道路交通、科学和教学职衔的
认定，以及管理位于特殊地段的州（如波罗的海地区和乌克兰）。第四院
负责管理陆军和海军。位于莫斯科的第五院负责管理的事务与圣彼得堡
第一、三、四院负责的事务一致。第六院管理司法事务，与圣彼得堡第
二院的职责相同。由此，参政院的机构职权划分更加清晰，每个院都有
自己的常规事务领域，毫无疑问，这次改革对于完善俄国国家管理体制
向前迈出了重要的一步。

在俄国，参政院的体系一直延续到 20 世纪初期。每个院的办公厅都
由一个秘书长领导，它们都归总检察长管辖。最初管理第一院的是总检
察长，之后由两位总检察长管辖。总检察长实行的是宏观监督，他负责
把一些争议事务提交给共同会议审议。现在，各院的事务不是在各院秘
书之间划分，而是在负责管理相关领域的团队间划分。因此，这对于组
建中央管理体系中的部门管理网络具有积极的意义。

乍一看上去，叶卡捷琳娜二世的改革是纯粹的行政管理体系改革，
但实际上，新确立的秩序所具有的特征绝不是表面看上去的样子。在伊
丽莎白·彼得罗芙娜统治时期，参议员有权将所有问题提交参政院会议
审议。但根据 1763 年的改革结果，只有总检察长才有权提交问题给共同
会议审议。① 并且，在女沙皇缺席共同会议的时候，总检察长可以代表她
出席会议。在当时，这种情况很普遍，因为女沙皇极少到访参政院。如
果将 1763 年参政院改革与 1730 年参政院改革进行比较，就会发现，1730
年参政院改革时被分成了五个院，② 引人注目的是，当时也是按照院来划
分事务的。但两个时期的改革还是有区别的，在安娜·伊凡诺芙娜统治

① История Правительствующего Сената … Т. Ⅱ. С. 490，491.
② Там же. С. 150.

时期，具体事务和问题是由各院负责提交，而解决和处理问题是由参政院共同会议承担，即参政院保留了完整的事务处理程序。而 1763 年改革改变了这一事务处理程序。现在，在各院需要以"全体成员同意"的原则提出问题和事务，而且要以此为依据颁发相关的参政院法令。但是，能够提交到参政院共同会议审议的只能是有争议的问题和事务。因此，在具体工作中，每个院都是参政院独立的分支机构，它们都有自己的业务范围和办公部门。这种体系设计打破了参政院的统一架构，削弱了它的权力和力量，达到了叶卡捷琳娜二世改革的目的。

在叶卡捷琳娜二世执政期间，参政院成为俄国最高行政权力机构。但是，它的所有立法权力都被剥夺了，只留下了"提交"最高法令的权力。为此，一些历史学家认为，参政院正是利用这一权力对君主的立法权进行限制，[①] 但仅是"提交权"对女沙皇的限制作用其实微乎其微，她完全可以自己决定，想要关注哪些问题或者是不感兴趣。例如，Я. П. 沙霍夫斯科伊制定的关于地方管理机构人员编制的草案原本已获得参政院的通过，却没有得到女沙皇的认可。

现在，立法提案权只属于最高政权。《俄罗斯帝国法令全集》中发布于卡捷琳娜二世时期的法令，不管是沙皇签署，还是参政院公布的法令都是根据女沙皇的命令颁布的。所有立法文件的筹备工作已经不是由参政院来完成，同 18 世纪四五十年代的情形一样，它们是由专门的委员会完成，委员会的成员由女沙皇亲自任命。在叶卡捷琳娜二世执政初期，这些专门委员会的工作主要涉及的领域包括商业、教会财产、军事条令等。它们不在参政院工作，与参政院没有了关系，由其拟定的报告和草案可以直接提交给女沙皇本人。从 1768 年起，立法文件的制定工作由沙皇领导下的委员会承担。

---

① Ерошкин Н. П. История государственных учреждений дореволюционной России. М., 1968. С. 111.

　　叶卡捷琳娜二世直接领导下的委员会并不是一个类似于最高枢密会议或内阁之类的权力机构，因为它并不会独立做出任何决议。它也没有具体的业务领域，只是负责审议或讨论女沙皇交给它的事务。女沙皇本人亲自处理国家事务，并且，她会通过总检察长将与法令相关的建议或草案提交给委员会讨论，总检察长是委员会成员。之后，委员会一直采用这种工作形式，直到 18 世纪末。1801 年，委员会经过改革，变为国务委员会。

　　叶卡捷琳娜二世设立由自己亲自领导的委员会表明沙俄帝国管理机构进一步官僚化。这个委员会虽然只是一个咨议机构，并不能限制女沙皇的权力，但是它却可以对沙皇政府的内政和外交政策的制定产生影响。

　　在把所有的立法权力和大部分指挥权掌握在自己手中后，叶卡捷琳娜二世通过总检察长和自己的个人办公厅领导和管理国家行政机构。女沙皇办公厅的主要职能是负责管理叶卡捷琳娜二世的私人事务，以及受理那些"请求宽恕和怜悯"的呈文。最初，Г. Н. 捷普洛夫负责管理所有事务，之后，女沙皇委托 А. В. 奥尔苏菲耶夫、Г. В. 捷普洛夫和 И. П. 叶拉金受理所有呈送给女沙皇的呈文。[①] 渐渐地，办公厅的角色开始发生变化，特别是在 Е. И. 普加乔夫领导下发动的农民战争之后，叶卡捷琳娜二世政府在对内和对外政策方面公开采取反动立场，与此同时，俄国专制政权也加快了官僚化进程。办公厅秘书长的职责范围明显扩大了，他们现在需要管理女沙皇同所有国家机构及其领导人的书信往来，需要参与制定由最高政权下发的法令和公告，确认并登记各种不同类型的报告和汇报，准备立法文件所需的资料。比如，А. В. 赫拉波维茨基就曾筹备关于在国内进行粮食自由贸易的法令，[②] 曾就建筑事务管理和协调过一些

---

① Строев В. Н. Столетие собственной его императорского величества канцелярии. Спб., 1912. С. 4.

② Храповицкий А. В. Памятные записки // ЧОИДР. 1862. Кн. 2. С. 14.

委员会，在 1786 年参与制定保障条例，调查过位于扬堡的公立纺织厂在管理上的问题和弊端。其他的秘书长，如 Г. В. 科济茨基、Г. Н. 捷普洛夫、П. В. 扎瓦多夫斯基、А. А. 别兹博罗德科都曾参与编写各省的机构设置方案。[1] 并且，参政院、主教公会、外事委员会、海军部的公文事务都要经 А. А. 别兹博罗德科上呈给女沙皇。[2] 另外，从 А. А. 别兹博罗德科 1776 年一整年的记事簿中可以看出，正是他引导女沙皇了解任命官员岗位的信息，了解解职、职位调动、职务升迁和立功受奖等情况。[3]

　　一般来说，办公厅秘书长们受理的公文主要是总督辖区长官、各省省长以及来自国家发行银行的报告，此外，还包括军需官的报告和"圣彼得堡军官状况"明细表等类型的公文。在此，很容易就会发现，所有公文在发往女沙皇个人办公厅之前，管理它们的是参政院。显然，办公厅秘书长们并不能处理事务和解决问题，但他们会去整理这些公文，这样一来，他们也可能会影响到叶卡捷琳娜二世对公文的决策。[4] 办公厅的组织工作做得很好，在这里所有人和事务都要服从于女沙皇的意志。并且，女沙皇绝不允许在工作上出现拖延，要求秘书长们的工作要清晰、有条理，提交给她的报告要简明扼要。在保罗一世执政时，他的个人办公厅被命名为"沙皇陛下的私人办公厅"。至此，俄国形成了沙皇个人办公厅制度。

　　参政院的权力受到限制的另一个原因是总检察长的权力扩大了，而且一些委员会的独立性也增强了。1764 年，在俄国官僚阶层鲜有名气的总军需长官 А. А. 维亚泽姆斯基被任命为总检察长，他在这一职位上工作了 28 年，并且一直受到女沙皇的绝对信任。

　　总检察长对于治理国家的影响力在逐渐增强。当把参政院划分为六

---

① Там же.

② Русский биографический словарь. Спб. , 1900. Т. 2. С. 638.

③ ЦГАДА. Ф. 1239. Оп. 3. Ч. 118. Д. 64977.

④ Державин Г. Р. Соч. : В 9 т. Спб. , 1871. Т. Ⅵ. С. 633–653.

个院时，他开始有机会直接监督负责管理国家重要经济部门和国内社会生活的第一院。总检察长的地位和作用同其他检察院的长官一样，都是通过 1738 年章程规定的。他既有权力亲自选拔官吏进入参政院办公厅工作，也有权独自挑选检察官并将其派往地方管理机构任职，这不仅进一步加强了总检察长的权力，同时保证他可以掌握内容更加丰富、翔实的地方事务信息。在叶卡捷琳娜二世执政时期，总检察长权力的加强得益于女沙皇授权他直接管理重要的国民经济部门，首先就是财政部门，以前它受参政院管辖。应该说，这一措施的实行促进了君主专制政权的巩固和加强。

从 1780 年起，所有货币发行事务都要总检察长 A. A. 维亚泽姆斯基经手。同时，他也要负责管理同外国及发行银行的所有金融业务。除此之外，他还直接领导土地测量和在圣彼得堡进行的沼泽地脱水工作，管理并主持所有大型建筑事务，对国外移民进行监管，监督邮政工作和事务等。① 对于委员会的所有事务，总检察长都是独自处理。同他一样，负责管理贵族教育工作的 И. И. 别茨基也可以单独处理自己的工作事务。18 世纪下半期，一长制在国家管理中不断得到强化，客观地反映出君主专制国家不断完善管理体制的发展进程。

在本书所研究的时段内，如何划分参政院和各委员会的职能和职权范围是当时中央机构在分配工作时所面临的最紧迫的任务之一。要解决这一问题很难，总章程对各机构职权范围的划分不够明确，而之后产生的立法又使这一问题愈加复杂化。叶卡捷琳娜二世通过两个途径解决这一难题。首先，一些委员会局部脱离参政院的管辖，因为它们的主席被授权可以直接觐见女沙皇。比如，皇家侍从长 A. Б. 库拉金公爵领导度支委员会，他被授权可以直接面见女沙皇，并汇报"那些为了让工作顺利

---

① История Правительствующего Сената . . . Т. Ⅱ. С. 374，375.

开展而必须纠正的地方"①。这一解决办法消除了委员会对于参政院的依赖，因为以前只有参政院有权向女皇提交正式报告。拥有同样自主权的委员会还包括陆军委员会和海军部，矿物委员会在处理工厂事务时也具备这样的权力。另外，在教会资产世俗化后成立的经济委员会同时受参政院、主教公会和女沙皇本人管辖。其次，女沙皇尝试更加清晰地划分参政院和各委员会的职权范围，并在此基础上扩大各委员会的独立性。

　　一般来说，委员会应该完成管理领域中具有专业性和技术性的那部分工作，而其他的工作则属于参政院的管辖范围。比如，关于设立医科委员会的法令就明确规定，该委员会的设立与所有委员会设立的依据是一致的，"它有权对与下列情况相关的工作和事务发号施令，即在俄帝国境内进行的行医和治疗，推广和普及医疗科技、外科等所有与此相关的科学技术"②。经济委员会的章程条例也是这样规定的，它负责管理所有经营事务以及对修道院的世袭领地进行内部管理。同时，委员会对主教公会的精神和教育活动进行监督，并监督"所有教会人员的行为是否体面"，剩下的其他工作由参政院负责管理。1766 年，沙皇颁布法令，规定委员会不能处理的事务，即"在法律上仍是空白或者对某一事务没有明确的解决办法"。这份法令也没有对参政院和各委员会的职权范围做出明确规定。为此，1774 年 11 月 30 日公布的法令做出了进一步确认，即"在参政院决定前各委员会始终无法解决的事务，由各委员转交参政院"。而在参政院和其他中央机构间划分职权的问题始终没有得到解决。

　　采用新的人员编制方案是 1763 年参政院改革的重要组成部分。新的人员编制方案为所有在中央和地方行政管理机构工作的人员引入了工薪制。同时，新的方案消除了旧衙门体制的典型特征——"在工作中利用人情来养活自己"。1763 年新的人员编制方案为官吏们规定的薪酬是以前

---

① 　Цит. по：Градовский А. Д. Высшая администрация России . . . С. 212.
② 　ПСЗ. Т. ⅩⅥ. № 11964，11965；История Правительствующего Сената . . . Т. Ⅱ. С. 436.

的两倍多，并且薪酬的多少不是按照级别定的，而是根据职务的重要性。沙皇政府提高官吏们的薪水是为了巩固和加强国家管理机构，抑制不良现象和弊端的滋生，如在工作中出现的受贿、贪婪、拖延、勒索等现象。同时，沙皇政府提高官吏们的薪水待遇，并于1764年开始为官吏们发放退休金，其目的都是吸引贵族从事文官工作。因为，自从沙皇政府于1762年2月18日颁布公告——《关于授予俄国贵族特权》之后，随即产生了一种危机，即在未来的国家机构中贵族官僚的人数将严重不足，这就为不同阶层的人进入国家管理机构创造了机会，这难道不是与沙皇专制政权亲贵族的政策相矛盾吗？另外，随着薪水待遇的提高，对官僚选拔的要求也提高了，为此沙皇政府采取了一系列措施通过铨叙局完善对官吏的考核，引入了与工作有关的各种证书，确定官吏们的工作类别，以便在工作成绩优异时为他们提供奖励，加强对重要职务任命的监督工作。根据女沙皇的命令，俄国所有机构都必须向铨叙局提交附带官员履历和工作信息的名册。

在推行新的人员编制方案后，沙皇政府着手在官僚阶层中恢复划分高、中、低三个不同层次的做法。[1] 为此，根据叶卡捷琳娜二世的命令，参议员 И. И. 涅普柳耶夫检查了高级别官僚是否符合其职务需要，他在提交的报告中指出，由他检查的17人中有15人应该被解职，其中2人因为年龄大，5人因为小过失（酗酒），另5人对工作"一窍不通"，对于其他3人他给出了完全负面的评价："完全不具备一个人所应有的人品"[2]。除此之外，И. И. 涅普柳耶夫建议为另两位官员晋级，甚至可以提拔为委员会的主席。1764年，总检察长 A. A. 维亚泽姆斯基提议对地方检察官实行换班制度，这样一来，过去各省的检察官只保留了3人。[3]

---

[1]　Готье Ю. В. Указ. соч. С. 183；Троицкий С. М. Указ. соч. С. 144.

[2]　Троицкий С. М. Указ. соч. С. 145，146.

[3]　Готье Ю. В. Указ. соч. С. 10，11.

　　新型官僚形成的进程缓慢。因为，官僚的主体遍布在各地方和中央机构中，他们喜欢贿赂和勒索，并且，他们对普通民众的粗暴行径已经成为俄国整个官僚阶层的典型特征。为此，沙皇政府不止一次颁布法令，宣布要与这些弊端进行斗争，同时沙皇政府的举措也不仅局限于一些号召和训诫。Ю. В. 戈季耶在对这个问题进行研究后得出结论，从 1762 年至 1765 年的三年时间里，沙皇政府"同受贿和盗窃国家财产的行为进行斗争的具体措施要比半个世纪用到的都要多"[1]。但是，沙皇政府的严厉举措并没能抑制官僚们滥用权力的恶习，这些恶习的本质是权力机构对整个社会的剥削。并且，对于那些身居高位的人，沙皇政府通常也只能妥协，最后不了了之，真正受到严厉惩罚的仅仅是那些无足轻重的小人物。但不管怎样，沙皇政府的举措取得了一些积极成果，他们的努力最终也没有白费。从 18 世纪 60 年代起，俄国迎来了新型官僚——这些人受教育程度高，了解自己的责任和义务，包括 Н. И. 帕宁和 П. И. 帕宁、Д. И. 冯维辛、И. В. 洛普欣、И. И. 德米特里耶夫、Г. Р. 杰尔查文等人。众所周知，А. Н. 拉吉舍夫也是这样的官僚。18 世纪 60 年代末期，支撑起同官僚机构的恶习进行斗争的是当时俄国具有先进思想的人物，斗争主题也转移且体现在各个杂志的文章中。其中，值得注意的是 Н. И. 诺维科夫发表在讽刺杂志上的各种讽刺官僚的文章。正是俄国文学和教育家们的努力，促使俄国官僚们开始形成新的道德和行为规范。

　　18 世纪下半期，为了加快中央和地方管理机构的事务处理进程，整顿和规范公务处理程序，沙皇政府做出了非常多的努力。[2] 1764 年，沙皇政府颁布公告，要求准确而详细地记录记事簿及相应地整理备忘录。为此，确定了新的"记录本"（即国家机构会议的备忘录）。在记录本上，在会议日期之后内容要分为两栏：在左边的一栏，简要叙述事务内容或

---

[1]　Там же. С. 188.

[2]　История Правительствующего Сената … Т. Ⅱ. С. 461，462.

过程，在右边的一栏要记录对事务处理的决议。此外，在官方文件和法律文件中不能有重复文件的内容（这往往容易造成对文件含义的曲解），而应"逐字逐句"地记录下来。

18 世纪 70 年代，参政院开始调整各种不同种类报告的程序。在此之前，各城市办公厅每年需要上呈约 1700 份报告，其中大部分报告都会遇到这样的情形，即"要么它碰巧就被批准了，要么批复人心血来潮需要现场办公才能批准"。因此，参政院将每年的报告数量削减到 259 份。① 为了加快有关上诉事务的处理速度，中央机构出台了一系列法令，它们限制或者是完全排除了那些请愿者希望通过向参政院提出无理上诉要求，从而达到拖延案件的可能性。此外，根据 1766 年 6 月 9 日颁发的法令，任何无道理却上呈给女沙皇的申诉书都将被参政院视为对自己的侮辱，参政院有权要求"让自己满意"（参政院可以对申诉人处以任何形式的惩罚）。② 上述这些措施并没有成功，但是它们的确促使中央各管理机构加快了事务处理速度。叶卡捷琳娜二世去世后，在参政院还遗留 11456 件未解决的事务。③

从 18 世纪 60 年代起，在官僚圈中逐渐形成了官僚对待公务的道德规范。从 1786 年起，传统的诉状开始称为"请愿书"，并且，根据 1786 年 2 月 19 日颁布的法令，在请愿书中请愿者在女沙皇的尊号下不再写"叩首"，而要写"提出上诉"或"某某某请愿"，在签名时也不再像以前那样写上"最忠诚的奴仆"，而是可以直接写上"最忠诚的臣民"或"忠诚的臣民"。④ 为了持续加强对国家机构的管理，沙皇政府相继出台了一系列措施，以便完善对官僚的培养工作。1765 年 12 月 15 日的政府公告宣布，取消贵族子弟中学，贵族子弟们被转送至中等军官学校和莫斯科

---

① ПСЗ. Т. XX . № 14432；История Правительствующего Сената . . . Т. II . С. 577.

② ПСЗ. Т. XVII . № 12637.

③ История Правительствующего Сената . . . Т. II . С. 498.

④ ПСЗ. Т. XXII . № 16329.

大学就读，而参政院会告知这些学校，它将需要多少人以便安排到"各衙门的职位上"。为了培养未来的官吏，大学和中等军官学校设立了"俄国法律专修班"。此外，为了培养"优秀的税吏和抄写员"，沙皇政府为圣彼得堡的科学院和莫斯科、喀山的中学专门分配了 180 个名额。①

1767 年法典编纂委员会的成立是 18 世纪 60 年代"开明专制"政策最鲜明的体现。当时法律的模糊性、重复性等问题迫使叶卡捷琳娜二世政府开始思考编纂新的法典。并且，法典编纂委员会遵循的目的不仅是编制一部新的法典，同时也要完成重要的政治任务——让国内和国外都对新的女沙皇产生好感。与之前成立的各种委员会相比，叶卡捷琳娜二世的法典编纂委员会是经过深思熟虑后建立的，它是社会各阶层代表（除了地主农民代表）必须参加的大会。如果考虑对既定目标的达成情况，那么叶卡捷琳娜二世的委员会在成就上明显高于以前的各个委员会。为此，它充分利用了伊丽莎白·彼得罗芙娜女沙皇时期委员会的各种法律条文和资料，包括那些最新的对各个阶层、阶层团体以及管理机构的训令，并以此为基础完成了叶卡捷琳娜二世的《训谕》。叶卡捷琳娜二世的《训谕》是一篇充满政治哲学思想的文章，是法典编纂工作的理论基石，并且，它的写作也是建立在对法国启蒙思想家孟德斯鸠的著作——《论法的精神》，以及孟德斯鸠的追随者 И. Г. 尤斯蒂、И. Ф. 比尔菲尔德、Ч. 贝卡利等人著作进行研究的基础之上，其写作目的就是探寻在沙皇俄国必须保留专制农奴制的依据。

1767 年，新法典编纂委员会隆重开幕，但是它没有创建任何新的法律法规（这是由很多原因导致的）。在该委员会召开会议期间，俄国国内各阶级的力量格局清晰地呈现出来，尖锐的阶级矛盾也暴露无遗。在讨论农民问题时爆发了激烈而又尖锐的争论，这促使沙皇政府匆忙解散了

---

① История Правительствующего Сената ... Т. Ⅱ. С. 394.

会议，并以同土耳其开战为体面的借口。在共同大会解散后，个别专门为某些立法问题准备材料的委员会一直工作到 1774 年。并且，法典编纂委员会收集的部分资料被用来编制 18 世纪最后一个 25 年的立法文件，其中包括关于 1775 年各省的机构设置和关于 1785 年授予贵族和城市证书等文件。

　　18 世纪最后的三十余年，沙俄帝国对地方管理机构进行了重要改革。这些地方管理机构首先执行的是国内政治职能，即镇压人民大众的反抗，加强农奴制剥削，保证国内社会的"稳定和升平"。18 世纪下半期，俄国地方管理改革的进程可以分为两个阶段：60 年代和 1775 年之后的时期。第一个阶段的改革对地方管理制度并没有造成太大的变化，沙皇政府只是谨慎地对地方权力机构进行了重组。总体而言，18 世纪 60 年代俄国的地方管理制度同以前相比并没有发生大的变化，它只是加强了省长的权力，使省长获得了更大的权限，可以直接受女沙皇的领导。在这一阶段，1763 年的人员编制改革带来了最大的变化，它使地方管理机构中职位的设置趋于统一。另外，一些原有的职位被取消，在各省引入了省级检察官职位。① 1762~1764 年地方管理机构改革是对 1727 年起设置的州管理机构进行完善的一次尝试，但并没有破坏它的基本结构。但是，这样的地方权力体制不仅不符合专制国家在新的历史条件下所面临的主要任务要求，也无法满足统治阶级的需求，即根据对新法典编纂委员会的各种训令，统治阶级要求各地方的权力要移交到地方贵族手中。②

　　地方管理机构改革的第二阶段从 1775 年开始，一直延续到 18 世纪末。改革首先从设置省及对地方管理机构进行相应的改变开始，继而引发对沙俄帝国整个管理体制的重大变革。

---

① ПСЗ. Т. ХⅥ. № 11982；Т. ХХⅩⅣ. Ч. Ⅱ. Отд. 4. Табл. Ⅵ-ⅩⅢ.
② Белявский М. Т. Требования дворян и перестройка органов управления и суда на местах в 1775 г. // Научные доклады высшей школы. Исторические науки. 1960. № 4. С. 142.

对于解决地方管理体制的问题，18世纪60年代时政权阶层内部就已分成了两派：贵族官僚派和贵族企业派。围绕 Я. П. 沙霍夫斯基公爵于1763年提出的省改革方案，两派间爆发了激烈的争论。Я. П. 沙霍夫斯科伊方案的主要内容包括：设置新的省级区划单位，在具体设置时要以各省的大体平均人口数量为依据；在地方行政管理岗位上设置新的最高管理职位——总督，但是在任命时要将直接任命和通过选举任命结合起来，即不仅要考虑贵族阶层的意见，也要考虑商人阶层的想法；对各县管理制度的监督权交予由各地方贵族选举产生的地方委员会。[①] Я. П. 沙霍夫斯基方案经参政院讨论并获得了通过，但是它并没有赢得叶卡捷琳娜二世亲信官僚的支持，只是个别想法得到了女沙皇的认可，并在制定设省方案时考虑了进去。

许多贵族和中央管理机构代表在提交给新法典编纂委员会的委托书中表达了对地方管理现状的不满，其中包括来自斯塔里茨基的贵族代表 A. B. 纳雷什金在一张便签上写下的建议、莫斯科大学法学教授 C. E. 捷尼茨基提交的"关于在俄帝国设立立法、司法和惩治权力机构的提议"。在大部分建议中比较一致的意见是，要求将省划分为若干行政区划单位，扩大地方管理机构的人员编制，通过向地方管理机构让渡部分权力使中央权力机构做到适当放权，并且让渡的部分权力要交给由各县地方委员会选出的贵族掌管。

这样一来，统治阶级和官僚阶层都越发清晰地意识到，改革势在必行。1773~1775年爆发的农民战争加速了改革的实行，正是这场战争暴露出地方政权根本无力预防、阻止民众情绪的爆发，更无力将它们扼杀在摇篮阶段。

因此，农民战争一结束，女沙皇就和她的幕僚着手制定关于新的地

---

① Готье Ю. В. Указ. соч. С. 166–175.

方机构设置的立法方案。在着手建立省级区划单位的同时，叶卡捷琳娜二世也在制定相关的章程和条例，其中一些条例利用了一些俄国高级官僚就地方管理改革提出的建议和方案（如总检察长 A. A. 维亚泽姆斯基的方案、诺夫哥罗德省省长 Я. И. 西韦尔斯和里加总督 Ю. Ю. 布朗的建议等）。同时，还有一些规章和制度则借鉴了 Д. 狄德罗《百科全书》中的文章（关于法律、公平等的文章），以及英国法律学家 B. 布莱克顿的著作内容（联合法庭的思想）。此外，另有一些条例考虑利用贵族在提交给新法典编纂委员会的委托书中提出的建议。[1] 1775 年 11 月 7 日，叶卡捷琳娜二世批准了长达 28 章的设置省级管理体制的章程，1780 年 1 月 4 日，她又批准了最后 3 章的内容。

新的关于设立省级区划单位的章程巩固了专制君主制，满足了贵族希望参加地方管理的要求，同时能够保障现存的封建制度可以长期存在。改革建立起来的地方权力机构显然有能力遏止人民起义，因此，除了在保罗一世执政时经历了一些变化，它一直存在到 19 世纪 60 年代的农奴制改革，在这之后直到 1917 年十月革命，其间仅经历了几次表面上的改变。

省作为新的行政区划单位，其建立原则考虑的是人口因素，即所在地的人口数量。其他因素，诸如经济联系和民族特点都不在考虑之列。列宁称这样的划分方式具有中世纪的、农奴制的、国家官僚主义的特征。[2] 为了更有效地管理各个省，沙皇政府对它们的权力进行了分流。现在设立 50 个省取代以前的 23 个省，每个省的人口为 30 万 ~ 40 万。省下面设立县，每县人口为 2 万 ~ 3 万，原来作为省和县之间的过渡单位的州，在改革后被取消了。

根据省级区划单位的章程，新的地方管理机构与之前的机构相比有

---

① См. : Павлова-Сильванская М. П. Социальная сущность областной реформы Екатерины II // Абсолютизм в России（XVII–XVIII вв. ）; Белявский М. Т. Указ. соч.

② См. : Ленин В. И. Полн. собр. соч. Т. 24. С. 147.

两个明显的特点。首先，是按照职能划分行政管理机构，即划分为行政、财政经济和司法机构，这进一步加强了经选举产生的贵族代表在地方管理中的地位和角色作用。将行政权力与司法权力分开，这并不是封建社会的，而是典型的资本主义社会的特征。当然，这只是个表面特征，专制国家只是利用了它的形式。这种权力划分的表面形式符合新章程的要求，而实际上法庭仍然隶属于地方长官和省长。

改革后，地方行政管理体系看起来是这样的：主要的行政机构（和警察机构）由省长直接管理，它拥有所有的执行权力；它的职权范围包括宣布法律及监督法律的执行，维护省里的秩序。实际上，以省长为首的治理呈现的是一长制的管理。

在县里进行管理的是与省长治理类似的机构——地方法院，它由警察局局长和 2~3 名陪审官组成。但与省级行政管理机构不同的是，下层的地方法院官员并不是任命产生的，而是由县里的贵族会议每隔 3 年选举产生的。另外，建立县贵族会议也是为 1767 年召开的法典编纂委员会选拔代表。并且，贵族会议奠定了县贵族团体的基础，以后省里也逐渐出现了类似的贵族团体，它们都是经由沙皇政府颁发证书认定为合法的团体。城市的行政管理体系并没有发生原则性的改变，权力依然掌握在由贵族担任的市长和城防司令手中。

省和县的财政与经济机构是由省税务局和县财库组成的，它们主要负责收缴及核算省和县的各种收入和支出，这些工作以前是由度支委员会和监察委员会完成的。现在，省税务局的权限明显扩大了，手工工场委员会、矿务委员会以及其他一些中央管理机构的职能也转交给了它。

当时，在地方设立财政和经济机构可是重大新闻。其中的原因在于，国家的经济获得了发展，形成了资本主义生产方式，同时，这些因素影响到农奴制经济的发展，这首先就体现为贵族企业的大量增加。

1775 年改革后，俄国建立起清晰的等级法院制度：县里的县法院和省里的最高地方法院是为贵族设立的，市法院和省治安厅是为市民设立的，低级和高级农民特别法庭是为国家农民设立的。这样的司法体制设计加强了俄国社会的等级结构。在省里，最高司法机构是刑事法院和民事法院，在改革后各省还相应设立了包含所有等级的分院。另外，省级司法机构获得了领地委员会和司法委员会的权力。这样一来，改革满足了贵族对于管理和司法权力下放的要求。

其次，在地方管理体系中，社会救济衙门是新设立的机构。它被赋予了行政和警察职能，主要负责"照顾和看管"平民中学、孤儿院、药房和收容所。应该说，社会救济衙门在教育和健康领域中并没有取得大的成就，但是它的出现说明了教育和健康事务在社会生活中的地位和作用正在不断提高。正因如此，沙俄政府在各县设立了县医的职位。

1775年改革提高了贵族在行政管理和司法事务中的地位和作用。县里的官员有一半是从贵族中选拔出来的，如县贵族群体中的首领、警察局局长、县法官、地方法院和低级农民特别法庭的陪审员等。但是，沙皇政府保留了对被选拔上来的官员工作的监督权和对他们职务任命的批准权。在任命被批准后，这些贵族阶层的代表成为领取国家薪水的官员。通过1775年改革，贵族阶层最终掌握了俄国地方行政管理体系的所有环节。

在地方权力金字塔体系的顶端矗立着总督，他是总司令，是君主的代表。一般来说，总督可以管辖2~3个省，这些地方被统称为总督辖区。总督位于所有地方行政和司法权力机构之上，他必须监督辖区内法律的执行以及所有行政管理机构和官员们的工作情况。并且，总督有权干预司法决议，可以终止判决的执行。此外，他还负责领导和指挥辖区内的军队。总督由女沙皇直接任命，可以面见女沙皇汇报工作，当身在首都时，他可以与参议员一起出席会议。设置总督职位与叶卡捷琳娜二世权力的极度膨胀密切相关，叶卡捷琳娜二世正是利用这一举措推行她的分权管理策略。在省里，总督的权力很大且不受制约，这使总督工作的效率很高，特别是在爆发农民起义时，总督手中的权力可以让他变身为不受控制的暴君。

建立省的进程是循序渐进的。第一批建立的省份是特维尔和斯摩棱斯克，它们于1776年1月25日宣告建成。与此同时，这两个省下面的各县也开始选举县里的官员。并且，为了庆祝这两个省的成立，国家在财政上给予了特别拨款。比如在莫斯科，为庆祝省的建立而举办庆典可以花费的限额是5000卢布。[①] А. Т. 博洛托夫在自己的札记作品中详细记录了图拉省的建立盛典。Г. Р. 杰尔查文的札记则记载了奥洛涅茨省以及一些新的县级中心城市（如城市凯姆）的建立庆典。[②]

建立新的地方机构的代价是昂贵的（包括官员和地方办公场所数量的增加等），沙皇政府有意识地承担了所有这些花费。

1782年，沙皇政府对1775年改革进行了重要补充，即确定了《辖区章程》[③]。在各省的城市中"设立由警察局局长领导的城市警察局"，在各县城确立市长的领导地位。城市被划分为若干个行政区，每个区拥有200~700幢房屋；各个行政区都被划分为若干街区，每个街区拥有50~100幢房屋。每个行政区任命1名警察区段长，每个街区任命1名街区监督员，这些职务都由贵族担当。一般来说，城市警察局需要维护城市的秩序，迫使居民遵守地方法院和权力机构的各项措施和决定，承担城市的公共事务，监督商贸活动，如监督是否存在缺斤短两的问题等。但警察局的主要任务是镇压任何敢于反抗贵族阶级专政的社会政治运动。

对于俄国这个君主专制国家来说，1775年改革解决了一个重要问题，即在地方建立了灵活而又更加完善的权力组织机构，消除了过度集权化

---

① 　Готье Ю. В. Указ. соч. С. 272，273.
② 　Болотов А. Т. Записки. Спб.，1872. Т. Ⅲ. С. 720-725；Державин Г. Р. Указ. соч. С. 561，562.
③ 　ПСЗ. Т. ⅩⅪ. № 15379.

的管理体制。同时，对地方行政管理体制进行的根本性改革又引发了对中央管理体制的变革。一些中央机构，如委员会和办公厅，在将自己的职能权限转交给省级管理机构后，就已失去了存在的意义。当时，能够保留自己的职能权限的中央机构只有外交、陆军、海军和商务等几个委员会。

但是，委员会机构的缺失很快就让沙皇政府明白了它们的重要性。省里的机构并不能完全取代中央机构，它们只能解决省里的问题，而那些专门负责协调国家各经济部门的机构还是无法替代的。所以，很多从地方呈送上来的事务都提交到了参政院，这使参政院又处于事务负载过多的尴尬境地。于是，关于重新改革中央管理体制的问题再次被提上日程。但在这之前，参政院只能"四处去补"中央管理的漏洞。1783 年，为取代矿物委员会，沙皇政府设立了采矿事务考察团，它隶属于国家收入管理部门。而事实上，国家收入管理部门本身也是个全新的部门，它是按照一长制的原则建立起来的，实行由统管部门的总检察长的个人负责制。同时，这个部门还负责管理国家经济领域的事务，包括工业和财政委员会，以及相关的一些中央管理机构，比如盐务管理总局、监察办公厅等。但是，国家收入管理部门在工作中其实无法取代以前的委员会。因此，沙皇政府被迫又建立了一些机构，它们在具体工作中并不以集体解决问题为依据，各机构的长官都独自处理所有事务。

与 1775 年改革密切相关的结果是，一些管理权力的下放导致集权化在形式上发生了改变：一些老旧的且不符合时代发展需求的委员会被新的、奉行一长制原则的中央机构所取代。但是，新管理体制带来的问题直到 18 世纪末也未能得到解决，在 18 世纪的最后十年各机构的管理形式也从集体决策向部长制转变。

不管是叶卡捷琳娜二世，还是保罗一世，他们以部长制为原则组建中央管理机构时并不是依据现成的规划和方案，而是根据国家事务管理的实际需求。为此，他们常常委任自己高度信任的个别官员管理比较重要的事务。比如，А. А. 别兹博罗德科曾被任命为邮政总局局长。在这一岗位上，他持续工作了 15 年（从 1781 年至 1796 年）。其间，正是在他的领导下俄国的邮政工作始终与欧洲发达国家的邮政工作水平持平，并且，他还领导创建了四通八达的邮政网点、线路和中转站，使邮政局从国家亏损单位变为盈利单位。[①] 在保罗一世执政时期，矿物、手工工场和商务委员会以及盐务总局都得到了恢复或重建，但它们的工作和运转坚持一长制原则。陆续设立了新的中央机构，这些机构不仅采用了新的管理原则，还涵盖了新的经济领域。例如，1797 年 3 月成立的国家经济、外国人以及农事管理局。该部门归总检察长 А. Б. 库拉金公爵管辖，主要负责解决与改善农业整体或个别领域状况以及完善地方行政管理体系相关的问题。此外，沙皇政府通过颁布一系列法令，使一些机构归属该部门管辖，其中包括地理院、巴甫洛夫斯克附近的"农业实践学校"等。

在自己的执政晚期，叶卡捷琳娜二世在对内和对外政策领域实行反动方针，加强了独裁统治和专制暴政，导致在国家管理体系中的各个环节都滋生了大量滥用职权的现象。这种情况在保罗一世登基后进一步加剧，他的政治纲领的主体思想是集权统治不应受到任何限制。于是，不管是理论阐释还是政治实践，保罗一世都认为君主专制同独裁统治是一致的。因此，保罗一世的目的就是要在俄国建立军事警察制度。在 18 世纪的最后几年中，俄国已经弥漫着各种不信任的情绪，这不仅针对某个具体人物，还针对所有国家机构，其中就包括参政院。在保罗一世统治的 5 年内，有四位在当时俄国最有影响力的政治家曾先后出任总检察长

---

① Григорович Н. И. Канцлер кн. А. А. Безбородко в связи с событиями его времени. Опыт разработки материалов для его биографии. СПб. , 1879. Т. 1. Прил. ; Становление и развитие военной связи в России. М. , 1983. С. 55.

（包括公爵 А. Б. 库拉金、П. В. 洛普欣、А. Д. 别克列绍夫和 П. Х. 奥博利亚尼诺夫）。保罗一世常常忽视参政院，对参议员也不尊重，感觉就像在与低级别官吏打交道。伯爵 П. В. 扎瓦多夫斯基称保罗一世时期的参政院已变成了"奴隶院"，因为在那里"保持沉默很艰难，但开口说话又会发生灾难"①。

保罗一世在执政期内极大地加强了参政院的司法职能。为了处理参政院中悬而未决的那些积案，他下令组建 3 个新的"临时院"。由此，参政院可以更好地协调各中央机构的活动，作用和地位也有所提升。立法提案权依旧完全属于沙皇本人，但是，与叶卡捷琳娜二世不同，保罗一世不喜欢亲自干预法律的制定，有时他会直接委托参政院制定法律文件。而管理国家事务的大权则全部由沙皇个人办公厅掌握，其负责人是"管理国家一般事务的御前大臣"②。该机构原本负责的许多关于各省事务的职能现在都被取消了。同时，总督辖区和总督、社会救济衙门、地方法院、低级别农民特别法庭等机构也都被撤销了。这样一来，地方管理机构就显得不那么宝贵了，它们再次被划归参政院和各委员会管辖。这样的地方管理体制一直持续到 19 世纪 60 年代资产阶级开启改革的前夕。

保罗一世时期许多事务处理起来都是匆匆忙忙的，保罗一世本人也常常会粗暴地干涉各机构和参政院的事务，他对 18 世纪确立的管理体系和处理事务的程序缺乏尊重，这些都导致在保罗一世执政期间国家管理体系和制度是混乱的。尽管如此，在 18 世纪最后一个 25 年沙皇政府的改革还是为新管理体制的建立奠定了基础，新管理体制于 19 世纪初开始实施。

---

① Цит. по: Градовский А. Д. Соч. Спб., 1899. Т. Ⅰ. С. 281.
② Трощинский Д. Н. Записка о министерствах // Сб. РИО. Т. 3. С. 27.

**\*\*\***

在俄国确立君主专制体制引发了新管理体制的建立，它与此前的衙门体制有着根本性的区别。

18 世纪头 25 年开始的中央和地方管理机构改革在实施过程中充分考虑了欧洲各国政治制度的发展经验，同时又对它们加以改造以适应俄国的现实情况。

并且，管理体制改革改变了俄国组织行政管理的原则。通过改革，沙皇俄国以结构更加严谨和清晰的集权管理体制取代了职能上彼此重复且在组织原则上依据职能—领土原则建立起来的衙门体制。新的体制在结构上把最高管理机构和隶属于它的各专门委员会分开，从法律角度构建了各管理机构的义务和职权范围，并将此形式推广和普及到整个俄国。应该指出的是，集权制原则同样也应用在地方管理体系中，并最终在地方建立了两级管理结构（省—县）。此外，在 18 世纪俄国的管理体系中确立了分权制的特征，如将管理权力划分为行政管理权、司法管理权和财政管理权，但是在君主专制政体下这种改革尝试是不可能完成的。

18 世纪俄国管理文化水平得到了显著提升，这是无可置疑的，其重要依据是组建了监督机构，其中包括先后建立的监察机构和检察院。应该说，这是俄国首次实现系统性强且卓有成效的监督，具体针对法律条例和最高政权命令的执行情况以及各机构的工作状况。而构建统一的司法体系以及确立司法分级制成为管理体制改革中的新举措。

在整个 18 世纪，彼得一世建立的国家管理结构几乎没有发生任何大的变化，这表明它符合专制国家发展的目标和任务。并且，对它的完善和加强巩固了专制政权的力量，所有立法、执行和司法权力都掌握在君主手中。这些都具体体现在当时制定的法律文件中。君主专制政体下的国家管理机构都必须服从和执行君主的意志，这促进了官僚制原则（以此为基础形成新的官僚阶层）的发展，取代了原来的本位主义原则。在官职晋升问题上，原有的按级晋升制度被新制定的官秩表制度取代，新制度的晋升原则取决于对国家公务和工作的荣誉感和成绩。由此，在18世纪俄国社会中出现了新的阶层——官僚阶层，他们完全依附于沙皇政权。

18世纪的官僚阶层是靠国家供养的，与以前衙门时期的官员相比，他们的文化程度更高，那些位高权重的官员的受教育程度也更高。在日常管理中，国家机构极度需求技术熟练、经验丰富的精英干部，因为这些人具备专业知识和实践工作经验，所以，国家会特别关注培养这样的干部人才。并且，由于刚诞生不久的知识分子阶层的代表也开始进入官僚阶层，这促使官僚的成分更加复杂。此外，沙皇政府为所有官僚和办公厅的公务人员引入了货币薪水制，在18世纪60年代逐渐根除了旧衙门时代那种"在工作中利用人情来养活自己"的情况，这是专制国家对官僚机构的管理文化水平及要求不断提升的重要标志。

另外，应该指出的是，面对国家管理中出现的日益复杂的问题，沙皇政府和机构需要更加清晰和明确地组织好公文处理工作。而在这一方面，沙皇政府在18世纪实行了重要的举措——确立了新的公文处理程序和对官员的考核程序，在此后这些举措还被长期利用。

18世纪的俄国社会对政治问题和国家体制变革的兴趣日渐浓厚，这一方面体现出政治思想在俄国得到了发展；另一方面，各种不同的改革方案频频出现，其中既有具有普遍意义的总体改革方案，也有针对某些机构的具体改革方案。在这些方案中，绝大多数具有独一无二的特性，并且它们的出现见证了俄国社会在政治意识领域中取得的重要的进步。对于俄国来说，它们激起了人们对欧洲列强的国家体制和政治经验的研究兴趣。比如，彼得一世引进外国专家参与制定行政改革方案，叶卡捷琳娜二世充分利用了西欧著名哲学家们的著作，他们都希望将欧洲先进的社会政治思想引入沙俄帝国。

总之，对国家管理体制的改革符合沙皇俄国统治阶级的利益，并进一步加强了贵族专政体制。

管理文化水平的提升以及对它的进一步完善巩固了后封建时期沙俄国家的政治上层建筑，自然也包括它的统治根基——封建制度。但是，18世纪建立的政治体系长期阻碍了俄国社会的发展和进步，始终让人民处于恭顺和臣服的状态。这也表明，在阶级对立社会中文化历史发展进程本身具有的矛盾性，并且这种矛盾性特别清晰地反映在18世纪俄国国家机构的改革和完善的过程中。

# 第四章
## 财政与货币流通<sup>*</sup>

И. Г. 斯帕斯基

А. И. 尤赫特

　　财政是国家经济不可分割的一部分，国家预算是财政最重要的组成部分，它反映一个国家社会经济和文化发展的水平和趋势。因此，不了解一个国家的财政史，就无法理解导致其经济和社会制度发生结构性变化的深层次原因。与此同时，对国家在教育、科学、艺术方面的投入支出及其在预算中所占的比重进行分析，可以评估专制政府在整个文化发展问题上的政策。

　　国家预算的收入和支出部分最为直观地体现了财政状况的特点。我们首先来看看 18 世纪俄国国家财政收入的增长及收入结构变化的情况（见表 4-1）。

　　П. Н. 米留可夫认为，在 1680 年至 1725 年的 45 年间，俄国的财政收入增长了 2 倍。<sup>①</sup> С. М. 特罗伊茨基研究证明，这一时期的国家预算

---

　　\*　"财政"部分由 А. И. 尤赫特执笔，"货币流通"部分由 И. Г. 斯帕斯基执笔。

　　①　Милюков П. Н. Государственное хозяйство России в первой четверти XVIII столетия и реформа Петра Великого. Спб. ，1905. С. 490，491.

"按可比价格计算增长了1倍多"[1]。首先来看一下表4-1中国家预算收入部分的增长情况。除去征收税费所花费的开支外，1724年的纯收入为850万卢布，而1795年为5600万卢布，是1724年的6.6倍左右。但实际上的增幅并没有这么大，因为18世纪末卢布的购买力（由于发行了大量纸币，货币贬值）至少下降了20%。尽管如此，国家财政收入在18世纪实现了大幅增长是毋庸置疑的事实。但其增长速度在各个时期有所差异。通过对比可见，在18世纪第二个25年，财政收入平均每年增长不到6万卢布，也就是说所增不多；五六十年代时，这一数字增至70万卢布，而在70~90年代，这一数字增至180万卢布。

18世纪下半叶，俄国的国库收入实现增长主要是由于国家提高了直接税和间接税，加大了铸币收益，人口总数以及纳税人口数量增加。男性人口数量由1719年的780万增加到1795年的1860万。[2] 同时，预算收入的增长主要是因为国家经济的整体发展形势，其中，大工业、手工业、农副业、国内贸易和对外贸易逐步发展起来，农业受到商品货币关系的进一步影响，其商品化程度日益加深。

1861年农奴制改革后，俄国进入了资本主义发展阶段。国家的经济发展取得了很大的进步，这对财政预算的结构产生了影响。间接税在18世纪20~40年代的预算中居第二位，提供了约1/3的预算收入；而自18世纪中期起，它跃居预算的第一位，并在此后一直保持这一地位。同时，直接税在18世纪下半叶的预算中仍然继续发挥着重要的作用。

---

[1]　Троицкий С. М. Финансовая политика русского абсолютизма во второй половине XVII и XVIII в. // Абсолютизм в России（XVII и XVIII вв.）. М., 1964. С. 294.

[2]　Кабузан В. М. Народонаселение России в XVIII - первой половине XIX в.（по материалам ревизий）. М., 1963. С. 163.

**表 4-1　18 世纪俄国的国家预算收入**

| 收入款项 | 1724 年 | | 1749 年 | | 1758 年 | | 1769 年 | | 1795 年 | |
|---|---|---|---|---|---|---|---|---|---|---|
| | 百万卢布 | 占比（％） | 百万卢布 | 占比（％） | 百万卢布 | 占比（％） | 百万卢布 | 占比（％） | 百万卢布 | 占比（％） |
| 直接税 | 4.7 | 55.3 | 5.4 | 54.5 | 5.4 | 36.0 | 10.5 | 43.6 | 26.0 | 36.2 |
| 间接税 | 2.8 | 32.9 | 3.3 | 33.3 | 7.6 | 50.7 | 10.3 | 42.7 | 35.1 | 48.9 |
| 其他 | 1.0 | 11.8 | 1.2 | 12.1 | 2.0 | 13.3 | 3.3 | 13.7 | 10.7 | 14.9 |
| 合计 | 8.5 | 100 | 9.9 | 100 | 15.0 | 100 | 24.1 | 100 | 71.8 | 100 |

Троицкий С. М. Финансовая политика русского абсолютизма в XVIII веке. М.，1966. С. 214. Табл. 18；Чечулин Н. Д. Очерки по истории русских финансов в царствование Екатерины II Спб.，1906. С. 262. 1724 年的数据为国库的纯收入。此后各年份收入的数据中包含税收的征收费用。

　　当然，不能因此而对国家生活中出现的新现象做出过高评价，因为它们仍然是在封建制度占统治地位的社会中发展起来的。总体而言，国家预算的变化反映了俄国经济发展进程中的内在矛盾。

　　在上文中我们大致了解了 18 世纪俄国国家预算的整体特征及其在数量和质量上的变化，下面来分析一下收入的具体项目。

　　18 世纪头 25 年，政府为了增加国库收入，对向纳税居民征收直接税的方式进行变革。在原来的按户征税制度下，常常会有逃税避税的情况发生。因此，在 20 年代，按户征税制被面向所有纳税居民的人头税所取代。从 1725 年起，针对各类农民征收定额的人头税，男性农民为 70 戈比，这一纳税额直到 18 世纪末都没有变化；工商业者为 80 戈比。[1] 国有农民和工商业者除了人头税之外，还需向国库缴纳代役租，每人 40 戈比；私有农民则须向自己的主人缴纳地租；而封建主和教会神职人员免缴人头税。

　　人头税的实行在很大程度上简化了国家的税收制度，大部分实物税

---

[1]　ПСЗ. Т. VII. № 4533，4566，4650.

被货币税取代。对农民和工商业者来说，人头税是极其繁重的贡赋，因为他们需要缴纳的税额要比以前高很多。[1]　此外，农民的经营活动与市场的联系还很少，这使他们难以赚取到足够多的钱财向封建主缴纳所需税赋。在 17～18 世纪的许多欧洲国家也存在类似的情况。马克思曾指出："路易十四统治下的法国农民极端贫困，这种受到布阿吉尔贝尔、沃邦元帅等人如此有力地斥责的现象，不仅是由重税引起的，而且是由实物税改为货币税造成的。"[2]

除地方机构负责征收人头税外，国家还允许驻扎在农村地区的军团官兵加入征税者的行列。新的征税制度的实行，滋生了大量的滥用职权现象，给农民造成了极为沉重的负担，甚至令他们倾家荡产。从征收人头税时起，虽然国家对不缴纳税赋的人实行惩治措施，但还是无法保障国库能够征收到足额的税收。此外，连年进行的北方战争、1723 年到 1726 年席卷俄国大部分地区的粮食歉收、过于沉重的课税和各种赋役以及封建剥削的加强，都令纳税居民的缴税能力受到重创，农民和工商业者根本无力缴纳一年的人头税。因此，欠税的情况越来越多，这是 18 世纪俄国一直存在的问题。在 1724～1742 年的 18 年时间里，欠缴的税款总额超过 500 万卢布。[3]　同时，民不聊生导致其他的税收也无法收足。对此，度支委员会在上报参政院的报告中指出，从 1730 年到 1756 年，仅马匹、酒肆等各种杂税欠缴的税款总额就将近 330 万卢布。[4]

为此，国家派出了强征欠税的"讨伐队"，他们靠纳税人的钱养活，

---

[1]　См.：Анисимов Е. В. Податная реформа Петра Ⅰ. Введение подушной подати в России 1719–1728 гг. Л.，1982 / См. нашу рецензию на эту книгу // Вопр. истории 1984. № 9. С. 127–130.

[2]　Маркс К.，Энгельс Ф. Соч. Т. 23. С. 152.

[3]　ПСЗ. Т. Ⅺ. № 8619.

[4]　Там же. Т. ⅩⅣ. № 10674.

行事手段极其残忍。当时，农民和工商业者此起彼伏的控诉生动地刻画出政府滥用职权的可怕现象。有例为证：辛比尔斯克彼得罗夫斯克县的宫廷农民控告下士佳热洛夫，后者把他们召集到自己的宅院里，"把他们的外衣都扒去，只剩下一件衬衣，让他们赤着脚站在雪地里，拿着棍子往死里打，拷打他们追债。受不了毒打的人又交不起人头税，无论是士兵（种地的——作者注）还是宫廷农民，都只能倾家荡产，把自己住的木房和地里种的庄稼都变卖掉。这样一来，他们今后不只是付不起人头税，连能糊口的粮食也没有了"①。毋庸置疑，这并不是农民的过分渲染，也不是个例，这就是他们日常生活的真实写照，在政府机构的文件中也有所反映。参政院在1725年10月6日的决议中也曾指出，收缴赋税和欠税的手段过于残忍，以至于农民"不得不倾家荡产，连牲口都卖掉了"，更有甚者连地里被没收的庄稼也都"贱卖了"。②

应当指出的是，除了人头税，农民还要承担国家的各种实物役务（兵役、大车官差、修路、为骑兵提供马匹等）。

18世纪的俄国战事频繁，因此，在有些年份国家甚至不止一次征兵。在整个18世纪，俄国共计征兵233.1万人，其中，1767年至1799年，征兵人数达125.2万人，占男性人口总数的7%。③服兵役都是终身制，男子离家应征入伍，就意味着农民家庭失去了最主要的劳动力。

国家赋役日益繁重，高额的人头税、严苛的税费和欠税收缴制度、封建剥削的加强令纳税居民的生活每况愈下。在这种情况下，大批农民逃亡到边疆地区或被逼揭竿而起。面对这样的形势，政府一直顾虑重重，直到18世纪60年代都未敢再增收直接税。贵族阶层在这一问题上的立场对专制政府的政策也有一定的影响。如提高税额，即扩大国家在封建农

---

① Цит. по: Троицкий С. М. Финансовая политика русского абсолютизма в XVIII веке. С. 137.
② Там же. С. 130.
③ Александров В. А. Сельская община в России（XVII-начало XIX в.）. М., 1976. С. 245.

奴主地租中所占份额，并不符合后者的经济利益。

在七年战争、两次俄土战争期间，庞大的军费开支迫使政府多次增加向国有农民、地主农民和宫廷农民收缴的代役租，一度达到每位男性每年须缴纳 3 卢布 70 戈比。1794 年，针对各类农民的人头税提高了 30 戈比，但因为货币贬值，此举对国库实际收入的影响微乎其微。① 由于代役租提高，人口增长，再加上并入俄国的那些地区的非俄罗斯族农民加入纳税人的行列，国家直接税的收入增长幅度较大，由 1758 年的 540 万卢布增长到 1795 年的 2600 万卢布。

叶卡捷琳娜二世政府实行的整体经济政策是大力开展自由贸易和工业活动，取缔了垄断和专卖制度，同时还在 1775 年免除了商人需要缴纳的人头税，代之以资本流通税，税额为申报资本的 1%。②

18 世纪 20~40 年代，国家间接税（向酒、盐及其他商品征收的交易税，关税）增长较为缓慢。18 世纪下半叶，酒和盐的价格多次上涨，其消费量随着人口增长而增加，再加上关税收入的增长，间接税总收入由 1749 年的 330 万卢布增至 1795 年的 3510 万卢布，换言之，涨幅近 10 倍。但如果考虑到货币贬值这一因素的话，实际增幅为 7.5 倍。无论如何，间接税收入的大幅增长使它一跃成为预算收入中最重要的一项。

预算收入中最大的收入项是酒税收入，即国家垄断酒的交易并征收的交易税。向政府供应酒，以及当时广泛存在的非法贩卖私酒行为为酒厂的厂主们带来了巨额利润。在上层统治阶级和大官僚中，许多人都拥有酿酒厂。③ 为了满足自己的私利以及整个贵族阶层的利益，他们一直谋求禁止商人从事酿酒业。1754 年 7 月 19 日敕令，国家要求所有商人开办

---

① Чечулин Н. Д. Указ. соч. С. 122-135.

② Там же. С. 150，151.

③ См.：Павленко Н. И. История мателлургии в России XVIII века. М.，1962. С. 442 - 445，447-449.

的酒厂必须予以拆除或卖给贵族。① 由此，贵族成为酒的专供者，这一事实直观地表明了专制政府需要维护的是哪一个阶层的利益。排除掉了商人这个竞争对手，贵族阶层比以前更加积极地经营酿酒业，令本阶层的收入大大增加。贵族不仅是酒的供应商，自 1767 年开始实行专卖制之后，他们还希望能够成为酒的专营商。

酒的价格大幅升高（从 1749 年到 1794 年，其价格上涨了 2 倍多），对民众来说已经是难以负担，而国库收入却是迅速增加（1758 年为 270 万卢布，1769 年为 510 万卢布，1785 年为 1770 万卢布）。② 相应地，酒税在预算收入中的占比也不断提高：20～50 年代，占间接税总收入的 36%～38%，而到了 18 世纪后 30 年，其占比几乎达到 50%。如果不是有私酒的存在，国库的利益会更加丰厚。政府当局收受包税商的贿赂，对私自贩酒的行为采取睁一只眼闭一只眼的态度。

酿酒业的发展对俄国粮食生产的商品化产生了巨大的影响。18 世纪下半叶，每年要消耗掉 700 万～1000 万普特的粮食用于造酒，③ 这也造成了极为负面的社会影响。贵族政论家和政府在各类宣言、公告和政令中极力澄清，认为间接税对民众以及酒铺经营者来说"不会造成负担"。政府宣称，卖酒与其说是为了增加国库收入，不如说是"为了满足民众的需求"。④ 但另一方面，由于预算一直存在资金不足、赤字加大的问题，因此，国家不断扩大酒的销售范围，大幅提高其价格，让许多人喝得倾

---

① ПСЗ. Т. XIV. № 10261.

② Троицкий С. М. Финансовая политика русского абсолютизма в XVIII веке. С. 159. Табл. 4; Чечулин Н. Д. Указ. соч. С. 167，168.

③ Павленко Н. И. История металлургии в России... С. 450；Волков М. Я. Очерки истории промыслов в России. Вторая половина XVII − первая пололвина XVIII в. Винокуренное производство. М.，1979. С. 316.

④ См.：например，манифест 1 августа 1765 г. // ПСЗ. Т. XXVII. № 12444. П. 13. В тогдашнем словоупотреблении под этим выражением，вероятнее всего，понимали снабжение，довольствование，а не удовольствие в современном значении слова（см. об этом：Чечулин Н. Д. Указ. соч. С. 154）．

家荡产，但仍然是酗酒如命。

间接税中的第二大收入项是盐税。整个18世纪，自1705年国家宣布垄断食盐贸易以来，除了1728年到1731年这段时间，这一政策一直在实行。在这一方面，俄国与欧洲其他国家一样，食盐贸易收入是国家预算中的重要项目。1705年俄国颁布命令，规定食盐的零售价格应为承包商向官家供销价格的2倍。[①] 换句话说，对盐业的垄断经营可为国库收入带来翻倍的利润。这样一来，食盐销售令国库收入实现大幅增长，到1724年达到60.7万卢布，占年度预算的7%。18世纪第二个25年，盐的消费量为上一个25年的1.5倍，而由此带来的收入增加了1/3。[②]

如前所述，在18世纪下半叶，酒税收入飞速增加。与此不同的是，盐税收入自60年代起一直呈下降趋势。在60年代平均每年为170万卢布，70年代平均每年为150万卢布，80年代平均每年为110万卢布。自1791年起，食盐经营已经为国库造成亏损；1795年，亏损额高达120万卢布。为了扭转这一局面，1810年，政府将食盐价格提高到每普特1卢布。[③]

贩卖食盐造成国库收入下降的原因主要有以下几点。18世纪50年代，食盐价格上涨引起民众的极大不满，导致其消费量减少。政府自己也承认盐税过重。1761年末，伊丽莎白·彼得罗芙娜女皇在去世前不久，责成参政院"立即认真研究，寻找可能取代盐税收入的新途径，因为盐税的征收几乎让民众倾家荡产"[④]。虽然1762年7月，盐的价格由每普特

① ПСЗ. Т. IV. № 2009.
② Свирщевский А. Материалы к истории обложения соли в России // Юридические записки Демидовского лицея. Вып. I. Ярославль, 1908. С. 171. Прил. С. 196; Чечулин Н. Д. Указ. соч. С. 139.
③ Чечулин Н. Д. Указ. соч. С. 199-205.
④ Соловьев С. М. История России с древнейших времен. М. 1964. Кн. XII. С. 636.

50 戈比下降到 40 戈比，但对于老百姓来说，这一价格仍然很高，不堪其重。应当指出的是，1767 年在向法典编纂委员会上呈的报告中，农民、小土地所有者、小贵族都在控诉食盐价格过高的问题。[①] 而 E. И. 普加乔夫在自己的宣言中不仅提出取缔人头税、兵役和其他维护地主利益的各种杂税，还要求取消对食盐的垄断。[②] 然而，食盐贸易收入大幅减少的主要原因并非其价格降低了（总共下降了 20%），而是由于在 18 世纪后 30 年食盐的开采以及运输费用增加了。[③]

18 世纪 60 年代初之前，国家除了对酒和盐实行垄断专营，还对其他商品实行了垄断专营，如钾碱、焦油、大黄、鱼胶、鱼子酱等。在 1700 年至 1721 年北方战争期间，国家开始大量出口上述商品，并广泛推广包商制的做法。因此，对外贸易成为外汇收入（主要是银币）的主要来源之一。而这些外汇收入常常被国家用于支付在国外的采买费用（在战争初期购买武器、供军队制服用的呢绒以及宫廷所需的各种商品）；还有一部分外币用于铸造钱币，即作为制币厂的原料。在彼得一世时期，官营商品在出口中所占份额不超过 12%，但这已经对外贸的发展产生了负面影响，阻碍了它的正常运作和进程，让俄国商人失去了很大的一块利润，引起了他们的不满。[④] 1719 年，国家取消了对大多数商品的官营专卖制度，[⑤] 但为了获取外国的银币，保留了个别商品的出口权，因为俄国银矿的开采量在 18 世纪上半叶还不大。总的来说，上文提及的官营大黄、钾碱等商品为国家带来的收入并不多。到了 60 年代，大部分商品的官营专

---

① Сб. РИО. Т. 4. С. 338；Т. 8. С. 557；и др.

② Документы ставки Е. И. Пугачева, повстанческих властей и учреждений. 1773 – 1774 гг. М.，1975. С. 37，38，47，48 и др.

③ Чечулин Н. Д. Указ. соч. С. 196–198.

④ Козинцева Р. И. Участие казны во внешней торговле России в первой четверти XVIII в. // ИЗ. 1973. Т. 91. С. 267–337；Павленко Н. И. Торгово-промышленная политика правительства России в первой четверти XVIII в. // История СССР. 1978. № 3. С. 59–61.

⑤ ПСЗ. Т. V. № 3428.

卖和垄断都被取消了。

关税收入是预算收入中的一个重要款项。我们没有掌握有关国内贸易流通和历年关税总额（到 1754 年取消关税之前）的系统数据资料。至于对外贸易，我们掌握了自 1742 年起的外贸相关数据。C. M. 特罗伊茨基的文章统计过俄国对外贸易在个别年份（1724、1732～1735、1740）的关税收入数据，但其比较意义不大，因为其中关于关税总收入的数据计量标准不一致：有的是将收上来的俄国银币和外国的塔勒银币折算成俄国钱币标注的；有的则只是标注塔勒银币的数量。[①]

18 世纪头 25 年，俄国的生产力飞速提高，波罗的海地区并入俄国后，其在里海地区的地位进一步巩固，彼得政府推行了一系列强有力的措施发展工商业。这一切都为俄国加强与其他国家的易货贸易创造了条件。

在彼得一世统治末期（1724），对外贸易带来的关税收入约为 85 万卢布，占预算收入的 10%，这是一笔相当巨大的收入。在此后的 30 年（1724～1753），直到国内关税取消之前，1753 年时俄国关税收入增加了 61 万卢布，达到 146 万卢布。[②] 但应当承认，年平均增长为 2 万卢布左右的数量并不算多。

18 世纪下半叶，俄国的对外贸易呈现出上升势头。90 年代时，年平均对外贸易额为 8160 万卢布，同 50 年代相比，增长了近 4.6 倍。[③] 俄国的对外贸易之所以实现了飞跃式的发展，得益于其经济领域取得的巨大成就：资本主义的形成和发展，工业、农业、国内贸易的发展取得了显著的成绩，国家更加广泛地参与国际贸易活动，政府实施了一系列经济政策（取消国内关税、宣布工商业活动自由、采取扩大出口的刺激措

---

①　Троицкий С. М. Финансовая политика русского абсолютизма в XVIII веке. С. 186. Табл. 13.

②　Там же.

③　Рубинштейн Н. Л. Внешняя торговля России и русское купечество во второй половине XVIII в. // ИЗ. 1955. Т. 54. С. 345. Табл. 1, 2.

施）。同时，俄国打通了黑海出海口，促进了对外贸易的增长。关税收入增加的另一个原因是提高了关税税率。继国内关税被取消之后，自1754年起，在所有的边境海关开始收取13%的附加税。这13%的附加税可以补偿国库收入中因取消国内关税而减少的部分。对外贸易带来的关税收入不只是重要的收入款项，同时也是获取白银的主要来源之一。18世纪上半叶，造币厂的原料供给问题尤为突出。现有资料显示，在18世纪前40年，铸币用的白银年消耗量为1000~1500普特。20年代，各港口海关平均每年收缴关税625普特塔勒银币，30年代约为900普特，40年代已超过1200普特。[①] 这些数据直观地显示出，俄国通过征收关税得来的白银对于铸币业的发展发挥了重要的作用。

18世纪下半叶，随着国内贵金属开采量增大，俄国造币厂对国外白银的依赖性大大降低。但即便如此，在这一时期，俄国铸币所需的白银近1/3仍是由关税所得提供的。关于这一点有数据为证。例如，六七十年代，圣彼得堡和莫斯科造币厂平均每年消耗约3200普特白银，而征收关税所得可提供1250普特白银。[②] 应当指出的是，国库通过对关税税银进行改制还可获得巨额收入。1720年至1731年，这笔收入共计为164.3万卢布，平均每年约13.7万卢布。利润之所以如此高，是因为海关对塔勒银币使用的计征汇率要比实际汇率低一半还多。[③]

18世纪，俄国财政预算收入的绝大部分（85%~87%）来自直接税和间接税。而其他所有收入款项（表4-1中合并为"其他收入"，其中包括铸币税、行政事业性收入以及工业收入）在预算中所占比重并不大，

---

① Юхт А. И. В. Н. Татищев в Москве（К истории денежного обращения в России в 20-30-х годах XVIII в.）// ИЗ. 1978. Т. 101. С. 302-304；ЦГАДА. Ф. 1261. Оп. 6. Д. 1612. Л. 1，2；Троицкий С. М. Финансовая политика русского абсолютизма в XVIII веке. С. 186. Табл. 13.

② ЦГАДА. Ф. 1261. Оп. 6. Д. 1612. Л. 38，39.

③ Юхт А. И. Указ. соч. С. 304；ПСЗ. Т. XVII. № 12735；Лодыженский К. Н. История русского таможенного тарифа. Спб.，1886. С. 118.

约为 12% ~ 15%。尽管其他收入总额的绝对值大幅提升（由 1724 年的 100 万卢布增至 1795 年的 1070 万卢布），但在 18 世纪，除了个别时期之外，它们在预算总收入中的占比几乎没有什么变化。

在上述各收入款项中，铸币收入在国库收入中具有重要意义。下文将要对货币流通进行单独介绍，因此，在这里我们只是触及与铸币总量及其为国库带来的收入相关的问题。

18 世纪头 25 年，铸币以银币为主。1698 年到 1724 年，共计铸造银币 2930 万卢布，铜币约 250 万卢布，金币 70.5 万卢布。[①] 在这些年中，国库通过发行不同面值的银币获得的利润超过 830 万卢布。其中，1698 年至 1711 年，即在北方战争的第一阶段（战事最为紧张的阶段），发行银币量为 2080 万卢布，为国库带来 610 万卢布的收入。如此高额的利润主要是通过减轻银币的重量，把旧的、分量重的钱币加工成新的小额钱币，其中还包括降低银币成色等手段来实现的。在北方战争的第二阶段，即彼得一世统治时期，铸币的速度大大减缓下来。在 1711 年 7 月到 1724 年共计 13 年半的时间里，造币厂共发行银币 850 万卢布，其中赚取利润 220 万卢布。铸币量大幅减少，其原因主要有两点。第一，在铸造的新币中旧币所占的比重降低，因为大部分旧币都在 1698 至 1711 年加工新币期间用完了；另外，民众也极不情愿上交旧币，因为他们认为，国库制定的回收价格加价很少。第二，白银的价格上涨，国库没有足够的流动资金大量购买白银。

彼得一世推行铜币的过程是慎重而循序渐进的，手工制造的银戈比一直发行到 1718 年初。17 世纪 60 年代，俄国发行大量不足价的铜钱，曾一度引发"铜骚乱"和"货币流通紊乱"，老一代的沙皇近臣对此仍是记忆犹新。18 世纪头 25 年铸造的铜币是以进行正常货币流通所必需的小

---

① Юхт А. И. Указ. соч. С. 298, 299, 276, 277, 305.

面额辅币为主（波鲁什卡——四分之一戈比，金戛——半戈比，戈比）。自1700年起，铸造铜币走向正规化。1704年至1717年，1普特铜铸造20卢布铜币。当时1普特铜的市场价值为8~10卢布，因此，通过这样的方式铸造铜币为国库带来巨额收入。与货币流通中现有的银币量相比，铜币的铸造量并不大。这在一定程度上可以预防铜钱贬值以及防止大量伪币涌入货币市场。然而，国库并不满足于此。1718年至1722年，俄国开始用1普特铜铸造出40卢布的波鲁什卡铜币，而自1723年起1普特铜铸造出5戈比铜币。① 这样的操作是一个非常大的隐患，彼得一世和行政机构最具远见的代表人物都清楚地意识到了这一点。彼得一世在世的最后几年，一直在考虑让重量轻的铜币退出流通的措施，② 这得到了В. Н. 塔季谢夫的证实及其他史料的佐证。

18世纪初，一系列小面值货币进入流通中，这不仅具有经济意义，同时也给国库带来巨大收益。18世纪头25年，国库通过铸造铜币获得约110万卢布的利润。

18世纪头25年，黄金在国内发行的各类货币中所占比重并不大。彼得一世时期，发行了面值5卢布和10卢布的切尔文金币（杜卡特金币）7.96万卢布，面值2卢布的金币62.55万卢布。通过铸造面值2卢布的金币，国库收入约为5.2万卢布。金币主要用于满足宫廷之需。③

18世纪头25年，铸币税平均每年可让国家获得33.5万~34万卢布的利润。

---

① Юхт А. И. Указ. соч. С. 276, 277. Мнение В. А. Дурова о том, что в 1723–1725 гг. ежегодно чеканилось пятаков на 500 тыс. руб. и что «общие размеры чеканки медных денег в петровское время составляют около 4 млн. руб.», ошибочно (См.: Дуров В. А. Денежные дворы Приказа Большой казны в конце XVII-начале XVIII в. // Памятники рксского денежного обращения XVIII-XX вв. Нумизматический сборник. М., 1980. Ч. 7. С. 31). Общая чеканка меди при Петре I не превышала 2,5 млн. руб. (См.: ЦГАДА. Ф. 16. Д. 41. Л. 12–14).

② Юхт А. И. Указ. соч. С. 317, 331.

③ Там же. С. 304, 305.

从 1725 年到 1762 年，俄国铸币的相关数据如下：发行银币 5780 万卢布，铜币（截止到 1762 年 11 月）1870 万卢布，金币 250 万卢布。[1]

在上述几十年的时间里，铸造铜币曾两度为国库带来巨额收益。第一次是在 1727 年到 1730 年，当时共计铸铜币 400 万卢布，由此带来超过 170 万卢布的利润。发行不足价的铜币，以面值 5 戈比的铜币为主，导致大量伪币的出现。这些伪币不仅有国内制造的，还有从国外偷偷运来的。这一切再加上流通中存在的成色各异的银币最终造成物价上涨，货币流通混乱。这些都对国家的经济产生了负面影响，整体上令国库收入减少，广大民众的生活每况愈下。1730 年成立的钱币委员会制定了一系列切实可行的措施，旨在改进国内造币业的发展。首先，将按照 1 普特铜铸造 40 卢布铜币这一标准制造的重量轻的铜戈比和波鲁什卡换掉不用。然而，国库不想蒙受损失，因此，没有让不足价的 5 戈比铜币退出流通。最终，货币市场不再使用 5 戈比铜币的损失由民众来买单。[2] 1730 年以后，在超过四分之一个世纪的时间里，俄国开始实行限额铸造铜币（1731 年到 1740 年为 170 万卢布，1741 年到 1757 年为 410 万卢布），主要是小面额的辅币，1 普特铜造 10 卢布的铜币。在这段时期，发行铜币给国库带来的收入相对较低。这一点有数据为证：从 40 年代到 50 年代初，铸币收入平均每年约为 40 万卢布。[3]

由于俄国参加了七年战争，国家的开支迅速增加，政府通过了 П. И. 舒瓦洛夫关于大量发行铜币的草案，并规定，执行 1 普特铜铸造 16 卢布铜币的标准。1757 年至 1761 年，共计铸铜币 1100 万卢布，为国库带来

①　Шторх П. А. Материалы для истории государственных денежных знаков в России с 1653 по 1840 год // ЖМНП. 1868. № 3. С. 784.

②　Юхт А. И. Указ. соч. С. 307–315.

③　Троицкий С. М. Финансовая политика русского абсолютизма в XVIII веке. С. 203, 208, 214. Табл. 18.

超过 600 万卢布的利润。废旧的大炮和官营工厂的废旧铜器都被回收重新炼铜铸钱，其成本远低于铜的市场价格。但战争一直在持续。赚到的钱款很快就被花光耗尽，而开支却越来越大。1760 年，П. И. 舒瓦洛夫提出了新的草案。他提议将铜币的铸造量增至 1600 万卢布，然后将铜币的比价提高 1 倍进行重铸，即 1 普特铜铸造 32 卢布的铜币。这波操作从同年 3 月开始，到入秋的时候，国库获得了约 250 万卢布的利润。叶卡捷琳娜二世登基后，废除了 П. И. 舒瓦洛夫相关提案中的做法。到 1767 年秋，分量轻的铜币终于停止流通。

在 18 世纪第二个 25 年，金币并非每年都发行，且其发行量不大。在这一时期，共铸金币 43.6 万卢布。50 年代，金币的铸造量大幅增加，达到 145.7 万卢布。18 世纪上半叶，铸造金币给国库带来的利润并不大，平均占铸币总收入的 8%~10%。[①]

18 世纪最后三分之一的时间里，铸币量剧增，特别是金币和铜币的铸造量，在均衡货币量方面发生了结构性变化，纸币开始进入货币流通领域。1762 年至 1799 年，共铸造金币 1770 万卢布，约为 18 世纪此前 60 余年总和的 5.5 倍；铸造铜币 6500 万卢布，约为此前 60 余年总和的 3 倍，以 5 戈比铜币为主，每普特铜铸 16 卢布的铜币；铸造银币 6180 万卢布。[②] 同 1725 年到 1761 年相比，这段时期银币的年均铸币量增长了 20 万卢布——由 160 万卢布增至 180 万卢布，即没有发生太大的实质性变化。

这样一来，大量重量重、占地方而又不值钱的铜币投入市场。铜币的运输和保管都要花费巨大的开支。此外，在进行大额交易时，铜币也会给结算造成很大的困难。上述原因导致铜币的比价下跌。可见，

---

① Шторх П. А. Указ. соч. С. 784.

② Там же；ЦГАДА. Ф. 10. Оп. 3. Д. 76. Л. 493；Черноухов А. В. Место медной монеты в денежном обращении России в XVIII в. // Историография и источниковедение. Свердловск, 1976. С. 157.

发行如此大量的铜币可谓对货币流通基本原理及俄国和欧洲国家实践经验的全然罔顾。国库的银币和金币主要用于对外支付和支付外债。

　　还在 18 世纪头 25 年的时候，政府就清楚过度发行铜钱的危险性。1730 年，钱币委员会为了避免造成货币流通的混乱，明确制定了国库铸造铜币应遵守的原则：第一，硬币中铜的价值不应超出其市场价格过多；第二，铜仅限于用作铸造小面值的辅币，而非白银的代用原料；第三，银币与铜币的比价应为 1：10。① 然而，自 18 世纪 50 年代下半期开始，这些原则在俄国均被违反，其后果便是对国家的货币流通以及经济的整体发展都造成了不良的影响。

　　政界人士对该问题未能达成一致。在叶卡捷琳娜二世统治之初（1763），枢密官 Я. П. 沙霍夫斯科伊就反对大量铸造铜币。他写道，同银币相比，"不得不承认，用 1 普特铜铸造出 16 卢布的铜币有许多弊端"。他认为，对国家来说，把铜卖到国外换取外国的银币会更有裨益，"这样一来，银币就会越来越多，而不是铜币"。② 叶卡捷琳娜二世对此大为震怒，她在亲笔回复的信中写道："我无法赞同沙霍夫斯科伊公爵关于铜币的见解，对于其有关大量发行每普特铜铸造 16 卢布的铜币之危害的言论同样无法认同……参政院作为'法律的库房'不会容许铜币的发行造成危害。除此之外，我尚且在世。"③

　　随着金币特别是铜币的铸币量扩大，国库的铸币收益也随之增加。70 年代，铸造铜币的利润维持在每年 67 万~87.5 万卢布。此后，其年均收益又进一步增加，达到每年平均 100 万~120 万卢布。90 年代，由于包括铜在内的所有商品物价上涨，货币贬值，发行铜币反而造成国库亏损。

①　Юхт А. И. Указ. соч. С. 308.

②　Георгий Михайлович, вел. кн. Монеты царствования императрицы Екатерины II. Спб.，1894. Т. I. С. 30，31.

③　Там же.

为了摆脱这一困境，政府开始尝试新的方法。П. А. 祖博夫是叶卡捷琳娜二世的最后一位宠臣，一位才大志疏之人。根据他的提案，政府决定将所有铜币改铸，把其面值提高一倍，即每普特铜铸造 32 卢布铜币。这一计划开始实施了一段时间，但在 1796 年 11 月叶卡捷琳娜二世去世后便被叫停。

18 世纪 60~80 年代，银币的年平均铸币量所增不多，因此，由此带来的国库收入基本上维持在 18 世纪中期的水平。

铜币的铸币量高达数千万卢布，这在很大程度上决定了纸币在俄国货币流通中的使用。18 世纪纸币的流通可以划分为两个阶段。第一阶段（1769 年至 80 年代中期），政府为了防止纸币的比价下跌，在发行方面比较谨慎，其发行量与为了便于货币流通而存在发行银行中的铜钱数量持平。到 1775 年，纸币的发行总量达 2000 万卢布。国家的开支增加，预算赤字严重，这又进一步助推了纸币的发行。1786 年，纸币的流通量已达到 4600 万卢布的规模，但其中只有一半可以兑换成铜钱。[1]

第二阶段（80 年代中期至 90 年代）是大量纸币进入流通的时期：到 1801 年，纸币的流通量达到 2.12 亿卢布，是 1775 年的 10 倍还多，即 26 年时间里实现了大幅增长。[2] 国库似乎为增加收入找到了一个永不枯竭的源泉。诚然，即使在这一时期，也不乏有人发出清醒的声音。参政院总检察长 А. А. 维亚泽姆斯基曾指出："如果一个国家的内部存在如此之毒，那么，任何一个国家都无法长久地存在下去。"[3] 然而，他的警示无人理睬，也没有采取任何措施来防范日益迫近的财政崩溃。1796 年，保罗一世登基。他下令停止流通贬值的纸币，希望通过此举对国家预算进行整顿。然而，不久之后，纸币自由兑换铜币和银币就被叫停，因为国库没

---

① Черноухов А. В. Указ. соч. С. 158，159.

② Печорин Я. Наши государственные ассигнации до замены их кредитными билетами. 1769–1873 // ВЕ. 1876. № 8. С. 616–617.

③ Черноухов А. В. Указ. соч. С. 159.

有足够的硬币来赎买继承自叶卡捷琳娜二世的 1.57 亿卢布的纸币。此外，财政上的困难让保罗一世不得不开动印刷机，又发行了 5600 万卢布的纸币。[①]

采矿税是国库的又一个收入款项，但其作用微乎其微。[②] 18 世纪，采矿税收入增长迅速：1724 年为 2 万卢布；四五十年代平均每年为 12 万～15 万卢布；60 年代平均每年为 22 万～23 万卢布；70 年代平均每年为 31 万卢布；80 年代平均每年约 80 万卢布；而到了 90 年代年均已达 120 万卢布。[③] 尽管采矿税收入快速增长，但即使是在 18 世纪后三分之一的时间里，其在国家预算中的占比仍不超过 1.8%，这反映出当时大工业在国家经济中所占的地位。

另一个颇为重要的预算收入款项是行政性收费，[④] 其所得大部分是由国库向小型农村加工业和手工业经营者以各种交易税的形式征收而来的。这些杂税名目繁多，应付它们对民众来说是极为沉重的负担，尤其是地方行政部门在征收时还存在许多滥用职权的现象。И. Т. 波索什科夫向政府提议取消这些杂税，因为它们无法令国库充盈，而对民众来说却是一座大山，这些税费收入琐碎而少，对于国库的意义也是微不足道的。[⑤]

18 世纪六七十年代，国库取消了许多旧时的行政性收费，但不想因此而令收入减少。于是，又另外增设了一些新名目的收费，并将各种交易税的税费提高。这样一来，行政性收费的收入由 1724 年的 15 万卢布增

---

① Корецкий В. Т. Банковский монетный двор（Из истории финансовой политики России в конце XVIII – начале XIX в.）// Памятники русского денежного обращения XVIII – XX вв. С. 74–75.

② 有关轻工业的税收数据资料我们未能掌握。

③ Троицкий С. М. Финансовая политика русского абсолютизма в XVIII веке. С. 187 – 191, 214. Табл. 18; Чечулин Н. Д. Указ. соч. С. 223–227.

④ Это название данные сборы получили от канцелярий, в которых первоначально собирались.

⑤ Посошков И. Т. Книга о скудости и богатстве. М. , 1937. С. 285.

至 1769 年的 60 万卢布，增长了 3 倍。在 18 世纪的后三分之一时间里，一直保持着这一增长趋势；而在 90 年代，行政性收费的收入平均每年约为 540 万卢布。[①]

18 世纪的俄国作为专制国家，在对内对外政策和经济领域面临着复杂的任务。而要解决这些任务，需要最大限度地利用国内的各类资源，并让广大民众分摊重压。无论是要夺取波罗的海和黑海的出海口，归并乌克兰和白俄罗斯的土地，还是要保障俄国南部和东部边疆地区的安全，维持常规军和海军舰队的供给以及庞大的官僚机器的运转，建设大型冶金和加工工业，开发新并入的地区，上述这一切无不消耗巨额资金。这在很大程度上解释了一个事实，即为什么 18 世纪俄国的财政状况常常会出现危机，也就是说入不敷出。在战争期间，财政压力达到了顶峰。在这一方面，俄国实质上与欧洲的其他专制国家没有任何区别。

表 4-2 呈现的是 18 世纪俄国国家预算的开支部分。表 4-2 的数据开始于 1725 年，因为这一年的预算能够反映出 18 世纪头 25 年俄国财政状况的重大变化，并对其做出一个阶段性的总结。30 年代末至 60 年代初的数据资料并不完整，因此难以进行比较；但 1767 年以及 1781 年到 1795 年的数据资料都较为完整地保存下来了，可以让我们对预算中的具体支出项目有一个概括的了解。表 4-2 中的数据反映了预算支出部分主要项目的增长情况及其发生的结构性变化。70 年的时间里，预算支出的涨幅超过 6 倍，如果考虑到卢布贬值的情况——涨幅超过 5 倍。[②]

---

① Троицкий С. М. Финансовая политика русского абсолютизма в XVIII веке. С. 197；Чечулин Н. Д. Указ. соч. С. 260-262.
② 下文对表 4-2 数据的分析并未考虑到卢布贬值的情况。

表 4-2　18 世纪俄国的国家预算支出

| 支出款项 | 1725 年 | | 1767 年 | | 1781 年 | | 1795 年 | |
|---|---|---|---|---|---|---|---|---|
| | 百万卢布 | 占比（%） | 百万卢布 | 占比（%） | 百万卢布 | 占比（%） | 百万卢布 | 占比（%） |
| 军队 | 5.1 | 50.0 | 9.8 | 42.1 | 10.6 | 25.9 | 22.2 | 28.1 |
| 舰队 | 1.4 | 13.7 | 1.3 | 5.6 | 3.2 | 7.8 | 7.0 | 8.9 |
| 管理机构 | 2.2 | 21.6 | 5.6 | 24.0 | 8.1 | 19.8 | 13.7 | 17.4 |
| 宫廷 | 0.5 | 4.9 | 2.6 | 11.2 | 4.6 | 11.2 | 10.6 | 13.4 |
| 征税成本 | 1.0 | 9.8 | 4.0 | 17.2 | 11.4 | 27.8 | 16.8 | 21.3 |
| 其他支出 | — | — | — | — | 2.4 | 5.9 | 4.5 | 5.7 |
| 外债利息 | — | — | — | — | 0.7 | 1.7 | 4.1 | 5.2 |
| 合计 | 10.2 | 100 | 23.3 | 100 | 41 | 100 | 78.9 | 100 |

Троицкий С. М. Финансовая политика русского абсолютизма в ⅩⅧ веке. С. 243. Табл. 23；Сб. РИО. Т. 28. С. 474-479；Чечулин Н. Д. Очерки по истории русских финансов в царствование Екатерины Ⅱ. С. 314-317.

在 18 世纪的最后三分之一时间里，上述开支的增幅明显加大（试比较：1725 年至 1767 年涨幅约为 130%，而 1767 年至 1795 年约为 230%）。这主要是由于俄国实行了更为积极的对外政策，其官僚机构日益庞大，征收税费的开支以及宫廷的用度开支增加等。

在 18 世纪俄国的国家预算支出中，以军队和舰队的开支为最多。从 1725 年至 1795 年 70 年的时间里，增幅约为 350%，由最初的 650 万卢布增至 2920 万卢布；但这两项在财政总支出中的占比在不同时期并不一致，呈现出一定的下降趋势。1725 年，军费开支在财政支出的占比约为 63.7%，1767 年约为 47.7%，1795 年约为 37%。军费开支之所以如此巨大，不仅仅是因为俄国的对外政策面临着复杂的问题。专制政府需要拥有强大的军队来镇压各种民间运动，巩固封建农奴制度，维护贵族的统治。彼得一世时期的军费开支占比较大是因为在此期间组建了正规军和海军舰队。这一时期军队的人数与 17 世纪后 25 年大体相同，但军队的物资供给得到了改善，为官兵发放俸饷。因此，军费开支增加。

18 世纪三四十年代，政府将大量资金用于军事城堡和军港的修建和维护，以及俄中南部和东南部、西伯利亚地区防御战线的修建上。每年还要花费数十万卢布用于供养在乌克兰（直到 1769 年）和西伯利亚帮助正规军保卫边疆的地方军团。[①]

财政支出中的第二大支出项目是国家管理支出，约占预算总支出的 1/5。从 1725 年到 1795 年，该项支出由 220 万卢布增至 1370 万卢布，增长了 5 倍多，但 18 世纪以来，其在预算总支出中的占比变化不大。该项支出的绝大部分资金用于维持中央和地方官僚机构的运作开支。在 18 世纪，有两个时期的管理支出急剧增加：第一个是彼得一世执政期间，随着专制制度的确立，彼得一世对国家管理机构进行了彻底的调整和改革；第二个时期则是与六七十年代进行的改革相关，其中包括 1775 年进行的旨在加强地方政权建设的省制改革，因为在 1773 年至 1775 年农民战争期间，地方政权的软弱暴露无遗，这令专制政府如惊弓之鸟，惶惶不安。

在彼得一世和叶卡捷琳娜二世统治期间，官员编制也得到了大幅扩充。为了节约开支，叶卡捷琳娜一世政府曾于 1726 年下令，只为高级官员发放薪禄，而其余的官员则应满足于"外快收入"，即求他们办事者自愿进贡的贡礼，简而言之，就是贿赂。该命令对底层官员的打击最大，同时，也为他们的恣意专断、滥用职权提供了广阔的空间。1763 年 12 月，叶卡捷琳娜二世进一步扩大了官员编制，并确立了为中央和地方机构的所有官员发放薪俸的制度。这一措施推动了对国家机构的集权化管理及巩固，但管理支出增至每年 120 万卢布。[②]

18 世纪，外交部门的开支也相当大。这是因为俄国正在向大国强国转变，更加积极地参与国际事务，与欧洲国家建立长期外交关系；同时，扩大与东方国家的联系和交流。1725 年，这一项支出共计为 74.3

---

① Троицкий С. М. Финансовая политика русского абсолютизма в XVIII веке. С. 229.

② Там же. С. 237.

万卢布。[1]

管理支出项中还包括用于交通道路（运河、道路建设费）和民用建筑修建，开发和建设巴什基尔、乌拉尔、西伯利亚、南部地区，以及用于维持医疗机构和救济院等运作的开支。对于 18 世纪大部分时期上述支出项目的具体拨款数据我们并没有掌握。[2] 因此，只能以下列已有的不完整数据为例，管窥上述各支出项的具体情况。1725 年，由于两座都城和省城的许多建筑老化破旧问题严重，民用建筑的开支约为 40 万卢布；建设拉多加运河花费了约 250 万卢布；每年约 10 万卢布用于官营工厂的建设和运营支出。[3] 开发新土地需要大量的资金投入。例如，三四十年代，平均每年为奥伦堡开发署拨款 5 万~6 万卢布。[4] 1764 年至 1773 年，上述支出项的总开支平均每年约为 47.5 万卢布，其中，开发新土地约为 20 万卢布，交通和建筑约为 17.8 万卢布，等等。[5] 八九十年代，上述项目的总支出从 1781 年的 240 万卢布增加到 1795 年的 450 万卢布。这些支出在某种程度上促进了国家的经济文化发展，但它们在财政预算中的占比并不大：1767 年为 2%，1781 年为 5.9%，1795 年为 5.7%。

国家为维持宫廷的开销用度支出巨大。特别是彼得一世之后的几位继任者统治时期，宫廷支出以令人难以置信的速度激增。1725 年之后，预算中还没有任何一项支出像宫廷支出一样呈现如此暴增之势。1725 年时，宫廷支出数目相对不大，仅为 50 万卢布；到 1734 年，增至近 65 万卢布；而 30 年后，又增长了近 3 倍。六七十年代，宫廷支出平均每年为 260 万卢布；八九十年代约为 670 万卢布，占国家预算总支出的 11.2%。

---

[1]　Там же. С. 224. Табл. 21.

[2]　За 1781 и 1795 гг. эти расходы в табл. 2 значатся в статье «прочие».

[3]　Троицкий С. М. Финансовая политика русского абсолютизма в XⅧ веке. С. 225，226，241（прим. 91）．

[4]　Сб. РИО. Т. 126. С. 228；Т. 146. С. 251.

[5]　Сб. РИО. Т. 5. С. 228，229.

1795 年，宫廷支出再达新高，已逾 1060 万卢布。

一面是广大民众不堪重税之压，难以为继；而另一面则是女皇们毫不犹豫地从国库支出数以十万计乃至数百万计的卢布，用于满足各种消遣娱乐、舞会、节庆、珠宝服饰等的开销。[1] 她们对自己的宠臣和近臣出手大方。历史文献中有许多资料都记载了俄国专制君主们穷奢极侈的挥霍生活，这导致国库被掏空，财政赤字日益加重。到 18 世纪最后 25 年，国家财政已经到了岌岌可危的地步。例如，叶卡捷琳娜一世为自己的女儿安娜·彼得罗芙娜留下了 100 万卢布继承财产。[2] 叶卡捷琳娜二世赏赐 1762 年宫廷政变的参与者 85 万卢布。[3] 为叶卡捷琳娜二世上位立下汗马功劳的奥尔洛夫兄弟得到了女皇的特别恩宠，他们在 20 年的时间里得到了 1700 万卢布和 4.5 万名农民的赏赐。[4] 这远非个例。皇族成员每天的开销也非常大。

宫廷支出中，还包括供养近卫军团的开销（谢苗诺夫斯基团、普列奥布拉任斯基团、伊兹梅洛夫团和骑兵团）。在 18 世纪下半期，这笔支出为每年 40 万~50 万卢布及以上。[5]

在 18 世纪俄国的财政预算中，有一个非常典型的现象，就是征税成本一直呈迅速增长之势，这耗费了国库相当大的一部分收入。1725 年的征税成本为 100 万卢布，到 1767 年的时候该数据增长了 3 倍。而到了 18 世纪末，则近 1700 万卢布，即占预算收入部分的 1/5 以上。导致该项支出数额巨大的原因还有一个，即其中还包括酒的采购、运输和销售费用，以及盐矿的开采及盐的运输费用。

至于用于科学、教育和艺术发展方面的支出，由于相关的原始数据

---

① Ключевский В. О. Соч. : В 8 т. М., 1958. Т. 4. С. 306, 307.

② Сб. РИО. Т. 69. С. 30, 31.

③ Троицкий С. М. Финансовая политика русского абсолютизма в XVIII веке. С. 240.

④ Гольцев В. Законодательство и нравы в России XVIII в. М., 1886. С. 57.

⑤ Сб. РИО. Т. 28. С. 13, 303.

资料不完整且分散，我们无法将其一一分列出来。同国家预算支出中的主要项目相比，该项开支数额并不大。尽管如此，专制政府认为，这一开支项目是国家财政中一项新的必不可少的预算支出项目。如果说在 18 世纪初的时候，国家对科教、艺术方面的投入纯粹是出于实用性目的，那么，后来政府则希望以此推动国家的文化发展，并为开明专制奠定思想基础。①

随着俄国科学院的建立，1725 年，政府为其拨款 24912 卢布用于维持运作。在科学院初建的头 10 年，平均每年的实际开销为 3 万卢布。② 但其实这笔资金也是捉襟见肘的，科学院因此欠下了债务。1735 年，科学院的领导层提出申请，要求将定薪标准提高至少一倍以上。安娜·伊凡诺芙娜政府驳回了这一申请，但下令帮助科学院偿还了 6 万卢布的债务。同时，每年为其拨付 1 万~3 万卢布的补贴金。1747 年，伊丽莎白·彼得罗芙娜女皇又敕令，将拨款增至每年 53298 卢布。③ 这一拨款数额一直持续于整个 18 世纪下半叶，但由于科学院扩充编制，各部门的活动范围扩大，政府拨款根本无法满足它的需要。1803 年，政府承认，给科学院拨付的资金"严重不足"，由此产生了"各种障碍和问题"，影响到科学院开展工作。于是，通过决议，决定将每年给科学院的拨款增至 12 万卢布。④

1783 年 10 月，在圣彼得堡成立了俄国科学院俄语语言与文学研究中心。这里会集了众多学者和作家，开展《俄国科学院大词典》的编纂和

---

① См. очерки: М. Т. Белявский. «Школа и образование»; П. П. Епифанов, А. А. Комаров. «Военное дело. Армия и флот» настоящего издания.

② ЦГАДА. Ф. 248. Кн. 1108. Л. 13.

③ 1746 年，伊丽莎白·彼得罗芙娜女皇下令，任命自己的宠臣 А. Г. 拉祖莫夫斯基的弟弟、与科学没有一点关联的 18 岁的 К. Г. 拉祖莫夫斯基伯爵任俄国科学院院长。后来，К. Г. 拉祖莫夫斯基被赐封为陆军元帅。伊丽莎白·彼得罗芙娜女皇以"君主特别恩赐"的形式特批 К. Г. 拉祖莫夫斯基每年的俸禄为 5 万卢布，即与每年给整个科学院的拨款数额大体相同。之后的叶卡捷琳娜二世又将他的俸禄增加了 1 万卢布。

④ ПСЗ. Т. XXVII. № 20863. С. 122.

出版工作。该词典获得了国内外的一致好评，其中包括 H. M. 卡拉姆津和 A. C. 普希金。国家每年为其拨款 6250 卢布。[1]

1755 年，在 M. B. 罗蒙诺索夫的倡导下成立了莫斯科大学。该校在俄国的科学、文化发展过程中发挥了巨大的作用。国家每年给莫斯科大学及其附属古典中学的拨款极为有限——只有 1.5 万卢布。这些钱勉勉强强维持学校的日常开支。而对于 18 世纪后 25 年大规模开展的新校舍建设以及旧校舍大修所需的资金，学校只好自己找赞助者出资。60 年代以后，莫斯科大学不止一次向政府提出制定新预算的问题，但这些诉求未能引起关注。[2] 到了建校近 30 年后的 1783 年，国家终于增加了给莫斯科大学的拨款经费，但增幅仅为 6000 卢布。[3] 直到 1804 年，才又确定了新的预算额度，给莫斯科大学及其他重又开设的大学（喀山大学和哈尔科夫大学）每年拨款 13 万卢布。[4]

从 18 世纪初开始，彼得一世下令创办对于俄国来说全新的世俗学校，这需要巨大的资金投入。自 18 世纪 30 年代起，贵族武备学校开始在俄国发展起来，此类院校是基于严格的阶层、等级性原则建立的。在这里念书的都是贵族青年，而对于非贵族阶层的子弟——学校的大门是关闭的。这些院校为军事、民政和宫廷各部门培养干部人才，以确保军队和国家机构的领导职位都掌握在统治阶级的代表手中。专制政府创办贵族武备学校迎合了贵族的需求，他们一直在努力争取免于服役去做普通士兵和水兵，或是担任那些"卑微、低下的官职"。而在贵族武备学校念书是贵族阶层的特权之一。

政府对贵族武备学校的发展一直非常关注，特别是学校的物质保障

---

① Там же. Т. XXI . № 15839, 15869；Т. XXVI . № 19913. Впоследствии Российская Академия вошла в Академию наук.

② История Московского университета. М. ，1955. Т. 1. С. 25, 31, 53, 54.

③ ПСЗ. Т. XXI . № 15754.

④ Там же. Т. XXXIV . Ч. 2. Книга штатов. Отд. IV. С. 196.

情况。在整个 18 世纪，国家不断增加对此类学校的财政拨款，其数额是给科学院、大学和国民学校拨款总和的数倍。1731 年 11 月，安娜·伊凡诺芙娜女皇敕令，开办俄国第一所武备学校，即后来的陆军贵族武备学校（该校正式建立是在 1732 年 2 月）。国家根据学校编制为其拨款 33847 卢布。[①] 但次年，拨款额度就提高了近 1 倍，增至 63400 卢布；[②] 1788 年，拨款额已高达 20 万卢布。[③] 另外两所贵族武备学校的情况也是如此。1752 年，国家给海军武备学校的拨款为 4.65 万卢布，[④] 而 1792 年增至 18.75 万卢布。[⑤] 1762 年至 1792 年，给炮兵工程学校的拨款在 30 年间增加了近 4 倍，由 1762 年的 2.52 万卢布增至 1792 年的 12.43 万卢布。[⑥] 此外，还有一所建于 1759 年的贵族子弟军官学校，根据 1782 年谕令，每年除了 70958 卢布的预算拨款外，该校还可获得额外补贴 8885 卢布。[⑦]

18 世纪 60 年代，按照贵族武备学校的模式又创建了封闭贵族女子学校。1764 年，圣彼得堡斯莫尔尼修道院开设了第一所附属贵族女子学院（由此该校被称为斯莫尔尼贵族女子学院）。学校计划招收 200 名贵族女孩就读。无论是在有关建校的命令还是在人员编制簿中，都未提及给斯莫尔尼贵族女子学院的拨款数额。但众所周知的是，自 80 年代起，国家给贵族女子教育社（学院最初的名字）每年都划拨 10 万卢布的巨额经费。几年后，这笔拨款数额又增加了 2.2 万卢布。[⑧]

可见，专制国家为贵族子女的教育投资巨大，特别是在叶卡捷琳娜二世统治期间。80 年代初，政府开始建立面向各阶层招生的普通教育学

---

① ПСЗ. Т. XXⅧ. Ч. 1. Книга штатов. Отд. Ⅰ. С. 184-187.
② Там же. Т. XⅥ. № 11640.
③ Сб. РИО. Т. 28. С. 304.
④ ПСЗ. Т. XXⅣ. Ч. 1. Книга штатов. Отд. Ⅱ. С. 45-53.
⑤ Там же. С. 190-192.
⑥ Там же. Т. XⅥ. № 11696; Т. XXⅧ. Ч. 1. Книга штатов. Отд. Ⅰ. С. 234-238.
⑦ Там же. Т. XXⅧ. Ч. 2. Книга штатов. Отд. Ⅰ. С. 246.
⑧ Там же. Т. XX. № 14241; Т. XXⅣ. № 17679; Сб. РИО. Т. 28. С. 303.

校，学校实行免费教育。国民学校在俄国的普及程度及其学生数量在很大程度上取决于对教育改革的物质投入和保障情况。应当指出的是，国家对教育经费的投入少得可怜。根据编制，确定中心国民学校的教育支出每年为 2500 卢布，两级制初等国民学校每年为 500 卢布，一级制初等国民学校每年为 210 卢布。[1] 国民学校的经费应由社会救济衙门划拨，全省每年拨款额仅为 1 万卢布。这笔拨款不仅包括给学校的，还有给医院、孤儿院、收容所、精神病院等机构的经费。[2]

19 世纪初，一系列省份的社会救济衙门每年为国民学校划拨 2000～4000 卢布的经费。[3] 国民学校的一个经费来源是社会和个人的慈善捐款，捐款来自商人、贵族、小市民等阶层，或是某一个城市的"市民"，以及市政厅和杜马。[4]

为普通教育学校划拨的经费极为有限，资金的匮乏影响了学校改革的成果。整体而言，可以说是收效甚微。当时俄国一半以上的县城都没有两级制初等国民学校。[5]

政府在教育领域的活动具有明显的亲贵族性质，这是其整个国内政策的一个有机组成部分。这一点具体体现在以下几个方面，其中包括：针对特定阶层开设封闭学校，非特权阶层的人难以获取知识，发展科学和国民教育的经费捉襟见肘，等等。贵族武备学校和斯莫尔尼贵族女子学院从物质保障的角度来说，是比较特殊的情况。18 世纪末，有 2000～

---

[1]　ПСЗ. Т. XXXIV . Ч. 2. Книга штатов. Отд. IV. С. 200.

[2]　Там же. Т. XXI . № 15865. См. также: Устав народных училищ от 5 августа 1786 г. // ПСЗ. Т. XX . № 16421.

[3]　Рождественский С. В. Очерки систем народного просвещения в России в XVIII – XIX веках. Спб. , 1912. Т. I . С. 598–600.

[4]　Материалы для истории учебных реформ в России в XVIII –XIX веках. Спб. , 1910. С. 347–362.

[5]　Белявский М. Т. Школа и система образования в России в конце XVIII в. // Вестн. Моск. ун-та. Историко-филологическая серия. 1959. № 2. С. 110–112. Табл. 1.

2100 人在这些学校就读，每年为其拨款超过 70 万卢布。换言之，这些学校每位学生每年的教育经费开支平均约为 350 卢布。与此相对应的是，国内唯一的一所大学——莫斯科大学和两所古典中学在校生超过 1300 人，但每年划拨经费仅为 1.5 万~2 万卢布。通过对比这两组数字，专制政府在教育问题上相关政策的社会倾向性便显而易见。要知道，贵族武备学校的大门对非贵族子弟来说是完全关闭的，他们要接受高等教育只能上大学。而国家给大学的教育经费拨款之所以较为有限，这大概也是其中的主要原因之一吧。

导致普及国民学校遇阻的主要原因还是资金不足的问题。与此同时，沙皇政府对聚集在王权身边的高官贵胄、近臣乃至整个贵族阶层甚是慷慨，恩宠有加。例如，18 世纪 50 年代，把超过 20 家最好的官营冶金厂作为赏赐或是以优惠条件转交给上层统治阶级的代表经营，其中包括 А. И. 舒瓦洛夫和 П. И. 舒瓦洛夫、М. И. 沃龙佐夫和 Р. И. 沃龙佐夫、П. И. 列普宁、И. Г. 切尔内绍夫、С. П. 亚古任斯基等人。[1] Н. П. 巴甫连科认为，此举不仅造成国库亏损，同时，对国内的经济也产生了负面影响。他写道："在专制政府的支持下，宫廷近臣恬不知耻地将自己贪婪的手伸进了国库的口袋，正如他们从前习惯了攫取国家的土地资源一样。"[2] 专制政府不惜耗费数百万卢布民众的血汗钱用于满足宫廷支出，却在科学和国民教育的发展方面"节约开支"。

那么，18 世纪末，俄国投入发展科学和教育的经费到底有多少呢？

国家为贵族学校、科学院和莫斯科大学每年的拨款合计为 80 万卢布左右；国民学校的拨款不到 10 万卢布；专门学校[3]据不完全统计为 10 万~12 万卢布。每年的教育经费支出共计 100 万卢布有余。[4] 这组数据并

[1]　Павленко Н. И. История металлургии в России... С. 327–386.

[2]　Там же. С. 386.

[3]　矿业、医科、航海、测量、商科学校，上沃洛乔克水运学校，等等。

[4]　Сб. РИО. Т. 28. С. 402, 403, 468, 469.

非绝对准确，但与真实数据应该相差无几。1795 年，国家财政预算总支出为 7890 万卢布，其中，教育支出占比约为 1.3%。如果考虑到慈善捐款和各类捐助，那么，对科学和教育经费的实际投入要比上述数据高一些。

下面，我们以俄国政府对圣彼得堡美术学院和戏剧学院的拨款资助情况为例，来看一下其在发展艺术方面的投入。

1757 年，在圣彼得堡建立了美术学院，但它最初受莫斯科大学管辖。每年度支委员会为其拨款 6000 卢布，从海关关税中为其拨款 2 万卢布。[①] 五年后，该学院从莫斯科大学中独立出来，实行独立建制，成立了"特别管理委员会"对学校实施领导。根据 1764 年新制定的编制，每年为这所"油画、雕塑和建筑艺术学院"及其附属培训学校拨款 6 万卢布。[②] 同年，又拨款 16 万卢布（每年 4 万卢布，分四年拨付）用于建设新校舍。直到 18 世纪末，这笔规定的拨款数额一直未变。[③]

1799 年，美术学院副院长 В. И. 巴热诺夫在上呈给保罗一世的报告中指出，此前国家为学院确定的拨款经费完全不够用。其一，"时代变了，所有生活用品和学院办学所需物品价格都大幅上涨。因此，学院现在的开支相较于成立之初要高出两倍到三倍"。其二，学院的校舍需要进行大修。В. И. 巴热诺夫申请批准学院实施一系列措施，以改善其物质办学条件。他的申请获准通过。[④]

1799 年至 1800 年，美术学院开设了两个新班：景观雕刻班和币章刻制班。一部分币章刻制班的学生毕业后，会被派到造币厂工作。国家每年为景观雕刻班额外拨款 5600 卢布，为币章刻制班额外拨款 12400

---

① ПСЗ. Т. XIV. № 10776；Т. XV. № 10922.
② Там же. Т. XXIV. Ч. 2. Книга штатов. Отд. IV. С. 80，81.
③ ПСЗ. Т. XVI. № 11766，12076，12108，12275；Т. XXXV. Ч. 2. Книга штатов. Отд. IV.
④ Там же. Т. XXV. № 18981.

卢布。①

1756 年，俄国第一家职业剧院成立，这里"上演悲剧和正剧"。该剧院靠国库出资维持运营，但国库划拨的经费数额并不大——每年只有5000 卢布。② А. П. 苏马罗科夫和 Ф. Г. 沃尔科夫作为该剧院的院长，一直在努力为剧院争取更多的经费支持，但都是徒劳。18 世纪下半叶，剧院一直处于资金短缺的状态，艰难维持运作。

皇家对于本土的剧本表现出惊人的冷漠态度。自 18 世纪 30 年代起，皇家便开始邀请国外的话剧团、歌剧团和芭蕾舞剧团来俄国访问演出，并为此花费了巨资。根据 1766 年颁布的谕令，每年划拨 13.84 万卢布用于为宫廷供养意大利和法国的剧团、"室内乐团和舞会乐团"，以及俄国本土的剧院。其中，给后者的拨款仅有 1.05 万卢布。③

18 世纪 80 年代，圣彼得堡建起一座石结构剧院（圣彼得堡大剧院）——第一座专门用于话剧演出的大型建筑，还有冬宫剧院——又称艾尔米塔什剧院。1783 年，原来由私人剧院老板 K. 克尼佩尔经营的木结构剧院（小剧院）转归国有。④ 18 世纪末（以 1796 年为例），由戏剧音乐委员会直属管辖的剧院可以获得的国家拨款为每年 17.4 万卢布；此外，这些城市剧院还有票房收入。⑤ 还有一支专门组建的法国剧团在艾尔米塔什剧院演出。

几乎整个 18 世纪，国家的财政支出都大于其收入。长期存在的财政赤字是俄国也是其他欧洲国家预算的一个典型特点。18 世纪上半期，赤字动辄可达上百万卢布，其中以 1748 年为最，赤字达到 360 万卢布，约占年度预算的 1/4。⑥ 18 世纪下半叶，特别是八九十年代，收支的缺口进

---

① Там же. Т. XXV. № 19147；Т. XXVI. № 19395.

② Там же. Т. XIV. № 10599.

③ Там же. № 12760；Т. XXXIV. Ч. 2. Книга штатов. Отд. IV. С. 107–110.

④ Данилов С. С. Очерки по истории русского драматического театра. М. -Л. 1948. С. 87.

⑤ ПСЗ. Т. XXIV. № 17674.

⑥ Троицкий С. М. Финансовая политика русского абсолютизма в XVIII веке. С. 246，247.

一步扩大。1783 年，收入为 4200 万卢布，1784 年为 5200 万卢布，1785 年为 5000 万卢布；而在上述年份的支出分别为 4800 万卢布、5800 万卢布和 6200 万卢布。到 80 年代末 90 年代初，财政赤字已为 900 万～1500 万卢布。[1]

财政出现赤字，一方面是由于开支一直呈迅猛增长之势；另一方面则是由于欠缴税款的现象日益严重。国库无法确保本年度预算规定的所有收入都能入库。一个财政年度结束，现钱却越来越少。因此，实际上在新的年度伊始，已经无力拨付经费。[2] 最终导致只有在极度困难的情况下，内阁才不得不向某一部门提供一定的经费支持。

叶卡捷琳娜二世政府试图通过发行纸币和借外债等方式找到摆脱困境的出路。1769 年，俄国向荷兰借了第一笔外债，次年向意大利借了第二笔。两笔外债均用于 1768 年至 1774 年俄土战争期间俄军在国外的开支。后来，俄国政府又借了新的外债。1788 年至 1792 年，政府特别频繁地借外债，外债总额达到 3900 万卢布，是此前 20 年外债总和的 6 倍多。于是，支付债务利息成为财政支出中的一个新项目，在 80 年代末到 90 年代的预算中其占比为 4%～5%。

上文已针对过量发行纸币对国家整体的财政和经济状况造成的负面影响进行了论述。借外债也只是权宜之计，给政府带来暂时性的喘息机会，之后还是需要偿还的。无论是发行纸币还是借外债，这两条路都无法消除或是减少赤字。相反，二者只会雪上加霜，令财政危机更加严重。

综上所述，可见，俄国的财政预算无论是收入还是支出部分，都反映出君主专制国家的典型特点。预算收入的增长主要是靠提高税收、人口数量增多以及加大铸币收益来实现的。工商业的收入尽管从绝对值来

---

① Чечулин Н. Д. Указ. соч. С. 334.
② Сб. РИО. Т. 18. С. 332，352，370，394；Т. 1. С. 332；Чечулин Н. Д. Указ. соч. С. 363，364.

看也增加了，但在整个 18 世纪，其在预算收入中所占比重一直较小，变化不大。这说明俄国的经济发展仍处于相对较低的水平。

18 世纪俄国国家财政预算的结构性变化首先体现为间接税的作用提高了，自 50 年代末，间接税跃居预算收入的首位。而直接税的占比即使是在 18 世纪下半叶，也一直很高。

作为专制国家，俄国的财政政策具有阶级性和等级性的特点。封建地主作为统治阶级与神职人员可以免缴直接税，直接税的重负全部落到了纳税阶层——农民和工商业者的肩上。而间接税具有的阶级性并不像直接税这样明显，因为表面上间接税是面向各阶层的民众征收的，然而在现实生活中，绝大部分间接税（主要是盐税和酒税）也是由广大民众缴纳。对他们来说，这些间接税同人头税一样，令他们不堪重负。

同样地，财政预算的阶级性在支出部分也有所体现。其中，非生产性开支（供养军队、庞大的官僚机构、宫廷以及征税成本）占据了支出的大部分。与此同时，对经济发展的投入却不大。专制国家用于发展教育、科学、文化和满足社会之需而划拨的经费也不多。财政赤字和国家债务不断增长，货币流通紊乱，再加上诸多其他因素，这些都昭示着在 19 世纪上半叶动摇俄国封建农奴制度的全面危机即将到来。

$$***$$

跨入 18 世纪之前，俄国原有的货币体系已经严重阻滞了国家的经济发展，行将就木。[①] 俄国的货币制度在 18 世纪经历了彻底的变革。货币改革与彼得一世推行的其他新政紧密相关，是俄国几百年来货币计量概

---

① Спасский И. Г. Русская монетная система. Л.，1970. С. 26-31；Spassky J. G.，*The Russian Monetary System*，Amsterdam，1967；См. также：Очерки русской культуры ⅩⅥ века. М.，1977. Ч. 1. С. 226-228；Очерки русской культуры ⅩⅦ века. М.，1979. Ч. 1. С. 164.

念自然发展的结果，在全国范围内全面推进。在彼得一世面前摆着一项任务，即在全国（其中包括仍然使用外币的地区——乌克兰、波罗的海沿岸地区）建立起一套灵活的货币体系，也即基于当时的国际货币（塔勒银币）之类的大面额货币单位与小面额的银辅币与成色较低的铜辅币构成的货币体系，实现货币流通的统一。[①] 北方战争开战多年，令人难堪其重，此外，还要对军队进行改建和更新装备、创建海军舰队，这些都要耗费巨资。在这种情况下，旧的货币体系和铸币业的运作已经无法适应新时期的条件和要求。

在彼得一世实行的各项新政和改革中，他的货币改革似乎不如其他改革那样规模庞大和效果卓著。[②] 但应当指出的是，货币改革是 18 世纪头 25 年许多改革得以顺利实施的条件之一，其推行也体现了很高的文化水平。俄国的铸币业主要依据欧洲的标准，而后者要求铸币技术现代化，转而实行双本位制，即塔勒银币和杜卡特金币。国家发行小面额铜币是一种行之有效而又取巧的财政手段。改革中最为引人关注的是自我和他者之间的选择问题：俄国一方面借鉴了西方制币技术的先进经验以及硬币的外观；另一方面，则不仅弃用了当时通用的拉丁文币文，还首次向世界展示了俄国自己的十进位货币体系，其中体现了源自 15~16 世纪的古老的货币计量单位，即卢布—格里文尼克（即10 戈比硬币）—戈比，以及通过将上述货币单位分成一半衍生出来的卢布—波尔季纳（即半卢布）—格里文尼克—5 戈比—戈比—金戛—波鲁什卡—八分之一戈比。鞑靼统治时期遗留下来的阿尔滕（3 戈比硬币）一度在十进制货币中沉寂，后来变身为五阿尔滕币（15 戈比）再度复活。1701 年到 1704 年一系列俄国钱币的出现引起了西方的广泛兴趣。

---

① Спасский И. Г. Русская монетная система. С. 139，140.
② Андреев А. И. Петр I в Англии в 1698 г. // Петр Великий. М. -Л. , 1947. Т. I. С. 95.

18 世纪下半叶，B. H. 塔季谢夫一直致力于为俄国制定完整的十进制度量衡草案。在这一工作完成的同一时期，瑞典学者艾·斯维登堡出版了关于十进制的论著。[1]

十进制的币制在俄国出现的时间要比美国早 70 年，而法国则是在此之后的一两年开始全面推行十进制。1698 年 4 月，彼得一世和 Я. B. 勃留斯与英国著名的货币改革家艾萨克·牛顿在伦敦造币厂进行过一次交谈，后者任造币厂监管一职。也许，如果能知道他们交谈的具体内容的话，就能够洞悉彼得进行货币改革的初衷。要知道，文献资料证实，这位俄国沙皇曾希望与牛顿再次会面。[2]

17 世纪末，俄国已经开始货币改革。国家面临的最大难题是造币厂最主要的金属原料——白银的供应问题。当时俄国唯一的一处银矿——涅尔琴斯克银矿的开采才刚刚起步，其开采量少得可怜，微不足道。[3] 莫斯科新兴的铸币业要满足战争之需、完成改革的各项任务以及加大力度铸造旧银戈比所需的白银完全依赖于进口。一百多年来，白银都是以外国（欧洲国家——译者注）银币的形式经由阿尔汉格尔斯克，有时也经由科拉进入俄国。经由西部边境进入俄国的通道因为北方战争而被堵死了。

直到 18 世纪中期，俄国才得以摆脱对西方的这种"被动的"依赖，这使它终于可以与自己的西方邻国并驾齐驱。而在此之前，白银供应长期不足，势必会导致逐渐降低实际货币单位中白银含量的做法。

白银的供应者们最在意的是自己可以一直这样堂而皇之地与俄国人进行不平等的交易：就在他们的家门口——阿尔汉格尔斯克或是莫斯科

---

[1]　Юхт А. И. Указ. соч. С. 281-284, 326-328; Svedenborg E. Forslag till vart mynts och mäls iudelming så at rekmingen kan lättas och alt Bråk ofskaffas. Stockholm, 1719.

[2]　Boss W., *Newton and Russian. The Early Influence, 1698-1796*, Cambr., 1972, pp. 714, 715.

[3]　ЧОИДР. 1864. Кн. 3. С. 94-100.

做买卖，像爱护眼珠一样地保持着以抢劫式低价采买传统俄国商品的状态，然后把它们卖到西方各国，从而获得巨额利润。

1699 年到 1700 年，俄国政府预见到白银的价格即将上涨，于是，对外国的叶菲莫克银币开始推行预购合同制，即针对来年要购入的外国银币预先向供应方支付全部合同金额的做法。很少有人能抵御住这种做法的诱惑（显然，这样做也可以让相应的商品供应得到保障）。无论是本国商人还是外国商人，只要在签订合同时有担保即可。有时候参与采购的公职人员会提出以银器、珠宝做抵押的要求。"预付合同制"的成功是毋庸置疑的。以老造币厂为例，1701 年，有 554 普特合金是在 1700 年支付订金采购的。在改革过程中，对戈比的需求量大幅增加。1700 年以前，戈比的铸造量每年为 20 万～50 万卢布，到 1700 年时增至近 200 万卢布，1701 年为 250 万卢布，1702 年为 450 万卢布。[①] 1 叶菲莫克银币的价格（1703 年时不低于 60 戈比）在 1701 年至 1711 年涨至 80 戈比。后来，这种按照预付款供货的形式一直沿用下去。例如，1710 年，Г. Д. 斯特罗加诺夫根据合同一次性交付了 97 普特叶菲莫克银币。

在历史文献的记载中，通常认为 1698 年是彼得一世货币改革的起始之年。在这一年，从国外游历回来的沙皇下令，将戈比的重量降至 0.28 克，即相当于塔勒银币的 1%。[②] 不可否认，一方面，彼得一世和 Я. В. 勃留斯在国外游历期间，特别是在伦敦获得的经验具有重要意义。但另一方面，他们出访国外之时实际上已经对即将进行的改革有了一定的打算和计划。因此，关于彼得一世币制改革开始之年除了上面提及的 1698 年，还有一种说法认为是 1696 年。后一种观点的理据是在俄国外交使

---

① Соловьев С. М. Указ. соч. М. , 1962. Кн. Ⅷ. С. 72.

② Кауфман И. И. Серебряный рубль в России от его возникновения до конца ⅩⅨ в. Спб. , 1910. С. 120.

团出访之前，对戈比的币面已经做了一定的改变——以铸币年份取代了造币厂的标识：民众先前已经习惯了在戈比的币面上看到的日期是 СД、СЕ、СЅ、СЗ、СИ（当时俄国用斯拉夫字母表示"创世纪年——204 年至 208 年"，即 1696 年至 1700 年）。因此，四年之后，无论是在银戈比还是新铜钱——四分之一戈比的波鲁什卡和八分之一戈比的铜钱（后来不再发行了）上出现采用欧洲纪年的年份 АѰ（1700）时，民众都格外关注。民众对于重新发行铜币这一举措充满疑虑，而最终注定停止发行的银戈比则成了前者的保障。要知道 1662 年"铜骚乱"引发的流血事件仍然让许多人记忆犹新，铜币发行归根结底是一件有风险的事情，令人心有余悸。

正是由于彼得一世已经计划进行币制改革，因此，他没有急于停止流通旧币中残留的银币。同时，这也解释了 1697 年在莫斯科开始运营的新造币厂（后来称为"红造币厂"）在 1695 年或是更早些时候已经在建造的原因。不仅如此，位于红场的地方自治衙门附近还有一个造币厂也开始制造戈比。而 1699 年，在克里姆林宫距离博罗维茨大门不远的地方开设了铜币造币厂。[1]

币制改革结束了金戛和阿尔滕作为钱币计量单位的时代，取而代之的是戈比，自此，钱币的数额都是以卢布和戈比来表示。随后，又出现了相应的半卢布（波尔季纳）、10 戈比（格里夫纳）、四分之一卢布等钱币计量单位。

1700 年至 1704 年，新货币体系中各种面值的钱币都进入流通当中。后来，为了最大限度地增强货币制度的灵活性，该货币体系又得到了进一步发展和完善。

莫斯科的铜币造币厂至迟在 1698 年末已经出现了在哥达订购的压床

① Спасский И. Г. Русская монетная система. С. 161.

（在压床供应商 X. 韦尔木特为纪念彼得一世而制作的纪念章上印刻着这样的压床图像①）。也正是这家造币厂承担了发行第一批新币的任务。1699 年，И. Т. 波索什科夫在克里姆林宫的铜币造币厂安装了德国的机器。这些机器试制出了两套波尔季纳的印模，上面印刻着用斯拉夫字母 C3 表示的发行年份（创世纪年 207 年，即 1699 年——译者注）。② 当时并没有下达这样做的要求，可以推断，在彼时彼得一世的设想中，最大面值的银币应该是波尔季纳，而非卢布。

铜币造币厂制造出的第一批产品大概就是胡子币，在胚饼上印制着 C3 来表示其发行年份。为了建立自己的货币体系，彼得一世非常重视为即将进行的币制改革打好技术基础，广泛借鉴了外国造币厂的经验。新造币厂安装了各类机床：制造金属板材用的轧片机床，切割硬币胚饼用的切割车床，铸造用的冲压机。这些车床主要是靠从高处坠落的重物的牵引力带动其转动，还使用过磨轮，也曾尝试利用风能。冲压时用的"牵引锤"很快就被更为完备的螺杆压力机所替代。

在采用新造币技术的头几年，便有一批能工巧匠涌现出来。1709 年，彼得一世亲自试用了制币机床，并对其大加赞赏。该机床是由钱币模型雕刻家 Ф. 阿列克谢耶夫设计的，用于在硬币边缘压制花纹。莫斯科的铸钟师傅和铁匠学会了铸币机床的组装和操作，许多俄国工匠开始制作冲压模具，而他们的孩子则成为圣彼得堡造币厂第一所附属职业技术学校的学生。

1700 年 3 月 1 日颁布的政府令对发行铜钱的原因做出解释：必须将"碎金戞"收回。"碎金戞"是将旧银戈比切分成两份或三份的零钱，是

---

① Die Reichelsche Münzsammlung in St. Petersburg. 1842. Th. I. N 1282；Спасский И. Г.，Щукина Е. С. Медали и монеты петровского времени. Л.，1964. № 54.

② Посошков И. Т. Книга о скудости и богатстве и другие сочинения. М.，1951. С. 202，203；Дуров В. А. Иван Посошков-денежный мастер // Н и Э. 1980. ⅩⅢ. С. 139 – 141；Спасский И. Г.，Щукина Е. С. Указ. соч. № 5，6.

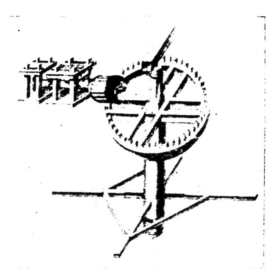

**图 4-1 彼得一世时期靠马牵引发动的轧制机**

资料来源：该图纸出自 A. 纳尔托夫 1779 年敬献
叶卡捷琳娜二世的图册集。

为了满足日常生活中的小额交易（小酒肆、小饭馆、澡堂等场合）之需，这些地方的支付金额常常小于 1 戈比，而以当时的技术要大批量制造另一种面额的金戛（二分之一戈比，其重量为 0.14 克）进入流通是不现实的事情：这要求冲模工的冲压技术要高度精巧细致。起初，每普特铜铸造 12.8 卢布的铜币；次年（1701 年——译者注），改为每普特铜铸造 15.5 卢布铜币。俄国自己也产铜，但一开始的时候，直接从汉堡或是阿姆斯特丹订购硬币胚饼更划算。1701 年，荷兰人 И. 柳伯斯曾提起控诉指出，瑞典人在对他的轮船进行海关检查时，将 500 磅的硬币胚饼没收。1701 年，俄国铜币的铸币量为 3700 卢布，而 1702 年为 7128 卢布。同时有条不紊地配套发行银币和铜币，这一做法是明智而正确的。这样一来，铜币逐渐得到了市场的信任，甚至可以用铜币来向外国人购买叶菲莫克银币。

　　1700 年 5 月 28 日颁布新令，宣布停止流通自 1681 年开始发行的旧银币。同时，责令各衙门不得再使用 1698 年之前发行的旧币，应将旧币送交造币厂，在原价基础上加价 10% 换成新币。莫斯科的民众都接到通知，让他们按同样的条件拿银戈比来换新币。但行政部门的热情让民众受宠若惊，他们把自己手里的大部分钱币藏了起来。1704 年，从商人舒斯托夫家的密室"启出"了 106 普特的旧币。[①] 市政机构和造币厂加大了对各种形式的白银进行收购的力度。达官贵人及其他富裕阶层一般都有私人收藏的传统（以银器为主），他们的收藏也引起了官家的关注，特别是当教会主教去世或是逝者没有继承人的时候。

　　1701 年，另一家造币厂制造的戈比进入流通。该造币厂建于莫斯科河南岸城郊的卡达舍夫村原哈莫夫厂处，由海军衙门负责出资和管理，其铸币收入用于满足舰队开支之需。[②] 与地方自治衙门专门增筑的塔楼一样，在造币厂大门口塔楼的尖顶上，一颗镀金的铜鹰闪闪发光，这是"国家制造"的标志。1702 年，共计将 3997 普特银改铸成银戈比，而只有 2 普特 12 磅改制成了其他面值的硬币（波尔季纳——50 戈比币、半波尔季纳——25 戈比币、阿尔滕——3 戈比币）。卡达舍夫造币厂为莫斯科制造了货币改革的另一种金属货币——金币。研究者 И. И. 考夫曼指出，彼得一世统治时期，1701 年至 1711 年发行的广为人知的杜卡特金币虽然具备硬币的一切特征，但当时这些金币还不是货币，因为它们没有法定价格，而只是沙皇发放的一种赏赐。[③] 对于这一点考夫曼毫不置疑，但他忽视了另一个信息，即更早些时候已有有关"俄国进购中国盒装黄金"的相关资料记载。考夫曼不知道，1701 年时，中国的黄金定期通过涅尔

① Соловьев С. М. Указ. соч. Кн. VIII. С. 73，74.

② Дуров В. А. Очерк начального периода деятельности Кадашевского монетного двора в связи с денежной рефомой Петра I // ТГИМ. 1978. Вып. 47.

③ Кауфман И. И. Указ. соч. С. 130. Спасский И. Г. «Золотые»-воинские награды в допетровской Руси // ТГЭ. 1961. Т. IV.

琴斯克运到莫斯科,[①] 而有时这些黄金也会在阿尔汉格尔斯克进行交易。"盒装黄金"的说法缘于这些黄金的包装是能容纳四分之三磅（相当于一两）金砂的小盒子。[②] 根据金币铸币师 И. 布罗伊尔于 1701 年 3 月 20 日呈交的计划书,用中国外销的黄金按照德国科隆金币的重量和成色制造切尔文金币,其法定价格为 1 卢布 20 戈比。西方的杜卡特金币的价格也达到了 1 卢布 20 戈比,但有时能用便宜些的价格买到。从彼得一世时期最初制造的切尔文金币的重量和成色可以看出,有些金币是由杜卡特金币改铸而成的。

可见,发行俄国通用金币的第一人也是彼得一世,这里的金币完全不同于彼得此前为奖励战绩而设立和颁发的金质币章。

1704 年 2 月 3 日敕令规定,将铜币的铸造标准提升至每普特铸造 20 卢布铜币,责令铜币造币厂和海军造币厂发行铜戈比。前者在不久后便开始铸造印刻 БК 标志的铜戈比（1705 年新发行的胡子币也是在这里制造的）。而后者则在自己的地界建了一座石结构和一座木结构的厂房炼铜。1705 年末,海军造币厂制造的铜戈比问世了,上面印刻着 МД（铜币——译者注）的字样,其总铸造量为 75278 卢布。

直到 1704 年,在全套银币当中又增加了面值为卢布的银币。6 月 12 日颁布的命令中称,"可能不会再改铸,而是重新铸造 2 万或 3 万枚银卢布"。该命令中不确定的口吻进一步证实了政府最初对波尔季纳币的定位。众所周知,1704 年和 1705 年版的卢布是经冲压机压制而成的。因此,同塔勒银币相比,其直径更大、更薄,某些地方甚至能透出原来硬币的铸造痕迹。但即使是在 1705 年之后的很长时间内,在现实

---

① Александров В. А. Россия на дальневосточных рубежах（вторая половина XVII в.）. Хабаровск，1984. С. 221.

② 有关中国黄金进入俄国的记载详见 АИ. 1842. Т. 5. № 261，263，265。在前文提及的舒斯托夫家族的密室中,除了藏有旧钱币、4 普特 4 俄磅金币,还有中国的黄金。

生活中流通的大面值银币仍然是以波尔季纳为主，因为卢布币几年才铸造一次，其印模也只有一两套。一枚这样大的钱币相当于 100 枚以前的银戈比。

在北方战争期间，铜币"铸造风"常常会变得失控，伴随而来的是大批伪币的涌入。铜币在这个战火不断的国家一方面成为其后方的通用钱币，另一方面，又是不便于流通的二等钱币。军团需要各种形式的银币，而外交使节和沙皇则需要金币。后来签订的《尼斯塔特和约》又要求向对方国家支付 200 万叶菲莫克银币。

越来越多的铜币通过河船或是车队从莫斯科分运到全国各地，它们一般有护送队护卫，以防遭遇强盗抢劫。由于道路不好，四轮大车最多能运送 250 卢布的铜币。

流入市场的铜戈比很快便成了俄国财政的致命弱点：市场上开始出现各种舞弊的伎俩。对本国的伪币制造者可以实施重罚措施；但在国界之外的波兰，许多善于专营的人有恃无恐地制造伪戈比发着大财，大地主在外人难以企及的领地和庄园里制造假币，然后走私运往俄国。①

铜币的亏损是一个令人苦恼不已的问题，这也促使钱币的使用范围形成了一个泾渭分明的"社会分界"：银币和金币是富人和贵族乃至显贵使用的货币；铜币则是普通百姓使用的货币。一个农民就是到死的时候，手里也没拿过印有沙皇肖像的银卢布，而金币则只是在歌词里和童话故事里才听说过的东西。慢慢地，出现了各类钱币之间的"比价"这一概念。尽管用铜币仍然可以买叶菲莫克银币，但由于其自身流通的不便以及要进行加价兑换，而加价的幅度也非立法所能控制，因此，到 18 世纪 20 年代时，塔勒银币的价格已经高于 1 卢布铜币的价格。

由此，1718 年初，在全新的铸币业中有三个独立的发展方向呈现出

---

① См. ，например：ПСЗ. Т. Ⅴ. № 3347.

明显的变化，其中变化最大的是银币铸造——不再用金属丝手工制作银戈比。取而代之的是用机械方式制造出大量做工精致、成色为 38% 的银戈比，但这只持续到 1718 年末。① 白银主要用于铸造成色为 70% 的卢布。为了保证国库能够收到充足的旧银戈比，先后多次将用银戈比缴纳赋税的规定延了一年又一年。金币也发生了诸如此类的变化。由于中国的金砂价格上涨，发行金币已经没有任何意义。1718 年，出现了成色为 75% 的两卢布金币。而这一时期，涅尔琴斯克银矿的开采量增加了。当时莫斯科的金银成色鉴定员 И. 莫克耶夫证实，可以从开采于涅尔琴斯克银矿的白银中有效提取黄金的成分。1721 年，用这种金银合金铸造了专门为纪念《尼斯塔特和约》签订而发行的纪念章。②

1718 年，铜币的铸造标准由每普特铜铸 20 卢布铜币改为铸 40 卢布铜币。此举令制造伪币变得更加有利可图，而对于底层民众来说则并非幸事。原来与银戈比一并发行的铜戈比很长时间都看不到了（只是偶尔在市面上零星看到一点 1724、1726、1728、1729 年发行的铜戈比）。1718年，大批小面值的波鲁什卡进入流通中，以满足人们的日常之需。政府计划用这些波鲁什卡把过去 15 年铸造的铜戈比都收回来。制造波鲁什卡伪币非常容易，而地方官员越来越难辨这些钱币的真伪。也许，正是因为波鲁什卡"其貌不扬"，所以，大家对制造它的假币现象也都不以为意。同时，这也让国库一开始就做出的有关"缴纳税款拒收波鲁什卡的决定"变得顺理成章。波鲁什卡在商贸中的适用范围仅限于小饭馆、小酒肆。后来，政府又开始回收波鲁什卡，但是按照每戈比兑换一打（12个）波鲁什卡币的标准。1723 年，由于辅币不足，政府下令发行能给国库带来更为丰厚利润的面值为 5 戈比的铜币。

---

① Спасский И. Г. Денежное обращение на территории Поволжья в первой половине XVI в. и так называемые мордовки // СА. 1954. Т. XXI .

② Спасский И. Г. Петербургский Монетный двор от возникновения до начала XIX в. Л. , 1949. С. 45；Спасский И. Г. , Щукина Е. С. Указ. соч. № 55，56，59.

拥有着两个多世纪历史的戈比让我们可以了解俄国徽章学和肖像学中的重要问题。无论是通过1635年的年鉴还是1704年颁布的命令内容都可以确定，戈比上印刻的手持长矛的骑士就是君主的形象。即使是15世纪的金戛上印刻的屠龙骑士形象，代表的也是当时的统治者莫斯科大公，而非圣乔治，币面上的题铭是大公的名字。16～17世纪，这位头上没有光环的国君—勇士形象在俄国国徽的主体部分——双头鹰胸前的小盾牌上"定居下来"。也正是自此开始，国君—勇士形象逐渐演变成了屠龙勇士圣乔治，并成为莫斯科公国的标志。要知道，当硬币币面上印刻的是女皇的形象时，这位勇士无论怎样都不可能再是国君的形象了。自叶卡捷琳娜一世时期的2戈比铜钱开始，硬币上的人物形象便失去了具体的意义。1757年到1796年，包括波鲁什卡在内的所有铜币上印刻的骑马屠龙勇士既不代表国君，也不是圣乔治，颁布的命令将其称为"骑士"。

新发行的各套钱币都在循序渐进地宣传着新的纪年法、数字和民用字母表。广大民众多个世纪以来形成的用斯拉夫字母加数字来纪年的习惯一直保持到18世纪20年代。从彼得一世时期开始，整整一百年的时间里，低等钱币的面值都是用"点"的形式给不识字的民众进行标识。当然，也没有忘了利用钱币好好地颂扬一下沙皇的威名：在金币和大面值的银币上印刻着他们英雄化的肖像，而铜戈比上则是民间木版画中的骑士形象。

彼得一世的货币改革向人们展示了新的制币技术以及沙皇的个人偏好，推动了俄国造币艺术的繁荣发展和钱币学的产生。后者既是一种颇受欢迎的收藏模式，也是一个历史知识领域。彼得一世不断发行新的纪念章，这些纪念章在造币厂可以买到；再加上沙皇本人就是钱币收集者，这些因素使收藏爱好者的数量大增，而且不再局限于显贵阶层。另外，西方开始对俄国的钱币文物产生兴趣，这也令一些人更加醉心于钱币收藏。[1] 俄国的钱币学文献由此应运而生。钱币学文献是在古文献的基础上形成的，其源头可追溯到广为流传的史书《俄国皇室宗谱》。文献中每位王公的名字都配有从已有的钱币收藏品中选出的相对应的钱币图片。这本配有钱币图片的史书最早的抄本出现在 18 世纪头 25 年。[2] 历史悠久的古钱币成为一种颇具价值的商品，应该好好保护起来以免被重铸，让收藏爱好者流传下去。后来又出现了古玩商，他们常常会遍访每一位富人收藏家去"淘宝"。

18 世纪 30 年代初，《俄国重大胜利、节庆和纪念章图册》俄、德双语版的手抄本在莫斯科、圣彼得堡坊间流传，甚至还流传到了国外。在当时最知名的古钱币、纪念章收藏家中，有一位是圣彼得堡商人，一位是莫斯科牧师费奥多尔，还有图册的编者——制铁厂厂主、在莫斯科出生并长大的荷兰人 П. В. 穆勒。1735 年，他在科学院用俄语做了一场关于俄国古董钱币的报告，用俄语而非拉丁语做报告——这对科学院来说还是第一次。[3] 18 世纪下半叶，科学院图书馆助理馆员 А. И. 波格丹诺夫（М. В. 罗蒙诺索夫的助手）以科学院珍品陈列馆的收藏品[4]（其中包括 40 年代被没收充公的 П. И. 穆辛-普希金和 А. И. 奥斯捷尔曼的大量珍藏）为素材，对 14 世纪到 16 世纪初俄国的古钱币做出了完整而又科学的系统化梳理。直到 1834 年，这项工作才获得大家的认可并为众人所知，只不过其作者的名字已经是另一个人——А. Д. 切尔特科夫[5]。А. Д. 切尔

---

① Спасский И. Г. На заре русской нумизматики. Культура и искусство петровского времени. Л. , 1977.

② Спасский И. Г. Рукописное наследие древней Руси в нумизматике начала XVIII в. и нумизматические контакты В. Н. Татищева // ВИД. Л. , 1978. Вып. IX. С. 40–44.

③ Там же. С. 26; Спасский И. Г. Очерки по истории русской нумизматики // Нумизматический сборник. М. , 1955. С. 37–43, 46–51, 55–77.

④ Musei Imperiales Petropolitani qua continetur nummi recentiores ( Nummi ruthenici ) // SPB, 1775, Vol. II, Pars. III.

⑤ Чертков А. Д. Описание древних русских монет. М. , 1834.

**图 4-2  俄国商人在自己的"贮藏室"**

特科夫并没有标注自己的资料来源——于 1768 年编辑完成的《珍品陈列馆馆藏俄国古币目录》抄本，该抄本没有署名，在收藏爱好者手中广为流传。1780 年，M. M. 谢尔巴托夫也使用这样的抄本，并"向其作者致以敬意"，他也未能指出作者的名字，因为在手稿原件中没有署作者名。[1]

参政院设立后，莫斯科的财政和造币厂都由其负责。彼得一世对后者仍颇为关注，从 1715 年开始，他就产生了将铸币事务全部迁出莫斯科

--------

[1]  Общий архив Министерства имп. двора. Списки и выписки из архивных бумаг. Спб. , 1886. Ч. 2. С. 52，55.

的想法。后来这一想法变得愈加具体和清晰。在 1715 年和 1716 年的记事簿中，彼得一世多次写道："应该在施吕瑟尔堡（彼得保罗要塞的旧称——译者注）建造造币厂工人集体宿舍。"① 这座位于涅瓦河源头的美丽的石制要塞就像是圣彼得堡的远郊，1718 年开始在那里为造币厂建造两层的砖制厂房。② 而 1719 年 3 月 15 日沙皇敕令，要求准备好场地，以确保"务必在来年将造币厂和工人都迁至圣彼得堡"③。无论是在施吕瑟尔堡建厂房，还是要求在圣彼得堡为造币厂准备相应的场地，都是彼得一世统一计划的一部分。很难说沙皇的初衷到底是什么：只是单纯地想把产量不太大的铜币生产转移到施吕瑟尔堡，抑或是由于在弃置已久的彼得保罗要塞难以找到适合建造币厂的地方，因而在两座要塞的选择上徘徊不决。但最终还是梦想占了上风：试想，在涅瓦河的右岸，一座造币厂的熔炉冒出缕缕浓烟；沙皇可以带着外来的贵客参观造币厂，甚至可以当着他们的面把自己的画像压印到纪念章上（1717 年，彼得一世本人在巴黎受到过这样的接待）。

1719 年的谕令并未能得到完全执行。而在施吕瑟尔堡建的厂房则另作他用。1721 年，委任 Я. В. 勃留斯刚刚成立的矿务委员会以"整体局势不容乐观"为由提出，至少金币制造应该在圣彼得堡进行。沙皇对此予以首肯。④ 1721 年，彼得一世派遣一名矿务委员会的官员前往纽伦堡了解新型压床的情况。⑤ 也许，这位官员还担负了签署协议的任务，因为在 1723 年通航期间，从纽伦堡运来的压床已经在涅瓦河畔卸货。当时还有

① Там же.
② Столпянский П. П. Старый Петербург. Петропавловская крепость. Пг., 1924. С. 50（прим. 90）；Кирпичников А. П.，Савков В. М. Крепость Орешек. Л., 1972. С. 63；Спасский И. Г. Петербургский Монетный двор от возникновения до начала XIX в. С. 8–10.
③ ПСЗ. Т. V. № 3334.
④ ПСЗ. Т. VI № 3448/14.
⑤ Бантыш-Каменский Н. Н. Обзор внешних сношений России по 1800 году. М., 1896. Ч. 2. С. 202.

部分压床从莫斯科运来，但这部分压床遭遇了沉船事件，于是，又向谢斯特罗涅茨克厂订购压床以补足。① 不久之后，载着铸币工人全家老小和家当行李的大车从莫斯科来到了圣彼得堡。在离彼得保罗要塞不远的冠堡的外侧出现了一个铸币工人聚居的小村庄。

彼得一世和参政院要求矿务委员会为造币厂在要塞选一块地方。但出乎他们意料的是，Я. В. 勃留斯不同意将厂房设在此处，因为他认为要塞这里居民众多，而钱币生产应在远离人群的地方。然而，沙皇的回复也令 Я. В. 勃留斯颇感意外：彼得亲自签署谕旨，命令矿务委员会必须立刻接收、妥善安置运来的造币设备，并即刻开始铸币，不得有误。②

圣彼得堡的衙门和办公厅收到命令，将其现有的银币和金币上交矿务委员会进行重铸。③ 而在 1724 年 4 月 21 日，它便向上呈交了工作报告，称已启动铸币工作并已完成第一批 262 枚卢布币的生产。

矿务委员会从莫斯科招来铸币师 T. 列夫金，和他一起在要塞周围建的特鲁别茨科伊堡垒内选择了一幢两层的军需库：在这里安装了靠马力牵引转动的铸币用机器。1725 年 1 月末，从矿务委员会运来的压机开动了，开始用经过压制的塔勒银币铸造卢布币。而此时在涅瓦河对岸的皇宫里，彼得一世已经奄奄一息。④ 圣彼得堡发行的 1724 年和 1725 年版卢布币上印刻的图像保留了彼得一世在世时的最后飒爽英姿，这些画像的雕刻师是何人不得而知。

彼得一世突然驾崩，他在铸币业上实施的最后举措也因此而潦草收尾。从俘虏中挑选出铸币师傅，在叶卡捷琳堡工厂建起了一座水动力机

---

① Георгий Михайлович, вел. кн. Монеты царствования императрицы Анны. Спб. , 1901. № 2.

② ЦГАДА. Ф. 248. Кн. 651. Л. 419, 422; Ф. 371. Кн. 3. Л. 177.

③ ПСЗ. Т. VII. № 4300.

④ ЦГАДА. Ф. 248. Кн. 651. Л. 590; Спасский И. Г. Петербургский Монетный двор в 1724–1727 гг. // СГЭ. 1977. Вып. 42.

器造币厂，制造正方形硬币——每普特上图里耶铜铸 10 卢布面值上至卢布、下到戈比不等的铜币。彼得一世显然是在效仿瑞典的做法：瑞典自 17 世纪以来开始对铜实行专营垄断，铜一般都是以长方形铜板的形式出售，其重量各不相同，上面印着各自的价格。然而，在 1726 年，叶卡捷琳堡一开始发行了一些卢布铜板（发行时间的印模是在 1725 年提前刻印好的），后来制造的都是小面值的铜板，其中最多的是作为西伯利亚地方通用钱币的格里夫纳。但到 1727 年时，这些工作也都悄然停止了。叶卡捷琳堡开始专门为莫斯科制作硬币胚饼，一做就是近 30 年，直到 1754 年，参政院经过两轮重新分配后，仍未同意在叶卡捷琳堡建铜币造币厂。

彼得一世去世后，铸币业经历了五年完全无人管理的阶段，后来重新步入正轨。在彼得一世下葬后，矿务委员会把造币厂的地界和要塞隔离开来，矿务委员会所在的两层楼房将堡垒后门的出入口与正门的通行口连接起来。这里开始招纳从莫斯科来的"金匠师傅"，对收集上来的金币进行重铸，甚至还举行了纳雷什金堡垒的奠基仪式。[①]

矿务委员会把"委员会造币厂"保留了下来，由 А. Д. 缅希科夫主管负责，不过 А. Д. 缅希科夫却把造币厂全权交给自己的心腹——总管 Е. И. 法明岑，而他本人却疏于管理。А. Д. 缅希科夫的专用炼金师是他的另一名亲信 П. Н. 克列克申，后者通过告发 А. Д. 缅希科夫的威胁者 Т. 列夫金和铸币办公厅的法官 И. А. 施拉特尔而获取他的信任，并保全自己。[②] 作为叶卡捷琳娜一世女皇的宠臣，А. Д. 缅希科夫说服她把 1701 年起发行的银币全部收回来，新币和旧币按照 1：1 的比价进行兑换。新币上印刻的肖像和年份不变，但其成色由 70% 降至 57%，甚至更低。于

---

① Богданов А. Историческое，географическое и топографическое описание С. Петербурга от начала заведения его с 1703 г. по 1752 г. Спб.，1779. С. 37.

② Георгий Михайлович，вел. кн. Монеты царствования императрицы Екатерины I. Спб.，1904. № 22.

是，按照老标准铸造刻有叶卡捷琳娜一世女皇画像的银卢布这一工作刚刚开始便就此搁置了。[①] 而铸币工人在新的印模尚未准备就绪的时候，只能先调到别的地方"混口饭吃"。

A. Д. 缅希科夫的提案无异于赤裸裸而又无耻的抢劫行为，但他对此的解释是为了将钱币上"被奉若神明的君主"已模糊了的画像翻新。因此，最高枢密会议在了解了这一切之后，只能同意他的提案，其中还包括铸造以前从未发行过的面值为 2 卢布的银币，上面印刻着彼得一世和叶卡捷琳娜一世像。[②] 然而，由于这一做法一直引起众多异议和争论，无法达成一致意见，特别是还有暗中反对的力量，所以，在要塞业已开始的"兑换币"铸造工作刚开始不久即被叫停。叶卡捷琳娜一世下令恢复按照原来的标准进行铸币（在莫斯科这项工作从未停止过）。

"委员会造币厂"毫无阻碍地按照 П. Н. 克列克申的"巧妙"设计制造着 10 戈比的"格里文尼克"。1730 年的调查资料显示，该种钱币中除了银和其他不明成分，还包括"烈性物质"（硝石、砷、升汞等）。发明者坚称，这些物质正是"变废为银"的奥秘所在。据亲眼所见者讲述，这种可怕的合金银锭在库房放上几天，就会蒙上一层湿气泛潮，然后表面起一层气泡，气泡一擦，下面会出现像是细砂的东西；有的银锭甚至自己就开裂了。[③] 在 A. Д. 缅希科夫倒台后，国库宣布 A. Д. 缅希科夫时期造的格里文尼克为伪币，对其合法性不再予以承认。原本是要向 П. Н. 克列克申追讨铸造他设计的那些钱币所浪费掉的白银，但不久后，即 1728 年，由于皇宫迁至莫斯科，圣彼得堡的委员会造币厂关闭了，这才让他得以脱身。

18 世纪 30 年代，政府开始对铸币业进行整顿，使其重新走上轨道。

---

① Там же. № 6, 27.

② Там же. № 14, 17.

③ Георгий Михайлович, вел. кн. Монеты царствования императрицы Анны. № 1, 2.

而随着再次迁都圣彼得堡，并在那里重新开设造币厂，圣彼得堡和莫斯科造币厂的竞争也由此开启。莫斯科造币厂的境况堪忧。被派去整顿工作的中将 А. Я. 沃尔科夫报告说，"铸币业无论按照怎样的范式，都不可能在短时间内快速恢复"。В. Н. 塔季谢夫的反应则更为强烈。他曾指出，造币厂在"波兰人占领莫斯科期间（1612 年——作者注）就已废置，至今为止再没有人在那里出现过"①。后来，在莫斯科设立了造币办公室，负责造币业务的领导工作，В. Н. 塔季谢夫也在这里担任了一段时间的管理工作。他提议利用亚乌扎河上的磨坊水坝来进行铜币制造。② 在接下来的几年里，铸造铜币的全套流程都在水坝附近的木制水磨坊中进行着。

彼得一世时期开始铸造的 5 戈比铜币在他的继任者统治时期得到大批量制造；与此同时，伪币的制造量也丝毫不逊色于前者。1723 年到 1730 年初，共计制出 5 戈比铜币近 400 万卢布，这也为此后的几十年埋下了一个隐患。③ 1730 年，安娜·伊凡诺芙娜女皇敕令制造新铜币：每普特铜铸造 10 卢布的金戛和波鲁什卡，无须注明铸造地。没有人想去伪造它们，但要想将遗留下来的大量 5 戈比铜币收回来却又无能为力。不足值的铜币仍在流通，结果就造成这样一个局面：一方面在为停止流通 5 戈比铜币的方案而绞尽脑汁；另一方面，这些钱币的仿造者仍在继续制造着伪币。

铸币事务主管 М. Г. 戈洛夫金根据彼得一世时期 1704 年到 1718 年铸造的戈比和金戛的重量比确定了新币的重量。这样一来，可以把旧币用作铸新币的胚饼材料：原来的戈比重铸成金戛的胚饼，原来的金戛重铸成波鲁什卡的胚饼。彼得二世时期的戈比也适用于做波鲁什卡的胚饼。

---

① Георгий Михайлович, вел. кн. Монеты царствования императора Петра Ⅱ. Спб., 1904. № 29；Юхт А. И. Указ. соч. С. 338. Прим. 26.

② Юхт А. И. Указ. соч. С. 291.

③ Брикнер А. Материалы для истории финансов в России. Пятикопеечники 1723 – 1729 гг. Спб., 1867；Юхт А. И. Указ. соч. С. 291.

对这些旧币要进行"熔烧"，以恢复其金属的弹性。经过重铸后，旧币的外观全部被清除掉，只剩下一个胚饼，变得比原来的薄和大。然而，许多重铸而成的新币的外观却因为两三种印模叠合而有点惨不忍睹，不过，这一点并没有人在意。

对铜币进行大规模重铸成为 18 世纪俄国铸币业最具特色也是史无前例的一个现象。1723 年至 1730 年铸造的 5 戈比铜币也遭遇了同样的命运。按照 И. И. 舒瓦洛夫的计划，从 1746 年起，全国将连续三年发布通告，从谕令发布之日起，无论是哪里的 5 戈比铜币——国库中的还是乞丐兜里的——一律贬值 1 戈比。也就是说，5 戈比铜币 1746 年值 4 戈比，1747 年值 3 戈比，1748 年值 2 戈比。显然，这一举措对穷户人家的影响要比大户人家大得多。此后，1754 年，除了一贯 10 卢布的铜钱，还流通了三年价值更低的铜钱——一贯 8 卢布。这样一来，国库中储存的大量 1723 年到 1730 年发行的 5 戈比铜币可以在莫斯科和圣彼得堡重铸成戈比。后来，叶卡捷琳堡的造币厂[①]也开始重铸这样的戈比。

当时市面上流通四种面值的铜币：1754 年到 1757 年发行的足值戈比，不足值的二分之一戈比以及一直没有急于停止流通的 10 卢布一贯的金戛和波鲁什卡。国库用了很长时间一点点掏空了民众的口袋，然后摆出一副高姿态——以 2 枚新戈比币兑换 1 枚 5 戈比旧币的比价进行回购。[②] 1723 年至 1730 年发行的 5 戈比币一直无法全部回购，遗留下来的问题始终未能彻底解决。直到 18 世纪末，所有的 5 戈比币才都"回炉"重铸成新币发行。

莫斯科铸币业的复苏以对红色造币厂进行大修重建而告一段落。卡达舍夫造币厂因为在这里铸造金币和银币而再度盛极一时。与此同时，

---

① Георгий Михайлович, вел. кн. Монеты царствования императрицы Елизаветы. Спб., 1896. № 199，211.

② Там же. № 202.

在被烧毁的猎人商行处建起了一幢铜币铸造厂房和涅格林卡河水坝。[①] 该厂房的落成使克里姆林宫第一座铜币铸造厂被闲置。但是，1738 年，安娜·伊凡诺芙娜女皇不顾参政院的不满和反对，敕令让圣彼得堡造币厂恢复生产，尽管当时造币厂在要塞的厂房已闲置荒废多年，成为危房，而纳雷什金堡垒又早已被占用。圣彼得堡物价高企导致铸币工人的工资上涨；特别是一些铸币工人因为停工而在莫斯科无用武之地，成为到处混饭吃的可怜人，这些都令参政院的大臣们"大为恼火"。后来成为造币厂厂长的 И. А. 施拉特尔经过 18 年的奔走呼吁，终于将造币厂迁至纳雷什金堡垒更为宽敞的厂房里。[②] 1755 年，已经开始在这里铸造印刻着 СПБ（圣彼得堡——译者注）标志的金币（在 19 世纪之前，圣彼得堡几乎从未铸过铜币）。И. А. 施拉特尔是一名杰出的铸币专家，著有俄国第一批铸币和成分鉴定指南和手册。[③] 他在造币厂开办了出色的培训学校：每年有近 20 名年轻贵族以及自出生之日起就属于国家的"铸币子弟"在这里定期听他讲课，并一起在车间的压床旁、实验室或是刻版室进行实习操作和生产实践。

40 年代初，在科雷万湖—沃斯克列先斯克发现银矿。1747 年，该银矿由杰米多夫家族转归皇家所有。继此之后，在彼得保罗要塞设立了金银分离总实验室[④]，由 И. А. 施拉特尔负责管理。不久后，涅尔琴斯克矿区开采出来的矿物以及西伯利亚地区从中国大量购入的银锭也都送交这里进行检验。[⑤] 在成立之初的那些年，经由总实验室提纯交至造币厂的黄

---

① Там же. № 28，41，70，99，213.

② Богданов А. Указ. соч. С. 43；Георгий Михайлович，вел. кн. Монеты царствования императрицы Елизаветы. № 189.

③ Шлаттер И. Описание при монетном деле потребного искусства. Спб.，1754.

④ Шабарин С. К. Возникновение аффинажа серебра и золота в России // Труды Института истории естествознания и техники АН СССР. 1957. Т. 9. С. 45.

⑤ Георгий Михайлович，вел. кн. Монеты царствования императрицы Анны. № 178，256，272；Он же. Монеты царствования императрицы Елизаветы. № 19，26；Щербатов М. М. Соч. Спб.，1896. Т. Ⅰ. С. 694，695，717，718.

金和白银数量每年达数百普特。例如，从 1761 年到 1770 年，共计提炼白银 4886 普特 26 俄磅，黄金 176 普特 19 俄磅。[①] 在铸银币用的白银中，作为关税收入的外国银币仍然占相当的份额。1764 年，俄国铸造的所有金币都印刻着 СПБ 的标志。而在不久之后，莫斯科造币厂又失去了大面额银币的铸造权，这里只铸造作为辅币的铜币。最终，莫斯科造币厂于 1776 年停产，但作为备用造币厂又存续了几年。[②]

18 世纪中叶，银币也没能躲过重铸的命运。但之所以这么做，并非出于经济方面的考量，而是由于伊丽莎白·彼得罗芙娜女皇发行的许多银卢布上印刻的发行年份"1741"和"Иоанн"（约翰——译者注）的字样出现了模糊的现象。于是，沙皇政府开始四处搜寻印有圣约翰像的钱币，而收藏这些钱币则被视为犯罪。既不了解一代代沙皇的历史又目不识丁的老实人循规蹈矩，对此"言听计从"。伊丽莎白·彼得罗芙娜女皇发行的银卢布的成色为 72%，但在 1747 年，П. И. 舒瓦洛夫将银卢布的纯度提高到了 77%。由于叶卡捷琳娜二世对国库存有的银卢布上的彼得三世画像深恶痛绝，于是，她也通过把这些钱币重铸将上面的画像全部清除，然后印刻上自己的肖像，它们的成色也是女皇希望的 72%。И. А. 施拉特尔的铸造技术已经达到了炉火纯青的地步，以至于很难发现这些钱币是经过重铸的。

安娜·伊凡诺芙娜女皇统治的 10 年间发行的卢布上更换了自己四种风格完全不同的肖像，其中有一款肖像非常难看，被西方的收藏家们称为"大马脸"。直到叶卡捷琳娜二世时期，才注意到这一问题，在铸币的时候尽量采用风格颇为相近的肖像和图案。不过，钱币边缘刻上的普通刻纹不甚成功，这些钱币在乌克兰和白俄罗斯被称为"卡尔博瓦涅茨"

---

① Шабарин С. К. Указ. соч. С. 45.

② Георгий Михайлович, вел. кн. Монеты царствования императрицы Екатерины Ⅱ. № 258, 290, 297, 301.

（карбованец），其源于"刻纹"（карб-зарубка）一词。特别应当指出的是两套印刻有伊丽莎白·彼得罗芙娜肖像的塔勒银币。1756 年和 1767 年，莫斯科先后发行了一套雷瓦尔—里加银币，其中包括成色为 72%，面值分别为 96、48、24、4 戈比的银币，以及成色为 36% 的 2 戈比银币。银币的币面上分别印刻着雷瓦尔和里加的市徽，在伊丽莎白·彼得罗芙娜像周围铸刻着拉丁文题铭。需要用这些银币来从波罗的海各省的流通中回购残余的低成色的西方辅币。1759 年至 1762 年，俄军在战争期间收归己用的柯尼斯堡造币厂能正常运作。在该造币厂制造同样成色、不同面值的普鲁士币，其面值为三分之一塔勒银币（相当于 1 马克银币）及以下不等，币面印刻着伊丽莎白·彼得罗芙娜的肖像，还有一部分普鲁士币在莫斯科被制造。

1762 年，包括各种面值的全套银币最终成型，其中大部分是在彼得一世时期就已策划发行。伊丽莎白·彼得罗芙娜女皇统治时期，25 戈比币走进了人们的生活。之后，在即将发行 10 戈比币之前先行推出了 5 戈比币；后来，在彼得三世发行的钱币中，П. И. 舒瓦洛夫引入彼得一世时期设计的 15 戈比和 20 戈比辅币。所有这些银币的成色都相同，只是辅币中金属的成色"不足"，十枚 10 戈比银币的重量不及一枚银卢布。这样可以填补上铸币工人的工资开支。

保罗一世时期发行的银币成色达到前所未有之高：83.33%。其外观也独具特色。币面上的国徽再次被由四个字母"П"交叉而成的组合图案所替代，而取代保罗一世肖像的是嵌有卷边花饰的题铭——圣殿骑士团的座右铭："不是为了我们，我的主，不是为了我们，而是为了你的名字，给予荣耀。"

在 18 世纪中期以前，俄国国内金币较少，因此，尚且顾不上本国金币的国际威望问题。彼得一世曾表示过，即使国外没有人知道他发行的钱币，他依然会很欣慰。他这样说是有理由的。从 1755 年才开始发行俄罗斯帝国时代的 10 卢布金币及 5 卢布金币，其成色为 88%。后来，这些金币的重量逐渐减轻（10 卢布金币的重量由 16.5 克减至 12.9 克），并一直发行到 19 世纪末。金币的样式仿照了著名的金路易（法国古代的金币——译者注）或是腓特烈金币（旧时普鲁士金币——译者注）的样式，为金币选择了"伊丽莎白金币"这一名称，从中可以看出希望这些金币进入国际市场的愿望，但一直未能如愿。

以往与土耳其频繁交战的经验促使俄国政府在 1768 年至 1774 年俄土战争前夕制定了全新的战略计划。1768 年，他们在彼得保罗要塞秘密铸造成色和重量都无可挑剔的荷兰杜卡特金币，进而为"出其不意地"打击敌人提供保障。与此同时，海军部发动了几乎整个波罗的海舰队，做好随时开战的准备；舰队以进行普通的海上军事演习为掩护，分成几个分舰队，神不知鬼不觉地驶入茫茫的大海。它们的底舱装载着至少一年的货币储备，向地中海驶进。为了保险起见，以防信息泄露，俄国政府还故意"秘密地"通过荷兰向威尼斯转汇了一笔数目不大的杜卡特金币。军事行动在 1770 年 6 月 26 日以著名的切斯马海战大捷告终。对于叶卡捷琳娜二世来说，还有一个意外的惊喜：А. Г. 奥尔洛夫用计擒获了著名的女冒险家塔拉卡诺娃公爵小姐。А. Г. 奥尔洛夫在铸造金币的彼得保罗要塞设下圈套，引诱后者入局，然后用"三主教号"轮船把她载到那里囚禁起来，直到最后死去。[1]

舰队返回军事基地，而秘密铸造他国钱币的行动仍在继续。对母亲叶卡捷琳娜二世极为反感的保罗一世即位后，将这一行动叫停。但他的儿子亚历山大·帕夫洛维奇（即亚历山大一世——译者注），先是出兵格鲁吉亚，之后又出征巴黎，这些行动让他感到急需大量大头金币（铸有

---

① Спасский И. Г. Когда и для чего впервые чеканились в Петербурге голландские дукаты? // ВИД. Л.，1978. X. С. 22-38；Ср.：Vander Wiel A. Valse Nederlande dukaten // Jaarbock voor Munten-penning-kunde. 1952. N 39；Там же. 1956. № 43.

头像的法国金币——译者注）。于是，为了掩人耳目，俄国政府先后两次向荷兰乌得勒支造币厂下了订单，让其用俄国的黄金铸造杜卡特金币。[1]而与此同时，他们在圣彼得堡也在秘密铸造杜卡特金币。上述举措保障了荷兰杜卡特金币在俄国国内流通，而没有受到过多的关注。

18世纪下半期，俄国铜币的铸造历史极为复杂。铜币铸造为俄国1769年第一批纸币的发行奠定了坚实的基础。其中，又用到了1723年至1730年发行的5戈比铜币，有的经过重铸，有的保留未动，有的则被改铸成2戈比铜币——1757年发行的一套面值总和为16卢布的铜币中较大面额的币值。2戈比铜币之后，还有戈比、金戛和波鲁什卡。这些铜币的币面上都印刻着由伊丽莎白·彼得罗芙娜女皇姓名头一个字母交织组成的花字图案和骑士像。[2] 由于俄国与普鲁士开战，同年，在这一套铜币中又增加了5戈比面额，币面上印刻着鹰的图案，取代了之前的骑士像。[3]归军事部门管辖的谢斯特罗列茨克厂附属造币厂开始铸造这种铜币。而铸币用铜的供应主要是通过对废旧的铜炮和被火药震碎的炮筒的碎块进行再熔炼而获得的；在七年战争期间，铜的来源还包括缴获的普鲁士枪炮。[4]

俄土战争缴获的许多战利品也被改铸成特殊的"摩尔达维亚币"和"瓦拉几亚币"。多瑙河军队的统帅 П. А. 鲁勉采夫的纵容和不以为意让冒险分子哈尔登堡男爵肆无忌惮地将多瑙河沿岸地区掠夺一空。仅仅在1771年到1772年，他们就把土耳其的白银和给俄国军官发放军俸用的黄金全榨光了。П. А. 鲁勉采夫委任哈尔登堡男爵负责在造币厂把战利品炼铜和改铸铜币事宜，后者似有先见之明地把造币厂安置在了自己在奥地利之外的领地。这样一来，无论是运送大炮还是铸币，他都可以不受任

---

① Jaarbock... N 43. S. 64.
② Георгий Михайлович, вел. кн. Монеты царствования Елизаветы. № 272，273.
③ Там же. № 284.
④ Там же. № 244，245，271.

何监督和约束。①

П. И. 舒瓦洛夫伯爵雄心勃勃的造币计划一直受到伊丽莎白·彼得罗芙娜女皇的遏制。到女皇去世前，П. И. 舒瓦洛夫已经为即将继位的彼得三世策划好了一套计划，将面值总和为 16 卢布的这套铜币的面额增加一倍，改铸后整套铜币的面值总和为 32 卢布。同时，还计划增铸 4 戈比币和格里夫纳。在谢斯特罗列茨克、叶卡捷琳堡和莫斯科的造币厂以及雅罗斯拉夫尔、下诺夫哥罗德和斯摩棱斯克省的波列奇耶造币厂都开展了 1762 年的铸币行动。叶卡捷琳娜二世执政后，停止了上述铸币活动，并下令将重铸的铜币恢复为原来的面额，但币面上印刻的已经是新女皇姓名头一个字母交织组成的花字图案。②

而西伯利亚仍然是货币流通的一个特殊地区。在阿尔泰地区新建的科雷万造币厂开始为西伯利亚地区铸造铜币，每普特铜铸造 25 卢布面值不等的铜币，从格里夫纳到波鲁什卡。应当承认的是，在该地区铸币的铜中有令铜币价值更高的白银成分。叶卡捷琳堡造币厂铸造的大量铜币都运往俄国的欧洲部分。而自 1789 年起，全国的铜币开始由彼尔姆省的安娜造币厂负责发行。③

叶卡捷琳娜二世对 П. И. 舒瓦洛夫计划中提及的发行 50 戈比币和卢布币这一想法很感兴趣。这两种面值的钱币为她未来发行纸币提供了必要的条件。

发行纸币并非叶卡捷琳娜二世的创意。П. И. 舒瓦洛夫在 1757 年开始推行非常便捷的"期票"流通，此举令商人无须再来回运输大量的铜

---

① Там же. № 169，178，183，186-192，236-240；Полек Др. Бывший русский монетный двор в Садогуре. Доклад 1894 г. в Буковинском областном музее. Рукопись хранится в Библиотеке Черновицкого университета.

② Георгий Михайлович，вел. кн. Монеты царствования императрицы Екатерины Ⅱ. № 22，25，26，28.78.

③ Там же. № 83，85，91，110，121，129.

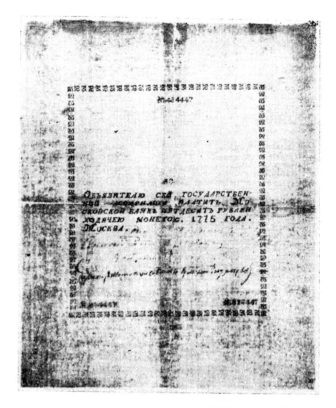

**图 4-3 莫斯科纸币发行银行的钞票 50 卢布**

币。此后，发行纸币的想法便在他的脑海里萦绕。彼得三世在 1762 年 5
月 25 日下达的关于发行纸币的谕令未能得到落实。到了叶卡捷琳娜二世
时期，女皇重申并强调了该谕令的主要内容，但纸币的面值不是彼得三
世所说的五种，而是四种，分别为 25、50、75、100 卢布。不久之后，这
四种面值的纸币仅有三种保留下来，都是一样的白色纸钞；而 75 卢布的
纸币停止发行并被全部收回。叶卡捷琳娜二世颁布诏书，确定了发行纸
币的任务，以减轻铜币流通的运输负担。为此，1769 年，在圣彼得堡和
莫斯科都开办了纸币发行银行，以保证钞票的兑换业务。

　　纸币可以用来支付税费，并可以按照最新比价与铜币进行随时兑换，二者是绑定在一起的。政府会不时地发布国库接收纸币和铜币的兑换比价。政府还打着关心商业繁荣发展的名义，连年强行向民众发行债券借钱。当白银和纸钞的兑换比价保持在每卢布 1~2 戈比的浮动范围之内时，一切都还正常运作。叶卡捷琳娜二世曾保证将纸币的发行额度控制在 100 万卢布以内，但现实情况并非如此：还不到一年时间，发行的纸币已超过 200 万卢布。此后，一方面是"君主言之凿凿的承诺"，要不就是在参政院门前焚烧一堆堆皱皱巴巴、被替换掉的纸钞的壮观场面；另一方面，则是纸币的发行量仍在持续增加。1774 年，其发行量超过了 2000 万卢布，而到了 1784 年达到 4000 万卢布！1787 年，当圣彼得堡和莫斯科纸币发行银行合并为统一的国家纸币银行时，进入流通的纸币已逾 1 亿卢布。90 年代，除了白色的纸钞，又增加了"红票"（10 卢布钞票）和"蓝票"（5 卢布钞票）。自此，金币、银币与纸钞和铜币的票面金额之间有了明确的区分。用银币和纸币进行结算成为现实：1 个银卢布可以兑换 120 个、125 个或者 130 个铜戈比。保罗一世时期，仍在继续加大纸币的发行量。①

　　尽管造币厂一直向政府抱怨说纳雷什金堡垒的厂房存在很多问题，但这些问题一直未能得到解决。那里仍然是在全力开工，每年制造 260 万卢布的银币和 100 万卢布的金币。② 1796 年，经核算，预计未来十年每年要将高达 6714 普特的外国银币（关税税费所得）和 1600 普特的本国白银改铸成成色为 72% 的银币，铸造完成的银币应达到 540 万卢布。1796 年，宫廷特别会议提交计划书，计划在圣彼得堡附近的斯特列利尼亚建一座年产量达 600 万卢布的水力造币厂。叶卡捷琳娜二世批准了这项计划书及相关的预算。但后来，在俄国驻伦敦特使 A. P. 沃龙佐夫给女皇看了

---

① Кашкаров М. Денежное обращение в России. Спб. , 1898. Т. Ⅰ . № 19, 24–26；Шторх П. Указ. соч. ；Печорин Я. Указ. соч.

② Георгий Михайлович, вел. кн. Монеты царствования Екатерины Ⅱ . № 425.

他与英国工厂主马修·博尔顿的通信后，这项计划也随之失去了意义。后者建议在圣彼得堡建一座蒸汽动力造币厂，并就地装备上生产设备。这里谈及的是要建世界上第一家国家蒸汽动力造币厂。博尔顿的建议得到了众人的赞许。A. P. 沃龙佐夫与之的谈判进入一个新的阶段。

马修·博尔顿与詹姆斯·瓦特和法国设计家皮埃尔·德罗兹等杰出的专家展开合作。在与他们合作的过程中，博尔顿找到了一个方法，可以通过气动附加装置将当时使用最为广泛的蒸汽机、排水泵与一组同款胚饼雕刻机或是冲压机连接起来。对于这一方法，他在自己位于索和的工厂进行了验证，并于 1790 年申请了专利。① 接下来的任务就是在伦敦的外国使团中寻找客户。A. P. 沃龙佐夫是最先对此感兴趣的人之一，并认真考虑了博尔顿的提议。1797 年，博尔顿造访圣彼得堡。他在伦敦签下的第一单为此后的订单开了个好头。1799 年，英国议会通过决议，准许机器出口，并责成博尔顿务必在规定期限内在伦敦造币厂实现机器现代化，改用蒸汽动力。

保罗一世登基之后，建造新造币厂事宜开始由总检察长 M. Ф. 索伊莫诺夫负责。

博尔顿提出的造币厂厂房设计图并不适合彼得保罗要塞——首都举办盛大活动的中心，因此被否决了。造币厂的设计工作交由 A. 波尔塔负责。进入 1800 年之后，造币厂按照他的设计方案开工建造，并于 1805 年竣工投入使用。新造币厂的设备包括英国的螺旋冲压机以及靠蒸汽原动机带动运转的其他装置。② 在新造币厂落成之前，保罗一世有一次到访喀琅施塔得，在船坞第一次亲眼看到了英国的蒸汽泵，对其运行工作大为赞赏。③ 于是，他命令副总理大臣 A. Б. 库拉金起草谕令，铸制一种"银

① Forrer L. Biographical dictionnary of medallists. London，1902. V. Ⅰ. P. 117-119.
② Спасский И. Г. Русская монетная система. С. 225，226.
③ Забаринский П. Первые «огнедействующие» машины в Кронштадтском порту. М. -Л.，1936. С. 72.

ANNO TRICESIMO NONO

# GEORGII III. REGIS.

C A P. XCVI.

An Act to enable *Matthew Boulton*, Engineer, to export the Machinery necessary for erecting a Mint in the Dominions of His Imperial Majesty, the Emperor of all the *Ruffias*. [12th *July* 1799.]

WHEREAS His Imperial Majesty *Paul* the First, Emperor of all the *Ruffias*, hath propofed to erect and eftablifh a Mint at *Saint Peterfburgh*, or in fome other Part of His faid Majefty's Dominions; and to employ *Matthew Boulton of Soho* in the County of *Stafford*, Engineer, in erecting the fame, and in making and exporting the Machinery neceffary for that Purpofe: And whereas it may be expedient to enable the faid *Matthew Boulton* to execute the faid Work, it being doubtful whether, confiftently with the Law as it now ftands, he can execute the fame without being fubject to certain Penalties and Forfeitures: be it therefore enacted by the King's moft Excellent Majefty, by and with the Advice and Confent of the Lords Spiritual and Temporal, and Commons, in this prefent Parliament affembled, and by the Authority of the fame, That it fhall and may be lawful to and for any of His Majefty's Principal Secretaries of State, by Writing or Warrant under his Hand and Seal, under fuch Reftrictions and Conditions, and in fuch Manner as he fhall think proper, to licenfe and authorize the faid *Matthew Boulton*, and all and every Perfon and Perfons, whom he fhall think fit to employ for fuch Purpofes, to have in his or their Cuftody, Power, or Poffeffion, with Intent to export, and to collect, obtain

图 4-4　关于马修·博尔顿案的议会法案

行币"，并"使用蒸汽机来铸制"。① А. Б. 库拉金想起了一位苏格兰工程师加斯科因，后者早前曾任苏格兰著名的卡隆炮厂厂长，当时还成功参与俄国彼得罗扎沃茨克和圣彼得堡炮厂的改建以及卢甘斯克新炮厂的建设工作。② А. Б. 库拉金向加斯科因求助。他们及时起草完成相关呈文，并上呈沙皇保罗一世批复。保罗一世予以批准并签署谕令，其中列明了

---

① Георгий Михайлович，вел. кн. Монеты царствования императора Павла Ⅰ. Спб. ，1890. № 3，23.

② Головкин Ф. Двор в царствование Павла Ⅰ. М. ，1812. С. 195；Левидова С. М. История Олонецкого（б. Александровского）завода. Петрозаводск，1938. Ч. Ⅰ. С. 33 - 44；ЦГИАЛ. Ф. 37. Оп. 6. № 199. Расчеты Горного департамента с К. Гаскойном по день смерти.

博尔顿合同中提及的所有设备（3 台蒸汽机、7 台切轧机和冲压机[①]），同时，还任命 A. H. 奥列宁为造币厂厂长。彼得罗扎沃茨克安装了两台蒸汽泵，另外一台配给了维格河沿岸荒废已久的沃伊茨基矿;[②] 同时，为上述两地各自配备一套切轧机、压印机和气动传送装置。所有设备都运抵圣彼得堡，来自彼得罗扎沃茨克的加斯科因的助手和工人在位于花园街的纸币发行银行把设备组装完成。1798 年，新铸币系统经这位苏格兰工程师亲自试用成功，并开始启用。

1799 年到 1805 年，在位于花园街的纸币发行银行铸造发行了俄罗斯帝国的所有的钱币和纪念章币，质量上乘。之后，在彼得保罗要塞建成的造币厂也投入运营。

***

尽管 18 世纪实行专制统治的俄国，在国家币制的发展过程中曾出现各种各样的复杂情况，与铸币业发展相关的个别人也曾犯过各种错误，甚至出现一些倒退的现象，但整体而言，俄国的币制发展还是取得了长足的进步，这一点是无可置疑的。"在形成之初，俄国的币制就经受住了严峻的考验，并证实了自己的生命力。"[③] 彼得一世的货币改革"创立了在当时来说最为简单而又合理的货币换算法，即戈比对卢布的比价为 100∶1。而美国在 1792 年才开始实行美分和美元（100∶1）的货币换算体系。法国在 1793 年开始使用利夫尔（法国使用法郎之前的货币单位——译者注）这一货币单位，而自 1795 年起使用法郎，1 法郎等于 100 生丁。一

---

①　Георгий Михайлович, вел. кн. Монеты царствования императора Александра Ⅰ. Спб., 1891. № 24.

②　Лопатинский И. А. Минералогические и исторические сведения о бывшем Воицком золотом руднике // Горный журнал. 1826. Кн. 2. С. 82–84.

③　Спасский И. Г. Русская монетная система. С. 170.

直坚守传统的英国直到 1971 年才转而使用新的货币进位制，1 英镑等于 100 便士"①。

彼得一世统治期间创立起来的俄国币制到 18 世纪末时，已发展成为其他国家参照效仿的典范，其基本特征一直保留至今。

---

① Федоров-Давыдов Г. А. Монеты-свидетели прошлого. Популярная нумизматика. М., 1985. C. 160.

# 第五章
# 法律与司法

Л. Н. 弗多温娜

　　法律和司法的历史一直与国家的发展密切相关。因此，它们在 18 世纪发展的各个阶段与俄国专制国家的基本历史分期相重合。[1]

　　众所周知，法律作为政治上层建筑的一部分，是由经济基础决定的，"永远也不可能凌驾于经济制度及由其所决定的社会文化发展之上"[2]。随着立法和法律思想的发展，逐渐分化出不同的法律领域——刑法、民法、物权法（作为民法的一部分），形成法律概念，社会的法律文化也发生着变化。

　　何谓法律文化？首先，这一概念指的是整个社会的法律文化（法律、法律关系、法律机构、司法实践、法学和法学教育）；其次，它指的是个人的法律素养（法律意识、对法律和司法制度的态度、对法律思想的掌握）。法律文化具有历史上形成的阶级性特点，它首先包括社会发展过程

---

[1]　Федосов И. А. Социальная сущность и эволюция российского абсолютизма // Вопр. истории. 1971. № 7. С. 46–65；Он же. Просвещенный абсолютизм в России // Вопр. истории. 1970. № 9. С. 34–55.

[2]　Маркс К. , Энгельс Ф. Соч. Т. 19. С. 19.

中司法实践活动积累起来的所有积极元素。①

18世纪俄国法律和法庭发展的典型特征是具有阶层性，而其发展本身则以封建制度为基础。这一切都决定了俄国社会法律文化的性质和内容。法律和法庭担负着捍卫统治阶级——贵族的权力和特权、巩固现有的所有制关系、镇压阶级斗争的各种表现形式的使命。18世纪的司法机关也在积极地完成上述任务。

18世纪头25年是俄国专制制度的形成时期，同样也是法律和法庭发展的一个分期。这一时期，司法机构进行重组，制定出一批新的法律文献，尝试编纂法典，并对司法程序做出改变。

18世纪第二个25年似乎是对彼得一世时期做出的改革进行时间检验的25年。在立法方面，进一步推进、加确、修正此前所做的工作；在审判和诉讼程序方面又恢复了原有的一些机构和制度。

18世纪下半叶到19世纪初是专制制度作为国家制度发展的又一个阶段。在这一时期，通过了一系列非常重要的法律文献，这些文献确定了各阶级和阶层在社会中的地位；实行司法机构改革；为在俄国开展法学教育奠定了基础。

本书中研究的主要问题的时间点是截止到1802年，这一年俄国司法部成立，恰好也是俄国开明君主专制的最后一个阶段——亚历山大一世改革的开始。

**\*\*\***

18世纪头25年，1649年《会议法典》仍然具有效力。彼得一世在

---

① Марксистско-ленинская теория государства и права. М., 1970. Т. 1. С. 105, 110 – 112, 346；Калинская В. И., Ратинов А. Р. Правосознание как элемент правовой культуры // Правовая культура и вопросы правового воспитания. М., 1974. С. 43, 45. Явич Л. С. Сущность права. Л. 1985.

1714 年敕令中指出："法官审理和判定一切案件都应遵循《会议法典》，而非新颁布的法令条款和单独的法令；如遇到《会议法典》中未尽事宜，则按照新法典的规定条款办理。"① 彼得一世在改革的同时，颁布了大量具有立法性质的命令、章程、指令、条例。尽管这些法令并没有取代 17 世纪的法律，但实质上往往会与之发生冲突。

在专制国家，君主"无须向世上任何人解释自己所做的事情"②，他的意志是法律的主要依据。参政院、各委员会和特别委员会通常会根据沙皇的要求制定、讨论诸多法律文件草案，但这些草案未经沙皇书面批准不具有法律效力。

参政院拥有立法、执法和司法权。在沙皇长期缺席的情况下，参政院有权签署和发布命令。1722 年，彼得一世对参政院的立法动议权做出了一定的限制："参政院提出修正案，但相关部分要待我们核准通过，才可补充到章程内容中，予以印制、发布。"③

18 世纪头 25 年，法律常常以"沙皇签署的"谕令、条例（个别部门的法律文件汇编）、章程的形式颁布，对重新建立的国家机构的活动做出规定。沙皇下达特谕，条例和章程才能生效实施。在国家的司法实践中，逐渐开始对最高政权颁布的法令、国家机关通过的行政命令以及反映法律在具体情况下的效力的司法判决这三者进行区分。④

法律的登记和公布由参政院负责，后来是由内阁负责这一工作。在 1714 年沙皇向参政院下达的谕令中规定："关于一切国家事务的法律均应……印制出来，公之于众，所有人均予知晓。"⑤ 命令及其他法律文件在

---

① Законодательные акты Петра Ⅰ: Сб. документов / Сост. Н. А. Воскресенский. М. -Л., 1945. С. 40；Бабкин Д. С. Процесс А. Н. Радищева. М. -Л., 1952. С. 57.

② ПСЗ. Т. Ⅴ. № 3006. С. 325；Т. Ⅵ. № 3485. С. 39；№ 3659. С. 248, 249.

③ ПСЗ. Т. Ⅵ. № 3970.

④ Латкин В. Н. Учебник истории русского права периода империи（ⅩⅧ и ⅩⅨ ст.）. Спб., 1899. С. 6, 7.

⑤ ПСЗ. Т. Ⅴ. № 2785.

参政院印刷厂印制，然后分发到各省。命令会被悬挂在各个城市最显眼的地方，让人们在逛集市和城市广场的时候，在教堂做完日祷后都可以看到，从而"不让任何人有机会推说不知道"①。1724 年参政院下达的命令甚至规定，对"托词说"不知道法律者施以处罚。但以不知道违法为托词是 18 世纪司法过程中常见的现象。在受审时推说不知道法律相关内容的大有人在：有曾任副总理大臣的 П. П. 沙菲罗夫，有商人，也有农民。问题并不仅仅在于他们是真不知道还是佯装不知道法律，而是在彼得一世执政以前的司法实践中，该原因的确能够帮助他们减轻罪责，从轻处罚。专制国家制定的法律规范常常会与旧有的习俗发生冲突，这远非唯一的例证。

18 世纪，法律的阶层性愈加明显。在这一时期颁布的所有重要法律文献均遵循一个目的，即维护君主专制国家的封建制基础，确立贵族对地产和农奴的专有权。

专制国家刑法的主要目的——保护现有法律制度，镇压旨在动摇这一制度的阶级反抗。18 世纪头 25 年，约有 400 条命令中包含了不同形式的刑法规范内容。② 这一时期，先后颁布了《军事法规》和《海军章程》，其中对军队和舰队发生的各种犯罪行为做出相应规定和惩罚措施。《军事法规》《军法条例》在民事法庭上也得到了广泛应用。根据彼得一世的谕令，《军事法规》第一次印刷 1000 册分发至"各省和办公厅"，公之于众。③ 民事法庭在针对贵族和国家公务人员的司法实践中，常常使用《军事法规》中有关各种犯罪行为（如蓄意伤人、不正当防卫、参与犯罪等）的处罚条例。之所以应用《军事法规》，是因为现有的法律尚且不够完善，对大多数犯罪行为没有做出明确的法律规定。除此之外，还有一个原因。在民事法庭，特别是针对政治罪的案件，使用军事刑法条例，

---

① Законодательные акты Петра Ⅰ. С. 38.
② Ромашкин П. С. Основные начала уголовного и военно-уголовного законодательства Петра Ⅰ. М. 1947. С. 16.
③ Законодательные акты Петра Ⅰ. С. 53.

这体现了18世纪俄国专制国家惩罚制度的实质。①

18世纪初，"一切给国家带来危害和损失的行为"都被认定为犯罪行为。② 在这一定义中可以看到专制思想的理论基础——"国家利益"论的反映。从封建制立法的角度来看，反对沙皇的行为是最严重的罪行，因为沙皇就是国家的代表，是封建制度不可动摇的象征。1722年颁布的法令规定："无论是在城市还是农村，如有暴徒言之不忠、大放厥词，立刻将其发送到城里去见官；执政官员不用详加审问，便给他们戴上手铐脚镣，和告密者一起押送到秘密办公厅或者是普列奥布拉任斯基衙门。"③ 侮辱君主的行为会被处以死刑：砍掉四肢和头或是砍头之刑。《海军章程》规定，蓄谋造反者以及"协助、参与或是知情不报者"要被判一样的刑罚——砍头之刑。④

政治罪包括背叛国家（私通敌国、与其有秘密书信往来和见面）、泄露军事机密、散布敌方言论等。《军事法规》规定，对于军官在并非情非得已的情况下投降的行为，判处死刑，并没收全部财产；士兵中每十人中一人判处绞刑，其余人判处树条鞭刑。

刑法广泛应用于镇压阶级反抗。有关平息民众骚乱的法律条款都具有赤裸裸的恐吓性质："对于一切暴动、骚乱、恣意妄为的行为决不宽恕，一律处以绞刑。"⑤ 后来，该条例内容又根据行政部门的提议加以补充，要求各部门应"视具体情况而定，根据事态发展变化具体案件具体分析"⑥。法

---

① Шорохов Л. П. К вопросу о применении Воинских артикулов Петра I 1715 г. в общих（гражданских）судах // Актуальные вопросы правоведения в общенародном государстве. Томск，1979. С. 88-92.

② ПСЗ. Т. Ⅴ. № 2871.

③ Цит. по：Семевский М. И. Слово и дело. 1700-1725. Спб.，1885. С. 28.

④ ПСЗ. Т. Ⅵ. № 3485.

⑤ ПСЗ. Т. Ⅴ. № 3006. С. 360.

⑥ Цит. по：Филиппов А. О. наказании по законодательству Петра Великого в связи с реформою. М.，1891. С. 231.

庭审理的政治案常常与对沙皇的"大不敬言论"相关，透过这些言论可以看出各阶层民众对彼得一世施政的种种不满。针对发表侮辱性言论的不同原因（故意、"醉酒"、吃酒席或是对沙皇的新称谓"皇帝"一词不理解），处以不同的惩罚——从杖责或是鞭打到流放服苦役。具体的惩罚措施不仅取决于罪责大小，还包括被告所属的社会阶层。法律面前人与人并不平等——这是封建制立法的典型特征，这一特征在政治案的审理过程中得到了最为明显的体现。[1]

18 世纪，新的立法工作尤为关注职务犯罪——盗窃国库、收受贿赂、滥用职权等。为了与这一类犯罪行为做斗争，1711 年成立了监察局，负责对国家机关和行政机构的活动进行监督。监察局在创建过程中第一次意识到与滥用职权行为做斗争的必要性。在全国范围内与之进行斗争成为民众的迫切需求。沙皇政府任命的监察官负责维护国家的利益，但实际上对他们本人却没有任何监督。"宁错抓，勿放过"——这就是他们奉行的原则。[2] 该原则在当时引起了异议。C. 亚沃尔斯基说过的一段话很有意思："上帝的法则完美无缺，而人类的律法往往是有缺陷的。比方说，派一名监察官到法庭上去监督，让他可以随心所欲，想抨击谁就抨击，想判谁有罪就判；甚至是诬告身边的法官，只要他想……这是什么法律呢？"[3] 监察官的活动一直进行到 1730 年，在此期间，他们一方面满心热忱地为君主服务，另一方面又追逐着个人的私利。总监察官 A. Я. 涅斯捷罗夫在自己的呈报中揭露了官员们巧取豪夺、审判不公、敲诈勒索的行径，这无异于对他们的一纸诉状。A. Я. 涅斯捷罗夫揭发了西伯利亚省省长 M. П. 加加林的受贿行为，后者在司法委员会悬梁自尽。而 A. Я. 涅斯捷罗夫自身的命运则既体现了监察局的强而有力，同时，也暴露出

---

① Голикова Н. Б. Политические процессы при Петре I. М. , 1957.
② ПСЗ. Т. VI. № 3979.
③ ПСЗ. Т. V. № 2786.

了它的弱点。由于雅罗斯拉夫尔省监察官 C. 波普佐夫在临刑前的检举告发，总监察官本人也被控犯有受贿罪，并被判处死刑。许多监察官之所以会堕落，是因为他们被赋予了非常大的权力，却不给他们发放固定的薪俸。根据规定，如果他们的揭发检举工作得到确认的话，作为物质奖励，他们可以得到被告的一部分财产。因此，随着时间的推移，监察官针对职务犯罪开展的活动逐渐变成了告密。[1]

彼得一世时期的法律规定，违反国家管理制度的犯罪行为也属于重罪。例如，制造假币者被判处火刑；伪造证书、印鉴者，"视情节严重程度"，可判以死刑、服苦役或是杖责之刑；犯妨碍司法罪（作伪证、发伪誓）者，根据《军事法规》规定，应将其起誓时所用的两根手指斩断，并发配流放服苦役。之所以对这些犯罪行为施以残酷的刑罚措施，是因为在立法者和法官的法律意识中，它们都等同于反对君主和国家的重罪。

在严重的刑事犯罪中，位居首位的是杀人罪，具体可分为蓄意杀人、过失杀人、自杀以及决斗杀人。而对于刑事杀人与在社会抗议活动中的杀人行为没有进行区分，这体现了法律的阶级性。在财产犯罪中，《军事法规》特别对盗窃罪做出单独规定。根据规定，盗窃财物价值超过 20 卢布者，可判处绞刑；如果低于 20 卢布，那么，对初犯者处以体罚，再犯者则要加重处罚，最高可判处死刑。

专制国家的立法机构（特别是在 18 世纪头 25 年）相继颁布了大量法令，竭力对臣民生活的各个方面都制定相应的规定，[2] 其中包括什么身份的人应该穿什么样的衣服，应该建造什么样的房屋，如何建，如何安葬逝者，如何消遣娱乐，等等。

《军事法规》规定，对违反道德者施以重罚，这些犯罪行为以前归宗

---

[1] Муравьев Н. В. Прокурорский надзор в его устройстве и деятельности. М. , 1889. С. 264, 265.

[2] Павленко Н. И. Идеи абсолютизма в законодательстве ⅩⅧ в. // Абсолютизм в России (ⅩⅦ-ⅩⅧ вв. ). М. , 1964. С. 424.

教法庭管辖。18 世纪头 25 年，完成了对宗教法庭的权限加以限制的过程。神职人员的政治和刑事案逐渐转归世俗法庭管辖，宗教法庭仅保留对离婚和夫妻彼此背叛案的审理权。

反对宗教和教会的犯罪行为（尤其是分裂派活动以及亵渎神灵、异端、巫术等）属于严重的国事罪。在 80 年代以前，这一类犯罪案件的审理由宗教法庭负责，但最终的裁决和判处结果由世俗法庭对其作出。限制宗教法庭的权限，对犯罪行为不再从纯宗教的角度进行评判，让法律从宗教的影响中摆脱出来，这些都是文化世俗化进程的具体体现。

同 1649 年《会议法典》相比，18 世纪的俄国法律对一些法律概念做出了规定，如蓄意犯罪、偶然过失犯罪等；对正当防卫的使用加以限制；首次确定了犯罪追诉时效为十年。在对刑事案件进行量刑时，可以结合以下情况予以从宽处理：激情犯罪，未成年人犯罪（根据 1754 年法典规定，不满十七岁者），老年人犯罪（70 岁以上者可免于体罚），身体和心理特殊状况（对孕妇免于刑讯，对精神病人从宽量刑）。

国家政权执行刑罚的主要目的在于震慑或者正如颁布的法令中所写的，"为了让臣民不敢再去作奸犯科"[1]。刑罚一般是在市中心公开执行，为了让"人们可以现场观看，以儆效尤"[2]。对国事犯执行死刑的时间和地点会发布专门的命令告知。

在 18 世纪的头几十年，公开执行死刑和其他处罚是相当平常的现象。初级士官 Ф. В. 贝尔赫戈尔茨在日记中详细描述了他亲眼所见的几次死刑行刑现场。他写道，西伯利亚省省长 М. П. 加加林被执行绞刑后，他的尸体被从一个广场运到另一个广场示众，而 1718 年太子阿列克谢·彼得罗维奇谋反案死刑犯的首级被悬挂在首都的广场上示众，到 1721 年

---

[1]  ПСЗ. Т. Ⅲ. № 1670.

[2]  ПСЗ. Т. Ⅵ. № 3534；см. также：Викторский С. Н. История смертной казни в России и современное ее состояние. М.，1912. С. 181，182.

的时候还可以看到它们悬挂在那里。[①] 直到 1727 年，才颁布谕令，要求把首都死刑犯尸首的示众柱全部销毁；同时，禁止在莫斯科和圣彼得堡执行死刑。但第二条不适用于严重威胁到国家政权、蓄意谋害君主、谋夺君主权力的重刑犯和危险罪犯（例如，А. П. 沃伦斯基和 В. Я. 米罗维奇在圣彼得堡被处斩，Е. И. 普加乔夫在莫斯科被处斩）。

在彼得一世时期的立法中，各种不同的犯罪行为都可能被处以死刑。在《军事法规》中，规定了 179 种情况可判处普通死刑和极刑（即最为残忍的刑罚，其中包括分尸之刑，轮轧之刑，火刑，用钩子钩住肋骨、然后吊死的刑罚，等等）。[②] 但法律有时只是通过死刑来起到威慑作用，在具体的实践当中不一定都遵照法律执行，现实中常常用其他的刑罚来替代死刑。例如，1720 年颁发了一个法令，规定禁止砍伐圣彼得堡周边地区的森林，违反者可判处死刑。但当违法者被捕之后，对他们一般都是处以鞭刑了之。而针对再次犯案被捕获的盗匪，代之以死刑常常对他们处以流放服苦役之刑。对于开小差的士兵和水兵，可以判处死刑。但 1715 年法令规定，给他们一年的期限，其间他们可以主动认错回来。这样的事例并不少见。

彼得一世时期，除了传统的体罚刑具（鞭、杖），又出现了新的（藤编、抓钩、脱皮等）用于对士兵和水兵施以体罚的工具和手段。最严重的体罚是鞭笞之刑，视施鞭的数量分为"普通"和"重责"鞭刑两种。在判决书中通常包含"处以鞭刑，重笞××下"的字眼。这使得在执行刑罚的时候随意性较大，有时重鞭之刑实际上就变成了死刑。还有一些残

---

[①] Берхгольц Ф. В. Дневник камер-юнкера Берхгольца. М. , 1857. Ч. 1. С. 103 – 105；М. , 1860. Ч. 2. С. 282，307，345；Ч. 3. С. 28；Ч. 4. С. 13–15，104.

[②] 文献中指出，《军事法规》共计有 122 种情况可判处死刑（Латкин В. Н. Указ. соч. С. 422；Очерки истории СССР. Первая четверть XVIII в. М. , 1954. С. 402）。对此，М. П. 罗森海姆做出了更为确切的总结（Розенгейм М. П. Очерк истории военно-судных учреждений в России до кончины Петра Великого. Спб. , 1878. С. 120）。

害身体的残废刑也保留了下来，诸如割舌、耳、鼻、手、手指，刺配，等等。后两种刑罚是对所有流放犯和苦役犯都必须执行的，因为这里还有司警戒备的目的。脸上刻有特殊的标志——"鹰"（即刺鹰）的犯人如果逃跑的话，其难以藏身而不被发现。但在整个 18 世纪，施用残废刑令犯人丧失劳动能力的情况渐渐减少了。国家政权全力利用服苦役的犯人做劳动力。政府正是出于刑罚和经济两方面因素的考虑，判罚犯人到战船上服劳役，到亚速建造军舰（1711 年之前）。而从 20 年代起，流放犯人到罗格尔维克（距离雷瓦尔不远处，芬兰湾一个岛上的港口）和西伯利亚，去开采银矿服苦役。①

　　流放分为终生流放和有期流放。但在大多数情况下，流放期限一般都是不确定的。被判终生流放的犯人会被在脸上刺上标记、割鼻（劓刑）和没收财产。他们的婚姻关系解除后，妻子可以保留自己的嫁妆，并改嫁他人。被判处有期流放的犯人会被处以鞭笞之刑，但不会被剥夺所获荣誉，并且保留其家庭关系。在首先追究犯人个人责任的同时，法律也保留了追究其余亲属责任的权力。例如，逃犯的妻儿与之一同流放亚速；水兵如果开小差逃走，判处他们的兄弟和亲属代之到军舰上服苦役；Я. Ф. 多尔戈鲁基、А. Д. 缅希科夫、А. И. 奥斯捷尔曼、Э. И. 比伦及其他被罢黜者的亲人与他们一起被判流放。

　　徒刑常常与其他刑罚手段一并使用，分为有期徒刑和无期徒刑。囚犯每天会得到一定数额的饭钱；蹲监者的伙食费由告状人支付；尚未作出判决者靠乞讨维生。囚犯乞讨要在士兵的看押之下在城内进行。②

---

① ПСЗ. Т. Ⅲ. № 1690, 1693; Т. Ⅳ. 1863, 1924, 1933, 2026, 2074; Т. Ⅵ. № 3955, 4109; Сафронов В. Г. Возникновение сибирской ссылки // Из истории Якутии ⅩⅦ–ⅩⅨ веков. Якутск, 1965. С. 5–10.

② Кокс У. Тюрьмы и госпитали в России в 18-м веке // Русская старина. 1907. № 7. С. 31; Описание документов и бумаг, хранящихся в Московском архиве министерства юстиции. Спб. , 1872. Кн. 2. С. 76–78.

　　18 世纪，俄国出现了各种剥夺身份和权利的辱刑（公开下跪认罪，被侩子手掌掴，被罢官贬黜驱逐，扒光妇女的衣服示众，等等）。羞辱示众也属于这一类刑罚。把写着犯人名字的牌子钉到绞刑架上，在犯人的头上折断长剑，当众宣布犯人为坏人。被判辱刑者不再受法律和社会的保护：任何人不得与其接触，否则将面临处罚，可以抢劫、殴打他们而无须受到法律制裁，但不可以杀死他们。有时是在死刑或是没收财产之前对犯人施行羞辱示众之刑。没收财产属于财产类处罚，其中除了没收全部或者部分财产，还包括向国库或个人缴纳罚金以及扣除薪俸。

*** 

　　在民事立法的发展过程中，国家政权特别重视以贵族阶层为首的个别阶层代表的权利分配问题。1714 年，沙皇颁布了长子继承制的法令。该法令规定，地主的地产与贵族的世袭领地在法律地位上是一样的。[①] 实际上，这两种封建土地所有制形式的融合在 17 世纪下半叶已经开始，现在从法律形式上得以确认。新的法律打破了多个世纪以来流传下来的继承习俗，规定不动产只能由家族的一名成员继承，以防止由于地产被后代分别继承而分散开来，进而导致贵族的破产和没落。同时，法律让大部分没有继承到地产的贵族不得不去为国家供职，直接依附于国家。1714 年法令改变了旧有的继承制。法律规定，土地所有者可以立下遗嘱，指定儿子中的一人（不小于 20 岁）继承自己的地产。如果没有儿子，则可以指定女儿继承，但其丈夫须改随妻子的姓氏。没有子女者可立下遗嘱，指定自己的近亲继承不动产。继承者必须承担兄弟姐妹的赡养义务，直至其成年（兄弟到 18 岁，姐妹到 17 岁）。没有子女的土地所有者去世

---

[①]　ПСЗ. Т. V. № 2789. 尽管在事实上继承不动产的不一定是长子，而是父亲在众子当中指定的任何一人，但该法令还是被称为"长子继承法"。

后，遗孀可以使用其不动产，但没有支配权；如果改嫁，则她可得到自己陪嫁的不动产（如果当时的嫁妆中有的话），而丈夫的地产要还给他的家族。家族赎买权保留了下来，但拥有这一权利者仅限于不动产的合法继承人。

法律承认家族对不动产的所有权，但实际上贵族家族失去了原来对不动产的集体所有权。专制国家公开宣示了自己作为最高土地所有者的特权。旧有的继承制度根深蒂固，令长子继承制这一法令的落实困难重重，在具体实施的过程中出现了与该法令相背离的现象。[1] 后来，1731年3月17日，该法令最终被废除。[2] 1731年新法令确认，将地主的领地和世袭领地合二为一，统称为"不动产"。同时，取消了令贵族极为不满的家族土地所有权不可分原则。

在18世纪头几十年的民法中，对贵族土地的所有权问题做出了新的规定。此外，随着商品货币关系以及工商业的进一步发展，在17世纪已经发挥作用的债权法在这一时期的民法中也占有重要地位。[3] 一些阶层在签订协议（买卖、交换、赠予、租赁承包、供应、个人租用）方面的权能仅限于立法层面。契约手续一定要以书面形式办理，在印有国徽的公文之上注明交易的物品、价格或是交易总金额。进行交易时应有见证人在场（根据交易总金额的大小 3~5 人不等）。除此之外，契约上要有书吏签名确认；自1731年起，还要有军政长官的签名。农奴的个人租用合同需要征得其主人的同意才可签订。

开征人头税以及为此而进行的第一次人口调查清除了农民与奴仆之间的法律区别，这使地主对农民的占有权更大了。对农民，地主开始拥

---

[1] Там же. No 2796, 3013; Т. VII. No 4722. 该法令承认夫妻对不动产各自具有占有权。

[2] ПСЗ. Т. VIII. No 5717; см. также: Киприянова Н. В. К вопросу о дворянском землевладении в законодательстве XVIII в. // Вестн. Моск. ун-та. Сер. История. 1983. No 1.

[3] Мартысевич И. Д., Шульгин В. С. Право и суд // Очерки русской культуры XVII века. М., 1979. Ч. 1. С. 329.

有对奴仆一样的权利。农奴的个人权利少得微不足道。1649 年《会议法典》规定，农奴在法庭上有起诉和作证的权利。到了 18 世纪，这些权利虽然尚未取消，但在具体实践中地主常常违反相关规定，把这些权利据为己有。农民（自 1730 年起）不能购买不动产；而他们的财产也被视为归地主所有。禁止农民签订承包合同（该禁令从 1731 年到 1774 年一直实行）；他们在买卖交易和转入其他阶层方面的权利受到很大的限制。地主有权干涉农民的私人生活，首先是婚姻。包办强迫婚姻，为婚姻设定领地的地域限制，对未婚者收取罚款——这些都是 18 世纪农奴的现实生活中存在的事实。领地农奴的审判和处罚权归地主所有，对此国家立法没有做出规定。[①] 地主赋予自己全权支配自己领地上农奴的权力。他们可以将农奴作为交换、赠予、遗嘱继承、抵押、出售的对象。买卖农奴的现象在整个 18 世纪一直存在（而且，地主府上的奴仆可以"单独"出售，不带家庭成员）。

尽管 18 世纪的立法已经竭力使社会各阶层生活的方方面面都规章制度化，但仍然无法顾及各阶层内部错综复杂的关系。在各阶级和阶层的法律关系方面，习惯法仍然发挥着一定的作用。自然法与封建制度晚期开始编纂的成文法之间存在千丝万缕的联系，同时二者之间又充满矛盾。立法机构不得不承认农民习惯法的内容。同时，应当指出的是，习惯法的内容并不是一成不变的。在实行农奴制的农村，它受到立法和土地所有者的双重影响。俄国农民在处理土地关系以及家庭财产关系时，习惯法常常发挥重要的作用。[②]

农村村社实行的土地使用制以习惯法为基础，将"米尔"（农村公社——译者注）集体使用土地与农户的家庭继承制相结合。18 世纪，

---

① Латкин В. Н. Указ. соч. С. 179–202.

② Александров В. А. Обычное право крепостной деревни России. XVIII – начало XIX в. М., 1984.

俄国北方和西伯利亚地区的国有农民拥有土地的个人按户继承权。在农奴制度下的农村，该权利以村社为单位和界限。村社出于对每家农户完成赋役的考虑，为他们完成国家及其主人赋予他们的课税任务提供保证。村社依据习惯法为每村每家农户提供"自己的"土地和产业。根据习惯法，一个家庭对课税的村社土地的使用权可以一代代传承下去；从这个意义上来说，农民的份地是他们的"永久性产业"。除了对课税土地的使用权，农户还拥有对它在村社内部的支配权——将其代代相传。正如 B. A. 亚历山德罗夫所指出的，"按户土地继承法的本质在于让一个家庭中——无论是大户还是小户——每位男性家庭成员都能得到祖传的土地"[1]。

村社根据每一户的纳税能力确定其课税的多少，农民实际上是有条件使用土地的。农民对包括庄园土地在内的各类土地的占有都是暂时性的。无疑，农户对自己的土地、房屋和附属建筑物具有占有权。[2] 如果个别农户的境遇发生变化，村社会暂时将其一部分份地转交给其他农户使用。

农户的各类财产一同构成全家的财产，用以保障家庭的日常生活。18 世纪，如果说统治阶级的财产法逐渐向对家庭成员的权利以及财产种类（动产、不动产、继承的财产、自己购置的产业）进一步细化的方向发展，那么，在习惯法中，农民的动产与不动产被视为统一的整体。[3] 在分配财产时，儿子或兄弟会得到自己的一份，其中包括独立门户所必需的动产和不动产。个人财产的概念在农民当中并不明确。妻子的陪嫁是公认的个人财产，但这一部分财产随着时间的推移逐渐并入全家的财产中。

---

[1] Александров В. А. Указ. соч. С. 142.

[2] Вдовина Л. Н. Земельные переделы в крестьянской общине в 20-50-е годы XVIII века（по материалам монастырских вотчин）// История СССР. 1973. № 4. С. 150-153.

[3] Александров В. А. Указ. соч. С. 170-172, 244.

习惯法发挥着双重的作用：它协调着村社内部的关系，从某种程度上保护农民免受土地所有者的监督，维护村社的整体利益；习惯法旨在将农村现有的关系保留下来，防止农民对土地和财产的自由支配，使他们很难形成"个人土地所有权"的概念。

＊＊＊

彼得一世对国家的管理制度进行改革，尝试将司法机构与行政机构分离。沙皇是司法系统之首，作为国家的最高法官对最为重大的案件（首先是政治罪案件）作出裁决。1711年颁布的命令规定，参政院是国家最高司法机构，它应当"进行公正无私的审判，惩治不公正的法官，剥夺他们的官禄和全部财产"[1]。参政院还是最高上诉机构，如果对各委员会、省长、警备司令、法官作出的裁决不服，可以向它提出上诉。参政院管辖的大理院受理对冤案错案（即因未遵守诉讼程序或是错误解读法令和1649年《会议法典》条款而作出判决的案件）的上诉。参政院负责审理的案件包括省长、军政长官、监察官和其他行政机构官员的职务犯罪以及彼得一世交给参政院审理的政治案件。在彼得一世去世后，其继任者将参政院改制为最高枢密会议和内阁。下级司法机构须将在当地由于某些原因无法作出判决的案件呈文上报参政院。参政院向地方下发有关造成诉讼程序迟缓原因的问询函，并要求尽快结案。作为执行机构，参政院发布和贯彻执行沙皇的相关谕令，其中包括赦免被判有罪者，宣告其亲属无罪，归还被没收的财产，释放被流放人员等。此外，还规定严禁向参政院叩头谢恩，违者可判处死刑。[2]

在各委员会设立后，参政院成为它们的监察和上诉机构。各委员会

---

① ПСЗ. Т. Ⅳ. № 2330.

② Там же. № 2338.

是行政兼司法机构。军事委员会负责审理军人的案件，市政总局负责审理俄国商人的案件，商务委员会负责审理外国商人的案件，矿务委员会和手工工场委员会负责审理工厂主及依附于他们的农民的案件，领地委员会负责审理土地争端和纠纷的案件，度支委员会负责审理金融犯罪的案件。只有司法委员会具有纯粹的司法职能。

随着参政院总检察长一职（1722）以及各委员会和地方法院检察官职务（1719）的设立，国家机构的司法职能开始受到公开和秘密的监督。检察官可以亲自参加地方司法机构的会议，要求迅速对案件作出裁决，检察公职人员对命令的执行情况。总检察长的监督职能覆盖面相当之大，上至参政院的一切活动，下到各地方检察官的工作。[①] 只有沙皇本人拥有对总检察长的审判权。

检察机关及其工作人员是俄国国家体制中的一个新生事物，它的出现与专制制度的确立和发展相关。总检察长应维护国家利益，将最高政权置于首要位置；而君主则根据总检察长的报告来决定应该采取哪些举措。[②]

城市行政机构的司法职能移交给下级城市及地方法院，后者归 1718 年成立的司法委员会管辖。地方法院对案件有初审权，而司法委员会是国家所有法院的行政管理机构以及地方法院上诉案件的受理机构。地方法院则是下级法院的上诉机构。从司法委员会第一任主席 A. A. 马特维耶夫的报告中可以看出，委员会在成立头几年的工作中遇到了许多困难。1721 年，A. A. 马特维耶夫向彼得一世抱怨说，七大衙门的司法案件都转到了司法委员会，案件审理工作进展很慢。他本人作为委员会主席，每周有三天时间需要在参政院开会，无法在委员会审理案件，结果造成

---

① Муравьев Н. В. Указ. соч. С. 282.

② Веретенников В. И. Очерки истории генерал-прокуратуры в России до-Екатерининского времени. Харьков，1915. С. 83，84.

"堆积如山的案件审理工作时断时续，委员会饱受责难"①。

　　司法委员会、地方法院和各地下级法院的设立是司法与行政分离道路上迈出的一步，但还只是试探性的一小步，进行得并不彻底：只有下级法院获得了独立机构的地位，但持续的时间很短。地方法院仍是老样子，因为担任法院主席的还是那些省长、副省长和军政长官。因此，彼得一世推进司法与行政相分离的尝试并未成功。下级法院于 1722 年升级为省法院，与行政机构合二为一。地方法院存续到 1727 年被彻底取缔，它们的职能移交省长负责。

　　政治犯罪不再属于司法管辖的范围，而是由专门的政治侦查机构审理。普列奥布拉任斯基衙门（1729 年被取缔）便是第一个全权负责政治案件审理和侦查的机构，衙门接受沙皇的直接领导。它所辖事务范围包括："（1）国事犯罪：恶语中伤诽谤政府的案件或是煽动暴乱等诸如此类的事件。（2）普列奥布拉任斯基近卫团的相关事宜。（3）圣彼得堡以及普列奥布拉任斯基衙门所在的莫斯科发生的重大凶杀或是抢劫案等案件。"② 18 世纪头 25 年，还成立了一些临时调查办公室，负责审理职务犯罪案件，如 И. И. 德米特里耶夫-马莫诺夫、Г. И. 科舍廖夫、Г. Д. 尤苏波夫、П. М. 戈利岑、А. И. 乌沙科夫等人的滥用职权案。1718 年，以 П. А. 托尔斯泰领导的临时调查办公室为基础，成立了专门调查太子阿列克谢谋反案的秘密办公厅。秘密办公厅相当迅速地完成了这项复杂的任务：1718 年 2 月初，对阿列克谢太子进行初审，6 月 25 日宣布判处他死刑，6 月 26 日太子便死在要塞，原因不明。③ 后来，秘密办公厅继续负责新都圣彼得堡政治罪案的审理工作。而设在莫斯科的普列奥布拉任斯基

---

① Цит. по: Соловьев С. М. История России с древнейших времен. М., 1962. Кн. Ⅷ. С. 458.

② ПС3. Т. Ⅶ. № 4312.

③ Козлов О. Ф. Дело царевича Алексея // Вопр. истории. 1969. № 9. С. 214–220.

衙门则依旧是政治案件的审查中心。1718 年至 1725 年，经该衙门审理的案件有 1988 宗，同期秘密办公厅审理的案件共计 280 宗。[①]

18 世纪，诉讼程序的特点也一直在发生变化。诉讼双方可以为自己辩解，有代理人广泛参与的口头诉讼等在 16～17 世纪就已经存在的诉讼程序让位于侦查程序。1697 年 2 月 21 日颁布法令，规定法官"对其负责的案件进行侦查，而无须当面对质，因为后者之中有许多不实和欺诈的成分"[②]。

《军事法规》中的"诉讼程序简章"部分对侦查（审判）程序进行了颇为详细的描述。根据规定，诉讼程序分为三部分："第一部分从下达传唤通知书开始到被告应诉；第二部分进行到宣判或是判决；第三部分是从判决到诉讼彻底结束。"[③] 程序由传唤当事人出庭、上告者阐明诉求、被告人回应开始，以上须出具书面文件。诉讼代表人制度仅限于民事案件，在个别情况下允许当事人"派出律师代替自己出庭"。在提起起诉程序时，如果法官与当事人中的一方存在亲属、友人或是敌对关系，当事人双方有权对法官提出异议，要求法官回避。接下来诉讼开始对表面证据进行分析。表面证据有四类，分别为：被告认罪、证人证言、书面文件、誓词。居于首位的是被告自己认罪，这是"世界上最好的证据"。为了能够让被告自己认罪，特别是在政治犯罪的案件中，广泛采用刑讯拷问手段。法律准许刑讯逼供，如果被告人拒不招认或是翻供，那么，可以再次进行刑讯拷问。在审理国事罪和杀人案件时，没有人可以免于刑讯拷问。太子阿列克谢和内阁大臣 А. П. 沃伦斯基虽然位高权重，家世显赫，但仍然被吊到了拷刑架上。对于刑讯审问并没有明确的法律条文和

---

① Голикова Н. Б. Органы политического сыска и их развитие в XVII–XVIII вв. // Абсолютизм в России... С. 258；см. также：Веретенников В. И. История Тайной канцелярии петровского времени. Харьков，1910.

② ПСЗ. Т. Ⅲ. № 1572.

③ ПСЗ. Т. Ⅴ. № 3006. С. 388.

规定。进行刑讯的原则是"有足够理由怀疑"即可。因此，刑讯是法官可以恣意采用的处置手段。他们有时会"忘却了对上帝的畏惧，泯没了自己的良心，罔顾法律，常常只是凭自己的喜恶断案，贪赃枉法。有的人则是丧心病狂地使用极其残暴的刑讯手段进行逼供，没有任何正当理由、毫无节制地多次用刑；一些人甚至被折磨致死，在没有任何相关证据的情况下被判处死刑或是褫夺封号"[①]。这番话出自 B. H. 塔季谢夫之口，由于自己作为一名身居高位的行政管理人员的职责所在，再加上本人曾多次接受审查的个人经验，他对当时的司法审判制度非常熟悉。

另一类证据是证人证言。证人一般需要当庭接受法官的质询，只有显贵名仕、贵族的妻室、身体羸弱者才可以在家里作证供。证人证言的分量和效力是确定的：一般来说，在富人与穷人、男人与女人、受过教育者与没文化的人、神职人员与世俗人员之间，更倾向于前者。"证人身份地位更高、权势更大的一方"赢得官司。"为了获取真相"，对证人用刑拷问的情况也时有发生。

第三类证据是书面文件。最具证明效力的证据是城市人口簿册和法庭簿册的记录内容；商事账簿同前者相比证供效力减半。最后一类证据是被告的誓词，即在指控证据明显不足的情况下宣读的誓词。

针对罪证进行司法医学鉴定的专业性和资质，《军事法规》的起草者也做出了规定，司法医学鉴定须由专门的医生来完成，负责对尸体进行解剖，"寻找导致死亡的真正原因"[②]。

法庭对证据进行审查后作出判决。审判人员应遵循委员会制发表意见。在产生意见分歧的情况下，案件审理结果以多数票为准。判决书以书面形式出具，由各位法官签名并向当事人宣读。

1723 年颁布的关于诉讼形式的法令对整个 18 世纪俄国的司法诉讼程

---

① Цит. по：Соловьев С. М. Указ. соч. М. ，1963. Кн. X. C. 490.
② ПСЗ. Т. V. № 3006. C. 364.

序产生了巨大影响。尽管法令中的一些观点立场与"诉讼程序简章"的内容相左，但这是将"诉讼程序简章"中的条款应用于民事诉讼的一次尝试。[①] 鉴于"在审判过程中讲的许多话是多余的，记下来的许多内容也是不必要的"，允许法官只记录诉讼双方的话，可将其中与案件无关的内容自动剔除。诉讼文书使用两个记录本进行记录：一个记录案件被告的供述，另一个记录原告的供述及其提供的罪证。在开庭审理前一周内将原告起诉书副本送达被告人，并从他处获取关于按照指定时间出庭的书面保证书。法令扩大了代理人的权限，"原告及被告有权指定代理人代替自己出庭，但须出具委托书"。关于诉讼形式的法令中有一系列条款内容会令案件的审理工作拖延很长时间。众所周知，有一些民事诉讼案件常常会拖上几年，甚至是数十年的时间。

刑事诉讼程序同样会遭遇烦琐而拖拉的问题。侦缉衙门负责重大刑事案件的调查和审理。衙门在押囚犯在一封禀帖中写道，他们（囚犯）"在监狱关了多年，戴着铁镣，几乎要被饿死了……而对自己的判决却是遥遥无期"[②]。以 1730 年为例，莫斯科省办公厅积压未结案件 21388 宗；1766 年，司法委员会积压未结案件 6027 宗；而 1796 年，枢密院积压未结案件 11476 宗。[③]

＊＊＊

进行集权化管理、增加官僚机构数量、尝试规范诉讼程序、颁发一

---

① Там же. Т. Ⅶ. № 4344 и № 4713.

② Описание документов и бумаг, хранящихся в Московском архиве министерства юстиции. М., 1884. Кн. 4. С. 134.

③ Есипов Г. В. Тяжелая память прошлого. Спб., 1885. С. 310; Соловьев С. М. Указ. соч. М., 1965. Кн. ⅩⅣ. С. 8; Градовский А. Высшая администрация России ⅩⅧ ст. и генерал-прокуроры. Спб., 1866. С. 238.

系列法律文件——这一切都对现行法律提出了系统化的要求。18 世纪和 19 世纪初，为了编制一部统一的法典，先后成立了九个专门的委员会致力于这一工作。① 第一个这样的部门是 1700 年初成立的"法典编纂局"，它的任务是根据 1649 年《会议法典》及其之后出现的法律文件编纂一部新法典。法典编纂局及之后于 1714 年成立的第二个委员会的工作并未取得预期结果。于是，彼得一世尝试在编纂法典时借鉴瑞典的法律："如果某些条款不适用于我国臣民，那么，可使用老法典中的相关内容取而代之或是制定新条款。如果二者内容发生矛盾，相较于瑞典法律，老法典的内容更为重要，要以它为准。"② 1720 年成立的法典编纂委员会继续致力于完成这一任务。但这并非易事，其间面临许多困难和障碍：因为俄国没有自己的一套完整的可以与瑞典法律相媲美的法典。而俄国和瑞典的法律体系存在差异，并且将瑞典法典译成俄语还存在翻译困难。瑞典法典的翻译工作是在司法委员会主席 A. A. 马特维耶夫的直接领导和参与下完成的。A. A. 马特维耶夫写道："我自己一直是亲自参加瑞典法典和俄国法典的汇编工作，心无旁骛。"③

　　俄国以瑞典法律为典范并非偶然。18 世纪头 25 年，在战场上与俄国较量的瑞典在政治体制上是君主专制国家，其社会经济发展水平要比封建制的俄国高一些。对于瑞典的国家制度和立法体系，彼得一世并不是毫无依据地全盘参照。对他来说，瑞典的社会和经济制度显然极具吸引力，而立法则对其社会经济领域取得的成就起到了助推作用。

　　1720 年委员会的工作成果是编纂完成四部法典，包括 97 章近 2000

---

① Латкин В. Н. Законодательные комиссии в России в XVIII ст. Спб. , 1887；Пахман С. В. История кодификации гражданского права. Спб. , 1876. Т. 1.

② Описание документов и бумаг, хранящихся в Московском архиве министерства юстиции. М. , 1876. С. 244.

③ Цит. по：Маньков А. Г. Использование в России шведского законодательства при составлении проекта Уложения 1720 - 1725 гг. / Исторические связи Скандинавии и России. IX -XX вв. Л. , 1970. С. 117.

条款的内容。瑞典法律对俄国的影响集中体现在对审级制度和诉讼法等问题的诠释上。在与生活息息相关的社会关系领域，对外国法律的借鉴使用可能会使俄国的相关制度（财产法、农民地位、农奴法、雇佣劳动力）产生较大变化。因此，在这些领域仍保留俄国原有的立法。[1] 然而，编纂完成的法典未能获批通过，委员会也在彼得一世去世后不久便遭解散，不复存在。最高枢密会议希望召集贵族代表制定新立法的尝试无果而终。[2] 但是，人们越来越强烈地意识到，必须编制一部统一的法典。大量法令彼此之间常常是自相矛盾的，致使法官判案的随意性较大。1730年，沙皇在向参政院下达的谕令中指出："要进行公正的、无可非议的审判，迫切需要一本完善的法典，因为继俄国1649年颁布的老法典之后，在不同时期先后又发布了各种各样的法令，其中一些法令的内容并不完全一致，这一漏洞被某些别有用心的无良法官大加利用，他们选择相应的法令，对案件作出有利于自己想偏袒的那一方的判决。"[3] 18世纪30年代，法典编纂委员会向参政院上呈了"世袭领地"和"司法诉讼"专章部分的草案，但仅限于此，之后未能再取得任何进展便不了了之了。

1754年，参政院成立了新的法典编纂委员会。该委员会在一年后编制完成了新法典中的"司法诉讼"和"案件侦查"两个部分（第三部分直到1761年前才编写完成）。第一部分涉及国家机构，尤其是地方权力机构的设置问题，建议选拔贵族到这些机构任职。第二部分实际上是现行法律的刑法典。同1649年《会议法典》和1716年《军事法规》相比，新法典草案中的刑罚措施并没有减轻，相反，增加了更加残酷的惩罚手段。例如，对侮辱皇族者应处以"五马分尸"之刑。应当指出的是，新法典完全漠视了伊丽莎白·彼得罗芙娜女皇1744年5月7日的谕令以及

---

① Маньков А. Г. Указ. соч. С. 126.

② ПСЗ. Т. VIII. № 5287, 5412.

③ Там же. № 5567.

参政院 1754 年 9 月 30 日颁布的法令，前者取消了死刑，而后者则是以鞭刑、刺刑和流放罗格尔维克取代了死刑。①

1754～1766 年法典草案具有明显的贵族性质，严厉惩处一切阶级斗争，巩固了贵族对土地和农奴的专有权。在第三部分第 19 章中写道："贵族对自己的农民及其产业拥有全权，不论男女。农民如果杀死地主，无论原因如何，一律判处死刑；而地主如果杀死自己的农奴，则'根据司法判决'处以罚款或是教会悔过。"②

1754～1766 年法典草案的许多条例，尤其是涉及阶层问题的内容，在各阶层代表上报 1767 年法典编纂委员会的呈文中再次出现。同之前的法典编纂委员会相比，1767 年的委员会无论是从提出任务的水平、组织情况，还是开展辩论的尖锐、激烈程度来说，都不同于以往，其脱颖而出。1766 年末，叶卡捷琳娜二世颁布了诏书，宣布拟从各阶层和国家机构选举代表开展编纂新法典的工作。女皇希望通过召开委员会会议来巩固自己的地位，提高个人和国家在国内外的威望。她表示，之所以召开委员会会议，一方面是由于"对许多情况的法律规定不清楚而造成司法判决和执行情况极为混乱"；另一方面是因为"存在大量不同时期颁布的法令"，③ 随着时间的推移，对其常常会做出不同的解读和阐释。叶卡捷琳娜二世旁征博引，大量引用西欧杰出启蒙思想家的作品，亲自为 1767～1774 年法典编纂委员会起草了《训谕》。《训谕》共包括 22 章 655 条，④ 涉及政治、社会、经济关系的各个方面，其中也包括法律对社会的调整问题。《训谕》不具法律效力（女皇本人写道："我请大家不要将

①　ПСЗ. Т. Ⅺ. № 8944；Т. ⅩⅣ. № 10306.

②　Проекты уголовного Уложения 1754－1766 годов. Спб., 1882. С. 76，92－95；Латкин В. Н. Законодательные комнссии... С. 155，156.

③　ПСЗ. Т. ⅩⅦ. № 12801.

④　Наказ императрицы Екатернны Ⅱ，данный комиссии о сочинении проекта нового уложения // Под ред. Н. Д. Чечулина. Спб., 1907. 下文中对该文献的引用出处直接在文中标出。

《训谕》视作发表观点意见的唯一参考准则，因为它并不是法律。"① ），
但它对 18 世纪最后 30 年的俄国立法及法律思想产生了很大的影响。同
18 世纪的众多政治活动家和思想家一样，叶卡捷琳娜二世将法律在社会
生活中的作用绝对化。她写道，"法律是强国之本"，它应该保护每一位
公民，同样地，公民应该知法懂法。"一本好的法典应该是对所有人来说
都能像识字课本一样通俗易懂"（《训谕》第 22 ~ 35、41 ~ 44、157、246
条）。具有划时代意义的完善律法的思想正是以《训谕》的内容为支撑提
出的。这一思想指出，法律应该是"完善的……令每个人都坚信：为了
自身的利益，他应该努力守法，而不应去触犯这些法律"（《训谕》第 43
条）。女皇宣布，针对"所有公民应施行同样的法律"。但也另外附加了
一个重要的条件，即"为了推行完备的法律，首先需要组织才智卓越的
仁人志士来制定出这样的法律"（《训谕》第 58 条）。

为了谋求共同的福祉，《训谕》在法律领域也制定了一系列措施。在
司法机构的设置方面，行政机构与法院、法院与警察机构的职能被区分
开来。《训谕》中阐明了减轻刑罚、不得使用刑讯以及致人重伤或残废的
重刑、取消死刑的思想（第 67、96、123 条）。上述条例深受切·贝卡里
亚的《论犯罪与刑罚》一书以及众多启蒙思想家论著的影响，成为俄国
法律思想的一笔财富，但与司法实践相去甚远。

1767 ~ 1774 年法典编纂委员会共收取 564 名代表提交的议案 1465 件。
这些议案的内容反映了各阶层对法律与职责、需求与期望的认识和理解。
国家司法机构提出的议案不仅论及了立法程序的问题，同时还指出，在
民事和刑事诉讼程序的关键问题上还存在不够完善、不确切之处或是缺
少相关法规的现象。② 七八十年代各省城和城市进行的改革参考了这些议
案中的某些提议。

---

① Записки Екатерины Ⅱ. Спб.，1907. C. 545.
② Сб. РИО. Т. 43. C. 156，163，168，171，296-362，396-412.

**图 5-1 叶卡捷琳娜二世致新法典编纂委员会的《训谕》，圣彼得堡，1770，扉页**

在 1767~1774 年法典编纂委员会（特别是各分委会）的工作中，俄国法律和立法发展的主要方向得到了体现。委员会草案的推出标志着私法新法规和制度的制定工作又向前迈进了一步（例如引入了"所有权"的概念，确定了对各类财产的支配权）。委员会的文件资料显示，俄国的法律和法律思想不仅要解决俄国社会迫在眉睫的法律问题，而且高水平地完成了上述任务。无论是从法律实践还是理论层面来说，其都不逊于西欧。①

---

① Омельченко О. А. Комиссия о составлении проекта нового уложения 1767 г. и развитие русского права во второй половине XVIII века（к постановке вопроса）// Очерки кодификации и новеллизации буржуазного гражданского права. М. , 1983. С. 102.

法典编纂委员会开展了规模庞大的组织工作，但其总体成果却辜负了政府寄予的厚望。与委员会同处一个时代的 A. T. 博洛托夫既非自由派，也非反对派，但他对委员会及其活动的评价并不高。他指出："'据我'推测，这场声势浩大的活动不会有任何结果，虽然大张旗鼓，许多人要抛家舍业聚到一起来，要为此花费巨额开支，但到处充斥着谎言、争吵和废话，一切终将是一场徒劳，一无所获。"[①]

保罗一世在位时间较短，其间再次提出了编纂法典的问题。为此，1796 年，成立了新一届法典编纂委员会。显然，这一次编纂新法典的尝试也未能成功，最终重新回归到近一个世纪前的传统想法——编制一本《法律汇编》，将因时移事易而混乱不清的法律条文内容剔除出去。1796～1803 年法典编纂委员会编制完成了《法律汇编》，其内容包括诉讼程序（17 章）、刑法（13 章）、民法（18 章），却没来得及提交讨论。委员会成员（A. H. 拉吉舍夫也在其中）感到自己的努力都付诸东流。作为成员之一的 Г. П. 加加林指出，委员会的工作拖沓而缺乏主动性，其原因在于："在君主为所欲为的专制统治下，难以立法。譬如，我们今天上呈君主一份报告，他批准了，到了明天却说取消就取消了。这种情况我们现在是日日常见。因此，包括 1796～1803 年委员会在内的各届法典编纂委员会为了瞬息可变的东西做无谓的努力，一切都是徒劳。"[②] Г. П. 加加林此番观点道明了委员会工作屡屡失败的原因所在。

法典编纂活动在 18 世纪一直失败的主要原因在于君主专制的政体本身，而立法的不稳定性则是最高政权专制的直接后果。法典编纂工作进展迟缓拖沓，历届委员会没有对已有的法律文件进行全面的收集和分析，

① Болотов А. Т. Жизнь и приключения Андрея Болотова, описанные самим им для своих потомков. Спб., 1871. Т. 2. С. 654.

② Ильинский Н. С. Воспоминания моей жизни // Русский архив. 1879. Кн. 3. С. 410.

便着手制定新法典草案。① 不过，历届委员会的活动为 19 世纪编纂《法律汇编》的工作积累了有益的经验。

然而在 18 世纪，编制一部统一的俄罗斯帝国法典的问题成了悬在俄国政府头顶的达摩克利斯之剑，始终未能得到解决。

＊＊＊

叶卡捷琳娜二世政府在对内政策方面实施了一系列措施，旨在巩固最高政权的统治，进一步完善国家机构的设置，其中也包括司法机构。1762 年 2 月 21 日，彼得三世颁布了撤销秘密办公厅这一政治侦查机关的诏书，后者是在安娜·伊凡诺芙娜女皇执政时期（1731）恢复设立的。诏书宣布，"从今以后，不应再用人们的言行说明什么问题"。秘密办公厅的职能转归参政院管辖，其所负责的案件移交档案库"永久封存"。从此以后，涉及政治案件的告密应由最近一级司法机构或是军队长官受理，并上报参政院、参政院办公室或地方的省级办公厅。② 彼得三世的诏书给当时的人留下了深刻的印象。A. T. 博洛托夫写道："他（彼得三世）解散了以前让我们每一个人闻风丧胆的秘密办公厅，禁止大家再像以前一样叫嚣'听其言，断其行'，把无数无辜的人推向了不幸的深渊。这一举措令所有的俄国人都欣喜不已，他们为此而赞颂祝福他。"③ 但是，他们高兴得太早了。同年，参政院设立了秘密侦查处，专司政治案件的审理和判决工作。尽管"言即为行"的说法和做法已经被禁止，但臣民仍与从前一样，有义务揭发告密、"恶意蓄谋反对沙皇陛下"和"发动骚乱或

---

① Латкин В. Н. Законодательные комиссии... С. 184; Ерошкин Н. П. Крепостническое самодержавие и его политические институты. М., 1981. С. 144.

② ПСЗ. Т. XV. № 11445.

③ Болотов А. Т. Указ. соч. С. 171.

暴动"的行为。

搜查、抓捕、暗中探查、告密、刑讯拷问——这些都是秘密侦查处惯用的手段。18 世纪最后 30 年，经这里查办的案件有轰动一时的 A. 马采耶维奇和 B. Я. 米罗维奇案，1773 年到 1775 年 E. И. 普加乔夫领导的农民起义参与者的部分案件（其余的部分由农民起义所在地区的省办公厅、奥伦堡和喀山的秘密委员会负责审理），A. H. 拉吉舍夫案，H. И. 诺维科夫案，Ф. B. 克列切托夫等人的案件。秘密侦查处及其领导人 C. И. 舍什科夫斯基在同时代人及后世之人那里落下了无数骂名。①

1763 年 12 月 15 日，叶卡捷琳娜二世颁布诏令，宣布将参政院变成以司法职能为主的机构而对其立法权和行政权大大加以限制。根据行使职能的原则，参政院下设六个司，对案件的侦缉和查讯由专门的侦查部门负责②。

在各地方，审判工作仍然是依照 1727 年 2 月 27 日颁布的法令和 1728 年向军政长官下达的训谕进行的，所有权力（行政、警察、司法）都集中在省长和军政长官手中。到 60 年代的时候，这种制度的弊端已经显露无遗。正如 M. H. 沃尔孔斯基在《关于优化司法部门设置》的草案中所指出的，军政长官和省长无法兼顾管理所辖广大地界上的所有事务。因而，"他们的执行力只是流于表面，而实质上却是没有任何执行力……在他们的小王国不用指望会有任何审判和惩治。正因如此，所有人都是向中央、向委员会提起诉讼。委员会本应是上诉机构，在这里却成了初审法院"③。在向 1767 年法典编纂委员会提交的提案中也指出，各地方的诉讼程序存在严重问题，令人担忧。"除了当事人自己要达成和解的官

① Корсаков Д. А. С. И. Шешковский // Исторический вестник. 1885. Декабрь. С. 656 – 687; Сивков К. В. Тайная экспедиция, ее деятельность и документы // Учен. зап. Моск. гос. пед. ин-та им. В. И. Ленина. М., 1946. Т. ⅩⅩⅤ. Вып. Ⅱ. С. 96–110.

② ПСЗ. Т. ⅩⅥ. № 11989; Т. ⅩⅦ. № 12512.

③ ПСЗ. Т. Ⅶ. № 5017; Т. Ⅷ. № 5333; Сб. РИО. Т. 5. С. 124, 125.

司，没有一桩诉讼案件能够得到解决，"里亚日斯克的贵族写道，"听任低职文员整日喝得酩酊大醉，过着糜烂的生活，行为放纵不端……在参加办公会议时几乎总是醉醺醺的样子……"① 在贵族上报的呈文中，提出了设立贵族法庭的建议。该提议在 1775 年省制改革中得到了落实。省级管理体制的设立，在各地方按照阶层原则（贵族、商人、国有农民）创建了独立的司法机构，并宣布司法与行政分离。②

对于贵族来说，县法院是初级法院，由当地贵族选举产生，并由省长批准通过，任期三年，其上诉机构是上一级地方法院，由刑事部和民事部组成。两个部门的主席由参政院任命，并由女皇批准。而陪审员从各省的贵族当中选出，任期三年，由省长批准。县级和上一级地方法院的司法管辖权包括涉及贵族地产、遗嘱和遗产继承等方面的刑事案和民事案。

针对国有农民、经济农民、宫廷农民以及独院地主沙皇政府设立了初级和高级农民特别法院，后者是前者的上诉机构。高级农民特别法院也分为刑事部和民事部两个部门。法官由贵族担任。高级农民特别法院的法官由政府任命，初级农民特别法院的法官由省长任命。陪审员从农民中选举产生。

沙皇政府针对"城市居民"设立了市政自治机关和市政厅，其工作人员由县级城市的商人和小市民选举产生。刑事部和民事部的主席由参政院任命，任期三年。而陪审员由省级城市的商人和小市民选举产生，任期同样为三年。

上述所有法院的上诉监察机构是在每个省都设立的刑事审判庭和民事审判庭，它们直接接受参政院的管辖。刑事审判庭对地方高级法院、高级农民特别法院和省级市政厅执法官上报的判处死刑和褫夺封号的所有案件进行核查。民事审判庭受理对上述地方法院判决案件的上诉。在

---

① Сб. РИО. Т. 68. С. 388.
② ПСЗ. Т. XX. № 14392.

各省管理机构看来，刑事审判庭和民事审判庭相当于司法和领地委员会的刑事部和民事部。这两个委员会的职能移交给新的省级管理机构，于是，领地委员会和司法委员会先后于 1786 年和 1787 年停止活动。

每个省均设有所谓的"良心法庭"，其成员包括一名良心审判官和六名陪审员（由贵族、商人和农民各两人组成）。在对贵族的案件进行裁决时，出自商人和农民的陪审员没有发言权。良心法庭判案与其说是根据法律，不如说是人们对公义的认识和理解，即遵照良心来审判。它受理的案件一般是争讼双方当事人接受中间人调停的民事和解案；而刑事案件则是低龄儿童和低能者犯罪案，还有巫师、巫术案。反对宗教和教会的罪案以前归宗教法庭管辖，现在转由世俗法庭负责审理，因为在这些犯罪行为中充斥着"愚昧、愚钝、欺骗和无知"。

按照立法者的想法，良心法庭应基于社会主要阶层对道德规范的认知开展自己的活动。叶卡捷琳娜二世设立良心法庭这一举动引起了法国启蒙思想家的惊叹（"她是设立良心法庭的第一人！"）。但在俄国的现实生活中，这些法庭正如细心的观察家 Г. 温斯基所指出的那样，只是"一场木偶戏"而已。他在乌法良心审判官的家里生活多年，并亲眼见证了一切：20 年的时间里，这位法官总共受理了 12 件案子，而且也都是勉强结案。① И. В. 洛普欣是莫斯科良心法庭的良心审判官。他基于自己的司法实践指出，"爱好和平者即使没有法庭的调解也会自己找到方法达成和解"，"喜欢打官司者"来良心法庭只是为了拖延时间，混淆视听，然后"好像从来没有上过良心法庭似的"、若无其事地把案件转到相应的法院。②

1780 年，圣彼得堡和莫斯科分别建立了地方初级法院和高级法院，受理来两座都城任职或是办事者、在本地没有固定居所者的民事案和刑

---

① Записки Винского // Русский архив. 1877. Кн. I. С. 102.
② Лопухин И. В. Записки // ЧОИДР. 1860. Кн. 3. С. 114；Державин Г. Р. Записки // Собр. соч.：В 9 т. Спб., 1871. Т. 6. С. 53.

事案件。

最后一个司法机构是"城市警察局"，这里受理小额诉讼（20 卢布以下）和违反公共秩序等案件。

自 1727 年开始设立的口头法庭在 18 世纪后 30 年仍然发挥着自己的作用。口头法庭通常设在市政厅和市政自治机关（1754 年前在海关也有开设）、大型集市，负责审理商人之间的各种商事纠纷和争执，如买卖、租赁、雇佣、违约、商业欺诈等。诉讼程序以口头形式进行，只需将诉求、证明文件、判决结果记入工作日志簿即可。案件在一天内审理完毕，对判决结果不得上诉，因为双方是基于自愿原则诉诸口头法庭并服从其判决的。1775 年以后，口头法庭的司法管辖范围不仅仅限于商业纠纷，还有小宗的民事案件。而法庭本身也失去了其商事性质。①

1775 年的各省管理体制改革在司法制度和诉讼程序方面取得了显著的成果，刑事诉讼与民事诉讼分离开来。诚然，在县一级的初级法院对刑事案和民事案是一并受理的，但在省一级的法院，刑事诉讼和民事诉讼分别由相应的部门和法庭受理。此外，将警察局展开的案件侦查（城市——警察局，各县——地方初级法院）与诉讼侦查也分离开来。然而，司法与行政分立的任务即使在省级管理机构层面也未能完成。总督没有司法职能，但实际上能够"袒护涉案的任何一个人"。省司法机构听命于他，一些判决未经他批准也不予执行。总督掌握着省级法院人员构成的控制权和审批权。当局不能放弃自己实行专制的这一最主要的特权，因此，它的改革局限于建立庞大的、设有众多地方分支机构的地方管理体系，其中包括法院。"司法制度改革取得了一些成效，因为这一次司法机关分而设之，各司其职。"② 尽管一些资产阶级的研究者对此持一定的怀

① Григорьев В. Словесный суд в реформе местного управления Екатерины II // ИА. 1919. Кн. I . С. 289—323.
② Сыромятников Б. И. Очерк истории суда в древней и новой России // Судебная реформа. М. , 1915. С. 168.

疑态度，但在俄国的司法制度改革中，还是呈现出权力分化的趋势以及选举制度的一些元素。司法制度改革完成了寄予它的主要任务：从整体上推动国家制度的进一步集权化和官僚化。

***

在叶卡捷琳娜二世统治期间，立法进一步巩固了贵族的地位。1762年2月19日，彼得三世颁布了《贵族自由宣言》，规定贵族享有服役自由，不再需要为国家强制服役，包括军役和供职的役务。[①] 该宣言是确定贵族特权地位的重要法律文件。1760年、1765年和1767年，沙皇政府相继颁布命令，扩大了地主对农民的权力，地主可以把自己的农奴放逐到西伯利亚而不受任何监督和约束，发配他们去做苦役而无须审判和调查。[②] 1785年颁布《贵族特权诏书》，再次确定了贵族的特权和优惠待遇。贵族拥有对土地和农奴的垄断权；不缴纳人头税，不用服兵役；可以做批发生意，加入同业联合会；允许贵族开办工厂，在世袭领地开设拍卖会和集市；自由支配属于他们的林地，不仅拥有土地的所有权，还包括地下资源；无论是在案件审理还是调查期间，贵族均可免受肉刑（肉刑不及贵族之身）；未经审判不得剥夺贵族的称号、荣誉、生命和产业。[③]《贵族特权诏书》还规定，一等商人和二等商人也免受肉刑。[④]

从法律上来说，农奴在农奴主面前几乎没有权利，而地主对农奴的权力则超出了法律规定的界限。因此，农奴的实际地位要比他们的法律地位更低。对于农奴来说，地主就是"立法者、法官、判决的执行者；如果愿意的话，地主还可能是原告，对于他们的指控被告没有任何辩驳

---

① ПСЗ. Т. ⅩⅤ. № 11444.

② Там же. № 11166；Т. ⅩⅦ. № 12311；Т. ⅩⅧ. № 12966.

③ ПСЗ. Т. ⅩⅫ. № 16187.

④ Там же. № 16188.

的权利"①。地主对自己的农奴有进行售卖、赠予、交换和审判的权力。有大量留存下来的地主给世袭领地主管人员的规章为证，其中注明了应该如何"对农民进行审判和惩罚"。П. А. 鲁勉采夫制定了专门的《基层世袭领地管理者、管家、工长对犯罪农民的惩处条例》。领主 Н. П. 舍列梅捷夫对农民的惩罚措施包括："把他们关押到衙门，忍饥挨饿"；处以罚金、肉刑，放逐到涅尔琴斯克。② 罗斯托夫小地产地主 П. О. 雅科夫列夫的日记中全是这样的记录："7 月 20 日，女农奴费科丽斯卡第二次逃跑了，7 月 22 日把她抓回来，给她戴上了木项圈，用锁链拴在凳子上"；"早上用鞭子抽打那些婆娘，因为线纺得不好"；"用鞭子打了饲养员阿布拉什卡，因为他喂饲料喂多了"。③

　　农奴受到棍、杖、鞭打之刑，有的地主甚至亲自动手虐打自己的农奴。达里娅·萨尔特科娃（劳教所女所长）认罪，承认自己背负着 138 条农奴的性命。值得注意的是，针对她的诉状在 1757 年之前就已有之，但直到 1768 年才给她定罪并执行处罚。每每遇到地主杀害农奴需要对其进行判处的时候，司法机关就会显得不知所措，罔顾法律。因此，贵族法庭常常判处他们缴纳罚金，强制忏悔，极个别情况判处监禁在修道院监狱。贵族和农奴犯同样的罪责（例如杀人），却承担不一样的刑罚。上文提到的劳教所女所长被关押到修道院监狱监禁，而她的家奴中听从她的指令参与杀人者则被处以鞭刑，并刺配流放服苦役。贵族地主茹科夫夫妇杀害了自己的亲属，经过十年的调查后被判处强制忏悔，关押到修道院监狱监禁，而他们的同犯则被处以鞭刑和刺配流放之刑。茹科夫夫

---

①　Радищев А. Н. Соч. : В 3 т. М. -Л. , 1937. Т. 1. С. 358.

②　Щепетов К. Н. Крепостное право в вотчинах Шереметевых. М. , 1947. С. 38, 118 - 124; Петровская И. Ф. Наказы вотчинным приказчикам первой четверти ⅩⅧ в. // ИА. 1953. Т. Ⅷ. С. 255.

③　ГБЛ ОР. Ф. 178. № 3485. Л. 6 об. -7, 35; № 3486. Л. 7 об. , 10, 14, 39.

妇公开忏悔这一幕还成为民间木版画的一个主要情节。[①] 这是首次采用这种独特的方式来对犯罪行为的发生进行"预防"。

世袭领地的领主拥有对领地农民的审判权和惩治权，在这一问题上村社要服从领主私法。地主（如果没有生活在自己的领地上）一般将领主审判权转托给领地或村社的行政机构，而农民的"米尔"有时有发言权（但无表决权）。农民如有违反治安的行为，由地主或是世袭领地的行政机构负责审理和惩处，而村社大会在民事案件的处理上具有较大的自主权。村社大会主要负责解决村社内部家庭的财产分割、继承、纠纷、债务诉讼等问题。[②]

同地主农民的村社相比，国有农民的乡社和村社在处理小宗刑事和民事案件方面具有更为宽泛的权力。它们自己开展初步调查，独立处理小宗案件，作出判决并予以执行。在这一过程中，常常会使用刑讯逼供和肉刑。乡法院负责处理农民家庭生活方面的问题：解除婚姻关系，解决分家和财产继承方面的纠纷，处理各种家庭矛盾和冲突。在处理上述问题时，他们一方面遵循父权制社会的风俗和道德规范，另一方面还要确保每家每户能够履行封建国家的赋税徭役义务。西伯利亚地域辽阔，许多乡村和城市的距离非常遥远。因此，相较于俄国其他地区来说，这里的乡和村法院发挥的作用要大得多。1797 年，西伯利亚地区的乡社被划归初级地方法院直接管辖，这对该地区的农民自治造成了极大的冲击。[③]

---

[①] Современное письмо о Салтычихе // Осмнадцатый век. М., 1869. Кн. 4. С. 94, 95; Манифест Екатерины II по поводу осужденных к смерти убийц Алексея Жукова и его жены. Спб., 1766; Ровинский Д. Русские народные картинки. Атлас. Спб., 1881. Т. II. № 332.

[②] Александров В. А. Сельская община в России (XVII - начало XIX в.). М., 1976. С. 114, 115, 298-303.

[③] ПСЗ. Т. XXI. № 18082; см. также: Громыко М. М. Территориальная крестьянская община Сибири (30-е гг. XVIII - 60-е гг. XIX в.) // Крестьянская община в Сибири XVII - начала XX в. Новосибирск, 1977. С. 83-91; Крестьянство в Сибири в эпоху феодализма. Новосибирск, 1982. С. 294-297, 303.

***

18 世纪后 30 年，俄国在刑法领域实际上已经不再使用 1649 年《会议法典》，尽管在表面上该法典一直保留到 1832 年《法律汇编》问世才停用。对案件进行裁决完全是基于个别法令和官方批准通过的司法决议，或是法官的裁夺，后者的行为完全不受任何约束和限制。司法判例在法律体系中仍然发挥着重要的作用。同 18 世纪初相比，这一时期政治罪的诉讼程序并没有发生实质性的变化。即使在 1775 年改革之后，民事案件仍然在采用 1723 年颁布的关于诉讼形式的法令，该法令重又恢复了起诉程序。侦查作为刑事案诉讼中不可取代的形式被保留下来。而审判程序尽管有种种缺陷和不足，但在形式上也被保留下来，显然是因为这一程序中同时包含了指控和审理过程。

1782 年 1 月 1 日，沙皇政府颁布了《关于审讯时不得对被告使用肉刑的特令》，明令禁止在刑事诉讼程序中采用刑讯问供。但这一点在司法实践中落实得并不好。封建等级社会的司法制度和惩治制度都离不开这一手段的施用。莫斯科省办公厅侦查科 60~80 年代的资料显示，刑讯仍然是他们常用的调查手段之一。①

司法机构的活动在他们日益详尽细致的文牍中得到了体现。18 世纪涌现出新的文件类型。司法部门要记工作日志簿，包括记录每天参加庭审人员的出席情况、对案件审理过程的简要概述以及对其作出的判决。而庭审笔录则是对审理的案件做出更为详细的记述，其中包括对案件作出的判决，并须注明作出该判决所依据的法律。

随着等级制度的巩固，民法的内容也随之得到了发展。在 18 世纪

---

① ПСЗ. Т. ⅩⅦ . № 11759；Т. ⅩⅪ . № 153313；Описание документов и бумаг, хранящихся в Московском архиве министерства юстиции. Кн. 4. С. 171-173.

的后 30 年，形成了"财产""祖传财产""自购置财产"等法律概念。在 1767 年叶卡捷琳娜二世给总检察长的《训谕》中用到了"财产"这一术语。她在《训谕》中指出，民法的主要任务是"保护所有公民的财产安全"。在《贵族特权诏书》中特别说明，贵族拥有自由支配自购置财产的权利，可以赠予或是遗赠，或是作为嫁妆，或是转赠，或是出售给自己认为合适的人；而继承而来的祖传财产要"根据法律规定"进行支配。这里的"法律"指的是 1731 年 3 月 17 日颁布的《关于取消长子继承制的法令》。对祖传财产有回赎权，期限为三年（回赎权期限为四十年的规定于 1737 年废除），只有财产的卖方或是抵押人的近亲（儿子、女儿及其子女）才有回赎权。对于"占有时效"这一概念做出了明确规定。1787 年颁布法令，将其期限由四十年（1649 年《会议法典》规定）缩减至十年。[①]

典当法得到了进一步发展。抵押契约按照一定的格式在公文纸上书写，上附抵押物品的清单，经证人见证，在军政长官办公厅登记在册，而在 1775 年之后在各县和省的官衙办理（只有 1800 年颁布的《破产条例》规定，允许不经官方许可在家私自办理抵押手续）。如果抵押人在约定期限内无法偿还债务，则抵押契约转变为买卖契约。这条规章一直实行到 1737 年，从那时起开始实施一些有利于抵押人的新规。[②]《破产条例》规定，如抵押人逾期不能偿还债务，则须将抵押契约交至其居住地的司法机构；如在两个月内仍无法付清当金和利息，那么，在这种情况下，他才会丧失对质押品的所有权。

18 世纪，商业的发展和商品流通额的增长推动了信贷关系的建立及票据法的制定。国家机构和商人开始使用期票作为流通手段，这可以减

---

[①]　Латкин В. Н. Учебник истории русского права... С. 477，478.

[②]　Яковцевский В. Н. Купеческий капитал в феодально-крепостнической России. М.，1953. С. 39，40.

少进行贸易业务所需铜钱的使用，节约流通成本。1729 年颁布的《票据条例》对期票的形式及其开具流程做出了一定的规定，允许在没有见证人的情况下在家里开具期票，并在官衙出具。票据拒付和申请延期支付须经公证人办理。票据责任可以是私人之间，也可以是某些商人与国家财政部门之间缔结的约定。地方国库接受商人的铜钱，给他们出具票据，他们可以凭这些票据在其他城市提取自己的钱。[①]

18 世纪的立法思想开始关注监护这一问题。省事务管理局在县级法院设立贵族监护机构和城市孤儿院，负责对年幼的贵族和城市居民进行监护。针对未成年人实行监护，对成年的年龄规定如下：对于不动产的继承人来说是 20 岁，动产的男性继承人是 18 岁，而女性是 17 岁。

18 世纪，缔结婚姻和解除婚姻这一原本是教会法管辖的领域越来越多地受到民法的涉入和约束。民法对结婚的年龄做出了规定（从 13~15 岁到 80 岁），禁止智障者结婚，对各类居民结婚的条件进行了附加说明。例如，年轻贵族必须已接受初等教育，官员和军官须经上级批准。俄国社会各阶层的代表都有与外国人结婚者，这是 18 世纪出现的一个新现象。彼得一世在 1721 年敕令中，允许东正教信徒与基督教其他教派的信徒结婚。主教公会不得不承认，"他们对东正教会并不排斥和反抗"[②]。

教会保留了对离婚案件的管辖权，将其交由主教区和主教公会管辖，并负责监督，双方为亲属关系者不能结婚。

18 世纪的俄罗斯帝国仍没有建立统一的法律体系。普通法和领主私

---

① Владимирский-Буданов М. Ф. Обзор истории русского права. Спб. -Киев，1909. С. 432.
② 农民的法律意识不仅仅局限于上述方面，"还体现在他们针对现行法律及其具体应用，对自己的权利、义务与责任，对公平正义与不公之事、合法与犯罪等一系列问题所表现出来的思想、观点、看法、评价、感受和情绪，以及他们的法律理想、愿望和要求"（Пушкаренко А. А. Правосознание российского крестьянина позднефеодальной эпохи // XXVI съезд КПСС и проблемы аграрной истории СССР. Уфа，1984. С. 418，419）。

法发挥着巨大作用，对俄国绝大多数民众的日常生活予以调整和规范。在其他并入俄国的广阔地域，也都各自实行着自己的法律和司法制度：乌克兰为立陶宛法和《马格德堡法》，利夫兰和埃斯特兰为瑞典法和波罗的海法，信仰伊斯兰教的地区为伊斯兰教法典。18 世纪后 30 年的俄国虽然在建立全国统一的管理制度方面已经迈出了一些步伐，但整体来说，法律体系中的分离主义问题仍未能得到解决。

　　18 世纪，俄国社会各阶层对法律和司法的态度，以及那一时期人们对法制和公义的认识构成了整个俄国社会的法律意识。统治阶级的法律意识首先体现在专制国家制定的法律中。农民对法律的了解及其对法律的态度是他们法律意识的一种体现。① 在日常生活中，农民遵循习惯法的规范和概念，而大多数人对官方法律的认识较为薄弱。为了便于民众了解颁布的法令，政府采取了一些措施，但这些举措还是有限的。М. М. 谢尔巴托夫对此提出了质疑。他指出，"我们这里常常是全村没有一个识字的人，村子距离省城非常远，村里人几乎不进城"②。一般来说，农民对诉讼的组织流程很不了解，对于法院审理后对他们实施惩处的性质全然没有概念。然而，不能就此认为农民对法律是完全漠不关心的。各类农民的法律意识都自有其特点，这是由他们各自不同的社会和法律地位决定的。例如，在上呈法典编纂委员会的提案中，国有农民相当明确地表达了对本阶层没有享有充分权利的不满。他们不仅表现出对官方法律的了解，同时，还有对其的批评。乌拉尔工厂的农民虽然也知道，"对于工厂主而言没有理可论"，但枢密院 1755 年颁布法令，提

---

① Щербатов М. М. Соч.: В 2 т. Спб., 1896. Т. Ⅰ. С. 420.

② Камкин А. В. Некоторые черты правосознания государственных крестьян в ⅩⅧ в. // Социально-политическое и правовое положение крестьянства в дореволюционной России. Воронеж, 1983. С. 96 – 103; Покровский Н. Н. Жалоба уральских заводских крестьян 1790 г. // Сибирская археография и источниковеденне. Новосибирск, 1979. С.

出将他们由国有农民转变为私有农民，对此他们还是提出了批判性的意见。①

18 世纪是包括"法官阶层"在内的官僚阶层形成的时期。司法机关体系日益壮大，需要不同级别的官员——下至办事员，上至衙门的法官以及委员会主席——供职。正在形成的官僚阶层社会成分各异，其中既包括上层贵族的代表，也有非特权阶层出身的人。彼得一世以立法的形式确立了支付官员薪俸的制度（但未能在现实中实行）。1727 年，又决定恢复原来的做法："低级办公室文员不应发放薪俸，但与以前不同，允许他们赚外快。"对于此举做出的解释是："每个人都将为赚外快而努力工作。"② 这样的目标成了法官们的道德准则。Н. И. 诺维科夫在《雄蜂》杂志中，正是对这样的法官的心理加以嘲讽："我虽然被撤职，但不是因为偷盗，而是因为受贿，这里所说的受贿无非就是赚外快。偷盗者指的是拦路打劫的人，而我是在家里受贿，在官衙办案。"直到 60 年代，政府才为中央和地方机关的所有官员确定了固定薪金制度。司法部门官员之间的薪酬差异相当大。例如，司法委员会主席Н. М. 热利亚布日斯基年薪为 1800 卢布，侦查科法官为 975 卢布，而办公室文员为 129 卢布。③

18 世纪，社会各阶层对滥用职权，尤其是其中的受贿行为一致持深恶痛绝、严厉谴责的态度。有谚语为证，"法官得好处，腰包鼓又鼓"；"给法官好处，免牢狱之灾"；"原告不可怕，法官才可畏"；等等。以 М. М. 谢尔巴托夫为代表的贵族呼吁挥动公正裁判之剑，"遏制法官受贿的行为"，他把法官称为"在各个城市干着敲诈、抢劫行径的

---

① Сб. РИО. Т. 55. С. 190.
② Троицкий С. М. Русский абсолютизм и дворянство в XVIII в. М., 1974. с. 261, 267；Описание документов и бумаг, хранящихся в Московском архиве министерства юстиции. Кн. 4. С. 148.
③ Щербатов М. М. Соч. Спб., 1896. Т. I. С. 354.

最危险的强盗"①。《雄蜂》杂志以及 Д. И. 冯维辛、В. Я. 卡普尼斯特、Г. Р. 杰尔查文的作品都对司法制度和法官进行了无情的鞭挞。

18世纪初，政府就已经意识到司法部门需要有文化、有学识的官员，因为"正如不是每个人生来都喜欢做军人一样，国家同样也需要进行政治教育和文职人员教育"②。1721年，为了教授司法技能，成立了书吏学校。不过，学校没办多久便停办了。贵族武备学校开设了法学课程。在俄国，系统的法学教育始于莫斯科大学的创建。在莫斯科大学法律系，大学生们用三年时间学习大量课程：哲学、法学导论、俄国法律实践艺术、罗马法及罗马法史、国际法和外交学、俄罗斯帝国法律、民法、刑法及警察法。

在莫斯科大学法律系成立的头几年，自然法、通史、国际法课程由 Ф. Г. 狄尔泰用拉丁文讲授，他曾在维也纳大学留学，并获得法学博士学位。1767年起，С. Е. 杰斯尼茨基和 И. А. 特列季亚科夫教授开始在法律系教书。他们二人于1760年在莫斯科大学毕业后被派往英国的格拉斯哥大学留学，并在那里通过博士论文答辩，获得法学博士学位。回国后，

---

① 第一任司法大臣（1802~1803）Г. Р. 杰尔查文在18世纪80年代时抨击法官和现行法律的种种弊端，他这样写道：

　　你们的职责是维护法律的公正，
　　对权贵者不趋炎附势，
　　对鳏寡孤独者不离不弃。
　　你们的职责是拯救无辜者免遭祸事，
　　给不幸者以庇佑；
　　保护弱者免受强者的欺压，
　　让穷苦人免受牢狱之灾。
　　而你们对此却是置若罔闻！视而不见！
　　满眼尽是贿赂横财：
　　你们的恶行和不公
　　聋人听闻，惊天动地。

//Ломоносов М. В., Державин Г. Р. Избранное. М., 1984. С. 219.

② ПСЗ. Т. Ⅵ. № 3845；Т. Ⅷ. № 5811；Т. Ⅻ. № 9532.

C. E. 杰斯尼茨基在莫斯科大学法律系教授"罗马法及其个别法律在俄国立法中的运用"课程，自 1773 年起，任俄国法教研室主任。而 И. A. 特列季亚科夫教授"自然法"和"罗马法"课程。①

从 80 年代末开始，莫斯科著名律师 3. A. 戈留什金在莫斯科大学和贵族寄宿学校教授"法律实践艺术"，并在课堂上采用"模拟法庭"的教学形式。他所著的《俄国法律通识教程》做出了 18 世纪历届法典编纂委员会未能完成的尝试。他在自己的科学理论中提出，俄罗斯民族的风俗习惯、民谚意义重大，它们是法律最为重要的源泉。

法律系的大学生毕业后成为公证员、良心法庭的法官、委员会顾问和主席、外交官等。②

自然法理论对 18 世纪俄国法律思想的发展产生了巨大的影响。该理论将理想的"自然法"与现行的"人定法"对立起来。自然法学说的理论家（格劳秀斯、洛克、霍布斯、普芬道夫、莱布尼茨、沃尔夫等）的出发点是以自然之法则取代上帝法则。他们根据自然神论和泛神论思想提出了将"上帝法则"与"自然法则"相结合的不同途径，其中一条是通往神学之路，另一条是通向唯理主义之路。

18 世纪上半叶，B. H. 塔季谢夫对自然法理论做出了相当激进的阐释。③ 他首次提出，自然法是民法立法之基础。他认为，法律编纂应使用清晰明了的语言，"而不应使用外来语"（这一点对于他所处时代的立法来说是无法做到的），法律应具有可行性，否则将失去其存在的意义，应彼此呼应一致。在现有法律混乱无章的情况下，B. H. 塔季谢夫提出的这

①  Летопись Мосовского университета. 1755-1979. М. , 1979. С. 17, 19, 23, 26, 27, 29.

②  Куприц Н. Я. У истоков юридического образования в России // Вестн. Моск. ун-та. Сер. Право. 1979. № 6. С. 3 – 13; 1980. № 4. С. 3 – 13; Ермакова-Битнер Г. В. 3. А. Горюшкин-воспитатель российского юношества // XVIII век. М. -Л. , 1958. Сб. III. С. 343 – 379.

③  Кузьмин А. Г. Политические и правовые взгляды В. Н. Татищева // Советское государство и право. 1982. № 9. С. 101-110.

一问题颇具现实意义。他支持向民众普及法律的做法。B. H. 塔季谢夫在自己的从政和司法实践中一直遵循一个原则，即"过分施用死刑只会破坏法律"。他提出，新制定的法律中"应保留古人的风俗"。这一构想既涉及立法者，他们应该是忠于国家的"内行之人"，也关乎全民立法的形式问题。①

18 世纪六七十年代，俄国第一批法学研究的成果相继发表，其中包括 B. 佐洛特尼茨基的《自然法论文集缩编》（1764）以及 A. 阿尔捷米耶夫的《罗马法与俄国法简明教程》（1777）。恩格斯称罗马法是"纯粹私有制占统治的社会的生活条件和冲突的十分经典性的法律表现"②。在俄国法学的形成过程中，也可以看到对罗马法精神的沿袭，但罗马法并非直接对其产生影响，而是首先通过德国学派的法学理论和实践被接受的。俄国法学研究面临的一项任务就是编写法律实践工作所必需的教程、参考图书和词典。Ф. 朗汉斯编写的《法律词典》（又称《俄国法令汇编》，1788）是大学法律系教学实践的参考用书。М. Д. 丘尔科夫完成了另外一本法律词典（上、下册）的编写工作，名为《法律词典》（又称《俄国法令、临时立法决议、司法和惩治条例汇编》，1792～1796）。И. 佩克胡罗夫编写的《法律法规详解：官衙各类案件代理律师必备》（1795）是民事诉讼必备的实践参考书。18 世纪末的俄国，开始尝试创办专门的法律类期刊。A. A. 普拉维利希科夫发行了两期《法学杂志》，内容包括 1796～1797 年颁布的上谕和政令。B. 诺维科夫也创办了一本法学刊物，其名称已经说明问题：《法官及法学爱好者读物：典型及特殊案例，著名法学专家的研究成果，以及其他导人向善、有益身心的内容》。

启蒙学者 C. E. 杰斯尼茨基、Я. П. 科泽尔斯基、A. Я. 波列诺夫、И. A. 特列季亚科夫等人为俄国法学的发展做出了巨大的贡献。C. E. 杰

---

① Татищев В. Н. Избр. произв. Л. ，1979. С. 124-129.

② Маркс К. ，Энгельс Ф. Соч. Т. 21. С. 412.

斯尼茨基被誉为"俄国的自然法之父"①。他的研究兴趣广泛，涵盖法理学、法律史、国家法、刑法、民法和家庭法。他认为，各阶层的人都必须了解国家的法律，因此，他自己一直坚持不懈地做着法律知识的宣传工作。在《论了解国家法律之益处的法学思索》一书中，他并不否认罗马法的意义，但同时强调了解本国法律的必要性："建议每个人即使不知道罗马法，也要了解俄国法。"② 他还指出，决不容许法官不懂法，因为"国家把执行监督法律规定的重任交托给他们"③。在《论俄罗斯帝国立法、司法和惩治制度的建立》一文的引言中，C. E. 杰斯尼茨基提出了司法与行政完全分离的原则。同时，他还提出了一套完整的法官法学教育规划，其中包括必须接受大学教育，掌握多门语言，通过为期五年的律师见习期。他指出，作为有效防范司法不公的措施，可以"将针对刑事诉讼案件作出的所有判决都公之于众，因为这种方式将对司法机关的公正审判起到巨大的影响作用，也会督促法官在法庭上谨慎判案"④。

　　C. E. 杰斯尼茨基非常重视民法问题，特别是其中的财产法。在关于这一问题的论述中，最为充分地体现了他的启蒙主义观点。他写道："'生命权、健康权、名誉权、财产权'是人与生俱来的权利。"⑤ 这里所说的"财产权"是指可以收归国有、继承、转让、追偿的物品，而非对人的所有权。C. E. 杰斯尼茨基认为，买卖没有家庭和土地的农奴是有悖"仁爱原则""对国家危害极大的行为"。他对于私有制的看法及对商业信

① Биографический словарь профессоров и преподавателей императорского Московского университета. М., 1855. Ч. I. С. 297 - 301. О С. Е. Десницком см.: Покровский С. А. Политические и правовые взгляды С. Е. Десницкого. М., 1955; Грацианский П. С. Десницкий. М., 1978; Он же. Политическая и правовая мысль России второй половины XVIII в. М., 1984. С. 147-163.
② Юридические произведения прогрессивных русских мыслителей. М., 1959. С. 227.
③ Там же. С. 234.
④ Там же. С. 77，109-112.
⑤ Там же. С. 261.

贷问题的关注已经具有资产阶级的倾向。在《论刑事案件判处死刑的原因》一文中，他反对封建国家司法机关在刑法领域使用酷刑的做法。他写道"无论对犯罪者有多愤怒，将活人游街、分尸都是人类所不能容忍的事情。"[1] C. E. 杰斯尼茨基对于刑罚及其目的的看法与西欧进步思想家伏尔泰、孟德斯鸠、卢梭、贝卡里亚等人的观点相似。贝卡里亚曾说过："刑罚的目的并不在于折磨人……其目的是阻止犯罪者做出危害社会的行为，遏制其他人犯同样的错误。"[2]

C. E. 杰斯尼茨基在提倡刑罚人道化的同时，强调作出正确判决的重要性，因为只有这样，刑罚才能发挥其教育意义。在他看来，刑罚正义思想指的是必须施以必要的刑罚，而非刑罚一定要残酷。但他认为，针对反对国家完整、蓄意杀人等个别情况可以适用死刑。C. E. 杰斯尼茨基反对司法等级制，提出"各阶层在司法审判面前人人平等，概无例外"。他坚决捍卫这一原则，认为针对同样的罪行应施以同样的刑罚。不过，他还指出了唯一一个例外的情况，即针对贵族不用辱刑，"可以对他们处以罚款、发配流放，但辱刑除外"[3]，这是当时非常典型的一种例外情况。

俄国第一位革命家 A. H. 拉吉舍夫提出了关于理想的社会制度和人性自由的观点，这些观点是 18 世纪俄国法学思想发展的顶峰。在《论立法》一文中，A. H. 拉吉舍夫顺应时代精神，指出必须对现行法律的内容进行更新和调整。为此，他建议对司法实践展开研究，收集和分析各个方面的资料，其中包括：刑事案件，侵犯人身权利的罪案，动产和不动产纠纷案，土地测量，归宗教部门审理的案件，关于人口、贸易和货币

---

[1]　Там же. С. 191.

[2]　Беккариа Ч. О преступлениях и наказаниях. М. , 1939. С. 243, см. об этом там же. С. 216 - 222, 244, 252, 253, 273, 282, 317, 318, 320, 405, 406; Монтескье Ш. Избр. произв. М. , 1955. С. 233.

[3]　Юридические произведения прогрессивных русских мыслителей. С. 186-200.

流通方面的资料，以及维护社会秩序方面的措施，等等。① 当代法学研究者认为，上述提议是刑事统计学和犯罪学发展的开端。

A. H. 拉吉舍夫从革命的角度对自然法理论和社会契约论进行阐释。他在经历了流放之后病体缠身，但仍然充满斗志。在被流放后完成的《俄国分类法典草案》中，他制定了一份具有反封建性质的"人的社会权利纲要"。他指出，公民的权利"包括：（1）思想自由；（2）言论自由；（3）行动自由；（4）自我保护（当法律无法做到这一点的时候）；（5）财产权；（6）接受与自己一样的人的评判"②。而要将这份具有反农奴思想的纲要付诸实施的话，无异于进行一场社会变革。

可见，18 世纪俄国立法和司法的发展体现了君主专制国家社会经济关系及阶级关系的变化。立法、司法机构的建立和改革以及诉讼程序本身遵循的主要目标就是镇压被压迫阶级的反抗，巩固封建农奴制度。而在这一过程中，封建法庭发挥着重要的作用，"是无情镇压被剥削者的工具"③。

在整个 18 世纪，政府先后两次尝试将司法与行政分离开来。结果却是司法机构更为集中，司法制度整体而言也具有了更强的阶级性和阶层性。

在 18 世纪的俄国，法典编纂问题尤为突出和迫切。俄国社会各阶层都意识到应该编纂一部统一的法典。以往的法典编纂委员会收集了大量法律资料，但都未能取得预期效果。直到 19 世纪头 30 年，将现行法律系统化这一任务才得以完成。

俄国社会的先进代表人物提出，应该开展法学教育，通过学习让司法人员和法官"熟谙法律"。18 世纪下半叶，随着莫斯科大学法律系的建

---

① Радищев А. Н. Указ. соч. М.-Л.，1952. Т. 3. С. 151–162.
② Там же. С. 165–170.
③ Ленин В. И. Полн. собр. соч. Т. 35. С. 270.

立，法学教育开启了自己的发展之路。

18 世纪下半叶，俄国的法律体系中形成了新的原则和制度。这一时期，俄国的君主专制制度受到启蒙时代政治思想的影响，其立法实践为这些原则的提出和制度的制定奠定了基础。在这一过程中，出现了一系列具有标志性的现象，其中包括确立了所有权和占有权的定义并对其加以完善，为经营活动提供更大的自由，废除了一系列封建法律制度，个别法律领域形成，确定了一般法律概念。

俄国的法律科学同西欧一样，都是以自然法理论为出发点。俄国提出了一系列进步的法学思想，如在司法面前各阶层一律平等，保护个人人权，自由拥有和支配财产的权利，"思想、言论、行为"自由的权利。这些原则客观上反映了资产阶级发展的需要，是 18 世纪提出的对未来的 19 世纪的展望。

# 第六章
## 陆军与海军[*]

П. П. 叶皮凡诺夫

А. А. 科马罗夫

　　军事发展水平与国家的经济、政治和社会发展水平紧密相连。伟大的军事专家恩格斯曾指出，任何事务的发展都不能脱离经济发展，比如陆军和海军。而武器、军队组成、建制、策略和战略的发展水平取决于所处时代的生产和交通信息工具的发展程度。军事的发展并不是那些天才指挥家们凭借他们天马行空的、创造性的天才智慧和思维实现革命性的突破和转变，而是依靠对军事武器和士兵装备的创造和革新。[①]列宁发展了恩格斯的这个观点，为此，他曾描述过军事技术和军事组织的重要性，比如武器，列宁认为，人民大众和各阶级民众可以利用它解决重大的历史冲突。他又特意强调，在任何国家中军事组织的发展与这个国家经济和文化制度的全面发展是密不可分的。[②]

　　商品货币关系的发展和商人资本的不断积累促使工场手工生产的规

---

[*] "陆军"部分由 П. П. 叶皮凡诺夫执笔，"海军"部分由 А. А. 科马罗夫执笔。其中，关于近卫军的部分由 Ю. Н. 斯米尔诺夫撰写完成。

① Маркс К., Энгельс Ф. Соч. Т. 20. С. 171.

② См.: Ленин В. И. Полн. собр. соч. Т. 10. С. 340.

模急剧扩大，其中一些领域直接服务于陆军和海军的需求。在武器生产厂、呢绒制造厂、造船厂和小作坊中农民和工人不断缔造着国家的军事能力，当俄国面对查理十二世的庞大军队和拿破仑的"伟大军队"时，是他们保证了俄国在军事上取得了胜利。

对军队和军事生产产生重大影响作用的因素包括：军事力量的结构体系和社会成分、军队人员配备，为军队提供武器和粮食的方式及军队武器和粮食的来源，战士训练的水平和指挥官的能力，国家的军事传统，战士的精神力量以及其他一些能够反映战士和军官的战斗素养、对实用军事科技的发展水平、军事教育等。

在俄国军队发展史上，17世纪末至18世纪是一个重要的转折期。在这一时期，能够让人铭记的是在俄国军队中实施了许多大型的军事改革，并创建了正规军。当俄国的国家体制由"波雅尔杜马和波雅尔特权贵族"占主导地位的等级代议君主制向18世纪的君主专制政体转变时，俄国的军队改革是直接与国家体制的演变联系在一起的。[①] 正规军是俄国君主专制政体下的一项重要制度，它能够保证俄国在新的历史格局下完成对内和对外的政治任务。

在俄国历史上，彼得统治前是"封建领主制盛行的时期"[②]。当时，军事组织首先是由等级制度和封建官阶决定的。[③]

18世纪创建的正规军的结构体系是为了满足不断增长的战斗需求，以及适应陆军人数增长的需要，同时，它还保留了等级阶级的特征。在军队中，贵族占据了指挥官的职位，由纳税阶层招募的新兵组成了士兵队伍。招募新兵的制度是18世纪俄国军队建设的主要特点之一，西欧国家早在17世纪就开始普遍实行这种"雇佣兵役制"。[④]

---

① Ленин В. И. Полн. собр. соч. Т. 17. С. 346.

② Ленин В. И. Полн. собр. соч. Т. 1. С. 151.

③ Очерки русской культуры XⅢ века. М.，1979. Ч. 1. С. 234-264.

④ Маркс К.，Энгельс Ф. Соч. Т. 14. С. 368.

大约从 17 世纪中叶开始，俄国武装力量出现了一些重要的变化。战争的持久性、残酷性和存在大量牺牲等情况促使军队迅速扩大自己的人员数量，相应地，也包括那些义务兵的数量。同时，不断改善手持射击火器的性能，并把它们提供给军队，使步兵成为战斗中能够发挥主要作用或决定性作用的军事力量。关于这一点，俄国军队所走的道路与当时西欧各国的军队是一致的。

在指出了历史上形成的正规军的典型特征（将部队训练得"行动保持一致，在移动时采用列队和纵队的队形，要始终保持战术队形的紧凑"；在战斗中训练部队的行动和各种战术；在军队中存在等级制度；等等）的同时，恩格斯认为，在军队中配备装着刺刀的燧发枪是新时期军队发展最重要的因素，因为这种火枪取代了 17 世纪末以前军队中普遍使用的火绳枪。新型武器的出现促使两个兵种——滑膛枪手和长枪兵被取代，取代他们的步兵也只是军队的一个兵种，因此必须对他们进行系统的队形和战术训练。[1] 并且，17 世纪俄国步兵操典已经不能满足训练新型士兵的要求了。[2]

1700~1721 年的北方战争开始前，彼得一世和自己的"童趣部队"（他们被称为俄国正规军的先驱）已经经历了重要的军事考验。后来，正是由这支部队建成了正规军——普列奥布拉任斯基团和谢苗诺夫斯基团，它们之后又被变为近卫军，成为日后正规军的核心力量。

俄国的正规步兵部队（普列奥布拉任斯基团、谢苗诺夫斯基团和另两支"经过选拔"的部队）第一次经历战斗的历练是在亚速海远征（1695~1696）的过程中。这次行军暴露出当时的俄国军队在组织结构上的各种问题，成为日后彼得进行军队改革的主要动力。1697~1698 年，

---

[1] См. : там же. С. 297, 298, 306, 361, 371.
[2] Епифанов П. П. Учение и хитрость ратного строения пехотных людей 1649 г. // Учен. Зап. Моск. ун-та. М. , 1954. Вып. 167.

彼得赴国外考察，考察的成果对于俄国筹划军队改革事宜起到了巨大的影响作用。在考察时，彼得和几十个"志愿者"成功地学习了海军事务、造船技术和"军事科技"。在柯尼斯堡，彼得修完了和炮兵技术有关的所有课程，并获得了"枪械专家"的证书。[1] 其他自愿与他一起学习的人也都参加了炮兵和防御工事建筑等科目的理论和实践课程学习，而俄国第一批接受过良好教育和培训的炮兵专家和工程师正是从这些人中脱颖而出的，他们包括格鲁吉亚的皇长子亚历山大·阿奇洛维奇、B. 科尔奇明、Г. Г. 斯科尔尼亚科夫-皮萨列夫等人。在北方战争时期，这些人极大地改善了枪炮铸造技术、火炮的装填装置（包括"科尔奇明"炮架、适合于步兵和骑兵使用的轻型武器、"炸药"和弹药箱等）、制造炸弹的技术（手榴弹和霰弹），同时还改进了野外工事和长期防御工事的修筑技术。另外，彼得一行认真学习和研究了西欧各国军队的结构体系。彼得一世还派遣普列奥布拉任斯基团的少校 A. A. 魏德去国外"观摩和视察新出现的军事事物"。A. A. 魏德研究了奥地利、普鲁士、法国、荷兰等国军队的组织、训练和战术，之后他总结自己的观察心得，向彼得一世提交了一份具体的报告（也被称为《魏德条例》）。除此之外，彼得一世还从国外邀请了一大批技术人员，包括军事、造船和武器专家，著名的枪炮手（如 Я. 京特尔和 Я. 戈什克），医务专家，以及为后来建成的航海学校请来的教师，如 C. 格温、P. 格雷斯、A. 法尔瓦松。[2]

由于筹备北方战争，彼得加快了军事改革的进程。彼得召集贵族们学习"步兵队列"，正式开启了这场军事改革。1699 年秋，A. M. 戈洛温、A. A. 魏德和 H. И. 列普宁三位将军分别得到了已经学习过"新式队

---

① ЦГАДА. Кабинет Петра Ⅰ. Отд. Ⅰ. Д. 37. Л. 1.

② П и Б. Спб., 1887. Т. Ⅰ. С. 716, 717, 724; Богословский М. М. Петр Ⅰ. М., 1941. Т. 2. С. 381.

列"的军官，他们开始组建俄国的"正规军"。最初，各个团的士兵都是由"自由人"和赋役居民组成的。到 1700 年春，俄国共召集和训练了 2.2 万人。所有的团都是一样的组织结构（每个团 12 个连），统一的制服、武器和装备；在各个团中设立统一的军官和士官等级制度（从中士、下士到上校）。步兵装配带有燧石枪机的火枪和火药袋（并配有可以插入枪管滑道的刺刀）。同时，着手对炮兵进行现代化改革，这项工作由炮兵衙门长官格鲁吉亚皇长子亚历山大·阿奇洛维奇领导。1700 年，在纳尔瓦行军之前，各团收到了带有炮弹补给的铸造火炮，但按照彼得一世的说法，绝大部分火炮的铸造"在俄国都有 100 年的历史，有的甚至更古老"①。

至于骑兵，在战争开始前俄国仅仅建立了几支龙骑兵部队，主要是由古老的领地贵族的民兵组成。1700 年，俄国军队在纳尔瓦附近战败，当时由领地贵族组成的骑兵部队从战场上狼狈逃窜，结果使本来在同瑞典人的战斗中已经占据上风的普列奥布拉任斯基团、谢苗诺夫斯基团以及 A. A. 魏德团的队形被冲乱，导致了俄军的失败，这迫使彼得一世下决心要将老化的贵族骑兵部队整编为正规的龙骑兵团。临近 1701 年春天，大约 3 万名贵族被召至莫斯科，在经过筛选后，被选中的贵族接受沙皇检阅，之后他们被编为 10 个龙骑兵团。

为了教会战士们变换队形、射击规则、用刺刀进攻，以及训练手榴弹兵在战斗中使用手榴弹，1700 年俄国军队编制了步兵战斗条例——《步兵团简明常规教学》，在 1701 年编制了《训练龙骑兵队形的简明条例》。②

---

① Брандебург Н. Е. Материалы для истории Артиллерийского управления в России. Приказ артиллерии. 1701–1720. Спб. , 1876. С. 10–22；Архив кн. Ф. А. Куракина. Спб. ，1890. Кн. I. С. 24.

② ГБЛ. Отдел рукописей. Румянц. Собр. № 366；ЦГАДА. Кабинет Петра Ⅰ. Отд. Ⅰ . Д. 37. Л. 573，574；Отд. Ⅱ . Д. 1. Л. 843 – 845；Военные уставы Петра Великого // Сост. П. П. Епифанов. М. ，1946.

这些条例的特点是简单明了，非常适于战士们执行队形变换命令，接受射击规则，以及操作刺刀和手榴弹。在很大程度上，条例促使军官和战士们能够快速掌握"正规战斗"的规则。1704～1705 年，英国驻莫斯科大使 Ч. 惠特沃斯在给伦敦的报告中写道，"俄国步兵训练得很好"，"优于德国步兵，并且不逊色于任何国家的步兵"。①

根据彼得一世的条例，年轻军官应该替换已经失去战斗力的老迈军官，条例还规定了"对士兵进行更多关照"的内容，包括慰问伤病人员、关注士兵的健康等。所有这些条例后来都被载入 1716 年的《军事法规》，成为日后由 А. В. 苏沃洛夫和 М. И. 库图佐夫发展起来的军队现代化传统的标志。

与此同时，俄国军队还致力于编制其他一些条例，涵盖了军队在和平时期和战争环境下方方面面的活动。

根据彼得大帝的命令，元帅 Б. П. 舍列梅捷夫制定了《将军、中下级军官以及普通士兵的军规或军法》。它规定了严格的上下级关系，要求军官们"按照职衔"互相"尊重"，遵守军纪，确定巡逻警卫工作和行军秩序的规则，保守军事机密，在恐惧的情况下也要严格遵守战斗纪律，对于懦夫以及各团、营或连的指挥官，不管是谁，只要有"不体面的逃跑行为"，对他们处以的刑罚最高可达"死刑"。军规的第 42 章宣称："任何军官和士兵都有责任和义务搭救自己的战友脱离危险和困境，同时也要尽可能地捍卫枪炮装置、旗帜等一切标志性的物品……"

大约在 1705 年，沙皇政府出台了更加详细的《往年的章程》，并在在章程生效之前特意发布了一份宣言。宣言的第一部分明确规定了军事法庭的级别，即从各团的法庭到全军的法庭，同时也确定了军事侦察和公文处理的程序，违法犯罪的具体种类以及惩罚的具体措施，在营地、

---

① Сб. РИО. Т. 39. С. 55，162.

辎重车队和行军途中的巡逻警卫规则，检查规则，以及保障士兵和军官的食物供给和薪水，围城和堡垒防御规则等。

1706年，"为了更好地、更有秩序地训练马队"，由 А. Д. 缅希科夫制定的《简单条例》开始正式被龙骑兵团使用。并且，条例中的大部分内容同《军法条例》中的规定是一样的，如巡逻警卫规则、行军秩序、站岗放哨等；此外，条例特别强调了军人誓言的重要意义："不管是谁，只要对着旗帜发誓，他就要誓死坚守誓言。"①

沙皇俄国为自己的正规军制定了第一批军事法规和条例，这项工作见证了彼得一世及其领导下的各军事长官创造性的工作思维。这是一项长期的工作，它所依据的也是这些人自身的战斗经验。并且，它也反映了俄国军队在组成上的一些自身特点，如坚守保家卫国的思想，保护军队的旗帜，在战斗中要互相救助和支援，要训练战士们有意识和牢固地掌握各种战斗技巧，而不是西方各国雇佣兵部队所采用的机械和刻板的训练，如只注重"步法操练和枪支操练"。这表明，在俄国军队中"一名战士实质上代表了军队中的所有人，上至高级将军，下至普通的滑膛枪手"。这种提升战士名誉的表述同样复刻在了1716年的俄国军队章程中。

1700年11月，俄国军队在纳尔瓦附近损失了160门大炮，这加快了彼得对炮兵的改革。1701年底，莫斯科铸炮厂出产了268件武器（包括12门平射炮、13门榴弹炮和243门其他火炮）。同时，彼得还在继续寻找能够进一步改善和提高复杂的炮兵装备性能的途径。为此，他在莫斯科设立了专门的实验室，在这里工作的人包括 B. 科尔奇明、Я. 戈什克、Я. B. 布留斯、H. 雷布尼科夫以及来自炮兵学校和航海学校的学员。他们设计图纸，建造新型武器的模型，并在测试场对大炮和炮弹的原型进

---

① Епифанов П. П. Воинский устав Петра Великого // Петра Великий. М. ，1947.

行测试。

在军队中使用自己国产的 1 俄磅重的弹药和相应口径的武器具有重要的意义。为此，俄国设计人员进行了大量的工作，根据弹药直径研究测量武器口径的各种方法，同时想方设法改善武器的内部结构和零部件。1706 年，彼得发布了手写的命令，确定了各火炮口径的俄制标尺，它超过了瑞典火炮的口径。之后，1706 年 12 月 12 日，彼得又下发了一道新的命令，要求"以后所有炸弹、手榴弹以及炮弹和霰弹等弹药都要对应口径生产"[①]。1702 年底，俄国生产了第一批用"西伯利亚熟铁"铸就的平射炮和各种火炮的样炮。A. 维尼乌斯在给彼得一世的信中写道："看起来并不差，如果说还不是最好的，那就用铜。"同时，他还在信中告诉彼得一世，第一门火炮是由乌拉尔生铁制成的，质量要"优于吉什潘斯基"和"斯维斯基"（瑞典）的生铁。并且，用乌拉尔金属制成的武器要比用铜制成的武器在价格上便宜得多。

因此，可以认为，生产固定类型的武器（各种火炮、平射炮和榴弹炮）以及按照俄国自己设计的模型和图纸确定武器口径开启了俄国的军事改革。后来，M. B. 罗蒙诺索夫曾骄傲地指出："现在，在同敌人作战时俄国军队使用的武器都是由俄国铁矿制成的，是俄国人亲手制造的。"[②]

在莫斯科、乌拉尔、奥洛涅茨边区、沃罗涅日以及俄国的各个地区不断出现新的军工企业，那些老旧的军工企业也在不断扩大，这样一来，俄国枪炮和弹药的生产规模飞速扩大。据不完全统计，北方战争临近结

---

① ПСЗ 的出版人错误地将《关于火炮比例的规定》列入 1717 年。这个时间上的错误很容易确定，因为出现在命令原文中的 Я. 戈什克是在 1706 年去世的。（ПСЗ. Т. V. № 3061；ЦГАДА. Кабинет Петр I. Отд. I. Д. 55. Л. 169；ВИМАИС. Ф. Приказа артиллерии. Д. 86，209. Книга указов достопамятных с 1706 г. ; П и Б. М. , 1950. Т. IX. Вып. 1. С. 203）.

② Ломоносов М. В. Слово похвальное ... Петру Великому // Собр. соч. Спб. , 1840. Ч. 2. С. 329.

束时，俄国仅在 35 个堡垒内就囤积了 5549 件野战炮和攻城炮；并且，这还没有算上步兵团和舰船上的火炮数量。[①]

同时，彼得一世也在着手组建和完善炮兵部队。1701 年，俄国建成了炮兵团，而瑞典国王查理十二世就没有这样的部队。炮兵团大约拥有700 人，并配备 84 门火炮。1702 年，彼得一世还创建了骑炮兵部队，它能为龙骑兵提供轻型榴弹炮以及用战马驮着的"小型平射炮"。最后，在1705 年，俄国军队中设立了炮兵辎重班，这些负责运输辎重的人员以前都是从市民中招募，现在则由军队招募的新兵代替，辎重也由马匹承载。除了炮兵团，俄国军队中还建立了野战炮兵部队，它同样也是当时俄国军队的重要组成部分。野战炮兵既要完成炮兵部队的任务，也是俄国军队军事工程方面的后备部队。根据需要，它可以为各部队提供货物运输、弹药补给服务以及武器和浮桥等器具。领导野战炮兵部队的是 Я. B. 布留斯，他是一位杰出的学者、炮兵专家和军事工程师。此外，驻军（堡垒）炮兵部队也得到了加强。1708～1709 年，新的炮兵部队被补充进各个堡垒要塞，首先就是那些位于战斗区域的堡垒，如普斯科夫、诺夫哥罗德、斯摩棱斯克、纳尔瓦、贝尔戈罗德地区的南部各城、库尔斯克、谢夫斯克、波尔塔瓦、基辅等堡垒。其实，在彼得一世执政以前，俄国军队的步兵团就已经拥有了枪炮等各种武器。在波尔塔瓦战役开始前，俄军各营也开始拥有属于自己的火炮。[②]

当时，俄国开始了对当代炮兵发展的理论基础研究。1707 年，彼得同 Я. B. 布留斯通信，要求把德国炮兵指挥官 И. 布赫纳和 Э. 布劳恩的著作翻译成俄语。1709 年 1 月，沙皇提醒 A. 维尼乌斯给自己寄一本"关

---

① ЦГАДА. Кабинет Петра Ⅰ. Отд. Ⅱ. Д. 1. Л. 840，841；Кирилов И. К. Цветущее состояние Всероссийского государства. М.，1977. С. 389.

② См.：ВИМАИС. Ф. Приказа артиллерии. Д. 1/1. Св. 1. Л. 244，286；Д. 86/209；Ф. Брюса. Д. 9/9；Ведомости Арт. Полка и артиллерии 1708 г.// Труды имп. Русского военного общества. 1909. Т. Ⅰ. С. 91，93，150.

于枪炮射击"的书，该书提供了"所有关于枪炮构成的信息"，是从荷兰语翻译过来的。1709～1711 年，俄国出版了由 Я. В. 布留斯和彼得一世共同审阅和编辑的著作——Э. 布劳恩的《炮兵的最新基础和实践》（两版）、T. 布林克的《对炮兵的说明》、И. 布赫纳的《炮兵的理论与实践》。① 之后，俄国大炮在波尔塔瓦战役中表现出的威力为这些努力佩戴上了胜利的花环，当时在短短几个小时的残酷战斗中俄国大炮一共进行了 1471 次射击。据参与战役的瑞典军人描述，俄国的炮火瞬间就摧毁了他们的队伍。另外，在 1711 年普鲁特河战役中俄国的大炮也给敌人造成了巨大的损失。②

1719 年，陆军委员会主席 А. Д. 缅希科夫签署通过了《各炮兵部队指挥官必须执行的要点》。该要点确定了炮兵部队将军、具体人员配置以及炮兵总司令部的指挥程序。

彼得一世在自己的晚年曾特意下发过《关于炮兵部队的法令》。法令要求必须提供各种火炮、物资和组建炮手班等一切措施来充实野战炮兵部队的实力，"只有这样，它才能没有弱点"；并且，要求将所有关于炮兵的书翻译成俄语，其"目的只有一个"，即从中选择对俄国炮兵发展最有价值的书；在此基础上，他还要求那些制造者和发明者提出自己的新建议，如果经过了检验就会被采纳，并被列入上面提到的最有价值的书中，而提供建议者也会得到奖赏。③

另外，发展专门的教育和训练能够促进炮兵部队更好地完成战斗任

① П и Б. М. , 1948. Т. Ⅷ. Вып. 1. С. 78；Т. Ⅸ. Вып. 1. С. 13，105；Пекарский П. П. Наука и литература в России при Петре Великом. Спб. , 1862. Т. 2. № 157，181，205.

② Масловский Д. Ф. Записки по истории военного искусства в России. Спб. , 1891. Вып. Ⅰ. Прил. 3. С. 37；Бранденбург Н. Е. Русская артиллерия в Прутском походе // Артиллерийский журнал. 1897. № 1.

③ ВИМАИС. Ф. Приказа артиллерии. Ф. 86（листы не нумерованы）；ЦГАДА. Кабинет Петра Ⅰ. Д. 55. Л. 231，232；Законодательные акты Петр Ⅰ: Сб. документов / Сост. Н. А. Воскресенский. М. -Л. , Т. 1. С. 156.

务。早在 1698 年，莫斯科就成立了"数字与土地测量"（即几何学）学校，它隶属于炮兵衙门，由专家伊万·泽尔察洛夫教授学生们有关枪炮的课程。1701 年 1 月，几乎与数学和航海科技学校同时成立的还有炮兵学校。这是因为，根据彼得一世的说法，俄国不仅需要"在海上取得进步，它也需要炮兵和工程师"。1701 年，炮兵学校有 180 名学生；1702 年有 200 名；到了 1704 年，学生的人数增加到 300 名。在所谓的"下层"学校中，学生们学习识字和"数字"；而在所谓的"上层"学校中，学生们学习几何学、三角学、"比例尺"、大炮的图纸设计和防御原则。炮兵学校的实践课程包括目标射击以及用火炮和平射炮快速射击，同时它也获得了火药、导火索、填弹塞以及其他一切必需的物资补给。在炮兵学校任教的不仅有外国专家，也有俄国的教师，而毕业生必须经过严格的考核。如 П. 费奥多罗夫从炮兵学校毕业时只是一名普通炮手，"但他并没能取得学业的文凭"，另一名学生 К. 德鲁日宁"由于顶撞未受过文化教育的中士而被处罚"。学会并通过所有课程考核的毕业生会被授予中士乃至大尉的军衔，其中，一些人会被派往国外"学习工程技术和其他德国科技"，另一些人会被派往工厂"学习铸造技术"，但是更多的人会被直接派往军队服役。1706 年，彼得一世下令："炮兵学校的所有毕业生和炮手，在学会了几何学和炮兵技术，或是掌握了设计火炮和平射炮的图纸之后，除了年龄小的人，其他人都将立刻被派往军队报到。"

普列奥布拉任斯基团的炮手连是另一所别具特色的炮兵学校。它的领导者是"炮兵大尉"Г. Г. 斯科尔尼亚科夫-皮萨列夫，教官由近卫团的军官担任，而学员们所使用的教科书和教辅材料都由国家负担。

1721 年成立了圣彼得堡炮兵学校，隶属于"实验院"。这所学校专门研究和学习火炮铸造、炮台结构设计、制造信号弹和各种弹药的技术；同时，也要教会学生操作火炮射击。1722 年，俄国出台了炮兵学校条例，根据这一条例，莫斯科炮兵学校成为圣彼得堡炮兵学校的预备校，而后者的毕业生获得了更加全面的专业知识。①

　　在 17、18 世纪之交，防御工事技术的发展要求军队配备相应的军事工程工具，掌握防御工事筑造和工兵技术的必备知识和技能。在北方战争时期，俄国军队曾围困波罗的海地区壁垒森严的堡垒要塞。这些要塞都是利用当时最先进的技术建筑而成的，武装得很好，并配有强大的防御部队。并且，从 1702 年围困诺特堡（奥列舍克，现在的彼得保罗要塞）到 1709 年的波尔塔瓦战役，俄国的士兵已经完全离不开铁锹和十字镐的帮助了。②

　　俄国的军事工程师不仅在堡垒防御方面做出巨大贡献，同时在野战防御工事上也是如此。他们以当时最先进的科技为基础，发展了 18 世纪的军事工程行业，③ 同时他们也考虑到整个世纪以来在堡垒建设方面积累的经验与传统，以及俄国特有的围城战术。在彼得一世时期，军事工程师重新设计建设、加强并武装老城市的内城，沙皇称之为"非正规"堡垒；建造土木强化防线（如加强察里津—顿河防线以防御土耳其人，加强普斯科夫—斯摩棱斯克—布良斯克防线，加强基辅—佩切斯克修道院防线以防御瑞典人）。另外，充分利用当时最新的防御工事建造技术，并对它们进行全面研究和掌握，使其适应当时的战争条件与环境，同时再辅以士兵个人丰富的战斗经验，这些都变为俄国军队在战争时期的宝贵财富。

　　在北方战争初期，俄国就开始对当时最新的防御技术进行研究。1706 年，彼得要求在国外的俄国代表尽量搜集并寄回"所有关于防御工事筑造的图书"。彼得收到的书都是介绍堡垒的，为此，彼得复信给那些

---

①　Бранденбург Н. Е. Материалы для истории Артиллерийского управления в России. С. 241，242；Струков Д. П. Архив русской артиллерии. Спб.，1889. Т. Ⅰ. С. 70，85，161－169，204；Барбасов А. Из истории артиллерийского образования в России в ⅩⅧ в. // Военно-исторический журнал. 1959. № 12.

②　П и Б. Спб.，1889. Т. Ⅱ. С. 71；Т. Ⅸ. Вып. 1. С. 222.

③　См. ：Энгельс Ф. Фортификация // Маркс К. ，Энгельс Ф. Соч. Т. 14. С. 326－351.

代表："我已经写信告诉你们，我需要的是什么样的防御工事图书，即它们要标有具体的尺寸和规模，要介绍和描述可以采用的工艺和技巧，同时图书的作者也要对防御工事的强度进行描述。"

K. H. 佐托夫是法国军事工程学者布隆德尔图书的译者，彼得一世曾经批评过他，认为他在翻译时过于注重"谈话和讨论的细节"，而并没有聚焦于"如何教会建造防御工事"的内容，以及作者在自己的表格中具体使用了哪些工事的"尺寸"（即具体的测量单位）等。通常，对于那些最杰出的军事工程学者的著作，如博格斯多夫、施图尔姆、库霍恩、布隆德尔等人的著作，都是先翻译成俄语，然后由彼得一世亲自参与审阅和编辑。1724 年，军事工程师沃邦的著作《加强城市防守的正确方法》在俄国出版，其译者是瓦西里·伊万诺维奇·苏沃洛夫，正是在童年就研读过《科学是如此有益》一书的俄国著名统帅——A. B. 苏沃洛夫的父亲。①

在北方战争最初的几年里（包围诺特堡、纳尔瓦、杰尔普特、维堡），军事工程工具的使用是与步兵、炮兵、江河船队和海军舰队的行动密切配合的。1702 年 10 月，俄军攻占诺特堡，这是一座坚固的石制堡垒，位于涅瓦河源头拉多加湖的小岛上，它的城墙有 4 俄丈高、2 俄丈厚，并设有 7 座塔楼加强防守，共配备 140 门炮，这是俄国正规军第一次成功地实施包围行动。应该说，当时俄军先准备侦察活动和封锁堡垒，以及相应的工程工作和工兵行动，然后实施炮火打击，最后对堡垒进行攻击，所有这些措施在 1704 年俄军夺取杰尔普特和纳尔瓦的战斗中达到了很高的水平，而这些堡垒都是俄军经过长时间围困后攻克的。对于俄国炮兵部队在攻打诺特堡时的表现，彼得一世曾经这样评价："它非常神

---

①　П и Б. Спб. , 1907. Т. V. С. 53；Законодательные акты Петра I. T. I. С. 34, 35；Пекарский П. П. Указ. соч. Т. 2. № 136, 150, 151, 154, 189, 204, 569；Быкова Т. А. , Гуревич М. М. Описание изаданий гражданской печати 1708 – 1725 гг. Л. , 1955. С. 78, 79, 93, 118, 119, 436.

奇地改善了自己的工作。"① 1703 年，在拿下尼恩尚茨后，俄军实施了一系列军事工程方面的措施，以保障涅瓦河和芬兰湾沿线地区的安全。为此，彼得一世亲自参与设计在这些地区建设新堡垒的图纸和模型。并且，为了加快在彼得巴甫洛夫斯克堡垒中建设棱堡的速度，彼得特意命令一些很有名望的军事长官和行政长官充当监工。很快，这些军事防御工程的效果在 1704~1709 年得到了检验，当时，这些建筑时间并不长的堡垒成功地抵御了瑞典陆军和海军的所有攻击。

在经历了亚速海远征（1695~1696）和纳尔瓦战役（1700）的惨痛失败后，彼得一世坚决不让自己的军队再次使用西欧各国军队使用的常规进攻方法，即所谓的"有序地攻击"强力堡垒，因为正是这样的方法使俄军的围城战拖延了数年。在围困堡垒前，俄军首先从陆地和海洋两个方面封锁敌人的堡垒，并且占领通往堡垒的所有要道。围城的工程准备工作是与炮兵对堡垒实施的猛烈炮火打击协同展开的，之后，才对堡垒进行决定性进攻。

为了准备同查理十二世的主力部队进行决战，彼得一世及其军队尽了最大努力以发展防御技术和技巧。同时，在防御工程方面进一步加强所有的据点和边境线，在水中设置障碍物，加强所有位于瑞典军队可能发动进攻的路线上的旧堡垒的防御。因此，1708 年，俄军相继加强了诺夫哥罗德、普斯科夫、佩切斯克修道院、斯摩棱斯克、莫斯科、斯塔罗杜布、波尔塔瓦、阿赫特尔卡等地堡垒的防御。同时，在野战部队的协助下加强建设防御工事（1706 年建设格罗德诺野战工事，1709 年春在戈尔卡建设野战营地以及在沃尔斯克拉地区设立炮兵连），这种不间断的实

---

① Ласковский Ф. Материалы к истории инженерного искусства. Спб., 1904. Ч. Ⅱ. С. 53；П и Б. Т. Ⅱ. С. 92；Спб., 1893. Т. Ⅲ. С. 105, 106, 165 - 178；Журнал или поденная записка ... Петра Великого ... М., 1770. Ч. Ⅰ. С. 36-61, 82-89；Епифанов П. П. Россия в Северной войне // Вопр. истории. 1971. № 6. С. 126-128；и др.

践工作使俄军官兵在军事工程方面积累了巨大而丰富的实践经验。

俄军的军事工程人员在波尔塔瓦地区建造棱堡和据点，这对改善野战防御工事做出了巨大的贡献。与当时普遍认可的在连续防御工事后面作战的方法不同，俄军第一次使用了单独的堡垒体系（即封闭的防御工事），这种堡垒突出地设立在主阵地前方，并且通过自己的火力（步枪和火炮）与主阵地形成相互的火力支援。瑞典的军事工程师 A. 吉伦克罗克曾被查理十二世称为自己的"小沃邦"，在大战前他曾警告查理，俄国人"会在一些很艰险的地方挖好战壕隐蔽起来"。但显然，查理没有把这个警告当回事，并且也看不上俄军的防御工事，面对彼得一世曾称自己为"焦躁的查理"，他回应道："所有这些战壕和棱堡没有任何意义，它们不可能挡得住我们的进攻。"然而正是波尔塔瓦的棱堡阻止了瑞典人的攻势，并把进攻部队分割成了几块，迫使瑞典人拼命穿过棱堡封锁线后只能重整队伍与俄国军队继续作战。对此，法国作家罗甘库尔曾高度评价俄国新防御工事的作用："正是在这场战役中第一次开启了战术与防御工事的融合，彼得的棱堡工事打破了战场上的常规，使进攻部队在连绵不断的防御线后失去了机动能力。"①

1716 年，军事工程工具的使用原则被载入俄国陆军章程，它们是从军事理论和俄国军队的实战经验中总结出来的。正是从这时起，建造野战棱堡成为俄国军队守则的基本要求。②

1709 年，莫斯科建立了工程学校。1711 年时，在这所学校就读的有75 人。1712 年 1 月，彼得一世命令："必须增加工程学校的数量，并寻找那些能够教授计算的俄国专家，或者是把他们派到塔楼（如苏哈列夫塔楼，航海学校就坐落在这里）教授计算知识；当算术课程结束后，马

①　Артиллерийский журнал. 1857. № 2 С. 69，70；Гилленкрок А. Современное сказание о походе Карла ⅩⅡ в Россия // Военный журнал. 1844. Т. Ⅵ. С. 26，27.

②　Устав воинский 1716 г. ПСЗ. Т. Ⅴ. № 3006.

上开始几何学的课程，并且学员们要在获得工程师职衔前尽可能多地学习几何学知识，最后，真正的工程师会教授学员们如何建造防御工事；学校应该总是保持（学员）满员，即达到 100 人或 150 人，其中至少 2/3 的学员必须出身于贵族家庭。"根据参政院的决议，学校转归陆军衙门管辖，并且指示学校"再从各级官员和御前大臣的孩子中招收 77 名学员"[1]。

1719 年，圣彼得堡又建立了一所工程学校，它的学员都是由莫斯科的学校转调过来的。根据彼得一世的命令，"除了使用纸张（即制作图纸），学员们必须在野外进行实践学习，首先他们要进行一个小小的祈祷仪式，然后就是通常上课的程序，该做什么就做什么"，即主张学员们进入自然的环境，利用自然的尺寸和数据。因此，进行野外实践是学员们必不可少的学习和培训要求。[2]

彼得一世不仅鼓励学校培养军事工程人员，而且他认为，所有人，包括军官，都必须学些建造防御工事的方法。1721 年 2 月 21 日，彼得给近卫团签发了自己亲笔书写的命令："军官们必须了解和掌握工程学知识，如果不能是所有人，那也必须有一部分人做到这点。因为可能会发生这样的情况，即他们被派到遥远的地方或岗位，而在那里必须建造防线，但工程师不会总是因为这些小事被派过去……这就告诉所有人……必须学习工程技术，具体要求参照下文所述。"接下来的命令内容包括了具体的教学大纲，并对一些情况提出了警告：如果某位军官不能掌握这门知识，那么"他就不能从现在的职级进一步提升"。1721 年 7 月 25 日，参政院也做出了决议，要求所有步兵团的军官都必须执行这项命令。[3]

① ДИП. Т. Ⅰ. № 174，289，383；Т. Ⅱ. № 22，23，221，394；ПСЗ. Т. Ⅵ. № 2467.

② Историческое обозрение 2 кадетского корпуса. Спб.，1862. С. 2－6；Шперк В. Военно-инженерное образование в России // Юбилейный сборник Военно-инженерной академии РККА. М.，1939；Пруссак А. Инженерные школы при Петре Ⅰ // Военно-исторический журнал. 1940. № 7.

③ ЦГАДА. Кабинет Петра Ⅰ. Отд. Ⅰ. Д. 55. Л. 40，41；ВИМАИС. Ф. Приказа артиллерии. Д. 86/209. Книга указов достопамятных с 1706 г.；П и Б. Т. Ⅴ. № 1490.

应该说，改善军事工具、加强军队的物资保障符合组织建设正规职业军队提出的新要求。同时，当时俄国所面临的军事环境也加快了这一进程。

在 1700~1709 年的战役中，俄国军队收获了宝贵的战斗经验，在常规战斗中掌握了新的战术和策略；不同的军种（步兵、骑兵和炮兵）获得了战斗协作的经验；部队的机动能力得到了显著提升，并且都装备国产的装有燧石枪机的火枪和刺刀，配备各种技术和交通设备及工具（维修设备和人员、舟桥纵列、开路工具、各种板车和马车）。另外，一些军事长官对建设正规军队做出了巨大的贡献，如 Б. П. 舍列梅捷夫、А. Д. 缅希科夫、Н. И. 列普宁、Я. В. 布留斯。

1705 年开始实行的新兵招募制度能够保证对俄国正规军队中普通士兵和士官的补充。[①] 在君主专制体制下，税民兵役制是俄国军队发展的必经阶段，它是以农民为主体的俄国纳税居民的主要义务之一。并且，被招募的人员需要终身服役。团结、互相救助、彼此间充满伙伴式的感情是俄国军人的本质特征，这些构筑了俄国民族军队强大的精神和道德力量。

1705 年 2 月，俄国实行第一次新兵招募，每 20 户农户招募一名新兵。"在给御前大臣的条例中有关于召集有纳税义务的士兵和新兵的条目"，其内容规定了招募和培训新兵的程序。地主和城市社团有义务为新兵提供粮食、粗呢长外衣或毛皮大衣，或是提供卢布为新兵购置帽子、衬衣和手套。被招募的新兵被派往各个"兵站"，在那里他们奉命"依据《军法条例》

---

① 经过确认，1699 年开始实行新兵招募制度的观点是错误的（Бескровный Л. Г. Русская армия и флот в XVIII в. М., 1958. С. 22）。事实上，在 1705 年前军队从各个等级和阶层招募"自由人"，并且"只要他们愿意"，可以用钱代替兵役。同时，军队甚至征召那些被"莫斯科各个射击团"驱逐的人"担任射击手的工作"（Архив кн. Ф. А. Куракина. Кн. 1. С. 272；Клочков М. Население России при Петре Великом по переписям того времени. Спб., 1911. T. I. С. 86-89）。

不间断地学习和练习队列及编队"，然后他们会被派往具体的部队，要么编入相应的部队"建制"（为了补充损失），要么编成"一个整团"。

在十年（1705～1715）间一共进行了 12 次新兵招募（这些并没有算上由于军事环境变化引发的紧急招募），招募的新兵总数超过 33 万人。①

到 1708 年底，在俄国军队中，除了警卫部队，还有 32 个步兵团、3 个掷弹团和 29 个龙骑兵团。②

渐渐地，俄国军队中形成了等级制和从属关系。在第一次亚速海远征期间，彼得一世意识到军队"由许多长官共同指挥"不仅无益，反而有害，因此他任命 Б. П. 舍列梅捷夫为元帅，命令他指挥所有的俄国军队。同时，彼得下令在俄国军队中设立总军需官、总检察长（军事法庭）、总警察署长（军事警察）以及副官长等职位。并且，在军队中初级将官必须服从资深将官，这是无可置疑的。为此，彼得曾写信给 Н. И. 列普宁将军的下属 Р. Ф. 鲍尔将军，命令他只"服从一个人的指挥"。但是，将官们有权在军事委员会上陈述自己的意见。在 1706～1709 年这段时期，这类委员会在若尔克瓦和恰什尼克专门制定俄国军队行动的战略计划。委员会是统帅部下属的一个咨询机构，它与将领们对战斗行动的创造性建议没有关系。彼得曾多次向将领们重申，指挥员"不能在一成不变的、平稳的体系内对待军事事务的发展和变化"，而必须以"局势、环境和时间的变化"为指导。"并且，我总是指望你们良好地工作和审慎地分析"，"能够审时度势地调整和修正策略的人才是忠诚的、优秀的将领"——彼得一世在给各位将军下达命令时，在末尾总是习惯用这样的语句。在确信委员会是有益的机构后，彼得于 1716 年对士兵章程做出了如下补充："因为委员会总是能做出最好的安排，为此我命令，委员会有

---

① Клочков М. Указ. соч. С. 114 - 116；ПСЗ. Т. Ⅳ. № 2065，2095，2103，2104，2113，2115，2136-2138，2143，2171，2323，2326；и др.

② ЦГАДА. Кабинет Петра Ⅰ. Отд. Ⅱ. Д. 3. Л. 295-299；Сб. РИО. Т. 39. С. 61-75.

权了解和掌握各位将军和各个团的所有事务，不能有任何遗漏。"①

　　另外，彼得也在继续完善军队的组织结构。1704 年，经过改革后，团级单位下辖 9 个连队外加 1 个掷弹连。连队以下划分为若干"中队"（排），若干连再编成 1 个营，这样的措施极大地提升了步兵的机动能力。1705 年，俄国军队中第一次出现了旅级单位建制，下辖若干个步兵团；同时，将若干个龙骑兵团整编成一个骑兵旅。在给负责指挥所有骑兵部队的 А. Д. 缅希科夫的信中，彼得曾写道："现在看起来好多了！总是听人说起，步兵不是骑兵的伙伴，因为他们之间有着太大的差别，并且你肯定也知道，在战斗中没法事事都通告主帅，更何况他还离得那么远，而搜寻敌人最容易的办法就是利用速度。"

　　1708 年，俄军将一些掷弹营整编成 3 个掷弹步兵团和 3 个掷弹骑兵团，这增强了军队的火力打击能力。除了装有刺刀的火枪，掷弹兵还配备有若干装在吊索袋中的手榴弹，以及一些"手持平射炮"。每个掷弹团拥有 10~12 门火炮，它们补充的新兵都是强壮、高个子且"整体素质较好"的人。在战斗中，这些掷弹团往往被安置在最关键的区域（通常在主战部队的侧翼）。②

　　1708 年，俄国正规军的主要力量如下：主力部队由 Б. П. 舍列梅捷夫元帅指挥，共有 5.7 万人，包括骑兵部队；Р. Ф. 鲍尔军团部署在利夫兰，共有 1.6 万人（包括 5000~6000 人的骑兵部队）；Ф. М. 阿普拉克辛军团部署在英格尔曼兰，共有 2.45 万人（其中骑兵部队 4500 人）；少将 М. М. 戈利岑的骑兵旅是由普列奥布拉任斯基团和谢苗诺夫斯基团，以及阿斯特拉罕团的一个营组成的，共有 4500 人；另外，部署在乌克兰的一个旅有 2000 人，炮兵团 2000 人。此外，还有 5 万 ~6 万人的非正规部

---

① ЦГАДА. Кабинет Петра Ⅰ. Отд. Ⅰ. Д. 37. Рукопись воинского устава 1716 г., правления рукой Петра Ⅰ.

② Там же. Отд. Ⅱ. Д. 8. Л. 709，796；П и Б. Т. Ⅴ. С. 183，184，291，296.

队，包括骑兵部队和警卫团，部署在斯摩棱斯克、波洛茨克、奥廖尔、贝霍夫等其他城市。

并且，俄国军队完成了对军官的培训任务。根据主力部队官秩表的信息，在波尔塔瓦战役决战前夕俄军主力部队的军官编制仅缺员 33 人，这对于俄国正规军建设来说是一个巨大的成就。而且，军队中绝大部分军官是俄国人，士官则全部由俄国人组成。[①]

18 世纪头 25 年，"非正规"军队在俄国武装力量中一直保留着，并发挥着重要的作用。它们是由乌克兰、顿河、捷列克、格列本斯克、亚伊克（乌拉尔）和西伯利亚地区的哥萨克组成的团。它们是一股巨大的力量，总数超过 9 万人。而来自鞑靼、巴什基尔、卡尔梅克等不同民族的武装力量仍然在服役，是俄国军队重要的组成部分。这些队伍保留了自己的民族服饰，在作战时惯用"弓马"，很少使用火器，为此，国家给他们钱，"让他们过上好日子"。

18 世纪初，同非正规军队一起保卫俄国南部边境的还有一些部队，它们被称为"半正规部队"（斯洛博达团、地方武装等）。在贝尔戈罗德省曾建立许多斯洛博达团，它们是由来自苏梅、阿赫特尔卡、奥斯特罗戈日斯克、伊久姆地区的民间武装组成的，在 1709 年时总数超过 2.3 万人。根据 1723 年法令，在基辅、沃罗涅日和亚速州组建地方武装，它们由两个正规骑兵团和四个非正规部队组成。其中，有一支"塞尔维亚人组成的连队"，它的军官都出身于南部斯拉夫各国。

彼得确定了军队中升官晋级的秩序。根据 1707 年法令，军官若要被提拔到少校和中校的职位必须有同团的少将和上校的推荐，并且该军官一直在该团服役，靠军功获得职级的晋升；同样，尉官获得晋升要有上校、中校和少校的推荐；而沙皇亲自任命上校的职务；元帅有权决定

---

① ЦГАДА. Кабинет Петра Ⅰ. Отд. Ⅱ. Д. 8. Л. 784，788，789，796，797 и др.

中校以下军官的晋升，所有将军有权决定大尉以下尉官的晋升。这种晋级程序得到了 1714 年法令的确认，该法令要求，授予军官职衔（从准尉到少校）必须经过团里所有参谋的认同，而要授予参谋职衔（从少校到上校）则需要所在师师级将军的推荐以及该师不少于三个团的参谋人员的认同。在经过上述程序后，陆军办公厅会颁发职级委任证书。在军队中，职级晋升必须凭借军功或者是多年在军中勤勉的工作。一般来说，授予军衔是通过命令的形式公布，但有时也会在队列前庄重地宣布。①

同年（1714），彼得一世又下发了一道书面命令："（1）禁止任何军官的孩子或贵族在没有成为近卫军战士的情况下获得任何军官职衔，同时也禁止任何普通人（即非贵族）直接进入军官序列。（2）不得以官阶赏赐任何人，但要建立逐级的等级秩序。（3）对于每个空缺职位的选拔，必须形成由 2~3 个候选人的竞争局面。"接下来，彼得一世又对参政院进行了说明，"这道命令不适用于这些人，即他们出身于普通人家，长期服役并直接通过军功（即真实的功劳）获得空缺职位；但这道命令适用于另一类人，即他们作为战士服役的时间还很短"。同时，彼得一世还要求必须立刻召集贵族们的未成年孩子学习"军事课程，以便他们能够适应未来的工作"，而且他要求禁止让那些"连战士的基本事务都一窍不通"的贵族成为军官。②

1720 年，彼得一世激烈地抨击了"在一些西欧国家中"（如普鲁士、英国和法国等国）实施的军官晋级制度，它们国家的军官是根据服役年限决定晋级，而并不是依据个人的能力和功绩。彼得认为，这是"有缺陷的制度"，"对国家发展是有害的，并且通常会发生这样的事情，即有

---

① 　Там же. Отд. Ⅰ. Д. 37. Л. 43；П и Б. Т. Ⅴ. С. 240，323.

② 　ЦГАДА. Кабинет Петра Ⅰ. Отд. Ⅰ. Д. 37. Л. 375；ДИП. Т. Ⅳ. № 20；ПСЗ. Т. Ⅳ. № 2554.

些人经常会被提拔"，"由此，人们也会轻易地下结论，上帝并没有给予人们公平的赏赐"。①

随着时间的推移，军官的功劳已经不仅仅局限于在战斗中取得的成绩，同时也包括他们在其他军事领域中做出的贡献，特别是在炮兵和军事工程学领域中取得的技术突破。根据 1719 年法令，在炮兵部队中军官的晋升取决于"他们的特长和科学技能水平"。其实，早在 1714 年彼得一世就下达过书面命令，指出"炮兵部队的军官与普列奥布拉任斯基团的军官职级相等"，但所得的薪酬待遇更高。1721 年 2 月 21 日，彼得一世再次下发法令。在法令中彼得发出警告，他指出，从今以后如果哪位近卫团的军官还没有学习过关于野战防御的"必备技能"，"那他就再也不会得到晋升，只能停留在原来的职级上"②。

并且，沙皇通过颁布法令确定了以下内容：在论功行赏时，贵族个人对国家的服务和贡献要优于他个人的出身，军官的荣光和尊严要高于贵族从先辈那里继承而来的荣誉。彼得一世颁布的 1714 年署名法令宣称："必须告知所有贵族，他们每一个人（不管他姓什么）都要尊重军官，并且要把所有军官及其工作放在首位，军官在署名时可以直接签署他的职务，而那些不是军官的贵族在署名时只能签署自己将要被派遣到的地方。"③

彼得一世要求军官在工作中展示出创造性和"决断性"，不能死板地坚持章程的"固定框框"，因为章程中只是"列举了程序，而并没有标明具体的时间和事件"。对于那些只会盲目坚持章程中的条条框框，或是"没有决断力"的军官，必须进行惩罚。对待自己的下属，军官们要"打起精神来盯紧他们"，对他们"要像父亲对孩子那样"，"不允许用不必要的仪式、巡逻以及其他任务随意驱赶下属，尤其是在战役期间"（指的是

---

① ЦГАДА. Кабинет Петра Ⅰ. Отд. Ⅰ. Д. 37. Л. 379，380.

② Струков Д. П. Указ. соч. С. 155；ВИМАИС. Ф. Приказа артиллерии. Д. 86/209. Книга указов достопамятных с 1706 г.；ЦГАДА. Кабинет Петра Ⅰ. Отд. Ⅰ. Д. 55. Л. 40，41.

③ ПСЗ. Т. Ⅳ. № 2467.

有战斗行动和执行战斗任务期间），同时，要"关心战士是否完好无缺，因为是他们承担着所有具体的军事事务"。①

严整而又贯彻始终的军官晋级制度，对军官的军事素养、军事知识以及精神面貌的极高要求是俄国正规军队的突出优点，在这方面它已经远远领先于西欧许多国家的军队。

在确定了严格的规章制度的情况下，军队内部实施每天例行的指挥官报告制度，其内容主要包括指挥官汇报自己管辖部队的状况，对整个军队或师和团级长官命令的执行情况，以及巡逻警卫时的口令和应答口令，这些事物的制度化对军队极为重要。②

在军队补给方面，西欧各国军队普遍采用的方法是依靠对被占领土上居民的掠夺。这是典型的"以战养战"的思想，那些普通的和平军民最终会被逼到"完全破产"③。彼得一世更加关注保障军队的武器、弹药、粮食和饲料等给养的充足。④ 在他的领导下，俄国军队采用的是仓库补给制。1707～1708 年，在斯摩棱斯克、基辅、普斯科夫等地分别建立了总计容纳 7 万人和 5 万匹马的"仓库"，同时，又在维亚济马、布良斯克和切尔尼戈夫等地的"仓库"储备了 7 万人和足够 4 个月的粮食以及足够 2 个月的马饲料——燕麦。在为军队提供粮食和饲料给养时，农民要根据自己的所属关系，如依据他们与地主、修道院以及皇室宫廷的关系，每户提供 3～7 袋 4 普特重的黑麦、面粉和米。此外，国家还"向所有人征

---

① ЦГАДА. Кабинет Петра Ⅰ. Отд. Ⅰ. Д. 37. Л. 409，410.

② 这里列举一些比较有名的命令，在波尔塔瓦战役前夕谢苗诺夫斯基团内部发布的命令，1709 年 5 月 19 日，"各位军官先生和士兵们要时刻处于警备状态，不应脱下靴子和衣物"；6 月 25 日，"为战役做好准备；带足一整天的口粮，每人携带一捆干柴、十字镐和铁锹……要检查枪支，以便能够正常使用，并放置于枪架上"；等等。（ЦГАДА. Кабинет Петра Ⅰ. Отд. Ⅱ. Д. 8. Л. 751，754，776，780，781 и др.；Архив кн. Ф. А. Куракина. Спб.，1892. Кн. 3. С. 102，104，112-114，118，121 и др.）

③ Сорель А. Европа и французская революция. Спб.，1892. Т. Ⅰ. С. 65-67.

④ Милюков П. Н. Государственное хозяйство в первой четверти ⅩⅧ столетия и реформа Петра Великого. Спб.，1905. Прил. Ⅲ（подсчет автора）.

收"面粉和燕麦，每个人平摊下来是半盎司的重量；收集大量的面包干、干草、麦芽、大麦和小麦。仅在 1706 年，国家就收集了大约 60 万袋 4 普特重的粮食。①

与此同时，发展陆军和海军舰队消耗的资金数量急剧增长。1701～1708 年，这一资金总数大约为 2000 万卢布。② 由此可见，随着招募新兵制度的确立，农民已经成为俄国军事改革的重要社会支柱，他们向军队提供了粮食、饲料、马匹和各种供给。

另外，俄国本国生产企业也发挥了重要的作用，它们向军队供应自己生产的各种手持火器。从 1701 年起，俄国企业开始生产配有燧石枪机和刺刀的火枪，并且产量一直在提高，年产量达 1 万～1.5 万支，稍晚些时候图拉兵工厂的年产量达到了 3 万支。1705 年，英国大使 Ч. 惠特沃斯曾指出，俄国军队的普通士兵"很好地装备了火枪、佩剑和刺刀"。当时，俄国军队试验了各种不同种类的刺刀，包括三棱刺刀。1712 年，根据彼得一世的命令，步兵和龙骑兵的火枪和手枪的口径必须与送到各兵工厂"已通过测试的样品（即已通过测试和认定的枪支）保持一致"③。1714～1716 年，以铁质通条替换了木质通条，这极大地增强了军队的火力。

1711～1712 年，俄国通过定编定员将军队的结构彻底固定下来，确定了俄国军队组织的典型风格以及武器和装备，这些在整个 18 世纪及 19

---

① Масловский Д. Ф. Северная война. Документы 1705－1708 гг. Спб.，1892. № 295；Мышлаевский А. З. Северная война …Документы государственного архива. Спб.，1893. Прил. 24；П и Б. Т. Ⅷ. Вып. 1. С. 39，62，88，89；Клочков М. Указ. соч. С. 161－173.

② Милюков П. Н. Государственное хозяйство в первой четверти ⅩⅧ столетия и реформа Петра Великого. Спб.，1905. Прил. Ⅲ（подсчет автора）.

③ ПСЗ. Т. Ⅳ. № 2486；П и Б. Т. Ⅴ. С. 174；Бранденбург Н. Е. Исторический каталог С. - Петербургского артиллерийского музея. Спб.，1878. Ч. 2. Вып. 2. С. 65，148；Висковатов А. В. Историческое описание одежды и вооружения российских войск. Спб.，1899. Т. 2. С. 25.

世纪最初的几十年一直没有发生改变。1711 年的人员编制表显示，俄国正规军队共有 33 个骑兵团（龙骑兵），每团有 10 个连，共有官兵 43791 人；有 42 个野战团，共计 62346 人；有 43 个警备团，共有官兵 64769 人。俄军的野战司令部或总司令部共由 184 人组成，主要的指挥人员包括 2 名元帅（当时由 Б.П. 舍列梅捷夫和 А.Д. 缅希科夫担任）、5 名上将、7 名中将、7 名少将、7 名准将、13 名侍从官和 34 名侍从副官。此外，司令部总管的职务由总军需长担任，以总审计官为首的 22 名将官负责管理军事法庭和警察的工作，3 名总监察官负责监督和监察的工作。军队补给事务由辎重主管和军粮主管负责；发放军饷由军队中的专门委员会和 12 名专员负责；邮政工作由 3 名邮政局局长负责，义务工作由 3 名大夫和 3 名司药负责；司令部办公室由 36 名文书组成。于是，总司令部的架构实际上涵盖了陆军部队的方方面面，其建立依据的是军队各部门的功能属性，并充分考虑了军队中的从属关系。可以说，在总司令部中是"不养闲人的"。

军队中的军官官阶结构设置得严整而合理，并且彼得一世要求，"谁不努力工作，谁就不会拿到自己的薪水"；另外，军队中不会设置那种清闲而又能得到高薪的职位（通常所说的肥缺）。一般来说，步兵和骑兵部队中的官衔为上校、中校、少校、副官、大尉、中尉和准尉；而少尉和中士衔只在步兵部队中才有，骑兵司务长只在骑兵部队中有。

薪水的多少取决于军官官衔和等级的高低。如元帅一年可以得到 7000 卢布，其他将领则可以领到 300~1200 卢布不等的年薪，上校每年的薪水是 300 卢布，中校 150 卢布，少校 140 卢布，大尉 100 卢布，中尉 50 卢布，中士和司务长 14 卢布 40 戈比，下士和普通士兵 12 卢布。

军队组织合理的一个重要标志是必须协调好军队中"战斗序列"和"非战斗序列"的关系，或者用当时的话来说，就是"前线"和"非前线"人员间的关系。在许多西欧国家的军队中，"非战斗序列"和"非前线"的人员数量庞大，这已成为他们的严重问题和灾难。彼得一世通过对一些军事著作（如 И. 瓦尔豪森的著作）和文章的阅读了解到这一点，并且结合了自己的观察以及俄国军事家和驻欧洲的代表呈递上来的报告。在彼得的军队中，绝大多数"非前线"人员是由铁匠、钳工、木匠和"车夫"组成的。他们必须喂养和侍弄好多达 5.8 万匹的军马，它们主要用来运输物资，是专门分配给骑兵和步兵部队的。所以，"非前线"人员的主体基本上都在军队中"工作或做事"。

同时，军队更加合理地为战士们提供个人武器、装备、开路工具和军事器具。龙骑兵会得到一支带肩带的火枪（可以用皮带把枪背在肩上）、两支手枪、一把佩剑、用带子固定的子弹袋、一条肩带和固定佩剑的带子；步兵则会收到一支火枪、一把佩剑、固定佩剑的带子和子弹袋。龙骑兵和步兵的军官则配备手枪。给各团和连队配备铸造子弹用的"模具"，以及能够煮热汤的锅具（战士们自己煮粥），并且每个连队的管理员都会领取一定数量的调味品。在行军过程中，各团在营地休息和夜间宿营期间会领取帐篷。此外，每个团都有自己的旗帜。

1712 年，俄国军队确定了炮兵部队的人员编制，随后又制定了一系列编制条例，内容主要涉及掷弹连、炮手连和地雷工兵连，同时还包括工程建设、架设舟桥和浮桥以及埋设炸药和火药的条例。在组织结构上，炮兵和工程部队都是独立的单位，它们拥有一个共同的"总司令部"，由炮兵总监 Я.В. 布留斯领导；另外，它们还分别拥有自己的"团指挥部"、独立的财政经济职能、自己的军需官和公文处理办公室。

炮兵部队的技术工作要由许多领域的专家和具体的工作技术人员共同完成，包括锻造、制作炮架和拖车、机床、工具制造、制作车轮、火器射击、制造大炮和火药、车床、生产硝石、制造缆绳等领域的技术人员及其助手，此外，还包括皮具匠人、制桶工人等。

　　1711~1712 年制定的军队人员编制表和官秩表最终构成了军队中各军种的常规架构，并且，这些规定在 1716 年制定的《军事法规》中得到了发展。1716 年《军事法规》确定了军队中各级人员（从士兵到将军）在和平时期和战争时期的权利和义务。①

＊＊＊

　　18 世纪头 25 年，俄国军队以自己的实际战斗经验为基础，完善了军队的战术和战斗技巧，以及训练和培养各个军种的方式方法。世纪之初，俄国为军队出台了首批规章条例，如针对士兵的《步兵团简明常规教学》，针对龙骑兵的《训练龙骑兵队形的简明条例》。这些条例和规定为战士们以战斗队列进行训练奠定了基础，同时还阐明和解释了武器的使用方法（射击以及利用刺刀、手榴弹和冷兵器进行作战的规则）。随着战斗经验的日渐丰富，俄国军队已经掌握了各种不同的进攻战术。因此，1706 年，在卡利什附近的战斗中 А. Д. 缅希科夫领导的龙骑兵手持佩剑，以快速的行动迎头痛击并击溃了由瑞典将军马尔德费尔德率领的军队；类似的场景也发生在波尔塔瓦战役中，当时彼得一世命令骑兵部队用冷兵器进攻敌军。

　　恩格斯曾指出，西欧各国军队"十八世纪的一切会战都是两军对阵的会战：双方军队展开成互相平行的阵线，在正规的平地战斗中厮杀，不讲什么军事计谋和诈术；较强的一方可能获得的唯一优势，就是以其两翼包围敌军的两翼"，"战斗队形的笨拙不灵仍然限制了军队的一切运动"。这导致军队只能在平坦的地形上进行战斗。②

　　1708 年，在列斯纳亚村庄的战斗中，俄国军队在战争史上第一次依

---

　　①　ПСЗ. Т. Ⅳ. № 2318, 2380；Т. ХХⅧ. Ч. 1. Книга штатов. Отд. Ⅰ.
　　②　См.：Маркс К.，Энгельс Ф. Соч. Т. 14. С. 371-374.

靠掷弹连加强了两翼，他们所掌握的优势不再是空旷的平地，而是森林繁茂的地形。依据这一经验，彼得一世下达了书面命令，指出要在这种有利的地形布置和展开战斗队形，"不应总是在空旷的平原地带，而应在森林地带，因为我亲眼所见，这里的地形对我们是多么的有利；在这次会战中我们赢了，而敌军要比我们多六千人"①。因此，如果说上面提到的地形在西欧各国军队看来是采用经典常规战术不可克服的障碍的话，那么，彼得一世则擅长利用森林、沼泽地形，并把它们变成自己的优势，使俄国军队能够击溃占有优势力量的敌军。

在 1708 年前，彼得总结了两条战术性原则，即确定"战前准备守则"和制定"作战细则"。这些凝聚了俄国军队从 1700～1708 年经历的所有艰难战斗中总结出来的经验，成为波尔塔瓦战役前夕俄军官兵进行战斗准备的基础。②

"战前准备守则"要求军队"不知疲倦地练习战斗中所要采用的动作"："不疾不徐地瞄准和准确射击"、进攻和撤退、"占领"敌人的两翼、在战斗中相互救助以及"表彰战士的功绩"。军官们要更加关注这些守则，将军们则必须认真检验军官们在野外环境下指挥军队的水平和技能。在检验中，如果发现高级军官在指挥水平和技能上的不足，将军们则可以降低他们的官阶，而将更熟悉军务和指挥技巧的低级军官提拔到他们的位置。彼得一世曾写道，对于这样的"考核"方式，"所有人既喜欢也担忧"。同时，守则规定了战斗时军官们所处的位置，以及两种不同的设计方式，即横排射击和分排射击（即以排为单位进行射击），以此来保证步枪火力的威力和连续射击。

"作战细则"特别强调，官兵必须遵守严格的作战纪律，并严格保持指挥员战前安排的"作战序列"，保持军队行动的统一。同时，指挥员要

---

① П и Б. Т. Ⅷ. Вып. 1. С. 182，183，195-207，211.

② Там же. С. 6-13；Русский инвалид. 1791. № 97.

给不同军种（步兵、骑兵、炮兵）下达详细的作战任务，他们必须紧密配合作战，并要时刻注意战斗过程中战场局势的变化。根据规定，炮兵要与步兵形成战斗梯队共同行动，以便随时可以用炮火支援步兵的进攻行动。骑兵部队应该避免在"炮火猛烈"的时候发动进攻，彼得用把骑兵部队安排在"进攻方队的末尾"为例来解释这一想法，他认为，当敌军"炮火猛烈"的时候，骑兵部队是无法从敌军步兵手中夺取大炮的。此外，根据细则规定，禁止单独的骑兵连队和整个骑兵团在"没有命令"的情况下对敌军发起进攻。

"作战细则"精确地规定了负责指挥作战的将军们的责任，同时为了完成上级交给的任务，在必要的情况下他们可以命令"不要可怜自己人"。细则鼓励军队要充满进攻的精神，最终目的是彻底击溃敌人。并且细则还强调，军队在进攻时"不能轻易丢掉任何转瞬即逝的机会"；"要尽全力"进攻敌人；对敌人的进攻不能只局限于主阵地，同时也要对敌人的后方和两翼展开进攻，夺取敌人的大炮并调转炮口攻击敌人；不能因敌人炮火猛烈造成己方损失而停止进攻，"必须向着炮火前进……因为只有离敌人的大炮越近，它所带来的伤害和威胁才越小"。

上述这些文件奠定了"苏沃洛夫式"的培养、训练和战术要求，彼得一世常常援引俄国军队已有的战斗经验，并喜欢以不久前才发生的战役为例解释自己的命令（《正如我亲眼所见》《最后一战》等）。①

1716 年《军事法规》从头至尾都是由彼得一世亲手编辑和校对的，并且彼得对它进行了多达 200 处的修改以及原则性补充。在编制法规时使用的原始资料主要是以前的法规条例、命令和俄国一些军事长官的解释说明，这些资料都属于原创性的文件。1716 年 3 月 30 日颁布的命令中就指出了实施法规的依据："每一份文件都是通过我们自己的工作收集和积

---

① 　П и Б. Т. Ⅷ. Вып. 1. С. 6–13, 89；Военные уставы Петра Великого.

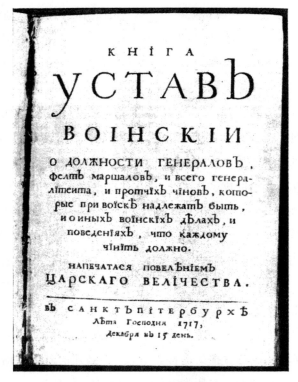

图 6-1  1716 年《军事法规》，扉页

累起来的。"① 1716 年《军事法规》的第一卷规定了军队全体人员的权利和义务，"每个人必须清楚自己的职责，不能以不知道为借口进行推脱"。法规的第二卷——《军法条例》，其主要内容包括军事法规以及犯罪行为、犯罪分子和对他们的犯罪行为实施各种惩罚措施的名录，同时还包括对这些公文的处理程序。法规的第三卷——《关于操练、行军准备和团级军官的官阶与职责》，内容包括士兵的队列与战术训练条例，以及承

---

① ПСЗ. Т. V. № 3006. 这里包含了 1716 年该法规的完整内容。到北方战争结束前在俄国已经出版了 4 个不同版本的法规，而在 18 世纪和 19 世纪头 25 年该法规也曾多次再版（Пекарский П. П. Указ. соч. Т. 2. № 321）。

担巡逻和警卫任务的规定。

在回答"什么是战士？"这一问题时，彼得一世曾写道："简单来说，战士一词包含了军队中的所有人，上至高级将军，下至一个普通的滑膛枪手、骑兵和步兵。"而关于战士的责任是保护"国家的利益"（这句话取代了保护"沙皇陛下的利益"）的语句被收录进战士誓言中。

根据1716年《军事法规》的内容，"良好的秩序、勇敢的精神和优良的武器"一定能够带来胜利。官兵们在展开的旗帜上书写誓言，同时他们承诺，当承担这份职责和工作时"我为自己的荣誉和生命感到自豪"。"如果不能在生命的最后时刻捍卫自己的旗帜或是军旗，那么他就不配拥有战士这一称号。"

彼得亲自对法规内容进行的补充对于加强俄国军队的道德风貌具有原则性的意义。这一补充内容禁止官兵欺侮百姓，"既不能在自己的、相邻的或中立的土地上，也不能在敌人的土地上"让百姓处于死刑的威胁下。

总之，1716年《军事法规》的出台在军事艺术发展史上不仅意义深远，而且也是与众不同的。它的内容含量巨大，构思宽广，在这些方面18世纪其他的里程碑事件与它都是无法比拟的。它已经不是字面意义上的、狭义的法规，而是具有重大意义和价值的战术性指导原则。它的内容中贯穿了先进的思想，不但对军事艺术的发展产生了巨大的影响，而且对俄国一些著名军事统帅，如 A. B. 苏沃洛夫、П. A. 鲁缅采夫（1725~1796）、М. И. 库图佐夫，以及他们那些反对在军队中移植西方雇佣军式的风尚和习俗的学生及追随者产生了重要的影响。在西方雇佣军式的体系内，为了维持纪律普遍采用的是棍棒式的惩罚措施，并且常常举行毫无意义的阅兵仪式，反复下达复杂而又重复的命令，这些是基于对雇佣兵的不信任（因为他们多数是以强征的方式进入军队的），不仅否定了战士们的个性，而且也否定了各级军官和将军们的主动性和创造性。[1]

在彼得大帝的法规中，"良好的秩序"不仅是对军官及其下属关系的界定，同时也规定了官兵在战斗、行军、巡逻警卫时的相互关系，并且，它不是简单的队列要求，或纯粹的、对军队内部纪律的要求。彼得在军队中确立了严格的军事秩序，并把它视为战斗胜利的保证，同时，彼得也关注官兵的个体发展，关心他们对军事荣誉的感受，鼓励他们在保持勇敢的前提下融入敢于竞争的个性。

彼得一世在波尔塔瓦战役前夕曾发表了著名的致战士书，号召战士们"为了自己的家乡和祖国"要不惜牺牲自己的生命；同样，弗里德里希二世在 1757 年罗斯巴赫战役前也曾对全军战士下达过命令，命令指出，从现在这一刻起直到进入冬季宿营前，所有战士将会获得 2 倍的薪水。应该说，这些有力地刻画出两位统帅间深刻的差别和不同。

彼得的思想是，"所有军事事务都是在关心战士的完整性"，这种关心不应局限于战士在行军和战役期间，同时也要系统地体现在对受伤和患病士兵的救治上。[2] 于是，俄国第一次设立了中央医疗管理机构——军事委员会医疗事务厅，位于圣彼得堡，由 Я. 布鲁门特罗斯特领导；此外，还在莫斯科设立了医务处。这些机构负责管理医务工作人员、医院以及为军队提供医药品。1707 年，在莫斯科开办了一所医科学校，当时共有 50 名学生，并在"亚乌扎河（即莫斯科河）沿岸"建立了学校的附属医院，它的毕业生都被派往军队的各个团作为医生。另外，在俄国各地还开设了首批固定医院：在圣彼得堡建成了"用石头建造的、庞大的陆军和海军医院"，共有 86 名医务人员；在喀琅施洛特的医院有医务人

---

① Рюстов Ф. В. История пехоты. Спб. ，1876. Т. 1. С. 130；Т. 2. С. 125 – 139；Дельбрюк Г. История военного искусства в рамках политической истории. М. ，1938. Т. Ⅳ. С. 228.

② Епифанов П. П. Войско // Очерки русской культуры XⅦ века. Ч. 1. С. 260，261.

员 106 人；同时，在雷维尔、里加（有 4 家团级医院）、大诺夫哥罗德和基辅等地也都设立了医院。除此之外，同 17 世纪一样，修道院和依靠地方教会资金建成的城市医院也有义务收留和救治患病及受伤的战士。维持医院运转的资金一方面来自国家对举行婚礼的人强行征收的费用，另一方面也包括一些军官由于违反纪律、存在越权行为以及其他犯罪行为时缴纳的罚金。1716 年《军事法规》中详细而明确地规定了军队医务人员的义务和责任，军队在宿营地、行军和战役期间的卫生条例等内容。①

《军事法规》使用简洁明了的语言写就，它甚至能让不识字的人明白其内涵，并且在内容中把一些外语词语用俄语解释出来。法规使用的是通俗易懂的民间语言，措辞简洁紧凑，富有格言性，较为接近 A. B. 苏沃洛夫的"制胜科学"的语言。在针对战士的内容中，法规详细阐述了战士的责任是什么，严格完成军事义务具有什么样的意义，同时法规规定并描绘了俄国士兵应有的道德风貌。至于战士的主要责任和义务，法规规定，战士必须展现出"战士群体的标志"，即他乐于参加这份工作，并自愿保管好手中的武器，"以便在战斗中妥善地履行自己的职责"。

1716 年《军事法规》中有一条重要的条款，即禁止军官们在工作中随意指使士兵去完成非军事类的任务。法规指出，如果军官强迫士兵为自己干私活，或者要求士兵"完成异常繁重的工作"，那么"他将失去自己的荣誉、官衔和财产"。另外，法规规定，如果士兵"自愿提供一些轻松且不费力的帮助"，或者是"凭借自己的裁缝或制鞋手艺"提供服务，为此他们可以得到特别的付费，在这种情况下士兵可以根据军官的请求为他们服务，但要提前告知自己的上级。

1716 年《军事法规》对军官提出了两点基本要求：高标准要求军官

---

① ПСЗ. Т. V. No 3006；Т. VI. No 3708，3890；Кирилов И. К. Цветущее состояние Всероссийского государства. С. 52，56，73，76，88，114，138–154，162，163，173，182；и др.

们的道德品质和战斗素养，信任指挥官们的战斗主动性。法规确定了军队中的"良好秩序"，严格规定了军官间的上下级关系，以及他们的工作职责和义务。军官们被分为三类（士官、校官和参谋），在军中规定了明确的规则，自下而上地建立了统一的组织，其依据的原则是确立一长制以及对军官和将军们提出的新的纪律要求。在理论学习和战斗实践中，军官个人的勇敢品质和日常训练成果是他们获得官阶晋升的必要条件。

法规鼓励指挥员们在指挥时要有个人的主动性。当指挥员在战斗前夕收到命令后，他必须思考，这道命令会对将要进行的战斗"造成损害还是导致失败"，或者正相反，它可能带来胜利。因此，法规规定，在这种情况下，"指挥员必须诚实地向自己的上级汇报情况"，如果时间允许，他也可以向将军乃至元帅呈递自己的"意见或想法"。

早在组建"少年兵团"时期，彼得一世就在脑海里勾画出统帅的形象，即在他的身上必须把坚守国家利益至上的观念、勇敢的品质和军事艺术等因素完美地结合起来。当时，一些关于世界著名统帅，诸如马其顿国王亚历山大大帝、古罗马统帅尤里·恺撒、拜占庭的君主里奥·米哈伊尔等人的军事艺术的著作都被翻译成了俄语。尤里·恺撒很好地利用了勇气和操练（即"训练使用武器，同时也注重学习科学"）战胜了自己的敌人，对于彼得一世来说，他就是理想统帅的楷模，他不是为了荣誉去战斗，而是为了保卫祖国。[①]

1716年《军事法规》用鲜明的色彩描绘了统帅作为军队领袖的特点。法规中讲到，军事长官必须有远见和洞察力以及清醒的头脑，在任何环境下他在指挥军队时"都要具有先见之明，这是英明的主帅所必备的素质"，同时，他"要用敏锐的目光观察敌人的动向"，要知悉敌人的力量并能够识破敌人的企图和诡计，并"严密监视敌人的所有行动"。统帅必

---

① Известное описание Кожуховского похода // Военный сборник. 1860. Т. XI . С. 53; Военные уставы Петра Великого. С. 17.

须严格要求自己的下属，"因为只有这样，他才不会像一个软弱的指挥官那样任由下属恣意作乱"；同时，他也必须公正地对待下属，既根据实际功绩给予奖励，也会依据犯错程度进行惩罚。但是，切记"贪婪"就像其他"贪欲"一样（都是通过亲情、友谊和利害关系获取利益），既不能表明是对犯错者的"怜悯"，也不能说明是为了获得更多的人气。为此，法规特别指出，这样的人"就像在沙子上建造自己的宫殿，不会有坚实的根基"。在执行战斗任务时，负责指挥的将军完全可以独立自主地支配配属给他的军队和武器。在战斗前夕，指挥官应该亲自勘察战场和行军路线；应该分兵占据有利地势和交通要道；可以确定整支部队各兵种的战斗次序（如步兵、骑兵、炮兵）；应该划分出后备力量；应该把辎重车队撤退到安全的地方。此外，法规还要求，上述这些要求在具体情况下不应该束缚指挥官的主动性和进取性。

俄国军队实行一长制的指挥制度，所有人都必须听从指挥官的命令。1716 年《军事法规》的这项原则与委员会原则是结合在一起的："在没有全体将军共同参与的情况下，所有重大事务及其决定是不能更改的。"军事委员会只是统帅下属的咨询机构，其目的是方便统帅管理军队，在具体情况下帮助将军确定目标方向。

1716 年《军事法规》在接下来的数十年内决定着俄国正规军的结构组成。根据法规组建由师和旅组成的兵团，兵团的具体构成要视"具体情况而定"。在军队中划拨出专门的后备部队，这是一支"由多个团"组成的庞大的武装力量。其作用是"掩护炮兵部队和阵线侧翼"（即战斗序列的两翼），或作为援军（支援或救援部队）支援遭到敌人进攻的阵线，或作为反击和遏制敌人从被围困堡垒中发起进攻的力量，从而帮助友军击退敌人的进攻。同时，在现役部队中还专门划分出一支轻装部队——快速部队。它被赋予一些特殊的任务，由将军直接指挥，由 6000 ~ 7000人组成，包括骑兵和持有轻型火炮的步兵，目的是夺取或破坏敌人的交通线，以及进攻敌人的后方阵地。

1716年《军事法规》详细规定了各兵种的战斗任务，包括野战部队、各步兵团、负责围攻的炮兵、军事工程兵、挖坑道的工兵、地雷工兵、开路工兵以及舟桥部队。

应该说，使各种不同类型的武器及所有战术性和技术性工具处于良好的协调配合之中，目的是以最小的损失赢得战役的胜利，这是1716年《军事法规》最典型的特征之一。1716年《军事法规》是俄国第一部原创性军事法规，它反映了俄国武装力量在发展中取得的巨大成就，并在加强俄国国防实力的过程中扮演了重要的角色。

***

在彼得一世继任者们的统治时期，特别是在以"枢密院大臣"为首的权贵们恣意弄权的艰难时期，以及在"比隆暴政"和"米尼赫当政"的朝政混乱时期，"制胜科学"已经无人提及。根据 C. M. 索洛维约夫的评价，当时达官贵人们"争先恐后地只做一件事儿，即破坏和摧毁彼得大帝开创的一切制度和原则"[①]。这一时期，在欧洲君主制历史上出现了罕见的一幕幕现象：那些来自波罗的海地区、布伦瑞克、霍尔斯坦、梅克伦堡等地的外来人在欢呼和雀跃声中肆意盗窃国库财产，任意地挥霍和浪费，他们众多的鹰犬走狗夺取了国家最高管理机构的权力，把持着军队、财政和工场手工业等重要部门和行业的领导权，这不仅对国家产生了极大的危害，也影响到国家武装力量的状态。由此引发了严重的倒退，这一时期的俄国抛弃了通过长达二十年的北方战争总结出来的有益的原则和经验，常常做出违背甚至背叛俄国国家利益的决策。

军队不再训练战士们"在战斗中如何行动"，而是按照普鲁士军队的

---

① Соловьев С. М. История России с древнейших времен. Спб. ; Обществ. Польза. Кн. Ⅳ. Стб. 1334.

模式常常进行阅兵似的游行操练，从军事角度而言，这是机械刻板而又严苛的练兵方式。同时，军队要求官兵必须无条件地、盲目地执行那些只是在办公室中做出的"作战部署"。这使俄国军队在指挥和作战方面产生了严重的倒退。如米尼赫"步兵方队"是以前德国军队经常采用的方队阵型的名称，在 17 世纪的俄国这被称为保护车队时军队采用的移动战术。在战场上，指挥官们甚至"按照米尼赫阵型"把士兵们排列成大型方队，其内部包裹着车队和骑兵部队。由此，俄国军队常常在战斗中遭受巨大的损失。

　　Э. 米尼赫（1683～1767），从 1732 年起以元帅衔成为陆军委员会主席，有权任命军队中大尉以下的军官（包括大尉）。为此，他在军队中塞满了不懂俄语的雇佣军军官，甚至还撤销了由彼得一世制定的《关于通过投票表决方式选拔军官的法令》。并且，为了腾空军队中的空缺，米尼赫以经济原因为借口，在军队中只留下了外国人和没有领地的俄国贵族，因为这些人"没有薪水就无法生活"。米尼赫不喜欢通过建设仓库给军队补充给养，他推崇强征的方式，在 1735 年战役中他索取"大量的赔款"使立陶宛陷入一贫如洗的状态，并让战士们忍饥挨饿。1716 年《军事法规》的一条重要原则是：不能欺侮百姓，要怜悯和平居民。但在当时，它被众多的命令所取代，因为以 Э. 米尼赫为首的掌权者认为，在战争中"不能可怜任何人"，并且"需要通过掠夺敌国来供养本国的军队"。只有在 А. В. 苏沃洛夫作为军队统帅时期，1716 年《军事法规》的这一原则才得以恢复。一支在本质上属于西方雇佣军性质的军队在敌国领土上作战时，很难想象它的作战方式会造成什么样的军事和政治灾难。当女沙皇安娜·伊凡诺芙娜知道了俄军在 1736～1737 年的克里木战争中战况不利并且军队损失过半时，她愤怒地指责了军队的指挥官 Э. 米尼赫和他的将军们，称他们的作战指挥"既无生气，也无头绪"。巨大的损失导致俄国军队中出现了大规模的开小差现象（在 1732 年军中私自逃跑的士兵达到 2 万人）。同时，与之前相比军中因职务犯罪而"服刑"的人数增加了数倍，他们中既有"来自贵族家庭的纨绔子弟"，也有现役军官。而由 Э. 米尼赫制定的新操练章程中的主要条例基本上都是借鉴于普鲁士军队的操练章程。[1]

从另一个角度来说，彼得一世遗留下来的军事制度都被破坏了。1736 年的法令不仅将贵族的军事服役期限缩短至 25 年，而且绝大部分来自贵族家庭的"未成年孩子"可以完全摆脱义务兵役和文官工作。对于有两个或两个以上儿子的地主家庭而言，他们有权从中选择一个儿子"留在家中照看林地和经营事务"，而没有父母的"兄弟二人或三人"也可以按照此法办理。同时法令规定，如果这些"贵族的孩子们"不适合军事工作，那么他们有权不参加所在团的活动。这就为他们耍小聪明和诡计，以便不参加军事活动提供了可乘之机。适龄的贵族青年直到 20 岁才开始参加工作，在此之前他们要在家中学习知识（如学习阅读和书写，算术和几何，历史、地理以及军事工程建设等方面的知识），国家会对他们进行阶段性考察。在当时的俄国，只有更加富有的贵族家庭才有可能让孩子得到专门的培训，从而可以顺利通过考察。1732 年，俄国为青年贵族开设了陆军士官武备学校，但是在 Э. 米尼赫的领导下，大部分有关"操练"和"骑马训练"等课程都被取消了，所以最后只有少部分毕业生掌握了相关的专业知识。[2]

上述情况对彼得一世军事制度的破坏使俄国遭到了沉重的打击。根据 1732 年《列什特协议》和 1735 年同伊朗签订的《甘召依条约》，俄国损失了波罗的海地区的几个省，边境线向后退到了捷列克河。并且，长

---

① Соловьев С. М. Указ. соч. Кн. IV. Стб. 1309-1311, 1334-1352, 1357-1369, 1414；Кн. V. Стб. 1052-1053, 1056. 1762 年，彼得三世从流放地接回了 Э. 米尼赫，任命他和自己的舅舅霍尔斯坦王子为陆军元帅，并要求他们以普鲁士军队为范例扩充俄国军队。（Соловьев С. М. Указ. соч. Кн. V. Стб. 1242-1262. ）

② ПСЗ. Т. IX. № 7142, 7171；Т. XXIII. Книга штатов. № 5881, 6050.

达数十年的内战以及同伊朗和奥斯曼封建王国进行的连续不断的战争使前高加索和后高加索地区的居民遭到了灭绝。

在当时的俄国，包括 Ф. 普罗科波维奇、A. Д. 康捷米尔、B. H. 塔季谢夫在内的一批思想家，以及后来一直追随他们的 M. B. 罗蒙诺索夫，都反对那些在沙皇面前一时得势的红人及宠臣所制定的、在现实中常常起到反作用的军事政策；相反，他们坚持"开明君主专制"思想和捍卫彼得大帝遗留下来的制度遗产。他们是发生在自己同时代的重大事件的见证者和参与者，并且对这些事件都做出了积极的反应。所有这些人都受过良好的教育，既掌握古时的语言，也精通现时的语言，他们主要根据一些经典著作研究军事史，其中既包括希罗多德、昆特·库尔奇、尤里·恺撒等人书写的古时的文章，也包括与他们同时代的一些著名哲学家、政治家和思想家如尼科洛·马基雅维利、塞缪尔·普芬道夫、托马斯·霍布斯、约翰·洛克等人的著作。由此，他们深刻挖掘并研究编年史和 16～18 世纪俄国文人与作家的文章及著作，掌握了历史上俄罗斯的军事发展状况。①

同时，他们反对一些军事活动家提出的狭隘的实践主义，强调并坚持研究军事理论和军事史的必要性。Ф. 普罗科波维奇比较分析了 1700～1721 年的北方战争同罗马与迦太基之间进行的第二次布匿战争的"残酷程度"和时间跨度，他由此得出结论，即俄国在文化、政治和军事上的落后才导致它在北方战争初期陷入战事不利的局面。

但是，Ф. 普罗科波维奇同时也写道，瑞典人低估了俄国的实力和俄国军队的素质，他们不了解俄国军队"善于在学习如何战斗的同时赢得战斗的胜利"。在战争中赢得胜利使俄国国内"出现了从谏如流的良好的沟通环境"，从而使俄国的"经济"、"工艺技术"、科技和教育走上了全

---

① См.：Фсофана Прокоповича ... Слова и речи ... Спб.，1760. Ч. 1. С. 15–48；Татищев В. Н. История Российская с древнейших времен. М.，1768. Кн. Ⅰ. Ч. 1. С. Ⅳ–Ⅴ；М.，1773. Кн. Ⅱ. С. 419.

面发展的道路。①

B. H. 塔季谢夫在自己的文章——《两位朋友关于科技与学校的益处的交谈》中指出，不仅贵族必须接受教育，社会中的下层民众也需要接受教育。塔季谢夫强调，在古代保卫国家是"所有人民的职责"。接下来他还指出，在过去，军事上的需求迫使政府要召集广大民众参与到军事工作中。如在北方战争期间，"贵族阶层的人数减少了"，因此，"必须招募农民去做战士、水兵或做其他粗鄙的（即下层人做的）工作"。塔季谢夫的一项伟大功绩在于，正是他第一个指出了一个事实，即大量居住在俄国的非俄罗斯族人民积极参加了保家卫国、抵御外敌的战争。同时，塔季谢夫注意到俄国军事学校发展的没落，他认为，不仅要在精神和传统上复兴这些以教授"军事科学"为主的教育机构，而且应该加深学生所学习的知识内容，并要把学习外语、"自然法则和民法"，以及其他一些专业课程，包括数学、天文学、军事工程学、炮兵及海军知识，都写进陆军贵族武备学校、海军学院、军事工程和炮兵学校的教学大纲中。②

在研究和分析了俄国几个世纪的发展史之后，18世纪俄国的思想家们刻意把战争进行了区分，即一种类型是以维护国家独立和主权为目的的正义的战争，另一种则是他们常常谴责的同室操戈的内战。

俄国第一位世俗诗人 A. Д. 康捷米尔是许多著名讽刺诗的作者，同时也是《关于自然和人的信件》的作者，他追随 Ф. 普罗科波维奇的脚步，激烈声讨那些为了自己的荣誉不惜毁灭被征服领地上的人民的、嗜好战争的暴君们。康捷米尔在自己的一篇讽刺作品的注解中写道："战争应该

---

① См.：Фсофана Прокоповича … Слова и речи … Спб.，1761. Ч. 2. С. 77，78；Он же. Духовный регламент. Спб.，1721. С. 22；Он же. Правда воли монаршей. М.，1726. С. 43.

② См.：Татищев В. Н. История Российская … М.，1774. Кн. Ⅲ. С. 523；Он же. Разговор о пользе наук и училищ. М.，1887. С. 65-73，113-116，158；Он же. Лексикон Российской исторической，географической и гражданской. Спб.，1792. Ч. Ⅱ. С. 121.

用来对付武装来犯的敌人，因为任何对手无寸铁且无辜的百姓的伤害，比如对农村的农民和城市中的居民，都违背军事规则和仁爱的精神。"那些手握重权的军事将领们"拼命压迫、掠夺和折磨这些百姓，目的就是劫掠他们那一点儿可怜的财产让自己变得更富有"，"却毫不在意自己的祖国是否富有"。康捷米尔的作品无法通过书刊审查，因而不能出版，但其众多手抄本却在市场上热销。①

在捍卫 18 世纪初彼得一世开启的各项改革的同时，M. B. 罗蒙诺索夫致力于揭露彼得一世继任者们推行的反动政策。他认为，真理和正义能够使人民和国家和平共处，而"一个拥有无限权威的国家"则可以保持永恒的美好生活景象。M. B. 罗蒙诺索夫抛开边界对各国人民的束缚，号召所有"拥有强权的君主们"不要破坏人民和平、幸福的生活，不要轻视自己的臣民，同时要"加强训练仁慈和怜悯的态度以及不断工作"去纠正人民的缺点和陋习。作为伟大的学者，M. B. 罗蒙诺索夫希望科学的成就能够降低战争的威胁，或者完全避免战争的出现。② 他确信完全可以避免战争，其实这只是学者和教育家的幻想。列宁曾指出，这些学者和教育家们真诚地相信会有普遍和共同的幸福，他们坚信这样的生活是可以实现的。③ M. B. 罗蒙诺索夫这位伟大的俄国学者坚信科学的万能和它巨大的力量，这反映出他热切地希望人民能够得到幸福及和平的生活，并相信人类最终能够实现永恒的和平。

M. B. 罗蒙诺索夫证实俄国的战争是具有民族解放性质的战争，并且他强调突出俄国人民以及他们所发扬的个人英雄主义和爱国主义在捍卫

① Кантемир А. Собрание стихотворений. Л., 1956. С. 33, 73, 74, 79, 80, 83, 137, 143, 208, 231, 398; Он же. Сочинения, письма и избранные переводы. Спб., 1867. Т. 1. С. 54, 72. Подробнее см.: Епифанов П. П. «Ученая дружина» и просветителььство ⅩⅧ в. // Вопр. истории. 1963. № 3.

② Ломоносов М. В. Соч. М., 1957. С. 10, 31–81, 88, 89; Он же. Полн. собр. соч. М., 1952. Т. Ⅳ. С. 308, 309, 316.

③ Ленин В. И. Полн. собр. соч. Т. 2. С. 520.

国家独立的战争中所发挥的巨大作用。另外，他是第一个提出常规战争在俄国的出现始于17世纪这一观点的人，同时他又指出了另一个现实的因素，即建立陆军和海军舰队需要"应用到大量有关几何学、力学和化学等方面的知识"，在18世纪初的改革结束后，俄国军队"在同敌人作战时使用的武器是俄国人亲手用俄国铁矿制成的"，这说明俄国军事事务的发展与俄国科技和国内企业的发展是密不可分的。①

应该说，俄国这些启蒙思想家关于军事理论的思考涉及当时俄国在军事政策制定以及军事实践中迫切需要解决的问题。并且，这些思想家的思考对于俄国进步军官群体形成先进的军事观点和思想起到了巨大的影响作用。

***

推行普鲁士军事制度使俄国举国上下都陷入了沮丧的境地，而重建俄国的军事体制需要付出巨大的努力。为了使俄国军队摆脱这种困境，即从最初它在南方地区同奥斯曼帝国和克里木汗国的战争中屡战屡败，到后来有能力击溃由普鲁士国王弗里德里希二世率领的号称"不可战胜"的军队，前后共用了将近20年的时间。在伊丽莎白·彼得罗芙娜统治时期，俄国开始恢复彼得一世改革时期形成的优秀传统，并以此为基础整顿和振兴俄国军队。1755年条例——《步兵团队队形说明》规定了以纵队为单位的行动：在行军过程中以排为单位，在迎击骑兵的进攻时以连为单位，而以营为单位的攻击力量"要撕碎敌人的阵线"。同年出台的另一部条例——《骑兵操典》恢复了彼得一世时期对骑兵部队的要求，即手持腰刀全力（"纵马疾驰"）发动决定性的进攻。实施这些新的条例就是要

---

① Ломоносов М. В. Соч. С. 422，423，426.

把俄国军队的训练质量提升到必要的高度。

俄国军队的技术装备有了明显的改善。如步兵手持火器补充了改进型的、供士兵和军官使用的步枪和手枪，为骑兵补充了马枪，霰弹兵补充了双筒来复枪，掷弹兵补充了手榴弹。俄国炮兵发明制造了"独角兽火炮"，这是一种可以发射炸弹的武器，火力密集且射程远。这种武器的出现保证了俄国炮兵在七年战争以及俄土战争中保持着决定性的优势地位。除了发明的数百种新式武器，俄国军队还有效地使用原有的武器。并且，在对所有这些武器进行实践测试后，俄国军队决定了必须拥有的武器种类，其中"既包括原有的平射炮和迫击炮，也包括一些新发明的武器"。

1743 年，沙皇颁布法令，要求重建彼得一世时期的炮兵团。为此，俄军在 1757 年建立了 2 个炮兵团，每团 10 个连，拥有 69 门榴弹炮；此外，还建立了 6 个使用"新式武器"和 3 磅炮的团，每个团有 64 件新式武器和 2 门迫击炮。同时，俄国军队还设立了工程团，它为当时仅存的由 Э. 米尼赫指挥的唯一的地雷工兵连又补充了 5 个连，就此形成了由 2 个地雷工兵连、2 个开路工兵连和 2 个"技术工兵连"组成的配置。

军队的浮桥工具也得到了很大的改善。从彼得大帝时期起，俄国军队一直在使用铁皮浮桥，现在取而代之的是 30 座木质红叶铜浮桥。此外，还为军队配置了 516 辆马车和推车，工匠兵和辎重兵各一队；并且，所有这些人员都配有火枪、长剑和手枪，"以便在各个配给站和行军途中保护装备工具和进行警卫工作"[①]。

在大规模地为军队提供火炮和工程工具的同时，需要加强对军官的培训（在此之前就已经制定了相应的方案）。在新成立的炮兵、工程兵团队以及舟桥部队中，对军官的训练直接恢复了以前的军队传统。

---

① ПСЗ. Т. ⅩⅩⅧ. Ч. 1. Книга штатов. Отд. Ⅰ. № 8721, 10682. Табели полков.

军事学校则依然体现出唯贵族的等级特征。1745年，在莫斯科的各所炮兵和工程兵学校中，只有贵族出身的学员才能留下，而"非贵族和小官吏家庭出身的学员"则被打发到卫戍学校。圣彼得堡的陆军武备学校在 Э. 米尼赫和黑森王子卸任之后由 B. H. 列普宁领导（他是波尔塔瓦战役时师级指挥官 H. И. 列普宁的儿子，曾在奥地利军队中师从著名统帅叶夫根尼·萨伏依学习军事指挥艺术）。圣彼得堡陆军武备学校的学生在毕业时由科学院的教授进行考试，通过考试的学生会被颁发关于认定对外语、历史、地理、数学等知识学习合格的毕业证书。18世纪俄国的著名作家 A. П. 苏马罗科夫就是武备学校的毕业生。

1758年，俄国陆军元帅 П. И. 舒瓦洛夫下令合并炮兵学校和工程兵学校（从1762年起，命名为士官武备学校）。学校开设的课程范围也随之扩大，为了保障学校师生的正常工作、学习和生活，国家也扩大了对学校的财政拨款。著名学者 И. A. 韦利亚舍夫-沃伦斯基负责教授炮兵课程，他是《关于给炮兵的建议》的作者。并且，在改善教学方面，M. B. 罗蒙诺索夫给予了 П. И. 舒瓦洛夫巨大的帮助。根据 M. B. 罗蒙诺索夫的建议，武备学校的教学大纲中加入了许多普通教育领域的课程。而且，学校的学生还可以在科学院聆听 M. B. 罗蒙诺索夫的课程。1762年的人员编制表显示，当时在武备学校学习的学生人数为132人，教授的课程包括炮兵学、军事工程学、民用建筑学、历史、地理、机械、水力学、物理、化学、代数、几何、法语和德语。在武备学校下还设立了"工艺学校"，共有138名学生，他们除了学习"公文"用语和口头用语，还要学习铸造、钳工、压模、制作托架、车床等不同的"工艺技术"。在武备学校的课程中，"最高级的科学课程"都由科学院的教授讲授。武备学校学生的所有支出都由国家负责。1767年的人员编制表显示，武备学校的学生人数上升到了600人，到1792年前，学校的学生和那些学习过"工艺技术"的学生总数已经超过了1000人。另外，武备学校下还设立了图书馆和医院，在医院中工作的有 1 名主任医师、5 名医生和 10 名助理医生。

这样一来，到 18 世纪末期，俄国的炮兵和工程兵武备学校已经成为高等军事教育学校，它设立了涉及范围很广的教学大纲，以便为军队的炮兵和工程兵培养军官和辅助技术人才。

俄国著名的军事统帅 М. И. 库图佐夫就是由武备学校培养出来的最优秀的毕业生之一，在经历必要的家庭教育阶段后，他于 1759 年底正式完成了武备学校的学业。П. И. 舒瓦洛夫以命令的形式表彰了 М. И. 库图佐夫，"因为他特别勤勉，在语言学和数学领域知识渊博，对工程学又显露出特别的兴趣，为了激励他人……我特别将他提升为工程兵武备学校一年级主任……他仍然留在学校中……为学生们授课"[①]。

1752 年，莫斯科建立了海军贵族士官武备学校，它在为俄国培养军事人才方面发挥了巨大的作用。

上述两所士官武备学校的毕业生赢得了当时社会民众的高度评价，甚至就连对俄国不太友好的外国人也普遍认同这一点。比如，瑞典公使波谢在给自己政府的报告中写道："士官武备学校可以被称作硕果累累的果园，它为俄国提供了许多非常能干的军官。"值得注意的是，许多家境殷实的年轻贵族在被检阅后都会获得一个假期，以便他们能够完成"家庭教育"，但需要家长出具保证书，保证他们在此期间能够掌握所有必学科目的课程，课程涵盖了非军事和军事学科以及外语。为了获得毕业证书或是取得军官头衔，他们必须在相应的士官武备学校通过考试，因此，在一定程度上来说他们可以被列入首都高等军事教育学校的毕业生之列。俄国两位伟大的军事统帅 П. А 鲁缅采夫和 А. В. 苏沃洛夫就属于 18 世纪

---

① Соловьев　С. М. Указ. соч. Кн. Ⅵ . Стб. 155；Кн. Ⅴ . Стб. 576，578；ПСЗ. Т. ⅩⅩⅢ. Ч. 1. Книга штатов. Отд. Ⅱ . № 11083，12821，14299，15998，17051，17746；Жилин П. А. Михаил Илларионович Кутузов. Жизнь и полководческая деятельность. М., 1978. С. 13，14.

俄国这类"函授毕业生"①。

同彼得一世统治时期一样，培训军官最有特色的地方依然是近卫军。因为，在这里未来的军官们不仅要完成普通士兵在行军、巡逻以及全团训练时需要完成的任务，而且可以学习并掌握基本的军事事务。近卫军为他们创造了一切必需的条件，使他们能够掌握更加深奥的技术知识。在学习一些全民普通教育课程（如算数、几何学和三角学）以及进行相关专业培训的同时，近卫军军人被允许到士官武备学校、科学院和莫斯科大学这样的高等学府聆听课程和讲座。贵族近卫军人有机会获得家庭教育，为此他们被允许在家里待两年，以便有更多的时间"学习科学知识"，而当他们准备进入团级部队服役时则必须经过严格的考试。因此，18世纪下半期，在俄国军队中各团1/3的军官岗位空缺就是通过这样的方法补充的。②

随着人员数量的不断增长以及技术装备的补充，中低程度的军事教育就显得越发必要，因为通过这种程度的教育可以为军队培养低级军官和人才。1752年，在乌克兰沿线为独院小地主和屯垦部队士兵的年幼的孩子设立了一些学校，拉多加运河学校是为士兵的孩子念书而建的。1764年，驻扎在新俄罗斯的骠骑兵团（他们都是外来的、信仰同一宗教的人）建立了两所学校和一所印刷厂（用骠骑兵的语言"印制宗教和世俗社会的图书"）。同年，在卫戍部队（共83个营）下设立了一批专供士兵孩子念书的学校，16岁以下的孩子可以在这些学校中学习站队列、识字、算数和音乐，学习结束后他们被派往各野战团队作为随军的乐师、鼓手或文书。同时还规定，在为士兵的孩子建立的学校中学生们还要学

---

① ПСЗ. Т. XXXV. Ч. 1. Книга штатов. Отд. Ⅱ. Штаты военно-морские с 1711 по 1825 г. № 10062. Штат Морского Шляхетского корпуса 1752 г.; № 12189. Штат 1764 г.; № 17051. Штат 1792 г.; Соловьев С. М. Указ. соч. Кн. Ⅴ. Стб. 1411; Жилин П. А. Указ. соч. С. 8, 9.

② Масловский Д. Ф. Записки по истории военного искусства в России. 1762–1794 гг. Спб., 1894. Вып. 2. Ч. 1. С. 6–7 (прим. 25).

习医疗救治、医药和兽医的知识。另外，从雷瓦尔到色楞金斯克，以及从圣彼得堡到基辅的 20 座城市和堡垒中还有 630 名"炮兵的孩子"在学习。1764 年，国家为这些卫戍部队下辖的学校拨付了巨额款项，达到154283 卢布。[①] 同年，阿斯特拉罕的圣三一修道院建立了一所学校，有 324 名士兵的孩子和 200 名"商人以及平民的遗孤"在这里学习。这所学校教授阅读、公文书写、算数、历史、地理、绘画以及"俄国近邻的民族语言"（如亚美尼亚语、土耳其语、波斯语、卡尔梅克语），领导这所学校的是陆军和海军的军官，分别是航海、炮兵和军事工程学领域的专家。

1798 年的人员编制表显示，圣彼得堡的军队孤儿院中有 200 名"贵族出身"的学生，他们在这里学习数学、军事科学、历史和德语，而 800 名"士兵的遗孤"则学习阅读、公文书写、算数和音乐。[②] 在莫斯科、里加、基辅、尼古拉耶夫等城市中的军队孤儿院中，军乐队指挥负责教授学生军乐和乐谱知识。另外，早就存在的阿尔汉格尔斯克军事学校现在已扩大了规模，它同当地的军队孤儿院"以及海军学校合并在一起"。在这里，共有 700 名学生学习陆军和海军的知识以及历史、地理、军乐、语法、算数、几何、三角学等知识。在学习时，他们可以使用地球仪、地图册、地图、等高仪和"带有数学测量工具"的绘图仪器等。学校中共有 34 名教师，他们通过传授知识把学生培养成航海员、船长、炮手、乐手以及修建船只的工匠。

1801 年，在杰尔普特、格罗德诺、基辅、下诺夫哥罗德、喀山、沃洛格达、斯摩棱斯克和沃伦共建立了 8 所军事学校（每个地方设 2 个连，每个连 120 人）；同时，又在 9 座城市中开设了 9 所小规模的学校（每个

---

① Сборник военно-исторических материалов. Спб., 1904. Вып. XVI. С. 155, 158, 167; ЦГАДА. Ф. 17. Д. 57 за 1764 г.；Инструкция полковничья. Спб., 1826. С. 71.

② ПСЗ. Т. XXV. № 18793; Петров П. В. Исторический очерк. Спб., 1902. С. 52.

城市设 1 个连，每个连 120 人）。至此，这些学校一共拥有 3000 名"贵族青年"学生。在学业结束时，他们中的一些人为了完成军事教育课程被派往圣彼得堡士官武备学校学习，另一些人为完成非军事教育课程则被派往莫斯科大学学习。

1783 年，在圣彼得堡开设了外科医学院，用德语授课。同时，在莫斯科和圣彼得堡开设了两所医科学校，都是"用俄语"授课。根据医疗委员会的报告，由圣彼得堡几大主要医院共同设立的外科研究院当时正处于"繁荣发展的阶段"，在它之下设立了图书馆、植物园以及解剖、化学和外科研究室。"宽敞的教学大楼"迎来了一批年轻人，他们都来自宗教神学院，是"血统纯正的俄罗斯人"，并且都能够熟练掌握拉丁语。1802 年，根据医疗委员会的建议，外科医学院同外科研究院进行了合并。在这里，学生上的所有课程都由国家付费，教授们可以根据学生的意愿选择用俄语或德语进行授课。同时，学生可以在各大医院进行实习，他们挣到的钱可以用来购买图书、外科仪器和用具，而在毕业时，每名学生都能一次性得到 25 卢布"以便购买必需的用品"①。

军队中也形成了官阶晋升制度，主要是通过各种类型的军事学校实现对军官和士官的培养，这在很大程度上弥补了 1762 年贵族宣言带来的恶果，因为该宣言打破了已经形成一个世纪的义务兵役制以及贵族必须从事国家工作的原则。国家鼓励贵族从事军事工作，对将军和军官们给予高额的奖励，同时经常会提高金钱奖励的数额，并在军事工作或日常生活中给予他们各种各样的特权。例如，按照规定，在州或县一级的贵族会议中，只有在军事工作中获得校官以上职位的人才有发言权，并有权担任会议选举的职位。退休的军官通常可以在地方和中央行政机构中

---

① ПСЗ. Т. XXIV. № 9972, 10109, 12179, 12174, 12309, 18159, 18773; Т. XXV. № 20453; Т. XVI. № 19980; Т. XXVII. № 20531. 1802 年起，允许"血统纯正的年轻俄罗斯医生"自由流动到其他地区，"以便他们可以在医学领域内接受更加全面的教育"（ПСЗ. Т. XXVII. № 20110）。

谋得一个好的职位或差事，在这些机构中有超过 1/3 的人曾在陆军或海军舰队服役。① 叶卡捷琳娜二世统治时推广了一项政策，即贵族有权担任乌克兰和顿河军队哥萨克军士长的职务，这有效地促进了对军官的补充；另外，在波兰-立陶宛联邦分裂之后，来自波兰和立陶宛的军官同样也充实了俄国军官队伍，但前提条件是这些军官拥有地产，并离开自己的国家加入俄国。

总之，俄国的军官队伍得到了积极补充和保障。例如，在 П. А. 鲁缅采夫元帅领导的军队中共有 5.5 万人，军官缺额 491 人，但在各个团中正等待"超额"任命的参谋和校官共有 492 人。②

18 世纪下半期，俄国陆军部队的素质得到了明显的提升。士兵的战斗队形逐渐从线形队列向伞兵队形和纵队队列转变，同时出现了新的机动性更强、装备更加精良的步兵和骑兵（霰弹兵、卡宾枪手、胸甲骑兵、精锐骑兵等）。

另外，俄国以七年战争的战斗经验为基础制定了新的步兵队列操典，并于 1763 年正式在军队中采用。该操典规定，在敌方射击的情况下，应该灵活使用团级战斗组织中的各个组成部分，灵活机动地采用横队队形以及使用各个排和营等战斗单位，同时应在各个团中建立"以营为单位的纵队"，每营配备旗帜，在所有战线上必须采用"快速射击的方式"。1763 年操典要求各步兵团的上校指挥各连级指挥官训练士官们站队列、行进中的队列和射击，士兵则首先要进行一对一的搏击训练。同时，根据"所有参谋人员的一致提议"，军官晋升的程序得以恢复。

早在七年战争时期，俄国军队中就出现了霰弹兵小队，他们使用滑膛枪开火，并采用松散的队形。1765 年，陆军委员会通过对"最近一次

---

① Троицкий С. М. Русский абсолютизм и дворянство в XVIII в. М.，1974. С. 282.
② Масловский Д. Ф. Примечание и приложения к запискам по истории военного искусства в России. Спб.，1894. С. 101 - 103；ПСЗ. Т. XXII . Ч. 1. Книга  штатов. Отд. Ⅰ . С. 251，253. Таблица о состоянии армии графа Румянцева-Задунайского 1794 г.

战争的研究"后确定，霰弹兵对于加强骑兵的攻势，夺取密林中"难以通过的小路"以及"各种各样隐藏的据点"有很大的帮助。因此，委员会决定在军队中设立"霰弹步兵单位"，人数定为 1650 人，并把霰弹兵小队分配到各个步兵团。之后，霰弹兵在崎岖不平的地形上接受训练，并且在 18 世纪下半期的战争中表现优异。18 世纪 80 年代，霰弹营成为军队中霰弹兵的基本单位，在 1795 年霰弹兵的人数达到了 3.9 万。并且，在当时有部分霰弹兵已经装备了有膛线的来复枪，可以射击 800~900 步以外的目标。[①]

18 世纪下半期，俄国经历了七年战争、俄土战争、俄瑞战争等，在这种情况下俄国军队的人员数量不断增加，组织力量和装备也得到了不断优化和完善。

18 世纪 60 年代的人员编制表显示，当时俄国军队的人员构成如下：步兵 62454 人，骑兵 43824 人，卫戍部队 64769 人，总计 171047 人。[②] 而到了俄国同普鲁士的战争爆发前，根据开拔到前线的俄国军队力量分布来看，步兵为 31 个团，共计 8.1 万人；正规骑兵部队 19 个团（其中 6 个胸甲骑兵团，4 个骠骑兵团，5 个近卫骑兵团，4 个龙骑兵团），总计 11484 人。非正规部队——顿河地区和斯洛博达地区的哥萨克武装，共 1.2 万人；伏尔加河流域卡尔梅克人的武装，共 4000 人；米舍尔亚克人和巴什基尔人的武装，共 2000 人；还有喀山鞑靼人的武装，共 1000 人。这样一来，开拔到前线的军队总计为 12.2 万人（包括人数达到 10516 人的步兵预备队）。同时，在俄国国内还留守着 112 个团（包括近卫军团、卫戍军团、屯垦兵团等），共计 161795 人。因此，当时俄国军队的总数量为

---

① См. : Строевой устав пехотный экзерциции. Инструкция пехотного полка полковнику. Спб. , 1764; ПСЗ. Т. ⅩⅩⅧ. Ч. 1. Книга штатов. № 12494. Доклад Воинской комиссии 13 октября 1765 г. ; Денисов М. М. , Портнов М. Э. , Денисов Е. Н. Русское оружие ⅩⅠ - ⅩⅨ вв. М. , 1953. С. 131.

② Масловский Д. Ф. Русская армия Екатерины Ⅱ // Военный сборник. 1892. № 5. С. 48.

283795 人。1759 年的战役前夕，俄国正规军只有 78260 人，而到了 1795 年，仅陆军数量就超过了 50 万人，其中步兵 27.1 万人，正规骑兵 7.06 万人，非正规部队 2.45 万人，哥萨克屯垦兵团 1.5 万人，炮兵和工程兵团 2.17 万人，海军舰队的登陆部队 4000 人，卫戍部队 9.54 万人。

《关于元帅鲁缅采夫-扎杜奈斯基伯爵领导下的俄国军队的状况》的图表（1794）清楚直观地介绍了当时俄国军队的结构体系。根据图表资料，П. А. 鲁缅采夫元帅麾下包括 2 个混编师和 1 个预备团。第一骑兵师下辖 2 个胸甲骑兵团（共有 1772 人和 1836 匹马），3 个枪骑兵团（共有 1923 人和 2359 匹马），1 个霰弹骑兵团（共有 1166 人和 1424 匹马），5 个非正规的顿河哥萨克骑兵团（共有 1021 人和 2267 匹马）；此外，第一骑兵师管辖的步兵包括 4 个掷弹团（共有 13377 人和 1867 匹马），2 个火枪团（共有 3777 人和 388 匹马），4 个霰弹营（共有 2327 人和 430 匹马）。第二骑兵师下辖 4 个枪骑兵团（共有 3018 人和 2899 匹马），2 个顿河哥萨克骑兵团（共有 729 人和 1551 匹马）；步兵包括 5 个火枪团（共有 9880 人和 770 匹马）。同时，鲁缅采夫元帅还指挥着一支骑兵预备队——1 个御前胸甲骑兵团（共有 837 人和 972 匹马）和步兵预备队——1 个火枪团（共有 1853 人和 191 匹马），3 个掷弹团（共有 7453 人和 876 匹马），1 个步兵霰弹射击兵团（共有 4981 人和 385 匹马）。除此之外，鲁缅采夫元帅还指挥着一支官兵人数为 1019 人的炮兵部队（共有 974 匹马），以及 2 个舟桥大队，共有 1303 人和 1247 匹马。鲁缅采夫元帅的总司令部则有 41 名军官。

总之，图表显示，鲁缅采夫元帅指挥的这支俄国军队由 1029 名参谋和校官、3461 名士官、47061 名士兵和 5313 名非战斗人员组成；并且，还拥有能够参加战斗、载负辎重以及拖运大炮的 20436 匹马。[①]

---

① Соловьев С. М. Указ. соч. Кн. V. Стб. 904，905；Бескровный Л. Г. Хрестоматия по русской военной истории. М.，1974. С. 183；ПСЗ. Т. XXIII. Ч. 1. Книга штатов. Отд. I. С. 251–253.

同时，也可以看出，俄国军队逐渐变为多民族人群构成的军队。在 18 世纪下半期的俄国军队中，由乌克兰人组成的各团发挥了巨大的作用，这样的团通常由被称为"来自异国他乡却拥有同样信仰的人群"，以及非俄罗斯族人民（主要是斯拉夫族人群）组成。18 世纪 80 年代，由于在乌克兰开始推行俄国的行政管理制度，哥萨克各团经改编后加入了俄国正规军。另外，在裁撤了扎波罗热军队（1775）后，沙皇在 1787 年颁布敕令，要求以原扎波罗热战士为基础组建黑海哥萨克军队，1792～1793 年的俄土战争结束后，大约 1.2 万名哥萨克士兵携带家眷迁移到库班，承担了为国戍边的任务。更早些时候，在乌克兰还驻扎着一些军队，同样承担着戍边的任务，这些军队包括由迁移到俄国的格鲁吉亚人组成的格鲁吉亚团，大公 D. K. 坎捷米尔麾下的摩尔多瓦团，以及塞尔维亚团、马其顿团，还包括一支由黑山人、保加利亚人等其他斯拉夫人组成的匈牙利团。所有这些军队都参加了七年战争，在战争结束后沙皇允许他们"引入本族群的人"以补充人员损耗。①

1770 年，在克里木并入俄国后，俄国军队组建了新的师，它们是由"刚刚被收服的地区上的居民组成的，如塔夫利达地区的居民"，以及同样生活在那里的希腊人、阿尔巴尼亚人等其他民族的人群组成。②

1750 年，以伏尔加河流域的哥萨克人为基础组建了阿斯特拉罕哥萨克团，之后，他们又汇合了来自黑海、克拉斯诺亚尔和叶诺塔耶夫卡地区的哥萨克人，共同组建了阿斯特拉罕哥萨克军队。同时，在伏尔加河流域还有一些由卡尔梅克人建立的武装，他们同顿河哥萨克的武装共同承担军事任务。在彼得一世统治时期，他将生活在伏尔加河流域中部地区的非俄罗斯族农民（包括楚瓦什人、摩尔多瓦人、鞑靼人、马里人、乌德穆尔特人）纳入缴纳人丁税的群体，由此他们也承担了服兵役的义

---

① ПСЗ. Т. ХХХⅢ. Ч. 1. Книга штатов. Отд. Ⅰ. № 8461, 9935, 10203, 11813.
② Там же. № 13649, 15945, 17330.

务，同时，巴什基尔人则承担了巡逻成边的任务。18 世纪 90 年代，在巴什基尔建立了非正规的"特普蒂亚团"，每团 500 人，并且国家出资用火枪、军刀和长矛武装他们，为供养他们，国家从"特普蒂亚人和单身的贫苦农民"那里征收费用。[①]

北高加索地区，在莫兹多克（1760）和弗拉季高加索建成后，分别组建了由奥塞梯人和卡巴尔达人参加的军事组织，并且它们参加过俄国对奥斯曼帝国的战斗行动。[②]

与 18 世纪上半期相比，俄国在 18 世纪下半期明显加强了仓储制度，以保障军队的物资供给。这项事务由陆军委员会下属的总军需办负责，总军需主任亲自领导。1766 年，总军需办要求在各个城市和堡垒中建设200 多个仓库和粮仓，在这些地方"要储备一年用的粮食"，大约 200 万俄石的军粮（包括面粉、米、燕麦等），而在 36 个堡垒中要储备 50 万俄石"储备粮"。仓储制度覆盖了俄国的所有领土，在从和平状态向战时状态转变时它保证了俄国陆军和海军能够迅速实施机动活动，以及保卫堡垒和物资储备。[③]

在 18 世纪中期和下半期，俄国的军事工程技术呈现出高品质的发展趋势，体现了自己的特点。应该说，其发展的基础，既有长期工事（如堡垒），也有野战工事，都是由彼得一世同与他并肩战斗的战友们共同奠定发展起来的。1757 年，俄国军队组建了一支拥有 250 名"开路先锋"的工程团，他们专门负责为军队清除道路，修建桥梁和渡口。1763~1765年，为了有效管理和保卫堡垒，根据曾参加过七年战争的 A. H. 维尔博阿

① Там же. № 9727, 17263, 18701; Очерки истории СССР. XⅧ век. Вторая половина. М., 1956. С. 658, 659; История Чувашской АССР. Чебоксары, 1983. Т. 1. С. 110.

② ПСЗ. Т. XXⅧ. Ч. 1. Книга штатов. № 12432; Бушуев С. К. Из истории русско-кабардинских отношений. Начальчик, 1956. С. 93, 94; Блиев М. М. Русско-осетинские отношения（40-е гг. XⅧ в. -30-е гг. XIX в. ）. Орджоникидзе, 1970. С. 260.

③ ПСЗ. Т. XXⅧ. Ч. 1. Книга штатов. Отд. Ⅰ. № 12612.

将军的建议，在堡垒的周边地区设立据点，如芬兰方向、利夫兰方向、基辅方向、阿斯特拉罕方向、西伯利亚方向等。所有堡垒中的人员编制是固定的，包括投弹手、炮手、工匠及其助手。

А. В. 苏沃洛夫曾被 П. А. 鲁缅采夫称为"军事工程方面的行家"，正是在他的领导下俄国军队在俄芬边界修筑了堡垒，使边界处于"安全的防御状态"，同时在俄国的南部地区，А. В. 苏沃洛夫还负责指挥克里木和库班的俄军。

同17世纪一样，俄国需要在广阔、漫长且开放的边界线上加固防线，并根据18世纪的工事建筑方法修筑工事。18世纪30年代，俄国曾建成乌克兰防线（在第聂伯河和顿河之间）、奥伦堡防线、新扎卡姆防线，为加固这些防线，俄国根据距离的远近将它们同地方的工事连接在一起；18世纪40～60年代，俄国又在西伯利亚—额尔齐斯、科雷万湖—库兹涅茨克、托博尔河—伊希姆这些地方修建了防线。18世纪下半期，俄国在南部地区修建了第聂伯河（新乌克兰）、高加索—亚速—莫兹多克、库班、黑海等防线。在修筑军事防御工事方面，Г. А. 波将金(1739～1791) 与 А. В. 苏沃洛夫一样发挥了巨大的作用，他在俄土战争期间曾任新俄罗斯、亚速和阿斯特拉罕省的省长及陆军委员会的主席。18世纪末期，俄国继续加强库班防线，并在此修建了乌斯季—拉宾斯克、高加索、君士坦丁堡山地、纺纱厂河法纳戈利亚等防线。

除了 А. В. 苏沃洛夫和 М. И. 库图佐夫，在理论和具体实践工作方面对俄国修筑野战工事做出巨大贡献的人还包括俄国军事工程师迪德涅夫、将军 А. Н. 维尔博阿以及其他共同参与18世纪俄国新堡垒和防线建设的建设者们。[1]

---

① Там же. № 10862, 10941, 11818, 12309, 17261, 17517; Цирлин А. Д. Передовые черты русского военно-инженерного искусства // Из истории русского военно-инженерного искусства: Сб. статьей. М. , 1952.

　　在医疗救助和服务方面（如医治伤病人员以及退役和伤残军人等），俄国军队也有了显著的进步。在七年战争期间，俄国军队增加了医生的人数，相应地也扩充了在野战药房工作的人员编制。医科学校和莫斯科大学医学系的大量毕业生都被派往军队工作。同时，俄国国内各个城市和堡垒中也扩大了医院和小诊所的数量。1758 年，在喀山建成了残疾人之家，专门收留退役的参谋和校官人员。1761 年，在圣彼得堡、喀山、下诺夫哥罗德、沃罗涅日州分别建成了残疾人收容院，专门收留退役的伤残士兵，并且，在圣彼得堡的残疾人收容院还收留军官和阵亡军官的遗孀，给他们的伤残人抚慰金是"普通士兵的 2 倍"。1796 年，在圣彼得堡建立了能够容纳 1500 名伤病人员的陆军医院（此前，海军部已经在此设立了规模更大的医院），同时也为医院设立了更多从事医疗工作和经营工作的人员岗位编制（有 100 多人专门从事医疗服务保障工作，同时还有 232 名工作人员在厨房、面包房、啤酒坊、浴室和马房服务）。另外，18 世纪俄国税率表显示，从国外进入俄国的医药和各种药品器材都是免关税的，这一点不仅适用于国有医院，同时也适用于私人药房。①

　　根据当时的俄国法律，为了维持医院运转，需要从所有军事服役人员的奖励金中收取一部分费用，具体为从奖励金的每一卢布中收取 1 ~ 1.5 戈比，而对于正处于治疗中的军官，则收取他们奖励金的一半。1760 年，俄国第一次发行国家彩票，由此带来的收入被指定用于供养退役军官以及受伤的军官和普通士兵。

　　彼得一世统治时期确立的为陆军和海军募集士兵和士官的制度现在得以继续推行，并伴有一些新的变化。从 1724 年起，新兵兵役义务开始分担到所有"纳税人"的身上，具体数字是根据上一次对纳税人口进行统计得出的结果。1757 年和 1766 年，因为征集新兵的规则、新兵训练以

---

① ПСЗ. Т. ⅩⅩⅧ. Ч. 1. Книга штатов. Отд. Ⅰ. № 10611，10790，11083，11139，11211，12099，12179，17641；Т. ⅩⅣ. Книга тарифов. Тарифы 1724，1731，1754，1766，1776 гг.

及护送新兵到军队报到等存在一系列细节问题，俄国相继出台了关于征集新兵的特殊说明和"总的规章"。征集新兵的周期、提供新兵的数量标准以及新兵对服役工作的适用性（年龄、身体状态、家庭状况）随时都在发生变化，因此要视具体情况而定。并且，新兵兵役义务逐渐推广到乌克兰、白俄罗斯、顿河和波罗的海地区（利夫兰、爱沙尼亚、维堡省）。① 在乌克兰推行兵役义务后，规定了15年的服役期限，而在俄国其他地区，从1793年起取消了终身服役的制度，代以25年的期限（从1834年起又缩短至20年）。

当时，根据国家和社会的需求，俄国规定，一些从事特殊行业的居民群体不用履行新兵兵役义务，如国有农民、手工工场的工匠和采矿企业的工人，同时还包括新迁居到西伯利亚、阿斯特拉罕等边区的移民及需要缴纳毛皮税的贡民。另外，一些人还可以通过缴纳费用的方式收买"志愿者"，以代替自己服役，这些"志愿者"通常是地主家犯有过错的佣人或农民，他们会被地主出售替人服役。而另一些有钱人，如商人、手工工场主以及"一些有名望的人"（如银行家、大商人、学者以及拥有资格证书的艺术家等）一般都不用服兵役。同样，贵族也不用服兵役，这体现了新兵兵役义务制典型的阶级特征。而新兵兵役义务则成为人民大众的沉重负担，却是地主和贵族阶级镇压或迫害农奴，防止他们进行"暴乱或暴动"以及做出一些"放肆鲁莽"行为的有效手段，同时也是国家为"清除那些游手好闲的人"的最好的工具。但这一制度使城市里的居民变得一贫如洗，导致城市中贫困人口的比例非常高。

为此，俄国民间曾出现了许多歌谣，这些歌谣都反映了新兵兵役义务制造成的沉重负担，其内容普遍抨击那些"该死的士兵义务"，如士兵完全没有权利，会被惩罚"到死"等情况。但需要指出的是，18世纪下

① ПСЗ. Т. ⅩⅦ. № 12748；СВЭ. М.，1979. Т. 7. С. 103.

半期，新兵兵役义务制的推广依旧保证了俄国陆军和海军充足的、受过良好训练且具有很高战斗素养的士兵和海员的来源。

在不断改善军队组织（医疗保障除外）的同时，军队开始关注另一个问题，即官兵的健康和卫生取决于发放给他们的制服和补给。

狂热推崇俄国军队的人（如 Э. 米尼赫、彼得三世以及在他们之后的保罗一世）强迫战士们戴假发，穿并不舒服的鞋，背着沉重的行囊，佩戴肩带等，但这些物品有些并不是战斗必需品，只具有展示或炫耀的作用，这迫使战士们要花费很长的时间"收拾和整理"自己的制服和物品，有时甚至要在严寒中挨冻，或是在雨中淋雨。从 1786 年起，Г. А. 波将金开始为步兵引入新的制服，这是一件了不起的功绩。步兵的新制服由长衣、呢绒马裤和斗篷组成，参加战斗的士兵要佩戴头盔，非战斗人员要背负火药包。对此，Г. А. 波将金在报告中曾写道，"在俄国，当设立正规军后，一些来自国外的军官们仍然保留着以前的一些陈旧迂腐的习惯"，他们固执地"认为，正规军就应该戴着长长的假发和长帽，衣服兜儿要带盖儿，衣袖要带翻袖，枪要装在枪套里……一句话，我们军队的服装和装备就是这样的，几乎再也想不出什么能比这样的服装和装备更能让战士们饱受折磨的了……士兵服装的美丽应该在于它的平等性和适用性。士兵们上的厕所就应该设计成这样：当他们站在那儿，就意味着已经准备好小便了……并且，宽松的靴子之于精致窄小的靴子，裹脚布之于袜子都有自己的优势和便利，当裹脚布湿透了或被汗浸湿了，士兵们可以在第一时间立刻脱下它们，用裹脚布擦干净，然后再把脚缠上，这样士兵的双脚又是干乎乎的，在快速穿上鞋后，就可以防止脚受潮或变冷。但是，当穿着窄窄的靴子和袜子时士兵们无论如何也做不到这些……"①

---

① Памятники новой русской истории: Сб. исторических статей и материалов. Спб., 1873. Т. Ⅲ. С. 311–315.

在官兵们接受训练时，确立稳定的奖励机制具有很大的意义，关于这一点俄国军队在 18 世纪取得了长足的进步。

在俄国，位列勋章等级之首、最高级别的勋章是神圣的传道者安德烈·别尔沃兹万内勋章，它设立于 1698 年。1725 年，又设立了神圣的亚历山大·涅夫斯基勋章，1769 年设立了苦难圣徒和常胜将军格奥尔基勋章，1782 年设立了神圣的、功德无量的基辅大公弗拉基米尔勋章。1797 年，俄国勋章行列中又加入了石勒苏益格-荷斯坦、圣安娜勋章，1798 年设立了神圣的约安·耶路撒冷斯基勋章（马耳他勋章）。神圣的格奥尔基勋章只是颁给军人的，其他的勋章既可以奖励给军人，也可以奖励给因功绩受表彰的文职人员。另外，只有帝国最高品级的官员才能获得安德烈·别尔沃兹万内和亚历山大·涅夫斯基勋章。

除勋章外，奖章成为另一种特殊的标志性奖励品，这是为纪念重大的战争事件而设立的奖励，如夺取诺特堡，在列斯纳亚、波尔塔瓦、甘古特、库勒斯道夫、切斯马和卡古尔等地取得的胜利，另外还包括占领奥恰科夫和伊兹梅尔等城市。第一枚奖章被指定颁发给了参加"波尔塔瓦战役"的立功人员。一般而言，奖章通常是颁发给群体的。普通士兵领取的是银质奖章，军官则领取金质奖章。占领奥恰科夫和伊兹梅尔的军官们被授予黄金十字架，这在奖励意义上已经非常接近勋章了。

18 世纪末期，俄国开始对士兵的个人功绩进行奖励。1787 年，开始为士兵颁发表彰"热忱而忠诚工作"的奖章，1796 年颁发"在 20 年军旅生涯中毫无瑕疵的工作"的奖章。同时，也开始为优秀士兵颁发神圣的安娜勋章（"安年斯基"奖章），从 1800 年起开始流行奖励约安·耶路撒冷斯基勋章（铜质的马耳他十字奖章）。

对将军和军官的奖励是在他们职位晋升时颁发，这显示了"沙皇的恩宠"（在此情况下，沙皇会特意将他们晋升下一个职位所需的时限缩短一年，或者是将为他们颁发服役勋章的时限缩短一年），并将他们转到近卫军任职。通常，沙皇对最高级别官员的奖励是赏赐大笔金钱、土地或贵重的礼物。而对最优秀的人奖励武器则受到广泛的欢迎与追捧。

同样，士兵和士官也会得到晋升的机会（通常，可以一直晋升到军官的职位），会被转调到近卫军，有时也会得到数量不多的金钱奖赏。

与个人获得的奖励相比，集体获得的奖励具有更大的意义，因为这样可以提升军人作为集体一分子的自豪感和荣誉感。该类奖励包括奖励给各团的银质单筒望远镜（奖励给骑兵的是银质小号角），1769年后，开始为战士集体颁发乔治勋章带和刻有雕像或图案的勋章，并奖励给各团特别的击鼓，在士兵的制服上表有特殊的标志。[①]

18世纪奖励制度的制定极大地激发了俄国人的爱国主义情感，在士兵心中培养了英勇无畏和自我牺牲的精神，以及对待军事工作时积极热忱的态度。同时，这种奖励措施可以号召士兵们成为君主专制国家最有力和最忠诚的武器，这不仅体现在俄国的对外政策和行动中，同时也体现在对国内的统治活动中。

18世纪下半期俄国完成了对军队结构体系的配套工作，以将军和军官、士官和普通士兵为框架将不同军种的军队（如步兵、骑兵、炮兵）、正规军和非正规军非常和谐地联结在一起，同时在拥有大量马匹和舟桥器材的情况下，使军队成为一支机动能力极强的军事力量，并且有能力在各种不同的战斗和战役中完成复杂而艰巨的任务。可以说，之前俄军士兵已经拥有了斗志昂扬的精神面貌，再加上军队结构也在不断完善，

————————

① Винклер П. Очерки истории орденов и знаков отличия в России от Петра Великого до наших дней. Спб. , 1889；Висковатов А. В. Указ. соч. Спб. , 1899 - 1902. Т. 2, 3, 6, 9, 18.

俄国军队的发展逐渐具备了物质基础和精神基础，这些因素直接促使 A. B. 苏沃洛夫率军在俄土战争、俄瑞战争以及意大利战役中取得了令世人瞩目的胜利。

***

18 世纪下半期，俄国涌现了一大批天才的军事指挥家，他们的军事活动反映出俄国在世界军事文化不断地发展进步中取得了最新的成果。П. A. 鲁缅采夫在完善军事艺术和军事科技方面做出了巨大的贡献。鲁缅采夫是俄国著名的军事统帅，在俄国乃至世界军事科技发展和战争实践中攫取了丰富的经验，并通过了七年战争的严酷考验。鲁缅采夫率领着自己的参谋团队和几个师的力量，在格罗斯－艾格斯多夫和昆斯多夫的鏖战中表现优异，而在 1761 年他又率军夺取并占领了防御实力强大的科尔伯格（科洛布热格）堡垒，其指挥艺术堪称大师级。1764 年，在被任命为小俄罗斯委员会主席后，鲁缅采夫指挥一支武装力量留守乌克兰，为加强俄国边区安全做出了巨大贡献，[①] 并且，他还命令加强修筑防御工事，完善军队的体系结构及训练队伍，使俄国军事舰艇在亚速海和多瑙河实现了日常性的游弋。在卡古尔战役获胜后（1770），鲁缅采夫被授予元帅军衔。

鲁缅采夫的战略思想主要包括以下几方面。首先要清醒地评估俄国的外部环境变化，为防御行动选择恰当的时间点，采取正确的行动以便集中力量进行具有决定性和猛烈的进攻。鲁缅采夫认为，为了取得胜利必须消灭或俘虏敌军的有生力量，从精神层面摧垮敌军的指挥官和战士，

---

[①] 关于 П. A. 鲁缅采夫日常生活和军事活动更详细的记载见 П. 迈科夫的文章（Русский биографический словарь. Т. «Романова-Рясовский». Пг., 1918. C. 521 – 573；П. A. Румянцев：Сб. документов / Под ред. П. К. Фортунатова. М., 1953. Т. 1–2)。

最终要做到减少己方的损失。这就是鲁缅采夫信守的战斗原则，也是他在战斗中一直坚持并恪守的原则，在鲁缅采夫之后，A.B.苏沃洛夫同样信奉并实践这一原则。

鲁缅采夫指挥的军队在战斗中常常采用不同的策略、战斗方式与方法，包括采用灵活机动的策略，运用以师为单位的方阵，成散兵队形发起进攻。同时，鲁缅采夫喜欢在战斗中集中步枪火力，特别是大炮的火力，并且，他继承了前辈的战术，要求骑兵充分利用火枪成为快速推进的力量，然后接近敌军时再用冷兵器对敌人实施致命的打击。当军队处在丛林中崎岖不平的地形上，并有许多沟渠阻隔时，鲁缅采夫就会向自己的将军们征求意见和建议，他的将军们则会向自己的下级军官们征求新奇的建议和办法，并且他们绝不会盲目地执行命令。说到俄国在军事指挥艺术发展中所取得的成就，必须指出的是，18世纪下半期奥斯曼帝国的军队曾两次败于俄国军队之手。奥斯曼帝国的军队从武装到训练都是由西欧国家的军官完成的，它配备了性能良好的手持射击火器，大量的火炮，官兵的素质也很好，是一个极有实力的对手。要削弱这个对手，只能从它的备战和军队领导层常常藐视军纪等事件中寻找弱点，当然它的另一个弱点就是，由于众多亲兵造反并发动宫廷政变，苏丹的"帝位"并不稳固。

鲁缅采夫指出，处在他们这一时代的各国军队不可能在"数量和素质"上相似，对此他曾写道，俄国的特点在于"幅员辽阔"，边境线长，生活在这里的居民"宗教信仰和民族属性"各不相同；因此，他们完全"用自己的方式和金钱"武装自己，俄国必须"完全尊重他们……他们是我们现在所拥有的这样一支军队的源泉……正是这些人民为军队贡献了兵员和财务"。在一篇呈递给叶卡捷琳娜二世的内容丰富的札记（1777）中，鲁缅采夫继续发展了自己的这一观点，他认为，不应该再让这些臣民承受"不合理的负担"和那些意外的要求，而应当提前增强国家的力量，这样，渐渐地"我们"就"不会再对人民担惊受怕"。基于这一目的，鲁缅采夫指出，俄国应该建立4支军队："北方沿海地区军队"——位于俄国的西北部，"乌克兰军队"——位于俄国的南部，"下游军队"——位于俄国的东部，"后备军队"——位于以前的莫斯科省和斯摩棱斯克省的辖区。

鲁缅采夫要求军队按照自己制订的计划进行"无休止的操练"，他强调，必须训练士兵"精通战斗技能"，并且要用通俗易懂的话解释给他们听，这样"士兵们就不会把这些有益的训练当成负担……最终，最好不要让士兵们总是处于懊恼的情绪中，也不要让他们对训练产生厌烦的感觉"。士兵的制服穿起来要合身，"缝制得要舒适"；对于面包一定要随身携带"一条亚麻袋子来装，这样它就会永远保持新鲜，不会被外面的不良气味沾染到，特别是要把它与皮质物品分离开，否则当你们要把面包泡入粥里的时候，那个味道会很恶心"；其他的诸如锅、水壶、挖战壕用的工具等物品的配备"应与具体人数相称"。鲁缅采夫非常喜欢土耳其人的帐篷，因为它"既能防雨，又能隔热"，并且他认为土耳其人的运水工也很好。总之，他"为了能够减轻士兵的负担，以便他们能更好地工作，他甚至想过把这些好的东西都引入俄国"。

鉴于当时频繁出现的一系列军事行动和事件，鲁缅采夫认为，在俄国领土上均衡地配置武装力量是无法实现的。他的思考更多地停留在与军队相关的事务上，如训练队伍、为他们提供和保障合适的补给，显然，他的这些思考等于为将军和军官们提供了指导性的参考意见。

1700年，鲁缅采夫任叶卡捷琳诺斯拉夫兵团的指挥官，根据他的倡议，制定并实施了新的军队条例——《关于在叶卡捷琳诺斯拉夫兵团中平等服役的条例》。新的条例由若干章组成，包括"关于军队行军及对它的监督""关于露营""关于巡逻""关于岗哨和警卫""关于随军医院"

等。新条例的短期目标在于使军队的行军、露营、警卫以及训练步兵同骑兵的队列和战术等工作日趋统一化和规范化。新条例以俄国军队旧的服役条例为基础，但不是简单的复制，它包含了最近几十年俄国军队的作战经验。

同时，鲁缅采夫对于军队在行进中的细节考虑得非常细致和全面。

从鲁缅采夫所指挥军队的编制表中可以看出，他的军队因伤病减员的情况很少。这主要是因为鲁缅采夫在军队中规定了严格的条例以照顾"伤病员"，如医务人员每天都要特别关注他们的饮食和治疗情况。

1788 年，"致所有炮台指挥官的训令"细致地规定了炮兵部队在平坦的道路上，或是在丛林和山间崎岖不平的路面上行军时的行进程序。并且，鲁缅采夫指出了"现阶段我们的敌人"（指土耳其人）的特点，如进攻毫无章法，因此他建议炮兵部队不要从远距离对敌人开火，应该"尽一切可能放敌人接近我们的大炮或堡垒，然后才开火"。

在将所有必需的经验和知识传授给炮兵部队的军官们后，鲁缅采夫统帅认为，已经没有必要再进行更加细致的训令了，因为所有的要求"都已经被军官们记录到自己的本子上，他们看起来就像是一群还不太熟练的炮手"。

应该说，在很大程度上鲁缅采夫的军事思想是 A. B. 苏沃洛夫"制胜科学"的基石。从 18 世纪初俄国的军事指挥艺术开始发展，直到 18 世纪末 19 世纪初，苏沃洛夫通过自己的军事活动使这门艺术达到了巅峰。但是，作为一名军事统帅，П. A. 鲁缅采夫是联结这个时间段的关键人物。

A. B. 苏沃洛夫的一生和活动构成了俄国乃至世界军事指挥艺术发展史上的一个时代。苏沃洛夫的军事理论是具有教育意义的，多少年以来，许多军事专家和学者都在自己的著作中总结和介绍他的军事理论，同时也有许多珍贵的出版物，或者是苏联时期历史学家的研究成果也专门研究苏沃洛夫的理论。①

苏沃洛夫的战斗生涯始于七年战争时期，他最初是做参谋工作，而后，"由于他敢于表达自己的意见"，被提拔到指挥官职位。苏沃洛夫是昆斯多夫战役（1759）和攻占柏林战役（1760）的亲历者，并且在 1761 年亲自指挥一支俄国军队作战，表现出"极其罕见的勇气"，屡次击败敌军，并协助 П. А. 鲁缅采夫夺取科尔堡要塞。

作为一名军事统帅，苏沃洛夫在多次俄土战争（1768 ~ 1774，1787 ~ 1791）中表现出自己极强的军事指挥天赋，在这些战役中他取得了一系列辉煌的胜利，如科兹鲁扎战役（1774）、金伯恩附近的战斗（1787）、奥恰科夫附近的战斗（1788）、在霍克沙尼的战斗（1789）、里姆尼克战役（1789）以及夺取伊斯梅尔要塞（1790）。之后，在远征意大利和瑞典时，苏沃洛夫负责指挥俄军作战，使自己的统帅生涯达到了荣誉的巅峰。

苏沃洛夫的军事指挥艺术融入了许多先进的"正规化"的东西，如完善军队组织结构、战前准备和具体战术等。而他对俄国和世界军事指挥艺术的贡献都是基于他在长达半个世纪的戎马生涯中取得的宝贵经验。此外，在 18 世纪，他还是受教育程度和文化水平最高的军事统帅之一。为此，他曾专门描述过自己："至于我掌握的科学知识，主要是算数、一

---

① См.：Милютин Д. А. История войны 1799 между Россией и Францией в царствование имп. Павла I. Спб.，1857；Петрушевский А. Ф. Генералиссимус князь Суворов. Спб.，1900；Суворов в сообщениях профессоров Николаевской академии Генерального штаба. Спб.，1900 - 1901. Кн. 1 - 2；Тимченко-Рубан Г. Суворов и инженерное дело. Спб.，1913；Генералиссимус Суворов：Сб. документов и материалов ／ Под ред. Н. М. Коробкова. М.，1947；А. В. Суворов. Документы. М.，1949 - 1953. Т. 1 - 4；Мещеряков Г. П.，Бескровный Л. Г. А. В. Суворов. М.，1946；Никольский Г. С. Суворовская «Наука побеждать». М.，1949；Савин М. В.，Кузьмин А. Ф.，Ростунов И. И. Александр Васильевич Суворов. Краткий биографический очерк. М.，1958；Суворовский сборник. М.，1951.；и мн. др. Наиболее подробную библиографию см.：А. В. Суворов. Документы. М.，1953. Т. 4. С. 537 - 661；Епифанов П. П. А. В. Суворов. БСЭ. М.，1976. Т. 25；Жилин П. А. О войне и военной истории. М.，1984. С. 487 - 492；Золотарев В. А.，Межевич М. Н.，Скородумов Д. Е. Во славу отечества Российского. М.，1984.；и др.

部分哲学知识和历史学知识；并且，我会说德语、法语、意大利语、波兰语、土耳其语，还会讲一点阿拉伯语、波斯语和芬兰语。"

对军事发展史的学习使苏沃洛夫对军事事务有了更加广泛的认识，他认真地观察着同时代各国军队的动态与发展，记录下它们的优缺点，并且从不轻易放过任何对敌人弱点的评价。同时，苏沃洛夫无比认真地研究西欧各国重大军事和政治事件的发展进程，为此，他成了外国许多报纸、杂志和科学出版物的长期订阅客户。

苏沃洛夫的政治理想是在俄国建立"开明君主制"。对于专制主义者的"独断专行"他也没有睁一只眼闭一只眼，而是尖锐地批评了一些不好的宫廷习气（如任人唯亲、结党营私，以及官员们讨好、逢迎和奴颜婢膝的习气，还包括那些宫廷近臣为了追名逐利而讨好女皇等）。苏沃洛夫语言上的独立性，他在军队和众多学生中拥有的超高威望使沙皇政府对他极不信任，常常找借口侮辱、流放或秘密监视这个倔强的统帅。苏沃洛夫曾写道："在这里只有一个魔鬼跟着我，而在圣彼得堡则有 70 个魔鬼……"就这样，他总是以嘲笑的口吻公开与那些支持并鼓励针对他实施阴谋诡计和诬蔑中伤的宫廷贵族的走狗们进行对抗。苏沃洛夫的一生都遭受着俄国朝廷的牵制，他的军事生涯以及当他想给军队灌输先进的军事方法时，常常要忍受那些沙皇宠臣、嫉妒他的人以及对他不怀好意的人的百般挑剔和苛求。

苏沃洛夫的爱国主义情结是由为祖国服务的思想，以及对俄国战士们超凡绝伦的战斗能力的信仰孕育而出的，他曾指出，"世界上任何一个地方都找不到比俄罗斯战士更勇敢的人"。在战斗中，苏沃洛夫总是极力避免出现毁灭性的灾难后果，他用人道的和仁慈的方式对待和平居民和战争中的中立者（"这种仁爱的手段不亚于用武器来对付敌人"）。根据1716 年出台的军事条例，苏沃洛夫严厉惩治趁火打劫和投机倒把的行为，他曾严令，"不要让平民受到任何委屈，不给钱的话什么东西都不许拿"，应该永远饶恕那些已经投降成为俘虏的敌人，以及请求"投降"的土耳其人，或是说出"对不起或请原谅"的法国人，"要人道地对待俘虏，以暴力虐俘为耻"，因为"胜利者应该更加宽宏大量"。为此，根据苏沃洛夫的命令，战士们学会了用法语说这样的句子："放下武器""举手投降"。

苏沃洛夫在军事理论和实践领域中的遗产既包括他戎马多年的军事活动生涯，也包括大量的以书信体形式保存下来的创作文稿，其中就有著名的《关于团的设置》和《制胜科学》，以及大量的训令、说明、命令、作战部署、值得回忆的札记，同时还包括他同一些军事家和国务活动家的往来信函。这份内容含量巨大的遗产证实了苏沃洛夫是当时世界上最杰出的军事理论家、军队统帅和战术家，他深刻地领悟了军事事务中的物质属性和精神属性，在很大程度上，在自己所处的时代，他创造了独一无二的、独立的军事理论体系，这套体系包括进行战斗和训练军队的方法，以及在个别战役、行动乃至整体战争中取得胜利的途径。苏沃洛夫极高的战略和战术水平是他在多年的战斗生涯中获得的。多年来，他指挥俄国军队同装备精良并采用"典型欧洲军队作战方式"的奥斯曼帝国的军队作战，要知道奥斯曼拥有强大的海军舰队和坚固的堡垒；同时，他还同率领法国军队的将军们交手，这些将军们在战场上运用的是当时最先进的战术、策略和理念。在紧张的智力和意志的角逐中，苏沃洛夫赢得了"不可战胜的统帅"的荣誉，他用数不尽的、辉煌的胜利，用自己敏锐的判断力、预见力、决断力，再加上他对待军事事务的孜孜不倦和沉着冷静，极大地丰富了自己的军事生涯。同时，他又用新的军事思想和观点不断补充着自己的军事思想结晶——《制胜科学》。

当时，欧洲各封建君主国的军队普遍采用"战争预警制度"，这导致各国军队的力量被分散，"严重地迟滞了"军事行动，在平民间甚至在自己的军队中也会造成多余的牺牲和损失，并且导致军队无法集中力量，既不能完成进攻任务，也不能完成防御任务。在战略方面，苏沃洛夫被欧洲各君主国认为是最有决断力的敌人。苏沃洛夫认为，战争是和平的序幕，必须在尽可能短的时间内完成，这就需要及时并积极地调动一切资源配合战争的开展，同时也要考虑国际环境的变化以及判断敌人意图的变化。并且，苏沃洛夫指出，战斗行动必须有正确的目标；在组织大规模进攻行动时要迅速（陆军和海军力量要协同作战），目的是击败敌军的一切有生力量。而军队在机动时（指转移和行军）速度要快，但这并不是军事行动的真正目的，其真正目的是通过机动消灭为敌人提供有生力量的"补给站"（包括物质资源、补给和给养的来源）。在战斗时，首先必须集中自己的优势力量对付敌人的"薄弱环节"，为在野战情况下对敌人实施致命打击创造有利的条件。同时，认真细致的侦察工作（指军队的侦察机构和间谍）是战役成功的保障，并且可以通过隐秘的行动带来突然的打击。苏沃洛夫赋予了时间因素重要的含义，他指出，"对时间的计算是战争最主要的规则"，"有时在一瞬间就决定了整个战役的命运"。此外，苏沃洛夫曾与军事教条主义和陈规陋习进行了不屈不挠的斗争，为此他曾教导他人"所有的军事行动都各不相同"，"坐在办公室里不能打赢任何一场仗，理论不经过实践就是死的"。苏沃洛夫激烈地抨击那些在指挥作战时只会"纸上谈兵"却不考虑实际情况已经发生变化的人，他认为，一支军队的最高指挥官必须完全掌控自己的下属，但同时他也指出，当"统一的命令"下发给兵团和师的指挥官时，这些指挥人员有权根据"地形条件和特点"做出自己认为的"最好的选择"。但是当面对野外战斗、包围和进攻堡垒以及将要进行的行军时，苏沃洛夫往往要亲自指定细致的作战部署，力图亲自研究并发现所有可能出现的意外因素和阻碍。

在自己的指挥生涯中，苏沃洛夫总是把先进的作战原则同对具体事物变化的考虑紧密地联系在一起，如对现实环境变化、每个战区不同的特点（地形、气候、季节、资源、河流通道、道路网络等）、敌人的特点

（正规军或是非正规军）、吸引地方居民加入己方军队的可能性（如斯拉夫民族、处在俄土战争中的希腊人，以及处在俄国同法国作战时的意大利人和瑞典人）等问题的考虑。同时，苏沃洛夫也非常重视军队兵员、物质资源以及交通工具的保障工作，责成军需部门和参谋部门的工作要明确清晰。在命令和报告的拟定上，苏沃洛夫强调简洁、明了和清晰的特点。当军队处于大纵深作战时，苏沃洛夫从不会轻视防御的作用，也不会忽视"所有统帅从古至今一直恪守的大原则：任何时候都不应该远离资源"。苏沃洛夫会"在一切可能的时间里"训练自己的战士，有时在和平环境下，有时在战斗期间，有时在露营时，有时又在行军途中，但前提是战士们"精力旺盛，没有疲惫不堪的迹象"。对此，他曾提到："训练是需要的，哪怕只是短暂地推他一下；显然，战士们很喜欢训练。"在教战士的时候需要"逐个地教，反复地教，战士们以连和营为单位，要随身携带装在刀鞘里的刺刀。要记住，在训练中轻松，在战斗中就难；相反，在训练中难，在战斗中就轻松"。苏沃洛夫要求炮手们训练"快速装弹"和瞄准射击，要求骑兵们在进攻时全副武装，披着斗篷、带着马刀快速进击，要求非正规骑兵队（指哥萨克骑兵）猛烈地追击溃败之敌。在苏沃洛夫的军队里，队形变换、步枪操作、瞄准"标靶"射击以及用刺刀和手榴弹作战都是以结合训练的灵活方式完成的，这些训练"必须快速完成，且没有任何障碍，战士们要做到灵活精明，活学活用"。

苏沃洛夫在指挥艺术上的创新之举是"纵贯式攻击"，或是军队的"分离式训练"，后者是指为了牢牢地把握住机动能力把军队分为两部分。他甚至排练了真实的战斗场景，如在进攻中、防御中、遭遇战中等出现的情况，他使军队习惯于在任何情况下作战，包括在崎岖不平的地形上，同时他特别注意军队中不同兵种间的协同作战。在集中步枪火力和炮兵火力的打击后，战士们要用刺刀追击溃败之敌，目的是将他们俘虏，防止他们重返战场。鉴于这样的训练方式，战士们"感觉到自己越发自信，充满了勇气"。

苏沃洛夫的战术策略要求严格计算进攻中所用的时间和速度，目的是最大限度地减少在火力集中地段（指步枪和火炮火力）的伤亡，以保住有生力量进行决定性的刺刀战。因为，按照苏沃洛夫的话说，"我们的战士在拼刺刀方面强于世界上所有干这活儿的人"。

苏沃洛夫是一切迂腐和刻板战术的反对者，他自己常常在战斗中使用各种不同的战斗队形，包括让军队排成一排、列方阵或排成纵队队形（队形主要以团、营、排为基本单位）进攻。沿着敌人的阵线或突入敌人纵深之处时将敌人的队伍分割开，这对于战斗最终取得胜利具有决定性的意义；分割敌人的队伍采用的队形主要是纵队和方队，以及各部展开的队形，根据敌人的地形特点，他们实际上已经位于敌人的后方。在同土耳其人的战斗中，苏沃洛夫命令俄军采用的队形就是方阵，因为这种队形具有极强的移动能力，既能够进行交叉火力射击，也可以随时积极地展开白刃战。1778 年，苏沃洛夫以自己的战斗经验为基础写下了关于步兵在以纵队队形进行战斗时的战术策略优势："纵队要比其他任何队形都灵活，它的移动速度快，如果不考虑战斗形势的话，它可以打穿一切防守。"但是，苏沃洛夫也指出了它的主要弱点，就是猛烈的步枪和大炮火力会给它带来致命的伤害，正是因为这一点他在以后的战斗中不再使用纵队队形。[①] 在军事指挥艺术史上，苏沃洛夫是第一位开始广泛使用夜战战术的统帅，并且他要求自己的队伍习惯于"在黎明时发起进攻"，即在"牧羊人开始放牧的时刻"。在战斗中，步兵和骑兵的霰弹兵肩负特殊的任务，他们要以松散的队形在进攻队伍的前方和两翼开火，压制敌人的火力。

---

① 　А. В. Суворов. Документы. М. ，1951. Т. 2. С. 65.

苏沃洛夫喜欢在长时间包围堡垒后，再对堡垒进行最后一击。在意大利远征时，他曾要求士兵们演练"在伊斯梅尔战役时用过的战术"，为此，士兵们要携带梯子、柴束和篱笆，"并让它们靠在树上，以便士兵能够爬上去"，然后在高处"对着堡垒守卫者的脑袋射击"。

同时，苏沃洛夫也为山地战术的制定做出了巨大的贡献。1799年，在对瑞士远征时他特别为军队制定了《关于在山地进行战斗活动的规则》。

苏沃洛夫教导部队要有"勇于进攻的精神"，为此，他竭尽全力地挖掘自己部下的战斗建议和想法。他要求，不仅是军队主要的军事长官，同时也包括军官、士官和普通士兵都要了解即将进行的行动的方案。苏沃洛夫曾指出，"对于普通战士来说"，最好的事就是能够制定"图纸"，因为"每个战士都必须弄清楚自己的进攻路线"。在战斗中，特别是在不同地形上的战斗，如在崎岖不平的密林中、在山谷中、在沼泽地中，每个战士都要做到"如果自己在四个人中是上等兵，那么他就是发号施令的将军"。苏沃洛夫会用战斗奖励的方式表彰那些提出各种好的建议想法、精明强干及勇敢作战的战士，同时他指出，"在军衔很低的战士中常常会涌现出英雄"。在各种命令和战情报告中，他经常称那些在战斗中表现优异的战士为"祖国的儿子"。并且，苏沃洛夫从不会对那些非贵族出身的战士关闭职务晋升的大门。此外，苏沃洛夫也为士兵的孩子开办了各种学校，"当他们从学校毕业时，他们就具备了成为一名优秀战士的资格，有能力成为士官或其他军衔的军官"。同时，苏沃洛夫不允许"没有文化的贵族"晋升为军官，他们需要"先学会用俄语阅读和书写"，所有派遣到各团"从事文职工作"的贵族必须先从普通士兵做起。

苏沃洛夫总是很关注军队的精神状态，他认为，在训练结束后"对战士们说一些狠话并不是什么坏事儿"，但是在困难的行军过程中"就要想尽办法让战士们开心、快乐"。苏沃洛夫书写的《同战士们的对话》收录在他那本著名的著作——《制胜科学》中，从中可以看出，他是军事领域中的辩才，精力充沛，善于使用民间语言。他那些敏锐的、人民大众式的名言不仅提振了战士们的精神，而且发展了普通战士的军事思维，同时苏沃洛夫式的幽默也减轻了军事任务的重压。

苏沃洛夫经常在各种训令中提到互相救助的神圣性和战友间的同志式的友情，如"同志就是同志的保卫者"。他培养了战士们的职业荣誉感：要注意军人的姿态、军容、整洁和道德品行。在农奴制社会，苏沃洛夫提出要保护战士们免受"棍棒"、毫无意义的残酷的练兵方法，以及过分惩罚的伤害。为此，他指出，"使用温和的惩罚方式，再加上简单明了地指出他的错误，会更加触动战士们的心灵，如果使用残酷的惩罚方式，只会让他们陷入沮丧和愤怒"。他总是坚定地捍卫自己的部下免受上司不公平的对待，但同时他也会激烈地批评"懒惰"和"无知"的行为，他支持严肃军纪，因为当犯有过错时有些人总爱找借口，如环境的因素，或是因为"年轻""没有经验"，但苏沃洛夫认为，如果认同这些借口就会减轻犯错者的罪责。

苏沃洛夫从服役第一天起直到退役，始终孜孜不倦地关心着战士们的健康、体能训练、伤病员的治疗、营房和帐篷的卫生状况以及要为战士们提供营养粥、舒适和暖和的制服及靴子等事务。他曾说过，"战士比我珍贵"。他曾下发过各种命令，其内容都是关于保护战士健康的措施以及为小医护所拨款的条例，并且，由他引入军队的由军医 E. 别洛波利斯基制定的《军队医务人员条例》至今仍然具有现实意义和启发意义。另外，苏沃洛夫在军队中设立医疗和卫生事务的职位，而且着手在军中培养大夫、外科医生，以及从连队中选拔"聪明，能吃苦耐劳，又具有爱心"的年轻战士做军医士。应该说，苏沃洛夫极大地推动了军事医疗事务的发展。也正因如此，在最艰难的急行军过程中，苏沃洛夫军队中的伤病员及因此而死亡的人数却极少。而平常在和平条件下，当一个团中出现 10~12 个病号时，苏沃洛夫就会立刻下令开始调查原因。

苏沃洛夫曾经说过："我骄傲，我是个俄罗斯人！"并且，他也经常在自己的战士中培养这种民族自豪感。苏沃洛夫的爱国主义思想是有阶级局限性的。因为，他认为沙皇政权和东正教权力的稳固才是国家统一的象征。尽管如此，俄国官兵对祖国的爱是深沉和强劲的。也正是这种爱的感情，才能孕育出拥有极高战斗精神和战斗技能的俄国战士，并使俄制武器享誉世界。

***

从 18 世纪初开始，俄国逐渐扩大和加强了同中欧与西欧各国的经济、政治、外交和文化联系，这对于俄国文化的发展具有巨大的影响作用，同时，也使俄国从没有出海口的国家变成了一个海洋强国。

1720 年颁布的《海军章程》写道："俄国拥有所有的潜力，首先我们拥有陆军，意味着有了一只手，而又拥有了海军舰队，就意味着我们有了两只手。"① 这条颠扑不破的真理是由彼得一世亲身验证的，那就是彼得一世亲自参加的、失败的亚速远征战。事实证明，在争夺近海沿岸地区时，没有海军舰队的支持是不可能取得成功的。因此，彼得回国后花费了大量的时间和物力建造海军舰艇，第二次亚速海远征取得了胜利，完全证明了彼得一世所做的充分准备是正确的。在远征战斗中，陆军部队和及时建成的海军舰队的协同合作使俄国拿下了亚速。这也是俄军在战斗中首次取得使用海军舰队的经验。

很快，1696 年 10 月 20 日，波雅尔杜马根据彼得一世的提议决定设立"海军法庭"②，并制定了一系列措施加强亚速海军舰队建设。正是从

---

① ПСЗ. Т. Ⅵ. № 3485.

② П и Б. Т. Ⅰ. С. Ⅲ.

这时起，海军舰队开始作为俄国武装力量的重要组成部分出现，同时，它也成为俄国完成重大对外任务的有力武器。

亚速海军舰队一直留存到 1711 年，当时根据与普鲁士签订的和约的条款撤销了该舰队。

从北方战争开始之初，俄国确立了在佩普斯湖和拉多加湖以海军舰队支援陆军作战的战术，从 1702 年起俄国又开始兴建大批海军舰艇用于海上作战。波尔塔瓦战役结束后，俄国在波罗的海地区扩大了生产舰艇的规模，因为当时俄国已经提前在陆地上获得了战争的胜利。而后建成的波罗的海舰队（白桦皮舰队——用于同敌军在海上作战，大桡船舰队——用于在沿岸地区和岩岛地区作战）在北方战争的后期发挥了决定性的作用。在 1722~1723 年远征波斯时，俄国海军舰队在里海作战中取得了胜利。

但是，18 世纪 20 年代中期至 60 年代，俄国的执政者们却不再重视海军舰队的作用，这在它当时的状况和战斗能力中充分反映出来。尽管如此，这段时期内俄国在各个战争进行期间仍然在使用海军舰队。1734 年，波罗的海舰队参加了但泽地区的战斗，之后还参加了 1741~1743 年的俄瑞战争以及七年战争。在 1735~1739 年的俄土战争期间，俄国在顿河和第聂伯河建立了海军舰队。

到 18 世纪还剩 30 余年之际，俄国海军事务的发展日渐繁盛，海军舰队进行远航已经成为常态。在 1768~1774 年的俄土战争期间，波罗的海分舰队绕过欧洲，在列岛对土耳其舰队的战斗中取得了一系列巨大的胜利。同时期，俄国又在黑海沿岸地区建立了亚速（顿河）、第聂伯河及多瑙河舰队。至此，俄国打通了通往黑海的出口，并且，为了把克里木半岛纳入势力范围又在俄国南部地区建立了新的舰队。1778 年，赫尔松建立，它成为俄国最大的海军舰艇建造中心，而 1783 年在阿赫蒂亚尔湾沿岸修建塞瓦斯托波尔港，它成为俄国海军舰队的主要基地。在

1787~1791 年的俄土战争期间，年轻的黑海舰队在同土耳其舰队的战斗中取得了一系列重大胜利。在 1788~1790 年的俄瑞战争中，俄军舰队在同瑞典舰队的较量中也取得了成功。18 世纪俄国海军史上最重大的事件是，海军上将 Ф. Ф. 乌沙科夫在 1798~1800 年率领一支海军舰队进行了地中海远征。

这样一来，俄国于 18 世纪分别在波罗的海和黑海建立了海军舰队，以及一系列的分舰队。至此，俄国开始步入世界海洋强国之列。

俄国建立海军舰队时一直遇到各种棘手的难题，特别是在 18 世纪初。在此之前，在俄国北方海域、河流和湖泊中横七竖八地分布着大量用于捕鱼和水上交通的船只，但实际上俄国从未有过修建和使用正规海军舰艇的经验。同时，由于亚速和波罗的海舰队是在战争进行期间建立的，无疑又增加了建造和使用的难度。尽管如此，这些舰队却在屈指可数的几年间将修建、航行和作战水平提高到土耳其和瑞典舰队用几个世纪才达到的水平。

建立海军舰队与解决一系列复杂而又相互关联的难题密切相关。如寻找财政来源和支持，急剧扩大相关领域的工业生产，包括保障舰队消费的领域，建设舰船修建基地，组织修建符合当时要求的各种船只，保证舰队停泊的制度化和规范化，培养海员和舰船修建工人，掌握和发展先进的海洋军事科技，建立能够保障舰队活动的管理机构。

**\*\*\***

建造海军舰队首要的任务是做好组织工作和寻找财政支持，这都是迫切需要解决的问题。为此，1696 年 11 月 4 日波雅尔杜马在做出了关于建设海军舰队的决议后，随后又做出了一个决议，即首先将拥有 100 户及更多数量农户的领地主联合起来，建立"联合会"，每个领地主必须负责建造一艘舰船；其次，拥有农户数量少于 100 户的领地主要向国库缴纳钱款，他们名下的农户每户要缴纳半个卢布；最后，要求商人阶层也建立联合会。这样，所有联合会大约需要建造 90 艘舰船；而从农户手中收取半个卢布缴纳给国库后，所得收入大约能够建造 80 艘舰船；另外，在沃罗涅日建造了新的海军工厂。[1]

看起来，建设海军舰队的组织工作就算完成了，但事实上却没有什么用处。联合会很少关注建造工作的质量，他们只关心向国家交付船只的期限。并且，在建造船只的过程中，由于各种差异性的存在，在日后的战斗中如何联合使用这些船只成了新的问题。所以，根据 1700 年 4 月 22 日的命令，国家将同联合会进行彻底的一次性结算，并确定以后每年从联合会收取 8.3 万卢布用于舰船的维护。[2] 但在北方战争期间，用于维护舰队的花费经常上涨，1712 年为 43.4 万卢布，而到了 1723 年已经增长到 151.9 万卢布，从 1725 年起俄国打算每年为舰队维护花费 140 万卢布，但是由于财政上困难重重，从 1732 年起这个数字减少了 20 万卢布。并且，对这些费用的征收过程极为缓慢，经常出现拖欠付款的问题。1725~1726 年，拖欠的款项已经达到 113.9 万卢布。[3]

从 18 世纪 60 年代中期起，俄国对海军舰队的拨款数额逐渐扩大。1782 年的编制表显示，在战时为海军舰队的花费规定为 299.1 万卢布。除了日常开销外，一些额外花费的数额也格外惊人。如在第一次俄土战争期间，俄国为了装备 3 支在列岛作战的分舰队一共耗费了 50.318 万卢布。[4]

同样，在黑海建设舰队也需要在经费上扩大拨款数额。1794 年，维

---

[1] П и Б. Т. Ⅰ. С. 112; Елагин С. История русского флота. Период азовский. Прил. Ч. 1. Спб.，1864. С. 164; Веселаго Ф. Очерк русской морской истории. Спб.，1875. Ч. Ⅰ. С. 96，100.

[2] Веселаго Ф. Очерк... С. 126; Елагин С. Указ. соч. С. 149，150.

[3] Веселаго Ф. Очерк... С. 492，493; МИРФ. 1866. Ч. Ⅲ. С. 442，481–492; 1867. Ч. Ⅳ. С. 669; 1875. Ч. Ⅴ. С. 457，458，690-691; 1888. Ч. Ⅻ. С. 443-445.

[4] МИРФ. 1886. Ч. Ⅺ. С. 648; Ч. Ⅻ. С. 700，701.

护黑海舰队的费用为212万卢布。① 舰队的消费水平一直在提高，1798年海军委员会曾索要1500多万卢布的海军军费。但是，当时俄国政府坚决要求海军部门编制局重新审议预算，这才将海军舰队的花费削减到了823.8万卢布。②

许多生产领域的部门一直在紧张地工作着，就是为了使海军舰队的物质供给能够得到保障。值得指出的是，哪怕只是建造一艘中等尺寸的战斗舰船，除了需要大量珍贵品种的木材，同时还需要2万枚钉子，5根锚，1350块帆布，几公里长的锚索，200支火枪，60门炮。③

林木是建造舰船的基本物资，所以也备受关注。在亚速海军舰队建造初期，俄国政府在沃罗涅日地区为每个联合会都划分了林木采伐地段，之后再将采伐的林木运到另一个地区进行加工。同时，国家采取了严厉的措施保护森林，以便对它进行合理的采伐。并且，所有的林地都会被记录下来，适合造船的林木则会被刻上标记。国家对乱砍滥伐的处罚金额非常高，为每棵树罚款5卢布。之后，国家又陆续出台了一系列法令，其内容都是关于对乱砍滥伐者施加的惩罚措施，如体罚和流放，甚至还包括死刑。

1703年，俄国又颁发了新的法令，即登记俄国领土范围内的所有森林，包括距离大河50俄里内和距离小河20俄里内的森林。而且，当时提出了要特别保护橡树。喀山地区的橡树森林被认为是极为珍贵的资源，采伐橡树是当地居民的日常义务。尽管国家采取了各种保护措施，但是造船用的林木储备还是日渐减少。鉴于此，国家在1732年决定扩大林木采伐范围，即将范围扩大到距离大河100俄里以内和距离小河25俄里以内的森林。除了橡树以外，被国家纳入保护范围的还包括枫树、白蜡树、

---

① Там же. 1895. Ч. ⅩⅤ. С. 469，470.

② Там же. 1902. Ч. ⅩⅦ. С. 301，338.

③ Яковлев И. И. Корабли и верфи. Л.，1973. С. 56.

松树和落叶松。①

18 世纪下半期，大量的木材开始被国家挪到了其他用途上，并且林木也开始用于出口。但是，直到 18 世纪末国家才开始采取措施重建大面积的森林。并且，在海军武备学校的先锋年级也开设相关专业，专门培养林务员。②

为亚速海军舰队生产金属制品的任务由沃罗涅日地区和图拉以及罗曼诺夫县的几家私人工厂承担。之后，俄国在乌斯秋日纳、林茨以及靠近坦波夫（库兹明斯基工厂）的地方开始建立国家工厂。③ 而舰队所需的部分火炮则必须从国外进口。

在波罗的海地区建成的第一批造船厂收到了奥洛涅茨一些厂家供应的铁制品。从 1702 年起，俄国海军部门着手建立自己的铁质部件生产厂家，地点分别设在伊若拉、伊希姆、凯斯曼、尼科尔斯克、特尔皮茨、彼得洛夫斯基、孔切捷尔斯克等。但是，一些必需的生产物资有时还是需要从很远的地方运过来。如位于乌拉尔地区的几家涅维扬斯克生产厂家经常可以供应大批的货物，它们属于 Н. Д. 杰米多夫个人所有。④

为黑海舰队供应金属制品的厂家也都位于俄国南部地区（如利佩茨克和博伦斯克地区），它们同样都属于乌拉尔地区的企业。

此外，海军舰队拥有自己的企业，可以专门生产帆布（最大的企业就是莫斯科帆布制帆厂）和绳索（厂家位于莫斯科、霍尔姆的山地中，以及圣彼得堡、格扎茨克、卡卢加和雷维尔等地）。同时，海军部门管辖的还包括呢绒制品、制袜、制帽、皮革、制砖等生产不同产品的厂家。

---

① Елагин С. Указ. соч. С. 58，156 - 158；ПСЗ. Т. Ⅳ. № 1950；Т. Ⅵ. № 3646；Т. Ⅷ. № 6048.

② Веселаго Ф. Краткая история русского флота（с начала развития мореплавания до 1825 года.）М. -Л.，1939. С. 195.

③ Веселаго Ф. Очерк . . . С. 477.

④ Там же. С. 477-479.

它们中的一些工厂规模很大，属于手工工场类型，但多数规模很小，属于半手工工场。除了满足舰队的需要，这些工厂还根据俄国的市场需求进行生产，并且也必须保障海军其他部门的供给。而登记在海军部的各县农民则随时保障生产工人的来源。

为海军舰队供应食物需要借助承包商进行采购，而在18世纪上半期舰队的食物则主要从隶属于海军部和海军委员会的农民家庭征集。另外，一些啤酒厂和酿酒厂直接隶属于海军舰队，它们的产品位列于海军供给品的清单上。但是，食品质量的问题一直很尖锐，特别是在18世纪上半期，食品除了在运输途中容易损坏，在仓库以及船上的储藏室中存放也容易损坏。因此，尽管对于食品补给设置了相当高的储存标准，却总是难以令人满意。18世纪下半期，海军部门开始改善海员的伙食。总体来说，18世纪时，虽然为舰队提供补给经常周期性地冒出各种难题，但俄国经济的发展为解决这些问题提供了可能性。

**\*\*\***

俄国海军舰队的建设速度非常快，这主要得益于俄国建立了强大的舰船建设基地。俄国第一个舰船建造中心是沃罗涅日。仅在几年的时间里，沃罗涅日造船厂就变成了当时俄国最大的企业。与巨大的船坞一起坐落在这里的有锻造车间、蒸馏厂、生产各种船帆和绳索的手工作坊以及许多仓库。1696~1711年，这里共建造了123艘各种类型的船只，其中包括35艘军舰。这里曾聚集着20多艘各类船只，它们是在普列奥布拉任斯基村建成的，也是在那里拆解并运到这里的。[①]

由于沃罗涅日地区的河流不深，比较浅，为了建造大型船只，1705

---

① Веселаго Ф. Очерк ... С. 505.

年俄国决定集中力量扩建已具有造船基础的塔夫罗夫斯基造船厂，它位于顿河附近。当时还有一个未能实现的方案，就是在塔甘罗格建设一个能够建造更大型船只的造船厂。①

1702 年，俄国开始在波罗的海建设海军舰队，同时也在拉多加湖上的夏西河河口建设造船厂，它被称为奥洛涅茨造船厂。后来，在这里生产了许多小型船只。

波罗的海舰队舰船的主要建造基地是圣彼得堡，1704 年 11 月 5 日在这里开始建造海军大楼，后来成为海军总部。应该说，海军大楼的选址非常成功，在这里水的深度和宽度足以容纳下任何尺寸的船只。并且，靠近大海也为造船提供了许多方便。海军造船厂主要建造军舰。在护城河和城墙的后面耸立着一座建筑，它是按照字母"Π"的形状建成的。在这里建有许多仓库、手工工场和造船平台，都是在宽阔的庭院中组装和建设而成的。1709 年，造船厂落成，并于 1711 年造出第一艘装有 54 门大炮的炮舰——"波尔塔瓦号"。到这时，在造船厂工作的工人大约有900 人。而建设及改造海军总部大楼则持续了整整一个世纪（即 18 世纪）的时间。最初，大楼是木质结构的土坯房，后来又改造成石头造的房子，设备也变得更加完善。到 18 世纪下半期之前，海军总部拥有 5 个船坞。开始时，是在 11 个造船平台上建造船只，1764～1771 年陆续用 6 个新的更适宜的造船平台代替了旧的。并且，造船厂使用 2 台固定式和 2 台移动式起重机。②

最初是在克洛维克斯克造船厂建造带划桨的船只，这个造船厂位于彼得罗巴甫洛夫斯基要塞。后来，它被迁到了大桅船厂，在那里莫伊卡河流入涅瓦河，再流向涅瓦河下游的战船岛。

---

① Елагин С. Указ. соч. С. 171，214-216，224，225，237-241.
② Веселаго Ф. Очерк ...С. 499 – 503；Очерки истории Ленинграда. М. -Л. ，1955. Т. I . С. 58，255.

除了圣彼得堡，俄国还在伊若拉、维堡、奥布、新拉多加、里加、佩尔诺夫和利巴瓦等地建造船只。在建设波罗的海舰队的过程中，有一家俄国最古老的造船厂——位于阿尔汉格尔斯克的索洛姆巴利斯克造船厂发挥了巨大的作用。从 1701 年起，这个厂开始为海军建造船只，而在 1710 年它又开始建造炮舰。[1]

除了在国内造船厂建造船只，在北方战争时期，从 1711 年起俄国海军舰队还从国外购买舰艇和巡航战船，或者让国外厂家按照俄国的设计图纸建造新的舰船。

18 世纪下半期，在顿河开始为亚速（顿河）海军舰队建造舰船。但是，这里不能建造体量大、吃水深的舰船。所以，1778 年黑海舰队将舰船建造中心设在了赫尔松。但是，从赫尔松造船厂出产的船只很难运到海上，这是因为第聂伯河与河口汇合处的水位很浅，船只很难通过。基于这个原因，1789 年又在布格河和因古尔河的交汇处新建立的城市——尼古拉耶夫建立了造船厂。另外，在塞瓦斯托波尔也进行着舰船建造工作。不过，上述造船厂在 18 世纪对于建造舰船方面的作用还不算很大。[2]

建造船只是一项技术性和复杂性程度极高的生产项目。当时，上文所述的造船厂都属于手工工场类型的企业。在生产过程中，工场内部以及工场与工场之间的合作逐渐达到了很高的专业化水平，其产品也在舰船制造中得到了广泛应用。在各个造船厂中，普遍使用起重机和绞车起运重物，以及从水中拖拽出船只或其他重型机械。

① Яковлев И. И. Указ. соч. С. 66, 67；Быховский И. А. Петровские корабелы. Л.，1982. С. 11；Богатырев И. В. Петровские верфи Пибалтики // Судостроение. 1983. № 4. С. 59；Богатырев И. В. Корабельная Соломбала // Судостроение. 1983. № 8. С. 52, 53.

② Сацкий А. Г. Начало создания Черноморского флота // Вопр. истории. 1985. № 8. С. 176 – 182；Полонский Н. А. Начало кораблестроения на Черном море（200 – летие основания верфи в Херсоне）// Судостроение. 1978. № 12. С. 54 – 56.

在建设海军舰队的过程中，为舰船系统化地建造停泊基地具有非常大的意义。17 世纪，俄国只拥有一个海上港口——阿尔汉格尔斯克港。在夺取了亚速后，俄国建成了第一个军舰基地——塔甘罗格港。在这里俄国第一次开始建设防止海浪侵袭的防波堤，并在防波堤上用人工建成了炮台。[①]

波罗的海舰队的第一批舰船就停靠在圣彼得堡。冬天，它们停泊在克朗维克斯基运河上。1712 年，俄国开始在科特林岛为海军舰队建设主要的停泊基地。在此之前，俄国已经在防波堤上建设了炮台，以加强岛上的防御，而在离它的南岸不远的浅水处隐藏着一条通往涅瓦河的水道，喀琅施洛特海军舰队就驻扎在此处。在建设舰队基地的过程中，在科特林岛上建设了几处港湾，同时建造了防波堤和新的防御工事，并开始开凿横贯科林特岛的运河。到 1717 年，已经大约有 300 门炮专门守卫科林特岛和喀琅施洛特。[②] 到了 1723 年，在科林特岛上建设的港口和城市有了一个统一的名称——喀琅施塔得。

同时，俄国决定在波罗的海将海军舰队迁往芬兰湾的出海口。1714～1716 年，在雷维尔原来旧的商港旁边开始建设军港。从这时起，波罗的海舰队的一支分舰队常常停靠在雷维尔。1721 年，俄国开始为大桅船舰队建设停泊港湾，地点选在圣彼得堡的瓦西里耶夫岛。此外，雷维尔、维堡都成为大桅船舰队的停靠地，并且在俄瑞战争期间，俄国还为大桅船舰队选定了一批临时停靠的港口，它们都非常接近战役发生的区域。

随着克里木半岛并入俄国，黑海舰队的停泊基地问题很快得到了解决。1783 年，亚速（顿河）海军舰队的舰船驶入了阿赫蒂亚尔湾，这里建成了港口城市——塞瓦斯托波尔。这个港湾的规模很大，足够停靠最大型的舰船，并且两边耸立的山挡住了吹向港湾的风。很快，在港湾的

---

① Веселаго Ф. Очерк... Прил. Л. 6.
② Там же. С. 506, 507, 511.

入口处建成了防御工事，同时还密集地建成了各类工场和作坊、库房以及生活住宅。

***

从建立海军舰队之时起，俄国就开始关注舰队的医疗事务。并且，海军部门在18世纪20年代就建立了相关的医疗机构。该机构包括了海岸医院及其管辖的药房、医务船以及在舰船和造船厂工作的医务人员。舰队的医务工作由舰队医生统一领导。每艘医务船装备14门炮，并规定了大夫的职务，其下属包括医士和医学生。[①] 海军医院下属的药房为每艘舰船都准备了一个装满医疗物品的大箱子。医务室会被安置在舰船底层的一个房间，在战斗时，医务人员在那里工作。

位于港口的医院经常在给予医疗救助方面发挥主要的作用，其中圣彼得堡海军总部医院是最重要的救助力量。此外，在雷维尔、喀琅施塔得、塔夫罗格、阿斯特拉罕和阿尔汉格尔斯克等地都建有海军医院。在战争期间，有时必须在岸上搭建帐篷医院。到了夏季时节，它们会建在固定医院内部。帐篷医院的好处在于，新鲜的空气对于患坏血病病人的治疗非常有帮助。为此，在俄国的一些地方，如在奥拉宁鲍姆和沿岸岛屿上经常会见到很多的夏季别墅医院。[②]

从1733年起，在圣彼得堡和喀琅施塔得的许多医院下面都建立了医科学校。到18世纪20年代，很多在舰队工作的大夫都是俄罗斯人，但是医生的职位主要还是由外国人担任。

另外，俄国还加强了治疗流行病的各项措施（特别是治疗鼠疫）。这

---

① ПСЗ. Т. Ⅵ. № 3485. С. 14，15，43；№ 3937. С. 591-600；Михайлов С. С. Медицинская служба русского флота в ⅩⅧ веке. Материалы к истории отечественной медицины. Л.，1957. С. 21，23，29.

② Михайлов С. С. Указ. соч. С. 56-60，71，72.

些措施属于国家政策措施的一部分，但是它们在舰队中发挥着更加重要的作用，因为舰队经常同国外的人和事物发生接触。哨舰（在港口入口处巡逻放哨的舰船）经常扣留从鼠疫扩散的地方撤离的船只，并把它们带到无人区进行隔离。

18 世纪下半期，俄国非常关注舰队的卫生医疗环境和状况以及船员的饮食情况。同时，积极地预防和治疗在舰队中造成极高死亡率的坏血病。① 虽然，定期检查和对疾病的预防起到了一定的积极效果，但依然还会有船员发病甚至死亡，就像其他国家的舰队经常发生的一样，致病率和致死率还是很高的。这样的原因并不能简单地认为是医疗救助暴露出的问题，而是在于当时医疗水平普遍不高，以及海员工作的条件异常艰苦等。但重要的是，到 18 世纪末，俄国开始出现解决海军医疗事务所面临的诸多问题的出路。

总之，在这一时期，海岸医疗机构尚处于面临诸多挑战但同时又必须保障舰队战斗任务顺利进行的状态。

俄国海军舰队的舰船组成和类别与欧洲各国舰队通用的标准是一致的。18 世纪，战列舰成为海军舰队的战斗核心，它们都是体型最庞大的直帆三桅帆船。通常，在战列舰上的 2~3 块甲板上可以安装 50~100 门炮，这主要取决于战舰的级数（在亚速和波罗的海舰队第一批舰船上能安装 30~40 门炮）。快速帆船是战船中体型比较小的船只，同战舰一样，它们也装有直帆。它们的行驶速度很快，机动能力强，但是船上只能放置 1~2 块甲板，火力较弱。双桅帆船一般用于侦察和巡逻任务，邮船通常也使用双桅帆船，船上装有 10~18 门炮。除此之外，海军舰队中还有一类船只——纵火船，船上装满易燃物质，一般在战斗时先将它点燃，然后挂到敌军战船上。

---

① Там же. С. 39-54.

图6-2　巡航战舰和轻护航舰

在进攻岸上的敌军时通常使用吃水较浅的双桅或三桅攻坚船，它们一般都装载2~3门重型迫击炮，浮动的炮台，并装有一些大口径的平射炮。此外，还有武装平底船，拥有20多件轻型武器。

划桨船队主要由大桡船组成，它们装载的火炮数量不多，主要装在船头和船尾。它们在水上行驶既要依靠划桨，同时也要凭借帆的作用（2~3个三角帆）。但是，由于骗子船和海盗船经常采用小型桡船，且形状各异，所以海军舰队将桡船换成了炮艇，每艘炮艇上装有两个可拆卸的帆，并装有2~3门大口径火炮。

小型货运海船、大帆船、医务船和小艇，它们主要用来运输货物、通信联络和为舰队领航。同时还必须提到平底船，大型船只只有借助于它才能通过浅水区。

1696年，参加第一次远征亚速战斗的俄国舰队是由1艘军舰、4艘纵火船、23艘大桡船，以及大量的小船、平底木船和木筏组成的。这样的舰队无法同强大的敌人在海洋上一决雌雄，但是它成功地封锁了顿河河口，将敌人围困在亚速。到了 1699 年，当俄军远征刻赤时，其舰队已经拥有 10 艘军舰，2 艘大桡船，1 艘快艇，1 艘大帆船和 4 艘哥萨克小船。[①] 亚速海军舰队的舰船数量庞大，但其中大部分船只不具备高水准的战斗性能和航海性能。尽管如此，当时建造的船只还是表明了造船技术水平的提高。1700 年，装有 58 门炮的"上帝的命运"号下水，它完全由俄国工匠自己建造，赢得了当时人们的赞许。"上帝的命运"号的整体和圆材的比例协调，内饰装饰奢华，是当时世界上性能最优异、外观最漂亮的军舰之一。它的龙骨结构是由彼得一世设计的，当它的底部受到撞击时会自动脱离船体，这样船身就不会渗水。英国开始普遍使用这种结构的军舰还是在 140 年之后。[②]

在建立之初，波罗的海舰队只有一些小型船只，但在不到十年的时间里它已经拥有了第一批巡洋战舰。1723 年的人员编制表规定，海军舰队要由 27 艘军舰、6 艘大桡船以及大量的小型船只组成，大桡船舰队要由 130 艘桡船组成。但各舰队实际拥有的舰船数量明显超过了人员编制表规定的数量，1724 年俄国波罗的海舰队拥有 34 艘巡洋舰和 15 艘大桡船。[③]

18 世纪 20 年代末期，俄国海军舰队中战斗舰船的数量开始减少，虽然国家用新生产出的战舰代替已破旧不堪的老战舰，但总体而言，其生产规模并没有达到应有的水平。[④]

这种情况一直延续到 18 世纪 60 年代才开始得到改善。1764 年初，根据海军委员会和外交委员会对俄国海军舰队的联合报告最终确定了新的舰队编制方案。[⑤] 在报告中第一次提出了舰队拥有舰船数量的依据，即

---

① Веселаго Ф. Очерк... С. 88, 119, 120.

② Елагин С. Указ. соч. С. 117, 163—165.

③ Некрасов Т. А. Военно-морские силы России на Балтике в первой четверти XVIII в. // Вопросы военной истории России. XVIII и первая половина XIX веков. М., 1969. С. 249, 250.

④ МИРФ. 1883. Ч. Х. С. 417.

⑤ ПСЗ. Т. XXXV. Ч. 1. № 12020.

俄国舰队必须拥有一定数量的舰船，这样它在波罗的海的力量才能超越其他国家的海军舰队。新编制方案的另一个特点在于，在和平时期和战时对舰队船只组成类别的规定也是不同的。按照新的编制方案，在面临战争威胁时，应该提前一年预判战争的开始时间，并在这一年时间里尽快加强海军舰队的力量。

一般来说，在和平时期舰队拥有 21 艘军舰和 4 艘大桡船就足够了。但在战争时期，按规定要提高常规的和加强的舰船组合方式。常规的方式是指，舰队由 32 艘舰船组成，而加强的方式则由 40 艘舰船组成。在战时，大桡船的数量要扩大到 8 艘。舰船上各类人员的数量维持不变，这是因为一般海员的训练周期要 3~4 年，而在军舰上新兵的数量就超过了海员总数的 1/3，这容易使军舰失去战斗力。

之后，俄国海军舰队还在继续发展。1782 年的编制表显示，在战时舰队应该拥有 48 艘军舰和 16 艘大桡船。

在不断扩大舰船数量的同时，舰船的战斗力也在不断提升。最初装载 50 门炮的舰船已经被淘汰了，转而使用装载 66 门炮的舰船，其成为俄国舰队在 18 世纪中期的主力战舰。后来，又陆续出现了装载 74 门炮和 100 门炮的战舰。

根据编制表的规定，直到 1790 年，在战争进行期间划桨船队拥有 150 艘小桨船以及其他一些不同类型的小型船只。但是在俄瑞战争期间（1788~1790）划桨船队暴露出一系列问题（行驶速度慢和机动性差）。为此，俄国舰队采用了对手（指瑞典舰队）的策略，使用更适应在岩岛地区作战和行动的大桡船和小炮艇代替划桨船队，只保留了少量的划桨船专门用于士兵登陆作战。[①]

按照规定，从 1785 年起俄国海军在黑海拥有 12 艘军舰。鉴于其数量

---

① ПС3. Т. ⅩⅩⅩⅤ. Ч. 1. № 12115，15453，16931，18304.

并不大，又为他们补充了 8 艘火力强劲、装有 50 门炮的大桡船，它们可以利用安装在炮台上的大炮同敌人作战。此外，还有 12 艘体型略小的大桡船战舰。从 1794 年起，根据规定，黑海舰队可以拥有 15 艘军舰。并且，为了方便在岸边进行的战斗行动，还为舰队增添了小炮艇，其数量在 18 世纪末达到了 100 艘。[①]

但是，在上述时期实际的舰队构成数量却没有编制表规定的那么多。这首先是因为舰船的使用寿命比较短，造船厂常常使用还未干透的木材，导致木材很快就会腐烂。金属加固部件也不够，只能使用木钉代替，但木钉无法长时间地承受船只的摇摆震荡。同时，木虱和寄生在船底的水下寄生物很快就会弄坏船的外皮。另外，建造船只的工作是一份以强制性为主，且又令人筋疲力尽的工作，这严重影响了船只的质量。所以，船只的服役年限通常不超过 15 年，有的船只其实只有 7~9 年的使用寿命。对船体进行大修（在修理时要对船的外壳进行更换）可以让船只的使用寿命延长到 20~22 年。

但不管怎么说，俄国舰船建造取得的成就是不容置疑的。俄国生产的舰船具有很好的机动性，航海性能出色，并配有强劲的火力。彼得一世曾专门比较过俄国产的舰船与从国外购置的舰船，他称后者为"养子"，"因为它落后于我们自己造的舰船，这就像父亲永远认为养子不如自己的亲生儿子一样"[②]。俄国产的舰船坚固耐用，这与正确和优良的造船技术以及设定严格的退役标准密切相关。如"英格尔曼兰"号军舰是由彼得一世亲自设计的，它大约服役了 20 年；1765 年下水的"萨拉托夫"号服役了 21 年；而 1798 年下水的木质结构战舰"亚努阿里"号在经过 18 年的服役期后，又继续服役了 17 年。"英格尔曼兰"号军舰是俄国造船业的杰作，也是彼得一世最喜爱的战舰，他在这艘战舰上一共指

---

① ПСЗ. Т. ХХХ. Ч. 1. № 16240，17237，18304.

② МИРФ. 1865. Ч. I С. 391.

挥了 5 次战斗。①

彼得一世很快就拒绝了绝大多数荷兰造船工匠的求职申请，因为他们不熟悉造船理论。为舰队建造舰船时，俄国主要招募的是来自英国的工匠，而建造大桅船雇用的是来自意大利、法国和希腊的工匠，因为这些国家的大桅船建造得更加完备。很多外国工匠在俄国工作长达十几年，有些人甚至取得了俄国国籍。英国的一些工匠为俄国海军舰队的发展做出了很大的贡献，如 Д. 杰恩、Р. 科森兹、О. 奈、Р. 布朗等人。与此同时，还有一些工匠参与建立俄国造船学校，如 Ф. М. 斯克利亚耶夫、Г. А. 奥库涅夫、Г. А. 缅希科夫、А. С. 卡塔索诺夫、М. Д. 波尔特诺夫。

一般来说，建造船只时要按照指定的模板，但船只建造者有权提出不同的改善方案，只要他能证明自己的方案是有效且有益的。② 在建造船只前要先绘制图纸和制作船模，在建造结束后这些东西要存放于彼得一世指定的模型室中。③

认真研究本国和国外的造船经验有利于在舰队建设过程中引入许多有益的新事物和创新发明。18 世纪初，只有法国工匠掌握保证舰船持久耐用和坚固的秘诀。为此，俄国专门从土伦请来了造船工匠 М. 潘加洛，之后又将俄国工匠 Г. А. 奥库涅夫和 И. 兰堡派到法国进修，一边学习一边研究和解决一些造船方面的技术难题。④ 从 1781 年起，俄国开始仿照英国舰队，在俄国的舰船上安装铜制外壳，它对船底部的防护作用要远远优于以前使用的含有化学成分的外壳。18 世纪末期，在各种舰船上前

---

① Веселаго Ф. Список русских военных судов с 1668 по 1860 г. Спб. ，1872. С. 12，13，32，33，38，39；Иванов И. А. ，Контсантинов А. С. «Ингерманланд»-флагманский корабль Петра I // Судостроение. 1979. № 1. С. 58–63.

② Шершов А. П. История военного кораблестроения с древнейших времен и до наших дней. М. -Л. ，1940. С. 217.

③ 模型室中收存的材料成为 1805 年建立的海军博物馆的主要藏品。

④ Быховский И. А. Рассказы о русских кораблестроителях. Л. ，1966. С. 39–44.

甲板和后甲板（即位于船头和船尾之间的各种建筑所需的空间）之间的空间，以前都是敞开式的，现在隐藏在整块甲板的下方。这样的布局更有利于操控帆，同时也为在甲板上添置一定数量的火炮提供了可能性。[①]这些变化涉及圆材、移动和固定索具的位置变化，极大地改善了舰船的甲板火力。

在亚速舰队和波罗的海舰队的首批船只中绝大多数都安装了火炮，它们的口径都不大，使用的是 2 ~ 12 磅的弹药。[②] 但是，很快，这些舰队就更换了大口径火炮。彼得一世颁布的章程规定，在军舰的甲板上安装的火炮的口径要能发射 18 ~ 30 磅的炮弹（具体重量取决于军舰的级别），1767 年俄国军舰又换装了更大口径的火炮，可以发射 36 磅重的弹药。同时，在其他舰船上也安装了火力更强的火炮。在军舰和大桡船上，最小口径的火炮可以发射 6 磅重的弹药。[③]

大炮的质量也得到了明显提高。1761 年，俄国舰队开始装备已在陆军中备受好评的独角兽火炮。1779 年，英国开始在海军舰船上使用加农炮，这是一款轻便的短管火炮，在短距离内可以造成极大的杀伤力。俄国舰队是世界上首批高度评价加农炮的舰队之一，并在 1787 年从英国采购了一批加农炮，后来在本国工厂铸造加农炮，并逐渐加装到俄国舰队的舰船上。与此同时，俄国舰队逐渐淘汰铸铁炮，改用更加轻便的铜制炮。这项换装大炮的工作是从 1783 年开始的，为此俄国每年要花费 5 万卢布。[④]

此外，俄国也非常关注舰船的外表，并加大力度对其进行改善。鉴于当时大众的审美观，舰队在舰船的侧翼、船头和船尾都刻满了浮雕，

① Шершов А. П. Указ. соч. С. 217，220.
② Веселаго Ф. Список русских военных судов... С. XI – XII.
③ ПСЗ. Т. VI. № 3937. С. 527；Т. XVIII. № 12846.
④ Веселаго Ф. Список русских военных судов... С. XVI；Шершов А. П. Указ. соч. С. 94，218；ПСЗ. Т. XXI. № 15816.

并装饰上具有寓意的雕像，有些船则以图画进行装饰。一些大型舰船和沙皇乘坐的游艇装饰得极其豪华。船上可供观赏的装饰布局以巴洛克风格为主，而整个船体线条平顺，再加上略圆的外形，更加凸显了这种装饰风格。舰船上的装饰造价昂贵，需要经常更换。但是有些装饰物耸立在甲板上，影响了船员对帆的操控，降低了船的灵活性。因此，到 18 世纪末古典主义风格开始成为船体装饰的主流，即布置得更加简洁，主要装饰物都集中在船头和船尾。①

＊＊＊

对当时的俄国来说，管理舰队是极为重要的工作。在筹备第二次亚速远征时，指挥舰队的机构就设在为沙皇建的大帐篷里，它位于沃罗涅日。这个机构并没有具体和固定的结构体系。在俄军夺取亚速后，当决定在俄国建设常规舰队时，关于为舰队设立统一的指挥和管理机构的问题才被提上日程。当时，在解决这个问题时俄国的权力核心并没有跳出 17 世纪统治者的思维框架和习惯，即只是把这项管理工作委托给弗拉基米尔衙门，作为该衙门各项工作中的一部分。因此，当时衙门的主官 А. П. 普罗塔希耶夫也被称为海军主管。但该衙门负责管理的事务只包括舰队建设和补给工作。② 1698 年 12 月，俄国设立海军舰队事务衙门，主官为 Ф. А. 戈洛温，他随后开始直接管理舰队事务。自 1700 年 2 月起，舰船建造和舰队补给工作由 Ф. М. 阿普拉克辛领导的海军事务衙门负责。③

1708 年，管理海军各部门工作的权力统一交给了海军事务衙门，但

---

① Матвеева Т. М. Убранство русских кораблей. Л. , 1979. С. 11–29.

② П и Б. Т. I . С. 116, 117.

③ Веселаго Ф. Очерк... С. 124.

它的工作开展却困难重重，这是因为该衙门的总部位于莫斯科，而海军舰队的基地以及舰船的具体建造工作都在圣彼得堡。所以，当时沙皇政府只好把监督舰队建设的任务临时委托给英格尔曼兰省省长 A. Д. 缅希科夫。

1712 年，最高海军管理机构迁往圣彼得堡，设立了海军舰队办公厅。之后，1715 年建立了海军委员会，它的工作职责主要为管理舰队的财政和补给工作。海军事务局负责管理海军总部大楼和各个造船厂。1718 年，俄国设立了海军部，应该说，正是在此之后俄国海军部门才真正形成了管理海军事务的完整体系。1722 年，俄国制定并颁发了《关于海军部和造船厂的管理章程》以及《海军章程》的第二部分。章程规定，"海军部是管理与海军事务相关的人、建造工作以及其他一切事务的最高行政领导机构，俄国境内一切与海军相关的事务都受海军部管辖"①。在成立后，海军部的主席由海军上将 Ф. М. 阿普拉克辛担任，副主席由海军中将 К. И. 克鲁斯担任。海军部的委员包括 5~7 名海军将领，他们主要是由那些因为年老体衰或身体疾病不适合继续留在战斗岗位上的人担任。

海军舰队的行政经济管理事务交由海军部下属的 11 个管理处负责。② 在海军部，对于任何事务的处理都必须符合海军章程和条例的规定。对于那些在章程和条例中找不到相应条文规定的事务，必须首先向沙皇汇报，然后必须对章程和条例进行相应的补充和修改。

海军部要对各部门下属机构的活动进行监管。海军部主席每周都要视察圣彼得堡的各个造船厂，每月要去喀琅施洛特基地视察一次，每两周要到海军学校和医院视察一次。当喀琅施洛特海军基地的舰队装备武器以及它们出海返航时，海军部的主席和副主席以及两名海军部的委员都要出席。③

---

① ПСЗ. Т. Ⅵ. № 3937. С. 525.
② Чубинский В. Историческое обозрение устройства управления морским ведомством в России. Спб. , 1869. С. 45.
③ ПСЗ. Т. Ⅵ. № 3937. С. 526，543.

建立海军部是君主专制国家贵族官僚机构形成的重要一环。并且，国家确立了管理海军事务的一整套管理体系，总体而言，它符合当时的时代要求。

彼得一世通过《海军章程》确立的海军管理体系——海军部体系一直留存到 1732 年，之后它遭到彻底破坏。原来的 11 个管理处在职能上经常重复，因此建立了 4 个考察队取代管理处，它们的长官同时也是海军部的委员。除了这些人，还有两个顾问必须出席海军部的会议，其中一个人负责掌管海军研究院，另外一个人则负责管理工厂。此外，战斗事务则交给舰队的指挥官负责。[①] 新的体系并没有存在太长时间，伊丽莎白·彼得罗芙娜女皇命令重新恢复彼得一世时期的体系。1763 年，命运迫使俄国再次采用彼得一世时期海军部的体系，但事实上沿用了 1732 年的体系模式。[②] 这次，由 5 个考察队负责管理海军舰队事务，它们的长官都是海军部的委员。从这时起，海军部的主席由海军上将、皇位继承人保罗担任。而现实中，具体管理海军事务部门的权力由海军部副主席掌握。这一职位的人员经常互相替换，他们包括 И. Г. 切尔内绍夫、И. Л. 戈列尼谢夫-库图佐夫、Г. Г. 库舍列夫、Н. С. 莫尔德维诺夫。新的海军部确定了海军事务的花费规模为 1 万卢布以下，同时它有权为包括 2 级校官（中校）及以下职衔的军官晋级。

1785 年，俄国设立了黑海海军事务管理委员会。该委员会的机构由 1 名主席（海军上将 Н. С. 莫尔德维诺夫成为该委员会的第一副主席）和 5 名委员构成，他们都是考察队及同类机构的长官。同时，参与共同管理该委员会的还包括新俄罗斯省和亚速省的省长 Г. А. 波将金将军，在管理黑海舰队时他不必服从于海军部，而是直接受海军上将的领导。在 Г. А. 波将金死后，黑海海军事务管理委员会仍然接受海军上将的领导，直到

---

① ПСЗ. Т. Ⅶ. № 6156.
② ПСЗ. Т. ⅩⅥ. № 11982.

1796 年，黑海舰队开始归海军部管辖。①

　　第一个关于海军舰队的法律条文是上文曾提到的，根据波雅尔杜马于 1696 年 10 月 20 日决议拟就的。17 世纪末至 18 世纪头 20 年，俄国海军舰队的各项活动直接受这些简短条文的约束。如 1696 年 A. П. 普罗塔希耶夫在刚上任时得到指示，"法律条文的各章节对海军事务的各项细节做出了规定"，再加上 1696 年颁发给大桡船舰队的命令，两个法令都以简洁的形式阐述了联合航行的规则及违反规则时将受到的处罚。②

　　1698 年，海军中将 K. И. 克鲁斯参考了荷兰和丹麦的海军章程，并以此为基础拟定了俄国《海军章程》的章节，其主要内容包括：关于舰船上的统一秩序，关于舰船各级军官的职责以及对于不同的过失和犯罪行为进行的处罚。稍后不久，彼得一世修订了 K. И. 克鲁斯制定的条文内容，并在颁布时冠以了新的名称——《俄国海军舰队军法条例》③。

　　1715 年，在彼得一世的亲自领导下，俄国开始制定内容详细全面的海军法规。在开展这项工作的过程中，既要参考国外的经验，同时也要考虑到俄国自身已积累多年的经验。1720 年 1 月 13 日，俄国确定了《海军章程》，随后，在 1722 年 4 月 5 日出台了《关于海军部和造船厂的管理章程》以及《海军章程》的第二部分④。这份文件囊括了所有海军法律文件，涵盖了海军舰队工作的所有细节，确定了舰队的组织架构以及海军部门各级军官的职责。《海军章程》的绝大部分内容都是在阐述因过失和犯罪行为所需要承担的责任。

　　《关于海军部和造船厂的管理章程》成为第一份由海军部颁发的规

①　ПСЗ. Т. XXI . № 16240；Т. XXIV . № 17545；Огородников С. Ф. Исторический обзор деятельности морского министерства за сто лет его существования（1802–1902 гг.）. Спб., 1902. С. 26.

②　П и Б. Т. I . С. 116, 117；Елагин С. Указ. соч. С. 58–61.

③　Веселаго Ф. Очерк... С. 538, 539；ПСЗ. Т. IV. № 2267.

④　ПСЗ. Т. VI. № 3485, 3937.

章。它一直留存到 1765 年，直到出台了新的《关于海军部和各舰队的管理章程》取代它。新章程的内容反映了俄国海军内部已建立了新的结构体系。

1797 年，彼得一世时期制定的《海军章程》被新出台的《海军舰队章程》取代。① 这份文件在制定时充分考虑了俄国海军在长达八十年的发展历程中积累下来的经验，但同时它的内容过多地停留在为舰队的日常生活设定条条框框。显然，这注定了这份文件不会有生命力，很快，海军舰队就放弃了它，而重新使用 1720 年制定的章程。

俄国海军舰队管理机构及相关海军法律的形成与完善是俄国国家管理机构在某一重要领域的活动中不断演变发展的鲜明例证。对于正处在等级君主制阶段的国家而言，当时俄国许多机构的职能在规定上是不明确的，且常常互相重叠，有时甚至不明所以地消失。因此，专制君主制下建立新的、具有明确职能划分的官僚机构以取代旧的机构，这是符合当时俄国君主制度发展需求的。在这种条件下，俄国开始制定新的法律，这些法律文件不仅是为了建立新的管理机构以及设立新机构的领导人岗位，也是为了细致地规定新机构和新领导人的工作程序。只有以此为基础，才能建立职能复杂的管理体系，如常规俄国海军舰队。

1720 年《海军章程》规定，在战役开始后，舰队的战斗管理和指挥权就由舰队、分舰队或一整队战舰的最高指挥官掌握。指挥官是以章程及章程给予他的规定为指挥原则，在返回基地时他要向海军部进行具体细致的工作汇报。在面临一些重大疑难问题时，如果环境和条件允许，指挥官必须召集委员会开会，并根据委员会的集体决议进行指挥。② 但是，这样的安排从没有奏效过。因为不管遇到什么样的复杂情况，那些天才的指挥官们从来都是独自承担所有责任。但是，1797 年颁发的《海

① ПСЗ. Т. ⅩⅦ. № 12459；Т. ⅩⅩⅣ. № 17833.

② ПСЗ. Т. Ⅵ. № 3485. С. 5, 11.

军舰队章程》保留了委员会，并将它作为指挥官的顾问机构，但《海军舰队章程》随后指出，指挥官有权按照自己的想法指挥战斗。[①]

根据 1720 年《海军章程》，俄国舰队划分为 3 个分舰队：先锋舰队（蓝色旗帜），中军舰队（白色旗帜），后援和掩护舰队（红色旗帜）。之后，每个舰队又分成 3 个师，同样称为先锋师、中军师和后援师。[②]

从 18 世纪开始，海军舰队的旗帜都是一大幅布，它的颜色对应舰队序列的颜色，在旗帜上绣着淡蓝色的安德烈十字架。从 1712 年起，中军舰队获得了在整幅旗帜上绣着安德烈十字架的白色战旗，在 1732 年其他所有舰队也都开始使用这面旗帜。1754~1764 年以及后来从 1796 年开始，每支分舰队开始划分为 3 个师，于是重新开始使用 3 种不同颜色的旗帜。[③]

俄国海军舰队采用单纵队式的基本战斗队形，这是当时欧洲各国舰队普遍采用的队形。1720 年《海军章程》规定，在战斗时舰队要把敌人控制在下风向，这样有利于给予敌人致命的打击。战舰一字摆开，让舰上的炮台连成一线，在战舰的两侧是大桡船战队，它们共同迎击敌人。在战斗中，各个战舰之间要反复用旗帜打信号，互相呼应。在有舰船受损时，大桡船会立刻离开战斗位置前往救援；当俘获敌人战舰时，大桡船会肩负起看守的任务；另外，大桡船要随时反击敌人纵火船的攻击。

在战斗中要特别注意不能中断指挥，保持指挥的连续性。一旦旗舰受损无法指挥战斗，旗舰旁边的战舰要肩负起指挥的任务，同时要竖起自己的旗帜。如果指挥官受伤或牺牲，不允许立刻降下指挥官的旗帜，旗舰上的另一个指挥员可以接过指挥的权力，或者是由战斗前已指定好的军官接任，成为新的指挥官。如果旗舰被击沉，或者舰队的总指挥官

---

① ПСЗ. Т. XXIV. № 17833. С. 355.

② ПСЗ. Т. VI. № 3485. С. 3.

③ ПСЗ. Т. XXIV. № 17833. С. 383-385；Т. XXXV. Ч. I. № 6285；Общий морской список. Ч. I. Спб.，1885. С. XI.

牺牲或受伤，这些既成事实且已无法掩盖，那么舰队中在级别上仅次于总指挥官的军官将接手指挥权。

在战斗中，指挥员必须为下属树立榜样，"在任何情况下他都不能把舰船拱手让给敌人，甚至是在失去生命和荣誉的情况下"。在没有命令的情况下退却，必须付出生命的代价。在指挥员牺牲的情况下，所有军官要依次入替接手指挥权，然后轮到水手长，最后，在所有军官都牺牲的情况下，要在水手中选出指挥的人选。如果已经弹尽粮绝，再战下去只是无谓的牺牲，在这种情况下为了让剩下的战士们能够生存而向敌人投降，是可以被接受的。[①] 但事实上，俄国海军战士们很少利用这种权利，有许多鲜活的事例闻名于世，证明战士们在被俘和战死面前宁愿选择后者。

海战的主要形式是双方舰炮的射击竞赛，两方舰队呈平行态势，互相用舰船炮台上的大炮对射。主动接舷对战一般发生在对己方有利的战斗中，但这在海战中也是极为少见的。海战的主要原则就是尽可能利用炮火压制对方，尽管理论上极其简单，但在现实中不容易做到。

在不断发展和创新海军指挥艺术的过程中，俄国海军指挥官们的主要贡献和功绩在于，他们是世界上首批开始摸索更为有效的战斗方式的人。1788 年 7 月 3 日，在菲多尼西战役中，Ф.Ф. 乌沙科夫率领先锋舰队，在开战之初，他命令位于自己指挥舰下方的大桅船舰队绕过敌军的头船深入敌后，使敌军舰船陷于俄军战舰前后火力夹击的状态中。然后，乌沙科夫率领旗舰冲出己方队伍，猛烈攻击土耳其人的旗舰，使其惨败。在这一战中，敌军尽管在舰船数量上占有绝对优势，但仍然不敌俄军舰队，铩羽而归。乌沙科夫经常预先分配出强大的战略预备队，在以后的海战中这一招经常让敌人始料未及。如 1788 年 7 月 8 日在刻赤海峡战役

---

① ПСЗ. Т. Ⅵ. № 3485. С. 9, 10, 34—36.

以及 1790 年 8 月 28 日至 29 日腾德拉战役中，大桡船舰队就成为这样的战略预备队，它被称为"恺撒旗舰队"。

1791 年 7 月 31 日，乌沙科夫率领的俄军分舰队正进行远征，当时舰队排成 3 列，并没有组成战斗队形，但它的进攻迫使土耳其舰队退守卡利亚克里亚角，俄军舰队阻断了敌军通往海岸的通道，并成功地占据了上风头的位置。之后，土耳其先锋舰队试图反攻，但在俄军的封锁下无功而返，乌沙科夫率军出击，攻击敌军的指挥舰，并以强大的火力迫使它退出战斗序列。[①] 卡利亚克里亚角战役的胜利不仅直接威胁到土耳其首都的安全，也加快了《亚西和约》的缔结。1799 年，在阿布基战役中，海军上将纳尔逊将敌军舰队同海岸分隔开，完美地复制了乌沙科夫的战术。

1797 年出台的《海军舰队章程》收录了这些积累下来的战斗经验。《海军舰队章程》指出，突破敌人的防线，目的就是要包围一部分敌军有生力量。为此，《海军舰队章程》强调，舰队应该分出一部分舰船作为预备力量，并且这些舰船可以有效地递补在战斗中受损舰船的位置。另外，《海军舰队章程》还指出了预备力量的另一个作用，即当敌军试图突破俄军舰队封锁时，可以调预备力量反击敌人的进攻。[②]

同时，《海军舰队章程》对许多战斗形式做出了具体而详细的指示，如进行接舷战、进攻隐蔽在港口的敌军、部队登陆战以及同陆军部队的联合行动等。

在 18 世纪之前，俄国海军舰队、舰载士兵以及大桡船战队并没有经验丰富的专门进行登陆战的士兵，也没有与陆军联合行动的经验。最初，为了完成相关的任务，会特意从陆军部队中挑选步兵上船。1705 年，海

---

① Адмирал Ушаков: Сб. документов / Под общ. Ред. В. Д. Стырова, Н. А. Питерского, Л. Г. Бескровного. М., 1951. Т. Ⅰ. С. 61 – 65, 219 – 221, 297 – 303, 316, 511 – 516; Морской атлас. М., 1959. Т. Ⅲ. Ч. 1. Описания к картам. С. 324–326.

② ПСЗ. Т. ⅩⅩⅣ. № 17833. С. 419–423.

军专门建立了海军陆战团，它要承担舰船和海岸上的巡逻和警备任务，同时它还要参加接舷战和登陆行动。1712年，它重新被编成了单个营的单位。在舰队中，海军士兵的数量占总舰载人数的25%，在大桡船战队中，这个比例是40%。1797年，在波罗的海舰队中共有9个营的海军士兵，黑海舰队则有3个营。此外，当时还建立北海营和里海营。①

之后，俄国海军舰队普遍开始采用登陆行动。特别是在北方战争后期，俄海军的登陆行动非常频繁，如1760～1761年在科尔伯格附近的战斗，1770～1774年进攻列岛的战斗，以及1798～1799年在意大利伊奥尼亚群岛进行的战斗。这时，除海军士兵和水手外，还有相当多的步兵被调入登陆部队。并且，这些登陆战的经验同样被收录在1797年的《海军舰队章程》中。

但是，海军舰队同步兵部队的协同作战在指挥上是一件非常复杂的任务。1797年的《海军舰队章程》为这个难题找到了正确的解决方案：步兵部队的长官或军官指挥登陆部队，也负责指挥海军士兵，但是在登陆前由海军舰队的长官负责指挥行动。应该说，这一解决方案在实战中具有非常大的意义。

当陆军和海军舰队进行联合行动时，必须遵循统一指挥的原则。在这种情况下，一般谁的官阶高，就由谁来指挥。如果这个人是陆军将官，那么他的副手必须是海军军官。《海军舰队章程》建议登陆部队在黎明时开始行动，因为在夜里它可能遭遇敌人的猛烈反击，或者可以借助硝烟的掩护展开行动。同时，海军舰队也要适时地展开行动，以猛烈的炮火粉碎敌军，支援自己的登陆部队。而登陆部队在登陆后首先要深入内陆，并在岸上建立登陆场，且牢固地守住它。②

---

① Виноградский И. Исторический опыт русской морской пехоты, строевой береговой службы во флоте и выдающихся судовых десантов (1705 - 1895 гг.) // Морской сборник. 1895. № 1. Отдел неофициальный. С. 2-7.

② ПСЗ. Т. XXIV. № 17833. С. 405-410.

在整个 18 世纪，俄军一直在努力探寻积极有效且具有决定性意义的战斗策略。俄军舰队在保持了线性战斗队形的同时，也是世界上首个拒绝不根据实际情况而必须使用经典线形战术的舰队。俄国舰队强队，要在最短的距离内进行战斗，对敌军舰船进行密集火力打击，突破敌军的炮火封锁，深入敌后使敌人遭受两面夹击，并消灭敌人的一部分有生力量。同时，它强调战略预备队的作用，这不仅可以巩固己方的战线，也可以完成进攻任务，是非常有效的新的战术。它不仅要求高度职业化的战前准备工作，同时也要求上至指挥官、下至水手在思想上能够准备好进行决定性的行动。

合理配备舰上人员是 18 世纪俄国舰队建设面临的主要问题之一。最初的时候，由于极度缺乏有经验的船员，舰队只好大量招募外国船员。在第二次亚速远征时，俄国舰队中大部分军官和相当一部分水手是从国外雇佣的。并且，普列奥布拉任斯基团和谢苗诺夫斯基团的一些士兵也被补充进水手的行列，他们对海军事务的了解还要追溯到很久以前的事，那时少年彼得组织少年兵团，他们乘坐小船在佩列亚斯拉夫利湖上行驶，之后他们又保护彼得一世巡查阿尔汉格尔斯克。[①] 舰船上普通士兵的来源主要靠招募的新兵，一般来说，首先从莫斯科郊区招募新兵，然后再从圣彼得堡附近的地方，或者是从河运和海运比较发达的地方招募。同时，有许多曾在大桡船战队服役的士兵转到舰队继续服役。到 1721 年，俄国舰队上的水手再也没有一名外国人。[②] 尽管新兵的招募工作不断得到加强，但舰船上人员配套工作依然没有得到很好的改善。1724 年的编制表显示，舰队中低级军官的职位应该有 15339 个岗位，但在岗人员实际只有 14333 人。[③]

① Веселаго Ф. Очерк... C. 89，90，408.

② МИРФ. Ч. Ⅲ. C. 2，3，13；1879. Ч. Ⅶ. C. 2，76，86；ПСЗ. Т. Ⅴ. № 2693，2940；Т. Х. № 7538；Веселаго Ф. Очерк... C. 410，411.

③ МИРФ. Ч. Ⅲ. C. 234.

亚速海军舰队的大桡船战队最初效仿地中海国家的做法，招募罪犯和被俘人员作为大桡船的水手。结果，这被证明是无效的。很快，大桡船战队开始从工人和被占领地区的志愿者中雇佣船员。后来，为了提高大桡船战队的战斗力，士兵们都被训练划桨。

训练水手需要花费很长的时间。17世纪末至18世纪初，当自己的士兵缺乏船上经验时，俄国有了新的方案，即派新兵到荷兰的商船上学习和训练。1702年，俄国一共派了150人去学习，其中有100人曾随船远航。[①] 当然，船员的训练主要还是在俄国国内完成的。在冬天时，年轻的船员们要学习为绳索打结和操控帆等。同时，他们还要学习在远征战斗时注意听取命令和口令。1720年《海军章程》规定，海员们要尽可能多地进行操控帆、开炮和驾驶小艇的训练。[②] 在海军部下属的各所学校中，工匠和水手的孩子们既要学习与海军事务相关的各门课程（如水手长、炮兵、领航课程及各种不同的手艺），同时也要学习文法和算数。到了夏天，学生们会被派到舰队进行实践。

在海军服役面临的客观困难越来越多，这主要是因为，一方面船员和水手们没有任何权利，另一方面是海军对船员们所犯过失制定了严苛的惩罚措施。在海军中将 К.И. 克鲁斯于1698年制定的条例以及上文所提到的1710年出台的《军法条例》中都曾从欧洲各国舰队条例援引了大量的惩罚条款，如被拖在船的龙骨下，被横索"拖游"等不同的极为严酷的惩罚手段。[③] 1720年的《海军章程》虽然取消了一些极为残忍的惩罚措施，但保留下来的惩罚手段仍是花式繁多。例如，它规定了杖刑，用树条和多尾皮鞭抽，撕鼻孔，鞭打，流放大桡船做桨手以及6种死刑方法。[④] 1762年，海军部取消了杖刑和用多尾皮鞭抽的刑罚，其理由是，

---

① Елагин С. Указ. соч. С. 203，204.

② ПСЗ. Т. V. № 3122；Т. VI. № 3485. С. 8.

③ ПСЗ. Т. IV. № 2267.

④ ПСЗ. Т. VI. № 3485. С. 49，50，59-82.

这两种惩罚措施并不是特别严厉，但是它们容易伤害战士们的自尊，取而代之的是让人感觉"更加高雅"的用手杖抽打或用长剑的剑面平拍。[1]但依然存在让人无比痛心的刑罚，如众人皆知的给水手剥皮，而军官们动手打人的情况更是家常便饭，他们对待水手和士兵就像对待自己的奴隶一样。

18 世纪 20 年代末至 60 年代初，俄国海军舰队的发展陷入停滞，这主要反映在舰船上的人员配备不合理。在这段时期，舰船几乎没有任何行动，在这种条件下培养优秀的海员是不可能的。而从 60 年代末开始，俄国海军频繁进行远征，对敌人不断取得胜利，这些都提振了海军官兵的士气，培养了他们的自信和职业自豪感。取得这些成就的是当时俄国海军的杰出统帅，如 Г. А. 斯皮里多夫、Ф. Ф. 乌沙科夫、Д. Н. 谢尼亚文、С. К. 格雷格等人。一位当时曾在俄国海军舰队服役的英国人 Я. И. 特雷维宁曾这样描述俄国水手和海军战士："不要总去希望得到最好的士兵，只要枪炮一响，那些平时蠢笨的、迟钝的男人们立刻就变成了机敏和精力充沛的战士。"[2]

最初，俄国舰队的指挥官主要是外国人。1697～1698 年，在彼得大帝出使国外的一段时间内，一共招募了 636 人为俄国海军效力，其中 2 人为旗舰指挥官，64 人为军官，还包括 51 名大夫。在这些人中，绝大多数是荷兰人。并且，这些人中很多都是偶然应招的，所以他们也很快就辞去了工作。总之，在北方战争期间，相当多的外国人被雇佣，为俄国工作。[3] 之后，随着俄国不断加强对本国军官的培养，对外国人的筛选越来越严格。1721 年，沙皇下发了法令，要求只允许留任那些"战功彪炳"的外国军官。1722 年，本身就是荷兰人的海军上将 К. И. 克鲁斯（他是

---

①　ПСЗ. Т. ⅩⅤ. № 11467.

②　Цит. по: Белавенец П. И. Нужен ли нам флот и значение его в истории России. Спб., 1910. С. 142.

③　Елагин С. Указ. соч. С. 99，100；Веселаго Ф. Очерк...С. 412.

在第一次招募外国人期间来到俄国工作的）写道："我和另外一位外国人都认为，不应该再招募那些并不优秀的外国领航员和军官，因为俄国的军官就够用了。"[1]

18世纪下半期，俄国又加强了对外国人员的雇佣工作，这是因为当时随着舰队数量的增加，舰上的人员配备问题又变得尖锐起来。在这段时期内，很多英国人、法国人以及来自丹麦、希腊和南部斯拉夫国家的人纷纷来到俄国工作。虽然他们中的大多数人在俄国停留的时间并不长，但是他们为俄国舰队的发展带来了宝贵的经验，因为他们都是经验丰富的海员，在品格上忠于自己的工作，如 С. К. 格雷格、А. И. 克鲁兹、Я. И. 特雷维宁、Р. В. 克隆、И. Г. 金斯伯根等。他们中的许多人永远留在了俄国，并取得了俄国国籍，他们的子孙一代一代地都在俄国海军舰队服役。

17世纪末至18世纪初，俄国开始派遣大量年轻人到国外学习，这是当时俄国培养本国海军军官的重要措施。1697年，当彼得大帝率团出访欧洲时，他派了一些志愿者去学习海军事务（其中，39人被派到意大利，22人被派到荷兰和英国）。从1706年开始，又有很多学生被派到国外学习，其中大多数是莫斯科数学和航海科技学校的优秀学生。到1714年，这一数量达到了190人。[2] 在他们中间，有相当多的人是非贵族出身，他们在国外专门学习造船、领航和驾驶技术。俄国从这些人中培养了很多水手，有些人甚至成为军官；而他们中贵族出身的人则被培养成舰队的战斗指挥员。俄国的很多"领航员"都曾在英国、丹麦、荷兰、法国、意大利和西班牙学习。

但领航员们的处境很艰难，这主要是由于他们中的多数人出身于低

---

① МИРФ. Ч. Ⅲ. С. 215, 222.

② Богословский М. М. Петр Ⅰ. Материалы для биографии. М.，1940. Т. 1. С. 366；Веселаго Ф. Очерк...С. 580.

收入家庭，工资菲薄，却又总是不按期发放。在那个时期，领航员们与俄国驻外代表们（为了管理在国外学习的学员）的通信内容基本都是在苦苦哀求寄些钱。[①] 同时，许多来自富裕家庭的贵族学生却过着纸醉金迷的生活，挑选着他们喜欢的课程和工作。但总体而言，派年轻人去国外学习这个措施是正确的。一些领航员不仅在那里学习，还参加了丹麦和威尼斯舰队同瑞典人和土耳其人的作战，当他们返回俄国时，自身已经拥有了很多有益的战斗经验。

18 世纪下半期，俄国已经很少因为要学习海军事务而向国外派遣学生，但一些年轻能干的海军军官还是经常到英国舰队进修。他们中的一些人日后非常有名，如 Т. Г. 科兹利亚尼诺夫、П. И. 哈内科夫、Ю. Ф. 利相斯基和 И. Ф. 克鲁森施特恩。

根据 1701 年 1 月 14 日颁布的法令，俄国在莫斯科建立数学和航海科技学校，专门培养海军军官。学校的教师由彼得一世在英国逗留期间结识的阿伯丁大学的 Г. 法尔瓦松教授担任，随同他一起来到俄国任教的还有 С. 格温和 Р. 格雷斯。学校设在苏哈列夫塔。在俄国教师中 Л. Ф. 马格尼茨基为教学课程安排做了很多工作。学校主要从志愿者中招收学生，"对于其他人则是强迫性的"[②]。学校共有 500 名学生，除了贵族子弟，还有书记员、记事员、工商业者、神职人员、士兵等从事不同行业的人的子女。[③] 其中，家境贫寒的人由国家资助进行学习。

对于不识字的人，学校为他们设立了文法和算数（俄语和数字课程）年级。许多非特权阶层出身的学生都是在这里接受教育并毕业，然后他们可以从事文书和抄写员等一些小职员的工作。高年级学生的教学大纲包括几何学和三角学，并附带学习测量学、航海学和天文学等课程。学

---

① МИРФ. Ч. III、С. 38–40，48，49，187–189.

② Там же. С. 289.

③ Там же. С. 314.

校里教授击剑，学生还可以参加话剧表演，他们甚至作为演员团体受邀到汉堡进行演出。① 因为在 18 世纪初期同等水平的世俗教学机构只有一所学校，即数学和航海科技学校，所以它的毕业生并不只是到海军舰队工作，同样也可以到国家的其他行业里工作。

1715 年，圣彼得堡成立了海军研究院，它或被称为近卫海军研究院，是一所军事教学机构，有 300 名学员，这些人并不仅仅是学生身份，同时他们还身兼军职。研究院主要从家境殷实的家庭招收学员，教学大纲包括算数、几何、航海、天文、炮兵技术、军事工程、地理、绘画、军事操练和击剑等课程。②

1716 年，舰队中出现了一个新的职衔——"准尉生"，它是研究院学生和海军准尉之间的一个过渡环节。准尉生都是由学生开始的，他们要学习掌握航海和领航技术。夏天，他们在舰船上实习，冬天，他们在舰队的岸上机构实习。当准尉生在圣彼得堡学习期间，海军军官就成为研究院的教师，他们要为准尉生上课。③

1752 年，俄国对舰队军官培养体系进行了彻底的改革。海军研究院、海军学校和准尉生连队都被撤销了，取而代之的是海军贵族士官武备学校，它设有 360 人的编制，根据战斗序列划分为 3 个连队，按照教学秩序划分为 3 个年级。第一年级（即最高年级）由准尉生组成，其他两个年级由武备学校的学生组成。武备学校中开设数学、航海、炮兵技术、军事工程、索具设备工作、语言（俄语、法语、英语、德语）、地理、历史、政治、发展学、演说术、徽章学、道德、绘画、击剑和舞蹈等课程。武备学校下设印刷厂和医务所。

从 18 世纪 60 年代开始，武备学校进一步丰富了教学大纲的内涵，把

① Веселаго Ф. Очерк истории Морского кадетского корпуса с приложением списка воспитанников за 100 лет. Спб.，1852. С. 11，12，23.
② ПСЗ. Т. V. № 2937，3276.
③ Веселаго Ф. Очерк истории Морского кадетского корпуса... С. 64.

海军实践、舰船设计、力学，以及丹麦语、瑞典语、意大利语和拉丁语，法律和精神哲学都纳入授课范围。同时，学校设有一个专业年级，专门培养地质测量员，共招收了 50 名非贵族阶层的学生。夏天时，准尉生和高年级学生要到舰队进行实习，而低年级的学生要在营地进行训练。武备学校还建立了图书馆。后来，由于学生人数增加到 600 人，学校将学生编为 5 个连队。① И. Л. 戈列尼谢夫-库图佐夫在领导武备学校期间为改善学校的教学事务做了许多工作。

当时，很多舰队军官都是贵族出身，他们自身具有中等程度的教育水平，加上他们在武备学校受到的教育，以及他们随舰队远航到达外国港口城市开阔了眼界，因此在外人眼里他们都是有教养和有知识的人。对于那些在科学技术领域特别有天分的学生，武备学校为他们提供了继续深造的机会，因为这里有许多老师都具有杰出的专业知识和技能。

黑海舰队建立后，俄国除了在圣彼得堡建立了海军贵族士官武备学校，还在赫尔松建立了海军武备学校，其后校址迁到尼古拉耶夫。1798年，这所学校被撤销，而国家每年拨给该学校的经费划分给了设在波罗的海和黑海的领航员学校。此外，每个舰队也都下设舰船设计和建造学校。这些学校主要从平民知识分子家庭招收学生。除了学校开设的俄语拼写、算数、几何、三角学、英语等课程，这些未来的领航员和海员们还要学习航海和领航技术、天文学、海军演变史、地质测量等课程，并要学会利用地图和工具仪器。而舰船建造专业则要学习代数、高等数学（圆锥曲线）、力学、流体力学和舰船建造相关的理论。② 以前，领航员和舰船建造者都是在实践中摸索和不断积累经验，现在则是将他们纳入科学的学习体系中。

18 世纪初期，俄国已经出现了海军文学作品。第一部关于海军的图

---

① Там же. С. 115-117, 121, 122, 146, 149, 156, 157.
② ПСЗ. Т. XXV. № 18634.

书用俄语书写，并于1701年在阿姆斯特丹出版。它被称为一本"教授航海的书，由东印度公司德米特和全欧洲最著名的数学家、希佩尔大师亚伯拉罕·德格拉夫出版"。

许多有关航海学的知识信息都被收录在Л.Ф.马格尼茨基撰写的《算术》一书中，该书于1703年在莫斯科出版。它不仅是俄国第一部关于数学的著作，同时也是第一部在俄国出版的关于航海天文学和航海技术的教科书。18世纪头25年，各种不同领航表格的出版被认为具有非凡的意义和影响［如《太阳升起后南北纬度水平表》（1723），等等］。1721~1786年，瑞典人И.蒙松编撰的航海指南的俄文版在俄国共再版了5次。由Ф.И.索伊莫诺夫编写的关于波罗的海和里海的著作也经过了多次再版。由К.艾勒德撰写的著作——《新的荷兰船舶制造，预示着对舰船的全新改造》（1709）和《关于介绍阿格里纳舰船设备比例的书》（1716）的俄文版主要阐释关于船舶制造的问题。К.Н.佐托夫的著作——《海军上将与指挥官关于命令的对话》（1724）则介绍和分析了舰船管理的问题。1725年前，关于海军的主要文献包括各种条例、1720年《海军章程》、1722年《海军章程》第二部分，以及各种关于舰船和大桡船战队的信号表。非常遗憾的是，那时关于海军舰队的文献和著作并不是都留存到了我们这个时代。其中，就包括Г.法尔瓦松的许多手稿。

在18世纪中期出版的一些著作中要特别注意М.В.罗蒙诺索夫的著作《关于在海上航线中精确定位的讨论》，在定位舰船所处位置这一问题上，该部著作提出了新的具有原创性的方法。

18世纪下半期，俄国出版了大量关于海军事务的文献和著作。其中，在探讨领航技术的著作中特别值得关注的是三卷本的《航海指南》（或《海军手册》）（1789~1790），它的作者是当时著名的水文地理学家和地图绘制专家А.И.纳加耶夫，他是第一个从航海和水文地理的角度描述和解析波罗的海的人，并且他把这些内容收录到自己编制的手册中。

在参考了一些国外地图的基础上，И. Л. 戈列尼谢夫-库图佐夫绘制了地图册，它们被专门用于从波罗的海到北海和列岛的海上航行（1798，1799，1800）。此外，В. П. 德金绘制的列岛图册曾两次出版（1788，1798）。还有一些著作专门致力于理论问题的探讨，如由 П. 博格著的《博格关于航海的新著作》（1764），由 Н. 库尔加诺夫译成俄文，以及 Л. 欧拉的著作《对船舶结构和驾驶的全面思考》（1778）等。同以前一样，当时文献和著作的出版更青睐于条例和章程（1720 年的《海军章程》就曾多次再版）、信号汇编、舰队的人员编制表等。18 世纪末期，海军军官名册的出版引起了人们的极大兴趣。

另外，当时也诞生了海军历史文献。1790 年，本德尔出版公司两次出版了辞典——《古希腊远航船舶的名称》。从 1797 年起，А. С. 希什科夫着手出版关于海军舰队、分舰队以及 18 世纪后期出现的船舶的杂志。同时，他还是《俄国海军舰队所有舰船及其他船只名录》的作者。1799 年，该部著作的第一部问世，其内容涵盖了 1725 年前俄舰队舰船的情况。并且，《三语海军词典：英语、法语和俄语》（1795）的著作权最终也归属于 А. С. 希什科夫。这样一来，借助于词典，越来越多的海军军官能够阅读海军领域的专业著作。

俄国海军舰船上军官阶层秩序的构建是在君主专制体制下官僚制度形成的条件下完成的。18 世纪初，在海军军官晋升制度下曾经出现过跳过 1~2 个职衔，直接获得更高一级军官职衔的情况。从 1719 年起，这种情况被明令禁止。① 1722 年的《海军章程》第二部分确定了不同出身的军官的等级秩序，官秩表规定了不同军衔的海军军官对应的陆军军官、文职官员以及御前官员的品级。

在岗位构成上，海军军官分为不同的类型，如负责战斗任务的军官、

---

① ПСЗ. Т. V. № 3265.

直接指挥舰船的军官、不同类型的专家、负责驾驶和领航的军官、负责指挥炮兵的军官、负责舰船上行政经济事务的军官等。

从舰船建造之时起，舰船上负责战斗任务的军官职位就一直由贵族担任，很少有例外的情况，而其他非贵族出身的小官吏想要获得这一职位是不可能的，这不仅是通过立法手段严厉规定的，同时也是军官培训制度严格体现的。海军贵族士官武备学校就像它的名称体现的那样，只允许招收贵族出身的学生，并且，也只有它的毕业生才符合舰队军官战斗岗位的要求。

相反，舰船上的驾驶员、领航员、专员、索具管理员以及最初的炮兵指挥官很多都不是贵族出身。这是因为在俄国海军舰队建成初期，驾驶员、领航员以及炮兵的各级军官全都没有军官的官衔。只有从1715年起，海军部才开始为下属的炮兵服役人员授衔，之后也开始为舰船上的其他军官授衔。[1] 从1733年起，驾驶员和领航员开始被授予工长的职衔，相当于军官，1775年俄国又颁布了新的法令，其内容是关于海军军官从准尉到大尉的晋升制度。法令规定，只有非贵族出身的小官吏可以成为舰船的驾驶员和领航员，但依然禁止他们转成战斗岗位的军官。从1798年起，驾驶员和领航员已经可以获得少校的军衔，但是禁止他们获得进一步的晋升。[2] 并且，法令很明显地按照出身将军官们划分为"白"和"黑"两类。甚至舰船上为军官设立的休息室和餐厅都是按照军官的出身分开设立的，如战斗岗位的军官（贵族出身）和驾驶员、领航员、专员、索具管理员（非贵族出身）的餐厅和休息室是分开的。[3]

在舰队中，军官们的性格品质也各不相同。其中，有盲目服从的人，

---

[1] См.: Общий морской список. Ч. 1. С. XIX, XX.

[2] Там же. С. XXI; ПСЗ. Т. XIV. № 10711.

[3] ПСЗ. Т. XXIV. № 17833. С. 449.

有具有创新思维的专家；有各种具有心机、极力追逐个人利益的野心家，有热爱自己工作的海员；甚至还有严苛的农奴主和宅心仁厚的人——总之，在军官中存在各种不同品质的人。但是，重要的是，他们中的绝大多数人，上至海军上将，下至普通水手，本身就具有鲜明和突出的特征，即在战斗中表现出来的勇敢无畏的风格，以及对祖国和舰队的忠诚品质。对于许多军官来说，在舰队中服役就是自己一生所要从事的事业。由此，在俄国海军舰队中曾经诞生过许多海军家族，他们在 18 世纪的不同时期始终在海军舰队中服役，其中包括 17 位莫尔季诺夫家族的人、12 位谢尼亚文家族的人、10 位戈列尼谢夫-库图佐夫家族的人、7 位奇里科夫家族的人、7 位涅韦尔斯克家族的人、7 位斯皮里多诺夫家族的人、6 位布塔科夫家族的人以及 5 位维塞拉戈家族的人。

　　舰船上的工作既艰苦，又充满危险。那时还没有能够精确定位舰船方位（指确定舰船的位置）的方法，很多舰船远航去的地方都不为人所熟知，甚至是完全陌生的地方，因此，当时舰船在海上经常发生事故。在夜间航行时，船员们每四小时要轮岗一次。当面对艰苦的工作时，舰上要进行全员动员，召集全体船员集合。在舰船上，船员们有时是几天，有时是在长达数周的时间内都要顶着呼啸的海风，迎着怒吼的波涛，满耳都是舰船的嘎吱声，他们就是在这种恶劣的环境下生活、工作，甚至是同敌人作战。船的颠簸和摇摆常常使人筋疲力尽，这时船员们想找个地方晾干自己或取个暖，却往往发现无处可去，因为在船上只有在固定的做饭时间才可以生火。并且，只有在刚刚开始远航的几天内，船员们才可以享用到新鲜的食物，之后在漫长的海上航行期间船员们只能喝粥、吃腌肉、鱼干和面包干，而存放在大木桶中的食用水也常常变质。

　　但同时，工作中带来的困难和艰辛也在不断地锤炼着船员们的意志，使他们变得更加团结。恩格斯就曾特别赞扬过俄国战士们团结奋战的精神，并指出，这种精神源自俄国农村普遍的日常生活经历，并被招募的新兵带入军队的环境中。[1] 对于舰队工作而言，这种团结合作的方式非常有意义。因为，海上作战和陆地作战的区别在于通过个人英雄主义挽救失败的可能性非常低，在大海上，大家要么一起取得胜利，要么一起牺牲。因此，舰队上的集体是一个联系紧密的，甚至是封闭的世界。在这里，每个人都把希望寄托在同伴身上，希望他可以于危难中挽救自己，也把希望寄托在指挥官身上，希望他在艰苦困难的情况下能够指挥舰队获得胜利，同时还把希望寄托在舰船身上，希望它能够承受住敌人的进攻和炮火。对于俄国船员来说，无论是在海上，还是在国外的港口，这些悬挂着安德烈旗帜的舰船即便不是特别的坚固，也是自己的家，是祖国的一部分。

18 世纪下半期，俄国舰船上普遍加强了饮食管理，这在凝聚船员力量方面发挥了重要的作用。当时，俄国海军部禁止再向每一个船员分发现成的军粮，而是把船员们按团队划分，再以团队为单位自行准备食物。1797 年的《海军舰队章程》指出，这是"为了在船上形成良好的习惯"，因为按照团队分配食物符合船员们的战斗任务分配以及值班团队的划分。[2] 同时，这个制度在改善饮食的同时也拉近了船员们的关系。

军官们则开始共同进餐。军官休息室不仅是用餐的地方，还是军官们休闲娱乐的场所，大家可以在这里交流思想和经验。因此，它在军官日常生活中的作用越来越大。

俄国舰队特别注意保护和尊重一些传统习惯。1722 年，彼得一世颁布法令，命令佩列斯拉夫尔区的军政长官要存好由自己组建的少年兵团遗留下来的船只，彼得一世曾率领这些船只在佩列亚斯拉夫利湖上游弋。[3] 1723 年，在圣彼得堡和喀琅施塔得为一艘小艇举办了豪华的庆祝活动，因为正是这艘小艇引发了彼得一世对大海的向往和兴趣。战无不胜

---

[1]　См.：Маркс К.，Энгельс Ф. Соч. Т. 22. С. 403.

[2]　ПСЗ. Т. XXIV. № 17833. С. 440，441.

[3]　ПСЗ. Т. VI. № 3903.

的舰队用上百响的礼炮欢迎自己的"前辈"，彼得一世亲自指挥，而海军上将们则操动船桨。

同时，舰船的名称要能够反映出俄国武器的胜利，这已经成为俄国海军的一项传统。并且，那些曾满载荣誉的舰船的名称是要继承下去的。在 18 世纪俄国舰队的名册上，"英格尔曼兰"这一名称用过 4 次，"波尔塔瓦"用过 3 次，"莫斯科"用过 6 次。

在舰船上的船员身上形成了特殊的、海员式的爱国主义精神，他们表现得像大海一样勇猛。海军上将 Д. Н. 谢尼亚文曾写道："我们用勇猛一词代替了功名心这样的词语……所有这一切在某种程度上都可能使我们变得沮丧，或是勇敢，甚至更加勇敢。"[1] 1795 年，海军中将 П. И. 哈内科夫曾做过这样的汇报，当由他率领的分舰队与英国海军上将邓肯率领的英国分舰队进行联合远航时，俄国水手们总是想在训练中超越英国人，以前需要 10~12 分钟完成的任务，现在只需要 3~4 分钟就完成了。[2]

1771 年 7 月，列岛分舰队指挥官 А. Г. 奥尔洛夫曾给叶卡捷琳娜二世写了一份报告，这份报告非常典型。尽管在他统帅的分舰队上有许多外国海员在英勇作战，但 А. Г. 奥尔洛夫还是请求叶卡捷琳娜二世在从波罗的海舰队调拨给他们的援军中尽量使用俄国士兵，"因为……不管是面对困难、窘境，还是在战斗中面临困境，俄国人和外国人的表现具有极大的差别"[3]。在希俄斯岛战役和切斯曼岛战役中俄国战士们表现出真正巨大的英雄主义精神，这就是 А. Г. 奥尔洛夫给出这样评价的原因。

世界上所有国家舰队的船员们一回到岸上就打架闹事，这已经是司空见惯的事儿了。俄国舰队船员们也不例外，那不勒斯的外交官米切鲁就曾兴奋地描述俄国陆战队二级大尉 Г. Г. 贝利于 1799 年在那不勒斯逗留

---

[1]　Гончаров В. Адмирал Сенявин. Биографический очерк с приложением записок адмирала Д. Н. Сенявина. М.-Л.，1945. С. 107.

[2]　МИРФ. 1893. Ч. ⅩⅣ. С. 491.

[3]　Там же. Ч. ⅩⅠ. С. 671.

期间的表现："多么勇敢！多么有纪律性！又是那么温柔和那么的客气！这里的人们崇拜他们，对俄国人的记忆将永远留在我们国家。"① 这段描述的背景是，当时恰逢意大利保皇党人和英国人共同对共和党人施暴，而俄国海员则鲜明地显露出仁慈和宽容的情怀。

\*\*\*

"俄国走进欧洲，就像一艘刚刚下水的船，伴随着斧头的敲击声和大炮的轰鸣声。"② 在诗中，A. C. 普希金将"年轻的俄国"与刚下水的船相比，这并不是偶然的。俄国海军舰队在18世纪为俄国带来的荣誉使它成为俄国在全新世纪的独特象征。这甚至也体现在俄国的整体面貌的变化上。很难想象在18世纪圣彼得堡的涅瓦河上看不到数不尽的帆，看不到海军部大厦的尖顶以及新荷兰。那么塞瓦斯托波尔、尼古拉耶夫、赫尔松和阿尔汉格尔斯克这些城市呢？它们都靠近海边，与舰队相邻，它们城市面貌的变化恰恰也说明了这一点。

新兴文化在俄国的出现是以俄国同其他民族国家展开紧密的交流为前提的。自古以来，在这种交往中海路一直发挥着重要的作用。在获得出海口后，俄国就拥有了海洋强国的地位。为了巩固和加强这种地位，俄国必须拥有一支强大的海军舰队。1710年，俄国和丹麦就两国船舰间互鸣礼炮问题签订了协议。③ 作为一支新生的海军力量，俄国海军舰队同欧洲一支最古老的国家舰队形成了平等的关系，这不仅表现出对方的尊重之意，同时也反映出俄国国际影响力正在不断提升。

在北方战争的最后阶段，俄国海军舰队功勋卓著，当时它不仅在战斗

---

① Цит. по：Тарле Е. В. Соч. М.，1959. Т. Х. С. 199.
② Пушкин А. С. Полн. собр. соч.：в 10 т. 4-е изд. Л.，1978. Т. 7. С. 211.
③ ПСЗ. Т. Ⅳ. № 2274.

中成为关键的决定性力量，同时也成为遏制反俄势力形成联盟的重要因素。

　　凭借强大的海军力量，在北美殖民战争期间，即北美殖民地人民同法国和西班牙军队共同反抗英国的战争期间，俄国发表了关于保持武装中立者地位的宣言。依据中立国家法，在战时俄国可以同世界上任何国家进行自由的海上贸易，包括正在进行战争的国家。只有军事装备和武器需要通过走私的途径进行交易。为了执行中立宣言的条款，俄国的三支分舰队奉命出海。舰队的指挥官们被要求严格遵守中立的地位，但为了保障俄国商船的安全，他们可以利用所有办法，包括动用武力；同时，如果其他中立国向他们求助，他们也同样要保证他们国家商船的安全。①因此，大部分欧洲国家都签署了中立宣言，英国也只好被迫承认宣言的合法化。必须指出的是，关于武装中立国的宣言以及它的一项重要原则——航行自由——开启了人们对国际海洋法的研究和制定工作。

　　对于俄国，海军舰队所发挥的作用已经远远超过了它本身的职能范围（即在军事领域）。同时，它本身也成为吸引新型文化出现的主体，并促使这些不同类型的文化不断涌现和进一步发展。当时，舰船上凝聚了各种新兴科技，是所有武器装备中最复杂的。这不仅要求一系列生产部门快速发展，同时也促进了新兴世俗教育体系在俄国的形成。并且，海军舰队的建立也促进了俄国在众多领域的发展，如天文学、数学、物理学、地理学等。上文提到了 M. B. 罗蒙诺索夫和 Л. 欧拉的著作，这些学者为俄国海洋科技的形成和发展做出了巨大的贡献。在自己的著作——《关于在海上航线中精确定位的讨论》中，M. B. 罗蒙诺索夫提出了建立海军研究院的方案，他认为，这个研究院主要研究与海上航行相关的所有科学问题。但遗憾的是，这个方案最终未能实现。②

　　海军舰队不仅利用了科技发展的成果，也积极推进了科技的进步，

---

①　ПСЗ. Т. XX . № 15016.

②　Ломоносов М. В. Полн. собр. соч. М.-Л. , 1955. Т. 4. С. 161, 162.

这首先体现在地理学和水文地理学的研究领域。在这些领域中的研究不仅对舰队具有现实的意义，其研究本身也具有巨大的科研价值。1699年，К. И. 克鲁斯组织力量勘测顿河（从沃罗涅日至亚速的河段），这开启了俄国对亚速海和黑海的研究。

此后，大量的研究著作补充和校订了瑞典人绘制的关于波罗的海的地图。1720年的《海军章程》规定，领航员的职责在于为舰队指出和规避以前并不了解的海上风险区域。[①] 同时，值得指出的是，俄国对波罗的海的研究工作也与上述工作一并开展。А. И. 纳加耶夫编制的手册和航海指南收录了上述工作的大部分内容。

1715~1720年，俄国进行了里海地图的绘制工作。最终，彼得一世将绘制好的地图展示给了巴黎科学院。正是在这张地图的帮助下，欧洲学者才首次真正了解了里海。之后，对于这一区域的研究工作也随之开展起来。此外，在18世纪下半期，俄国也对黑海和亚速海的沿岸地段进行了测量和勘测工作。

18世纪，俄国海员们在俄国最北部和东部地区进行了大量的研究和调查工作。由В. И. 白令领导的第一支堪察加考察队进行的研究彻底搞清楚了在亚洲大陆和美洲大陆间存在一条海峡。1733~1734年，俄国对大北方展开了大规模的勘测和研究工作，一共派出了9支共计千人的考察队，其中7支考察队是由海军舰队派出的，由海军军官负责指挥。在这9支队伍中，5支队伍的领导者包括С. В. 穆拉维约夫、С. Г. 马雷金、Д. Л. 奥夫岑、Ф. А. 米宁、С. И. 切柳斯金、В. В. 普龙齐谢夫、Х. П. 拉普捷夫和Д. Я. 拉普捷夫、П. 拉希尼乌斯。他们率队考察了北冰洋沿岸，主要是从北德维纳河和伯朝拉河一直到科雷马河的地段。М. П. 什潘贝格和В. 瓦尔顿率领的考察队则从勘察加到日本，然后绕过千岛群岛的

---

① ПСЗ. Т. VI. № 3485. С. 45.

层层山脊。В. И. 白令和 А. А. 奇里科夫领导的考察队实现了对北美洲西北部沿岸地带的考察，最终发现并确认了阿留申群岛的存在。所有这些考察队的行动都是追寻着 17 世纪俄国考察家们的足迹，他们取得的成就和意义是非凡的。并且，18 世纪考察队已开始使用仪器测量，这要比 17 世纪考察时仅仅利用绘图的手段要精确得多。这些考察研究取得的成果都被纳入进一步的科研工作中，它们不仅丰富了俄国的，同时也丰富了世界科学知识的宝库。事实上，俄国对大北方进行考察和研究的工作完全可以与那些伟大的地理大发现相媲美。

提到 18 世纪下半期俄国的考察工作，必须关注一下 В. Я. 奇恰戈夫于 1765~1766 年进行的远航，他的远航计划是由 В. Я. 罗蒙诺索夫制订的。奇恰戈夫的航行一直到达北纬 80°30′，但最终为坚冰阻碍，未能前行。П. К. 克列尼岑和 М. Д. 列瓦绍夫（1764~1769）以及 И. И. 比林格斯和 Г. А. 萨雷切夫（1785~1793）率领的考察船队则一直对太平洋进行探索。俄国船队对太平洋北部地带的考察航行促进了对北美大陆——从阿拉斯加到加利福尼亚的开发。

从 18 世纪 80 年代起，俄国开始制定第一个环球考察方案，原本这次考察计划由 Г. И. 穆洛夫斯基领导，但俄瑞战争的爆发打断了这一计划。在 1789 年的厄兰岛战役中穆洛夫斯基被打死，因此，直到 19 世纪初俄国的环游世界计划才开始施行。

如果说到俄国海军舰队对俄国新文化发展的作用与贡献，那就必须指出人们并不十分留意的一点。对于外国，俄国民众与社会的认识主要来自书本和同外国人的交往，以及同那些曾在国外居住过的俄国人的交流。在后者中，有相当一部分人指的是海军舰队的船员。他们的讲述往往会给人留下极为深刻的印象，同他们（指舰队军官和水手）的交流和沟通也极大地拓展了俄国居民的视野。

俄国海军舰队取得的成就，它们在海战中不断获得的胜利日益成为民族自豪的资本，极大地提升了俄国民众的民族自觉意识。并且，它们在18世纪达到的水平为进一步发展奠定了坚实的基础。

18世纪是俄国军事发展进程中的一个重要阶段，在这一阶段俄国建成了自己的武装力量，促进了本国军事战略和战术的提高与发展。并且，俄国认识到，只有拥有强大的陆军和海军舰队，才能有效地完成国家的诸多对外任务，如保障国家利益、实现同其他民族和国家的全面经济和政治联系、保障本国边界的安全等。

18世纪，俄国完成了始于17世纪的组建俄国常规军队的计划，最终建成了俄国常规海军舰队。这一进程包含了俄国军事发展领域中的所有变化和变革，构建了俄国常规武装力量的体系结构。同时，从法律角度规定了士兵们在战斗、战前的准备工作、服役程序中，以及在不同部门间和所有服役人员彼此间的相互关系中需要遵守的章程和条例。在军队中实行了新的人员配套程序和补给制度，在国内创建了新的军事教育体系，这些使俄国军事科技得到了快速发展。这些改革的施行源自确定了君主专制体制的国家对管理机构进行了深刻的变革。并且，正是这些改革将俄国的武装力量水平提升到同时代各国军队展现出的最高水平的高度，进一步促使俄国能够顺利完成一系列重要的对外任务，并在19世纪初击退了由拿破仑及其同盟者组成的"伟大军队"对俄国的进犯。

同时，在专制君主的掌控下，俄国常规军队成为镇压人民反封建活动的有力武器，如他们对由 Е.И. 普加乔夫领导的农民起义的镇压。

建设和保有常规陆军和海军舰队符合俄国君主专制制度的要求，与统治阶级包括贵族和新生的资产阶级的利益相吻合，同时也为国内的人民大众带来了沉重的负担。

18世纪俄国国内的经济发展水平保证了俄国能够拥有强大的武装力量。这支武装力量的存在首先保障了俄国的国家利益，然后也为俄国经济和文化的发展创造了必要的条件。

# 第七章
# 学校与教育

### M.T. 别利亚夫斯基

　　17 世纪下半叶，尤其是在最后几十年里，俄国的学校教育发生了一些变化。在这一时期，学校的性质、构成和使命都与此前全然不同。其中，在首都郊区外侨村（外国人聚居区——译者注）有一所学校，工商业者和小官吏的子弟在这所学校"学习拉丁语（医药领域）"；在叶皮凡尼·斯拉维涅茨基的大力倡导下兴办了安德烈和丘多夫修道院学校；还有专门招收小官吏子弟的扎伊科诺斯帕斯基修道院西梅翁·波洛茨基学校。在西梅翁·波洛茨基的倡议下俄国创立了第一所高等教育机构：斯拉夫-希腊-拉丁语学院。该学院独具特色，并在 17 世纪末到 18 世纪头 25 年俄国教育领域及其他文化领域的发展中发挥了重要的作用。

　　学校逐渐不再是只为一定的社会阶层而设、以培养神职人员为己任的机构。在这里学习的不仅限于神职人员子弟，还有大公、大小贵族、工商业者和小官吏等家庭的孩子。学生成分的变化也影响到学校教授的课程、科目的设置，教学方法的使用以及教材的编写和出版。学校拉丁语课程的开设为了解和掌握西欧的经验及文化遗产开辟了道路；此外，学校还开设了物理、数学、法律等学科。在第一批教科书中，有大量发行、多次再版的《识字课本》（卡里翁·伊斯托明）、《语法》（梅列季·斯莫特里茨基）、《乘法速算表》、《步兵习武概则与谋略》以及西梅翁·波洛茨基的作品。

新式学校的创立以及其中世俗文化元素的增加引起了教会的警惕，有时甚至是敌视。以阿德里安大主教为首的宗教界人士认为，除了毕业于帕多瓦大学的西梅翁·波洛茨基，还有那些来自基辅-莫吉良斯基学院的教师，他们的活动受到"可恶的"天主教徒西化论的影响；宗教界人士还谴责他们背离了传统的拜占庭宗教教义和信条，拒绝为保证"东正教的纯洁"① 而斗争。尽管学校发生了一些新的变化，但其控制权仍掌握在教会手中。

在 17 世纪的最后 25 年里，俄国旧式学校的内部也发生了一些变化。但这些变化并非连续性的，尚且不足以创建起全新的学校体系，并赋予教育世俗化的性质②。

18 世纪头 25 年，通过学校教育获取的知识已经无法满足当时国家的需求。随着专制制度的形成，中央和地方行政机关庞大的官僚体系需要的不仅是识字的人，还应是接受过专门教育的国家公职人员。如果没有军官、炮兵、军械工、造舰工、筑城工事专家、领航员、水渠和港口建筑师等专业人员，创建正规军队和海军舰队就无从谈起。冶金业的发展需要知识渊博的探矿员、化学工作者、冶炼工、技术人员。纺织、皮革、造纸及其他工业领域都需要专业人才。军队、舰队、城市需要药剂师和医生。要想对俄国的国土及其自然资源、交通进行深入研究，就离不开地理学、天文学、生物学等领域的专业工作者。在俄罗斯民族及其民族文化日益形成

---

① Туманский Ф. С. Собрание разных записок и сочинений, служащих к доставлению полного сведения о жизни и деяниях государя императора Петра Великого. Спб., 1788. Т. X. С. 111.

② Рогов А. И. Школа и просвещение // Очерки русской культуры XVII века. М., 1979. Ч. 2. С. 154.

的大背景下，俄国在国际关系中发挥的作用决定了它与欧洲各国经济、政治、文化联系的性质和规模。由此，历史学、法学、经济学及语言学等领域专业人才的培养具有特别重要的意义。人们日常生活方式的变化要求国家必须培养本国的建筑师、画家、雕塑家、音乐家等。

国家急需各类专业人才，但是，只有新型的世俗学校才能完成这一任务。学校教育的任务不再是学习赞美诗、日课经、宗教图书、神学图书、圣徒行传；而是要掌握数学、物理、天文学、化学、筑城学、法学等学科的基础知识。

1701 年 1 月 14 日，彼得大帝下令开办"数学和航海科技学校"，自此拉开了俄国世俗教育的帷幕。学校设在莫斯科苏哈列夫塔楼。经过一番考察，许多贵族将自己的孩子送到这里念书；学校还招收官员及其他公职人员的子弟。应当指出的是，后者的数量迅速增长，到学校招生的第二年，已经达到 180 人。因此，学校在成立两年后不得不增加招生名额。[①]

不久，"数学和航海科技学校"更名为"航海学校"。该校对俄国世俗职业学校的创立发挥了举足轻重的作用。彼得一世本人很清楚这一点。他曾指出："无论是对航海领域，还是炮兵、工程师等方面的专业人才培养来说，该校的创立都极具现实意义。"[②] 1715 年，在圣彼得堡以航海学校为基础创办了海军学院，航海学校高级班的学生转入海军学院学习。而贵族出身的学生较少的初级班变成了预备校，培养没有官衔的水兵。[③]

几乎在开办航海学校的同时，莫斯科建立了炮兵学校，招收炮手及官员的子弟，教授他们读、写及其他工程技术方面的科目。[④] 学校的高级

---

① Соловьев С. М. История России с древнейших времен. Спб. : Общественная польза. Кн. Ⅲ. Стб. 1345，1346.

② Веселаго Ф. Очерк истории Морского кадетского корпуса с приложением списка воспитанников за 100 лет. Спб.，1852. С. 5.

③ Там же. С. 20-34.

④ Бранденбург Н. Е. Материалы для истории артиллерийского управления в России. Спб.，1876. С. 241.

图 7-1　苏哈列夫塔楼（航海学校）

班教授学生数学、制图，但能进入高级班学习的只有极少数学生。而大部分学生在学了一两年之后便被选去做炮兵、炮手学徒或被派去炮兵工厂做工人。许多学生对此及学校的艰苦环境颇为不满，纷纷辍学。因此，学生的人数常常会发生较大变化，时而由 180 人增至 300 人，时而又减少到 136 人，然后又增至 700 人。①

后来，除了炮兵学校、航海学校两所专门学校，俄国还开办了工程学校。工程学校的初级班教授培养工程师人才所需的算数和几何知识，高级班教授筑城学。1717 年，学校所有非贵族出身的学生都被取消学籍，派往工程连服役，1723 年，贵族学生则转入圣彼得堡工程学校上学。②

北方战争时期，军队和舰队急需医务人员。因此，1707 年创办了莫斯科军事医院附属医科学校。但该校的建校之路相当不易，因为无论是学习解剖学、外科、医药等课程，还是在医院工作，都要求必须掌握拉

---

① Бакланова Н. А. Школа и просвещение // Очерки истории СССР. XVIII век. М., 1954. С. 661.

② Бранденбург Н. Е. Указ. соч. С. 248，249；Пруссак А. Инженерные роты при Петре I // Военно-исторический журнал. 1940. № 7. С. 125.

丁文，一般来说，只有斯拉夫-拉丁学院（当时称为斯拉夫-希腊-拉丁语学院）的学生才通晓拉丁文。所以，彼得一世下令，将大批该学院的学生转入医科学校。[1]

当然，莫斯科仅有的一所医科学校是无法满足对医务人员日益增长的需求的。圣彼得堡的陆军和海军医院也先后开设了附属外科学校。1797 年，该校升级为外科医学院。后来，在莫斯科医科学校的基础上，也成立了外科医学院。培养医生、大夫、药剂师的学校还有丰坦卡医科学校、药圃花园医科学校以及沃斯克列先斯克工厂、喀琅施塔得及其他城市的医科学校，但这些学校的教学水平普遍较低。[2]

这一时期，俄国创办了第一批发展冶金业所需的矿业学校。1716 年，奥洛涅茨厂矿业学校成立；1721 年，B. H. 塔季谢夫在乌拉尔地区的冶金厂先后创办了几所矿业学校。[3] 1774 年，矿务总局附属矿业学校在圣彼得堡创立。学校预计招生 120~150 人，其中一半学生由国家资助公费培养。该校的成立是俄国在创办培养矿业人才的高等技术学校道路上迈出的重要一步。19 世纪初，在该校基础上创建了矿业学院，后者在俄国科技、高等技术教育的发展中发挥了重要的作用。[4]

专制国家的官僚体系要求创办培养相关人员的学校以及士官学校，教授贵族子弟算数、文书处理及"政府部门"[5] 所必需的一切公文事务。

18 世纪，俄国采取积极的外交政策，其在国际关系中的作用发生了相应的变化。19 世纪初，国家急需翻译人才以及通晓外语的官员到驻外使馆及外事部门任职。作为解决这一问题的最初尝试，1703 年，牧师

① Чистович А. Я. История первых медицинских школ в России. Спб. , 1883. С. 338 и др.

② Чистович А. Я. Указ. соч. ; Блинов И. К. Военно-медицинская академия РККА. Краткий исторический очерк. Л. , 1941；Очерки истории Ленинграда. М. -Л. , 1955. Т. 1. С. 414.

③ См. : Козлова Н. В. , Кошман Л. В. , Тарловская В. Р. Культура промышленного производства // Очерки русской культуры XVIII века. М. , 1985. Ч. 1. С. 181-191, 204-208.

④ Очерки истории Ленинграда. Т. I. С. 414.

⑤ ПСЗ. Т. VI. № 3845；Т. VII. № 4457.

Э. 格柳克在莫斯科创办了一所学校。按照设想，这将是一所普通教育学校。学校在开设拉丁语、德语、希腊语、法语及东方语言课程的同时，还开设哲学、地理、数学、物理、演说术等课程。然而，事实上，尤其是在格柳克去世之后，学校的教学重心转到了外语学习上。此外，还增设了舞蹈、击剑、骑马等课程。1710年，格柳克学校分化为德语、法语、拉丁语、瑞典语4所外语学校。到1715年的时候，4所学校中只剩下德语和法语两所学校。但在同年，这两所学校也关闭停办了。学校的教师和一部分学生则转入圣彼得堡海军学院。格柳克学校为俄国世俗学校的创办做出了一定的贡献，但未能发展成一座真正意义上的普通教育学校。①

**图 7-2　18 世纪初的学校**

令人感到有些不可思议的是，随着新式世俗学校的创办，控制在教会手中的旧式学校的办学模式也得到拓宽和巩固。18 世纪，教会学校保留着自己的课程设置和教学方法，同时，也体现出鲜明的职业性和阶层性特征。

---

① Пекарский П. П. Наука и литература при Петре Великом. Спб. ，1862. Т. Ⅰ. С. 128；О немецких школах в Москве в первой четверти ⅩⅧ в. // ЧОИДР. 1907. Кн. Ⅰ.

他们以培养能够履行专制国家赋予其职能的神职人员为己任。沙皇下令，教师和牧师子弟"要在学校学习拉丁文和希腊文"，而那些"懒于学习"、不执行这一命令或是学习不好的人，不可提担其教会职务，也禁止录用这些人担任文职工作。教会学校禁止招收纳税阶层子弟。

1725 年，俄国基本形成了教会学校体系，在各省城创办的教区学校实际上就是中等教会学校，全国共计有此类学校 46 所。后来，这些学校变成神学院，专门用来培养神职人员。在对 18 世纪教会学校的特点进行评价时，应当指出非常重要的两点：第一，尽管这些学校的课程设置有所拓展（其中一些也涉及世俗教育的学科），但其教学内容仍是死板陈旧的、经院式的。18 世纪 70 年代之前，由于俄国没有普通教育学校以及为升入专门（医学、翻译等）学校做准备的预备校，教会学校的大部分学生常常还未到毕业就一批批地离开了这里。这是当时教会学校的另一个特点。这种情况在斯拉夫-拉丁学院尤为严重，学院的领导曾不止一次地抱怨道，他们的学生中"剩下来的都是差生"，而那些学得好或是有天赋的学生都被选去做文职工作或是进入专门学校继续深造了。

与此同时，培养专门人才的世俗学校也面临非常复杂的形势，因为到这里来念书的学生完全没有学习相关专业课程的背景知识。要摆脱这一困境，需要创办初级学校，作为航海学校和炮兵学校初级班的延续。于是，1715 年，在圣彼得堡开办了一所俄语学校，教授"木匠、水手、铁匠等人及其兄弟和亲属"阅读、书写、算术，为他们将来到海军船舶修造厂做工匠和学徒做准备。[①]

为此，1714 年开始创办"算术学校"，招生对象为贵族、官吏、公职人员和工商业者子弟，即除了农民和农奴以外"所有阶层"的孩子。他们应当学习"算术和一部分几何知识"。算术学校一般由教会出资，由规

---

① Буров А. А. Петербургские « русские » школы и распространение грамотности среди рабочих в первой половине XVIII века. Л. ，1957. C. 16.

模较大的修道院或高级僧侣家族创办。但教会对算术学校的发展毫无兴趣，因为神职人员的子弟到这里念书之后，大多成为工匠、士兵，脱离了教会阶层。还有一点让他们难以接受的是，他们需要自己出钱来培养官吏、工商业者和其他低级公职人员的子弟，而且教授的不是教义和赞美诗，而是教会最不擅长、不感兴趣的"算术和几何"。因此，算术学校（当时有42所）的教师和学生渐渐流失。1727年，共计有在校生约2000人，其中近一半是神职人员子弟，约40%是官吏和士兵子弟。18世纪20年代，算术学校事实上已经停办，因为神职人员子弟都转到了主教区教会学校，而士兵子弟转到了卫戍学校及士兵学校。[1]

军队的军事改革及征兵制度的实行引致一个新的阶层——士兵子弟的出现。当他们八九岁的时候，他们便会被送入士兵学校上学，在那里学习识字、书写，特别是算术。士兵学校为军队和舰队输送士官、文书，为军团的乐队输送音乐人才。就其培养目标和性质而言，士兵学校是18世纪俄国世俗学校中最具规模的初级职业学校。

这样一来，在18世纪头25年，旨在为不同行业培养各个层次专业人才的世俗学校体系已初具基础。但在18世纪上半叶，还尚且没有普通教育学校。

专制国家建立世俗学校体系，意在巩固其专制农奴制度，确保农奴主阶级的统治地位。因此，在18世纪上半叶，随着世俗学校对培养专业人才这一需求的满足，它们的阶层性特点也越发明显。海军学院以及工程学校和炮兵学校高级班只面向贵族子弟招生。"官吏子弟"只能就读专门学校的初级班，而士兵子弟只能就读士兵学校。神学院和教会学校也具有典型的阶层性特点。在这里上学的士兵子弟学成后要"去军团服役"，而"地主和农民家的孩子……是绝对不招收的"。多尔马托夫修道

---

[1] ПСЗ. Т. V. № 2762, 2778；Милюков П. Н. Очерки по истории русской культуры. Спб., 1902. Ч. II. С. 297.

院、圣三一大教堂的教会学校、诺夫哥罗德的 Ф. 普罗科波维奇学校、别尔哥罗德的主教区学校都通过了类似的决议。[①]

只有矿业学校、医科学校及那些政府和贵族阶层认为在那里念书与贵族身份不匹配的学校，仍然面向社会各阶层招生。这些学校的学生大多是下等官员、公职人员、工商业者、小官吏出身的知识分子、士兵以及等级较低的神职人员的子弟。

18 世纪 30~70 年代，在面向不同阶层招生的学校的发展过程中，贵族学校始终占据核心地位。1732 年，陆军贵族武备学校在圣彼得堡创立，这拉开了贵族学校发展的序幕。1752 年，由海军学院组建成立海军贵族武备学校；1759 年，贵族子弟军官学校成立，该校旨在培养贵族，为他们将来到宫廷和行政机构任职做准备。1762 年，在 A. H. 维尔博阿的倡导下，成立了炮兵和工程技术贵族武备学校。这些贵族军官学校的创立实际上巩固了贵族阶层在行政、军事、民政及宫廷各部门和领域的统治地位，并将在这些部门任职变成了贵族阶层的一个特权。

上述各类学校对于发展军队和舰队，提高贵族公职人员的教育和文化水平，以及推动俄国文化的发展都起到了相当重要的作用。其中，陆军贵族武备学校在推动俄国文化发展方面起到的作用尤为显著。该校的教学内容不仅仅局限于与培养军官直接相关的科目。有时，一些纯军事学科的课程甚至退而居其次，而以教授地理、历史、演说术、外语、舞蹈、音乐等课程为主。此外，还有一些学生甚至可以不学习与军事技能相关的科目，他们有权自主选择要修读的课程，从而"根据自己的兴趣确定学习方向"[②]。学校的毕业生中有不少到民政部门任职，还有许多教

---

[①]　Знаменский П. В. Духовные школы в России до реформы 1808 года. Казань，1881. С. 123–127，294 – 300；Смирнов　С. С. История　Московской　славяногреко-латинской　академии. М.，1855. С. 180；Жураковский Г. Е. Из истории просвещения в дореволюционной России. М.，1978. С. 14–16.

[②]　ПСЗ. Т. Ⅷ. № 5811.

师和学生对俄国文学的发展做出了自己的贡献。他们翻译文学作品、政治学和哲学论著，出版杂志，从事音乐创作。18世纪60~70年代，普通教育学校的一些特点逐渐渗透到这些贵族武备学校当中。

1764年，斯莫尔尼贵族女子学院的开办是发展壮大贵族学校的重要一步。该校的招生对象为贵族出身的女子，招生人数共计200名。尽管如此，该校的创办对俄国学校的发展及社会文化水平的提高具有重大意义。这一时期，在世界上任何国家都尚未有女子世俗学校。而到18世纪末的时候，俄国已经在多座城市开设了贵族女子学校。

然而，斯莫尔尼贵族女子学院及其他类似的女子学校都是面向贵族招生的，这一阶层性特点决定了这些学校的教学具有专门的针对性和倾向性。在校生学制12年（从6岁到18岁），与社会和家庭隔绝，进行封闭学习。女孩子们首先要学习舞蹈、音乐、"礼仪规范"、法语及其他能够令其"引人注目、脱颖而出"的技能，她们对知识的掌握一般都是浅尝辄止。另外，学校的教师大多是法国女性，她们用法语进行授课。正因如此，女子学校的许多学生说俄语、写俄语都很吃力，对俄国文化也是知之甚少，蔑视俄罗斯民族及其传统。斯莫尔尼贵族女子学院的这一办学特点甚至遭到了一些贵族界代表人士的批评。例如，贵族思想家M. M. 谢尔巴托夫大公写道，斯莫尔尼贵族女子学院的学生"既成不了学者，也成不了人格高尚的女性"，因为对她们的"教育更多的是教授如何演戏，而非修身养性、陶冶情操，磨炼心智"。[①] 1765年，斯莫尔尼贵族女子学院又开设了世俗女子学校，专门面向小市民家庭，即除了农奴家庭之外的非贵族家庭出身的女孩招生。学校教授的科目包括识字、书写、算术、教义及与"家政"相关的课程。世俗女子学校的毕业生大多为斯莫尔尼贵族女子学院、宫廷、贵族及高官的庄园工作。

---

① О повреждении нравов в России князя М. Щербатова и Путешествие А. Радищева. 1858. Факс. изд. М. , 1983. C. 91.

1779 年，工厂主 Π. A. 杰米多夫捐助出资创办了商科教育学校，为工商业培养掌事、伙计和其他人员。在 18 世纪 60 年代开设的航运学校的毕业生则供职于航运部门。这两所学校在培养目标和招生对象方面与世俗女子学校颇为类似。

18 世纪 60 年代末，美术学院也开设了附属教育学校。该校培养建筑师、画家、雕塑家等专业人才，学制 12 年，招收 6 岁以上的儿童，对于这个年龄的孩子来说，尚且无法确定他们的兴趣爱好和艺术天分。因此，这一规定在一定程度上影响了美术学院针对发展俄国本民族艺术而进行人才培养的教学活动。

18 世纪上半叶俄国世俗学校体系的形成是推动其民族文化发展的一个新的重要因素。

具体的历史环境要求迅速培养相应领域所必需的人才，以解决国家所面临的内政外交问题。这一点也决定了 18 世纪上半叶俄国世俗学校的专业性特征。然而，为了更好地满足人才培养的需求，创立普通教育学校的必要性日益显露出来。而要推动俄国民族科学和文化的形成与发展，为行政机构、贸易部门、官厅提供通文识字的人员，扩大低等官员和贵族世袭领地的管家中识字人群的规模，普通教育学校的缺乏对于上述目标的实现造成了极大的困难。但是，同开设专门学校相比，创建世俗普通教育学校体系的工作要艰难得多。

1725 年，圣彼得堡科学院正式成立，其中包括科学院附属大学及附属文科中学。这是俄国创办普通教育学校走出的第一步。彼得一世结合俄国教育发展的现状和特点，为科学院设计了与欧洲其他国家科学院截然不同的组织结构。按照他的构想，圣彼得堡科学院不仅应该成为全国的科学中心，成为各科学领域（尤其是数学、机械、物理、化学、地理和自然科学）开展研究工作的组织者和领导者，它自己也应该培养专业人才和学者。因此，科学院附属大学应该是科学院的有机组成部分。而在大学为学生授课的应该是科学院的工作者们。由于俄国国内当时还没有普通教育学校，科学院大学无法从外面招到学生。因此，决定建立科学院附属文科中学，由科学院的工作人员及该校的大学生在文科中学进行授课。文科中学的毕业生则应成为科学院大学的主要生源。

有关科学院组织结构的构想非常细致，而且从当时俄国具体的现实条件下来审视，也是有理有据。科学院聘请外国学者来工作，由此科学院得以运作。但是，由于没有俄国本国的大学生生源，科学院的工作注定失败，无法开展下去。B. H. 塔季谢夫一直对创建科学院持怀疑态度。他指出，他们想"做出阿基米德那样伟大的发明，但是无从做起，无的放矢"，他们聘请"教师，却无学生可教；因为没有基础教育学校，这所开支庞大的科学院就是空中楼阁，毫无价值"。① 事实证明，圣彼得堡科学院的建立是俄国科学发展过程中最为重要的一步，它在本国科学和文化的发展过程中发挥着举足轻重的作用。在创建 20 年之后，圣彼得堡科学院就已经在欧洲众多的科学院中占据显要位置，而后者已有几个世纪的历史。

科学院附属文科中学虽然为俄国教育的发展做出了一定的贡献，却无法完成为其设定的培养目标。文科中学应当教授各学科的基础知识，学生毕业"能够具备扎实的理论知识和学识"。因此，在课程设置方面，拉丁语和德语课的开设是排在首位的，其次再加上法语、意大利语、希腊语；只有到了高年级，才开始学习历史、基础数学、世界地理。那些"对上大学不抱期望"的文科中学学生则学习"各种艺术类和技术类课程"②。

实际上，文科中学的学生在入学的前两年只学习拉丁语，而由于这里的教师是德国人，授课是用德语进行的，刚进入文科中学念书的一般是八九岁的俄国男孩，他们自然无法听明白这些课，也什么都学不会。

---

① Татищев В. Н. Избр. произв. Л. , 1979. С. 105.
② История Академии наук СССР. М. -Л. , 1958. Т. 1. С. 142.

结果到一学年结束的时候，几乎所有学生都因为"完全没有学习能力"而被学校开除。而具有学习"天赋"的学生通常是那些在军队、民政部门、科学院服役或供职的德国人以及生活在圣彼得堡的德国商人和手工业者的孩子。

贵族将自己的孩子送到贵族武备学校念书，因为如果在科学院文科中学毕业的话，无论是对获得官衔，还是对未来的职业生涯来说都没有什么帮助。所以，文科中学的学生一般都是官吏、手工业者、士兵及其他"纳税阶层"人员的孩子。科学院的大多数教授和教师都竭力推辞掉在文科中学的教学工作，他们对这里学生的资质和天分表示深深的怀疑，并不止一次地提出，应该将文科中学关闭停办，从国外为科学院大学招生。曾任科学院主席的 И. А. 克拉夫特直言不讳道，文科中学彻底"走向衰败"是因为学校对"招生没有要求，什么人都招"①。当时科学院的人和宫廷官员们对文科中学的办学普遍持这一观点，特别是在"比隆暴政"时期。文科中学常年没有固定教室，这里的学生吃不饱，穿不暖。在这种条件下，在近 30 年的时间里，学校未能为科学院大学培养输送一位大学生，这也就不足为奇了。

直到 18 世纪 50 年代，С. П. 克拉舍宁尼科夫和 М. В. 罗蒙诺索夫担任文科中学的领导之后，学校的境况才发生了根本性的转变。М. В. 罗蒙诺索夫认为，科学院附属文科中学的发展意义重大，而让其运作起来走上正轨是当前的头等大事。他在 1758 年提交的《文科中学章程草案》中写道："文科中学是为一切自由的学科和艺术的学习者提供基础知识的地方。这里输出的应该是一个个学识渊博的有志青年。"② М. В. 罗蒙诺索夫与反动教授们进行了艰苦的斗争，最终将学校搬入一栋新校舍，并获得财政拨款，这笔款项用于为学校学生提供正常的生活和学习条件。在他

①　История Академии наук СССР. Т. 1. С. 143.
②　Ломоносов М. В. Полн. собр. соч. М. -Л.，1955. Т. 9. С. 477.

的坚持下，文科学校内设了"俄语"学校。俄语学校的一系列课程用俄语教授，开设俄语正字法、修辞及演说术课程。与此同时，学校大大提高了对教师的要求。

М. В. 罗蒙诺索夫等人实行了一系列措施，很快便见到了成效。1760年至1765年，文科中学向大学输送了24名大学生，其中就包括 В. Ф. 祖耶夫、П. Б. 伊诺霍采夫、И. И. 列皮奥欣、А. Я. 波列诺夫、В. П. 斯韦托夫等为俄国科学、文化、教育发展做出杰出贡献的人。① 应当指出的一点是，同 М. В. 罗蒙诺索夫时期所有文科中学的学生一样，这些人都是出身于小官吏、士兵及低等神职人员家庭。1761年，在46名文科中学学生中，30人的出身为士兵家庭，4人出身商人家庭，3人出身手工业者家庭，2人出身小官吏家庭，2人出身教师家庭，2人出身神职人员家庭，3人出身其他下等阶层人员家庭。1763年，文科中学共有国家公费生33人，其中，20人的家庭出身为士兵和水兵，3人为排字工，2人为商人，2人为科学院教授，其他人则分别出身于园艺工人、看守、辎重兵、小官吏及神父家庭。② 文科中学学生的阶层构成也就决定了科学院大学学生的阶层性。18世纪60年代中期，在科学院15名大学生中，有10人是士兵子弟，1人的家庭出身是园艺工人，1人家庭出身是领航员，1人家庭出身是商人，1人是画家家庭出身，仅有1人是军官子弟。③

М. В. 罗蒙诺索夫去世后，科学院附属大学及文科中学遭到了来自科学院反动领导层的真正毁灭性打击。在 М. В. 罗蒙诺索夫逝世一个月后，举行了"大学和文科中学现状评估会"。组织进行这次评估会的主要理由是"自1759年（即 М. В. 罗蒙诺索夫任科学院大学及文科中学校领导开

① История Академии наук СССР. Т. 1. С. 302；Кулябко Е. С. Замечательные питомцы академического университета. Л. ，1977.

② Архив АН СССР. Ф. 3. Оп. 1. Д. 828. Л. 2.

③ Белявский М. Т. М. В. Ломоносов и основание Московского университета. М. ，1955. С. 98.

始——作者注）"以来，实行的各项举措对科学院的发展毫无作用，因为只有在国外才能教大学生学习科学知识、外语及上流社会的礼仪规范，而且花费要比在这里低廉得多。而 M. B. 罗蒙诺索夫 "招收的大学生和文科中学的学生都是下等人"①。

评估的结果便是大批学生被开除：文科中学的学生剩下不到一半，而大学生剩下不到三分之一。C. K. 科捷利尼科夫因坚持推行 M. B. 罗蒙诺索夫的新措施而被解除文科中学学校领导的职务。学校教师的人数骤减，他们的薪酬也大大降低。学生的知识水平下降，而他们求学的物质条件也急剧恶化，以至于陶伯特等一众人员都不得不承认，文科中学的学生常常是忍饥挨饿，到处讨饭吃。И. И. 列皮奥欣在 1777 年被任命为文科中学的督导。为了让学校工作走上正轨，他做出了各种尝试，但都未能成功，学校只得艰难地维持下去。

科学院附属文科中学未能转变为一所全国性的普通教育学校，但其原因并不是它将不同级别的学校和科学中心融于一身。莫斯科大学的办学经验也证明了上述构想是有理有据、可以实现的。在半个多世纪的时间里，位于莫斯科的莫斯科大学附属文科中学及其位于喀山的分校都是莫斯科大学的有机组成部分。

M. B. 罗蒙诺索夫在创建莫斯科大学的设计方案中提出了这一观点："大学必须开设附属中学，因为离开后者，大学就像是没有种子的耕地。"② 因此，该设计方案重点阐述了中学的编制、学生及教师的构成、学生的培养性质和教学目标等问题。

除了莫斯科大学的总体建校方案，M. B. 罗蒙诺索夫还制定了内容详尽的《莫斯科大学附属文科中学章程》。该章程对大学附属普通教育学校的办学目标做出了明确规定："计划开办此类文科中学的目的在于让俄国

---

① Архив АН СССР. Ф. 3. Оп. 1. Д. 828.
② Ломоносов М. В. Полн. собр. соч. М. -Л. , 1957. Т. 10. С. 514.

青少年学习基础的科学知识，为他们上大学听教授讲课做好准备；同时，针对那些没有打算让自己的孩子从事科学研究的父母，传授帮助孩子学习外语或是某一未来他们谋生有可能用到的学科知识的方法。"

《莫斯科大学附属文科中学章程》规定，所有进入文科中学上学的人要先在"俄语"学校学习，在那里学习用俄语和拉丁语阅读、书写。而有意继续上大学的学生在"俄语"学校结业后升入开设三个年级的"拉丁语"学校，在那里继续学习拉丁语，以及拉丁语与俄语的互译。此外，他们还学习作诗法、句法、逻辑学和玄学基本原理、算术和几何、历史、神话、"俄国诗体"，以及"希腊语入门"。有意者还可以学习德语或法语。大学附属文科中学具有明显的世俗性特征，主要体现在学校只有在一、二年级开设教义问答课，并且每周只有2课时。

无意继续上大学的文科中学学生在念完"俄语"学校后，升入"德语"学校或是有两个年级的"法语"学校，在那里用他们所选择的语言进行阅读、书写，学习语法、句法、翻译方法和原则。但是，无论是在德语学校，还是在法语学校，学生都要继续学习俄语，包括俄语修辞、正字法、俄语写作及历史、物种起源、算术、几何、地理及地球仪应用。《莫斯科大学附属文科中学章程》规定，这些课程对德语学校和法语学校的学生来说是选修课程。[1]

在莫斯科大学附属文科中学各分部和各个年级都是用俄语授课，并且把学习俄语摆在最为重要的位置上。这无论是对发展普通教育学校，还是发展俄国文化来说，都意义重大。而科学院附属文科中学的章程中，则既未要求学习俄语，也没有开设俄国史、文学、地理等与俄国相关的课程。《莫斯科大学附属文科中学章程》指出，"学习俄语是没有必要的，掌握拉丁语的人自己就能看明白俄语"[2]。科学院附属文科中学的授课是

---

① Белявский М. Т. М. В. Ломоносов. . . С. 293–300.

② Сухомлинов М. И. История Российской академии. Спб. ，1875. Т. Ⅱ. С. 12.

用德语或拉丁语进行的。至于 M. B. 罗蒙诺索夫开设的"俄语"学校，实际上已经停办。

莫斯科大学附属文科中学非常重视拉丁语和俄语的学习，这一点对于为大学提供新生生源起到了积极的作用，同时，也推动了学生成分的大众化及民族文化的发展。就其本质而言，莫斯科大学附属文科中学在创建面向各个阶层招生的普通教育学校方面迈出了一大步。M. B. 罗蒙诺索夫在上报枢密院的呈文中强调指出，贵族有学可上，他们可以在贵族武备学校念书，但这只是针对一部分贵族而言。重要的是，如果要"让所有非贵族出身的平民都能上学"，就必须在莫斯科建立一所附设中学的大学。莫斯科大学附属文科中学的大门不仅对贵族、神职人员子弟敞开，还对小官吏、小市民、商人、士兵及其他纳税阶层人员的子弟开放。

然而，莫斯科大学及其附属文科中学的"面向各阶层"也是有局限的。莫斯科大学的设计方案和文科中学章程及其他文件强调指出，因为"科学无法忍受任何强制与压迫"，所以，"无论是大学，还是文科中学，都不能招收农奴和地主出身的人"。① 这一禁令被 И. И. 舒瓦洛夫列入大学设计方案和文科中学章程中。舒瓦洛夫认为，文科中学和大学的目标是培养"真正的基督徒、奴隶和诚实的人"，因此，学习科学知识的应该是那些"拥有自由"的人。这"无论如何也不适合那些农奴身份的人"，况且，他们"通过学习就会认识到自由的价值，就会更清楚地意识到自己地位的卑微"，那么，他们就不会再对自己的老爷那么顺从，甚至会起来反抗。②

大学和文科中学禁止招收农奴，这条禁令降低了学校面向所有阶层招生的可能性。莫斯科大学附属文科中学由两所学校组成：一所是贵族学校，另一所是平民学校。尽管平民学校的学生人数是贵族学校的两倍

---

① Белявский М. Т. М. В. Ломоносов. . . С. 282.
② ЧОИДР. 1858. Кн. 3. С. 116.

有余，但每年给它的财政拨款约 2000 卢布，而给贵族学校的拨款则为 3000 卢布左右。贵族学校公费生在低年级的时候，每年助学金为 18 卢布，而平民学校的学生为每年 10 卢布；高年级学生分别为 25 卢布和 15 卢布。《莫斯科大学附属文科中学章程》"明令禁止"学校的校长、督导、教师"谩骂学生，用手或其他物品打他们的头部、胸部及后背"，但低年级仍将"罚站"这种惩罚手段保留下来，将其"作为对顽劣、淘气和不听话行为的体罚形式"。同时还指出，对贵族学校的学生"应当罚站，用戒尺教训"，而对那些"下等身份"的学生则应用树条抽打进行惩罚。[①]

上述种种具有阶层性的现象背离了 М. В. 罗蒙诺索夫的建校方案、信条和要求。他指出，"在大学里学生应以学习优秀为荣，而他的出身如何与此无关"，因此，他坚决反对将贵族子弟单分出来开班，反对为他们提供特殊条件。学者愤慨地写道，不允许大学和附属文科中学招收纳税阶层子弟，担心因此而失去每人 120 戈比的纳税，而聘请外国教师和大学生则不吝花费上千卢布。И. Э. 菲舍尔院士也曾提议文科中学不要招收农奴子弟。在给他的回信中，М. В. 罗蒙诺索夫提到了一个事实：要知道贺拉斯和罗马的其他一些学者和知名人士都曾是"从奴隶获释的家庭出身的人"。因此，文科中学也没有任何理由面对"曾经是地主家庭的人，将他们拒之门外"。[②]

专制政权实施巩固阶级制度、保留并进一步扩大贵族特权的政策。在这种情况下，М. В. 罗蒙诺索夫的提议和要求显然是不可能付诸实施的。但是，虽然大学附属文科中学不得不做出一些让步，有些偏离其面向一切阶层开放的原则，但自建校之日起，其学生的成分还是呈现出大众化的特点。这在很大程度上得益于学校有 100 名学生为国家资助的公费

---

① Белявский М. Т. М. В. Ломоносов...С. 289，300，303.

② Пекарский П. П. История императорской Академии наук в Петербурге. Спб.，1873. Т. 2. С. 573，674.

生，学校授课也是用俄语进行的。在学校招生的第一年，其实际招生人数便是学校最初计划招生人数的两倍还多。

1758 年，莫斯科大学附属文科中学在喀山开设分校，此举对于推动普通教育世俗学校的发展也起到了非常重要的作用。这是国内第一家在首都以外的地方开设的普通教育学校。喀山文科中学建立了第一所世俗鞑靼学校。曾在喀山文科中学念书的有 Г. Р. 杰尔查文、С. Т. 阿克萨科夫、Н. И. 洛巴切夫斯基及其他杰出的科学家、教育家和文化界人士。19 世纪初，在喀山文科中学的基础上创建了喀山大学。

圣彼得堡科学院、莫斯科大学及喀山文科中学的创建及其教育活动的开展再次提出了一个具有现实意义的问题，即应在俄国建立普通教育世俗学校体系。国务活动家 И. И. 舒瓦洛夫上呈了一个草案，提出在一系列大城市建立文科中学，而在小城市为贵族开设识字学校。

阿尔汉格尔斯克人 В. 克列斯季宁提出的一份草案引起了大家的关注。他提议，在全国各个城市开办学校，"面向所有人招生，而不论其家庭出身、性别"；家境富裕的孩子的学费由其父母承担，而穷人家的孩子的学费由市政府承担。这一草案得到了阿尔汉格尔斯克市政部门的支持。无论是在各阶层上报法典编纂委员会（1767~1768）的呈文中，还是在立法会议各代表的发言中，关于普通教育世俗学校的问题都是他们关注的焦点。例如，下诺夫哥罗德省务农兵代表 И. 热列布佐夫提出了必须为小土地所有者及务农兵子弟开办学校这一问题。他认为，"有学问的人能满足国家之需，对世袭领地进行管理的人同样也是国家所需"。И. 热列布佐夫的提议得到奔萨小地主 Е. 谢利瓦诺夫的支持。后者指出，如果"民众没有文化"，也就不大可能"为国家做出贡献"。他认为，无论是对公民还是国家来说，其荣耀都与教育紧密相关。而发展教育则离不开"创办学校"。支持 И. 热列布佐夫和 Е. 谢利瓦诺夫的还有两位贵族代表——А. 斯特罗加诺夫和 П. 奥尔洛夫伯爵。他们认为必须创办面向农民子弟招生的学校，其理由是：只有"念过书的农民"才会明白，他们应该如何来回报上帝、沙皇、国家及最主要的人——"自己的地主老爷"。他们指出，只有到那个时候，才不会再发生农民骚乱和那些他们杀死自己的地主老爷之类的骇人听闻的事件。关于在农村和中等城市创办初级学校的一系列草案和提议纷纷上呈法典编纂委员会相关分委会。科学院向分委会上呈提案，建议成立一个专门的政府机构，对现有的学校进行统一管理，并制订创建新式学校网络的计划，确定学校的组织结构、培养目标、编制、学生的成分构成及人数。①

　　А. Я. 波列诺夫在为自由经济协会提交的提案中重点提及为农民创办学校这一问题。他认为，必须在每个村庄为农民子弟创办学校，由地主出资，让所有年满十岁的农民孩子都能上学校念书，教材费或者全免，或者"价格极为低廉"。А. Я. 波列诺夫指出，只有这样"才能通过学习让民众开化"②。

　　但后来法典编纂委员会被解散，各分委会召集会议也越来越少，最终未能完成学校教育相关法律的制定工作。А. Я. 波列诺夫的提案遭禁，所有相关的文本、草案、提案都被尘封起来，束之高阁。只有一部分在一个世纪甚至是两个世纪之后才面世。

　　叶卡捷琳娜二世推行"开明专制"政策，在自己的诏书、文章、戏剧作品及给法典编纂委员会的"指示"中，她一直秉持一个思想，即民众的生活贫穷和困苦，与专制和农奴制度无关，也不是因为某个阶层没有权利而另一些阶层则享有充分的权利，而是由于民众自身的愚昧无知。她坚信，只有"开办国民学校，才能让全国各地不同的风俗和谐共存，人们的品性才能去陋扬善"。尽管如此，她还是禁止阿尔汉格尔斯克人实

---

① Сб. РИО. Т. 32. С. 398，430-432，453，454，457，521，522；Очерки истории СССР. ⅩⅧ век. Вторая половина. М.，1956. С. 420，421.

② Белявский М. Т. Новые документы об обсуждении крестьянского вопроса в 1766-1768 годах // Археографический ежегодник за 1958 год. М.，1960. С. 420-422.

施 B. 克列斯季宁关于创办学校的草案，因为这一问题尚未在国家层面得到解决。而在写给 H. C. 萨尔特科夫伯爵的一封密信中，女皇道明了下达这一禁令的真实原因："庶民不应该接受教育，因为如果他们的知识同您和我一样多，他们就不会像现在这样听命于我们。"①

　　然而，专制国家的需求日益增长，贵族经济及工业的发展需要有文化、接受过教育的人。要在封闭的、具有阶层性特征的学校体系里培养这些人才是不可能的，而且开支也会非常大。因此，18 世纪 70 年代末 80 年代初，专制政权不得不开始创建普通教育学校之路。1777 年，杰出的俄国教育家 H. И. 诺维科夫在圣彼得堡创办了两所初级学校，招生不限性别。此举成为促进普通学校发展的有力推手。创办这两所学校，并维持其运作的资金是 H. И. 诺维科夫通过办杂志和募集所得来的。这对叶卡捷琳娜二世来说无异于一种刺激和挑战。于是，她在圣彼得堡开办了第三所初级学校。但这些学校都只招收首都三个警区（18 世纪至 20 世纪圣彼得堡的行政区划单位——译者注）的儿童。叶卡捷琳娜二世表示，圣彼得堡其他区域的居民"也应该不会拒绝为自己的同胞做一些奉献"。她强调指出，普通初级学校的创办和办学经费应该依靠"慈善捐款"以及从学生父母处募集来的钱款。到 1781 年末，圣彼得堡共有 7 所小学。诚然，所有这些学校合起来学生数量还不到 500 人，但重要的是建校之路已经开启。②

　　但是，办学之路在首都已经是困难重重，在各省城、县城更是难上加难，就更不用说农村了。大刀阔斧地发展普通教育学校的问题还是未能得到解决。

　　1782 年，"国民学校委员会"成立，聘请塞尔维亚教育家 Ф. И. 扬科维奇·德·米里耶沃（以下简称扬科维奇）担任委员会主席。扬科维奇

---

① Очерки истории СССР. XVIII век. Вторая половина. С. 420.
② ПСЗ. Т. XXI. № 15121；Очерки истории Ленинграда. Т. I. С. 415，416.

是一位政治观点并不激进的大教育家，他在奥地利推行学校改革的过程中发挥了重要的作用。在他的领导下，委员会制定了《俄罗斯帝国创建国民学校的规划》。该规划指出，在每一座省城都开办国民学校，开设 4 个年级；在县城开办初级国民学校，开设 2 个年级。形式上这些学校都是面向所有阶层开放的，并由国家承担办学费用。

这一改革的意义非常重大，这里所说的并非在某些城市创办学校，而是指全国普通学校体系的构建。1783 年，国民学校委员会在圣彼得堡创办中心国民学校，该校旨在为全国各地的中心国民学校和初级国民学校培养师资力量。学校聘请 M. E. 戈洛温、B. Φ. 祖耶夫及科学院的其他学者来授课。中心国民学校下设科研和教学办公室、图书馆。然而，实践表明，将首都普通学校的教育教学任务和全国专业师资培养中心这两个任务合二为一似乎是不可能的。因此，1786 年，从中心国民学校中分设出师范学堂，该学堂直到 1802 年才被废除。后来，1803～1804 年，在师范学堂的基础上创立了师范学院，再后来又更名为"中央师范学院"。

1786 年，叶卡捷琳娜二世批准通过了《国民学校章程》。根据该章程规定，扬科维奇制定并发布了《国民学校学生条例》及《俄罗斯帝国国民学校一级和二级教师准则》。非常重要的一点是，这些文件记录了包括下至初级国民学校，上至大学在内的俄国世俗学校统一体系的形成过程。初级国民学校相当于中心国民学校的一、二年级，初级国民学校毕业的学生可以进入中心国民学校高年级继续学习。中心国民学校的学生如果想要继续读大学的话，会额外学习拉丁语和一种现代的欧洲语言，这是上大学所必需的。

国民学校各个年级的课程设置如下：一年级——阅读、写作、算术入门；二年级——语法、算术、书法、绘画；三年级——算术、语法、句法、通史、地理、俄国地志；四年级——语法、写作、公文写作、俄国史、地理、几何、机械学、物理、自然史、民用建筑入门。与全国其他学校一样，国民学校规定，学生必须学习《论人和公民的职责》一书，因为他们认为，这本书对于学生的教育和培养具有特别重要的意义。也正是这个原因，国民学校中宗教教育的课时远不及那些具有阶层性特征的专门学校多。[①]

扬科维奇及其领导下的委员会借鉴莫斯科大学附属文科中学和西欧学校的办学经验，高度重视国民学校所开设各门课程的教材出版工作。这些教材具有一个重要的特点，即它们在教学形式和方法上体现出先进、进步的观点，还吸收了捷克杰出教育家扬·阿莫斯·考门斯基的思想以及奥地利学校改革的经验。俄国学校首次引入自然课。学校在教学方面提出了新的要求：教学要具有直观性，其中包括在地理课上使用地图，在历史课上使用历史大事对照年表等。每所中心国民学校都要设直观教具室、图书馆，甚至是实验室。同时，学校还强调指出，必须将教学与实践相结合。为此，计划安排学生参观各类工业企业。教学参考及《教师指南》一再强调上课不要机械地死记硬背，而应该运用新式的学习方法，注重对所学内容的思考，以及将所学内容应用到实践中的能力。[②]

师范学堂以这些原则为基础进行师资培养。师范学堂由数学系和历史系（后者称为人文系更为恰当）两个系组成，它们的主要任务是为中心国民学校培养高年级的教师。尽管扬科维奇领导的委员会将师范学堂划分出两个系别，但规定一个系的学生应该按照《简明教学大纲》学习另一个系的课程。

师范学堂高度重视课堂设计、对新教学材料的运用讲解及直观教具的使用等教学法方面的问题。该校所有学生在学习过程中都会在圣彼得堡及其他城市的中心国民教育学校进行教学实习。这说明其师资培养已

---

① ПСЗ. Т. ⅩⅫ. № 16421.

② Руководство учителям первого и второго разряда народных училищ Российской империи. Спб., 1818; Правила для учащихся в народных училищах. 1807.

经达到了一个新的水平。扬科维奇等人在创建普通教育学校体系、研究新的教学方法、广泛应用先进教学经验等方面所做的工作意义深远。尽管如此，还是应当注意到扬科维奇及其领导的学校管理总局公开表明的立场，即他们支持君主专制；同时，也不应忘记他们对国民学校宗教课的开设的影响及其赋予的宗教教育的地位。

创办中心和初级普通教育学校体系之路充满艰辛，因为在具体实践中并不是按照扬科维奇所设想的方向和形式发展的。

创建的国民学校表面上归学校管理总局领导。但实际上这些学校由各省省长和社会救济衙门管辖，他们负责学校校长、督学及教师的任命和聘任工作。他们还要解决学校的校舍及办学经费问题。但负责管理各省学校的社会救济衙门既没有专门的编制，也没有维持学校运作，发放教师薪酬、学生助学金及购置教科书和直观教具所需的经费。社会救济衙门通过各个渠道获得资金，其中包括市政拨款，法庭、警察局、市政机构对居民判罚所收取的罚款，慈善募捐等，这些钱款主要用于维持感经院（精神病院——译者注）和监狱的运作开支，分摊到学校的已经是微乎其微，少得可怜。因此，大部分国民学校，尤其是初级学校，常常是设在又旧又破的校舍里，那里既没有实验室和直观教具室，也没有图书馆，有时甚至连教科书都没有。教师的薪俸很低，而且根本做不到按时发放。一贫如洗是他们的常态，他们没有任何权利和待遇。学校无法提供上课所需的正常条件，因而无法运用新的教学和学习方法，许多学校仍保留着老一套的死记硬背的教学方式。

这一切都对创建国民学校体系的进度产生了影响。在各省城，中心国民学校的创办速度相当快，用2~4年时间便开设起来了。到1810年时，全国29个省及圣彼得堡共计有32所中心国民学校，有在校生4568人。而县城初级国民学校的情况则要复杂得多，因为县地方政府根本没有创办学校的钱。到1801年，共开办了161所初级国民学校，但其中48

所学校（4558 名在校生）集中在彼得堡省和莫斯科省，而超过一半的县城直到 19 世纪初还没有一所学校。[1]

当然，创办了 193 所国民学校，拥有近 1.4 万名学生，这已经是创建普通教育学校体系之路上走出的重要一步。但即便如此，这些学校还是无法覆盖大多数民众。平均每 50 万省城居民拥有一所中心国民学校，平均每所学校有学生 135 人（圣彼得堡除外）。平均每 5 万县城居民拥有一所初级国民学校，每所学校只有 40 名学生，1 名教师。相关数据在普通教育学校汇总表中得到清晰呈现（见表 7-1）。

国民学校呈现出实质性的变化，即其学生中有 850 名女生，她们几乎所有人都来自非特权阶层。

表 7-1 1801 年俄国各省份学校及学生人数统计

单位：所，人

| 省份 | 中心国民学校 | | 初级国民学校 | | 合计 | |
|---|---|---|---|---|---|---|
| | 学校 | 学生 | 学校 | 学生 | 学校 | 学生 |
| 阿尔汉格尔斯克省 | 1 | 63 | 2 | 30 | 3 | 93 |
| 阿斯特拉罕省 | 1 | 120 | 1 | 30 | 2 | 150 |
| 弗拉基米尔省 | 1 | 115 | 3 | 175 | 4 | 290 |
| 沃洛格达省 | 1 | 76 | 3 | 78 | 4 | 154 |
| 沃罗涅日省 | 1 | 195 | 4 | 168 | 5 | 363 |
| 维亚特卡省 | 1 | 115 | 4 | 146 | 5 | 261 |
| 顿河军区 | 1 | 120 | — | — | 1 | 120 |
| 伊尔库茨克省 | 1 | 89 | 1 | 24 | 2 | 113 |
| 喀山省 | 1 | 161 | 4 | 117 | 5 | 278 |
| 科斯特罗马省 | 1 | 70 | 5 | 129 | 6 | 199 |
| 库尔斯克省 | 1 | 186 | 7 | 505 | 8 | 691 |
| 莫斯科市 | 1 | 214 | 17 | 1283 | 18 | 1497 |
| 莫斯科省 | — | — | 9 | 339 | 9 | 339 |
| 下诺夫哥罗德省 | 1 | 120 | 2 | 100 | 3 | 220 |

---

[1] Белявский М. Т. Школа и система образования в России в конце XVIII в. // Вестн. Моск. ун-та. Сер. История. 1959. № 2. С. 110—112.

续表

| 省份 | 中心国民学校 | | 初级国民学校 | | 合计 | |
|---|---|---|---|---|---|---|
| | 学校 | 学生 | 学校 | 学生 | 学校 | 学生 |
| 诺夫哥罗德省 | 1 | 98 | 10 | 394 | 11 | 492 |
| 奥伦堡省 | 1 | 52 | 3 | 124 | 4 | 176 |
| 奥廖尔省 | 1 | 218 | 8 | 502 | 9 | 720 |
| 彼尔姆省 | 1 | 137 | 6 | 147 | 7 | 284 |
| 圣彼得堡市 | 2 | 751 | 12 | 2339 | 14 | 3090 |
| 彼得堡省 | 1 | 83 | 10 | 597 | 11 | 680 |
| 普斯科夫省 | 1 | 102 | 5 | 249 | 6 | 351 |
| 梁赞省 | 1 | 160 | 11 | 340 | 12 | 500 |
| 萨拉托夫省 | 2 | 242 | — | — | 2 | 242 |
| 辛比尔斯克省 | 1 | 168 | 2 | 85 | 3 | 253 |
| 斯摩棱斯克省 | 1 | 177 | 7 | 267 | 8 | 444 |
| 坦波夫省 | 1 | 96 | 3 | 148 | 4 | 244 |
| 特维尔省 | 1 | 168 | 7 | 336 | 8 | 504 |
| 托博尔斯克省 | 1 | 94 | 6 | 186 | 7 | 280 |
| 图拉省 | 1 | 135 | — | — | 1 | 135 |
| 雅罗斯拉夫尔省 | 1 | 131 | 8 | 306 | 9 | 437 |
| 合计 | 31 | 4456 | 160 | 9144 | 191 | 13600 |

注：本表数据不包括波罗的海沿岸地区、乌克兰及白俄罗斯的学校和学生。

资料来源：本表根据学校管理总局 1801 年为沙皇亚历山大一世准备的工作报告编制而成（ЦГИА СССР，Ф.730. Оп. 2. Д. 23. Л. 196–305：Д. 24. Л. 210，211）。

　　还应注意到的一点是，莫斯科及其他一些城市国民学校学生的阶层构成令人有些意外。1786 年至 1801 年，在莫斯科中心国民学校和初级国民学校的学生中，贵族子女占比分别为 13% 和 9%，这是完全可以理解的。而神职人员子女的占比分别是 2% 和 8%，这也是可以理解的，因为他们的父母更愿意把自己的孩子送到教会学校念书。商人、小市民、小官吏子女似乎应该是莫斯科国民学校学生的主体部分。但实际上他们在中心国民学校和初级国民学校的占比仅为 13% 和 30%。士兵子女在学生中的占比也相当高，分别为 5% 和 6%。完全出人意料的是，在莫斯科中心国民学校中，奴仆家庭出身的学生占比为 64%，地主农民子女的占比为 0.5%；而在初级国民学校的学生中，奴仆家庭出身的子女占比为 47%。① 奴仆和农奴出身的学生在莫斯科的国民学校中占比如此之高，这之所以令人感到意外，是因为这些学校的章程中并没有关于学校面向他们招生的相关规定。而让他们去学校念书的不是他们自己，而是他们的地主老爷，后者需要有文化的奴仆和管家来为自己服务。因此，奴仆出身的学生占比最高的学校是莫斯科阿尔巴特、尼基塔、波克罗夫初级国民学校，它们位于莫斯科贵族庄园和宅院最为集中的地区。类似的情况在其他大城市也存在。例如，在圣彼得堡初级国民学校，奴仆出身的学生占比为 12%；而在梁赞的学校，奴仆和地主农民出身的学生占比达 36%。② 自 1792 年起，奴仆和农民出身的学生所占比重骤减，而商人和小市民子弟的占比剧增。贵族在获得所需数量的有文化的奴仆之后，便不再送农奴子女去学校学习了。

18 世纪 90 年代，不仅国民学校学生的阶层构成发生了变化，而且 18 世纪 80 年代创办的初级学校的学生数量也减少了。由于在一些县城开办了新的学校，学生的总人数增加了。与此同时，特别是在 18 世纪 90 年代后半期，学校的教学水平大大下降；扬科维奇制定的教学原则和方法已经所剩无几：在中心国民学校，能读到四年级的只是一小部分学生，而能毕业的更是凤毛麟角。中心国民学校高年级开设的辅导学生备考大学的补习班的数量开始减少，后来就完全没有了。令国民学校状况更加雪上加霜的是政府一再要求它们"不能再增加国库的负担"③，要自主经营，

① Лепская Л. А. Состав учащихся народных училищ Москвы в конце XVIII в. // Вестн. Моск. ун-та. Сер. История. 1973. № 5. С. 92–95.
② Лепская Л. А. Указ. соч. С. 93–95; Белявский М. Т. Школа и система образования в России... С. 112–114.
③ Русский архив. 1872. № 2. С. 476.

筹措资金。国家不再给国民学校拨款。

在开设国民学校的同时，还创建了一类只面向特定阶层即特权阶层的普通教育学校——贵族寄宿学校，在性质上它与贵族女子学院颇为相似。其中，第一所贵族寄宿学校是在 M. M. 赫拉斯科夫的倡导下于 1776 年创办的，附设于莫斯科大学。该校的所有学生在大学附属文科中学或大学学习，但住在收费的寄宿公寓，由他们的父母承担费用。

1783 年，贵族寄宿学校成为专门面向贵族招生的独立教学机构和普通教育学校。学校招收 6~14 岁的贵族子女，修业 6 年。学校专门购买了一栋房子作为寄宿学校的校舍。

寄宿学校教授法律和自然科学、历史、文学、统计、家政、炮兵学、哲学、外语、音乐、舞蹈、击剑、骑马，当然，还包括最基本的"基督教义"，向孩童幼小的心灵灌输对上帝的敬畏之心是洞察万物之本之类的思想。这一整套课程涵盖面广、内容丰富，但并不是所有课程都必须修读。寄宿学校会"根据每一位学生的天赋、知识掌握情况及其家长的意愿来为其指定并安排需要学习的课程"[1]。但 1783 年通过的教学大纲明确指出了寄宿学校的三个主要培养目标和任务：（1）"教授孩子们有益的知识"；（2）"培养他们使其具有良好的品德"；（3）"让他们保持身体健康，能够进一步强身健体"。这些目标旨在把学生培养成"对社会有用的人"和"栋梁之材"，让他们准备好去"担任国家公职"。除了这些冠冕堂皇的任务，寄宿学校的具体培养目标是使学生"在新旧时期贤人志士们思潮涌动的时代"，成为"与伏尔泰、狄德罗、达朗贝尔等人的自然神论及无神论思想做斗争的斗士，以及反对德国和英国哲学家的伪哲学思考，反对天主教徒的伪神圣和亵渎神灵等现象的中流砥柱"[2]。当然，贵

---

① Шишкова Э. Е. Московский университетский благородный пансион // Вестн. Моск. ун-та. Сер. История. 1979. № 6. C. 74-76.

② Шишкова Э. Е. Указ. соч. C. 75; Сушков Н. В. Московский университетский благородный пансион. М., 1848. C. 53, 58.

族寄宿学校的大多数毕业生身处军队、行政和司法机构的不同岗位，有时甚至身居高位，在社会生活和文艺活动中都扮演着农奴专制制度的忠实奴仆和保卫者的角色。

但与此同时，也不应忽视一个事实，即莫斯科大学附属贵族学校的创办推动了贵族教育和国民文化水平的提高及俄国文化的发展。只要看看学校的毕业生就足以证明这一点：A. C. 格里鲍耶托夫、A. П. 叶尔莫洛夫、B. A. 茹科夫斯基、M. Ю. 莱蒙托夫等。

旨在为农奴专制制度培养有文化的忠实守卫者的贵族寄宿学校与莫斯科大学的活动联系紧密。寄宿学校的学生经常听大学进步教授的讲座，阅读那些令俄国进步人士热血澎湃的图书、杂志、文章，还常常与大学里那些敌视农奴制度的平民知识分子往来。[①] 因此，专制政权慷慨为寄宿学校制定的教学大纲和赋予他们的特权不是面向学校所有学生普及施行的。而在 19 世纪初，在俄国第一批革命组织的创建者和积极参加者当中，M. П. 别斯图热夫-留明、П. Г. 卡霍夫斯基、H. M. 穆拉维约夫、И. Д. 亚库什金、C. П. 特鲁别茨科伊、H. И. 屠格涅夫、B. Ф. 拉耶夫斯基、Я. И. 雅库博维奇等人都是贵族寄宿学校的学生。他们几乎占了十二月党人运动参加者的三分之一，这也是有原因的。

普通教育学校还包括在 18 世纪下半叶创办的面向伏尔加河沿岸地区的鞑靼人、楚瓦什人及其他非俄罗斯族人的子女招生的传教士学校。学校旨在培养翻译和教师人才，由于这些学校的创建与政府和教会推行的"基督教化"政策相关，学校还有为该地区的原住非俄罗斯族人培养低级神职人员的任务。伏尔加河沿岸地区传教士学校培养目标所具有的双重性特点让它们与一般的普通教育学校有所不同。这些学校的学生人数不多，并且学校经历了不止一次的关闭整顿。

---

① 　Шишкова Э. Е. Указ. соч. С. 83.

国民学校及其他普通教育学校体系的创建是俄国世俗学校发展过程中的一个重要阶段。然而，宣称"面向各个阶层"的普通教育国民学校事实上也是学校阶级制度的附属品，这一制度不仅在 18 世纪保存下来，在后来还得到了进一步普及和巩固。

直到 20 世纪初，尽管俄国当时已经建有数千所教会学校和地方自治学校，数百所古典中学、实科学校及其他学校，但列宁还是强调指出，从教育、启蒙和知识的角度来说，广大民众仍是一贫如洗，专制政权向广大民众征收钱财用于创办学校和各类教育机构，将这些钱用于贵族教育，却将小市民和广大农民拒于教育的大门之外。[①]

18 世纪中叶和下半叶，还出现了私立寄宿学校这种教育形式，主要集中在莫斯科和圣彼得堡地区。私立学校的创建者一般是外国人，而其学生主要是贵族、官员等中产家庭出身的儿童。其中，除了几所学校是由文化水平较高的人创办的，并拥有良好的师资条件，绝大多数私立寄宿学校的创办者是教育和文化水平都非常低的人。他们当中的许多人不太懂俄语，对俄国历史、文学、艺术和科学也是知之甚少。与此相应的是私立学校的教师都是从外国人当中选聘。A. T. 博洛托夫在自己的回忆录中曾提及私立寄宿学校的教学特点和方法。学校的学生不懂法语，法国教师就强迫他们成页地一遍遍抄写法语词典，而当他们抄完，就让他们把抄写的东西背下来。"现在回想起这种学习方法，会让人觉得可笑至极。这些法国教师不是在教我们的孩子，而是在用那些毫无价值的东西折磨他们，用这种方法混着日子，打发时间。"[②] 大多数情况下，私立寄宿学校的教学内容仅限于为学生开设法语、舞蹈、品德和击剑课。

由于私立寄宿学校的教学水平达不到最基本的要求，实际办学情况与

---

[①] См.：Ленин В. И. Полн. собр. соч. Т. 23. С. 129，132，133.

[②] Болотов А. Т. Жизнь и приключения Андрея Болотова, описанные самим им для своих потомков. М. -Л.，1931. Т. 2. С. 175.

他们在圣彼得堡和莫斯科《新闻报》上定期刊登的招生广告不符，在圣彼得堡科学院、莫斯科大学以及学校管理总局的坚决要求下出台了规定，要求自 1787 年起有意开办寄宿学校者必须出具俄国或国外大学或师范学堂的毕业证。而无法出具毕业证者，则可在通过莫斯科大学、圣彼得堡科学院、学校管理总局为此专门设立的委员会的相关考试后，申请创办学校，并在报纸上刊登启事予以公布。① 在考试过程中，委员会有时会驳回申请者对学校的领导权及授课资格的申请。此举促进了 18 世纪最后几十年私立寄宿学校教学水平的提高。到 1801 年，全国共计 48 所私立寄宿学校，拥有 169 名教师、1125 名学生。②

聘请家庭教师来教未成年子女的教育形式在贵族家庭得到了普及。同寄宿学校相比，家庭教师的成分更为复杂，水平参差不齐。大多数情况下，大贵族聘请受过教育、知识水平较高的外国人和俄国教师来做家庭教师，正因为如此，他们的孩子得到了良好的教育。而中小贵族则没有这样的条件，在他们家中对孩子进行的教育水平较低。圣彼得堡科学院在给自己在法典编纂委员会代表的委托书中指出："为我们孩子做家庭教师的外国人给我们带来的弊端大于益处，因为到这里来做家庭教师的外国人良莠不齐，差的要比好的多得多。"③ Д. И. 冯维辛《纨绔少年》中的弗拉尔曼、茨菲尔金、库杰金就是省城贵族庄园中典型的家庭教师形象。

私立寄宿学校、家庭教育存在种种弊端，其教育形式和内容流于表面，但尽管如此，它们也具有一定的积极意义，减少了贵族中文盲的数量。阅读图书、杂志成为贵族生活中习以为常的现象，也是他们特权地位的一个独特标志。

18 世纪最后 30 年，下等阶层及底层人的子女接受教育的机会骤减。

① ПСЗ. Т. ⅩⅣ. № 10724. 51.
② Белявский М. Т. Школа и система образования в России... С. 111.
③ Сб. РИО. Т. 43. С. 7，8.

士兵子弟中在 18 世纪曾经涌现出 C. П. 克拉舍宁尼科夫、A. Я. 波列诺夫、C. K. 科捷利尼科夫、A. П. 普罗塔索夫、И. И. 列皮奥欣、X. A. 切博塔廖夫、B. П. 斯韦托夫等一批杰出的科学家和文化活动家。然而，在这一时期除了士兵学校外，其他学校禁止他们就读。18 世纪 60 年代末 70 年代初，小市民和非贵族出身的各个学校的领导、教师乃至政府机构身居高位的官员都先后被解职。遭遇这种情况的有版画家 E. 切梅索夫，建筑家 A. 科科里诺夫，美术学院的画家 A. 洛先科，科学院的 C. K. 科捷利尼科夫、M. E. 戈洛温、H. 格拉西莫夫、И. 巴尔科夫、C. 巴希洛夫，贵族武备学校的 И. 雷布尼科夫、M. 季霍米罗夫、C. 加马列伊、B. 佐洛特尼茨基、Л. 西奇卡列夫、C. 洛巴诺夫、H. 库尔加诺夫。[①] 18 世纪 60~70 年代颁布了一系列命令，旨在让贵族毫无阻碍地进入参政院和各委员会，并助其实现职位升迁，禁止纳税阶层的人进入这些机构。1765 年颁布敕令，要求参政院和各位委员会在选拔录用人员时，相较于非贵族出身者而言，"优先考虑"前来应征的年轻贵族。1766 年，又下达敕令，"坚决"禁止录用"士兵子弟做办事员工作"；1769 年下达命令，禁止录用教会人员子弟做"文职工作"，而已任文职工作者则"按其出身，该回哪里就回哪里去"。1771 年到 1772 年，又先后敕令，禁止录用纳税阶层出身的人为公职人员，即使这些人自己已经脱离纳税阶层也不可录用。与此同时，政府机构应当上呈所有文职人员的"详尽、准确的信息统计报表"，要"注明他们的出身"。[②]

由于政府部门下达了一系列命令，并推出亲贵族政策，许多非贵族出身的知识分子代表被解职或被迫离职。他们曾为科学、教育、政治思想的发展做出了重要的贡献，如哲学家、翻译家 Я. П. 科泽尔斯基，启蒙文学翻译家 И. Г. 图曼斯基，学者 H. H. 莫托尼斯，Г. B. 科济茨基等人。[③] 非特

---

① Штранге М. М. Демократическая интеллигенция в России в XVIII веке. М., 1965. С. 238 – 242, 245 – 252, 257 – 261.

② ПСЗ. Т. XVII. № 12465, 12723；Т. XVIII. № 13306；Т. XIX. № 13760.

③ Штранге М. М. Указ. соч. С. 264 – 268.

权阶层人士在科学、教育及一系列文化领域开展活动也是极其困难的。

18世纪，俄国提出了开始发展此前国内没有的世俗高等教育的问题。尽管斯拉夫–希腊–拉丁语学院在俄国学校及教育的历史上、在俄国文化的发展中都发挥了重要的作用，但该学院还不能被视为世俗高等学校。

俄国的世俗高等学校发端于1725年在圣彼得堡建立的科学院附属大学。该大学为俄国各个教学机构培养了第一批本国的学者、教师。学校的毕业生翻译、出版了大量科学、教学、社会、政治、哲学等方面的论著及文学作品。科学院的院士和学校的大学生们对俄国的领土、自然资源、人口构成、数量以及各地的经济活动等问题展开研究。科学院附属大学的历史及活动与 М. В. 罗蒙诺索夫、С. П. 克拉舍宁尼科夫、С. К. 科捷利尼科夫、Л. 欧拉、Д. 伯努利、И. 布朗、Г. В. 里赫曼等杰出科学家的生活和工作紧密相连。尽管如此，该大学并未能成为全国高等教育的中心，也未能成为广义上的俄国大学。

科学院附属大学的历史只有十年（18世纪五六十年代），在当时大家都以为该大学会沿着它既定的道路走下去。那时领导大学和附属文科中学的是 М. В. 罗蒙诺索夫。对于自己在科学院附属大学所开展的各项活动的性质和目的，М. В. 罗蒙诺索夫做出了最好的阐释："我唯一的心愿是希望能够引导文科中学和大学成为众人向往之地，让这里可以培养出千千万万个罗蒙诺索夫来。"① 然而，在18世纪60年代他去世后不久，科学院附属大学就停办了。直到半个多世纪后，在1819年，圣彼得堡才又开办新的大学，但新开办的大学已经不是科学院的一部分了。

1755年莫斯科大学的建立是俄国世俗普通学校发展过程中的一个重要节点。正如 А. И. 赫尔岑所言，莫斯科大学成为俄国的高等教育中心，以及全国的教育中心。②

---

① Ломоносов М. В. Полн. собр. соч. Т. 10. С. 539.
② Герцен А. И. Собр. соч. : В 30 т. М.，1956. Т. 8. С. 106.

　　М. В. 罗蒙诺索夫一直希望创建一所高等学校"为非贵族出身的知识分子"提供全面教育，而莫斯科大学的创建让他如愿以偿。与欧洲各国的大学有所不同，莫斯科大学在 18 世纪时是免收学费的。此外，М. В. 罗蒙诺索夫制定的莫斯科大学办校方案规定，由国家公费资助 30 名大学生。当然，需要这份资助的不是贵族子弟，而是非贵族出身的知识分子家的孩子，以及那些官阶虽然升至军官衔并成为贵族的一员，但既无地也无农奴的人的子女。М. В. 罗蒙诺索夫及其追随者将发展科学、教育的希望寄托到他们而非贵族的身上。俄国杰出的医学家 А. Ф. 沙丰斯基强调指出，正是这些普通人家出身的人"能够为了学有所成，而心甘情愿地忍受痛苦、贫穷和困难"，正是"这些穷人让俄国拥有了自己的学者和可敬的人们"。[①]

　　М. В. 罗蒙诺索夫的大学办校方案，非常重视拉丁语课程的开设和学习，因为拉丁语是当时学术上和国际往来的通用语。但是，学校的授课仍是用俄语进行的。这一点对非贵族出身的知识分子的学习来说也很重要。在莫斯科大学建校仪式的发言中，该校第一位教授、М. В. 罗蒙诺索夫的得意门生 Н. Н. 波波夫斯基强调指出："没有一种思想是用俄语解释不清楚的。"[②]

　　如前所述，М. В. 罗蒙诺索夫最终未能实现让莫斯科大学及其附属文科中学做到真正地面向所有阶层招生，但主要针对"非贵族出身的知识分子"开展教育的办校方针被接受并得以落实。1755 年，所有在校生中没有一人是贵族出身，而在 18 世纪 50~70 年代，贵族在大学生中也只占很小的一部分。当然，在 18 世纪 80 年代开设贵族寄宿学校后，贵族出身的大学生数量大大增加了。由于莫斯科大学大多数本国教授以及文科中学的教师都是莫斯科大学的毕业生，自然而然，他们当中也几乎没有贵

---

① Шафонский А. Ф. Черниговского наместничества топографическое описание. Киев. 1851. С. 283.

② Избранные произведения русских мыслителей второй половины XVIII века. М., 1952. Т. 1. С. 91.

族。整个 18 世纪，在莫斯科大学仅有两位教授是贵族，但他们原本并非贵族，而是由于后来达到了相应的官阶，获得了贵族身份。与大学附属文科中学不同，M. B. 罗蒙诺索夫提倡大学教育面向各个阶层开放这一原则主要体现在：大学里没有按照贵族和非贵族的身份划分而分别授课，所有大学生享有同样的权利，而公费生获得的资助数额也是一样的。

圣彼得堡科学院附属大学的工作开展遇到阻碍，其中一个原因是该校没有系的设置。M. B. 罗蒙诺索夫在莫斯科大学的办校方案中将莫斯科大学分设为三个系：语文系、医学系和法律系。非常重要的一点是学校未开设神学系这一在西欧各大学中最主要的一个系。此外，莫斯科大学任何一个系都没有开设神学课程。M. B. 罗蒙诺索夫领导下的莫斯科大学所具有的这一特征不仅突显了它的世俗性，也为其各学科的发展、唯物主义倾向的加强以及世俗文化各领域的拓展创造了良好的条件。

进入莫斯科大学念书的所有大学生都要在哲学系学习三年。这一方面是由于当时学科分类还不明确，另一方面则是因为哲学在科学和世俗文化的发展中起着重要的作用。大学生在哲学系学习哲学、数学、机械学、物理学、经济学和语文学等方面的基础知识。经过三年的学习后，一部分学生留在哲学系，专修这里开设的人文学科当中的某一门学科和物理学；其余人选择到法律系或者医学系继续完成学业。法律系开设的课程及其人才培养目标和方向与现代的情况比较接近。而医学系除了培养医生，还培养化学和生物学方面的人才。

为了确保能够将科研与教学工作有机地结合起来，莫斯科大学还建了实验室、办公室、解剖室、天文台、图书馆和印刷厂。莫斯科大学印刷厂的意义还在于这是莫斯科第一所，也是唯一一所世俗印刷厂。其任务是出版俄国本国以及翻译的外国科学、教学、哲学方面的著作和文学作品。莫斯科大学印刷厂的出版工作为俄国高等和普通教育学校、科学、文化，以及进步社会政治思想的发展做出了重要贡献。

在 M. B. 罗蒙诺索夫的办校方案中，设定了普及科学知识这一重要目标。莫斯科大学一直遵循这一目标，在建校后一年便开始发行莫斯科第一份定期报纸（此前俄国仅有《圣彼得堡新闻报》这一份报纸），之后又出版了一系列杂志以及涵盖各类主题的报纸副刊，其中包括科学、文学、农业、道德、政治、女性、儿童等专题。莫斯科大学印刷厂大量出版面向中学生和大学生的外文原版教材及其译本，出版学术著作、国内外的社会政治和哲学类论著、俄国及西欧经典和当代文学作品，还有伏尔泰、卢梭、马蒙泰尔、狄德罗等启蒙思想家具有重要学术和政治意义的著作。在 H. И. 诺维科夫领导的十年间（1779~1789），莫斯科大学印刷厂的出版规模和影响力不断扩大。这十年间，莫斯科大学不仅成为全国公认的教育中心，也是俄国先进科学和俄国启蒙运动的中心。莫斯科大学的学者及其毕业生所开展的教学、科研、文学创作、启蒙等工作就是有力的证明。这些学者和毕业生包括 Д. С. 阿尼奇科夫、М. И. 阿福宁、В. И. 巴热诺夫、А. А. 巴尔索夫、Ф. С. 巴尔苏科夫-莫伊谢耶夫、П. Д. 韦尼阿米诺夫、С. Е. 杰斯尼茨基、С. Г. 济别林、А. М. 卡拉梅舍夫、Ф. Ф. 克列斯图里、В. А. 茹科夫斯基、Н. И. 诺维科夫、Н. Н. 波波夫斯基、П. И. 斯特拉霍夫、И. А. 特列季亚科夫、Д. И. 冯维辛、М. Д. 丘尔科夫、И. Ф. 埃拉兹穆斯等。莫斯科大学也为莫斯科职业剧院的创建发挥了重要的作用。

为了培养自己的师资，莫斯科大学从建校伊始，便选拔最具天赋的学生，将他们送到欧洲最好的大学学习，师从著名的学者。例如，С. Е. 杰斯尼茨基、И. А. 特列季亚科夫到英国的格拉斯哥大学留学，师从亚当·斯密和约翰·米勒；С. Г. 济别林和 П. Д. 韦尼阿米诺夫留学莱顿；М. И. 阿福宁师从乌普萨拉大学的卡尔·林奈。① 这样一来，不仅提高了

---

① Летопись Московского университета. М.，1979. С. 23–25.

大学生的学术水平，还可以借鉴西欧的先进教学方法和经验。莫斯科大学在 1771 年制定并出台的《教学方法》，明确对教师及其教学方法提出了很高的要求，严禁体罚学生；要求教师应为学生树立"诚实善良、心地纯洁、明哲审慎的榜样"，而如果教师缺乏这些品质，那么，他们"带来的将是弊大于利"。《教学方法》还指出，教师应当激发学生对所学科目的兴趣，而不应只是让他们死记硬背，"将他们对学习的兴趣在青少年时代就全部扼杀掉"。《教学方法》驳斥对法则、课文和术语定义进行"死学"的做法，要求学生在对材料理解的基础上予以掌握，应该对"论证法和论证的全过程"都有透彻的理解。同时，《教学方法》还强调指出，在一些课程的教学中，必须运用直观教学法。另外，在历史课上讲述历史事件时，应注意对事件发生的历史背景的还原，还要充分发挥这门学科的教育意义。《教学方法》指出，学习历史不能只是罗列堆砌大量的时间、人名和事件，并把它们硬记下来，应当厘清历史事件的来龙去脉、因果关联及其意义。[1]

随着新型世俗普通教育学校、专门学校及高等学校在 18 世纪纷纷创建并发展起来，编写全新的教材及教学参考书的要求也被提出。要解决这一问题，面临的最大的一个困难是俄语中缺少表达各学科基本概念的术语和词语。18 世纪头 25 年，俄语中出现了一个典型的现象，即大量外来词、术语和定义的引入。但由于其中许多词语在发音上迥异于俄语，许多接受过教育的人也不解其意。这就意味着需要在这一方面开展严肃认真的创造性工作。

编撰俄语科学术语，并引入新词语、术语和概念进而丰富俄语词库的问题得到迅速解决。18 世纪中叶和下半叶，制定科学术语的工作进行得如火如荼。

---

[1]　Белявский М. Т. М. В. Ломоносов... Прил. С. 305–309.

1703 年，Л. Ф. 马格尼茨基编写的《算术》教科书出版，此事拉开了为世俗学校编写教材的大幕。该书面向对数学感兴趣的俄国青少年及不同年龄、不同官衔的人群，在当时来说这是一本真正的数学知识大百科全书。该书包括算术、几何、三角学、代数等知识，并将这些知识与机械学、测量学、天文学知识有机地联系起来。该书特别强调在学习航海学时对数学知识的运用，因为马格尼茨基当时是为他所在的航海学校的学生编写的这本教材，对他们的培养目标是使其将来成为海员。但《算术》这本教材的意义远不止于此。半个多世纪以来，它一直是世俗学校使用最为广泛的教科书之一。作者在书的序中写道："该书适用于所有人。"诚然，他此言非虚。

继马格尼茨基的《算术》之后，又有一系列教科书出版，其中大多数是翻译的外文教材，如 A. 法尔瓦松的《对数表和正弦表》，Г. Г. 斯科尔尼亚科夫-皮萨列夫的《几何·测地学》《静力学或力学》，天文学家克里斯蒂安·惠更斯的《宇宙理论》，塞缪尔·普芬道夫的《欧洲史导论》，Ф. 波利卡尔波夫的《三语词典》，等等。

科学术语的制定和教材的编写工作与科学院的工作紧密相关。М. В. 罗蒙诺索夫著有《冶金学基础》《修辞学》《俄国简明编年史》《俄语语法》等书。М. В. 罗蒙诺索夫及其追随者 М. Е. 戈洛温、П. Б. 伊诺霍采夫编写了数学教材，В. Ф. 祖耶夫编写了自然科学方面的教科书，谢韦尔金编写了矿物学教科书。Л. 欧拉院士的经典论著的俄译本在教学中也发挥了巨大的作用。

科学院的工作重心并不是为自己的附属大学和文科中学编写教材，其工作人员所编写的教科书大部分是面向国民学校、师范学堂和一些专门学校的。

莫斯科大学的情况则与科学院不同。莫斯科大学非常重视为其附属文科中学的学生和本校大学生编写教材、出版外文原版教材及其译本的工作。Д. С. 阿尼奇科夫编写、翻译了各类数学教材；А. А. 巴尔索夫致力于俄语语法教材的编写工作；И. И. 科莫夫出版了第一批农作学和天文学教科书；Х. А. 切博塔廖夫出版了《俄罗斯帝国地理及历史概况》；И. П. 斯帕斯基出版了《实验物理基础入门》；С. Г. 济别林、И. Ф. 埃拉兹姆斯、Н. М. 马克西莫维奇-安博季克等莫斯科大学的医学研究者编写完成了一系列医学教材。除了教材和教学参考书，还专门为莫斯科大学学生及附属文科中学的学生编写了拉丁语、德语、法语、意大利语词典。此外，莫斯科大学编写并出版了俄国第一批楚瓦什语、鞑靼语及其他少数民族语言的教学参考书。①

出版的俄文教材的一个重要特征是其中没有使用教会斯拉夫语的古旧词语及语法形式，这些只保留在教会图书中。在新出的教科书中，特别是人文科学类教材中，开始应用日渐形成的新的俄语标准语。与此同时，俄语科学术语的形成和发展进程也在顺利向前推进。18 世纪制定的大部分科学术语已然稳固地走进俄语当中，并被使用至今。

М. В. 罗蒙诺索夫等俄国学者致力于俄语语法和修辞学的研究工作，文学也得到了进一步发展，这些都对教材的编写风格和特点产生了积极的影响。无疑，这也有利于学生更好地掌握所学科目，有利于推广文化知识，让知识走进更广泛的非特权阶层。

在 18 世纪俄国教育事业的发展过程中，出现了一个非常典型和重要但又看似难以解释的现象。18 世纪中叶，俄国国内没有国民学校，农民的孩子被拒于学校的大门外，但从普通民众中却涌现出像 М. В. 罗蒙诺索夫、И. И. 波尔祖诺夫、А. И. 阿尔古诺夫、И. П. 库利宾、П. И. 热姆丘戈夫（科瓦廖夫）、И. Е. 汉多什金这样的杰出人物。一大批人勇敢地加入同贵族的论战中，并痛斥农奴制度、地主的专横跋扈以及军政长官、法官等沙皇

---

① лет издательской деятельности Московского университета. Летопись. М. , 1981.

行政机构代表们的恶行。这些人当中有小地主、耕种兵的代表 A. 马斯洛夫、И. 热列布佐夫、П. 格里金、Е. 费菲洛夫，国有农民代表 Ф. 波列扎伊夫，阿尔汉格尔斯克农民 И. 丘普罗夫，哥萨克 A. 阿列伊尼科夫，以及其他农民代表。法典编纂委员会的档案中保存了他们亲笔所书的发言稿和呈文文稿。阅读这些文稿的内容，你会发现，这些文稿文字水平、逻辑理据及行文结构丝毫不逊于贵族代表的文稿。同时，这些人在 1767~1768 年法典编纂委员会的发言具有明显的世俗性特征。[①] 毫无疑问，这在很大程度上是由世俗教育体系的形成和发展所决定的。关于这一点，19 世纪初俄国欧洲部分世俗学校及其学生数量的数据资料可作为证据。[②]

同时，应当注意的是，统计数据中并未包括乌克兰及白俄罗斯天主教会、东正教与天主教合并教会以及东正教会学校的相关数据，因为这些学校正经历着向世俗学校转变的过程。到 19 世纪初，这一过程尚未结束。统计表中还不包括尼古拉耶夫航海学校、圣彼得堡船舶建筑学校、霍尔莫戈雷航海学校、圣彼得堡航海学校的相关数据，因为这些学校的学生人数等数据不详。同时，一些在 18 世纪最后 25 年在边远地区创办的学校到 19 世纪初时是否还存在，也不得而知。此外，到 19 世纪初，共计有神学院和教会学校 66 所，这些学校中有一部分学生未能毕业便辍学离开，从事世俗活动，要知道在这些学校就读的各类学生共计有 20393 人。[③] 综上所述，可以确定的是，到 19 世纪初，俄国有近 500 所世俗学校，在读学生约 4.3 万人（见表 7-2）。

---

① Сб. РИО. Т. 8. С. 170, 171, 369–375 и др.; Т. 23. С. 370, 371, 396–401, 415, 429–432, 452–454, 467–469, 502–505, 513–517 и др.; Белявский М. Т. Однодворцы Черноземья. М., 1984. Гл. IV.

② ЦГИА СССР. Ф. 730. Оп. 2. Д. 23. Л. 287, 296–305; Д. 24. Л. 210, 211; Д. 711. Л, 4, 9, 15, 18, 20–22, 26, 31, 34, 36, 39, 43, 47, 48; Д. 421. Л. 2; ПСЗ. Т. XXIV. № 1815; Бескровный Л. Г. Русская армия в XVIII веке. М., 1959. С. 455–459.

③ ЦГИА СССР. Ф. 796. Оп. 78. Д. 970, 980, 982, 984–986; Оп. 81. Д. 1065; Оп. 82. Д. 898, 899, 906–913, 924, 926, 930–932; Оп. 83. Д. 978, 1008.

**表 7-2　19 世纪初俄国学校及学生情况**

单位：所，人

| 学校类型 | 学校数量 | 学生数量 |
|---|---|---|
| 大学及文科中学 | 3 | 2338 |
| 贵族武备学校 | 5 | 1980 |
| 贵族学院及寄宿学校 | 8 | 1360 |
| 私立寄宿学校 | 48 | 1125 |
| 美术学院 | 1 | 348 |
| 中心国民学校 | 49 | 7011 |
| 初级国民学校 | 239 | 15209 |
| 医科学校 | 3 | 270 |
| 矿业学校 | 2 | 167 |
| 士兵学校 | 116 | 12000 |
| 其他 | 9 | 765 |
| 合计 | 483 | 42573 |

再回头看法典编纂委员会代表们的发言稿，可以发现，那些在当时来说发行量很大的教科书不仅仅用于学校教育，还用于家庭教育，并常常被退伍士兵、执事、抄写员、小官吏等有文化的人用来教授纳税人群学习识字、书写、算术。因此，同科学、政治、哲学和文学类图书、报纸和杂志相比，那些不断再版的教科书的印刷数量要大得多。

18 世纪俄国世俗学校的创办和发展是其历史文化进程中的一个有机组成部分。世俗教育的发展方向和程度决定了俄国文化的发展水平及其在世界文化中的地位。科学文化界的进步人士代表用科学来对抗教会的教规和信条，要求教会不要干涉科学教育事业。此举让教会不得不做出自我调整，尝试让科学成果为己所用。但教会对待唯物主义和无神论思想的态度一如从前，仍然是不能容忍，极力开展控制启蒙哲学和政治思想传播的斗争，以及反对 18 世纪最后 25 年美国资产阶级革命、法国大革命带来的革命思想的斗争。

然而，虽然在科学、世俗教育和文化的发展过程中，"教会的思想专制"已经是穷途末路，虽然世代积累的知识形成了与教会的宗教信条和教义分庭抗礼的科学体系，虽然认识、理解和诠释自然现象、自然世界和宇宙的唯物主义世界观正在形成，但宗教和教会在广大民众生活和精神世界中仍然占据着牢固的地位。教会仍旧是农奴专制制度最重要的精神支柱。因此，即使是世俗学校也无法完全摆脱它的影响。有一个非常典型的例子，莫斯科大学在 18 世纪 70 年代 И. И. 梅利西诺任校监的时候发布了《全体莫斯科大学学生必须书面承诺遵守的条例》。该条例规定，进入莫斯科大学读书的大学生必须出具保证书，承诺"对万物之主上帝心怀敬畏"，"忠实奉行基督教信仰"，"细细品读《旧约》和《新约》，用福音书中教诲的至理明哲教化和照亮自己的心灵"，"心怀对女皇至高无上的忠诚之心"，承认国家现有的"统治形式是最好的"，"谨言慎行，警惕一切可疑的社交往来，因为这是破坏优良品德的最危险的传染源"。[1]

类似条例，再加上大学和政府行政机构的各种审查制度和行动，在很大程度上解释了大学及其他各类教材所具有的一系列特征。在这些教科书中，很多内容都是从宗教的角度对自然世界发生的事件、现象和进程的前因后果、意义等做出的传统的解读。人文科学类教科书的这一特征尤为突出。而封建专制的政治及社会经济制度则被描绘成俄国唯一可能的也是最佳的形式。

18 世纪编写的教材的上述特征，是与专制政权为当时各类学校设定的培养任务有机联系在一起的。在彼得一世发布的命令以及西梅翁·波洛茨基、Ф. 普罗科波维奇、В. Н. 塔季谢夫的著作中，唯理主义的思想和论据被广泛运用，意在说明科学的益处，普及教育、创办学校的必要性。但与此同时，他们指出，教育的主要任务是要培养对上帝、君主、当局和地主老爷无条件服从的人员。В. Н. 塔季谢夫一直坚信，"图书的

---

[1] История Московского университета. М. , 1955. Т. Ⅰ . С. 39；Устав к наблюдению которого все университетские студенты обязуются письменно. М. , б. г.

出版带来的好处不胜枚举"，"一个有智慧的人通过科学和艺术可以获得良好的理解力，非凡的记忆力和正确的判断力"。但即便是他也宣称，"最重要的是要相信，一个人从小到大，甚至到老年，都应该学习宗教课程"。他对很多现象都表现出极度的不满，诸如贵族学校为宗教课程安排的学时很少，许多贵族的孩子"由母亲和奴仆照顾并教育"，而整日"和一帮女人，还有奴仆的孩子待在一起是非常有害的事情"。当然，B. H. 塔季谢夫还写道，他乐于见到"头脑聪慧、有学识的农民"，因为国家需要有文化的管事、管家、饲马总管、宫内杂物侍臣。但最主要的一点是，从伊万·博洛特尼科夫到斯捷潘·拉辛，这些"暴动""起义"的头领皆是"出自最底层、最愚昧无知的人"，而"在科学发达的欧洲，则是鲜有听闻暴动造反之事"。至于贵族的子女在家中和学校接受教育，那么，首先不能容许他们"与卑贱之人的有害往来和接触"。①

在 18 世纪 60 年代制定的教育目标和任务中，保守的等级制思想得到了进一步深化。为此，专制政权尝试利用关于"培养新人"的启蒙主义理论。该理论在让-雅克·卢梭的《爱弥儿》一书中得到了充分的阐释。作者的根本立场是弘扬自然主义教育思想，他提出的教育学说认为，现今的人类社会是建立在不平等和人压迫人的基础之上的。社会法则、道德、风尚，以及农奴主通过奴役劳苦大众得来的腐朽、奢侈的生活，还有极力维持社会不公平现状的教会在社会上所处的地位，这一切都与自然法则针锋相对，都应被消灭。但受压迫的无知民众却不明白这一点。他指出，应该遵从自然法则培养"新型的人"，让他们远离不公平的社会，成长为心智发达、受过良好教育、热爱劳动、自由和平等的人。这些"新人"将会消灭封建制度所固有的那个充满压迫、不平等和迷信的没有公平正义、千疮百孔的王国。② 卢梭和其他启蒙思想家的"新人"教育理论是资产阶级思想的组成

①　Татищев В. Н. Избр. произв. Л. , 1979. С. 49, 79, 83, 84, 105–107, 113, 137, 140.

②　Руссо Ж. Ж. Эмиль, или О воспитании. М. , 1911. С. 1, 6, 9, 10, 172 и др.

部分，也为资产阶级革命的爆发做了思想上的准备。

乍一看，很难理解为何在 18 世纪下半叶专制政权会以该理论为其制定学校、教育方面政策的基础，但仔细分析，不难发现，在俄国实行"开明君主专制"政策时期，诸如此类将启蒙主义思想和理论为己所用的做法是非常典型的。以 1767～1768 年法典编纂委员会的召开以及叶卡捷琳娜二世给该委员会的《训谕》为例，专制政权常常会断章取义，截取启蒙主义的某些观点和思想，而将其中的反封建倾向略去。一些华而不实又很模糊的语句点缀上启蒙主义的术语，摇身一变，就将巩固专制统治、贵族特权以及农奴制的种种行为诠释得有理有据，而其核心内容实际上仍是维护封建等级制度。至于"新人教育"理论，也是同样的情况。该理论无论是在叶卡捷琳娜二世的敕令和制定的章程中，还是在 И. И. 别茨基的著作和实践活动中，都得到了广泛应用。正是在后者的协助下，叶卡捷琳娜二世推行了学校教育的相关政策。

封闭学校体系的建立推动了"新人教育"理念的落实，其中包括贵族武备学校、斯莫尔尼贵族女子学院、贵族寄宿学校、商科学校、士兵学校、师范学校、美术学院及其附属文科中学、莫斯科和圣彼得堡的儿童教养院等。这些学校、机构招收 4～6 岁的儿童，他们在这里完全与亲人和社会隔离，一直念书到 18～20 岁。这些按照严格等级制度创办起来的学校要培养的是现存制度下的忠实奴仆和卫道士，他们既要明白本阶层的权利和义务，又不觊觎超越本阶层权利之外的东西。贵族"新人"应该是训练有素，能够在军队、舰队，国家管理和司法等权力机构任职的人才。而在儿童教养院成长起来的"新人"则应"用自己的双手在各个艺术和手工业领域耕耘，为国家效劳"，当然，他们接受的是"有别于贵族"的教育。① 在他们看来，这些"新人"的未来是由上帝决定的，

---

① Бецкой И. И. Собрание учреждений и предписаний, касательно воспитания в России обоего пола благородного и мещанского юношества. М. , 1789. Т. Ⅰ. С. 225.

因此，他们不应产生对自己现状不满的情绪。在儿童教养院，一般在 5 岁的时候开始教儿童劳作，7 岁起儿童每天学习一个小时的阅读和书写。

当然，"新人教育"在学校和教育的发展过程中所展现出来的积极的方面也不应该被忽略掉。例如，女子教育开始发展起来，第一批收容私生子和弃婴的儿童教养院由此陆陆续续创立，这些地方又变成了疫苗接种中心（该举措大大降低了儿童的死亡率）。但不应忘记的是，叶卡捷琳娜二世和 И. И. 别茨基开展"新人教育"并不是为了践行启蒙主义理论，其真正的目的恰恰与启蒙主义思想背道而驰。因此，在十月革命前俄国的史学研究中常常将 И. И. 别茨基与 Н. И. 诺维科夫和 А. Н. 拉吉舍夫这些杰出的启蒙思想家归为一类，[1] 这种在当时颇为典型的界定方式事实上是站不住脚的。在当代有关俄国教育史研究的论著中，也不乏将 И. И. 别茨基及其活动理想化之作，有的著作将 И. И. 别茨基描述为"法国启蒙主义哲学和洛克的崇拜者"，并指出，他"相信教育的强大力量，并坚信通过封闭的教育机构能够培养出'新人'，而在他看来，这些'新人'的出现为后来农奴制的逐步废除创造了条件"[2]。

通过对比 И. И. 别茨基对教育问题的观点与 Н. И. 诺维科夫在其文学作品中所表达的观点，可以清楚地看到，将二者归为一类人的评价的确是站不住脚的。Н. И. 诺维科夫在《雄蜂》《画家》上刊载的《给法拉列的信》《处方》等作品中指出，贵族家庭往往培养出来的是像萨尔特奇赫、法拉列、斯科季宁之类的人，是残酷无情的地主、贪污受贿者、盗窃国库者，还有蔑视自己的国家、人民和文化的不学无术者。Н. И. 诺维

① См.: Анненский М. В. Бецкой-друг человечества. М., 1904; Ермилов В. Е. Поборники свободы и воспитания Бецкой и Новиков. М., 1906; Майков П. М. И. И. Бецкой. Опыт его биографии. М., 1904; Кизеветтер А. А. Один из реформаторов русской школы. Исторические очерки. М., 1912; и др.

② Константинов Н. А. Просвещение. Очерки истории СССР. XVIII век. Вторая половина. М., 1965. С. 421, 422; История педагогики / Под ред. М. Ф. Шибаевой. М., 1974; и др.

科夫在18世纪80年代所办的定期刊物中发表了一系列关于儿童学习和教育的文章，其中最具影响力的是《关于儿童教育》。在这篇文章中，他强调进行"体育、德育和智育"的必要性，并提出"教育的一般和主要目标"，即"把自己的孩子培养成一个有幸福感的人和有用的公民"。Н. И. 诺维科夫呼吁"向孩子灌输追求真理、谨言慎行、胸怀坦荡的博大之爱"，同时，他还认为，包括贵族在内的所有父母都必须"让孩子养成热爱劳动、守则、勤奋的习惯"，"能够承受苦难，坚忍不拔，在任何情况下都勇敢无畏"，"尤其是在面对艰苦的生活"之时，要培养他们"坚定不移地迎难而上、直面艰难险阻的精神"。

Н. И. 诺维科夫认为，父母和教育工作者最重要的任务是必须向孩子"传输真挚之爱，并善待所有人，而无论其阶级、信仰"。他特别强调人们在本性上"生而平等"，并发出警示，"自恃强大"会让人变得"卑劣或是冷酷、傲慢、残暴"。他指出，人身上最卑劣可耻的品质就是对待"贫民和下等人"时高高在上，对其蔑视不屑。因此，他认为，应当让这些人明白，"那些被他们称为贫贱之民的人所做的贡献更多，也是社会最为重要、最有用的成员，所以，比他们更应得到尊重"。①

的确，共济会对Н. И. 诺维科夫在18世纪80年代发行的刊物产生了极大的负面影响。在关于儿童学习与教育的文章中，特别强调宗教教育的重要地位。② 从这个角度来说，Н. И. 诺维科夫的观点与叶卡捷琳娜二世和И. И. 别茨基有某些相似之处，该观点在《论人和公民的职责》一书中得到了完整的阐释。③

---

① Новиков Н. И. Избр. произв. М. -Л. ，1951. С. 423，462，477，478，481，483，484，699，700.

② Новиков Н. И. Указ. соч. С. 485.

③ О должностях человека и гражданина. Книга，к чтению определенная в народных училищах Российской империи，изданная по высочайшему повелению царствующей императрицы Екатерины II. Спб. ，1783（цит. по изд. 1787 г.）.应当指出的是，"公民"一词在该书中仅出现几次，并且是作为"市民"一词的同义词使用的。

　　关于该书有两种说法，一种认为它是由叶卡捷琳娜二世所著，另一种则认为它是由女皇主持编写完成的。无论如何，在 1783 年出版后，该书被定为全国所有学校的必修教材，下至初级国民学校，上至大学附属文科中学、贵族武备学校及其他专门学校，全部使用该书。书中将人置于某种抽象的精神领域，即将其置于一定的社会经济环境之外来审视。人的生活如何，是否成功，幸福与否，这一切都只是取决于"他的内心状态"，如果人"对自己的状况满意"，也就是说，"他是成功的"。所有人——无论是"城市居民、手工业者、农村居民，还是雇工、奴隶，都可能成为一个如意顺遂之人"，而达官贵人同普通人、穷人相比，"则也可能要不如意得多"。既然奴隶也可能比自己的老爷幸福，那么，任何人都不应对他侮辱不逊。至于奴隶制的存在，教科书上讲，这"毫无疑问，是上帝之作"，是既符合天命，也符合人类生存法则的制度。因此，教育的主要任务之一是向学生的心中灌输一种信念，即"奴隶和仆人应该爱戴和尊敬自己的老爷和家主，……尽管他们并不喜欢后者"。①

　　教科书中对"臣民"一词也是以这样的论调进行阐释的。"所有在本国的人都被称为臣民"，他们如果履行自己的职责，则是"祖国真正的子民"。而其职责则可归纳为以下几点。臣民"必须尊敬自己的统治者，……为他们向上帝祈祷，服从他们制定的法规和章程"，当然，"要向他们纳贡，并缴纳各种名目的税赋"。

　　与此同时，所有人都应明白，不同于其他臣民，贵族"以其所拥有的产业，受过的教育和具有的才能"脱颖而出。他们知道什么是对"国家、臣民以及全社会有益的"，因此，他们有理由要求自己的奴仆和农奴不仅要无条件服从他们，还要感谢和爱戴他们。至于君主，则只有他这位上帝赋予权力的当权者"才是能为国家谋福祉之人"，只有他才会竭力

---

①　О должностях человека и гражданина... С. 1–3, 5, 6, 115, 116, 119, 120.

确保所有臣民都能过上好日子，"维护和保障真理和公正裁判"，保护"每一位臣民的生活、荣誉、产业或是财产"。①

《论人和公民的职责》一书指出，"对祖国之爱"具体应当体现在以下四个方面：第一，"不说、不做任何妄议政府之事"；第二，无条件执行君主颁布的法规及各个国家机构的决议，"即使是在感觉很难服从的情况下"；第三，"相信统治者的远见卓识和勤政爱民"，因为臣民无权"评判诸如此类的事情"，只有领导人物能够审时度势，并判断什么是能给全社会和个人带来幸福的东西；第四，"臣子的服从应当落到实处"，也就是说，臣民应该"切实发挥自己的才能，并利用自己的产业为国家谋利益……做这一切应是心甘情愿，而非被迫为之"，"特别是当上层也提出这样的要求的时候"。②

叶卡捷琳娜二世及其近臣指定该书为所有学校的必修教材，因为他们明白，许多出身于"下等阶层"的学生对于贵族、警察局长、市长、法官对自己的"关心"颇有异议，要知道，E. И. 普加乔夫领导的那场声势浩大、席卷全国的农民战争过去还不到十年时间。因此，为了让"无条件服从当权者"的论调更有说服力，书中运用了教会钟爱的传统论据来进行论证：对所有的苦难不幸、平安享乐都不应过于在意，不应该只是关心那些尘世间的快乐，而是要"思索永恒的幸福"。正因为如此，君主及其政权机构竭力"教导自己的臣民要履行上帝赋予的职责和义务，如果他们做不到这一点，则无法获得永恒的幸福"。③ 叶卡捷琳娜二世认为，让学生明白这个道理，并向他们灌输这一思想是所有教育工作者和所有父母最重要的任务之一。

"开明君主专制"政策广泛应用了"新人教育"这一反封建的启蒙主

---

① Там же. C. 135, 137–140, 152, 153.

② О должностях человека и гражданина... C. 127, 128, 153, 157, 158, 161, 170–174.

③ Там же. C. 127, 128.

义理论，并以全新的方式阐释等级制、封建农奴制的内容。这一点在
《论人和公民的职责》一书中得到了体现。书名本身与美国和法国大革命
的宣言遥相呼应。但该书的所有内容及其提出的任务和要求无不昭示着
对农奴专制制度的顶礼膜拜，作者希望通过教育进一步巩固农奴制的统
治地位，并强化民众的无权状态。教会宣扬要"相信上帝的旨意"，在 18
世纪，专制政权通过在世俗学校创建相应的思想教育体系来进一步充实
这一思想的内容。

纵观俄国 18 世纪学校和教育的发展，必须着重指出，在这一文化领
域发生了非常重要的、原则性的变化。一个世纪以来，俄国形成了世俗
学校体系。到 18 世纪末，教育体系包括初级学校、中级学校和高等学校
（即小学、中学和大学——译者注）三个级别。在莫斯科大学、大学附属
文科中学及师范学院的积极工作下，成立了教师培养基地，为俄国各类
普通学校和专门学校培养师资力量。创立了俄语和科学术语体系，围绕
学校开设的各门课程出版外文原版教材及外文教材的译本。在教学法方
面，同样迈出了非常重要的一步，并取得了长足的进步。

18 世纪俄国国内社会经济、政治和文化生活发生了重要的变化，对
专业人才及有文化的人的需求日益增长，这些都推动了学校以及教育的
发展。同时，世俗学校体系的形成为工业、商业、手工业、农业各领域
的发展，为本国科学、文学、艺术及其他文化领域的振兴，以及对古代
文化遗产和当代世界成就的开发和创造性利用创造了条件。

世俗学校的创办和发展在一定程度上推动了反农奴制思想的形成及
俄国启蒙运动的发展。然而，专制政权推行的政策旨在维护和巩固贵族
的统治地位，为资本主义关系的形成制造了重重障碍。这样的政策决定
了俄国的学校教育体系所具有的一系列特点，其中最主要的就是普通学
校和专门学校的等级性特征，它将教育变成了贵族和宗教阶层的一种特
权，贵族与宗教阶层竭力阻挠非特权阶层的孩子进入中学，甚至是高等

学校学习。非特权阶层中只有极少数的人克服了重重困难，得以接受教育，并为俄国科学、文学、艺术及其他文化领域的发展做出了自己的贡献。18 世纪，农奴专制国家推行一系列政策旨在在学校传播守旧思想，与涌现出的自由思想和批评农奴专制制度的声音做坚决斗争，这些政策对学校开设的课程内容、教学目标的制定都产生了影响。在这种艰苦的条件下，俄国的学校在 18 世纪不仅迈出了对自己发展极为重要的一步，还为进一步推动教育、科学、技术、文学和艺术的发展奠定了基础。

# 第八章
## 图书出版业

Б. И. 克拉斯诺巴耶夫

Л. А. 乔尔纳娅

　　在 18 世纪俄国文化的发展中，图书发挥的变革性作用是毋庸置疑的。手中持书的俄国人开发科学、军事、航海等一个又一个领域，建造起一座座城市、一艘艘轮船，推进文艺的发展；在书籍的帮助下，他们将不同的国家、语言和民族展现在自己面前，并寻找自己在他们当中的位置，领会新的文学人物的思想，体会他们的情感。

　　中世纪时期，俄国的图书大多以手抄本的形式传播，最普遍的形式是情节各异、内容驳杂的小型单卷本文集。快到 18 世纪的时候，手抄本图书的内容愈来愈丰富多样，越来越充实。17 世纪下半叶，涌现了大量百科类手抄本以及警世类图书，还有译文集中的中短篇小说、故事。这说明人们不仅对图书的兴趣越来越大，其感兴趣的题材范围也越来越广。

　　16 世纪中期到 17 世纪中期，俄国的印刷书籍以宗教类图书为主，其中也包括一些宗教警世类作品。从传统上来说，"书籍"这一概念本身包含着神性的元素，也因此具有不可侵犯性。人们认为，只有"上帝之言"才值得印刷出版。17 世纪中叶，国家政权打破了教会对印刷的垄断，先后出版了《步兵习武概则与谋略》（1647）和《会议法典》（1649）。可以说，这是全新的文化——世俗文化对教会文化的首次胜利，并为其此后与教会文化的斗争开辟出一条道路。书籍开始发挥传播世俗知识以及普及系统教育的功能。

毫不夸张地说，在 18 世纪，俄国书籍的题材范围及出版样式得到了极大的丰富，还引入了新的字体，也因此它在时代的文化珍品中独占鳌头。同时，图书业在俄国文化各领域中的地位也随之发生了变化。

18 世纪俄国图书出版业的发展与其文化生活的各个方面都息息相关。图书出版业的发展既反映了书籍的生产（图书出版、书稿誊写）条件，信息与社会体系的互动机制（通过所谓的"中介"——图书贸易、图书馆等），还有文化发挥功用的过程（阅读）。书籍与社会之间各种形式的联系，可以作为一种文化现象来探讨。

***

在彼得一世的一系列改革中，图书出版业也被摆在重中之重的位置。在 1700 年颁布的命令中，彼得一世提出了"斯拉夫语"图书出版计划："欧洲、亚洲、美洲陆地和海洋的地图和平面图，所有关于陆军和海军人物的图书，数学、建筑、城市建设类及其他文学类图书……均要出版，这不仅体现了伟大君主的圣明……也是利国利民的好事，能够推动文艺各领域的发展……"① 出版商扬·基辛格和翻译家 И. Ф. 科皮耶夫斯基开始在阿姆斯特丹推进这一庞大的出版计划。他们出版的图书（《世界历史简明教程》，1699；《航海教程》，1701；等等）克服重重困难被运送至

---

① Цит. по: Быкова Т. А. Книгоиздательская деятельность Ильи Копиевского и Яна Тесинга // Описание изданий, напечатанных кириллицей. 1689 - январь 1725. М. -Л., 1958. С. 321, 322.

俄国。对于其中出现的每一个问题，都需要通过大量的书信往来、花费大量的时间来进行解释说明。彼得一世希望能够随时获得改革所需的书，希望这些书在本国就有，而非在遥远的彼国。一本又一本图书在印刷厂的机床上排版完成：Φ. 波利卡尔波夫的《斯拉夫－希腊－拉丁语词典》（1701）和《三语词典》（1704），Л. Φ. 马格尼茨基的《算术》（1703），等等。然而，莫斯科印刷厂这座当时俄国唯一的印刷中心并未能成为世俗图书的印刷出版中心。自 1721 年起，印刷厂转归主教公会管辖。在整个 18 世纪，这所俄国最古老的印刷厂出版的宗教图书（祈祷书、赞美诗、教历、训诫书、圣徒行传等）与之前大体相同。同时，印刷厂还出版教材、词典及其他没有明显宗教色彩的图书。莫斯科印刷厂为 18 世纪初俄国图书业的发展做出了很大的贡献：根据沙皇的指令，组织翻译并出版了军事和航海方面的教材、历史文集；1711 年发行了俄国第一份印刷的报纸《新闻报》[1]。印刷厂拥有 14 台印刷机，共计 175 名印刷工人，但仍然无法完成彼得一世"大量印刷"的任务。出版商 Φ. 波利卡尔波夫在给修道院衙门主教 И. A. 穆辛－普希金的信中写道，由于誊抄员人手不足，C. 巴罗尼奥斯的《教会编年史》、伯恩哈德·瓦伦的《通论地理》等书的出版工作被耽搁了。[2]

1705 年，商人 B. A. 基普里阿诺夫在莫斯科创办了民用印刷厂，为解决印制新书问题做出了又一次尝试。该印刷厂主要从事版画以及数学、建筑、军工等方面的图表、图纸的印制工作，其产品仅能满足彼得一世庞大图书出版计划的一部分需求。

旧的基里尔字体阻碍了世俗图书的发展。1707～1708 年，在沙皇的

---

① Долгова С. Р. Неизвестные петровские «Ведомости» и их рукописные оригиналы по материалам ЦГАДА // Рукописная и печатная книга. М. , 1975. С. 170–181.
② Черты из истории книжного просвещения при Петре Великом // Русский архив. 1868. № 7–8. С. 1044.

亲自参与下，新的简体字被创立并开始使用，新字体的字母数量减少了。[①] 1708 年 3 月，第一本用民用字体印刷的《几何学·斯拉夫测地学》一书面世。

1711 年，在新建的首都圣彼得堡终于创办了一家印刷厂，它的任务主要包括印制发行民用图书、《新闻报》，以及国家官方决议和命令等。莫斯科印刷厂为其创办奠定了基础，一开始提供了 1 台印刷机及若干名工人，后来又提供了 2 台印刷机。到 1719 年，圣彼得堡印刷厂已有 5 台印刷机，1 台版画机及 1 台小型可移动式印刷机；全厂共计有 86 名员工。[②] 18 世纪 20 年代，同莫斯科印刷厂之于莫斯科一样，它已经成为圣彼得堡的印刷基地。不久后，从中又"分出了"参政院印刷厂（1719）和海军印刷厂（1721）。

同样，图书的装帧也发生了很大的变化：开始具有世俗性特征，插图、横眉装饰和书页上的小花饰数量大增；由于铜版画的普及，其印制技术也得到改进。

用铜版画来装饰书籍的历史最早可追溯到 17 世纪。18 世纪初，铜版画已经稳固地走进了出版业。18 世纪头 25 年的版画设计结构复杂，运用大量几何图形，描绘了许多战争场景。1708 年，由彼得·皮卡尔掌管的兵器馆刻版印刷作坊并入莫斯科印刷厂。而后，印刷作坊的一部分师傅（其中也包括彼得·皮卡尔）被调到圣彼得堡印刷厂。[③] 阿列克谢·祖博夫的版画闻名遐迩，大受欢迎。[④] 1725 年，版画家科罗温·斯捷潘提出了创办版画印刷厂的设计方案。他指出，除了印制历史、世俗类图书，还

---

① Луппов С. П. Книга в России в первой четверти XIII века. Л. , 1973. С. 59, 60.
② Гаврилов А. В. Очерки истории С.-Петербургской синодальной типографии. 1711 – 1839. Спб. , 1911. Вып. 1. С. 1–33.
③ Пекарский П. П. Наука и литература в России при Петре Великом. Спб. , 1862. Т. 2. С. 650, 651.
④ Лебедянский М. С. Гравер петровской эпохи Алексей Зубов. М. , 1973.

应当创建一家专门的版画印刷厂，以便让"俄国人更好地学习各类科学知识"[1]。科学院版画馆（1726～1805）为版画的发展做出了巨大的贡献。[2]

可以说，18 世纪初的俄国图书出版业呈现出焕然一新的面貌。这是彼得一世强国计划的又一次有力改革。当然，这次改革虽然开始进展得很顺利，但也存在一系列问题。改革满载着以彼得一世为首的一众人的激情与希望，却没有考虑到大多数读者的利益和兴趣，陆续出版的主要是军事和航海方面专业性较强的应用类图书。此外，改革只涉及图书的出版，而无关销售等环节。因此，在彼得一世时期，有相当数量的图书未能卖出去。而在彼得一世去世后，推动图书业发展的原动力也随之熄灭，"印刷厂纷纷走向衰落"，已无力支付工人们的工资。俄国的图书出版业站在了命运的十字路口。莫斯科民用印刷厂工厂主 B. A. 基普里阿诺夫的儿子、他的继承人 B. B. 基普里阿诺夫多次上书提出议案，提议将印刷厂转交给有意接手的个人来经营。1727 年，主教公会本打算将该提案付诸实施，但遭到政府的阻挠，禁止私人经营印刷厂。政府通过决议规定，"圣彼得堡只有两个地方可以开设印刷厂，分别是负责印制命令、法令的参政院印刷厂，以及印制史书的科学院印刷厂"[3]。18 世纪初，所谓的"史书"是泛指所有非宗教类图书。科学院印刷厂从事的就是这类书的出版工作。

这样一来，在 1727 年，圣彼得堡印刷厂和亚历山大 - 涅瓦印刷厂（创建于 1719 年）被关闭。而它们的设备转给了莫斯科印刷厂及正在筹

①　Макаров В. К. Гравер Степан Коровин и его проект типографии 1725 г. // ТГПБ. 1961. Т. 9. С. 133.

②　Гравировальная палата Академии наук ⅩⅧ века: Сб. Документов / Сост. М. А. Алексеева, Ю. А. Виноградов, Ю. А. Пятницкий. Л. , 1985.

③　Полное собрание постановлений и распоряжений по Ведомству православного исповедания Российской империи. Спб. , 1881. Т. Ⅴ. № 1863；1889. Т. Ⅵ. № 2055.

建的科学院印刷厂。后者在后来很长时间里都是全国的出版中心：不仅发行全国超过半数的图书和各类小册子，以及当时国内所有的定期刊物，[①]还拥有出版俄语和德语、法语、拉丁语及东方语言（汉语、格鲁吉亚语）等外文出版物的技术能力和人才（翻译）。这些出版物系统有序地从这里面世。[②]自成立之初起，科学院印刷厂不仅出版科学类图书，还出版其他各类书报（教材、日历、颂诗、《新闻报》等）。

科学院印刷厂在成立的头 30 多年时间里，其规模已扩大到最初的 13 倍有余：由 1727 年的 7 人发展到 1766 年的 93 人。[③]整个 18 世纪，印刷厂共出版图书 1685 种，其中 573 种为译作。[④]图书出版是科学院公认的两大主要任务之一，另一个任务则是"竭力认识和探索世间万物的不同活动和特性"。科学家应将自己的成果"先展示给另一个人，而后在得到大家的一致赞同意见后面向大众出版发行"[⑤]。正是基于这一目的，科学院印刷厂出版了介绍西伯利亚和堪察加地区概况以及对这些地区进行考察的资料（《西伯利亚地志》，1750；《堪察加地志》，1755）。科学院印刷厂对古罗斯编年史书（阿尔汉格尔斯克、诺夫哥罗德等地的编年史编撰者）及其他史料（阿夫拉米-帕利岑的《历史故事》），以及史学论著（М. М. 谢尔巴托夫的《俄国史》）等的出版也做出了自己的贡献。第一部 6 卷本俄语详解词典也是在这里完成出版，该词典的编纂者包括 Д. И. 冯维辛、И. Ф. 波格丹诺维奇、И. И. 列皮奥欣、Е. Р. 达什科夫等人。

为了普及科学知识，科学院推出了各类出版物，其中包括著名的

---

① Луппов С. П. Книга в России в послепетровское время. 1725–1740. Л. , 1976. С. 41.

② См. : Сводный каталог книг на иностранных языках, изданных в России в XVIII веке. 1701–1800 / Отв. сост. Е. А. Савельева, Т. П. Щербакова. Л. , 1984. Т. I .

③ Петров А. Н. , Царт И. Д. Первая академическая. Л. , 1977. С. 23.

④ Истрина М. В. Академические переводчики в XVIII веке // Книжное дело в России в XVI–XIX веках. Л. , 1980. С. 105.

⑤ Регламент императорской Академии наук. Спб. , 1747. С. 4.

《科学院评论》。作者在该书的序中写道："在此向您推荐的这本书中，汇集了科学院教授们的研究成果。"作者们在编写该书时就清楚一个事实，即俄国读者凭现有的知识储备尚且无法理解科学著作。因此，他们号召读者不要对自己不懂的事物"耻于不知而不问"。"要知道我们的先祖自己没弄懂的事情，也希冀由你我来不懈探索去弄明白。这样一来，终有一天会结出累累硕果。"[1] 与此同时，科学院开始探寻能够让科学著作变得对俄国读者来说更通俗易懂、更有趣味性的途径，进而扩大读者对科学读物的需求。因此，大量科普性的内容被引入定期刊物。例如，在1729 年到 1742 年发行的《圣彼得堡新闻报》的副刊中，除了有关国际时事、日常生活等方面的信息，还有数学、天文学、地理学等各类科学方面的发现（关于"海上经纬度的确定方法""格陵兰岛""北极光""磁体"等的报道），最新医学成果（"关于儿童的天花接种"），以及各种手工业生产和制作过程（如瓷器的制作）。[2] 副刊很受读者欢迎，因此，继《圣彼得堡新闻报》副刊之后，科学院又推出了《每月文选》，并在《每月文选》第一期中指出："许多读者至今仍然对 1729 年至 1742 年科学院一些人士参与编辑的《圣彼得堡新闻报》副刊读得津津有味……"[3]

如前所述，学术问题是科学院出版物中最主要的主题，但科学院印刷厂也出版其他各类图书——识字课本、地图册、《儿童的完美教育》、《圣彼得堡指南》、《俄国史概论》、《家训》等。1730 年，科学院印刷厂出版了由 B. K. 特列季亚科夫斯基翻译的 17 世纪法国教士保罗·塔尔曼的长篇小说《爱岛旅行》，开辟了俄国图书出版业中法国小说的"新时代"。

随着莫斯科大学在 18 世纪中叶创立，图书出版活动也随之愈发频

---

① Краткое описание Комментариев Академии наук на 1726. Спб. , 1728. Ч. Ⅰ. Л. 3.

② Реестр знатнейшим материям, которыя в здешних Санкт-Петербургских примечаниях 1729；30. 31. 32. 33 и 34 года содержатся. Б. м. ［1734］.

③ Ежемесячныя сочинения, к пользе и увеселению служащая. Спб. Январь, 1755. С. 3.

繁，规模越来越大。M. M. 赫拉斯科夫自 1757 年开始担任莫斯科大学印刷厂监护人，他试图为图书业的发展找到科学依据。于是，他发动自己的好友、熟人"遍寻各类关于印刷厂、印刷技术的图书"①。1756 年至 1779 年，莫斯科大学印刷厂出版了各类图书，其中包括俄国及外国学者的论著、教材、纲领，定期刊物，俄国作家文集，译著及外文原版图书。其间，莫斯科大学印刷厂出版了莫斯科大学的十位本国教授的 45 部论著，还先后两次出版了 M. B. 罗蒙诺索夫的文集。②

在莫斯科大学印刷厂出版了俄国第一批本国教授的论著，这些教授包括 Д. C. 阿尼奇科夫、М. И. 阿福宁、C. E. 杰斯尼茨基、C. Г. 济别林、H. H. 波波夫斯基、И. A. 特列季亚科夫。莫斯科大学印刷厂出版的书还有由 H. H. 波波夫斯基翻译的英国启蒙时代诗人亚·蒲柏的《人论》，B. H. 塔季谢夫的《百科全书选译》（第 1~3 部，1767）和《远古以来的俄国史》（第 1~4 册，1768~1784）。这里还发行了俄国第一本乐谱《小步舞曲曲谱》。③ 莫斯科大学的出版物常常成为莫斯科城热议的话题。④ 特别是在印刷厂建立初期，"为了不让印刷机闲置"或是纯粹出于商业目的，印刷厂经营者有时会下令印制一些娱乐性读物。⑤

1779 年，莫斯科大学印刷厂被租赁给 H. И. 诺维科夫使用，莫斯科大学印刷厂历史中的一段特殊时期由此开启。H. И. 诺维科夫更新了印刷设备和字体，大大增加了出版印制产品的数量。他还在印刷厂此前出版的图书中选择了 75 种进行再版，将《莫斯科新闻报》的印数由 600 份增至 4000 份。H. И. 诺维科夫制订了计划，希望通过出版教学、科学

---

① Пастушенко Л. М. Письма М. М. Хераскова к Г. Ф. Миллеру（1756–1764）// ⅩⅧ век. М.，1976. Сб. ⅩⅠ. 207，208.

② Мельникова Н. Н. Издания, напечатанные в типографии Московского университета. ⅩⅧ век. М.，1966. С. 6.

③ Там же. С. 5.

④ Письма русских писателей ⅩⅧ века. Л.，1980. С. 340.

⑤ Мельникова Н. Н. Указ. соч. С. 9.

及精神道德方面的书来普及教育，并将此设想付诸实践。租赁莫斯科大学印刷厂的十年（1779~1789）是这位俄国启蒙主义者出版事业的巅峰时期，在此期间，印刷厂共计出版图书817种。[①] 其中主要包括面向广大读者的教科书、科学著作、中篇小说、戏剧作品、诗集、歌曲集和童话集。

除了科学院和莫斯科大学的印刷厂，18世纪俄国的其他一些印刷厂也有一定分量。例如，始建于18世纪20年代的海军科学院附属印刷厂在1752年科学院改建为士官武备学校之后，大大拓宽了自己的出版范围。除了一些专门的文献（章程条例、指令、通航指南等），印刷厂还发行大量翻译过来的外国小说、意大利的芭蕾和戏剧作品；在为数众多的法语译著中就有多次再版的伏尔泰文集，在俄国本国人所著的图书中有获得"自由经济协会"奖章的《天花接种过程及注意事项》（1769）和《俄罗斯帝国最急需、最有用的粮食增产方法》（1773）。

陆军贵族士官武备学校印刷厂创建于1757年，除了针对士官生及军校学生使用的教材，这里还出版大量面向广大读者的图书。[②] 在其出版的书中，有许多译自外文的长篇小说、喜剧作品、劝谕性图书等。[③]

18世纪60年代，军事委员会及炮兵工程士官武备学校印刷厂成立。整体来说，其活动范围与上述印刷厂没有什么区别：在创建过程中，他们向科学院印刷厂取经求助，其承租人换了一个又一个，出版物的性质也是各不相同——从专业性较强的教材到轻松搞笑的法国戏剧作品。

18世纪70年代，圣彼得堡矿业学校印刷厂出版了一系列广为人知的图书。在这些书中，除了地理地质学方向的专业图书，还有历史类图书，

---

① Там же.
② Шамрай Д. Д. Цензурный надзор над типографией Сухопутного Шляхетного кадетского корпуса // ⅩⅧ век. М. -Л. , 1940. Сб. Ⅱ. С. 294.
③ Реестр напечатан в качестве приложения к кн. : Аделейда, африканская повесть. . . Спб. , 1761. С. 6-9.

如以 A. И. 穆辛-普希金为首的"俄国史爱好者小组"成员们在这里出版的史学经典著作，B. H. 塔季谢夫的三卷本《俄国历史、地理、政治词典》（1793），H. A. 利沃夫的《俄国编年史》（1792）和《俄国民歌集》（1790），其他一系列经典著作也曾在这里首次出版面世。

自 1771 年起，俄国国内开始出现所谓的"享有特权的"印刷厂，这是经叶卡捷琳娜二世批准创办的私营印刷机构。第一家获得外文书籍特许经营出版权的私营印刷厂厂主是 И. М. 哈通。① 1776 年，图书经销商 И. И. 布莱希特、И. K. 施诺尔也获得了这一特权。② И. K. 施诺尔用了几年的时间申请"各种外文文学作品的出版权"③，并在申请最终获批后，成立了圣彼得堡最大的出版社。该出版社除了出版文学作品类图书，还出版不同学科知识领域（医学、地理、历史等）的图书。

到 1783 年俄国颁布准许开办私人印刷厂的法令④时，全国已经有不少印刷厂，并出现了一大批全心致力于图书出版事业的人。他们一直在利用国家及各部门开办的印刷厂出版社会所需的图书。因此，准许私人开办印刷厂的命令在彼时颁布对于推动图书业发展所起的作用已不比 18 世纪初。B. H. 塔季谢夫曾指出国家垄断图书出版的种种弊端，并提出有必要"允许私人经营印刷厂"。18 世纪末，俄国广阔的图书市场让印刷厂的经营者们赚得巨额利润，畅销书不断再版。但当时更多的图书出版人士希望借此来宣传进步思想、科学成果及对俄国现实的认识。在上述法令颁布后，莫斯科和圣彼得堡涌现出一批私人印刷厂，其经营者包括 M. K. 奥夫钦尼科夫、П. И. 波格丹诺维奇、И. Я. 瑟京、B. A. 普拉维利

---

① ПСЗ. Т. ⅩⅨ. № 13572.

② ПСЗ. Т. ⅩⅩ. № 14495.

③ Цит. по: Долгова С. Р. О. первых владельцах частных типографий в России （И. М. Гартунг и И. К. Шнор） // Книга. Исследования и материалы. М. , 1976. Сб. ⅩⅪ. С. 180.

④ ПСЗ. Т. ⅩⅪ. № 15634.

希科夫等人。仅在 18 世纪 80～90 年代，两座都城就有 15～17 家私人印刷厂。[1] 在选择出版图书的种类时，他们会考虑各阶层广大民众的兴趣，有时也会满足图书爱好者们纯消遣娱乐性质的阅读需求。

　　整个 18 世纪，圣彼得堡和莫斯科都是全国的图书出版中心。除了基辅、维尔诺、波洛茨克等几个历史悠久的图书出版中心，两座都城的图书产品几乎涵盖全国各省。基辅在 1787 年甚至还创办了一家专门出版俄国非宗教图书的印刷厂。[2] 俄国各省城图书出版业的兴起始于 18 世纪末，1784 年至 1808 年，出现了 26 家印刷厂，其中大部分归省府管辖。只有雅罗斯拉夫尔、科斯特罗马、坦波夫、托博尔斯克四座城市有私人印刷厂。[3] 它们出版的图书主题大体差不多，主要是文学作品（俄国本国的以及外国的翻译作品）、历史、地方志和哲学类图书。[4] 发行杂志的有两座城市——托博尔斯克和雅罗斯拉夫尔。这些印刷厂出版的基本上都是世俗类图书（只有雅罗斯拉夫尔出版了 6 种宗教性质的书）。18 世纪末，各省的私人印刷厂共计出版发行了 114 种图书和杂志。

　　俄国允许私人开办印刷厂一事持续了 13 年（1783～1796），后又颁布了《关于限制图书出版和外文书籍引进以及取缔私人印刷厂的法令》。然而，关闭私人印刷厂仅仅造成短时期内图书发行量的减少（1797 年共出版图书 195 种），而后，图书发行量又有所回升（增至 293 种）。[5] 私人印刷厂变成了"官营"印刷厂，但仍然以租赁的形式由原所有者继续经营。19 世纪初，随着私人图书出版业的复苏，俄国的

① Зайцева А. А. Книгопечатание в России на рубеже XVIII и XIX веков // Книга в России до середины XIX века. Л., 1978. С. 185.

② См.: Сводный каталог русской книги гражданской печати XVIII века. М., 1967. Т. V.

③ Блюм А. В. Издательская деятельность русской провинции конца XVIII - начала XIX века // Книга... М., 1966. Сб. XIII. С. 139.

④ Утков В. Г. Сибирские первопечатники Василий и Дмитрий Корнильевы // Книга... М., 1979. Сб. XXXVIII. С. 77.

⑤ Зайцева А. А. Книгопечатание в России... С. 184.

图书出版业再次振兴。

纵观整个 18 世纪，圣彼得堡共计有 33 家印刷厂，莫斯科有 19 家，其他各省有 32 家。①

***

在图书行业中，出版物的推广和它的生产制作同样重要。18 世纪初，新书的销售还是个问题，出版的图书常常积压在仓库和书铺卖不出去。过去，对莫斯科印刷厂的图书产品有一整套推广体系（通过书铺向莫斯科人和外来人进行批发和零售；商贩在图书市场、蔬菜市场等地进行售卖；在合作机构和各个教区进行分发，有时甚至是强制性的；余下的书换算作薪酬发给印刷厂的员工或者是作为礼物敬献皇宫；等等）。针对手抄本图书，也有一套较为固定的销售体系（在莫斯科斯帕斯基桥和各大市场销售）。莫斯科的图书销售体系运行较为滞缓，而圣彼得堡的销售体系也有待重建。如果说在 17 世纪中叶莫斯科印刷厂的图书在各书铺的销售量能达到每月 2000 册的话（的确，售卖出去的书中大部分是价格仅为 3 戈比的《识字课本》），那么，在 18 世纪的头 25 年，图书的销售量一直在不断下滑。②

显而易见，彼得一世时期图书销售状况不佳的原因主要有以下几点。其一，图书产量超过了图书需求量；其二，新的题材特别是科学应用类和军事工程类图书的出版在初期未能显现出其对世俗书籍推广所起到的作用；其三，有大量新书供应需求的学校机构才刚刚建立；其四，北方战争大大削弱了居民的购买力。

---

① См.：Сводный каталог русской книги гражданской печати ⅩⅧ века. Т. Ⅴ.
② Читатели изданий московской типографии в середине ⅩⅧ века. Л.，1983. С. 48，49；Луппов С. П. Книга в России в первой четверти ⅩⅧ века. С. 75，76.

新的图书销售系统的构建始于统一供给的图书店铺的创建，这些店铺集多种功能于一身。1728 年在圣彼得堡开设的科学院书店不仅销售科学院印刷厂的出版物，还销售外国文学作品，这里还可以进行图书交换。1749 年，各地为了刺激图书贸易的发展，又推出了新的举措。为此，从圣彼得堡书店分离出外国图书独立销售部，在莫斯科开设了分店。莫斯科分店负责人、原科学院办公室登记人瓦西里·伊万诺夫制定了 1749 年至 1753 年图书销售统计报表。圣彼得堡书店也进行了类似的统计工作。在对比莫斯科和圣彼得堡的图书销售量之后，С. П. 卢波夫指出，圣彼得堡的购书人数要比莫斯科多很多。这一点通过"畅销书"的销售量可以看出。例如，《青年训鉴》（圣彼得堡，1745）一书在圣彼得堡每年平均销售量为 205 册，而在莫斯科仅为 33.7 册；《法典》（圣彼得堡，1748）在这两座城市的年平均销售量分别为 186 册和 86 册；《家训》（圣彼得堡，1748）分别为 156 册和 46.9 册；等等。[1] 也许，这是由于科学院印刷厂的出版物在莫斯科的售价要比在圣彼得堡的售价高 25%。但应当指出的是，有"北方的巴尔米拉"之称的圣彼得堡在图书销售乃至整个图书业的发展方面都完胜旧都莫斯科。这种局面一直持续到 19 世纪初。在曾经轰动一时的《俄罗斯国家史》一书发行第二版时，Н. М. 卡拉姆津在对比两地该书的订购者数量之后写道：莫斯科的订购者数量很少，这并不令人感到意外。[2] 尽管科学院书店做了各种各样的努力，但其图书的销售情况仍不太乐观，到 1754 年，仍然有 11 万册积压的书未能售卖出去。[3]

18 世纪上半叶，外国图书的销售也同样不太顺利。1749 年至 1753

① Луппов С. П. Спрос на академические и зарубежные издания в Петербурге и Москве в середине XVIII в. （Из прошлого русской книготорговли）// Книжная торговля. Исследования и материалы. М.，1980. Сб. 7. С. 150-180.

② Эйдельман Н. Я. Последний летописец. М.，1983. С. 97.

③ Тюличев Д. В. М. В. Ломоносов о распространении книг как средство просвещения и об организации академической книжной торговли // Книга в России до середины XIX века С. 96.

年，圣彼得堡和莫斯科两地的科学院书店平均每年能销售200册拉丁语、德语和法语书籍，所售书籍以语文、历史、哲学、文学作品类图书为主。最畅销的出版物是俄文版的识字课本和日历。18世纪中叶，在科学院书店莫斯科分店的年销售额中，外国图书的销售额所占比例为13.4%（圣彼得堡科学院书店的情况与此大体相同）。①

从事外国图书贸易的还有一些私营者，主要是兼做图书出版、装订和销售的外国人。研究者发现，第一个在俄国干这一行的外国人是于1741年来圣彼得堡的"装订业大亨"威廉·米勒。② 到18世纪末，许多外国书商向自己的顾客推销的不仅仅是外文原版图书、外文版的俄国图书，还有俄文版的图书。

18世纪上半叶，俄国图书贸易发展缓慢。因此，当局时不时地会出台一些强制性的书籍推广措施，这在17世纪曾是较为普遍的做法。③ 18世纪下半叶，有时主教公会也会采取这样的措施，强行向各教区摊派书籍销售任务。而参政院则一般不会批准向各机构以及各销售点强制性摊派图书的做法，因为他们认为，俄国的图书贸易在18世纪下半叶已经取得了长足的发展。当然，能够从中赢利的只是极少数人，但图书生意的吸引力越来越大。在对这一话题进行讨论时，人们首先关注的并非能赚多少钱，而是其教育启蒙（精神层面的）意义。④ 书店的数量大幅增加，特别是在所谓的"图书出版自由"时期（1783~1796），每个重新开工的印刷厂都设立了新的销售点。通常，图书产品的销售是出版商最为关心的问题。他们将一部分出版的图书或者出版的全部图书销售给各个书商，

① Луппов С. П. Спрос на академические и зарубежные издания. . . С. 170.

② Зайцева А. А. Иностранные книготорговцы в С. -Петербурге в конце XVIII –начале XIX вв. // Книготорговое и библиотечное дело в России в XVII – первой половине XIX в. Л. , 1981. С. 29–35.

③ Луппов С. П. Книга в России XVII века. Л. , 1970. С. 49 – 51; Он же. Книга в России в первой четверти XVIII века. С. 120, 121.

④ Разговор издателя с Меркурием // Смесь. 1769. № 21.

从中按比例获取利润抽成。他们预先做好图书的订购工作，以当时可能实现的形式为图书销售做广告及图书编目。

图书销售编目，即某一印刷厂出版图书的清单或某一书店的图书销售清单，这项工作从 18 世纪初开始为人们所知：И. Ф. 科皮耶夫斯基常常在一些出版书籍的附录中附上出版图书清单。1710 年，《新闻报》上刊载了一份《民用图书目录》，这是用新发明的"民用字母"（即"民用字体"）出版的图书一览表。[①] 后来，关于新书的信息经常会出现在报纸上，或是以单独的"附录""清单""目录""一览表"等形式出现。[②] 外文图书也开始进入这些"清单"。当时还出版了一些图书编目杂志，旨在向外国读者介绍俄国出版的俄文及外文图书。例如，Г. 巴克麦斯特在 1772 年至 1789 年为莱比锡图书博览会推出的著名的"俄国丛书"系列。

18 世纪，古代传统的书籍传播方法——手抄复制的方法仍被广泛应用。

近些年来，研究者发现，手抄本图书在 18 世纪取得了进一步发展，其原因有很多。[③] 其中最主要的原因就是印刷品的价格太高。每本书的平均价格是 1 卢布，相当于一个工人一个月的生活费。[④] 一本书经过转卖，从一个城市运至另一个城市，其价格变得越来越高，也正因如此，省城的书价常常是书最初定价的 2~3 倍。Н. И. 诺维科夫就曾指出书价过高的问题，特别是在远离都城的偏远地区。Н. И. 诺维科夫为改善这种不平衡的情况，并为社会中下阶层的民众，尤其是各省的人民出版廉价图书

① Никифоровская Н. А. Библиографическое описание в России. Л. , 1981. С. 35.

② См. , например: Реэстр книгам, которые при Академии наук напечатаны. Спб. , 1761; Реэстр книгам, которые продаются в Университетской книжной лавке. М. , 1762.

③ См. : Рукописная и печатная книга. М. , 1975; Проблемы рукописной и печатной книги. М. , 1976.

④ Луппов С. П. Печатная и рукописная книга в России в первом сорокалетии ⅩⅧ в. （проблема сосуществования）// Рукописная и печатная книга. С. 186.

而做出了不懈的努力和尝试。[①]

手抄本图书继续流传的另一个原因是当时图书的产销环节沟通不畅。几乎整个 18 世纪，国家办的印刷厂都不太在意和倾听购书者的意愿，私营印刷厂在迎合读者兴趣和品位方面也才刚刚迈出第一步。俄国印刷书籍的"官方性"在一定程度上促成了这一局面，直到 19 世纪中叶以前，相较于印刷书来说，手抄本图书"更为人们所喜欢"，"在读者大众眼中更为重要，更有价值"。[②]

18 世纪初，出现了专业性较强的世俗图书，它们并没有影响到业已形成的手抄本图书的体系。此外，无论是从价格还是销售地点来说，这些书都不容易为大众所获取。无论在其他各省，还是在莫斯科，手抄书市场都在继续运营，向购书者提供各种版画、诗集和旧教派的手稿。

但随着时间的推移，印刷书的地位作用逐渐开始向手抄本图书靠拢。可以这样描述印刷书在 18 世纪的发展之路：如果说在 18 世纪头 30 年，印刷书发挥了一定的实际效用的话，那么，到了 18 世纪中期，它除了具有一定的实用性，还发挥着愉悦读者的功能。将"有益与趣味性"相结合是当时俄国古典主义派设定的主要原则之一。[③] 于是，创作者们开始探寻新的更易于被读者接受的图书形式——对话实录、书信集、游记等。例如，法国作家伯尔纳·丰特奈尔所著的《关于宇宙多样化的对话》（1686）一书就是以一名男宠与贵夫人之间无拘无束地谈话的形式架构展开的。该书被俄国教会列入最为"离经叛道"的书之一。翻译家 А. Д. 康捷米尔在 1730 年向读者介绍这本书时指出，全世界人民读起这本书都会是"津津有味、如饥似渴"，因为作者在书中"以无可比拟的艺术手法

---

① Н. И. Новиков открыл книжные лавки в Нижнем Новгороде, Ярославле, Костроме, Казани, Симбирске, Орле, Архангельске, Тобольске, Иркутске.

② Вяземский П. А. Полн. собр. соч.：В 10 т. Спб.，1882. Т. 7. С. 36.

③ Русский и западно-европейский классицизм. Проза. М.，1982. С. 117.

把有益的知识讲得妙趣横生，通过诙谐幽默的口吻阐释了物理学和天文学入门所需要的所有知识……"①

随后，图书出版业在秉持"实用性和趣味性"两大原则的基础上又增加了另一原则——简洁性。相继出版了大量《简明指南》《初级教程》《简明教程》《节选精编》等诸如此类的图书。② 在《大众算术》一书中，作者 H. 库尔加诺夫为该书的"简要"表示歉意，并解释道："这些简明扼要的阐述可以让我们每个人更快地理解，更容易记住。与此相比，那些冗长、详细的叙述则会让青少年觉得枯燥、乏味。"③ 追求表述的简洁在某种程度上也是众多出版物为了增强自己吸引力而做出的努力尝试。"长篇大论"常常会引起读者的反感。"仅仅是书的体量篇幅就已经让许多人丧失了阅读的兴趣"④，A. T. 博洛托夫如是写道。渐渐地，书的"益处"与"科学性"逐渐等同起来。因此，在书序中作者常常会大谈特谈"俄国科学蓬勃发展的现状"⑤，突出强调所荐书籍的"知识性"，而这种科学的"蓬勃发展"局面往往只是虚有其表，打着"科学"旗号出版的书常常是法国小说、颂诗、赞歌、占星术、解读幻境和梦境等方面的图书，如 Л. 西奇卡列夫翻译的英文著作《有趣的哲学家》，B. 佐洛特尼茨基的《人生的状态》《不同人的社会》等。《有趣的哲学家》写道，在俄国，"毫无疑问，科学蓬勃发展的局面也是指日可

---

① Разговоры о множестве миров господина Фонтенелла парижской Академии наук секретаря. Спб. , 1740. Л. 2.

② См. , например: Краткое руководство к Географии...Спб. , 1742; Начальное основание математики, сочненное Николаем Муравьевым...Спб. , 1752. Ч. I. Сокращение естественного права...Спб. , 1764; и др.

③ Универсальная Арифметика, содержащая основательное учение, как легчайшим способом разныя во общество случающиеся Математике принадлежащия...выкладки производить. Спб. , 1757. Л. 4-4 об.

④ Болотов А. Т. Путеводитель к истинному человеческому счастию, или Опыт нравоучительных и отчасти философических рассуждений о благополучии человеческой жизни... М. , 1784. С. 11.

⑤ Знания, касающиеся вообще до философии...Спб. , 1751. Кн. 1. Л. 3.

待的"，就像古罗马奥古斯都时期一样，俄国会出现自己的米西纳斯，会有科学艺术的赞助人和庇佑者。Л. 西奇卡列夫特别向读者强调指出，该书摒弃了"乏味的道德说教"，尝试"以人们乐于接受的形式给人以教诲和指导"。①

18 世纪下半叶，还有许多杂志遵循着科学性、趣味性、简洁性三个基本原则办刊。杂志这种形式更符合业已形成的手抄本图书体系。这在一定程度上也解释了一个现象，即同彼得一世时期出版的专业性论著和学术文集相比，俄国读者为什么更喜欢《圣彼得堡新闻报》副刊、《每月文选》。

18 世纪以来，一方面，印刷书的地位和影响力与手抄本图书越来越接近；另一方面，后者自身也发生了很大的变化："首先，俄国社会中下阶层的作品集及各类图书内容的'世俗化'特征愈加明显……；其次，作品集的内容越来越接近进步文学，后者也正是'世俗化'素材的主要来源。"②

正是基于上述原因，在 18 世纪的时候，一套丛书或是同一个汇编合集当中印刷书和手抄本图书并存是很常见的现象。例如，在帕宁伯爵家族流传下来的档案文献中有 160 多份手稿，其中包括历史文集、В. Н. 塔季谢夫的《两友人论科学和学校的益处》的手抄本、伏尔泰历史著作的节选集、П. А. 托尔斯泰和 Б. П. 舍列梅捷夫的外国游记、《诚实之人与巴黎骗子》、《格言集》、《寓言集》等。③

18 世纪 70 年代，俄国社会开始关注自己的民族艺术价值，印刷书随之开始从手抄本文集和民间口头创作中汲取素材，民间童话、歌曲、谚语等手抄本图书中的各种丰富素材纷纷面世。④ 与此同时，Н. И. 诺维科

---

① Забавный философ, или Собрание разных... повестей... Спб., 1766. Л. 5.
② Сперанский М. Н. Рукописные сборники XVIII века. М., 1963. С. 40.
③ ЦГАДА. Ф. 1274. Оп. Ⅰ. Ч. Ⅱ.
④ См., например: Собрание народных русских песен с их голосами на музыку положил Иван Прач // ［Львов Н. А.］. Спб., 1790; Чулков М. Д. Собрание разных песен. Спб., 1770–1774. Ч. 1-4; Он же. Словарь русских суеверий. М., 1782.

夫、Π. И. 博格达维奇等一些图书出版商尝试出版"面向大众"的书籍，即在集市、小贩及各省书摊、书店大范围售卖的廉价出版物。

可见，手抄本图书在 18 世纪仍然存在，其原因并非手抄本与印刷书二者的二元对立统一，这是由一系列社会和地理原因及旧有的传统文化和宗教观念共同作用的结果。

书籍传播的范围越广，国家政权对它的监管也就越严。18 世纪，俄国专制政府在图书业方面的政策一直遵循一个宗旨——不能让图书出版业脱离自己的管辖范围。

国家政权通过书刊检查机关来实施对图书业的监管。俄国的书刊检查制度是在教会统治社会精神生活的背景下逐渐形成的。17 世纪时，一本书要面世，必须得到大牧首的支持和赞同。当时，备受沙皇青睐的西梅翁·波洛茨基曾一度试图略过大牧首在自己的印刷厂出版图书。大牧首约阿基姆在 1690 年的高级神职人员会议上严厉谴责了他的这一越界行为，并指出，"我们在图书印刷出版前要先行审阅一下，这不仅需要我们的支持，还要得到我们的准许"①。大牧首约阿基姆已经不止一次强调过，图书在出版前必须得到他的支持和赞许，这并不仅仅是在走形式。他禁止乌克兰的印刷厂未经预先"审查和批准"就出版图书。②

18 世纪初，教会对世俗图书出版业的监管几乎已经不复存在。如果说它反对某本书的出版，那也只是对彼得一世变革表示反对的一种隐晦的表达方式。这一时期，最高书刊检查机关的职责由沙皇本人亲自承担。

1727 年，在科学院印刷厂建立时，宗教管理部门提出了一个必要条件，即即将出版的所有图书必须经主教公会审订通过才可出版。③ 然

---

① Остен. Памятник русской духовной письменности ⅩⅦ века. Казань，1865. С. 138.

② Архив Юго-Западной России. Киев，1872. Ч. Ⅰ. С. 284 – 287；Шляпкин И. А. Святой Дмитрий Ростовский и его время. Спб.，1891. С. 191，192.

③ Полное собрание постановлений и распоряжений по Ведомству православного исповедания Российской империи. Т. Ⅵ. № 2055.

而，科学院则是千方百计地希望能够摆脱教会的书刊检查，并由自己来承担这项工作。教会以外的书刊检查工作有时会交由教授和教师来进行，科学院常常将此作为免于教会书刊审查的挡箭牌，进而维护自己的利益。

后来，陆军贵族士官武备学校、莫斯科大学及其他机构的印刷厂也纷纷效仿科学院自主进行书刊检查的做法。士官武备学校在其建校的头10 年根本就没有进行过任何书刊检查。① 莫斯科大学则尽力以不公开的形式对外省作者开展这项工作。

然而，18 世纪 30~50 年代，教会的书刊检查进入活跃期。主教公会将图书业视为与新的世俗文化做斗争的舞台。一本即将付印的书最终未能面世，或是以被删减得面目全非的形式出版，这已经是广为人知的事实。例如，А. Д. 康捷米尔翻译完成了伯·方特内尔的《论多重的世界》一书，而书稿却被搁置了十年之久，因为圣彼得堡印刷厂厂主 М. П. 阿夫拉莫夫拒绝出版这本"亵渎上帝"的书；英国作家亚·蒲柏的《人论》（1732~1734）一书尽管最终得以面世，但也不是 Н. Н. 波波夫斯基最初的译本，而是经主教公会修改（这些修改的地方被出版商巧妙地用另一种字体标出了）后的译本；等等。1734 年，科学院计划出版古罗斯编年史，但主教公会认为其手稿中有许多"不实的内容"而未予批准。②

有研究者发现，在"1763 年之前，政府与出版业之间的斗争还只是个别现象"③。

叶卡捷琳娜二世时期特别加强了书刊检查机关对图书业的干预。她

---

① Шамрай Д. Д. Цензурный надзор над типографией Сухопутного Шляхетного кадетского корпуса // ⅩⅧ век Сб. Ⅱ. С. 294.

② Кацпржак Е. И. История книги. М. , 1964. С. 240, 241.

③ Западов В. А. Краткий очерк истории русской цензуры 60-90-х годов ⅩⅧ века // Русская литература и общественно-политическая борьба ⅩⅦ - ⅪⅩ вв. Учен. зап. Ленинг. гос. Пед. ин-та им. А. И. Герцена. Л. , 1971. Т. 414. С. 95.

提出，书刊检查的任务是保证"书中不应包含任何有违法律、良知和当权者的内容"①。18 世纪 80 年代中期以前，叶卡捷琳娜二世一直避免与图书出版人发生公开的冲突，而是采用秘密手段对其进行暗中迫害，如 Ф. А. 埃明、Я. Б. 克尼亚日宁等人。她还给部分外文图书出版以"特殊待遇"，亲自和主教公会、科学院和警察局预先交代好其审批工作。在这一时期，相对于外文出版物来说，叶卡捷琳娜二世更在意俄文出版物的内容。1775 年，女皇颁布了禁止向普通人出售"俄文图书"的命令。②自 1783 年起，私人印刷厂也要接受警察局组织的书刊审查，但后者并不总是能够发现其中的违规问题。

书刊检查机关对国外输入俄国的外国图书显得无能为力。1792 年，总督 А. А. 普罗佐罗夫斯基向叶卡捷琳娜二世告密说，在莫斯科可以秘密买到法国出版的书。在书刊检查机关管辖范围之外的还有一些"地下印刷厂"，它们非法印制"名片、肖像画、各种版画，甚至是有版画插图的书"③。

法国大革命之后，А. Н. 拉吉舍夫提出革命解放思想，叶卡捷琳娜二世称之为"沾染了法兰西的谬见"，思想解放的斗争愈加激烈。1792 年，Н. И. 诺维科夫被捕，并被囚禁到施吕瑟尔堡；同年，И. А. 克雷洛夫一众人开办的印刷厂及书店两次遭到警察局的搜查。1793 年，书商 М. П. 格拉祖诺夫因 Я. Б. 克尼亚日宁的悲剧《瓦季姆》中有"危险内容"而遭到审讯。而 А. Н. 拉吉舍夫被流放到西伯利亚则标志着这一斗争日渐白热化。1796 年，为了彻底扼杀俄国自由思想，国家开始对外国图书的引进予以限制，并加大了书刊检查的力度，关闭了私人印刷厂。莫斯科、圣彼得堡、里加、敖德萨及各大海关都成立了书刊检查委员会，切实落

①　Письма Екатерины Ⅱ к разным лицам // Осмнадцатый век. М., 1869. Кн. 3. С. 392.
②　Цит. по: Западов В. А. Краткий очерк истории русской цензуры 60 – 90 – х годов ⅩⅧ века. С. 104.
③　ЛОААН СССР. Ф. 3. Оп. Ⅰ. № 891. Л. 207.

实上述禁令。①

保罗一世时期，完全禁止一切外国图书进入俄国，其中包括音乐方面的书。也是在他的干预下，俄国国内大多数印刷厂出版的图书主题也发生了变化，其中，有关军队和舰队的立法类图书资料占据最主要的地位，法语译作消失不见了，而德语译著的数量则大幅增加。②

1796 年以后，对书刊检查工作的集中管理得到了加强——所有书刊检查机关均归圣彼得堡书刊检查部门和国家最高政权机构管辖。③

***

18 世纪，出现了新型的图书活动家。他们已经不再是受旧有的教会宗教礼法传统束缚的、老生常谈的摹写者，也不再害怕在书中表达"自己的心声和观点"，相反，他们竭力充分展现自己的个性，探寻新的创作方法。④ 图书出版对他们来说是一种迫切的需要，而出版每一本书的目的则是向俄国读者介绍生活和文化中的新现象。

西梅翁·波洛茨基就是最早的图书活动家之一。1679 年，他终于建立了专门的印刷厂，并出版了自己的作品集。⑤ 第一个面向"购买者和售卖者"的乘法表——1682 年版的《速算法》就是在西梅翁·波洛茨基的印刷厂面世的。该印刷厂成立后出版的第一部书是《斯拉夫语识字课本》

---

① Сборник постановлений и распоряжений по цензуре с 1720 по 1862 г. Спб. , 1862.

② Зайцева А. А. Книгопечатание в России... С. 183–194.

③ Западов В. А. Краткий очерк истории русской цензуры... С. 135.

④ Ср. книжные предисловия XVII и XVIII вв. : Русская старопечатная литература XVI - первой четверти XVIII в. Тематика и стилистика предисловий и послесловий. М. , 1981. С. 254 - 271.

⑤ Были подготовлены к печати и другие произведения Симеона Полоцкого: «Вертоград многоцветный» （1676 - 1680）, «Рифмологион» （1659 - 1680）（См. : Симеон Полоцкий и его книгоиздательская деятельность. М. , 1982. С. 203, 259）.

（1679），从中可以看出其面向"教育"的发展方向。尽管西梅翁·波洛茨基的印刷厂仅存在了四年的时间，但俄国图书业发展的许多新气象都是在这里萌发出来的。例如，第一个在俄国运用西蒙·乌沙科夫和阿法纳西·特鲁赫缅斯基共同完成的铜版画来装帧图书的印刷厂便是西梅翁·波洛茨基印刷厂。西梅翁·波洛茨基开展大规模的图书出版活动，直至去世才停下脚步。

18世纪初，俄国涌现出一大批图书活动家。彼得一世称得上是18世纪头25年俄国最大的"出版人"，他对图书始终充满无限的兴趣。从在阿姆斯特丹尝试出版俄文译著开始，到对自己臣民的作品进行编辑修改，图书业发展的每一步都在这位沙皇和改革者的严密监控之下。彼得一世曾在下达的指令中表示他喜欢出版图书，并解释了其中的原因和目的。他认为，书籍是能和自己一起为"大众谋福祉"的战友。这也成为1700年至1725年大多数图书出版的实践方向。这一时期出版的各类图书产品，无论是形式还是内容，对俄国读者来说几乎都是耳目一新的。沙皇要求书的作者和译者要做到表述清晰，让书的内容通俗易懂，他还一直督促着书的最终出版。而这一切都是在与瑞典进行战争、创建军队和舰队及委员会等事件发生的同时完成的。难怪在《欧洲史导论》一书致彼得一世的献词中，该书的译者 Г. 布任斯基写道，"当枪炮声响起时，缪斯女神沉默不语"这句俗话对俄国来说并不适用，要知道正是在与"瑞典狮"开战期间，"俄国鹰……不仅将缪斯保护起来，而且自己也开始阅读书籍，尤其是历史类的图书，一直关注着外国历史书的出版，并将斯拉夫文版图书引入俄国"。[①]

彼得一世对图书业发展的功绩不仅仅在于他是一个"出版人"，还在于他是俄国古籍的"保护者"和收藏者。众所周知，他颁布了俄国第一

---

① Введение в историю европейскую через Самуила Пуфендорфия... Спб., 1718. Л. 2.

个关于收集和保护古籍的命令。"民用"字体也是在他的参与下发明的。
18 世纪初，俄国图书业各个领域的发展几乎都在一定程度上显示出彼得
一世多方面的才能。

**图 8-1　Л. Ф. 马格尼茨基　《算术》（莫斯科，1914）扉页的复印版**

　　В. А. 基普里阿诺夫父子二人是彼得一世在图书出版方面的追随者。
他们的图书出版之路是由对数学的热爱铺就的。В. А. 基普里阿诺夫，商
人，莫斯科卡达什村人，有着非凡的数学才能，并因此被正在编写《算
术》（1703）一书的 Л. Ф. 马格尼茨基选为助手和副主编。继《算术》一
书之后，二人又合作完成了第二部著作——《对数表》（1703）。后来，
彼得一世敕令在莫斯科成立民用印刷厂，В. А. 基普里阿诺夫任印刷厂

"图书部管理员"，负责"科学类图书"和"非宗教类图书"的出版工作。在他给印刷厂助资人 Я. B. 布留斯的一封信中，有一份详细的出版计划。从这份计划中可以看出，B. A. 基普里阿诺夫希望能够获得一些图书的版权及在莫斯科的销售权，这些书包括"各类算术书，年代记、各类方言词典和俄语词典，识字课本、数学书和各类数学用表"①。换言之，B. A. 基普里阿诺夫想要把世俗图书的出版权拿到自己手中，而宗教类图书的出版由莫斯科印刷厂负责。这项计划书的制订者还考虑到国家和社会的迫切需求，如国内医学类图书明显短缺，对此类图书长期以来的兴趣促使计划的制订者将"医学类图书"纳入出版计划；此外，还首次将《识谱唱歌》列入重点出版的图书中。但这些出版计划最终也只是停留在计划层面上，只有《正弦表》（1716）和《太阳赤纬表》（1722）得以问世。"民用印刷厂"的主要业务集中在版画、图表、日历及其他图表类资料的印制出版上。其中最广为人知的出版物有《口算新法》（1703），《布留斯日历》（自1709年起），俄国第一本描绘世界各大洲的地图册（自1713年起），《海洋地图集》，彼得一世的铜版肖像画，等等。

B. A. 基普里阿诺夫既是一个制砖厂的厂主，同时也是一名数学家、翻译家、雕版家。他所任公职的正式名称是"图书部管理员"，主要负责民用印刷厂图书部的工作，其职能最初是"经典图书……地图册……几何……图形、符号类及其他图书"的采购和销售。"图书部"应对面向莫斯科图书市场销售的所有版画类图书进行认证。未经它检查通过的版画及其他图书产品不得销售。B. A. 基普里阿诺夫的儿子 B. B. 基普里阿诺夫在父亲去世后继承父业，尝试将这个半书店、半书刊检查机关的机构变成真正的图书馆。他希望能够开办一所"公共图书馆，让所有学生或

---

① 　Цит. по：Бородин А. В. Московская гражданская типография и библиотекари Киприановы // Труды Института книги, документа, письма. М., 1936. T. V. C. 64.

是来图书馆的人都可以尽情在这里看书、阅读，并且可以免费借阅"①。

18世纪中叶，科学院成为图书业发展的积极倡导者和推动者。新型的图书出版人在这里得到成长。M. B. 罗蒙诺索夫似乎继承了彼得一世的图书业发展路线。他认为，图书的意义在于能够改造俄国，普及"知识"和"全民教育"②。他在自己翻译的《沃尔夫实验物理》一书的序中写道："衷心希望随着我们这个国家的日益强大，科学知识也能得到普及，希望在俄国子民身上对科学的向往和兴趣能够与日俱增。"③

M. B. 罗蒙诺索夫竭尽所能扩大宣传，并推广印刷机的使用，在科学院的头些年，他专注于著作的翻译和撰写工作；④ M. B. 罗蒙诺索夫在领导地理部期间（1758~1765），共发行了60余幅地理地图；⑤ 在他的大力推动下，《科学畅想》《每月文选》等科普读物先后问世。

在 M. B. 罗蒙诺索夫提出的科学院改革计划中，图书改革占重要地位，其内容包括降低出版物的价格，加大图书编目和广告宣传工作力度，将图书贸易转交私人经营。他写道，学者应该"把心思更多地放到学术上，而非如何赚钱赢利上"，而通过"好的商人"图书能够"更好地传播"到全国各地。⑥ M. B. 罗蒙诺索夫的这些提议未能被科学院会议采纳，但其正确性很快得到了生活的验证。

A. 博格丹诺夫——科学院图书管理员助理，他的名字并非家喻户晓，他对图书业发展所做出的贡献也比较小，他并没有出版图书，但做了大量收集和推介工作。他是科学院图书馆《馆藏图书目录》的编撰者，在 M. B. 罗蒙诺索夫编写《俄国编年简史》的过程中起到了"助手"的

---

① Цит. по：Бородин А. В. Московская гражданская типография... С. 95.

② Ломоносов М. В. Поли. собр. соч. М. -Л. , 1957. Т. 10. С. 261.

③ Волфианская экспериментальная физика... Спб. , 1746. Л. 7 об.

④ Рукописи Ломоносова в Академии наук. М. -Л. , 1937. С. 114, 128 и др.

⑤ Петров А. Н. , Царт И. Д. Первая академическая. С. 22.

⑥ Тюличев Д. В. Указ. соч. С. 96-108.

作用；其本人创作完成了《字母单词的起源与生成：概论及历史溯源》
（圣彼得堡，1779）一书，该书可以说是其对图书业发展尤其是图书学研
究方面做出的最大贡献。在这本书中，A. 博格丹诺夫梳理并总结了当时
有关俄国图书业发展的相关资料。在书的第二章"教育史"部分，他对
"印刷艺术"和图书馆予以介绍。他认为，"民用字体"的出现是满足
"历史类和科学类图书"出版需求的必然结果。① 他在书中对俄国当时的
图书馆（莫斯科的两家国立图书馆：莫斯科印刷厂图书馆和主教公会图
书馆；彼得一世时期设立的圣彼得堡公共图书馆；修道院图书馆、高级
僧侣图书馆；等等）一一进行介绍，尤其是对私人图书馆予以特别关注：
"现今有这样一些人，他们收集着一本又一本的图书，拥有自己的图书馆
和藏书，而这是此前任何时候都不曾有过的。"②

　　Н. И. 诺维科夫对俄国图书业的贡献众所周知：他出版了约 1000 种
图书；③ 18 世纪出版的许多图书都是他旗下印刷社的产品；无论是在中心
地区，还是偏远的省城，他都能够广泛开展图书贸易活动；在他的影响
下，形成了一支由俄国进步作家、翻译家、图书出版人组成的队伍；他
曾任讽刺杂志《雄蜂》《画家》的主编和撰稿作者。Н. И. 诺维科夫认
为，图书出版是"自己真正的事业"，"他为印刷厂和书店倾尽了自己的
才思和心血"。④ 综上所述，正如 В. О. 克柳切夫斯基所言，18 世纪 80 年
代是"Н. И. 诺维科夫图书出版的黄金十年"。他第一个认识到书籍作为
反抗专制独裁的武器的力量，反对那些内容空洞、言之无物的图书。而
在那些贵族小姐、贵妇人钟爱的爱情、冒险和感伤情怀的小说中，对女
士的法式绅士和殷勤在俄国的土壤上变成了令人难以忍受的不和谐，这

---

① Цит. по: Кобленц И. Н. Андрей Иванович Богданов. М., 1958. С. 149.
② Там же. С. 152.
③ Светлов Л. Б. Издательская деятельность Н. И. Новикова. Л., 1946. С. 59.
④ Ключевский В. О. Воспоминания о Н. И. Новикове и его времени // Очерки и речи. М.,
　б. г. Сб. 2. С. 248.

更是令他大为恼火。Н. И. 诺维科夫辛辣讽刺了俄国贵族对外国低级趣味的小说的迷恋和追捧，认为他们把读书变成了一种时髦的消遣。他在《雄蜂》杂志中写道，"我们的年轻贵族"遵循着一个思想，即"学一周，活到老"，"科学只是雕虫小技，不用特意学什么，只要随便看点书，就能无所不知，无所不懂了。正因为如此，感觉现在作家，尤其是写诗的人特别多"。[①] 他开始发行《钱袋》杂志，并直截了当地指出，促使他做这件事的原因有两个：一个是对祖国的热爱，另一个则是他的担忧与恐惧，他担心自己同时代的人失去了民族自豪感和分辨"真伪文学珍品"的能力。[②] 他的杂志主要面向的人群是那些生活在"偏远省城"、没有机会"买到图书，但希望能通过读书促进自己成长"的人；与此同时，"圣彼得堡和莫斯科居民的娱乐项目很多，有时间读书的人并不多"。[③] Н. И. 诺维科夫出版的系列书刊在全国发行，广为人知，它们装帧简单、价格低廉，印刷之书数以千计。

Н. И. 诺维科夫为了俄国历史和文学的发展，以及历史文献的出版做了大量的工作。他创作了《俄国作家历史辞典》（1772），先后出版了 А. И. 雷兹洛夫的《古俄罗斯史丛书》（1773~1775，1788~1791）、《西徐亚史》，И. И. 戈利科夫的《彼得大帝的功业》，《А. П. 苏马罗科夫文集》（10卷本，1781~1782，1787），等等。

Н. И. 诺维科夫善于发现有才华的人，并将他们组织起来。1773年，为了出版"外文图书翻译协会"（1768）翻译完成的作品，他创办了自己的第一个图书印刷厂。在成立之初的两年时间里，共计出版了18种图书，其中包括加·马布利的《希腊史纲》、乔·斯威夫特的《格利佛游记》。Н. И. 诺维科夫创立的第二个图书出版人组织是"出版社"

---

① Сатирические журналы Н. И. Новикова. М. -Л. ，1951. С. 59，60.

② Там же. С. 477.

③ Живописец. 1773. Ч. Ⅱ.

（1784），由 14 名成员组成。该组织由原来的莫斯科大学"共济会"发展而来。[1] 出版社将三个印刷厂合而为一，开始了大规模的出版活动：1785年，出资出版了 48 种图书，1786 年出版了 66 种，1787 年出版了 134 种。[2]

图 8-2 Н. И. 诺维科夫 《俄国作家历史辞典》（圣彼得堡，1772） 扉页

在 18 世纪最后 25 年，涌现出一大批出版家、印刷厂主、书商，他们在各自的位置上做着同一项事业。其中有图书出版商 И. Г. 拉赫曼尼诺夫、

① Летопись Московского университета 1755-1979. М. , 1979. С. 31.
② Светлов Л. Б. Издательская деятельность Н. И. Новикова. С. 40-44.

И. А. 克雷洛夫、П. И. 波格丹诺维奇、В. 科尔尼利耶夫和 Д. 科尔尼利耶夫兄弟，以及书商 М. П. 格拉祖诺夫及其兄弟出版商 И. П. 格拉祖诺夫等人。И. Г. 拉赫曼尼诺夫可以说是只专注于一位作者的出版人，他出版的都是伏尔泰的作品；而 Н. Е. 斯特鲁伊斯基与之不同，他的印刷厂只出版他自己的作品。这一区别也让我们对出版商本人的个性有了些许了解。

И. Г. 拉赫曼尼诺夫是一位省城贵族之子，在圣彼得堡接受的教育。从 18 世纪 70 年代中期开始，他便作为翻译开始了自己的文学活动。他的第一批书是通过"图书出版社"出版的，当时他就已经表现出对伏尔泰作品的兴趣。1777 年，在其翻译的《伏尔泰文集中的三次对话》的译文中，他署上了自己的名字。在那一时期，И. Г. 拉赫曼尼诺夫与 Н. И. 诺维科夫走得很近，后者出版了他翻译的英国诗人爱·扬格的作品。18 世纪 80 年代初，他已经成为一名专注于伏尔泰作品的出版人，并且明确了自己的目标："竭尽所能为我的祖国奉上有益的图书。"[1] 他认为，伏尔泰的著作就是这样的书，书中充满了对宗教的伪善、当代社会的种种弊端和陋习的批判。И. Г. 拉赫曼尼诺夫一边计划出版伏尔泰的文集，一边购入印刷设备，并出版了自己翻译的这位法国哲学家的三部译著。同时，И. Г. 拉赫曼尼诺夫还是著名的杂志（《精灵邮报》和《晨钟》）发行人，与 И. А. 克雷洛夫、А. А. 纳尔托夫、И. А. 德米特里耶夫斯基、Г. Р. 杰尔查文等人合作。

И. А. 克雷洛夫是继 И. Г. 拉赫曼尼诺夫之后《精灵邮报》的领导人，他将由诗人 А. И. 克卢申、著名演员 И. А. 德米特里耶夫斯基和 П. А. 普拉维利希科夫等人组成的小组团结在自己的周围。1791 年，他们在圣彼得堡创办了印刷厂和书店。印刷厂出版 И. А. 克雷洛夫及其小组成员的作品，发行杂志《观众》，出版文学译著。在这一历史时期，有一个非常典型的现

---

① Цит. по：Мартынов И. Ф. Журналист и издатель И. Г. Рахманинов（1753 – 1807 гг.）Тамбов，1962. С. 16.

象，即同一批人常常身兼作者、出版商、印刷厂主、书商等多重角色。

1779 年至 1795 年，圣彼得堡科学院图书管理员助理 П. И. 波格丹诺维奇在圣彼得堡各印刷厂（后来是在自己的印刷厂）自己出资出版了 154 种图书（其中大部分是文学、医学、宗教哲学和历史类图书）。[①] B. 科尔尼利耶夫和 Д. 科尔尼利耶夫兄弟在管理托博尔斯克印刷厂的 6 年时间里，出版了 49 种图书，其中 38 种是杂志。[②]

在这些优秀的图书人当中，有一位退役中尉 Ф. В. 克列切托夫。1786 年，他未经预先的书刊审查在奥夫钦尼科夫印刷厂印制了新的定期刊物《既非包罗万象，也非一无所有》的内容简介，副标题为《俄国的爱国者与爱国主义》。这次偶发的擅自出版事件导致 Ф. В. 克列切托夫一些反对专制农奴制度的手稿和言论被发现。总检察长萨莫伊洛夫在《中尉案的定案陈词》中写道："他不想要君主的统治，更关心众生平等和自由……他说，既然给贵族以自由，那有什么理由不将自由推及给农奴呢，要知道他们也同样为人。"[③]

在这些图书人中还有赫赫有名的 А. Н. 拉吉舍夫。他开启了俄国启蒙运动的革命之路，他购进了一台印刷机，并在一众志同道合者的帮助下印制了 650 册自己的新作《从圣彼得堡到莫斯科旅行记》，其中一部分交给格拉西姆·佐托夫在中心商场售卖；而余下的书则在 А. Н. 拉吉舍夫得知自己即将被捕的消息后被当即烧毁。[④]

18 世纪的许多进步人士（А. Н. 拉吉舍夫、И. А. 克雷洛夫、И. Г. 拉赫曼尼诺夫等）都是通过翻译活动走进图书行业的。早在 18 世纪之

① Мартынов И. Ф. Книгоиздатель, литератор и библиограф ХⅧ века Петр Иванович Богданович // Книга... М., 1970. Сб. ХⅪ. С. 93.

② Утков В. Г. Указ. соч. С. 76, 77.

③ Корольков М. Л. Минувшее. Пг., 1917. С. 20.

④ Бабкин Д. С. Процесс А. Н. Радищева. М. -Л., 1952；Макогоненко Г. П. Радищев и его время. М., 1956.

初，从事翻译作品付印、出版工作的人不仅包括印刷厂的工作人员，还有一些编外人员。彼得一世曾不止一次任命翻译人员，并向他们下达"关于应该翻译什么和如何翻译"的指示。他对译文的基本要求是"要用通俗易懂的俄语"来进行翻译。对此，Ф. 波利卡尔波夫做出了形象的描述，他指出，每一个执笔的译者"仿佛是驾着一艘又小又破的思想之船，驶向一片广阔的文字解读的大海"①。这片"广阔的大海"将一批批俄国译者吞没，直到有一天在浪涛之中出现一艘艘"岿然不倒的翻译之舟"。随着翻译基础理论的创立，"逐字逐句"的"死译"渐渐被摒弃，因为"一种是语言转换者，另一种则是翻译者：前者是在对一个又一个词进行描述阐释，而后者则是在描绘一种力量"②。译者的任务是要运用"芬芳、纯洁、华美、丰富"的俄语将原作的"力量与精神传达出来"。③ 18 世纪70 年代，"外国图书翻译协会"一直遵循着业已形成的"最佳翻译"标准，该协会的成员有 Г. В. 科济茨基、И. А. 德米特里耶夫斯基、А. Н. 拉吉舍夫、М. И. 波波夫、Н. А. 利沃夫、М. А. 马京斯基等。18 世纪下半叶，无论是军官、大学生，还是贵族太太们都疯迷翻译作品，尤其是译自法语的作品（如 1778 年，上校夫人 М. В. 苏什科娃翻译的 Ж. Ф. 马蒙泰尔的《印加人》④），由是逐渐产生了翻译这一职业。这一过程正好赶上了图书业职业化的整体进程。⑤

整体来说，18 世纪的图书活动家特点尽管各有不同，但也有某种共

---

① География генеральная... М.，1718. С. 3.

② Такое определение дал в 30-е годы XVIII в. автор выписок из «Феатрона исторического» и других книг（ЦГАДА. Ф. 181. № 48. Л. 9 об.）.

③ Две епистолы Александра Сумарокова. Спб.，1748. С. 6；Сочинения и переводы как стихами，так и прозою Василья Тредиаковского. Спб.，1752. Т. I. Л. XI；и др.

④ Письма русских писателей XVIII века. С. 277，340，369.

⑤ Кондакова Т. И. К истории формирования понятия «издатель» в связи с профессионализацией издательской деятельности в России в XVIII в.（постановка проблемы）// Книга в России до середины XIX века. С. 177–182.

同点：他们都是俄国世俗文化的代表，公开了解并介绍其他国家和民族的文化；图书业对他们来说从来都不只是一种谋生手段，而一直都是践行自己启蒙思想的领域；在他们的共同努力之下，书籍变成了俄国全部文化成果的集中展示之地，以及社会进步理想和追求的代言人和表达者。

***

18 世纪，人们对读书的态度已不同于以往对待书籍的态度。的确，以前读书的过程常常让人们联想到在教会和家中进行的祷告和礼拜仪式。在中世纪文化中，热爱读书就是热爱上帝，人们通过拜读圣书来表达对上帝的虔诚和信奉。① 而阅读非宗教性质的图书则被认为是一种罪过，是"离经叛道"或"荒唐可笑"的行为。世俗小说、翻译过来的骑士小说常常被人们以当时所适用的基调进行改编，并被作为具有教益的"圣书"呈现给读者。②

新的世俗文化使人们对书籍的需求演变成认识周围世界和人的需求。彼得一世时期图书业的发展培养了人们对阅读的兴趣，他们希望能够通过在现实生活中阅读有益书籍来学习艺术等方面的技能或手艺。人们认为阅读是一种做了就能取得实际成果的劳动。例如，И. Т. 波索什科夫就是这样教导他的儿子的。③

18 世纪下半期，人们对书籍的理解更进一步，将其看作能让自己成长为具有个性的人的一种工具。Е. Р. 达什科娃有藏书 900 册，她这样写道："书是我的挚爱。""任何时候，任何事情都无法……在我这里凌驾于

① Эпистолия Стефана Горчака Федору Кузьмичу（начало ⅩⅧ в.）// Панченко А. М. Русская стихотворная культура ⅩⅦ в. Л.，1973. C. 244.
② ЦГАДА. Ф. 181. № 413. Л. 33.
③ Семенова Л. Н. Очерки быта и нравов в России в первой половине ⅩⅧ в. Л.，1982. C. 107.

读书之上"，军官 Г. С. 温斯基如是讲道。①

18 世纪以来，读者的地位也发生了变化。这一点在每本书致读者的前言或书序中得到了直观的体现。如果说在中世纪时期的老传统中，对读者最典型的称谓常常是"虔诚的读者"（其中包括西梅翁·波洛茨基、С. 梅德韦杰夫、К. 伊斯托明的作品），那么，到了 18 世纪初，这些称呼变成了"聪慧的、理性的、勤学的读者"（如 Ф. 波利卡尔波夫、Л. Ф. 马格尼茨基、Ф. 普罗科波维奇、Г. 布任斯基等人的作品）。快到 18 世纪中期时，常常会使用"热心的读者"② 这一称谓，而到了 18 世纪最后 25 年，又出现了一个新的表述："学识渊博的读者。" Н. И. 诺维科夫和 А. П. 苏马罗科夫认为，这种表述根本就不符合现实的实际情况，他们有时会用这种表达来表示嘲讽之意，即正如一些人所说的，"以前小说和童话故事非常畅销是因为人们'无知'，而今这些书之所以不再畅销则是因为我们伟大的教育"③。从这些对读者的称谓中不仅可以看出对他们的评价，还能看出作者和出版商的希冀——希望自己的读者能够适应时代精神，感受气息。书序的作者似乎以此来强调，在他看来，读者要正确理解所荐图书应该具备哪些素质和特征。从彼得一世时期的聪慧、理性，到 18 世纪中期阅读译著和科普读物应有的兴趣，再到后来的学识，学识已经是某种智慧与德行的结合，与"文化""文明"等概念是同义词。

图书馆的建立是人们阅读需求增长的最为重要的标志。俄国的图书出版很长时间以来都被国家垄断，禁止私营；与此相反，图书馆业更多地恰恰是

---

① Записки княгини Е. Дашковой. Спб. , 1906. С. 11; Мое время. Записки Г. С. Винского / Ред. и вступ. ст. П. Е. Щеголева. Спб. , б. г. С. 37.

② Житие и дела Марка Аврелия...Спб. , 1740. Л. 13; Сочинения и переводы...Василия Тредиаковского. Спб. , 1752. Т. I . Л. 1; Приключения Маркиза Г....или Жизнь благороднаго человека, оставившего свет...Спб. , 1756. Л. 5 об. ; Спутник и собеседник веселых людей...М. , 1783. Л. 2; и мн. др.

③ Живописец. 1772. Л. 6.

通过"私人渠道"得到发展，一开始仅限于建立个人的家庭图书馆。圣彼得堡科学院图书管理员助理 A. 博格丹诺夫很早便注意到这个事实，并指出，这种藏书方式是自己从未见过的。[1] 当然，几个世纪以来，已经逐渐建立了许多教会和国家机构的图书馆，拥有大量的古籍和手抄本图书，[2] 但其读者范围是明确限定的。自 1718 年起，科学院图书馆仅向上层人士提供图书。早在 18 世纪 20 年代，就出现了建立私人图书馆的趋势，由此有人又提出了创立"大众图书馆"的想法。大众图书馆的宗旨是为所有有读书需求的人提供可能和机会，让他们可以从书中摘抄需要的内容为己所用。[3]

私人图书馆及其拥有者能够相互说明很多问题。С. П. 卢波夫编制了统计表，对 1700 年至 1740 年的私人藏书进行了统计。统计数据显示，当时拥有藏书较多的人有 Ф. 普罗科波维奇（3205 册），Д. М. 戈利岑、А. И. 奥斯捷尔曼、Р. К. 阿列斯金（超过 2000 册）。[4] В. Н. 塔季谢夫一生收集了两个私人藏书馆的图书，其中包括军事、自然科学领域的图书，但大多数是历史、地理、国家法和外交方面的书，也有珍本书和俄国史方面的档案资料和历史文献。В. Н. 塔季谢夫将其中一部分藏书（1000 册）赠给了"工厂附属学校"，这部分藏书可以说具有典型的学者特点。最显著的特征就是其中几乎完全没有文学作品，外文图书的语言及题材仅限于 В. Н. 塔季谢夫的研究领域。М. В. 罗蒙诺索夫也拥有丰富的藏书，并收集了大量的手稿。[5]

与学者的私人藏书类别不同，在文化程度较高的图书爱好者的藏书中，常常有大量的文学作品和人文类图书。对于后者来说，收集图书是他们钟爱的一种消磨时间的方式，也许，也是展示自己个性的一种方式

① Кобленц И. Н. Андрей Иванович Богданов. С. 152.

② Кукушкина М. В. Монастырские библиотеки Русского Севера XVI–XVII вв. Л., 1974.

③ Бородин А. В. Московская гражданская типография... С. 95.

④ Луппов С. П. Книга в России в первой четверти XVIII века. С. 268–272; Он же. Книга в России в послепетровское время. С. 290–299.

⑤ Кулябко Е. С. и др. Судьба библиотеки и архива М. В. Ломоносова. Л., 1975.

吧。在科学的赞助者、庇护人 А. Г. 拉祖莫夫斯基、А. Б. 库拉金、Н. И. 帕宁等人的书架上摆放着 В. 佐洛特尼茨基、Л. 西奇卡列夫等作者的赠书。[①] 18世纪末，在首都和省城的许多贵族家庭选择的几乎都是同一图书出版社的书：《堂吉诃德》《鲁滨孙漂流记》，Н. И. 诺维科夫出版的《古俄罗斯史丛书》《彼得大帝的功业》，М. В. 罗蒙诺索夫、А. Л. 苏马罗科夫、М. М. 赫拉斯科夫等人的文集。[②] 从上述书单可以看出，这些书的种类丰富多样，但其中也体现出一定的规律性，即从中世纪小说的译著，到俄国史丛书，以及俄国人自己创作的作品。翻译小说的主人公一般都是欧洲英雄的典范——"伟大的人物"，"坚忍顽强、心胸宽广、舍己为人"，"英勇无畏"，"八面玲珑"，"果断坚决而又多愁善感"[③]。俄国的创作者们渐渐尝试不再将这种类型的主人公机械地移植到俄国的土壤上，而是更加注重展示当下的生活。

商人藏书的构成情况只能通过某些不连贯的数据资料进行判断。1738年编制的莫斯科13家酒商财产统计清单显示，有9家酒商拥有私人藏书，共计有图书299册，每家的藏书量从11册到58册不等。[④] 这批藏书数量不大，以宗教教育类图书为主。此外，应当指出的是，他们当中收藏图书数量较多的人更偏爱世俗图书，收藏的世俗图书常常占大多数。伊万·雷宾斯基、格列高利·特罗菲莫维奇的藏书则表明，那些真正对图书业感兴趣的商人的藏书与贵族有所不同：其中既有文学新作，如轰

① Состояние человеческой жизни...Спб., 1763; Сокращение естественнаго права...Спб., 1764; Общество разновидных лиц...Спб., 1766.

② Дмитриев М. А. Мелочи из запаса моей памяти // Русский быт по воспоминаниям современников. XVIII век. М., 1923. Ч. 2. Вып. 3. С. 130.

③ См.: Приключения Маркиза Г....или Жизнь благороднаго человека, оставившего свет...Спб., 1756. Ч. I. Л. 5–5 об.; Похождения Жилблаза де Сантиланы...Спб., 1754; и т. д.

④ Бакланова Н. А. О составе библиотек московских купцов во второй четверти XVIII в. // ТОДРЛ. 1958. Т. XIV. С. 644 – 649; Луппов С. П. Книга в России в послепетровское время. С. 249.

动一时的保罗·塔尔曼的长篇小说《爱岛旅行》（В. К. 特列季亚科夫斯基译），也有外文图书，还有彼得一世时期的一些珍本图书。

关于农民的藏书情况则知之更少。也许，只有旧教派的农民图书馆存有近几十年来考古发掘发现的一些资料。[1] 同时，偶尔发现的数据资料有时会打破我们对此的既定印象。比如，在 Б. Н. 莫罗佐夫发现的手抄本尚金家族族谱[2]中，有 17 世纪末期《钟声报》的节选内容，但众所周知，这份手抄宫廷刊物在当时对广大读者来说是遥不可及的。我们只能推测《钟声报》的消息传到俄国的北部边疆地区的过程：信息首先传到了莫斯科工商区，节选内容以手抄本的形式在斯帕斯基桥附近的书店和书摊传播开来，所有对此感兴趣的人都可以到这里来买到这些手抄本，其中也包括外地来的农民或商人。

可以确定地说，在整个 18 世纪，私人图书馆拥有者的数量同出版的书刊、书店和书摊的数量一样，都增加了。同样，到 18 世纪 80 年代初时，国家图书馆的数量也增至 15 座。[3] 正是在这一时期，社会上针对私人图书馆的建立，又提出了创立面向各阶层人民 "自由开放" 的公共图书馆的想法。[4] 1780 年，Н. И. 诺维科夫在莫斯科大学书店开设了图书阅览室。[5]一些图书爱好者将自己的藏书捐赠出来。[6] 书商开始在书店开设付费图书

---

① Советская историография книги： Сб. научных трудов ГБЛ. М. ， 1979.

② Морозов Б. Н. Архив торговых крестьян Шангиных // Советские архивы. 1980. № 2. С. 15-17.

③ Мартынов И. Б. Библиотека Дружеского ученого общества и ее место среди русских книгохранилищ общественного пользования конца XVIII века // Из коллекции редких книг и рукописей Научной библиотеки Московского университета. М. ， 1981. С. 90.

④ Московское ежемесячное издание. 1781. Ч. 2. Август. С. 284.

⑤ Грот Я. К. Начертание к заведению и установлению Общества российских писателей （проект И. Богдановича） // Библиографические записки. 1861. № 3. Стб. 196, 198.

⑥ Так，например，начало библиотеки Петербургского университета в 1783 г. положила библиотека коллежского советника П. Ф. Жукова， содержащая более 1000 томов， 585 названий，в том числе 4 рукописи，40 книг кириллической печати，218-гражданской， 323 – иностранной （Начало университетской библиотеки （1783 г. ） . Собрание П. Ф. Жукова-памятник русской культуры XVIII века. Каталог. Л. ， 1980. С. 14） .

馆，在这里人们缴纳一年、半年或是一两个月的费用之后，便可以将书借回家。1784 年，书商、出版商 M. K. 奥夫钦尼科夫创办了"俄国读书馆"①。1791 年，B. C. 索皮科夫书店开设的图书馆开始运营。这一时期，还有人首次提出了应设置还书期限的问题："借书时间最多不应超过一周，以便之后其他人同样可以享受借阅该书的乐趣。"② 设置严格的借书期限说明了一个事实，即图书馆已经开始吸引大量读者到这里来。

人们对读书的爱好表现得千差万别。莫斯科和圣彼得堡的居民每天都会去书店、书摊，然后便一头"扎进书堆里"③。读书成为人们最喜欢做的事情之一，每一本新书的面世都会在两座都城及各省引起一番热议。④ 对于都城"追求时尚的人"、宫廷贵族来说，读书是一种娱乐消遣："书籍让他们显得睿智不凡、才华横溢，甚至能够刺激他们的神经……但是，书中的思想对他们的影响作用有限，无法真正进入他们的意识当中，读书只是一种反常的消遣方式，一种影响人情绪变化的活动。"⑤

读书这一风尚渐渐掀起了一股创作风潮。关于这一点 Φ. A. 埃明在《地狱驿站》（1769）中提及过，还有 H. И. 诺维科夫等人也都曾提及。18 世纪末，人们已经清楚意识到模仿他人写作的坏处。H. A. 利沃夫在自己的长诗《俄国的 1791》中对此有着精准的描写：

> 鼓吹着他人的智慧，
>
> 如同松树下的草茎，

---

① Мартынов И. Ф. Книготорговец и книгоиздатель XVIII в. М. К. Овчинников // Книга... М., 1972. Сб. XXIV. С. 105.

② Цит. по: Зайцева А. А. Кабинеты для чтения // Русские библиотеки и частные книжные собрания XVI—XIX вв.: Сб. науч. тр. БАН. Л., 1979. С. 36.

③ Письма русских писателей XVIII века. С. 285.

④ Там же. С. 286—351.

⑤ Ключевский В. О. Соч.: В 8 т. М., 1958. Т. 5. С. 185.

没有成长壮大，而只是拉长……①

在俄国的定期刊物、报纸上，围绕书籍、书的作者和读者、书对俄国现实的影响等问题的讨论越来越多，越来越深入。例如，有人在《新闻集锦》杂志上提出了一个新的想法："必须为俄国开办印刷厂以来出版的所有俄文图书创建一个系统的图书总目。"② М. В. 罗蒙诺索夫、Н. И. 诺维科夫、А. Т. 博洛托夫还多次论证过需要编制评论性书目的问题。М. В. 罗蒙诺索夫认为，要编制评论性书目，需要由"博学、敏锐、公正和谦逊的新闻记者"来完成，而这样的人在 18 世纪 50 年代的俄国"无异于凤毛麟角"。③ 让俄国读者了解出版的所有图书，引导他们阅读"有益"的书，以免白白浪费时间和资源——这就是 Н. И. 诺维科夫等人 1777 年在《圣彼得堡学者公报》上对此提出的基本任务。杂志的第一期还刊载了关于叶卡捷琳娜二世给法典编纂委员会的《训谕》的评论分析。

А. Т. 博洛托夫在《当代人，或是致后人笔记》（1795）中指出，自创建私人印刷厂之后，产生了图书出版量过大的问题；同时，他也提出应该刊行评论性图书编目，"从而让人们不必再购买无用的图书，也不会错过好书"④。

18 世纪末，针对俄国出版的所有图书编制书目的工作尝试了一次又一次。Д. Е. 谢苗诺夫-鲁德涅夫在很大程度上实现了这一构想。著名考古学家、历史学家 Н. Н. 班特什-卡缅斯基也为此做了大量的资料收集工作，但直到 В. С. 索皮科夫才成功完成了这一俄国图书史上的壮举。他编撰的 5 卷本《俄国图书编目实录》共收录了已出版图书 13249 本。⑤

① Львов Н. А. Русской 1791 год. Спб. ，1791. С. 16.

② Собрание новостей... 1775. Декабрь. С. 46，47.

③ Ломоносов М. В. Полн. собр. соч. М. -Л.，1952. Т. 3. С. 220.

④ Библиограф. 1886. № 1. С. 2.

⑤ Опыт Российской библиографии：Сб. 1813–1821 гг. Изд. 1-е. В 5 ч.

　　整体而言，俄国的图书出版业经历了一个多世纪的发展，在18世纪发生了相当大的变化：教会和国家对图书出版业的垄断被打破，图书生产和推广的地域范围扩大了，图书产品的发行量增加，其品种、类别也发生了极大的变化，出版物开始采用此前从未有过的装帧形式；图书业从业人员无论是从数量上还是质量上，都发生了变化，印刷设备在技术上更加先进、完备；俄国社会对阅读和书籍的态度也改变了，人们开始意识到书籍具有让人精神面貌焕然一新的能量。这一切让我们有理由将18世纪称为"图书的时代"。

　　18世纪的书籍是"俄国新文化"的产物，同时，也是"俄国新文化"的主要"建筑材料"。书籍就像是砖瓦一样，构筑起新时代文化的大厦——欧洲式的、世俗性质的俄国本民族文化。

# 第九章
## 定期刊物

C. C. 德米特里耶夫

在18世纪俄国的历史文化进程中，产生了许多前所未有的、全新的事物。定期刊物便是其中最为重要的事物之一。俄国的定期刊物出版至今已有三百余年的历史，最早可追溯至1702年彼得一世时期创办的《新闻报》。

报刊在文化生活中发挥着重要的作用。即使在我们这个拥有广播、电视、录像的时代，报刊仍然是大众传媒和宣传的主要手段。报刊反映了社会政治生活及其中的矛盾与斗争。报刊是教育和传播知识、发展文化的有力工具，是社会意识及社会上某些人世界观的形成手段。当然，俄国的报纸充分起到这种作用是在苏联时期。在报刊产生的最初的一个世纪，它还处于刚刚起步阶段。然而，在当时最好的定期刊物中，已经可以看到对18世纪俄国的社会政治现实及社会思想和文化生活中真实而又尖锐的矛盾。

此类刊物当中，有一些不仅在18世纪（显然，它们有自己的读者群和拥趸者），甚至到了19世纪和20世纪，仍多次重新出版发行。彼得一世时期的《新闻报》，Н. И. 诺维科夫的《雄蜂》《画家》《钱袋》《闲谈家》等杂志时至今日仍在发行，并拥有自己的读者。事实证明，这些刊物已成为俄国文学文化遗产及现代俄罗斯民族文化的有机组成部分。俄国文化领域的许多杰出人物都与这样的刊物密切相关。如，М. В. 罗蒙诺索夫、А. П. 苏马罗科夫、Н. И. 诺维科夫、Д. И. 冯维辛、А. Н. 拉吉舍夫、И. А. 克雷洛夫、Н. М. 卡拉姆津等人都是此类刊物的发起人、编者（"编辑"一词直到18、19世纪之交才在俄语标准语中出现）、作者。而在俄国定期刊物产生之后第一个百年历史中，彼得一世、叶卡捷琳娜二世、Е. Р. 达什科夫等国务活动家发挥了举足轻重的作用。

社会对俄国18世纪报刊的关注和研究已有超过一个半世纪的历史。较早对报刊发表评论的是 В. Г. 阿纳斯塔谢维奇（1822）、А. Я. 布尔加科夫（1827）、М. Н. 马卡罗夫（1837）。В. Г. 别林斯基、А. И. 赫尔岑、Н. Г. 车尔尼雪夫斯基、Н. А. 杜勃罗留波夫均曾撰文论及18世纪俄国的新闻行业。在十月革命前的俄国，А. Н. 阿法纳西耶夫、М. Н. 隆吉诺夫、П. П. 佩卡尔斯基、А. Н. 涅乌斯特罗耶夫、А. Н. 佩平等人在这一方面做了大量的研究工作。苏联时期，特别是 В. П. 谢缅尼科夫、П. Н. 别尔科夫、С. М. 托姆辛斯基、Г. П. 马科戈年科等人的相关论著将18世纪俄国报刊发展史的研究向前推进了一大步。他们在自己的论著中，首先对定期刊物的内容、它们参与社会思想斗争的情况进行了深入分析，还对使用笔名作者的真实身份及匿名作者的身份进行了考证（这是一项细致而复杂的工作，要知道18世纪时，在杂志和报纸上发表的大部分作品都是没有署名的）。

对定期刊物的研究也存在以下薄弱环节（如何攻克这些薄弱环节正是文化、新闻和文学史研究者的主要任务）：（1）几乎所有研究的关注点都集中于综合类期刊，而对于行业类专业期刊则鲜有研究；（2）对定期刊物的研究主要是由文艺研究者从文学史的角度进行的；（3）一般只是单纯对18世纪定期刊物的本身进行研究，而未能将其置于整个文化史的发展进程中来审视；（4）直到近 20 年来，历史学家才开始对报刊进行史料学研究。①

18 世纪俄国定期刊物的发展经历了两个主要阶段。第一个阶段是从 1702 年到 1758 年。在这一阶段，所有机关刊物都是由国家或是某一部门出版的，而没有社会各界和个人的参与。56 年（1702～1758）时间里，机关刊物的总数不超过 7 种。其中，只有 4 种的发行时间较长（1 种发行了 30 年，1 种发行了 25 年，另外 2 种分别为 12 年和 10 年）。这些刊物的发行范围仅限于圣彼得堡和莫斯科两座都城；就其内容而言，主要是信息宣传类和科教类刊物。文学作品在这些刊物上并不多见，直到 1729 年才开始刊载。在这一阶段，我们所知道的作者、编者、机关报出版人的总数不超过 40 个。

第二阶段是从 1759 年到 1801 年（自 1802 年起，Н. М. 卡拉姆津创办的《欧洲导报》杂志开启了 19 世纪俄国定期刊物的历史新篇章）。1759 年，А. П. 苏马罗科夫自己出资发行《工蜂》杂志，并宣布开始杂志的订阅工作，这一举措打破了国家及相关出版部门的垄断局面，促进了定期刊物在俄国的普及。从这一时期开始，在国家及其各大部门发行机关刊物的同时，私人和社会团体创办的定期刊物数量逐渐增多。后来，到 1786 年时，俄国定期刊物的发行范围不再仅限于两座都城，雅罗斯拉夫尔、托博尔斯克也出现了杂志，当然，其发行的时间并不长。刊物的内容要比从前丰富得多，其中有大量的文学作品。18 世纪下半叶几乎有

---

① См.：Дмитриев С. С. Именословие русских исторических журналов // Русская литература. 1967. No1. С. 73 – 83；Он же. Источниковедение русской исторической журналистики // Источниковедение отечественной истории：Сб. статей. М.，1975. С. 272 – 305；Морозова Т. Ю. Некоторые проблемы источниковедческого изучения русской газетной периодики XVIII в. （по материалам «Санктпетербургских» и «Московских» ведомостей）. Автореф. канд. дис. М.，1983；Она же. Источниковедческие аспекты изучения русской газетной периодики XVIII в. （историография проблемы）// Проблемы истории СССР. М.，1983. Вып. XIII. С. 82-95.

点名气的俄国作家都会在定期刊物上发表作品。此类刊物的编者、出版人及在上面发表作品的作者已知的就有上百人。在第二阶段，除综合性期刊外，自 18 世纪六七十年代起，开始出现行业类专业期刊——经济、农业、历史、医学、戏剧、音乐等领域的专业期刊，讽刺类刊物，女性杂志，儿童杂志。1759 年至 1801 年创办的期刊总数达 88 种。此外，在第二阶段，早前创刊的两份最大的俄国报纸《圣彼得堡新闻报》和《莫斯科新闻报》仍在定期发行。

在科学文献中，指称 18 世纪俄国的定期刊物通常会用"报纸"（газета）和"杂志"（журнал）这两个词，我们也是采用这种说法。但有文化史研究者指出，直到 19 世纪初，"报纸"一词才开始在俄国用于指称相应的印刷出版物。而在此之前，通常用"新闻"（ведомости）一词，有时也会用"消息"（известия）一词。最早使用"报纸"一词的是Б. И. 库拉金公爵，1707 年《彼得一世书信和文件集》中也出现过"报纸"一词。而该词第一次进入俄语语言词典（《И. 诺德斯特词典》第一部）是在 1780 年。① 最早在名称中用到"报纸"一词的定期报刊应该是《北方邮报》（又名《圣彼得堡新报》，该报自 1809 年起由内务部邮政司负责发行）。当然，无论是 18 世纪印刷版的《新闻报》，还是之前 17 世纪的手抄报（《钟报》《消息》《新闻》），它们在编辑方式、内容、结构、出版周期等方面与 19 世纪的报纸都有很大的区别。17 世纪的手抄刊物就其内容、文章来源和整体性质而言，与 1702～1727 年发行的印刷版的《新闻报》较为相似。而后来的《圣彼得堡新闻报》（1728 年起）、《莫斯科新闻报》（1756 年起）则与此前的报纸有着明显不同的特点。然而，17～18 世纪的俄国文化史，都是将上述出版物作为"报

---

① 关于俄语中"报纸"一词的历史参见 Смирнов Н. Западное влияние на русский язык в Петровскую эпоху. Спб. , 1910; Преображенский А. Этимологический словарь русского языка. М. , 1910. Т. Ⅰ. С. 115; Этимологический словарь русского языка / Под ред. Н. М. Шанского. М. , 1972. Т. Ⅰ. Вып. 4. С. 9.

纸”这种信息和宣传工具，并将其置于俄国报纸的具体历史发展进程中进行研究的。

对于 18 世纪的杂志同样应采取类似的视角和方法进行研究。“杂志”（журнал）一词也是在彼得一世时期开始出现在俄语中的。[①] 但在 18 世纪及此后的很长时间里，该词首先是指各类官方文件及办公用的公文簿、记事日志（如 журнал входящих и исходящих бумаг——文件收发簿，журналы военных действий——军事行动日志，полевые журналы——战地日志，морские журналы——航海日志）。18 世纪 90 年代，“杂志”一词才在定期刊物的名称中广泛使用（如 Н. М. 卡拉姆津的《莫斯科杂志》，1791～1792；《公益性知识和发明及时尚杂志》，圣彼得堡，1795；И. П. 普宁的《圣彼得堡杂志》，1798）。而此前，杂志类定期刊物（周刊、月刊、季刊等）常常使用“月刊文集”（ежемесячные сочинения）、“定期刊物”（периодическое издание）、“作品集”（собрание сочинений）、“丛书”（вивлиофика，个别时候也会用 библиотека 一词）、“期刊”（магазин）等说法来表示。同时，从文化史的角度来说，应当指出 18 世纪时使用这些说法出版的不仅限于后来“杂志”一词所指的定期刊物，当时该词的指称范围要比之后的指称范围大得多。18 世纪的杂志不划分栏目板块，不同题材的文章和素材交替刊载。但无论如何，这已经是杂志这种刊物了。大概从 18 世纪中期开始，俄语中出现了“记者”（журналист）一词，到 18 世纪末“报纸人”（газетник）一词也出现了，“报纸人”表示报纸的发行人或是报社的工作人员，后来，这一词又表示“卖报纸的人”。

1702 年 12 月中旬，彼得一世下令创办俄国第一份印刷的定期刊物。不久后，《新闻报》问世，并陆续发行了许多期。发行的这些期《新闻报》并没有按照顺序标明期次。在该报发行期间（1702～1727），该报在

---

[①]　Смирнов Н. Указ. соч. С. 114, 115; Фасмер М. Этимологический словарь русского языка. М. , 1967. Т. Ⅱ. С. 68.

形式、内容量、字体、语言、文风等方面一直在不断地摸索。其名称也有所差异——《新闻报》《莫斯科新闻报》《俄国新闻报》《关于发生在俄国及其周边国家的那些值得让人了解和记住的军事及其他事件的新闻》。在某些期次还会用大号字体印着"简报"（Экстракт）、"捷报"（Реляция）、"来自德累斯顿的消息"（Из Дрездена）、"缔约协定"（Трактак заключенной）等代替上述名称。发刊形式一般都是规格不大的小书形式。个别期次只有印制出来的一页纸，而且是单面。刊物出版的频率和次数取决于素材的采集情况，因而具有不确定性。

至于《新闻报》的印刷数量，据不完全统计，由 300（个别时候也会少于 300 份）、400、500 份到 1000 份，甚至是 2000 份不等。我们所知的印刷数量最大的一期是 1703 年 3 月 22 日刊，印刷数量高达 4000 份。每一期的价格在 2 戈比到 8 戈比之间不等——这在当时是一笔不小的数目。《新闻报》一开始是在莫斯科国家印刷厂印制，而自 1711 年起，改为在莫斯科和圣彼得堡两地印制发行。该报的编辑和出版工作在彼得一世时期由修道院衙门负责，最初的 8 年采用传统的基里尔字母，这是古罗斯时期所有印刷品唯一通用的字体。从 1710 年起，《新闻报》转而采用刚刚开始使用的新民用字体。

十月革命前的史料表明，俄国第一份定期刊物的产生与彼得一世的名字联系在一起。这位沙皇同时也是俄国报业这一全新而未知的事业的奠基者、开创者，是他让报纸走进俄国人的生活。当然，在俄国定期刊物的创办过程中，彼得一世发挥了举足轻重、毋庸置疑的作用。然而，正如彼得一世时期实施的其他改革一样，在这一方面文化史研究者没有找到理据证明彼得一世就是俄国定期刊物的创始人。此外，彼得一世时期的定期刊物无论是题材还是形式，在此前也都早已有之。

在彼得一世时期的《新闻报》出现 100 多年前，人们对传统上习以为常的"信息聚集地"有了新的开拓需求，并且这一需求呈现出日渐增长的趋势。最早感受到这种需求的是宫廷和皇室人员，也是在宫廷和皇室这一需求首先得到了满足。众所周知，自 17 世纪初起，外交衙门就开始编制各种手抄报——《消息》《钟报》《新闻》等。不久前，出版了整理档案文献时所获得的 1600 年至 1639 年的 710 期《钟报》。俄国著名考古学家、历史学家 И. Е. 扎别林在 1880 年也发表了类似的《钟报》文献整理成果。1660 年，莫斯科的俄国军队遭到暂时性的失败，由于担心波兰人会在西欧散布对俄国不利的消息，外交衙门开始发布有关战事进展的消息，宣传报道俄军的战果，并将相关消息传送至德国吕贝克给一位叫亚甘·冯·霍恩的人，让他将这些消息的德文版发布出来，然后分发至周边各国。[1] 显然，莫斯科方面在彼得一世出生前早就意识到新闻言论的政治宣传力量不可小觑。在 17 世纪的后 30 年，А. С. 马特维耶夫和 В. В. 戈利岑在外交衙门任职时期，制作《消息》《新闻》等诸如此类的手抄报，手抄本图书的工作逐步走上轨道，并或多或少具有了一定的周期性。А. С. 马特维耶夫在外交衙门任职时期，在外交衙门工作的有 20 多名录事（都是写字非常好的人）和 15 名翻译人员。[2] 采编的素材内容各异，包括但不限于外国的报刊资料；各地传至莫斯科的新闻，如普斯科夫、阿尔汉格尔斯克、里加、华沙等地的新闻；从《荷兰新闻报》《德国钟报》翻译过来的资料。外交衙门还编写一些文学性政论文，诸如虚构的伊凡四世与土耳其苏丹的通信稿、土耳其苏丹致西欧国家君主的国书等。这些政论文和手抄新闻报中的一些文章颇为相似。后来，在编排莫斯科手抄新闻报时，外交衙门还使用了国外俄国人寄回国内的书信等素材。这些手抄报的内容主要是国际时事，尤其是那些与俄国利益直接

---

① Соловьев С. М. История России с древнейших времен. Спб. ： Общественная польза. Кн. Ⅲ. Стб. 90.

② Кудрявцев И. М. «Издательская» деятельность Посольского приказа（К истории русской рукописной книги во второй половине ⅩⅦ в.）// Книга. Исследования и материалы. М. , 1963. Сб. Ⅷ.

相关的事件。也有国内新闻，如"顿河报道，已派出顿河哥萨克队伍迎战克里米亚的鞑靼人"，"入侵莫斯科的鞑靼军队在首都烧杀掳掠、洗劫一空"，"波格丹·赫梅利尼茨基的军事行动"，还有关于贸易活动的新闻或是"奇闻异事"——荷兰渔民在大海上看到了一个怪物，人头、虾身，长尾长脚，游的姿势像狗，格但斯克附近发现了两只以前从未见过的奇美无比的鸟。[①]

"ведомость"一词在古俄语中有"消息、通报"之义，这些词义在当时具有"传闻"的意味。"ведомость"一词第一次在书面中被提及是在1383年，在《斯列兹涅夫斯基词典》（第1卷，第479页）中，该词用于表"消息""确定的信息"之义。[②] 在18、19和20世纪俄国印刷版定期刊物的名称中，则常常用"ведомость"一词的复数形式来表达此义。而在同一时期的手抄报和小报中，也常常会见到各种讽刺类、历史类、宗教类的刊物，如《新闻》（Ведомости）、《消息》（Вести）、《报纸》（Листы）。

综上所述，彼得一世时期的《新闻报》并非彼得一世的发明创造。无论是内容还是编辑方法和素材来源，它们都是对17世纪类似新闻制作一事的继承和延续。[③] 彼得一世的伟大功绩在于，他将受众群体仅为沙皇宫廷这一最小范围内的少数人的手抄报变成了面向读者大众的印刷出版物。C. M. 索洛维约夫写道："破除俄国原有的封闭和落后的最强有力的方法，便是将俄国和其他国家发生的事情都报道出来，让大家知晓。在

---

① Томсинский С. М. Первая печатная газета России（1702–1727 гг.）. Пермь，1959. С. 14，15；Берков П. Н. История русской журналистики XVIII века. М.-Л.，1952. С. 28，29.

② Этимологический словарь русского языка / Под ред. Н. М. Шанского. М.，1968. Т. I. Вып. 3. С. 36；Словарь русского языка XI–XVII вв. М.，1975. Вып. 2. С. 47，48.

③ А. Шлосберг проделал специальную работу по сопоставлению «Курантов» XVII в. и петровских «Ведомостей»（Шлосберг А. Начало периодической печати в России // Журнал Министерства народного просвещения. 1911. № 9. Отд. II. С. 63–135）；существуют отдельные оттиски этой работы（Спб.，1911）.

彼得一世之前，了解和知道本国和他国发生的事情，为沙皇及其近臣编辑外国报纸的各种消息，并将其作为机密小心地保存起来，这些都是政府特有的权力。而彼得一世则希望让所有的俄国人都知道世界上发生的事情。"[1] 正如 H. A. 杜勃罗留波夫所言，在彼得一世时期的印刷版《新闻报》上，"俄国人第一次看到了对军事行动和政治事件进行的公开的全民性报道"[2]。但其内容不仅限于此。《新闻报》报道的内容还包括工商业领域的活动；"西伯利亚"铁矿厂取得重大成果，"这里发现了储量可观的铁矿石"；运河的建设，新建火药厂、硝石厂及其他工场手工业的发展；关于俄国商人及其商船的信息，还有外国商船"将呢绒、玻璃、窗帘、毛线、姜、长袜、钟表、亚麻布、绒布、各类饮品、浆果和糖果"运到圣彼得堡来，而从这里输出"大麻纤维、软革及其他商品"等信息。有时，也会刊登新建学校的消息，以及非宗教类图书的书目。还曾有一篇报道称，阿斯特拉罕派出一位大尉前往里海，专为绘制里海的地图，制作完成的地图将要出版发行。《新闻报》还会刊载大量来自国外的消息。类似"新闻"的开头常常使用较为固定的表达方式，如"巴黎报道""波息斯报道""德累斯顿报道"，或是"那不勒斯 7 月 4 日报道称""哈诺弗 8 月 2 日报道称"，等等。偶尔也会使用一些内容更为详细的标题，如《格但斯克的某人致荷兰友人的书信》。从形式上来说，此类消息和新闻是后来出现的采访报道及"本报记者"报道的先声和前奏。

在诸如此类的新闻报道中，俄国报刊形成了自己的语言，俄国报刊的这种语言在 18 世纪的后 30 年得到了进一步发展，被广泛应用。

《新闻报》"对时事进行全民公开报道"（H. A. 杜勃罗留波夫语），这为推进俄国各项改革发挥了重要的政治宣传作用。报道对彼得一世的国内政策进行了理想化的描绘，并从符合俄国对外政策利益的角度对国际关系、

---

① 　Соловьев С. М. Указ. соч. Кн. Ⅲ. Стб. 1349.

② 　Добролюбов Н. А. Полн. собр. соч. М.，1934. Т. 1. С. 228.

北方战争等事件予以介绍。其中，战况报告、条约、俄国各省省长及驻外外交官的官方呈报和公函的摘要等政府文件占重要的位置。《新闻报》中有关于逃亡者（从船坞、运河建筑工地逃跑的工人、逃兵等）又自愿回到自己的工作地和部队的报道；有关于孔德拉季·布拉温（顿河哥萨克匪首、叛教者）起义的报道，称他与"同伙"一起对城市和农村进行了"洗劫"（1708 年 7 月 20 日报道）。这些报道具有明显的官方和政府性质。

《新闻报》的素材来自不同的城市、工厂、衙门和委员会提供的文件和消息，其中以外交衙门、外交委员会编制的"手抄报"数量最多。莫斯科《新闻报》的编辑和付印出版工作由国家印刷厂厂长、著名作家、翻译家、诗人 Ф. 波利卡尔波夫负责，而《新闻报》在圣彼得堡的相关工作先后由印刷厂厂长 М. П. 阿夫拉莫夫以及外交委员会的翻译 Б. 沃尔科夫负责。另一位翻译人员 Я. 西尼亚维奇负责可供报纸刊载的新闻资料的采集工作。可以说，Я. 西尼亚维奇是报纸行业中"采访记者"这一重要职业的开创者。[①] 为报纸提供素材的还有"彼得窠巢中蓄养的年轻力量"，如 Б. И. 库拉金、Г. 戈洛温、А. 马特维耶夫、А. 马卡罗夫、П. 托尔斯泰、П. П. 沙菲罗夫、Ф. 普罗科波维奇等。彼得一世本人也参与了报刊的出版工作。他将《新闻报》称为"最好的官报"[②]。彼得一世通过 И. А. 穆辛-普希金对报纸的翻译语言提出了"应通俗易懂"的要求。这一要求具有明显的反对教会斯拉夫语的倾向。《新闻报》的发行推动了一种中性语言的形成。Ф. 波利卡尔波夫将其称为"民用普通话"[③]。报纸上刊载的信息一般都内容精炼、明晰，通俗易懂。

---

① Мальшинский А. Первый русский репортер // Исторический вестник. 1886. № 5. С. 387–391.

② Томсинский С. М. Указ. соч. С. 42.

③ Левин В. Д. Петр I и русский язык ( К 300-летию со дня рождения Петра I ) // Изв. АН СССР. Сер. 9. Филология. 1972. Т. 31. Вып. 3. С. 212 — 227; Хаустова И. С. Редакторская работа над языком и стилем петровских «Ведомостей» // Вестн. Ленинг. ун-та. 1957. № 14. С. 109–122.

彼得一世时期兴办的报纸对于推广政府的政策和推进各项改革、弘扬俄国军队和舰队的功绩、展示工厂及工场手工业等领域取得的成就起到了积极的作用。报纸虽然也引起了外国人的关注，但它首先面向的是本国读者。其读者范围涵盖贵族、公务员、商人，同时，报纸也受到普通人中识字人群的关注。许多彼得一世时期《新闻报》节选内容的手抄本被保存下来，在18世纪留存下来的手稿中也常常会发现《新闻报》中的一些报道和简讯。有资料显示，当时有人假冒《新闻报》之名传播讽刺和喜剧作品，其中以手抄报为主，也有个别印刷品。为此而忧心忡忡的彼得一世曾在1707年写道："今后任何仿造的、别出心裁的《钟报》一律不能制作、印刷，也不可售卖。"[1] 在北方战争之初，《查理十二世告俄国臣民书》一度试图在俄国范围内印发传播，这也是引起彼得一世忧虑的原因之一。[2] 但另一方面，仿制版《钟报》的出现本身也说明其编辑制作者对彼得一世时期发行的《新闻报》甚是了解。显然，《新闻报》自创办以来便引起了识字人群的关注。

彼得一世去世后，《新闻报》没有持续多久便停刊了。1727年，该报出版了最后的四期。然而，此时的俄国显然已经不能没有印刷的官报了。18世纪头25年，报纸已然成为俄国新文化生活中一种必不可少的元素。它为人们报道时事、政令和新闻，发挥影响社会公众的作用。因此，《新闻报》停刊不到一年，便出现了新的出版物。

继彼得一世的《新闻报》之后，《圣彼得堡新闻报》问世。该报自1728年1月创刊开始一直发行到1917年10月，在俄国文化史上是当之无愧的"长寿报"。虽然从内容和形式上来说，报纸仍然是之前《新闻报》的延续，但它为18世纪俄国定期刊物的发展注入了一股新鲜的血液。

---

[1]　Пи Б. Спб. , 1893. Т. Ⅲ. С. 350.

[2]　Собрание разных записок. . . изданное Ф. Туманским. Спб. , 1787. С. 307–309.

《圣彼得堡新闻报》的出版发行由俄国科学院负责，具有明显的政府性质。该报有许多创新之处：有确定的出版发行时间——在第一年是一周一次，从第二年起增至一周两次；再后来，报纸开始按照刊次顺序标注每期的期次，每年共计出 104 期。《圣彼得堡新闻报》自创立以来，从未改变过自己的名称。这一稳定性和持久性也从一个侧面说明，从 18 世纪 20 年代中期开始，报纸已经成为俄国文化生活中的一个必要元素。在创刊的头两年，担任报纸编辑工作的还是"大学生"，而后来这一工作则是由著名院士 Г. Ф. 米勒亲自承担。无疑，正是在米勒的努力下，该报成为长期发行的官报。

对于只懂母语的读者来说，报纸中的那些外来词、新词，还有地理和政治术语都很难理解。因此，科学院决定出版类似于词汇详解之类的东西。于是，一份新的出版物以《圣彼得堡新闻报》副刊的形式问世了。该刊物被称为《新闻报历史、谱系及地理词汇每月注释集解》（共计 89 部，1728～1742），日常生活中一般简称其为《集解》。起初，《集解》只是对《圣彼得堡新闻报》上一些文章资料中出现的难以理解的新词予以实用性的解读。但从第二年开始，副刊中逐渐增加了完整的、篇幅较大的历史、文化史、地理、民族志等方面的文章。此外，上面还发表 В. К. 特列季亚科夫斯基和 М. В. 罗蒙诺索夫的诗作，以及戏剧、诗歌史及其理论方面的文章。《集解》开辟了文学专栏，经常刊登选自英国和德国讽刺杂志的翻译作品。《集解》中也会发表一些数学、天文学、化学、古生物学方面的文章。经考察确认（当时报上的文章大多是作者匿名或者使用笔名发表的），为《集解》供稿的作者和编辑人员，有 В. Н. 塔季谢夫、Г. Ф. 米勒、Я. Я. 施泰林、Г. В. 克拉夫特、Г. В. 里赫曼，还有前面提及的 В. К. 特列季亚科夫斯基和 М. В. 罗蒙诺索夫。《集解》内容丰富多样，是俄国第一本文学和科普类杂志。在 18 世纪上半叶俄国文化史上赫赫有名的以 Ф. 普罗科波维奇为首的"学术侍从"的成员对该杂志一直非常感兴趣，其成员之一——B. H. 塔季谢夫本人也经常在该刊物上发表文章。

作为俄国最早的杂志，《集解》对于本国读者来说内容生动而有益。文学爱好者和研究者们在它停刊 10~15 年后，开始收集全套的《集解》。但这项工作进行得异常艰难。个别期次常常是完全不见踪迹。显然，杂志的拥有者非常珍视它们，不愿将其出让。众所周知，18 世纪 50 年代初，当时的宠臣 И. И. 舒瓦洛夫曾向 M. B. 罗蒙诺索夫求助，希望他能帮自己收集一套《集解》，但后者最终也未能让他如愿。对此，M. B. 罗蒙诺索夫在 1754 年 1 月 3 日致舒瓦洛夫的信中解释道："……因为杂志的发行量很小，而且不是在全国范围内发行，特别是在今天，我们的民众认识到了科学的益处，而物以稀为贵，所以，收藏此类刊物的人就越来越多。"[1]《集解》的发行量并不大，只有 250 册。广受关注的《集解》于 18 世纪 60 年代中期在莫斯科再版，又于 1787 年和 1791 年先后两次在圣彼得堡再版。该刊物之所以获得成功不仅仅是因为其内容满足了一部分人的求知欲，同时也因其对大众具有普遍的教育意义，还有一点是他们的出版人"特别精心的编辑工作使一些资料能够深入浅出、通俗易懂地呈现在需要的人面前"[2]。无疑，《集解》注重语言的清晰明了、简单易解，直到 18 世纪末时，读者和图书爱好者都对它钟爱有加。促进了俄国科普文体语言的形成是《集解》对 18 世纪俄国文化发展做出的另一个贡献。

18 世纪 50 年代中期，M. B. 罗蒙诺索夫提议并着手策划创办一本新的、规模更大一些的杂志。M. B. 罗蒙诺索夫在致舒瓦洛夫的信中提议道："如果科学院开始创办诸如此类的（《集解》——作者注）定期刊物，那么，将对我们的国家大有裨益；只是不应用这样规格的纸张，最

---

[1] Берков П. Н. Указ соч. С. 77.
[2] «Примечания» от 1 генваря 1733 г. С. 2.

好是月刊，或是季刊，或者是四个月一期。"① 他用拉丁语写了一篇文章，并于 1755 年被译成法语刊发。文章名为《论新闻工作者的职责》，文章指出，"在对著作进行介绍时，应确保拥有科学评论自由"；同时作者还呼吁，在为读者介绍学术观点、假想、理论并对其发表评论性阐释时，应秉持严谨负责、不偏不倚、诚实守真的态度。俄国的史学研究文献对此给出了公允的评价，并指出，M. B. 罗蒙诺索夫的努力和工作"不仅昭示出这位 18 世纪俄国伟大作家的科学之路，同时，也是整个俄国新闻史和文化史上的重要一页"②。我们找到了一份新办杂志——《每月文选》扉页的手写本文稿，上面有 M. B. 罗蒙诺索夫的签名。但有趣的是，杂志的主编并非提议创办该杂志的人，而是 Г. Ф. 米勒。M. B. 罗蒙诺索夫作为刊物的学术审校者参与的编辑工作很是有限，他在杂志上匿名发表了几部作品，署名发表了两首诗。

起初，《每月文选》的发行量为 2000 册，这在当时来说是相当大的数量。但杂志的销售情况并不乐观，其中订阅者仅有 600～700 人，约 500～700 册卖给零散的购买者。后来，将印刷数量降至 1250 册，但还是有一些年份出的许多期未能售出。然而，应当承认的是，对于 18 世纪 50 年代后期来说，《每月文选》起到的积极作用在于它将一批数量颇为可观的读者（至少有 1500 人）聚集到了自己的周围。杂志提出了"为了大众"的口号，每年 1 月刊（新年刊）杂志卷首上镌刻的"为了大众"几个字可谓光彩夺目，引人关注。杂志的名称经历了三次微调，但一直严格按期次定期发行。都主教叶夫根尼这样写道："全俄国人民都在如饥似渴、心满意足地阅读着俄国第一本月刊杂志。"③ 这句话虽然有些夸张的

① Билярский П. С. Материалы для биографии М. В. Ломоносова. Спб. ，1865. С. 250.

② Берков П. Н. Указ. соч. С. 82.

③ Словарь русских светских писателей соотечественников и чужестранцев，писавших в России / Сост. Евгений，митрополит（Е. А. Болховитинов）. М. ，1845. Т. 2. С. 67.

成分，却反映出 18 世纪俄国一代人的文学和文化记忆。后来，《每月文选》也一直受到各界读书爱好者的关注，好几年的《每月文选》杂志曾经在 18 世纪再版，后来再次对其进行重印是 19 世纪初，因为刊物的纸张上印有 1801~1804 年的水印。在该杂志上发表的作品中，后来至少有 14 部在 18 世纪得以独立出版面世。[①]

《每月文选》就其内容而言是具有学术性的科学研究和文学类刊物。那个时期的几乎所有文学力量都或多或少地在该杂志上发表过作品（如 В. К. 特列季亚科夫斯基、М. В. 罗蒙诺索夫、А. А. 勒热夫斯基、М. М. 赫拉斯科夫、И. П. 叶拉金等，А. П. 苏马罗科夫一人就在上面发表了至少 120 篇诗作和文章）。尽管如此，杂志上刊载的更多的还是学术类文章，还包括历史（主要以 Г. Ф. 米勒发表的大量文章为代表）、民族学、统计学、经济等方面的文章。发表历史方面文章的作者还有 В. Н. 塔季谢夫（去世后发表的）、П. И. 雷奇科夫、Ф. И. 索伊莫诺夫。杂志上还发表了众多经贸方面的文章（关于货币、硬币等）。П. И. 雷奇科夫在《农村生活中的经济问题》一文中，含沙射影地指出了贵族在对自己领地的土地管理中存在的经营不善的问题。然而，无论是 П. И. 雷奇科夫的这篇文章，还是其匿名发表的《农村的贵族》（1757 年 12 月）一文，都对农民问题、农奴制关系、农民地位等大家密切关注的问题避而不谈。显然，对于这些迫切需要解决的问题，官方杂志是无论如何也不会触及的。

在《每月文选》创刊一年之后，《莫斯科新闻报》开始发行，其发行工作由莫斯科大学负责，《莫斯科新闻报》在接下来的一个世纪里成为俄国最受欢迎的报纸。同《圣彼得堡新闻报》相比，该报有着明显的优势，具有大学机关报素有的独立自主性和启蒙精神。18 世纪担任过《莫斯科新闻报》编辑工作的莫斯科大学教授有 Н. Н. 波波夫斯基、А. А. 巴尔索

---

① Сводный каталог русской книги гражданской печати ⅩⅧ века. М.，1966. Т. 4. С. 131，132.

夫、П. Д. 韦尼阿米诺夫、Х. А. 切博塔廖夫。在 1779 年至 1789 年十年
时间里，报纸的出版发行权及莫斯科大学印刷厂的经营权都承租给作家、
启蒙思想家 Н. И. 诺维科夫。他负责管理的这十年是《莫斯科新闻报》
和莫斯科大学印刷厂历史上成绩辉煌的十年。正如 Н. М. 卡拉姆津所说
的，在 Н. И. 诺维科夫承租之前，莫斯科报纸的发行量不到 600 份（应
当指出的是，这一数字就是针对《莫斯科新闻报》而言的，因为到 18 世
纪末以前，莫斯科除此之外没有发行其他报纸——作者注）。Н. И. 诺维
科夫对报纸发行实施了一系列措施：丰富了其内容，除政治题材外，增
加了其他各类题材文章；免费附赠副刊《儿童读物》，《儿童读物》刊载
的尽管是一些翻译得比较生涩的文章作品，但因其题材新颖、内容丰富
而受到读者的喜爱。报纸订阅的数量逐渐增加，大约增至 4000 份。[1] 总
的来说，Н. М. 卡拉姆津的话准确地概括了 Н. И. 诺维科夫管理时期《莫
斯科新闻报》的成绩。但对其所言的关于《儿童读物》的部分需要做一点
修正，并没有理据证明《莫斯科新闻报》发行量大幅增加（是最初的 6.5
倍还多）是与《儿童读物》直接相关的。Н. М. 卡拉姆津对《儿童读物》
情有独钟也是可以理解的，他第一次在刊物上发表的作品就是刊发在这本
杂志上，他翻译了詹·汤姆生的《四季》、М. 让莉斯的《乡村夜话》。后
者在 18 世纪为儿童创作的作品对开启儿童文学的发展之路起到了推动作
用。这些作品在当时的俄国很受欢迎。而英国著名诗人詹姆斯·汤姆生的
叙事诗《四季》无疑对 Н. М. 卡拉姆津本人、В. А. 茹科夫斯基等俄国受到
感伤主义思潮影响的作家创作产生了一定的影响，这一点体现在他们的作
品中关于自然及其情感部分的描写上。

　　同 1759 年之前的所有定期刊物的性质一样，《莫斯科新闻报》是官
报。但将其与《圣彼得堡新闻报》做对比，可以发现，正如 П. Н. 别尔

---

[1]　Карамзин Н. М. О книжной торговле и любви ко чтению в России // Сочинения
Карамзина. Спб. , 1848. Т. 3. С. 545, 546.

科夫所指出的,《莫斯科新闻报》作为大学办的刊物,其官方色彩相对少些。当然,该报也刊载沙皇的最高指示和命令、宫廷的新闻和消息,如果发生战争的话,还会有战况报道。此外,还刊载外国新闻。该报最重要的特点是刊载了大量对莫斯科大学(当时俄国唯一一所大学)办学情况的详细信息,并对俄国国内生活持续关注。圣彼得堡科学院在会议上表达了订阅《莫斯科新闻报》的强烈意愿,对此院士们解释道,该报"对国内各地新闻的报道特别有趣"①。在 Н. И. 诺维科夫领导的十年里,该报刊载了大量诸如此类的新闻,还为此特别开辟出一个《省城生活》栏目。无论是这个专栏还是整份报纸,都经常会为读者刊登教育、文学、艺术等方面的文章和资料,还有该报在西欧各文化中心驻地记者发回的报道。该报有时还会增设附刊(个别年份会发行附刊 25~30 期),附刊中也不乏一些对文化史研究颇具价值的新闻。以 1772 年的一期附刊为例,该附刊刊载的内容包括莫斯科大学为大学生和科学爱好者组织物理实验展示公开课,克里姆林宫按照 В. И. 巴热诺夫的设计开工奠基,克里姆林宫三座教堂的圣像和壁画修复工作正在进行,Л. А. 纳雷什金在别墅举行化装舞会及其他娱乐活动,沼泽地排水暨疏干土地还耕新法获奖,科波尔县正在进行土地最佳施肥方法(粪肥除外)研究,等等。1778 年至 1801 年,《莫斯科新闻报》共以附刊形式发行了 20 种杂志类刊物。此举的发起人是 Н. И. 诺维科夫。在 1861 年改革前的俄国,没有一份报纸像《莫斯科新闻报》一样,发行了种类如此丰富的附刊,它们的内容对人们有益,且很有趣,既有文化教育意义,也有道德教育意义。

这些以附刊形式出版的刊物赢得了读者的认可和喜爱,即使到了 19 世纪初,还有人在收藏它们,阅读它们。这些刊物为当时的俄国读者带来了许多新的信息,这些信息涵盖经济及应用经济、自然科学、历史、

---

① Берков П. Н. Указ. соч. С. 114.

文化史等各个领域。在1861年改革前的俄国，贵族家庭藏书中最常见的是经济和教育类杂志，以及儿童读物。其中最受欢迎的是《经济文选》，又名《各类经济新闻、试验、发明荟集》（1780～1789）。该杂志的主编是作家、天文学家A. T. 博洛托夫。19世纪以前，诸如此类的自然科学类定期刊物的"先驱"是《自然、物理、化学史文集》（1788～1790），其主编为A. A. 安东斯基－普罗科波维奇，他后来成为莫斯科大学的教授，著名的自然科学家和教育家。对于历史读物爱好者来说，《历史辞典》又名《伟大人物生平活动大全》（1790～1798）是非常实用而且有益的参考资料，其中介绍的人物既包括大主教、沙皇、君主、国王、大将军、大臣、市政长官，古代多神教时期的神祇，也有古代和当今的哲学家、历史学家、诗人、有学识的杰出女性、技艺精湛的画家等。开俄国儿童期刊先河的是《儿童心智培育读物》（1785～1789）。该杂志在Н. И. 诺维科夫的倡导下创刊，非常重视让－雅克·卢梭的教育观点，Н. М. 卡拉姆津和А. А. 彼得罗夫参加了杂志的办刊工作。

在18世纪80～90年代发行的《莫斯科新闻报》的各类附刊中，无论是《儿童心智培育读物》还是一些文学艺术类杂志，都有一个典型特征，即常常刊载具有感伤主义风格的、富于道德说教的、引人思索的小说和诗作。经常在这些刊物上发表作品的有В. А. 列夫申、А. 马林诺夫斯基、А. П. 苏马罗科夫、А. 梅尔兹利雅科夫、В. 波德希瓦罗夫、Ю. 涅列金斯基－梅列茨基等感伤主义作家。与此同时，刊物也刊载Г. Р. 杰尔查文、В. А. 茹科夫斯基、И. И. 德米特里耶夫、И. А. 克雷洛夫等俄国著名诗人和作家的作品。

综上所述，应当承认，《莫斯科新闻报》及其附刊是俄国文化史上一道光彩夺目的风景线。

18世纪50～60年代，俄国出现了一大批存续时间不长的杂志，这标志着俄国定期刊物的发展进入了第二阶段。出版经营这些刊物的大多是个人，他们身兼出版商、主编角色，同时也是刊物最主要的供稿人。这些人通常是学识渊博、思想开明的文学家，如 А. П. 苏马罗科夫、М. М. 赫拉斯科夫、И. Ф. 波格丹诺维奇、М. Д. 丘尔科夫、В. Г. 鲁班、В. Д. 桑科夫斯基。自此开始，俄国新闻行业中掀起了个人经营报刊的潮流，经营者以贵族出身的人居多，还有平民知识分子和商人，如 М. Д. 丘尔科夫、Ф. А. 埃明、И. А. 克雷洛夫、И. П. 格拉祖诺夫、В. А. 普拉维利希科夫、С. И. 谢利瓦诺夫斯基、И. В. 波波夫。在与定期刊物相关的文学创作圈中，还出现了女性。在新闻业这一全新的行业中，涌现出第一批女性活动家，她们当中有 М. В. 赫拉波维茨卡娅－苏什科娃、Е. А. 苏马罗科娃－克尼亚日尼娜、Е. Е. 乌鲁索娃公爵夫人、А. П. 布宁娜、А. А. 沃尔科娃、Е. Р. 达什科娃公爵夫人、叶卡捷琳娜二世女皇。

除了民营杂志，还陆续出现了一些志愿者协会和团体创办的文学与科教类杂志和刊物。其中有著名的自由经济协会杂志，文学爱好者协会杂志，共济会杂志，等等。

第一个提出私人经营报刊想法的是 А. П. 苏马罗科夫——彼时刚刚成立的俄国国家剧院院长。1759 年，他个人创办了《工蜂》杂志。与此同时，还有一些人正在合力策划创办另一本《休闲时光》杂志，他们希望能够"由自己集资发行一本月刊文集"。该杂志的出版人和供稿作者均毕业于陆军贵族武备学校，А. П. 苏马罗科夫也是该校的毕业生。事实上，早在 А. П. 苏马罗科夫提议创办《工蜂》杂志以前，他就已经开始积极筹备《休闲时光》杂志相关创办事宜，[①] 但《工蜂》杂志还是凭借其明确的立场和观点、创办者及其主要供稿作者的卓越才华走进公众的视野，并作为第一本民办定期刊物被载入俄国新闻史的史册。

18 世纪 40 年代末，А. П. 苏马罗科夫在自己的两封书札中提及"工

---

① Прошение Сумарокова в Канцелярию Академии наук об издании им с первого января 1759 г. журнала датировано 14 декабря 1759 г. （См.: Письма русских писателей XVIII века. Л., 1980. С. 84, 85）.

蜂"一词。从历史文化的角度来看，应当指出，25年后，作者将这两封书札合二为一，并为其取了一个意味深长的名字——《致未来作家的训诲》（1774）。А. П. 苏马罗科夫在为俄国第一本民办定期刊物起名时，想起了古罗斯时期一本广受读者喜爱和非常普及的文集——《蜜蜂》，这是一本劝谕性的文集。А. П. 苏马罗科夫创办的杂志也同样具有启蒙意义和道德教育性。杂志似乎号召人们效仿蜜蜂辛勤耕耘的样子：

> 辛勤的蜜蜂忙忙碌碌着，
>
> 到处采集着甜美的花蜜，
>
> 飞落到一朵朵芬芳四溢的蔷薇花上，
>
> 把一粒粒花蜜从田野带回蜂房。[①]

民办杂志敢于大胆尝试，让部分具有启蒙思想的贵族通过定期刊物来表达与当局不同的思想和情绪，他们反对18世纪50年代末期叶卡捷琳娜二世统治下朝廷的任人唯亲，以及舒瓦洛夫、沃龙佐夫的擅权。[②]

《工蜂》杂志在其刊载的第一篇文章中阐述了办刊的方针和任务，并建议读者"应效仿工蜂的样子"，勤于读书学习、动脑思考、陶冶情操。借助杂志"让他们充实知识，对他们谆谆教诲，从而让他们可以获得幸福和成功"。杂志宣扬启蒙思想，揭露贪污受贿、盗窃国库的行为，鞭笞书吏、各类文职人员等小官吏的贪腐行为。同时，在《彼得大帝颂》中，А. П. 苏马罗科夫将矛头直指彼得一世女儿宫殿的奢华，他写道："所有伟大君主之伟大不在于其宫殿的富丽堂皇，伟大的王啊，你的伟大也同样不在于此。你的伟大在于护国家之安康，保王冠之荣光，因为其他一

---

① Сумароков А. П. Избр. произв. Л. ，1957. С. 135.

② Гуковский Г. Очерки по истории русской литературы XVIII века（Дворянская фронда в литературе 1750-х–1760-х годов）. М. -Л. ，1936.

切只不过是浮华一场。"

《工蜂》杂志中最受读者关注和欢迎的小说和诗作主要是 А. П. 苏马罗科夫的作品。他还发表了一系列教育启蒙类政论文，维护俄语的纯洁，反对外来语入侵，并提议规范正字法。在《工蜂》五月刊上，А. П. 苏马罗科夫在一封《论尊严》的公开信中指出，无论是官衔还是身份地位，都不能成为其拥有者为人正直诚实、具有社会价值的代名词。"是否真的可以将所有'身居高位、身份显贵'的人"称为"正直诚实的人"？如果以此类推，那么，所有的农民都是卑劣不诚之人，而这显然是一个谬论，以种地谋生既不是偷，也不是抢，应当得到大家的尊重。

А. П. 苏马罗科夫在《工蜂》上发表的《幸福社会之梦》是 18 世纪俄国文化中第一部关于社会政治制度乌托邦的作品，描绘了一个君主国的乌托邦，这个国家的君主"时刻不忘为社会大众谋福祉"，而宗教"则是其国民幸福之基础"，但教会"不会以任何形式干涉"世俗事务。幸福社会以理性和自然法为立国之本，"那里的人没有身份贵贱、职位尊卑之分"。А. П. 苏马罗科夫还在杂志上发表了哲学和俄国史方面的文章（《莫斯科创建史溯源》《俄国的伯利恒》等），《工蜂》杂志几乎成了他个人的专刊，其他编辑人员发挥的作用微乎其微。А. П. 苏马罗科夫及其创办的杂志为俄国文化史书写了崭新的一页。А. П. 苏马罗科夫以作家兼新闻工作者的身份成为新型的文学活动家，而《工蜂》则是开俄国民办定期刊物之先河，也是从这一时期开始民办刊物走上发展壮大之路。继《工蜂》之后，Н. И. 诺维科夫、И. А. 克雷洛夫、Н. М. 卡拉姆津等人也相继创办杂志。俄国当局和官方机构失去了对定期刊物出版的垄断权。

А. П. 苏马罗科夫及其创办的《工蜂》杂志令当权者大为恼火，杂志的内容触及了朝廷、达官贵人、沙皇近臣的痛处。1758 年 12 月，А. П. 苏马罗科夫在为《工蜂》杂志的出版许可奔走周旋时，向科学院办公室呈文道："本人计划发行一本为大众服务的月刊。"① 这本由个人发起创办的杂志只发行了一年（1759）。А. П. 苏马罗科夫本来计划继续发行杂志，但为形势所迫不得不停刊。虽然迫使其停刊的具体原因不得而知，但有一点可以肯定，这确实是 А. П. 苏马罗科夫迫于某种压力不得已而做出的痛苦决定。在 12 月刊的最后一页上，他刊载了一首诗——《告别缪斯》。А. П. 苏马罗科夫以作者和出版人之名宣布：

> 因为种种原因，
>
> 我愧对作家这一称谓。

А. П. 苏马罗科夫在《工蜂》杂志 12 月刊单独附上了一页《声明》，并列举了自己在杂志发行过程中遇到的来自多方的阻碍和困难，其中也包括来自印刷杂志的科学院印刷厂的阻碍。他表示："我将这一切交由社会大众来评判，并请我的同胞们思考一个问题，在这种情况下我们会有真正的作家吗？"② 这句话传达了一位新闻工作者的独立思考的态度和新的立场。他向自己的同胞发出呼吁，让他们对 18 世纪 50 年代和 60 年代之交俄国作家的创作条件及定期刊物的生存环境进行思索。

在以《工蜂》为代表的圣彼得堡发行的定期刊物中，这种立场和观点得到了明确的体现；在 18 世纪 60 年代初莫斯科办的一系列杂志中也同样得到了体现，如《益趣》《休闲时光》《循规蹈矩》《善念》等。这些杂志或多或少都与莫斯科大学及其印刷厂有一定关联。《益趣》和《休闲时光》杂志的扉页上直接标注杂志由"莫斯科大学"印制发行。М. М. 赫拉斯科夫——莫斯科大学公共剧院的创始人、18 世纪 60~70 年代莫斯科大学的校长和校监是两本杂志的核心力量和灵魂人物。与

---

① Письма русских писателей XVIII века. C. 84.
② Сводный каталог русской книги... C. 196.

А. П. 苏马罗科夫一样，М. М. 赫拉斯科夫也毕业于陆军贵族武备学校，他还是在校生时，就已经开始在报刊上发表作品。在《益趣》和《休闲时光》杂志上发表诗作和小说的主要是赫拉斯科夫及团结在他周围的一众年轻作家，其作品集中对诽谤现象和诽谤者展开批判，同时呼吁受过教育的贵族应与愚昧无知的"书吏""马车夫""卖馅饼的人"有所区别。赫拉斯科夫及其周围一众人认为，后者虽然也能识字读书，也是诗歌爱好者，但依然无法成为"文化人"。在他们看来，只有受过教育、有知识素养的贵族才有可能成为文学、新闻、戏剧等行业的创造者。赫拉斯科夫于在《益趣》杂志上发表的纲领性文章《论读书》中直截了当地指出，"无知的书吏喜欢读那些内容空洞、缺乏思想的书；商人会对像他们一样无知的人写的文章和蹩脚诗赞叹不已；然而，他们不能被称为读者"①。

同时还应该指出的是，赫拉斯科夫的诗具有典型的忧郁基调——慨叹尘世间生活的短暂，日常生活的转瞬即逝及死亡面前人人平等：

> 普天下一切皆是虚空，
>
> 死亡面前人人平等，
>
> 无论王冠黄袍加身，抑或衣不蔽体，
>
> 众生终将离世而去。②

在这一时期的民办杂志中，仅发行了半年时间的《循规蹈矩》（1763年1月到6月）是一个另类。该杂志之所以能创办并短时间发行，是因为叶卡捷琳娜二世的皇宫曾在莫斯科驻留了一段时间（1762年9月1日至1763年6月14日）。《循规蹈矩》杂志公认的出版人为青年作家 И. Ф.

---

① Полезное увеселение. 1760. C. 3.

② Полезное увеселение. 1762. C. 94–96.

波格丹诺维奇，他毕业于莫斯科大学，并在 M. M. 赫拉斯科夫的引导下步人文坛。然而，关于这一点他本人在自传中却写道，他只是"一起参与了杂志的办刊工作，杂志是由 E. P. 达什科娃公爵夫人资助出版的"。

要知道，当时 E. P. 达什科娃公爵夫人与新登基的女皇关系很近，最高当权者希望通过 E. P. 达什科娃公爵夫人来传达一个信息，即她不排斥启蒙思想。[1] 杂志应该通过发表有"理性思考"的文章让读者受益。例如，E. P. 达什科娃公爵夫人翻译并发表了爱尔维修的《论情欲之源》及伏尔泰一篇关于叙事长诗的文章；И. Ф. 波格丹诺维奇发表了其翻译的伏尔泰的长诗《里斯本灾难》（指 1755 年里斯本大地震）。

1763 年 6 月中旬，叶卡捷琳娜二世将皇宫搬离莫斯科。同月，《循规蹈矩》杂志"由于许多不可避免的因素"而停刊。其中，"最主要的原因就是无论是杂志的出版人，还是订阅者都离开了莫斯科"，——在该杂志的最后一期上这样写道。[2]

几年后，叶卡捷琳娜二世又在圣彼得堡匿名创办了《万象》杂志，希望借此来教育引导读者和作家们。基于上述事实，应当承认，如果说 А. П. 苏马罗科夫为新闻业提出了民办报刊的理念，那么，叶卡捷琳娜二世则继之将新闻业的发展向前推进了一步。

从 18 世纪 60 年代下半叶到 70 年代初，俄国社会矛盾异常尖锐，这在社会思想和报刊中得到了鲜明的体现。农民对农奴制展开了声势浩大的反抗，并在 Е. И. 普加乔夫的带领下发展成了农民起义。叶卡捷琳娜二世想方设法把控社会舆论，她同时用俄、法、德、拉丁文四种文字隆重推出了《训谕》。《训谕》旨在为 1767 年法典编纂委员会的入选委员提供行为指南。与此同时，女皇希望通过《训谕》将自己在世人面前塑造成

---

① 对于 E. P. 达什科娃公爵夫人在《循规蹈矩》杂志的创办过程中是否发挥着巨大的作用这一问题，П. Н. 别尔科夫持怀疑态度，本人则认为这一观点缺乏理据——作者注（参见 Берков П. Н. Указ. соч. С. 144，145。）

② Невинное упражнение. 1763. С. 304.

一个"开明君主"的形象。不久后，法典编纂委员会便因触及了包括农民问题在内的众多敏感、尖锐的社会政治问题而被解散。[1] 此后，叶卡捷琳娜二世又做出了新的尝试，希望能够矫正社会风气，引导其向正确的方向发展。[2]

于是，在 1769 年 1 月，《万象》杂志问世了。应当指出的是，该刊物在发行的第二年对名字做了一点改动，改为《万象之益》。这是俄国第一本讽刺杂志，其名义上的出版人为 Г. В. 科济茨基，他是一位受过良好教育的文人。他翻译过古希腊、古罗马诗人的作品和法语作品，还将《训谕》译为拉丁文。作为叶卡捷琳娜二世的秘书，Г. В. 科济茨基是女皇与作家们之间的联系人。他本人在《万象》杂志中也承担了文学编辑的工作。站在 Г. В. 科济茨基背后的是叶卡捷琳娜二世，这很快就成为文学界众所周知的事情了。

在《万象》杂志上发表文章的有不少是文学界人士。但就其内容而言，最重要、最有分量的文章出自叶卡捷琳娜二世的手笔，当然，这些文章均是匿名发表的。《万象》第一期杂志是免费发行的，上面写着"本次刊顿首敬启，未来叩请购买览读"。这位不具名、却众所周知的作者（叶卡捷琳娜二世——作者注）向读者宣称："我的心欣喜不已：我看到了未来，看到了万象播撒下源源不绝的种子。我看到继之成长起来的一批又一批诸如此类的新杂志，合法的、不合法的，良莠不齐，其中也不乏粗鄙之作。"（《万象》第 1 期，第 2 页）这一宣言宣告了新的讽刺杂志的出现。无论是在这篇宣言中，还是在之后叶卡捷琳娜二世发表的众多

---

① Белявский М. Т. Крестьянский вопрос в России накануне восстания Е. И. Пугачева. М.，1965；Дружинин Н. М. Просвещенный абсолютизм в России // Абсолютизм в России（ⅩⅦ-ⅩⅧ вв.）. М.，1964.

② Сочинения Екатерины Ⅱ. Спб.，1903. Т. 5；Пекарский П. П. Материалы для истории журнальной и литературной деятельности Екатерины Ⅱ. Спб.，1863；Шумигорский Е. С. Очерки из русской истории. Ⅰ Императрица-публицист. Спб.，1887；Гуковский Г. А. Екатерина Ⅱ // История русской литературы. М.-Л.，1947. Т. 4. Ч. 2. Гл. ⅩⅦ.

文章中，叶卡捷琳娜二世都对刊物的政治纲领做出了相当清晰、详尽的阐述。其中，关注度最高的几篇文章有《我曾住过出租屋》《关于农民的童话》《我的叔叔是一个理智的人》《年轻人想探知一切》，等等。

在《万象》杂志发表的《我曾住过出租屋》（1769 年 4 月，第 13 期）一文，几乎是俄国新闻史上第一篇触及农民地位及对奴仆施行残酷体罚问题的文章。但作者最后也只能以祈祷结尾："啊，慷慨无私的主啊！让您的仁爱之光照进每个人的心里吧。"杂志呼吁作家们要担负起针砭时弊的责任，做到"自省己身，审视和欣赏自我"，培养"良好的审美和理智判断的能力"。同时，还建议他们面对受贿者和书吏的种种贪赃枉法行为最好"抽象笼统地"针对缺点泛泛而论，不针对具体的人和问题；而对于冒犯自己的人，要学会与其和平相处，在批判社会现实中的恶习和弊病时要慎重，要谨言慎行。在《关于农民的童话》中，该篇文章的作者对法典编纂委员会的失败原因进行了深入分析，并将其归咎于其中一些代表的失当行为。文章指出，一论及农民的需要及其困难时，法典编纂委员会的成员便争论不休，言辞过激，因此，将他们讽称为"毛头小子""愣头青"，认为虽然"识字，但蛮横无理、上蹿下跳"。"善良的地主管家"和"巧手裁缝"原本打算给农民缝制一件新衣服，可就是这些人给他们造成了重重阻碍。呈现在读者面前的是一篇"含笑的"讽刺作品。当然，正如 H. A. 杜勃罗留波夫所说的，在俄国当时的社会及文学生活中，《万象》"与其同时代的其他杂志相比，其批判力度最弱，笔触也更为小心"[1]。

在《万象》杂志于 1769 年面世后不久，圣彼得堡又涌现出一批新的定期刊物，其中有几本杂志具有明显的批判讽刺和论战性质。以 H. И. 诺维科夫创办的《雄蜂》（1769～1770）、《画家》（1772～1773）、《钱袋》

---

[1]　Добролюбов Н. А. Русская сатира в век Екатерины // Собр. соч.：В 9 т. М. -Л.，1962. Т. 5.

（1774）为代表①的俄国讽刺刊物的发展进入了一个繁荣时期。这些杂志对贵族，特别是省城地主、农奴主的傲慢无礼、妄自尊大、蒙昧无知进行了揭露、抨击和讽刺，还将论战的矛头和笔锋（有时经过了巧妙的掩饰）含沙射影地指向叶卡捷琳娜二世时期的"众生百态"，抨击官员的官僚主义和贪赃枉法。Н. И. 诺维科夫的杂志充满了反农奴制思想。在这些刊物上发表的作品，常常会通过贵族主人公的名字向读者道出其主人的典型特征：格鲁波梅斯尔（Глупомысл）、别兹拉苏德（Безрассуд）、涅达乌姆（Недоум）、胡多沃斯皮塔尼科（Худовоспитанник）、纳德蒙（Надмен）、那赫拉普佐夫（Нахрапцов）、扎贝尔切斯奇（Забылчесть）、兹米扬（Змеян）、兹洛拉德（Злорад）、伯拉努纽科娃（Бранюкова）、纳佐伊洛娃（Назойлова）。与他们相对的是充满理智、有荣誉感的人，是爱国者，他们当中也不乏市民阶层的人。这些人的姓氏与前者完全不同，如奥斯特罗梅斯尔（Остромысл）、柳勃姆德洛夫（Любомудров）、普拉夫多杜留波夫（Правдолюбов）、普拉夫金（Правдин）、契斯托谢尔多夫（Чистосердов）、杜勃罗谢尔多夫（Добросердов），等等。杂志中有时还会出现"通情达理的小市民""品德高尚的小市民""淳朴善良的老百姓"等形象。Н. И. 诺维科夫的讽刺杂志大力宣扬"人生而平等"的思想，批判阶层差异及贵族的阶级偏见。

在 Н. И. 诺维科夫的杂志中，一个个栩栩如生的形象跃然纸上。达

---

① Семенников В. П. Русские сатирические журналы 1769 – 1774 гг. Спб. , 1914; Русская сатирическая публицистика ⅩⅧ в. （избранные статьи и заметки）/ Под ред. Н. К. Гудзия. Сост. Л. Лехтблау. М. , 1940; Сатирические журналы Н. И. Новикова / Под ред. П. Н. Беркова. М. , 1951; Макогоненко Г. П. Николай Новиков и русское просвещение ⅩⅧ века. М. -Л. , 1952; Белявский М. Т. Сатирические журналы Н. И. Новикова как исторический источник // Вестн. Моск. Ун-та. Сер. История. 1963. № 3. С. 74 – 79; Крестова Л. В. Традиции русской демократической сатиры в журнальной прозе Н. И. Новикова （«Трутень», «Живописец»）// ТОДРЛ. 1958. Т. 14. С. 486 – 492; Дербов Л. А. Общественно-политические и исторические взгляды Н. И. Новикова. Саратов, 1974.

官贵人涅达乌姆生来家世显赫，并因此"热衷于日日吹嘘夸耀自己的高贵血统"。一个人在和涅达乌姆交谈时若不经意间提及小市民或农民，他"便会立刻被气得浑身发抖"。涅达乌姆认为，"这世界上除了贵族，就不应该再有其他人，所有普通人都应被根绝"。为此，他曾不止一次上书呈文（《雄蜂》1769 年第 23 期）。

另一个令读者忍俊不禁的贵族形象是纳德蒙，他"身居高位、家产丰厚，却愚蠢笨钝"（《雄蜂》1769 年第 29 期）。还有一个拥有"军人身份的人"，"按照他的逻辑，身居高位的人可以不把小市民和农民当人看，因为后者没有身份"（《雄蜂》1769 年第 23 期）。"别兹拉苏德病态地认为，农民不是人，但他之所以知道农民的存在是因为他们是附属于他的奴隶……多么荒谬的逻辑！"杂志为别兹拉苏德之流开了一剂药方："别兹拉苏德应该一日两次认真观察地主老爷和农奴的骨骼构造，直到找到二者的差别为止。"（《雄蜂》1769 年第 24 期）杂志上刊发的作品以现实主义的笔触和基调揭示了农民在蒙昧无知、自私自利的地主老爷的剥削下的真实生存状况。对于 Н. И. 诺维科夫的《雄蜂》杂志来说，"卑鄙的人是指那些做卑劣之事的人，不论他们的身份是男爵、公爵还是伯爵，而非那些虽然出身卑贱，但德行比许多有身份的人更加高尚的人"。

《雄蜂》的出版人 Н. И. 诺维科夫自己也是贵族出身。但这是一个睿智、正直、高尚的人，是具有启蒙思想的人。高官厚禄非他所求，相反，还成为他批判的对象。"我对社会有何用处？"他向自己提出这样一个问题，并引用 А. П. 苏马罗科夫的诗句给出了回答："正如俄国著名诗人 А. П. 苏马罗科夫说过的，'生于世间如无长处，则只是徒增这世间的负担'。认真思索，我要做什么才能为自己的祖国奉献绵薄之力呢？有时想写点有益的文章，但奈何自己才疏学浅，力所不及。最终产生了一个念头：可以出版他人的作品，为我的同胞们做一点有益的事。"（《雄蜂》1769 年第 1 期）

作为一位具有启蒙思想的贵族，Н. И. 诺维科夫通过这种方式发挥了自己的光和热。他的讽刺杂志与《万象》杂志展开了激烈的论战。而对于那些有洞察力的读者来说，其针对叶卡捷琳娜二世及其施政方针的抨击亦是显而易见的。当然，那些抨击常常裹夹在对女皇极具浮夸色彩的赞颂中，显然，这些赞颂之词担负着消除《万象》杂志和女皇本人对Н. И. 诺维科夫及其杂志敌意的使命。要知道，在那个时代，一位具有自由思想、不受宫廷支配的贵族新闻工作者如果要想继续自己的出版工作，不对女皇献辞和大行赞誉之词是不可能的。

《雄蜂》杂志的办刊工作遭到各种各样的迫害和重重阻挠，最终于1770 年 4 月被迫停刊。但经 Н. И. 诺维科夫奔走周旋，一本新的月刊终又获准发行。新杂志的名字叫《闲谈家》（1770），一共就出了两期（6月和 7 月）。与《雄蜂》一样，《闲谈家》延续了俄国政论作品的讽刺批判风格。然而，在其中一部篇幅较长的作品《历史奇遇记》中，Н. И. 诺维科夫尝试为读者塑造了两个正面人物形象——"诺夫哥罗德贵族杜勃罗努拉夫（父亲）和杜勃罗谢尔德（儿子）。后者在父亲的关心和自己的努力之下，接受了良好的教育，并'当之无愧地'成为当地年轻贵族的骄傲和榜样"[1]。尽管这部作品最终没有完成，但 Н. И. 诺维科夫关于教育的基本观点和思想已经显露出来，这些思想在他后来任《莫斯科新闻报》主编时所发行的刊物中得到了充分的体现和发展。

此后，Н. И. 诺维科夫又先后发行了两本杂志：《画家》和《钱袋》。《画家》上刊载的作品中有几篇明显是在继续为农民发声，其中包括《×××旅行记片段》、《复文抄本》、《英国游记》、《一位县城贵族给儿子的信》（后来在文学中统称为《给法拉列的信》）。关于《×××旅行记片段》的作者是何人的问题，说法不一。В. П. 谢缅尼科夫和 П. Н. 别尔科

---

[1]　Сатирические журналы Н. И. Новикова. С. 258.

夫认为是 А. Н. 拉吉舍夫，Г. П. 马科戈年科、Л. А. 杰尔勃夫、Л. В. 克列斯托娃认为是 Н. И. 诺维科夫。笔者认为，后者的推断更为可信。无论如何，有一点是毋庸置疑的，即在俄国社会思想史上，《×××旅行记片段》是 А. Н. 拉吉舍夫的《从圣彼得堡到莫斯科旅行记》的先声。而关于《给法拉列的信》的作者问题，大多数研究者则认为它是 Д. И. 冯维辛的手笔。

许多进步作家和启蒙思想的倡导者、拥护者都或多或少、不同程度地参与了 Н. И. 诺维科夫讽刺杂志的办刊工作。他们希望能够普及教育和文化知识，战胜愚昧无知，彻底消除农奴制的罪恶、官僚的特权跋扈，构建和谐的社会制度。这些作家包括 Д. И. 冯维辛、М. И. 波波夫、В. Г. 弗罗布列夫斯基、Ф. А. 埃明、А. О. 阿布列西莫夫、А. Л. 列昂季耶夫等。正如 П. Н. 别尔科夫所言，"诺维科夫是公认的那个时代的文学力量集结者"①。

Н. И. 诺维科夫和他的讽刺杂志具有划时代的意义。然而，作为文化史研究者，如果不是将它们作为单独的个体现象来看待，而是将其与同时期的其他杂志对比来看的话，会发现其意义尤为突出。在同一时期出版的近十种定期刊物中，有的杂志的讽刺力度更强更有力，有的则相对较弱。一批这样的杂志如雨后春笋般涌现出来，如 1769 年面世的《这样那样》《不伦不类》《益友》《杂荟》《地狱邮报》；1770 年发行的《闲谈家》，1771 年发行的《工蚁》，1772 年和 1773 年陆续面世的《古风与创新》《夜话》。

《万象》杂志 1769 年 1 月刊的卷首语写道："继之（《万象》杂志——译者注）成长起来的一批又一批诸如此类的新杂志，合法的、不合法的，良莠不齐，其中也不乏粗鄙之作。"这段话不久便化为现实。对于叶卡捷琳

---

① Там же. С. 40.

娜二世来说，《地狱邮报》和《杂荟》无疑就是这种"粗鄙之作"。《地狱邮报》为月刊，共发行了 6 期（1769 年 7 月至 12 月），其出版人暨唯一的撰稿作者是著名的自由主义作家 Ф. А. 埃明。《杂荟》是一本周刊，自 1769 年 4 月 1 日至 1769 年 12 月共计发行 40 期。关于其出版人和主编是谁的问题一直没有定论。Н. Н. 布利奇在 1854 年指出，这个问题是无解的。В. П. 谢缅尼科夫在 1914 年提出了杂志出版人为 Ф. А. 埃明一说，并进行了论证，对这一观点 П. Н. 别尔科夫在 1952 年予以驳斥，他认为杂志的出版人是 Л. 西奇卡列夫——那一时期文学生活的参与者。笔者支持 В. П. 谢缅尼科夫的观点。无论如何，在众多杂志中，《地狱邮报》和《杂荟》最为鲜明、直接地呼应了 Н. И. 诺维科夫讽刺杂志的风格。

在第一期《地狱邮报》中，Ф. А. 埃明对《万象》杂志上的内容做出回应："您劝诫我，希望我把和魔鬼相关的字眼换掉，因为您认为，杂志取这样的名字将会令女性反感，而且所有人都会厌恶买这样的刊物。"他所说的"劝诫"指的是 1769 年 4 月 24 日叶卡捷琳娜二世在《万象》杂志第 17 期上发表的文章。Ф. А. 埃明原计划发行《地狱邮报》的时间要比其实际发行时间早两个月。至于推迟发行的原因我们不得而知。但知道的是 Ф. А. 埃明没有听从这一劝诫。在第一期《地狱邮报》中，他直截了当地发表了自己对女皇提出的"含笑的讽刺"政策的看法，他写道："你希望所有人都愿意听你的训诫，但相信我，终有一天你那粉饰过度、丑陋不堪的真面目将会现行。要知道，时间终将让一切都无所遁形。它终有一天会撕开这一政策的假面。待一切粉饰褪去之时，你的真实意图在众人面前将昭然若揭。"（《地狱邮报》1769 年 7 月刊，第 76~77 页）

《杂荟》刊载的许多内容都是直接转载或改写自法国杂志中一些文章，但读者对它们的关注度并不高。而《杂荟》发表的一些原创性文章则掷地有声。如在《论普通人的本质》（第 27 期）一文中，作者大胆地指出："许多国民看到的是被虚假的偏见遮蔽住的'真相'——即使民众自己还浑然不知，但我还是要对达官贵人们说，你们欺压的是和你们自己一样构造的人。"（《杂荟》1769 年第 25 期，第 198 页）П. Н. 别尔科夫认为这篇文章的作者是 Л. 西奇卡列夫。[①] 《杂荟》最后一期刊载的《办刊宗旨》一文极尽讽刺意味。作者在文中写道："谁对社会更有用？是那位经营工厂的小市民，还是高高在上的纳德蒙大人？前者经营的工厂中有约 200 工人在做工赚钱养家，而后者的全部贡献就在于自己一生共射杀了 6 只野鸭，毒杀了 120 只兔子。"（《杂荟》1769 年第 40 期，第 318 页）一些研究者认为，Н. И. 诺维科夫和 Ф. А. 埃明都参与了《杂荟》的办刊工作。而《地狱邮报》则是 Ф. А 埃明一人创办的。尽管两本杂志上发表的上述文章的作者身份等信息还有待进一步考证，有的也许永远也无法确定，但有一点毋庸置疑，即两本刊物及其主编人员都参与了同《万象》杂志及其主办者的论战，他们的办刊原则和宗旨也是竭力与 Н. И. 诺维科夫及其办的讽刺杂志保持一致。

这些优秀的讽刺杂志引起了巨大的反响。《万象》杂志不断对它们进行抨击，当局以书刊审查之名施加各种各样的打压和迫害等客观事实充分说明了这一点。众所周知，迫于当局和反动统治势力的压力，大部分进步杂志都不得不停刊，或者在论及叶卡捷琳娜二世的政策时，减弱其反农奴制、反政府的倾向和讽刺锋芒。以 Н. И. 诺维科夫创办的几本讽刺杂志的卷首语和"题词"为例，《雄蜂》（1769）杂志的刊首题词取自 А. П. 苏马罗科夫的名句，将批判的矛头直指地主阶级和农奴制度："他们在劳动，而你们却享受他们的果实。"他们——农民、小市民、普通民众，是"辛勤的蜜蜂"，而你们这些残暴不仁、愚昧无知的地主老爷、不学无术的贵族、小官吏、贪赃枉法的法官就是"雄蜂"。《钱袋》（1774）的刊首题词写道，"谨以此刊献给我的祖国"，揭露贵族阶级对法国的一

---

① Берков П. Н. Указ. соч. С. 175.

切盲目崇拜、热衷于子女受法式教育的陋习，对他们将祖先的语言和对祖国的尊重抛诸脑后的行为进行嘲笑。

《万象》杂志及其他讽刺杂志的发行量和重印再版的相关数据资料也是它们具有重要意义的有力证明。叶卡捷琳娜二世的《万象》杂志最初发行 1692 册，之后其发行量逐渐下滑，从 1500 册减少到 1000 册，最后只有 600 册。而《雄蜂》杂志一开始的印数为 626 册，后来随着读者对该杂志的需求量不断增加，三个月后只好对个别期次加印 500~700 册；而从第 13 期开始一直到停刊，其发行量平均保持在 1240 册。Н. И. 诺维科夫的《画家》杂志在 18 世纪最后 25 年重印了五次。同一时期，Ф. А. 埃明的《地狱邮报》杂志经 П. И. 波格丹诺维奇对其名称略加改动，也多次重印。

18 世纪末的定期刊物以杂志类刊物为主，它们的数量相对不太多，但内容丰富，包括文艺、政论、科普类的诗歌、小说和文章，也有一些关于文化生活（新书、音乐和剧院演出、教育和慈善活动等）的消息。此外，还有俄国国家科学院和一些规模不大的教育团体发行的刊物。И. А. 克雷洛夫、Н. М. 卡拉姆津、И. П. 普宁创办的杂志引起了读者极大的兴趣。

在科学院主办的刊物中，《新闻集锦》（1775~1776，月刊，作家 И. Ф. 波格丹诺维奇任主编）、《1777 年圣彼得堡学报》（这是俄国第一本书刊评价杂志，主编为 Н. И. 诺维科夫）、《科学院新闻》（1779~1781）、《新月刊文选》（1786~1796）发挥了重要的文化启蒙作用。这些学术类和文学类杂志的办刊工作一般都是由院士领导的，这种杂志刊载各种科普文章，是真正意义上的百科全书式读物。例如，《新月刊文选》向读者承诺，"杂志以推介各类发明创造为己任"（涵盖哲学、物理、经济、历史、地理等学科）。该杂志拥有自己的读者群，刊发的文章都是经过认真编辑的，具有一定的文化教育意义。《新月刊文选》的文学部分发表了大量诗作，其中包括 Г. Р. 杰尔查文、И. И. 德米特里耶夫、И. Ф. 波格丹诺维奇、Я. Б. 克尼亚日宁等大诗人的作品。

1783 年到 1784 年，俄国国家科学院发行了《俄罗斯文学爱好者谈话良伴》杂志，收录了一些俄国作家的诗歌和小说作品，刚刚崭露头角的作家 О. П. 科佐达夫列夫和俄国国家科学院主席 Е. Р. 达什科娃公爵夫人对该刊物的创办发挥了重要的推动作用。杂志的开篇之作是 Г. Р. 杰尔查文的《费丽察颂》。在这篇颂诗中，诗人对朝臣的种种恶习进行了嘲讽和抨击，与此同时，歌颂了化身为费丽察公主形象（女皇写的一篇童话故事的主人公）的叶卡捷琳娜二世，她富于智慧，爱护自己的臣民，带给人们幸福快乐（费丽察——拉丁文意指"幸福"）。《费丽察颂》是 Г. Р. 杰尔查文的成名之作，他也因此成为同时代人公认的杰出诗人。继《费丽察颂》之后，该杂志上又发表了这位"费丽察歌手"的其他作品，以及 Я. Б. 克尼亚日宁、И. Ф. 波格丹诺维奇、М. М. 赫拉斯科夫、Ю. 涅列金斯基-梅列茨基等人的优秀诗作。在《谈话良伴》上发表作品的还有那个时期的其他优秀文学力量，如 Е. Р. 达什科夫、П. А. 普拉维利希科夫、В. А. 列夫申、Е. 科斯特罗夫、С. 博布罗夫、М. 穆拉维约夫（十二月党人亚历山大·穆拉维约夫和尼基塔·穆拉维约夫的父亲）。该杂志上还有许多作品是叶卡捷琳娜二世匿名发表的，如《俄国历史札记》《真话与谎话》等。杂志出版人还说服具有反政府倾向的 Д. И. 冯维辛在上面发表作品，其中最具分量、最具论战性的是一篇政论文《某些能引起聪明人和正直的人们特别注意的问题》，以及叶卡捷琳娜二世以"《真话与谎话》作者之名"做出的回答。Д. И. 冯维辛为该杂志写的文学政论作品《宫廷通用文法》却未能发表，最终只能以手抄本的形式流传开来。

整体而言，《谈话良伴》是俄国 18 世纪末发行的一本比较有趣的文学杂志。

1789 年，由文学之友协会主办的《漫谈者》面世。该杂志共发行了一年时间，主编为文学之友协会主席、翻译家、图书馆馆员 М. И. 安东诺夫斯基，他是莫斯科大学毕业生，曾经参与莫斯科大学教授 И. 施瓦茨与诺维科夫共济会的事务。该杂志与 А. Н. 拉吉舍夫的联系密切，其刊发的一些文章明显受到拉吉舍夫思想的影响，其中，匿名发表的《漫谈何谓祖国之子》（《漫谈者》1789 年 12 月刊）[①] 一文正出自他的手笔。据该杂志的一位编辑 С. А. 图奇科夫（文章作者是拉吉舍夫这一信息也是他透露的）记载，文章的手稿全名为《漫谈何谓祖国之子，或真正的爱国者》。作者在文中从社会道德的角度详细阐释了自己对祖国之子或是真正的爱国者的理解，并向读者解释道："并非所有生于祖国的人都配得上'祖国之子（爱国者）'的伟大称号。""那些像马匹一样被奴役压迫……并且没有希冀摆脱奴役的人"（读者明白，这里指的首先是农奴）尚且不是祖国之子，不是他们所在国家的公民。"众所周知，人应该是自由的生命体，应具有才智、理性和自由思想"，这样的人能够选择自己的道路，用知识充实自我，心中充满对祖国、科学、艺术的热爱。这样的人才可以被称为祖国之子、公民和爱国者。当然，文中还论及这些人的首要职责：关心那些受奴役压迫者的出路。该文章的思想内容和意旨风格与半年后拉吉舍夫发表的《从圣彼得堡到莫斯科旅行记》颇为接近。

И. А. 克雷洛夫及其创办的第一本讽刺杂志《精灵邮报》（月刊，1789）与《漫谈者》同年登上杂志舞台。后来，在 1792 年和 1793 年，И. А. 克雷洛夫又先后创办了两本文学讽刺月刊《观察家》和《圣彼得堡水星》，两种杂志发表的大多是他的作品。此外，参与这些杂志办刊工作，并在上面发表文章的还有 П. А. 普拉维利希科夫、И. А. 德米特里耶夫斯基、А. И. 克卢申。《精灵邮报》在 И. Г. 拉赫曼尼诺夫的自由思想家印刷厂印制，而另外两本杂志在 И. А. 克雷洛夫等人办的印刷厂（其

---

① Радищев А. Н. Полн. собр. соч. М. -Л. , 1938. Т. 1. С. 213-223. 下文中对《漫谈何谓祖国之子》相关内容的引用均出自该版本。

成员包括 И. А. 克雷洛夫、А. И. 克卢申、П. А. 普拉维利希科夫、И. А. 德米特里耶夫斯基）印制。《精灵邮报》的主要内容由 48 封书信组成，其中大部分的作者都是 И. А. 克雷洛夫。И. А. 克雷洛夫创办的杂志继承了 1769 年至 1774 年间发行的进步讽刺杂志的战斗精神，对农民表现出深切的同情，对他们的劳动予以尊重，抨击了地主阶级的奢侈浪费及其对农民的压榨和迫害，批判了叶卡捷琳娜二世的政策，还探讨文学、戏剧、艺术问题。П. А. 普拉维利希科夫在《观察家》上发表了《关于俄国人的天性》（《观察家》1792 年第 1 期，第 9~28、163~182 页）一文，该文章成为关于俄国社会进步思想的重要文献。作者在文中生动刻画了那个时代进步人士所展现的民族意识，严厉谴责了贵族社会目空一切的傲慢，以及惯常的对俄语、俄国文学乃至整个俄国文化的蔑视态度。《圣彼得堡水星》杂志与其说是一本讽刺杂志，不如说是文学杂志。杂志上发表了许多 А. И. 克卢申的作品，但其影响力不大。不过，И. А. 克雷洛夫也曾在这里发表过一篇笔锋犀利的讽刺诗——《夸耀消磨时间的诀窍》（《圣彼得堡水星》1793 年第 1 期，第 22~52 页）。作者借一名上流社会的贵族之口表达了对贵族阶层及其生活方式的深深讽刺。他说道："如何打发时间，是每个贵族出身的人都应该掌握的一门学问。他应该明白，上天给他头脑是为了让它及时地告诉他，他的胃何时需要填补食物。"（《圣彼得堡水星》1793 年第 1 期，第 24 页）

还在 18 世纪 80 年代中期时，Н. М. 卡拉姆津就已经在 Н. И. 诺维科夫的支持下在杂志舞台上崭露头角。在西欧游学期间，他就产生了创办一本自己的杂志的想法，并得到了 Г. Р. 杰尔查文、И. И. 德米特里耶夫、Ю. 涅列金斯基-梅列茨基、М. М. 赫拉斯科夫等人的支持。18 世纪 90 年代，Н. М. 卡拉姆津发行了《莫斯科杂志》（1791~1792）、辑刊《阿格拉娅》（1794~1795，2 部）和《阿俄尼得斯》（缪斯的别称——译者注）（1796~1799，3 部，收录的作品全部是诗歌作品，这是俄国文化史上最早的诗歌辑刊）。H. M. 卡拉姆津的杂志内容编排得很好，该杂志明确划分出 5 个栏目。在创刊声明中，该杂志的出版人承诺优先刊发"那些能够愉悦读者的俄国诗歌和小说作品"，其次是"各类篇幅不长的外国译作"。声明指出，杂志出版人手中有许多自己写完待发表的作品，同时也期待其他人创作好作品和译作来投稿，"但不接受那些宣扬神学、神秘主义思想的内容深奥费解、语言刻板、情节枯燥的剧本"。声明的语言简洁而朴素，这本身就直观而有力地体现了一位大作家的功力。

《莫斯科杂志》一经面世，立即受到俄国读者的欢迎。H. M. 卡拉姆津的小说《苦命的丽莎》《贵族之女娜塔莉娅》《好人弗罗尔·西林》都是在这本杂志上首次发表的，《莫斯科杂志》连载了他的《一个俄国旅行家的书信》。《莫斯科杂志》刊发的大部分关于戏剧生活、新剧作和剧目演出的简讯都是出自 H. M. 卡拉姆津之手。该杂志上还刊载了相当多的 H. M. 卡拉姆津、И. И. 德米特里耶夫等感伤主义代表诗人的诗作。在发行初期，该杂志的订阅者已达 300 户，这是相当可观的一个数字。要知道，在 18 世纪 90 年代发行的定期刊物中，没有一本杂志能拥有如此之多的订阅者。1801 年至 1802 年，《莫斯科杂志》发行第二版，并再获成功。

1798 年，由 И. П. 普宁创办的《圣彼得堡杂志》（共 4 期）面世，该杂志似乎成为 18 世纪俄国定期刊物的终结篇。显然，该杂志的名称与 H. M. 卡拉姆津的《莫斯科杂志》相呼应。И. П. 普宁和 А. Ф. 别斯图热夫在杂志的办刊过程中发挥了主要作用。前者在文学界常常被称为"拉吉舍夫的开门弟子"，而后者是未来的十二月党人 А. Ф. 别斯图热夫四兄弟的父亲。刊物的内容主要包括经济和哲学方面的严肃文章，也有名篇诗作，如孟德斯鸠的《论法的精神》、霍尔巴赫的《自然的体系》等。在一些俄国作者的原创性文章中，可以明显感受到启蒙时代唯物主义思想的影响。例如，在 И. П. 普宁的《公民》和《来自托尔若克读者的一封信》中，А. Н. 拉吉舍夫及其创作的《从圣彼得堡到莫斯科旅行记》的影响痕迹显而易见。

18 世纪的最后几十年，定期刊物开始在莫斯科和圣彼得堡以外的地方出现，这些刊物即所谓的"外省刊物"。第一本外省刊物是《孤独的庸人——1786 年月刊文集》（雅罗斯拉夫尔，2 部，共 782 页）。该刊物在下一年也出版了，只是名字略有变动：《孤独的庸人——雅罗斯拉夫尔 1787 年月刊文集》（2 部，共 596 页）。应当指出的是，这两本杂志的内容体量要比 18 世纪俄国一般杂志年刊合集的体量大得多。该杂志的办刊宗旨与两座都城的刊物完全不同，具有自己的地方特色。在杂志的扉页上写道，优先刊载"从古至今发生在当地的各类新闻"，以及"个人为社会公益"做慈善活动的相关新闻。该杂志刊登的大多是有关雅罗斯拉夫尔省各市、县的居民生活、历史、工商业活动等方面的内容，还有诸如沃洛格达和雅罗斯拉夫尔省开办国民学校、雅罗斯拉夫尔省开设孤儿院等事件的详细报道。该杂志能够出版发行无疑要归功于雅罗斯拉夫尔省省长 А. П. 梅利古诺夫，其直接出版人是当地贵族 Н. И. 科科夫采夫、Н. Ф. 多瓦罗夫和 А. Н. 霍穆托夫，文学编辑为 В. Д. 桑科夫斯基——一位当时在雅罗斯拉夫尔省生活的二线诗人，曾参与过都城杂志的办刊工作。

当时，在西伯利亚地区也出现过两本杂志——《灵泉额尔齐斯河托博尔斯克中心国民学校主办的月刊文集》（托博尔斯克，1789~1791）和《劝谕性和娱乐性大众读物：科学、经济、历史》（托博尔斯克，1793~1794，2 年共计出版 12 部）。这些杂志由托博尔斯克社会救济衙门资助出版。资料显示，托博尔斯克地方政府对杂志的出版工作也给予了大力支持，地方行政长官 А. В. 阿里亚比耶夫（作曲家 А. А. 阿里亚比耶夫之父）是当地科学、文艺事业的赞助者。普遍认为，这两本杂志的创办者是 П. П. 苏马罗科夫（А. П. 苏马罗科夫的侄孙）——一位名气不大的作家，但曾参与莫斯科和圣彼得堡多家杂志的办刊工作，并一直与文学界保持着联系。1786 年，他卷入伪造货币案，被褫夺了贵族封号，并被流放到西伯利亚，来到了托博尔斯克。他在这两本杂志上发表的文章一般都是匿名的。П. П. 苏马罗科夫既是杂志的主编，同时，也负责翻译工作。

上述三本外省杂志的出现说明，在未来将呈现出一片蓬勃发展景象的俄国"外省刊物"已生发出萌芽。当然，萌芽之所以出现在雅罗斯拉夫尔和托博尔斯克两地并非偶然，因为 18 世纪时，这两个地方是俄国经济和文化生活较为发达的中心地区。

18 世纪俄国的定期刊物，绝大多数是以文艺和政论作品为主的综合类刊物。18 世纪 70 年代末，出现了第一批专门领域的刊物，它们或以某一具体专业领域的读者为受众，或以儿童、女性等特定读者群体为受众。最早出现的行业类期刊是专门探讨经济问题的期刊，如农业及农学问题的杂志，继之出现的是历史、音乐戏剧、医学类杂志。专门领域的期刊中还有几类比较特殊的刊物，包括刊载文化知识和思想教育类作品的儿童刊物，以日常家庭生活和时尚为主题的女性杂志。例如，前文提及的《儿童心智培育读物》（1785～1789），还有 Н. И. 诺维科夫办的《时尚月刊》，又名《女装杂志》（1779）。

俄国最早的社会经济、技术和农业类期刊是《自由经济协会文集》。[1]该杂志自 1765 年起断断续续发行，有时会将杂志名稍作改动，一直发行到 1915 年停刊。十月革命前，这是俄国唯一一本发行时间长达一个半世纪的杂志。在杂志的编辑和供稿作者当中，常常可以看到国内许多地理学家、农学家、工艺师、数学家等杰出学者的身影，如 А. А. 纳尔托夫、И. И. 特努贝格、А. Т. 博洛托夫、П. И. 雷奇科夫、Л. 欧拉、П. С. 帕拉斯、В. А. 列夫申等。大量农业、农学、家庭经营、机械方面的文章在

---

[1]　Нартов А. А. Сведения о всех содержащихся материалах в напечатанных ⅩⅩⅩ частях «Трудов ВЭО». См. : Приложение к ⅩⅩⅩ части «Трудов ВЭО». Спб. , 1783.

这本权威杂志上发表。1767～1775 年和 1790～1793 年，在《自由经济协会文集》上发表的较为重要的文章大部分是译成德语刊发的。自由经济协会经常组织社会经济、技术、农学类的竞赛，并在杂志上留出一定的版面发布各类竞赛题。例如，协会在自己的刊物上发布了 65 个关于全国各地农业、畜牧业、家庭经营情况的问题，其中一个问题这样问道："地主农民每年可以为自己干多少天活，又应该为老爷干多少天活？"在叶卡捷琳娜二世的授意下，协会还发布了这样一道竞赛题目："什么对社会更有益？要让农民也拥有自己的土地或者动产吗？对于农民拥有自己的产业是否应该加以限制？"围绕这一问题和各种各样的回答展开了激烈的争论和斗争，这也是一个先兆。此后，法典编纂委员会内部以及在 18 世纪 60 年代末 70 年代初各种讽刺杂志上发表的文章中涉及农民问题时都会产生巨大的意见分歧。

经济领域的定期刊物，应当提及的有《圣彼得堡周刊：房屋建筑与知识普及》（1778）、《农村居民之友》（1778～1779），其主编皆为 A. T. 博洛托夫；《经济文选》，又名《各类经济新闻、试验、发明荟集》（1780～1789），该杂志的出版人为 H. И. 诺维科夫，主编也是博洛托夫。

晚些时候，一种新的行业类期刊——历史类刊物出现了。该领域的许多新创意也是由 H. И. 诺维科夫第一个倡导提出的。这一时期许多杂志的创办都有他的参与，如《古俄罗斯文库》，又名《古文献选》（1773～1775），其内容包括俄国驻外使馆的珍稀国书，介绍婚俗礼仪、历史和地理名胜、文物的古文献，以及古俄罗斯诗人的诗作选，等等。《古俄罗斯文库》引起了读者的兴趣和关注。1788 年至 1791 年，H. И. 诺维科夫发行了该刊物第二版（如果说第一版包括 10 部，那么第二版已经有 20 部），对其内容进行了充实和修正，并按时间先后顺序排列。在 1776 年时，他就已经出版了文集《俄国历史、地理典籍文选》。后来，在 1786 年到 1801 年，科学院陆续出版了 11 本同类的文集，统称为《古俄罗斯文库续》。由此可见，H. И. 诺维科夫对历史类期刊的创办具有重要的影响作用。最终，文学工作者、新闻记者 Ф. И. 图曼斯基创办的《俄罗斯杂志》（1792~1794）顺利出版，在十月革命前的史学文献中，该杂志是公认的俄国第一本历史杂志。① 出版人在该杂志上汇集了大量历史、地理、民族学方面的文章和作品。

第一批戏剧音乐杂志也相继问世，如《音乐月刊》（1774），其内容包括颂歌、教会歌曲、世俗歌曲、咏叹调、独唱曲、二重唱等；《音乐爱好者袖珍书》（1795~1796，辑刊）；《音乐娱乐杂志》（1795）；《俄国戏剧杂志》，又名《俄国戏剧作品大全》（1786~1794）。《俄国戏剧杂志》由俄国国家科学院发行，出版人为 E. P. 达什科娃公爵夫人。43 期《俄国戏剧杂志》共发表各类剧作 175 部，包括悲剧、喜剧、正剧、喜歌剧。当时俄国国家剧院上演的所有剧目的素材均取自该杂志。1795 年，《俄国戏剧杂志》发表了 Я. Б. 克尼亚日宁的悲剧《瓦季姆·诺夫戈罗茨基》，该作品中有大量反暴政的情节，《俄国戏剧杂志》因此而停刊。当局将刊载这部悲剧的最后一期杂志全部没收，并付之一炬。

俄国第一本医学杂志《圣彼得堡医学报》（1792~1794）的出版标志着另一种行业类期刊——医学期刊的出现。该杂志的创办人是 Ф. И. 乌坚博士，《圣彼得堡医学报》发行量达到 1200 册，对于 18 世纪末的专业类报刊来说，这一数字相当可观。应当指出的是，如果 Ф. И. 乌坚最初计划出版的另一本杂志《医生漫谈》（又名《医生书信集》）获准发行了的话，其发行量可能会更大。然而，该杂志未能获得医学委员会的批准，因为委员会认为，"其中涉及一些信仰和宗教礼俗方面的问题"。文章作者在杂志中给读者提出建议，在患某些疾病的时候，即使在斋戒期

①　Белозерская Н. А. Исторический журнал ⅩⅧ века // Журнал Министерства народного просвещения. 1898. № 1. Отд. 2. С. 64–84.

也可进食肉类食品。①

　　俄国在比较短的时间内出现了几种行业类期刊。这一事实本身一方面说明了新文化领域（社会经济、农学、医学、历史思想、戏剧和音乐）的勃兴，另一方面也说明定期刊物的题材内容日益丰富，充分利用期刊这种形式，有利于新文化领域自身的发展。

　　那么，在18世纪俄国民族文化发展、变化和日益丰富的过程中，定期刊物的地位如何，又发挥着什么样的作用和有着什么样的意义呢？它给俄国社会各阶层的文化生活又带来了什么影响呢？哪些文化领域与报纸和定期刊物的联系最为直接，甚至密切相关呢？定期刊物在18世纪经历了怎样的变化？

　　在对上述问题进行细致深入的研究后，我们发现，现有的文献资料和研究成果尚且无法对所有这些问题悉数作答。不过尽管如此，对其中的一些问题还是可以给出较为明确的答案的。而对于其余的问题，则只能基于已有文献资料进行推测，给出概括的、最有可能的答案。学者的良心要求我们对这一时期的研究要做到表述严谨，因为长期以来对18世纪俄国民族文化的整体研究成果还较少，未来的研究空间比较大。关于18世纪的历史文化运动及其地位等问题还有待通史、纯文化史、历史社会学、语文学、文学、艺术学等各专业领域的学者进行深入研究。目前系统阐述上述问题的研究成果只有 П. Н. 别尔科夫所著的《18世纪俄国新闻史》一书。该书是作者基于其在20世纪30~40年代的教学工作和科研成果写成的。从那时起到现在又过去了半个多世纪的时间，再没有其他专门、全面研究这一课题的成果。

　　通过对18世纪俄国定期刊物的整体发展过程及其与17世纪手写的《新闻》之间的关联和承继性进行研究，我们可以将其发展过程分为1702

---

① 　Сводный каталог русской книги... С. 182；Чистович А. Я. Исторический очерк русской медицинской журналистики // Медицинский вестник. 1861. № 1-4.

年至 1758 年及 1759 年至 1801 年两个阶段。

18 世纪的俄国通过机关刊物"向全民发布新闻消息",这对人们的生活来说具有重要的社会文化意义。如此规模的社会信息传播是俄国历史文化进程中前所未有过的。

包括报纸和杂志在内的定期刊物在扩大公众的视野和知识面,培养他们的求知欲和鉴赏力,以及增加国内读者的数量等方面发挥了重要的作用。这些刊物让俄国读者了解祖国的历史、日常的经济和文化生活、社会各阶层民众的日常生活和风俗,同时,还向他们介绍西欧各国的政治、文化生活和国际关系,从而让他们对俄国和西欧的了解更为深入,有助于其民族自觉意识的形成。对于俄国和西欧国家的民众来说,在很大程度上俄罗斯民族这一概念是基于定期刊物刊发的文章、作品,并在其内容和思想倾向的影响之下逐渐形成的。

定期刊物对于俄国文学语言,特别是对于以中等贵族阶层、商人阶层和教会上层人士为使用主体的口语的发展、充实和完善具有重大意义。有理由相信,它们对小市民中的上层人士,乃至于城市居民的语言也有一定的影响。俄国语言史研究者指出,俄国的定期刊物为推动一种既是文学语言,又接近于日常通用口语的俄罗斯全民语言的形成做出了重要的贡献。如果说现代俄语标准语的形成始于 A. C. 普希金的创作,那么,应当指出的是,这位伟大的诗人、作家出生于 18 世纪末。H. И. 诺维科夫、Г. Р. 杰尔查文、И. A. 克雷洛夫、A. H. 拉吉舍夫、H. M. 卡拉姆津、B. A. 茹科夫斯基等人是与其同时期的人,在某种程度上来说,有的也是他的前辈。俄国科学院主编的第一本俄语词典是 18 世纪末俄语标准语研究的集大成之作。在编写这本俄国语言文化的经典文献时,杂志和报纸语言发挥了举足轻重的作用。

政论体裁和俄语政论语言最早出现于 18 世纪的杂志出版物中,在报刊中也有所体现。H. И. 诺维科夫、Ф. A. 埃明、И. A. 克雷洛夫、M. Д.

丘尔科夫、Н. М. 卡拉姆津、И. П. 普宁的创作为俄语政论作品语言的形成做出了实质性的贡献。在18世纪俄国的报刊上不仅形成了政论语言，还形成了普及教育所需的科普语言。

18世纪的定期刊物成为进行社会思想斗争的场所。正是因为有了报刊，特别是讽刺杂志等定期刊物，参与这场斗争的各派主要力量才得以各抒己见，角逐角力。

也正是在定期刊物上，俄国的文学艺术生活最早得到了最充分的反映和体现。俄国的作家、学者和文字创作者的代表人物常常通过在定期刊物上发表作品登上民族文化生活的舞台。俄国的文学作品也是通过定期刊物为大众所熟知，这种传播度是前所未有的。文字创作者的作品以最快的速度为俄国读者所共享。同文学作品中的情况一样，在新闻出版物中也开始出现具有现实主义倾向的某些特征和元素，现实主义在19世纪和20世纪的俄国文化中有着广阔的未来。①

定期刊物因其出版频率高，价格低廉，即使是全年整套杂志的价格也不高（同价格相对较高的图书相比），所以，可以让更广大的读者群体接触到文学作品。

同17世纪相比，在18世纪俄国的历史文化进程中，涌现出一支以定期刊物为代表的重要的新生力量。18世纪最后25年，杂志和报纸的出版发行尽管时断时续，但在都城之外的地方、在俄国欧洲部分的个别省城（雅罗斯拉夫尔、卢卡加、喀山），甚至是西伯利亚（托博尔斯克）已经出现并发行。产生了与定期刊物相关的新职业和新型文化活动家——主编、编辑、出版人、新闻记者、采访记者、记者—作家。

定期刊物对俄国读者的影响无法通过数字这样的硬性指标来体现。不过，18世纪以来，期刊数量日益增加，自80年代起呈现出剧增的态

---

① Горшков А. И. Язык предпушкинской прозы. М. , 1982. С. 54-69, 136, 137 и др.

势，许多 18 世纪发行的杂志后来又多次再版，这些事实都说明了一点，即在整个 18 世纪，定期刊物的影响力不断增长，越来越大。

与此同时，18 世纪俄国文化的研究者不应忘记，尽管当时个别定期刊物的发行量相当大［彼得一世时期的《新闻报》个别期次的发行量为 300～2000 份不等；《每月文选》（1755～1764）发行 1500 册左右；《莫斯科新闻报》在发行之初印刷数量不到 600 份，但在 Н. И. 诺维科夫管理的十年间，订阅者达到 4000 户］，但即便是到了 18 世纪末，许多杂志费尽心力，其订阅者就只有几十户，最多的能有 150～200 户。杂志出版物的存续时间一般都不长，许多都是发行一两年便因"订阅者过少"而停刊了。

从社会文化角度来说，定期刊物对贵族、官吏、商人中的识字人群产生较大影响，同时也影响了部分宗教界的上层人士（有些高级僧侣会收到杂志并阅读，还有一些主教会在杂志上发表自己的作品）。

同样地，报刊的体裁、形式及其写作手法对小市民阶层及生活在重要交通沿线、靠手艺和做小买卖为生的农民也产生了一定的影响（其影响只有个别情况是直接的，大多是间接的）。关于这一点有大量文献为证，其中包括手抄本经典民间文学作品，《新闻报》的手抄节选，抄本形式广为流传的幽默讽刺作品，《钟报》、《地狱邮报》、《谢肉节礼俗新闻报》（1762）等报刊刊载的讽刺作品，等等。

在 18 世纪的手抄本文集中，常常可以遇到《新闻报》中的一些文章，《画家》杂志发表的《给法莱依的信》《勤劳的逝者》中的《来自另一个世界的信》等内容的全文或是节选摘抄。手抄本图书在 18 世纪下半叶到 19 世纪初广泛流传，其中收录大量在杂志上发表的诗作，包括 М. В. 罗蒙诺索夫、А. П. 苏马罗科夫、А. Д. 康捷米尔、В. К. 特列季亚科夫斯基、Г. Р. 杰尔查文、Н. М. 卡拉姆津等著名诗人的作品。各类作者在杂志上刊发的作品还常常会出现在外省贵族的手抄本藏书馆中，以及各地商人的手抄书中。① 在 A.T. 博洛托夫和 C.T. 阿克萨科夫编辑的家庭私藏手抄本杂志中，明显可以看到 H.И. 诺维科夫在 1770 年到 1780 年发行的杂志的影响。

在叶卡捷琳娜二世统治末期的政治环境中，一些人计划创办的杂志后来未能出版发行，最终以手抄本的形式流传至今。例如，18 世纪 80 年代末，Д.И. 冯维辛曾准备出版杂志《正直人士之友》（又名《斯塔罗杜姆》），杂志的发行通告已出，但该杂志最后未能面世。Д.И. 冯维辛在一封信中写道："当地警察局禁止发行《斯塔罗杜姆》，这本杂志未能面世非我之过。"Ф.В. 克列切托夫计划出版的两本杂志——《并非全部，也并非一无所有》（1786）和《俄国的爱国者和爱国主义》（1788）也遭遇了同样的命运。这些文本能够流传下来，已经证明定期刊物与手抄本的传统一直有着直接的关联。

18 世纪末 19 世纪初，俄国已经有大量杂志出版发行。它们成功在图书市场占据一席之地，有的甚至超越了图书，得到了更多的认可。18 世纪末的讽刺诗人、剧作家 Д.П. 戈尔恰科夫公爵写道："我终于在我的祖国看到了数以千计的杂志，而图书还不到 1000 本。"他对俄国图书杂志市场的描绘虽未免有些夸张的成分，但也并非毫无依据。作为文化史研究者，我们对讽刺诗人的话应该做出一些校正：18 世纪末期出版的图书要比他说的多得多，杂志按照发行名称来算的话还不到 100 本，如果是把杂志的各个期次、卷本都计算在内的话，那么，可以说是数以千计。

无论是在俄国文化史，首先是新闻史中，还是在文艺、政论和科普语言的发展、完善和丰富的过程中，18 世纪的定期刊物都居于重要位置。它们为俄国新闻业的进一步发展及其在 19 世纪转变为俄国社会思想生活

① Сперанский М. Н. Рукописные сборники XVIII века. Материалы для истории русской литературы XVIII века. М.，1963；Адрианова-Перетц В. П. Юмористические куранты // Учен. зап. Ленинг. гос. пед. ин-та им. Герцена. 1948. Т. 67. С. 48-56.

中的重要历史文化现象奠定了基础。19 世纪头 25 年，以 Н. М. 卡拉姆津、И. А. 克雷洛夫、В. А. 列夫申、С. Н. 格林卡等人为代表创办的定期刊物与 18 世纪的刊物一脉相承。1802 年，Н. М. 卡拉姆津创办的《欧洲导报》开启了 19 世纪俄国定期刊物的发展之路。这是俄国第一本政治性文学杂志，发行了近 30 年时间。正如 В. Г. 别林斯基所言，Н. М. 卡拉姆津通过杂志向世人展示了应该如何"关注当代政治事件，并将它们讲述得引人入胜"①。"他在俄国拥有人数众多（同以前相比）的读者，由这些读者渐渐演变成的读者阶层，有点类似于读者群……这是在 Н. М. 卡拉姆津之前的俄国所没有的。"②

在《欧洲导报》发行之后不长的时间里，就有几本新杂志相继问世，并引起读者广泛的兴趣，其中包括 В. В. 波普加耶夫的《文学、科学和艺术爱好者自由协会期刊》、В. В. 伊兹梅洛夫的《爱国者》、С. Н. 格林卡的《俄国导报》、Н. И. 格列奇的《祖国之子》等。由此，俄国定期刊物的历史揭开了新的一页。俄国定期刊物在俄国社会文化生活中的作用也日益加强，其地位得以巩固。

---

① Белинский В. Г. Полн. собр. соч. : В 13 т. М. , 1955. Т. 7. С. 135.
② Там же. Т. 9. С. 678.

# 第十章
## 宗教与教会

B. C. 舒利金

　　1690 年，东正教大牧首约阿基姆在去世前的一封遗嘱中，向伊凡五世和彼得一世两位沙皇提出了一系列训示。他呼吁他们"用全心全意的爱去信仰上帝、相信神圣的教会，……就像对待母亲一样，对它们的正确性、对教堂以圣父之名发出的教导确信不疑"，保护教会"不受任何异教邪说的迷惑和诽谤"。他宣称，信守俄国教会的旧俗古训是维护国家秩序、完整和提升国家实力的基本条件。由此可见，他对外国异教徒和在俄国社会流传的外国风俗持否定态度。他写道，只有当"所有人……都能保持长期以来的良好的风俗习惯，不会因受外国习俗的影响而令自己的信仰出现动摇或者崩塌的时候"，才可能让国家的完整落到实处。因此，他一再灌输一个思想："沙皇陛下不要容许任何东正教徒在自己的国度与异教徒、拉丁人、路德教派、加尔文教派或是无信仰的鞑靼人接触，而要像对待天敌一样对他们避而远之。"他还请求沙皇颁下谕旨，坚决禁止异教徒用自己的异域风俗来迷惑东正教徒，否则将严惩不贷，对其处以死刑。①

---

① 　Устрялов Н. История царствования Петра Великого. Спб. ，1858. Т. 2. С. 467-477.

教会数百年来秉持的政治文化观得到了清晰的表述，并呈现在我们面前。这一观念的典型特征是因循守旧，拘泥于传统，奉行东正教的孤立主义，生活的各个方面、各种形式的活动都要服从于宗教信条，这也是中世纪文化的主要特点。在中世纪的文化体系中，宗教和教会在意识形态上占统治地位。而新文化具有世俗性的特点，竭力与其他文化进行交流，这使教会面临失去思想控制权的威胁。因此，为了维护自己在社会精神生活中的统治地位，教会势必会反对新文化的一切。

在当时，全国人民的利益同统治阶级的利益一样，都要求对生活的各个领域进行广泛的改革，学习和利用其他文化的成果。教会对一切新生事物，尤其是那些从西方国家传来的异教的东西，持绝对的敌视态度。这导致教会与国家产生激烈的冲突。历史发展自身的逻辑让教会变成了反动势力，并成为进行改革和新文化形成与发展之路上的主要障碍。虽然一部分教会的主教支持彼得一世，但教会利用宗教对社会中因各种情况不满沙皇政策的各类人群的巨大影响，从思想和宗教的角度给全国的反对改革派以支持，并成为它们的思想中心。彼得一世清楚地意识到教会这个敌人的力量和影响。他说道："唉，这些大胡子的元老和牧师是万恶之源。"

教会打着维护宗教和整个传统文化中的"旧信仰"的旗号开展一系列反动活动。因此，无论实施的是何种新政——剪掉胡须、穿"异国"服装、抽烟草、举办舞会、改变历法、铸钟为炮、去国外学习等——都被他们称为对东正教的背离。他们使用的宣传手段各种各样：各地的高级僧侣在公开信中、在布道时批评新政，散布谣言，制造各种"神奇怪事"（如圣像流泪），散发小册子和小报。宗教人士大肆宣传民间流传的关于反基督者彼得的传说，并在"圣书"中找寻论据予以佐证。

政府的措施直接触及了教会的利益，损害了它在经济和司法方面的特权。这令"大胡子们"憎恨不已。其中最主要的一项措施便是于1701

年设立了修道院衙门，所有的修道院及其世袭领地与高级僧侣的领地都交由它来管理。修道院衙门从教会领地上缴的收入款项中拿出一部分，为僧侣发放一定数额的薪资。① 修道院衙门还负责管理教会和教会内部生活的各项事务。这是逐步将教会土地收归国有的重要一步。在 1700 年大牧首阿德里安去世后，彼得一世暂停了新牧首的选举，这令教会大为警觉，因为很明显，这似乎是牧首制将要被废除的信号。

对这些措施最为不满的自然是高级僧侣和黑僧侣。修道院成了政府反对派的大本营，所有的批判性"小册子"和"小报"都源自这里。因此，1701 年，沙皇敕令，禁止僧侣在自己住的地方存有纸张和墨水，"没有上级的命令"② 不得书写任何东西。

教会的反动活动遭到政府的迫害和镇压。在负责政治侦查的普列奥布拉任斯基衙门，教会人员的诉讼案件约占所有政治诉讼案的 20%，对神职人员进行告发的案件数量也在逐年增加。③ 其中影响最大的是 Г. 塔利茨基案（1700）。塔利茨基撰文称彼得一世是敌基督者，并预言世界末日将要降临。他还呼吁人们拒绝缴纳税赋，不要履行国家赋役的义务，与新政做斗争，企图通过散布呼吁书煽动广大民众发动反对彼得一世的暴动。虽然塔利茨基不是宗教人士，但他与白僧侣和黑僧侣都有广泛的联系，后者对他呼吁书中所写的内容甚是赞同。坦波夫主教伊格纳季·斯莫拉便是他众多追随者和崇拜者中的一员。在该案审理结束后，塔利茨基被判绞刑，而伊格纳季·斯莫拉被剥夺教职，并流放索洛夫卡修道院。④ 1707 年，下诺夫哥罗德都主教伊赛亚因拒不向修道院衙门缴纳其所

---

① ПСЗ. Т. Ⅳ. № 1829, 1886；Горчаков М. Монастырский приказ（1649–1725）. Спб., 1868；Булыгин И. А. Церковная реформа Петра I // Вопр. истории. 1974. № 2.

② ПСЗ. Т. Ⅳ. № 1834.

③ Голикова Н. Б. Политические процессы при Петре Ⅰ. М.，1957. С. 130.

④ Голикова Н. Б. Указ. соч. С. 139–145；Есипов Г. Раскольничьн дела ⅩⅧ столетия. Спб., 1861. Т. Ⅰ. С. 60–84.

辖教区的税赋，而被流放到基里尔修道院。

改革的反对派希望能够重现"旧信仰"的往日辉煌，恢复教会特权，他们寄希望于阿列克谢王子身上。所以，在参与后者谋反的人当中有许多是教会中有影响力的代表人物，这也是有原因的。教会成了策划谋反的思想中心。别尔哥罗德的伊拉里翁、下诺夫哥罗德的西尔韦斯特尔、阿斯特拉罕的约阿基姆、克鲁季茨基的伊格纳季·斯莫拉等一众高级僧侣都被牵扯进谋反案中。其中，积极策动谋反的三人——罗斯托夫主教多西费、阿列克谢的忏悔牧师雅科夫·伊格纳季耶夫、太后叶夫多基娅的忏悔牧师费多尔·普斯腾内依被处以绞刑。

这些严厉的惩罚措施并不意味着与教会开战。专制国家需要利用宗教，将其作为思想武器，这就是说，它也需要拥有思想武器性质的教会。因此，使用迫害手段来压制教会的反动情绪和反动倾向的情况较少。当局需要把在思想上反对自己的教会变成盟友，让其听命于自己，从而利用宗教的影响力和教会的讲道台为国家的对内对外政策和在社会各个领域进行的改革做思想宣传。专制政府需要为宗教和教会在新文化体系及社会机构中进行重新定位，与之相应，需要对教会的内部进行改革，其中既包括组织方面的改革，也包括思想意识方面的改革。

18世纪头25年，俄国开始实行改革，主要是在经济、行政和思想文化三个领域。改革在彼得一世时期虽未全部完成，但完成了最重要的几步，这也为后来改革的进一步推进和发展确定了总的路线。

改革之根本是取消教会的经济自主权，在经济上将其置于世俗政权的管辖之下。接下来俄国政府迈出了重要的一步——设立修道院衙门，负责管理高级僧侣和修道院的世袭领地。将教会土地收归国有的进程直到18世纪60年代才完成，其过程也并非一帆风顺。

在行政管理方面，将教会彻底收归国家管辖的过程并不是一蹴而就的，而是持续了数十年。其中最重要的举措是废除牧首制和对教会实行委员会管理制（1721）。然而，要摧毁宗教上层人士的教权主义思想及其希望恢复牧首制、保持教会"国中之国"地位的想法，还有很长的路要走。此外，主教公会也没有立刻成为"听话的机构"，它常常会针对有关教会的措施表现出自己的排斥倾向。国家要实现对整个神职人员阶层的控制，需要花很长的时间。这一点在教会的思想改革中体现得更为明显，与文化世俗化的漫长过程直接相关。

俄国教会主教中的保守派绝不容许有人寄希望于在教会范围内找到对现行改革的支持者。当然，对于彼得一世宗教改革中没有直接涉及教会利益的部分措施，在俄国的主教中也有一些支持者（阿法纳西·霍尔莫戈尔斯基、米特罗凡·沃罗涅日斯基、约夫·诺夫戈罗茨基）。但他们的支持是有限的。教会内部和教会领导层需要对当时俄国神职人员固有的民族宗教观持不同看法的新人。

彼得一世在基辅莫吉拉学院许多曾经留学西欧的毕业生身上看到了新人的样子。他打算让他们在教会内部建立根据地，以此为基础一点点消除俄国宗教界人士的反对和对立情绪。他们在充满敌意的环境中是外来的新人，其地位、事业和前途全部受恩于君主，因此，彼得一世认为，他们应该会全力支持正在进行的改革。

1700 年，沙皇敕令召见小俄罗斯（即乌克兰——译者注）宗教人士。[①] 最早担任俄国主教职位、最具影响力的乌克兰高级教士是 C. 亚沃尔斯基。1700 年，他被派到喀山担任都主教，同年，在大牧首阿德里安去世后，他被任命为代理牧首。1702 年，季米特里·杜普塔罗被任命为罗斯托夫都主教，而菲洛费·列辛斯基则被任命为西伯利亚都主教。俄国教会主教层的乌克兰化由此开启。1700 年至 1762 年，担任俄国主教职位的 127 名

---

① ПС3. Т. Ⅳ. № 1800.

高级僧侣中，有 70 人是乌克兰人和白俄罗斯人，47 人是俄罗斯人（其余 10 人中有希腊人、罗马尼亚人、塞尔维亚人、格鲁吉亚人）。①

乌克兰人不仅仅出任了大多数高级教职，还成为莫斯科和圣彼得堡最重要的修道院和教堂的院长和负责人，宫廷的神职人员也是以他们为主，他们在军队、海军和驻外机构的神职人员中也占大多数，还在主教区的管理部门身居要职。此外，整个教会的教育体系都掌握在他们手中，因为教会学校及莫斯科的斯拉夫-希腊-拉丁语学院的教师也是以"有文化的基辅人"为主。

俄罗斯族神职人员受到排挤，这也导致他们对素来被视为异教者、可恶的"拉丁人"的外来者愈加敌视。而乌克兰神职人员则自恃有文化知识，对无知愚昧的俄罗斯族人毫不掩饰傲慢、蔑视之意。而世俗政权则成功地利用了二者在教会内部一直存在的相互仇视的矛盾。

"拉丁化的"基辅人掌握了俄国教会的领导权后，开始决定教会对世俗政权、对其实施的各项改革措施的立场和态度。但他们的立场并不一致。

这些基辅人接受过教育，熟悉西欧文化，因此，对从西欧国家传来的东西和世俗文化中没有直接触及宗教领域的内容持包容态度。例如，都主教季米特里·罗斯托夫斯基赞同当时"许多人出国留学的做法"②，还在自己布道时表示支持剃掉胡须。C. 亚沃尔斯基则指出，借鉴他国经验对发展经济和工业来说大有裨益，是非常必要的。在这一点上，乌克兰人与俄罗斯族宗教人士的态度截然不同，后者排斥谴责一切与"异教者"的接触；而前者则大力支持创建海军舰队，发展对外贸易，奉行彼得一世的对外政策，在演说和布道时颂扬俄军在北方战争中的胜利。他

①　Харлампович К. В. Малороссийское влияние на великорусскую церковную жизнь. Казань，1914. Т. Ⅰ. С. 459.

②　Харлампович К. В. Указ. соч. С. 466（прим. 2）．

们还根据彼得一世的计划，开展启蒙教育活动，建立高级僧侣学校，为
教会和国家培养有文化的人。

至于全面进行的教会改革，则没有办法得到大多数乌克兰神职人员
的全力支持。随着这些外来者在俄国教会的势力越来越巩固，教会的利
益对他们来说是非常重要的。因此，他们与俄罗斯族的神职人员和保守
派世俗活动家一样，也是古俄罗斯教会传统和"旧礼仪派"的拥护者和
忠实信徒。

代理牧首 C. 亚沃尔斯基是公认的反对派领袖。随着改革的推进，他
与彼得一世的分歧越来越大，虽然比较谨慎，但还是针对彼得一世在宗
教和教会领域实施的举措进行了尖锐的抨击。他有诸多不满：国家对教
会实施的经济政策，牧首选举的搁置（他认为自己应是人选），沙皇在妻
子在世的情况下又缔结了第二段婚姻，沙皇对礼仪（圣像崇拜、斋戒等）
随意的态度，等等。1710 年，C. 亚沃尔斯基拒绝为彼得一世的侄女安
娜·伊凡诺芙娜与异教徒库尔兰公爵举行结婚仪式。终于，在 1712 年阿
列克谢王子命名日这一天，一切矛盾都爆发了。C. 亚沃尔斯基在布道时
称王子是"俄国唯一的希望"，并将矛头直指彼得一世，指责他是"神的
意旨的破坏者"，抛弃自己的妻子，不受斋戒，压制教会。这件事发生
后，他曾一度被禁止布道。[1]

1713 年，莫斯科教会的当权者披露了一个俄国新教教派自由主义者
小组的活动历史，该小组存在已有约 15 年的时间，以医生德米特里·特
维里季诺夫为首，其成员中有手工业者、商人、官员、莫斯科科学院的
学生。他们否定各级教会主教的权威性，否定教会和宗教会议的陈规旧
习及教会神父宣扬的东西，也不承认一切宗教仪式圣礼（圣像崇拜、斋

---

① Харлампович К. В. Указ. соч. С. 467；Захара И. С. Борьба идей в философской мысли на
Украине на рубеже XVII – XVIII вв. （Стефан Яворский）. Киев, 1982. С. 130；Семенова
Л. Н. Церковные преобразования в первой четверти XVIII в. // Вопр. научного атеизма.
1980. Вып. 25. С. 136, 137.

戒、圣者崇拜等）。都主教 C. 亚沃尔斯基极力大张旗鼓地公开调查审讯工作。他对异教徒毫不留情，采取了残酷的审讯手段，并要求将他们移交法庭审判，建议判处绞刑。这引起了以彼得一世为首的世俗政权的不满。彼得一世下令，停止 C. 亚沃尔斯基和教会对该案的审理，将其交至圣彼得堡，由世俗法庭对异教徒进行审判。法庭只是判处这些被告的自由主义者放弃自己的观点，并将他们押送回莫斯科，同时还下令，要求立刻让他们回到教会，该案就此了结。然而，C. 亚沃尔斯基对这一结果并不满意。他将异教者分派到各个修道院，并继续开展调查工作。终于有一天，他们当中一个叫福马・伊万诺夫的人受挑唆做出了大逆不道的渎神举动。这一事件发生后，1714 年宗教大会对小组所有成员施以诅咒并强制其忏悔，而福马・伊万诺夫则被烧死在红场的火刑柱上。[①] 这一决定令彼得一世大为震怒。

那么，上述冲突的症结到底在哪里？为什么教会极力利用这一案件大做文章，而世俗政权却相反，希望将案件压下来呢？当然，双方紧张的并非德米特里・特维里季诺夫等人的命运。问题在于，教会中像 C. 亚沃尔斯基之类的正统派认为，正在进行的改革以"新教为样板"，而在文化世俗化及文化摆脱教会专权控制过程中出现的一切典型现象和问题都源于此。因此，他们与新教展开斗争，捍卫东正教的稳固地位、教义及俄国教会生活的礼仪传统，究其本质，就是反对将教会归于国家的管辖之下，希望保持教会在社会精神生活中的主导地位。对于他们来说，德米特里・特维里季诺夫案正是激化这一斗争的一个好借口。至于世俗政权，他们则不希望对该案进行大肆宣扬，搞得人尽皆知，因为这将会加重民众对外国新事物的不满情绪。

---

① Тихонравов Н. С. Московские вольнодумцы начала XVIII века и Стефан Яворский // Соч. : В 3 т. М. , 1898. Т. 2；Корецкий В. И. Вольнодумец XVIII в. Д. Тверитинов // Вопр. истории религии и атеизма. М. , 1964. Вып. 12.

　　С. 亚沃尔斯基写了一篇名为《信仰之石》的长文，其内容论及俄国教会同新教之间的斗争。作为一位俄国东正教教权主义思想家，[①] С. 亚沃尔斯基在文中表示，坚决反对将教会归于国家的管辖之下。他提出了"两个政权"的理论，并加以论证："一切世俗事务都应听命于沙皇的旨意，而宗教事务则应服从最高牧首，皇权和教权对基督徒都有管理权和约束力，因为他们不仅是基督教信徒，还是人……沙皇对世人更多的是人身而非精神上的控制，而教权更偏重于精神而非人身上的控制。皇权希望人民能够安居乐业，身体发肤完好无损，而教权则希望他们身心俱好。"[②] 在这种设定当中，教权同世俗政权相比，具有更为崇高的使命，责任也更重大。国家有责任维护教会的利益，却无权干涉教会的生活及东正教的教规。德米特里·特维里季诺夫案的审理过程让 С. 亚沃尔斯基提出了一个尖锐的问题，即涉及信仰和教会生活的宗教案件不应归世俗法庭管辖。"我们尊重上帝赋予沙皇的权力，但这对该案并不适用。因为教会自有其组织章程和相应的教职，上帝把与宗教相关的事务交予他的使徒和信徒负责。"[③]

　　彼得一世禁止印刷内容涉及维护教会自治、东正教和"旧信仰"的纯洁及反对宗教和教会改革的作品。

　　С. 亚沃尔斯基一心维护封建教会在彼得一世执政前拥有的权力和地位，希望保持原有的教会礼仪，并对此给出了新的经院式阐释。他的许多观点与天主教的反宗教改革思想颇为相似。在论证这些观点时，他广泛运用了同时代天主教神学家的作品，这让他的对手抓住了把柄，指责他有亲天主教倾向。同样，他的对手们也利用新教神学家的论著来论证自己的观点。"天主教"和"新教"神学思想的争论，实际上

---

① 　Захара И. С. Указ. соч. С. 131，132，137.
② 　Там же. С. 135，136.
③ 　Там же. С. 135.

是两支力量的对抗和斗争。他们对政治和文化生活中具有现实意义的具体问题，如国家与教会的关系、宗教在文化中的地位、世俗科学在文化中的地位及其对教义、对异教徒的态度等，都持有截然不同的观点和立场。这是一场文化世俗化的拥护者和反对者之间的斗争。

彼得一世在教会主教层中成功安排了自己人，他们对教会与国家的关系、宗教在社会生活中的地位等问题的观点与彼得一世的想法完全一致，这些人也就成为他进行宗教改革时在教会内部最可靠的支柱。Ф. 亚诺夫斯基和 Ф. 普罗科波维奇是教会主教中最具影响力的宗教改革家，教会保守派人士对他们恨得咬牙切齿。Ф. 亚诺夫斯基在 1712 年被任命到刚刚建立的亚历山大·涅夫斯基修道院任修士大司祭。彼得一世希望把这里建成新式修道院，建成全俄教会的典范和培养教会管理人员的学校。Ф. 亚诺夫斯基成为彼得一世在涉宗教和教会事务上最信任的人。他通过自己的实践活动积极参与宗教改革，特别是祭礼、崇拜和教会日常生活领域的改革。一系列旨在反对迷信活动、简化祈祷仪式礼仪和流程的举措也都与他相关联。[①]

1716 年，基辅莫吉拉学院院长 Ф. 普罗科波维奇来到圣彼得堡。1718 年，他被安排到普斯科夫任主教。还在基辅的时候，他就因为自己对宗教和教会在社会生活中的地位、宗教礼仪、教育及宗教与知识之间的关系等问题的观点而招致宗教界正统派人士的不满。他们指控他有 "异教思想"，甚至指控其否定教会礼仪，破坏东正教教义。他来到圣彼得堡之后，立刻遭到来自 С. 亚沃尔斯基、莫斯科科学院院长 Ф. 洛帕京斯基及其行政长官 Г. 维什涅夫斯基诸如此类的指控。他们向彼得一世告发他，希望不要让他在教会任高级教职，并阻止其进入教会的主教层。然而，

---

① Сб. РИО. Т. 58. С. 300, 301. Подробнее о Феодосии Яновском см. : Морошкин И. Я. Феодосий Яновский, архиепископ новгородский // Русская старина. 1887. Т. 56; Семенова Л. Н. Указ. соч.

他们并未能如愿，C. 亚沃尔斯基甚至还不得不向 Ф. 普罗科波维奇道歉。[①]

Ф. 普罗科波维奇成为教会改革的杰出思想家。在自己的政治、政论文章、演讲和布道中，他对政府在宗教方面的各项重要举措予以详细解读，并论证了其正确性和必要性。与教会相关的所有法律文件实际上都是经他之手，由他制定、修改和审阅，其中最重要的文件《宗教章程》（1721）也是由他制定的。《宗教章程》阐述了教会改革的主要内容，首先是废除牧首制，将教会在行政上置于国家的管辖之下。《宗教章程》还制订了对教会进行宗教思想改革的详细计划，其内容包括重新审视东正教崇拜中的某些问题，发展教会教育体系，开展传教布道和其他一系列活动，旨在加强宗教思想对人民群众的影响力，推动教会根据国家需要改进意识形态的工作。

Ф. 普罗科波维奇以"专制君主拥有无限的权力"这一命题为出发点，论证了废除牧首制、对教会实行委员会制及将教会置于国家的管辖之下的必要性。他指出："君主政权是专制的，上帝吩咐我们要服从它。"而在现实中与这一原则相悖的是，牧首与沙皇一样，拥有很高的权威和独立的权力，这让民众感到"不知所措和迷惑"，"因为普通民众不知道如何区分教权和专制政权…… 他们会去想，牧首是和专制君主拥有一样权力的又一个君主，还是比后者的权力更大？教职是不是比国家官员职务更好？"Ф. 普罗科波维奇认为，这种看法很危险。其一，在沙皇和牧首之间产生分歧时，有可能被"一直对君主虎视眈眈"的"居心叵测之人"抓住可乘之机，要知道普通人在这种情况下很可能选择站到牧首一边，因为在他们看来，这样就是在"帮助上帝"。换言之，宗教对民众的巨大影响力有可能被反对派势力利用，以达到其不利于国家的政治目的。其二，这种想法会让民众寄

---

① См.：Чистович И. А. Феофан Прокопович и его время. Спб. , 1868；Морозов П. Феофан Прокопович как писатель. Спб. , 1880；Ничик В. М. Феофан Прокопович. М. , 1977.

希望于宗教官员“帮助自己起来反抗”。

因此，民众应知道，“宗教事务管理局”是由“沙皇敕令设立，经枢密院审议通过”的，领导教会的是沙皇——受上帝荫庇“行过登基涂油礼的一国之君”，是“最高牧首”。① 这样一来，只有取消教会的独立自主权，让其处于国家的管辖之下，宗教才能很好地履行其基本的社会职能——从意识形态上支持和巩固现行的社会和政治体制。

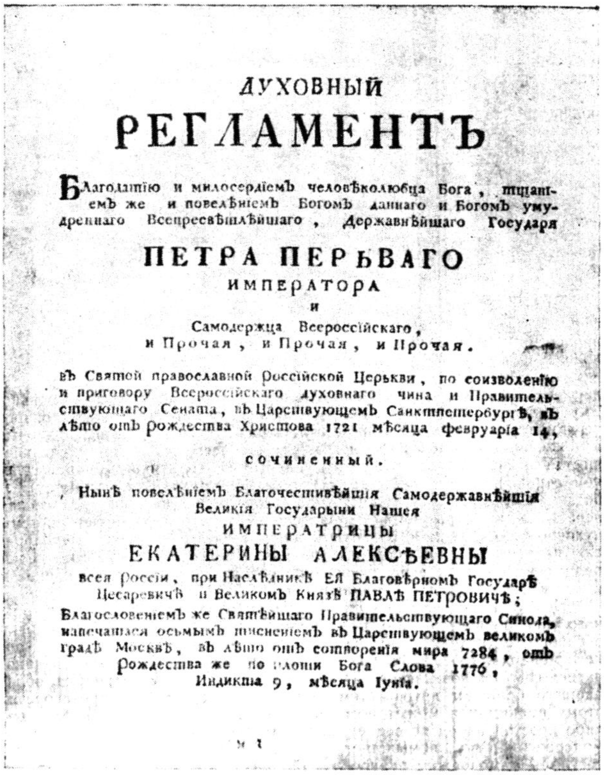
ДУХОВНЫЙ

РЕГЛАМЕНТЪ

Благодатїю и милосердїемъ человѣколюбца Бога, тщанїемъ же и повелѣнїемъ Богомъ даннаго и Богомъ умудреннаго Всепресвѣтлѣйшаго, Державнѣйшаго Государя

ПЕТРА ПЕРЬВАГО

ИМПЕРАТОРА

и

Самодержца Всероссїйскаго,

и Прочая, и Прочая, и Прочая.

въ Святой православной Россїйской Церькви, по соизволенїю и приговору Всероссїйскаго духовнаго чина и Правительствующаго Сената, въ Царствующемъ Санктпетербургѣ, въ лѣто отъ рождества Христова 1721 мѣсяца февруарїа 14,

сочиненный.

Нынѣ повелѣнїемъ Благочестивѣйшїя Самодержавнѣйшїя Великїя Государыни Нашея

ИМПЕРАТРИЦЫ

ЕКАТЕРИНЫ АЛЕКСѢЕВНЫ

всея Россїи, при Наслѣдникѣ ЕЯ Благовѣрномъ Государѣ Цесаревичѣ и Великомъ Князѣ ПАВЛѢ ПЕТРОВИЧѢ;

Благословенїемъ же Святѣйшаго Правительствующаго Синода, напечатася осьмымъ тисненїемъ въ Царствующемъ великомъ градѣ Москвѣ, въ лѣто отъ сотворенїя мира 7284, отъ Рождества же по плоти Бога Слова 1776, Индикта 9, мѣсяца Iунїа.

图 10-1　《宗教章程》，圣彼得堡，1776，扉页

① ПСЗ. Т. V. № 3718，С. 317，318.

1721 年，沙皇敕令废除牧首制，设立宗教委员会（主教公会），从法律上确立了教会受国家管辖的机制。主教公会的成员宣誓效忠沙皇，做沙皇的"忠实奴仆和臣民"，并承认他是"宗教委员会的最高裁决者"。主教公会的成员包括 11 位具有主教教职的神职人员。俄国历史上第一位，也是唯一一位主教公会主席是 C. 亚沃尔斯基，不过这一职位设立的时间并不长，在 1722 年他去世后便被撤销了。主教公会的一切事务实际上是由两位副主席——Ф. 亚诺夫斯基和 Ф. 普罗科波维奇管理。对主教公会的活动行使最高监督权的是总监，总监一般来自军队，或是由民事部门官员中的世俗人士担任。[①]

取消牧首制从根本上动摇了教会作为封建社会一支独立力量的地位。然而，高层神职人员无法接受新的教会管理制度，继续为争取恢复牧首制和教会的自治权而斗争。在很长一段时期内，教会反对派都是影响俄国政治生活的一个重要因素。反对派势力大小及其活跃程度是由具体的政治环境决定的。

彼得一世去世后，宫廷内部各派斗争加剧，导致国家政权被削弱。一些对彼得一世改革持否定态度的世袭贵族在政治生活中发挥的作用越来越大，这让宗教界人士再次燃起了希望，希望能够取消让他们痛恨不已的改革措施，恢复旧有的制度。教会反动的时期到来了。1725 年 4 月，在神职人员眼中象征着改革的 Ф. 亚诺夫斯基被罢免，他被女皇（叶卡捷琳娜一世——译者注）囚禁在尼科洛-卡累利阿修道院，不久后便死去。被安排接替他在主教公会所担任职位的是 C. 亚沃尔斯基的忠实追随者、Ф. 普罗科波维奇的敌人、教权主义反对派的思想领袖 Ф. 洛帕京斯基。一直与保守派大贵族有联系的罗斯托夫都主教 Г. 达什科夫也成为主教公会的成员，这标志着以他为首的老一代俄国神职人员也走进了权力层。

---

① ПСЗ. Т. VI. № 4036.

继他之后，进入主教公会的有戈里齐修士大司祭列夫·尤尔洛夫，甚至因参与阿列克谢王子谋反案而被囚禁的都主教伊格纳季·斯莫拉也被释放而加入主教公会。最高层的神职人员分为以 Ф. 洛帕京斯基为首的乌克兰派和以 Г. 达什科夫为首的俄罗斯派，两派彼此不信任，进行着激烈的角逐。尽管如此，他们却有相同的攻击目标——Ф. 普罗科波维奇，后者是主教公会中唯一一位拥护和支持改革的人。他的对立派使出了老一套手段——指控揭发他具有异端思想，破坏东正教教义。1726 年，尤里耶夫修士大司祭 M. 罗德舍夫斯基在 Г. 达什科夫和 Д. 戈利岑的授意下告发 Ф. 普罗科波维奇宣扬异教邪说。随后，根据他的告发指控对该案展开调查，新的告发信、诽谤书、匿名举报信纷至沓来。

他们打着与新教做斗争的旗号攻击改革，这使"新教派"和"天主教派"之间的神学论战日益激烈。1728 年，Ф. 洛帕京斯基出版了彼得一世时期的禁书——C. 亚沃尔斯基的《信仰之石》。Ф. 普罗科波维奇无法公开反对这部作品，只好隐姓埋名以一名生活在俄国的新教教徒的名义展开斗争。他写了《砸向〈信仰之石〉的小锤子》和《罗马与希腊教会的繁文缛节》。同以前一样，这一论战就其本质而言，是围绕宗教和教会在社会生活中的地位展开的，触及了大量政治和文化生活中的具体问题。

安娜·伊凡诺芙娜女皇登基给这场宗教反动运动画上了句号。她在位期间（1730~1740），对一切被控叛国罪的行为进行了前所未有的大规模镇压。所有的神职人员，尤其是教会旧礼仪派的高级僧侣中，如有与老一代高官贵胄交从过密者，都会被怀疑在政治上不可靠，有对政府不忠之嫌，而且这些怀疑也不全是捕风捉影。随着"高层大官"的倒台，他们在主教公会中所支持的一派也倒了。除了 Ф. 普罗科波维奇，主教公会其他所有成员均被解职，并被其他人取而代之。随之而来的便是迫害行动。第一个被指控犯有政治罪的是列夫·尤尔洛夫，他在沃罗涅日接到安娜·伊凡诺芙娜女皇登基的诏令后，没有完成登基盛典的祈祷仪式，就开始期待有关宫廷事态发展的新消息。该案还牵连到 Г. 达什科夫和伊格纳季·斯莫拉。他们都被裁定为叛国者，被褫夺教职，并流放到不同的修道院。还有一位高级僧侣也被剥夺了主教职务。

惩治某一位主教常常会使他所辖教区的神职人员遭到迫害。1731 年，喀山主教西尔维斯特被指控撕毁了上呈沙皇陛下的呈文，强迫把呈送人改为他自己的名字，同时，还禁止在教会为主教公会祈祷平安，取而代之的是为牧首祈福。因为上述指控，他被免去教职，囚禁到维堡要塞。于是，整个喀山教区开始调查，有哪些教职人员执行了他的指令。结果，一位修士大司祭、若干名僧侣和神甫因为执行了主教的命令而被免去教职，流放到西伯利亚；一位修士大司祭甚至因为受不了严刑拷问而上吊自尽。后来又调查出来，有两个县的所有神甫在做礼拜时都没有为主教公会祈祷平安。新任喀山主教伊拉里翁·罗加列夫斯基怕自己也步前任后尘，提议对所有人施以鞭刑，并免去教职。但是，由于两个县不能连一位神甫都没有，所以，最终判处他们接受"重鞭之刑"①。

同改革的反对派做斗争的主要手段是政治告密，而不是指控其异端思想。况且，如果"德国人当政"的政府指控某人有"外国的异端思想"，会让大家认为指控者本身在政治上也是不可靠的。Ф. 普罗科波维奇充分利用这一点来与自己的对立派展开斗争。他竭力把他们描绘成国事犯，因为后者为了维护教会的独立自主权，觊觎国家的最高领导权。Ф. 普罗科波维奇的目的也达到了，在同教会反对派做斗争时，他甚至不择手段。他是所谓的"雷西洛夫案"的始作俑者。该案由最初追查一封反对他本人的举报信的作者开始，到后来发展成一场声势浩大的政治

---

① Труды Киевской Духовной академии. 1860. Т. Ⅰ. С. 307；ЧОИДР. 1863. Кн. 3. С. 6（прим.）.

"侦查"。其涉及人员甚广——从普通的僧侣到位高权重的世俗官员。① 教会反对派的思想领袖、Ф. 普罗科波维奇的劲敌 Ф. 洛帕京斯基也进了秘密办公厅的刑讯室。他被免去教职，流放到西伯利亚。②

18 世纪 30 年代的迫害行动持续了十年时间，从根本上动摇了教会反对派的势力，但并未能将其彻底摧毁。

随着伊丽莎白·彼得罗芙娜女皇登基，一切逐渐明朗化。女皇很乐于扮演神职人员赋予自己的东正教保护者及"笃信宗教的国君"的角色。她处处展示着自己的虔诚及对教会和神职人员的关心，这让宗教人士又燃起了恢复教会往日强大的对社会各领域影响力的希望。他们从教会的讲坛上发出了要求充分发挥教会在国家事务中的作用的呼声，对于决定王位继承问题的人员当中没有神职人员表示极为不满，有议论称，正是由于彼得一世的改革，教会和神职人员的地位、作用降低，这是导致"比隆暴政"的主要原因。为了将来不再重蹈覆辙，教会应在国家和社会中占据应有的地位。此外，他们还论及恢复牧首制问题。罗斯托夫都主教 A. 马采耶维奇和诺夫哥罗德主教阿姆夫罗西·尤什克维奇公开谈及此事。他们的论调一如既往：主教公会的管理形式"是以新教为示范对象借鉴而来的"。他们还撰写了一份报告，提议若要保留主教公会，就要根据教规要求"对其进行改建，即恢复设置主席职位，取消总监一职，不允许世俗人士管理教会事务"③。这份草案令世俗政权大为震怒。

在教会的主教阶层中，教权主义倾向日益明显，因为在这一时期，担任主教的主要是乌克兰神职人员的代表人物、基辅莫吉拉学院的毕业生，以及对教会及其与国家的关系持"拉丁派"（即天主教——译者注）

①　Чистович И. А. Решиловское дело. Феофан Прокопович и Феофилакт Лопатинский. Материалы для истории первой половины XVIII в. Спб., 1861；Он же. Новые материалы для Решиловского дела и для истории первой половины XVIII столетия. М., 1862.

②　Чистович И. А. Феофан Прокопович и его время. С. 425，499，500，675.

③　Харлампович К. В. Указ. соч. С. 485，486.

观点者。伊丽莎白·彼得罗芙娜女皇在位期间，在 А. Г. 拉祖莫夫斯基和当时的一位实权人物——女皇的忏悔牧师费奥多尔·杜比扬斯基的影响下，被任命担任俄国教会主教职务的人当中，有 34 人是乌克兰高级僧侣，这一数字是过去 40 年担任俄国教会主教职务的乌克兰高级僧侣数量的总和。只任命乌克兰人担任高级教职已成为如此平常之事，以至于有人在 1754 年提出，要求颁布专门的命令，规定主教公会今后在高级僧侣教职出现空缺时，也要推荐俄罗斯人作为候选人，"还有修士大司祭这一教职也应推荐俄罗斯人"。不过，即使是在该命令颁布后的 4 年时间里，在先后任命的 16 位高级僧侣中也只有 1 人是俄罗斯人，只有 1761 年任命的高级僧侣是个例外，其中 6 人是俄罗斯人，2 人是乌克兰人。①

1764 年，叶卡捷琳娜二世推行将教会土地收归国有的政策，这给教会的地位和活动带来了实质性的改变。教会失去了大量地产和超过 200 万名的农奴。修道院失去了多个世纪以来拥有的农奴主和土地所有者的身份。它们被分成三类，每一类相应的人员编制定额（同以前相比大大缩减）和"定额"的薪俸都得到确定。许多修道院被关闭，变成了农村和城市的教区教堂。主教职位编制定额和薪俸标准也得到规定。同样，高级神职人员改由国家给予俸禄供养，在物质上依附于国家，由此变成了专制国家官僚机构的官员。

教会土地国有化使教会反对派失去了物质基础，让教会利益无法与国家利益相抗衡。1763 年，罗斯托夫和雅罗斯拉夫尔都主教 А. 马采耶维奇发动了最后一次反对世俗化的教会反动运动，他为此也付出了代价，被剥夺教职，囚禁在雷瓦尔要塞。②

教会主教阶层的人员构成也发生了很大的变化。"基辅人"对教会的行政垄断被打破。彼得一世时期，教会内部的俄罗斯保守派神职人员与

---

① Там же. С. 486.

② Попов М. Арсений Мацеевич и его дело. Спб. ，1912.

乌克兰"新人"两派对立。叶卡捷琳娜二世也利用二者之间的矛盾，希望借此瓦解教会主教阶层中反对派的力量，要知道他们几乎全是乌克兰人。女皇提名有学识的俄罗斯僧侣、斯拉夫－希腊－拉丁语学院的毕业生进入教会负责行政管理工作。在教会最高管理层任职的有季米特里·谢切诺夫、格杰翁·克里诺夫斯基、加夫里尔·彼得罗夫、普拉东·列夫申、因诺肯季·涅恰耶夫、阿姆夫罗西·波多别多夫等人。

他们已经不再是 18 世纪初老莫斯科的那些"大胡子元老""旧礼仪派"的狂热追随者了。那一代俄国主教已经退出了历史舞台。新一代的宗教活动家接受的是忠于世俗政权的教育。他们一直受到完全控制了教会领导权的乌克兰"外来者"的排挤和欺压，自己的擢升只感恩于国家政权，因此他们全心全意地效忠于国家，为它服务。正如叶卡捷琳娜二世对加夫里尔·彼得罗夫所做的评价，他们因此而成为"君子"。在彼此推心置腹的交谈中，在私人通信里，他们能够互相倾吐自己"在世俗官员面前受到的凌辱"[1]，但一切也就仅限于此。

那么，从叶卡捷琳娜二世的角度，理想的高级僧侣应具备哪些品质呢？她给季米特里·谢切诺夫的评价道出了答案："不是压迫者，不是宗教狂……厌恶关于'两个政权'的提法。"这也完全符合贵族阶层的期许。梁赞省省长 M. 卡缅斯基在给 Г. 波将金的信中说，高级僧侣要求禁止节日期间举行各种公共娱乐活动。M. 卡缅斯基写道："他们认为，应该让民众明白，直接领导他们的不是教会政权，而是世俗政权……要让他们把我们区别开来。如果可以的话，给我们派一位世俗主教……而现在的这位，是名副其实的宗教狂。"[2]　"世俗主教"这一表达意味深长，它反映了上层贵族对宗教和教会在社会中的位置的观点，及其希望让一些生活领域摆脱教会控制的愿望。M. M. 谢尔巴托夫明确表达了自己的

---

① См. , например: Письма митрополита Платона к Амвросию и Августину. М. , 1870.

② Из бумаг кн. Потемкина-Таврического // Русский архив. 1865. № 1. С. 65.

反教权主义倾向。他写道，在主教公会"设置总监这一职位，专门负责监督神职人员的行为，禁止他们染指一直想参与的世俗事务……高级僧侣和身居主教公会的高层宗教人士受人敬重，不仅仅是因为他们的身份，还因为他们步步为营，彼此之间拉帮结伙，让自己的势力愈加强大……现今女皇陛下知道，教权的边界应该在哪里，当然，是不会容许它越界的。但我不敢担保，今后宗教官员一旦找到适当的时机，会不会去扩充自己的权力"①。

上述担忧当然有一些夸大的成分。教会归于国家管辖终是成了事实。教会已经无法再与国家相抗衡，它变成了国家机器的一部分，而"宗教高层人士"则成了穿着教士长袍的国家官员。保罗一世时期实行的为高级僧侣颁授勋章的举动有着深层次的象征意义。在第一批勋章获得者中，都主教普拉东·列夫申一开始一度拒绝接受勋章。他表示，自己誓死也要做一名主教，而不是勋章获得者，但之后还是接受了勋章，并解释这样做是因为"不想再触怒沙皇，让他以为自己忘了君主应该受到臣民的敬仰"②。

教会归国家管辖在客观上进一步限制了宗教在社会生活和文化各领域的影响。这一点首先体现在社会政治思想上。

传统的"第三罗马"学说从宗教的角度确认了莫斯科沙皇政权的地位，同时，也表明了教会对特殊的领导角色的觊觎。该学说宣告信奉东正教是国家强大和稳固的基本保证，同时，强行让世俗政权把关心教会这一东正教的堡垒，维护教会利益作为自己最重要的责任。"第三罗马"的概念具有国家"教会化"的倾向，因此，无论如何也不能成为教会"国家化"的思想理据。

专制主义的政治思想建立在新的理性主义思想之上，以"为全民谋

---

① ЧОИДР. 1859. Кн. 3.
② Письма митрополита Платона... С. 15，16.

福祉和利益"的思想为基础，以此粉饰封建国家的阶级性本质，宣扬国家利益即全社会的利益。专制主义的思想家们在进行思想构建时，从西方的"自然法"和"社会契约论"理论出发来论证自己的观点。这体现了社会政治思想世俗化的过程。

然而，在呼吁追求"自然理性"的同时，他们也从"圣书"中引经据典来论证自己的观点。即使是 18 世纪上半叶最著名的世俗思想家 B. H. 塔季谢夫也认为，自然法与上帝的法则并不矛盾，而是后者的一种表现形式。他写道："上帝的法则……是自古以来最初始的自然法则；自然法则是将上帝的旨意忠实地表述出来或是记述下来以便保存。"① 而 Ф. 普罗科波维奇的典型做法是在引用"自然法"的同时，把《启示录》作为独立的论据来源。他的每一条论断都是基于《圣经》和"自然理性"得出的结果。Ф. 普罗科波维奇之所以这样做，是因为他的《论君主意志的真谛》及其他作品是面向具有宗教意识的广大读者而写的，同时既然他的对手们利用神学思想来论证自己的观点，那么，他"也应该以彼之道，还施彼身"②。

专制政权和专制主义思想家无法将宗教从政治意识领域清除出去，其实这也并非他们所愿。他们有意识地努力把宗教这一微妙而又强大的武器保留下来，并利用它来巩固现有的制度。反教权主义思想反对教会对社会的领导，但同时也承认教会在国家生活中的重要作用。但将宗教作为最重要的阶级统治工具这一作用保留下来，令社会生活和文化的世俗化进程更加复杂，矛盾重重。

宗教是社会制度和专制制度最重要的基础，彼得一世清楚地意识到这一点，并在自己的讲话中多次强调。这在立法中也得到了体现。彼得

---

① Татищев В. Н. Избр. произв. Л. , 1979. С. 115. 61.
② Ничик В. М. Из истории отечественной философии конца XVII-начала XVIII в. Киев, 1978. С. 226.

一世敕令，宣布宗教为"国家昌盛之第一基础"，"是君权最可靠的支柱，能对令社会动荡不安的种种恶行和骚乱进行最强有力的控制"。修建亚历山大·涅夫斯基修道院，并将亚历山大·涅夫斯基的遗骸移至那里，便是利用宗教来为国家的对内对外政策提供支撑而实施的重大意识形态方面的举措。此举旨在巩固新都的声望，将北方战争的目的神圣化——是"为收复素来属于俄国的波罗的海沿岸土地而战"。修道院建在1240年亚历山大·涅夫斯基战胜瑞典人的地方。彼得一世虽然对修道士和僧侣极为反感，但他还是想在进行波尔塔瓦战役的地方建一座修道院。

可见，宗教在政治生活中发挥着巨大的作用。彼得一世及其继承者们（彼得三世除外）一直都在竭力表达自己对东正教的忠诚，将自己扮演成东正教保卫者和庇护者的角色。叶卡捷琳娜二世的登基宣言则是其利用宗教进行争夺权力的内部政治斗争的实证。宣言称，促使叶卡捷琳娜二世发动政变的主要原因是她必须保护东正教，使其免受被消灭的威胁。①

教会的主要职责是强化沙皇的政权，培养臣民的忠君思想和情感。通过在"盛大的日子"和"胜利日"举行必要的祈祷仪式来树立对王权的崇拜，这类"盛大的日子"和"胜利日"包括加冕日、皇室成员命名日、俄军取得胜利的日子等。印有各大隆重庆典日的名册发放至各个教会，并被一直供奉在圣坛或是圣器室。同遵守教会的节日祭祀仪式相比，在庆典日举行盛大的祈祷仪式是更为重要和必须进行的事情。错过"庆典日祈祷仪式"被视为犯了政治罪，此类案件由秘密办公厅负责审理。18世纪30年代，神职人员因缺席这一类祈祷仪式而受到了特别残酷的大规模迫害。即使是在庆典日之前暂时离开自己所在的教区，都会被处以剥夺教职、接受世俗法庭的惩罚和永久流放的处罚。直至1739年，对

---

① ПСЗ. Т. ⅩⅥ. № 11582.

"非蓄意"错过庆典日者的处罚有所减轻，惩罚措施改为残酷的肉刑及流放到"修道院劳作"一段时间。1766年，肉刑才被取消。在此之前，鞭笞之刑一直都是培养神职人员政治忠诚的一种重要手段。[①]

随着教会权力逐渐归国家所有，教会的司法权也发生了重大的变化。

18世纪之前，教会在司法方面的特权非常大。首先，除抢劫和凶杀案之外的所有民事和刑事案件，以及教会教士、神职人员的相关案件由宗教法庭审理。其次，教会对国家全体民众的各类案件拥有司法管辖权。所谓的"宗教案件"不仅包括反对宗教和教会的案件，还涉及民事领域和部分刑法领域的案件，如婚姻、家庭、遗产等方面的案件。[②]

1700年，在为编制新法典而成立的委员会上，宗教法庭的权限问题被提出。为回复委员会问讯，大牧首阿德里安下令制定《关于宗教法庭的条款》，从宗教规范的角度对教会的司法特权予以阐释。这是为保护教会作为拥有广泛权限的司法机构不受侵犯而做出的最后尝试。阿德里安去世后，有关婚姻契约和遗嘱等方面的民事案件不再归宗教法庭管辖。1701年，修道院衙门设立，对教会农民的司法管辖权转归该衙门。

对教会在世俗事务管理权上的限制，即缩小宗教法规适用范围的进程后来也一直未中断。《军法条例》（1716）规定，由世俗法庭管辖的刑事案件包括家庭、婚姻关系方面的罪案，有违良俗的性犯罪案，而此类案件原来归教会管。[③]

1722年，根据彼得一世在主教公会的报告上做出的批示，有关婚生子女的权利、强迫婚姻、强奸、乱伦等的案件转归世俗法庭管辖；"其他

① Зольникова Н. Д. Сословные проблемы во взаимоотношениях церкви и государства в Сибири（ⅩⅧ в.）. Новосибирск，1981. С. 152–168.

② Статьи о святительских судах, собранные по повелению патриарха Адриана // ЧОИДР. 1847. Кн. 4；Павлов А. С. Курс церковного права. Сергиев Посад，1902. С. 399–403，410–413.

③ ПСЗ. Т. Ⅴ. № 4006. Артикул Воинский. Гл. ⅩⅩ. Арт. 165–177.

问题婚姻和离婚过失方的判定"、通奸案仍由教会负责。批示还规定，神职人员的民事、刑事和政治案均归世俗法庭管辖，涉及神职人员的"世俗法庭管辖之外的"[①] 案件由宗教法庭负责。这一表述的模糊性和不确定性使得这种区分是有条件的，为地方世俗政权在处理案件时提供了诸多的可能性。

至于反宗教和教会的犯罪行为（亵渎神明、渎犯教规、异教、分裂宗教、施巫术、迷信等），在这一时期归宗教法庭管辖。不过宗教法庭只是进行预审，对罪犯的罪行进行"一一揭露"，而最终的裁决和定刑由世俗法庭负责。到18世纪80年代，此类案件已完全不再由教会负责，宗教法庭的管辖范围进一步被限制，其权力仅包括对逃避忏悔者和通奸罪者施以宗教上的惩罚，为世俗法庭判处的人进行宗教忏悔。[②] 这里最重要的变化并非这些罪案由宗教法庭转归世俗法庭管辖，而是对于这些罪案的法律观点的变化反映了一个事实，即对纯宗教观点的放弃。

对于宗教人士来说，任何对官方教义的偏离和放弃、对教会权威的反抗以及不服从教会的行为本身都很严重，是比其他任何行为都更严重的犯罪行为。因此，他们要求对异教徒和分裂派教徒施以最严厉的惩罚。对一切异教思想零容忍的 C. 亚沃尔斯基认为，必须对异教者处以死刑，这是与异教邪说进行斗争的唯一手段。他写道，如果说"杀人犯……强盗等诸如此类的罪犯罪该万死的话"，那么，对异教者就更应处以死刑，因为他们"造下的恶比强盗更甚，他们诛杀人的灵魂和信仰，破坏一切幸福之根源"。[③] 他对分裂活动也同样绝不容忍。

而世俗政权首先是从国家的角度来审视这些案件。对于它来说，重

---

① ПСЗ. Т. Ⅵ. № 3963.

② ПСЗ. Т. ⅩⅪ. № 15379；Попов Ард. Суд и наказания за преступления против веры и нравственности по русскому праву. Казань，1904. С. 269.

③ Цит. по：Филиппов А. Н. О наказаниях по законодательству Петра Великого. М.，1891. С. 141，142.

要的不只是"异端分子"对教会及其学说的偏离程度，不是"持异端"这一行为本身，而是其思想和行为中是否有政治反抗的成分，以及"持异端者"对国家政权及其政策的态度。纯宗教因素的考量已经退居其次。当然，国家将宗教作为现行制度最重要的思想支撑，还是要兼顾到它的利益的，但这已经不再是首要因素了。这从前文提及的世俗政权对 Г. 塔利茨基案和对 Д. 特维利季诺夫案的不同态度中就可见一斑。教会和国家的不同立场在对待分裂行为的态度上体现得尤为明显。

彼得一世时期，国家政权对待分裂教会行为的政策并不像 17 世纪后 30 年那样具有单一性和一致性。对于国家利益、经济利益的考量开始对政策的制定产生巨大影响。当局希望利用旧礼仪派来实现充实国库和发展工业的目的，吸引他们进入工商业的上层以支持专制政权。在制定对待教会分裂活动的政策时，这些实用主义的考量压过了其他各因素，发挥了决定性的作用，国家没有接受教会一再坚持的对分裂行为采取最原始的惩治手段的建议，而是对不同的宗教信仰表现出包容态度。历史学家 И. И. 戈利科夫引用了彼得一世关于旧礼仪派的一番话："如果他们真是如此（即诚实、勤劳，可以和他们做生意或是其他事情——作者注），那么，我认为，他们想信什么就让他们信什么，让他们各显神通。"[1] 彼得一世对维格分裂派的庇护态度就是这一趋势的实际体现，他更关心的是奥洛涅茨地区冶金业的发展。他给予维格人"住在那个偏僻的维格修道院，按照古版祈祷书向上帝做自己的礼拜的自由"，但为此他们应当"在波韦涅茨工厂听话地做工"，并"尽其所能为工厂提供一切资助"。正因如此，维格教会在很长时间内都没有遭到压制和迫害，这为它的经济繁荣创造了条件。[2]

---

[1]　Цит. по：Попов Ард. Указ. соч. С. 208.

[2]　Цит. по：Филиппов А. Указ. соч. С. 250-253；См. также：Есипов Г. Раскольничьи дела XVIII столетия Т. I. С. 270-293.

但与此同时，这一政策也体现出另一种趋势，即将分裂派教徒视为旧礼仪派的狂热追随者和一切新政的反对者。该观点在《宗教章程》中得到了清晰的表述："旧礼仪派是'一直与国家和国君为敌作恶'的残暴的敌人。"① 因此，在圣彼得一世时期和接下来的几十年，国家一方面对不同的宗教信仰表现出一定的包容性；另一方面，对分裂派教徒也进行了残酷的镇压。之所以这样做是因为世俗政权希望能够保留和维护东正教在意识形态方面的宗教垄断地位。当然，这里对"垄断"的理解更加灵活，即要以国家利益为先。

一旦分裂派的反对活动具有了政治性，他们就会遭到特别残酷的镇压。例如，1722 年塔拉暴乱的参加者拒绝向彼得一世尚未宣布的继承人宣誓，遭到当局的残忍迫害，他们被处以各种极刑，许多人被处以绞刑、轮轧、分尸之刑，有的被插死在木橛上，数以百计的人受到鞭笞之刑。②

上述种种决定了彼得一世时期关于教会分裂行为的立法内容充满矛盾性，有关法律一直使用到 18 世纪 60 年代。一方面，1716 年谕令规定，分裂派教徒须缴纳双倍人头税，③ 这就意味着旧礼仪派的存在得到了官方和法律上的承认，其身份合法化；同时，当局不止一次下令，采取训诫措施而非残暴手段来反对教会分裂活动。另一方面，该法令的内容中还包括一系列旨在肃清教会分裂活动的限制措施及严厉的惩治措施。对于"诱导他人"参与分裂活动的行为，即向包括家庭成员，甚至是子女在内的其他人传播旧礼仪派教义的行为，予以尤为残酷的重罚。按照旧礼仪缔结的婚姻（没有在教堂举行婚礼）被视为非法婚姻。禁止举行社会性的祈祷仪式，禁止收存尼康以前的书籍。被登记在册、缴纳双倍人头税

---

① ПСЗ. Т. Ⅵ. № 3718. С. 342.

② Покровский Н. Н. Антифеодальный протест урало-сибирских крестьянстарообрядцев в ⅩⅧ в. Новосибирск，1974. С. 34-68.

③ ПСЗ. Т. Ⅴ. № 2991，2996.

的分裂派教徒必须穿特殊的衣服，他们无权在行政机构和军队担任领导职务。① 该法令的内容存在前后不一、自相矛盾的地方，对其可以进行不同的解读。因此，无论是对分裂活动采取原始的惩罚政策（这是教会一直坚持的），还是采取包容的态度，法令制定者都可以自圆其说。

尽管政府对待教会分裂活动的政策有自相矛盾的一面，但在整个18世纪，其主要变化趋势还是清晰地体现了出来：从借助惩罚手段镇压分裂活动到对旧礼仪派的承认，并利用他们达到充实国库、发展经济的目的。在这条道路上的一个重要里程碑是18世纪60年代初沙皇签署了一系列新法令。1762年1月29日，彼得三世签署谕令，允许逃到国外的分裂派教徒回到俄国，并以法律的形式规定，"任何人不得禁止他们信守旧约礼俗，使用古版宗教书籍"。法令指出，教会在与分裂活动做斗争的过程中使用惩罚措施是没有前途的，只会损害政府的财政收益，因为"旧礼仪派教徒遭到'逼迫和痛苦的折磨'"，这只会让他们"一心想逃往国外，开始消极怠工，碌碌无为地生活"。因此，相关部门奉命重新修订有关旧礼仪派的所有法律，剔除其中大量阻止和限制他们追求自己信仰的内容。同年2月1日，相关部门又颁布法令，停止一切有关旧礼仪派教徒的诉讼和审讯案，"即刻将在押者释放回家，既往不咎"②。

叶卡捷琳娜二世也认可彼得三世颁布的这些法令，③ 还在此基础上更进一步，将给予逃往国外的旧礼仪派的宽待措施扩及所有的分裂派教徒，并要求地方政府为旧礼仪派教徒提供庇护，保护他们不受排挤迫害，不许强制他们穿特殊的衣服和剃掉胡须。此外，还通过了一系列措施，旨

---

① Покровский Н. Н. Указ. соч. С. 38，39.

② ПСЗ. Т. ⅩⅤ. № 11420.

③ ПСЗ. Т. ⅩⅥ. № 11683，11720，11725.

在减轻对旧礼仪派在行政和法律上的孤立。① 政府的这一新方针政策最终确立下来是在18世纪80年代初，双倍人头税被取消，以前有关教会分裂活动的法律中规定的其他歧视性措施被取缔。② 1783年颁布的法令从新的观点看待世俗政权对待不同宗教信仰的态度问题。法令指出："世俗政权不必刻意去区分民众当中谁是正统派信徒，谁是信仰其他教派的'迷失者'，但它必须对所有人都要进行监督，让每个人都能遵守国家的法规。"③

当然，专制政权也不是完全不维护官方教会的利益，不同反教会分子做斗争。然而，在斗争的方法问题上教会和国家的分歧越来越大。随着国家政权承认旧礼仪派的合法地位，国家政权与教会之间的矛盾日益深化，这种矛盾有时甚至发展为地方世俗政权与教会政权之间的激烈冲突。例如，1751年，在乌拉尔地区事态一度发展到两支各属不同部门的军队进行了一场持续数月的武装冲突：一支是西伯利亚省府办公厅应托博尔斯克宗教事务所要求派出镇压抓捕旧礼仪派教徒的队伍，而另一支是以矿务委员会下属机构之名义，保护旧礼仪派教徒免受迫害的队伍。这种矛盾冲突会破坏工业企业的正常运作。④

教会一方面仍然继续坚持使用惩罚措施，将其作为与分裂活动进行斗争的行之有效的手段；另一方面，希望能够得到国家的大力帮助。但它也不得不考虑一个因素，即一味地从宗教角度论证很难说服世俗政权对分裂派教徒动用迫害手段。因此，教会千方百计地把旧礼仪派描绘成教会和皇权的敌人，让对他们的抓捕迫害变成具有政治性色彩的行动。

---

① ПСЗ. Т. ⅩⅥ. № 11725, 11989, 12067；Т. ⅩⅧ. № 13255.

② ПСЗ. Т. ⅩⅪ. № 15473, 15581；18世纪60～80年代有关分裂活动的立法参见Покровский Н. Н. Указ. соч. С. 288-296。

③ Полное собрание постановлений и распоряжений по ведомству православного исповедания. 1773-1784. Пг. , 1915. Т. Ⅱ. № 1096.

④ Покровский Н. Н. Указ. соч. С. 199-209.

在对旧礼仪派教徒的案件进行审理时，教会人士特别注意那些在世俗政权眼中有可能让他们获罪的信息资料；同时，教会人士还提一些用心险恶的问题，诱导受审者说出可能被解读为政治上不忠的一些言论。[①] 应当指出的是，教会的这一策略体现出非常重要的一点，即它不得不承认国家利益高于宗教利益。

　　教会和国家的分歧还表现在它们对其他教派和外国人的态度上。教会对待这一问题的传统观点，体现了东正教的孤立主义、宗教狂热和对其他宗教的狭隘偏执等典型特征。教会谴责一切与外国人的交往行为，将他们视为"持异端思想者"。这一立场是与其他国家和民族建立文化联系及世俗文化形成和发展道路上的主要障碍，因为世俗文化的一个典型特征就是作为一个体系，它具有"开放性"，竭力与其他文化进行积极的交流和沟通。[②] 统治阶级及国家的利益、全国人民的利益都要求扩大这种交往，学习和利用其他文化的成果。这就意味着要消除教会构筑的宗教思想壁垒，让文化生活摆脱教会的控制。Ф.普罗科波维奇曾说过："不耻于向他人和他国学习借鉴好的东西的人和民族都是明智者。"不同的信仰也不是障碍，因为"当你喝美酒时，不要去问它来自哪里，同样，也不要去问一位正直的人，他的宗教信仰如何，来自哪里"[③]。关于社会和个人生活世俗化的问题，B.H.塔季谢夫表达了更合乎逻辑的思想。他认为，"一个国家存在不同的宗教信仰无伤大雅，而宗教纠纷和内讧无非是一些教士或是迷信的假仁假义者，或是愚笨的虔诚信徒为了私利和私心而挑起的。聪明人之间就不会发生这样的事情，因为聪明人不会干涉他人的宗教信仰。对他来说，无论他们是马丁路德派、加尔文派，还是天

---

① 在对政治抗议因素在旧礼仪派运动中的地位和意义进行评价时，这些法律资料作为有关分裂活动的史料有时会被忽略。

② Краснобаев Б. И. Русская культура второй половины XVII-начала XIX в. М. , 1983. C. 63-65.

③ Цит. по: Ничик В. М. Из истории отечественной философии... C. 152, 153.

主教徒、再洗礼派教徒，抑或是多神教徒，和他们生活在同一座城市或是做生意，都是一样的。因为和他们交往看的不是他们的宗教信仰，而是他们的商品、他们的品行和德行……"①

《1702 年宣言》的发布，给予所有生活在俄国的外国人宗教信仰自由的权利。② 这标志着与中世纪东正教会不容许其他宗教存在的时代告别迈出了决定性的一步。在整个 18 世纪，宗教信仰自由这一原则不止一次被提出。宣言中指出，之所以走这一步是为了满足国家利益的需要——必须吸引外国专家来俄国任职："鼓励外国人来我们这里，不仅仅是工作，还包括留在我们这片土地上定居。"

这样一来，宗教信仰不再是在各个生活领域与外国人交往的障碍。尤其应该指出的是，这一变化也触及了宗教生活本身，特别是教会一直悉心保护的宗教崇拜领域。外国人被允许参加东正教的祈祷仪式，准许他们进入东正教会的教堂和修道院。这不再像从前一样，被看作对教堂的亵渎。③ 在彼得一世时期，不允许将外国人安葬在东正教会的墓地这条禁令并没有得到特别严格的执行。④ 外国人会参加一些与宗教圣礼相关的家庭庆典和仪式，例如，他们会在行受洗礼时被邀请去做教父。同样，俄国人也不拒绝让自己的孩子在外国人那里受洗。⑤ 彼得一世就经常去外国人那里给自己的孩子施洗礼。外国人有时还会出席俄国人的婚礼，而

---

① Татищев В. Н. Избр. произв. С. 87.

② ПСЗ. Т. Ⅳ. № 1910.

③ Перри Д. Состояние России при нынешнем царе // ЧОИДР. 1871. Кн. 2. Отд. 4. С. 150; Вебер Х. Ф. Записки Вебера о Петре Великом и его преобразованиях // Русский архив. 1872. Вып. 7. Стб. 1367; Берхгольц Ф. В. Дневник камер-юнкера Берхгольца. 1721 – 1725. М, 1902. Ч. 2. С. 145.

④ Перри Д. Указ. соч. С. 150; Вебер Х. Ф. Указ. соч. // Русский архив. 1872. Вып. 9. Стб. 1641; Берхгольц Ф. В. Указ. соч. М., 1903. Ч. 3. С. 95–98.

⑤ Сб. РИО. Т. 19. С. 65; Берхгольц Ф. В. Указ. соч. Ч. 2. С. 208; Ч. 3. С. 22; М., 1903. Ч. 4. С. 99.

且还是作为"婚礼的主持者"① 出现。

然而,给予外国人宗教信仰自由完全不意味着承认各种宗教的地位是平等的。与对待旧礼仪派的态度一样,世俗政权一方面容许不同宗教信仰存在,同时,也没有拒绝维护东正教这一在国家占统治地位的宗教的特权地位。整个18世纪,在东正教徒中宣传异教(只有东正教才可以做这样的宣传)一直被禁止。诱导东正教徒信奉其他教派或是有叛教行为的人会被处以重刑。与此同时,国家还千方百计鼓励其他教派的信徒转而信奉东正教,简化基督教其他教派的信徒加入东正教的程序,只要举行完涂圣油仪式就意味着加入东正教了,禁止将国外印制的俄文宗教书籍传至国内,未经主教公会准许,不得将外国的神学书籍翻译成俄文。这些举措也体现了国家对官方宗教的保护,使其免受其他宗教的冲击。②

文化世俗化进程的矛盾性、有限性及其在社会各领域推进的不均衡性对宗教领域自身也产生了影响。这主要表现在与"迷信活动"的斗争中,以及民众对待宗教崇拜的态度上。

在日常生活层面,宗教意识的典型特点是宗教礼俗仪式被置于最重要的位置。与从前一样,在民众的日常生活中,现实存在的、有许多人信奉的宗教事实上是由东正教和各种多神教信仰和宗教礼俗组成的综合体,其中的许多内容都是源自基督教以前的观念、认识和具有魔力的祭祀祈祷行为。教会与接受基督教之前存在的民间信仰和崇拜进行了数百年的斗争,结果并没有将其彻底清除,而是在实践中将其中的许多内容融入基督教的宗教崇拜中。古时的信仰和礼俗仪式不仅得以流传下来,还套上了官方宗教崇拜的外衣继续存在着。这一综合体的两个组成要素——多神教和基督教之间的作用是双向的:一方面,古时的信仰和礼

---

① Берхгольц Ф. В. Указ. соч. Ч. 4. С. 76 и др.
② Там же. Ч. 1. С. 205—209; Ч. 3. С. 38, 88, 89.

仪被用基督教的教义进行了解读和阐释；另一方面，也是更为重要的，基督教在向广大民众传播渗透自己的传说、礼俗仪式和教义的过程中，得到了人们从多神教的角度进行的重新认识和理解。[①] 这也是东正教教义、"基督的法则"渗透到人们意识深处的主要障碍之一，为基督教行使其作为阶级压迫的工具这一主要社会职能造成了很大的困难。彼得一世的谕令指出："人们不知道什么是信仰、希望和爱——所有的希望都寄托到在教会唱歌、斋戒、做礼拜上，寄托到教堂的内部陈设、祭祀用的蜡烛和神香上。"基督教在民众当中的传播情况并不容乐观，关于这一点И. Т. 波索什科夫写道："即使是在莫斯科，也未必有一百人能知道，什么是东正教信仰，或是上帝为何人，他的'意旨'是什么，或是如何向他祷告，说什么祷告词…… 如果到农村居民中去看看，那么，一千个人中也别指望能找到一个对这个事物哪怕是有一丁点儿了解的人。"他认为，必须向"农村居民灌输这一切，从而让他们'不再去咒骂富人，而是将他们奉若神明'"。[②]

同"迷信活动"做斗争，以及针对宗教崇拜方面的各项举措包含了多重意味。从中可以看出政府的一系列努力和意图：简化和减少宗教崇拜仪式，对宗教在日常生活中的影响作用加以限制，让生活中的某些领域摆脱宗教的控制，以免妨碍新的世俗风习和规范的推行，反对教会反对派利用制造"杜撰出来的神奇怪事"等迷信活动的手段来达到自己的政治目的，防止其实现对意识形态的控制。最主要的意图是希望加强国家对宗教生活的控制，强化宗教的社会教化作用；重新审视东正教崇拜中的某些内容，去其糟粕，从而使这一思想武器变得强而有力。

《宗教章程》针对宗教崇拜的主要措施做出规定，具体如下。责成主教公会彻底清除"一切伪善之徒为谋私利编造出来的、根本无法拯救人

---

① ПСЗ. Т. XI. № 8832.

② Сочинения И. Посошкова. М., 1842. С. 308–310.

而只是迷惑普通民众的迷信活动"，取消一切"无用的、让人们进行的公开的偶像崇拜的仪式"。譬如，"以圣周五的名义领着不带头巾的妻子去参加圣周五"，"在某个地方，神甫带领民众对着橡树做祈祷，然后把这棵橡树的树枝分发给他们以示赐福"，等等。

对圣徒的生平传记进行重新审订，并查点圣徒的遗骸遗物："查看圣徒的传记是否有编造杜撰或是反基督教的内容，或者是东拼西凑、引人发笑的故事。对于这样的内容要予以抨击，指出其中用谎言编造的部分，并禁止传播。关于圣徒遗骸遗物在哪里、有哪些等一切存疑的问题都要进行排查——有许多说法都是骗人的。"①

同以前一样，圣像崇拜在文化以及日常的宗教生活中占有重要的地位，其性质也一如从前，仍然是盲目的。这表现在对待圣像的态度上，对待圣像如同对待"活着的上帝"一般，而这与基督教的教义有明显的矛盾之处。② 特别是对"有灵"圣像的崇拜更甚。教会利用人们相信奇迹的心理不仅仅是为了谋取私利，有时还有其他意图。例如，1720 年，在圣彼得堡的一座教堂出现了一尊"哭泣的"圣像。彼得一世把这尊圣像拿到了宫殿之上，当着朝臣和高级神职人员的面揭穿了这桩"奇事"的机关内幕，最终始作俑者受到惩罚，而圣像交由珍品陈列馆保存。在这一事件中，彼得一世更为关注的不是欺骗这一行为本身，而是"假造奇事"背后的政治图谋："利用迷信对此进行了包藏祸心的解读"，说是"圣母对这个国家极为不满，用自己的眼泪发出了预言，预示着新的城市（首都圣彼得堡——译者注），也许是整个国家将遭遇大的灾难"③。

简化宗教礼仪和破除迷信的措施也不能不涉及圣像崇拜。彼得一世

① ПСЗ. Т. Ⅴ. № 3718. С. 319–321.
② Очерки русской культуры ⅩⅧ века. М. , 1979. Ч. 2. С. 291–293.
③ Церковь в истории России（Ⅸ в. – 1917 г. ）. Критические очерки. М. , 1967. С. 175, 176.

开始尝试对圣像在日常宗教生活中的过度使用加以限制。比如，彼得一世在沃罗涅日视察舰队时，发现每间船舱中都摆放着许多圣像。于是，他下令每艘船上只允许保留一尊圣像，其余的全部拿走。[①] 禁止在街上和小礼拜堂供奉圣像，这一禁令令民众甚至是老一代达官贵人都大为震惊。[②] 彼得一世颁发命令，禁止把教堂的圣像拿到教区教民的家中。[③] 进一步同 1667 年宗教会议提出谴责的一些礼俗习惯做斗争，如每个教区的教民在教会都有自己进行祷告的圣像，把硬币、项链等贵重物品挂到圣像身上等行为都被禁止。[④] 当局的这些措施不仅激起神职人员的不满，还引起广大民众的愤怒。一时间谣言四起，并被反对宗教改革的人大肆传播和利用。1711 年，英国驻俄使馆的秘书向伦敦政府报告说："让大家特别关注的一个传闻，不管是真是假，内容是说沙皇打算颁布法令，禁止每户人家供奉的圣像超过两尊：说是一尊用于在家里做祷告，而另一尊用于在教会做祷告。现在每家动辄就有 20 尊、30 尊圣像，常常是一整面墙都摆满了。以目前的情况来看，沙皇未必能下决心颁布这样的法令。"[⑤]

无论宗教改革家的目的和意图如何，所有这些措施都伴有对迷信活动的批评，这造成了对宗教漠不关心和滋生怀疑情绪的危险。М. М. 谢尔巴托夫一针见血地指出了"与迷信做斗争"带来的矛盾性后果。一方面，他赞成彼得一世在这方面的行动，指出："应当夸赞的是，彼得大帝想通过法律来消除迷信，因为事实上迷信不是对上帝和法律的尊崇，而是咒骂……这样做很好。然而，他强行消除未开化的民众的迷信观念时，把他们对上帝法则的信奉也一起带走了……这样一来，迷信活动减少了，

---

① Перри Д. Указ. соч. С. 144，145.
② Берхгольц Ф. Указ. соч. Ч. 2. С. 191，192.
③ ПСЗ. Т. VI. № 3910.
④ Там же. № 3888，3975.
⑤ Сб. РИО. Т. 61. С. 105.

连带着信仰的主要部分也没了……"①

　　上述评价整体而言是正确的，但应当补充一点，宗教对社会各阶层日常生活的影响力的削弱程度并不一样。其中，受影响最大的是上层人士的日常生活，因为他们仍然保留了传统的受洗、结婚、安葬等宗教仪式。

　　提倡与迷信做斗争的是世俗政权。而教会则完全持反对立场。宗教改革家认为是迷信的东西，对于宗教人士来说却是笃信宗教的基础。教会极力在日常生活中以各种形式，甚至是通过把多神教基督教化的方式来向人们灌输宗教思想。为了加强和巩固宗教的地位，教会支持一切对超自然力、对具有魔力的手段和行为的信仰，即使它们与基督教的教义不相符。

　　当时的宗教界人士，包括 C. 亚沃尔斯基、Ф. 洛帕京斯基、Г. 维什涅夫斯基等一些学识渊博的人，保护的不仅仅是源自圣像、圣徒遗骸及其他遗物的"神奇力量"，还有对"妖魔等不洁力量""通灵异"，甚至是巫术的信仰。例如，谙熟神学的 Ф. 洛帕京斯基言之凿凿，称巫师可以徒手将参天大树连根拔起，可以把一片片长满庄稼的田地从一个地方变到另一个地方，也可以变身为隐形人。②

　　至于巫术，事实上当时人们对它的信仰是无处不在的。然而，自 18 世纪初起，世俗政权便将其视为"充满迷信的胡言乱语"，这甚至体现在法律规定中。《海军章程》规定，施巫术要受到惩罚，因为这是一种亵渎神灵的行为，相信巫术与宣扬"上帝万能"的教义相矛盾。"做任何事情都只应向上帝祈祷，并将希望寄托于上帝。"③ 不过后来，揭发指控巫术

---

① Щербатов М. М. О повреждении нравов в России // О повреждении нравов в России князя М. Щербатова и Путешествие А. Радищева. М. , 1984. С. 80，81.
② Ничик В. М. Из истории отечественной философии. . . С. 174.
③ ПСЗ. Т. VI. № 3485. С. 49.

的行为又被世俗政权看作无知的表现。

而教会的立场则一如从前没有变过。宗教人士支持人们对巫术的信仰，但同时，为了燃起人们的宗教热情，对巫师也实施迫害活动。

教会对于被怀疑"与妖魔灵异等不洁力量接触者"展开极为残酷的镇压和迫害（甚至将其烧死）活动。例如1737年，12岁的婢女伊琳娜·伊万诺娃被疑与魔鬼有关联，被指控"她被会说人话的魔鬼附身"。因此，她被关进了托木斯克修道院，受到鞭打之刑和剔刑，之后被流放到鄂霍次克监牢，由当地的神职人员负责长期看押。马克西姆·马雷金因被指控偷偷通"灵异"这一渎神行为而被枷锁锁着，关押在雅库茨克修道院的一间"暗室"中。狱卒完全不给他水喝，因为担心他会私通魔鬼，化入水中逃跑，哪怕当时他被锁链锁着，而且监牢的看守森严。1779年，乌斯秋格主教在所辖教区的农民当中发现有巫师的存在，于是展开调查审讯。一些农民经受不住严刑拷问，承认自己拒绝信奉东正教，和鬼怪有联系。于是，他们被作为重刑犯押解到圣彼得堡。枢密院以此次事件为由，颁发了禁令，禁止主教和其他神职人员参加巫术活动。然而，这一禁令在实践中的落实情况并不太好，而教会对巫师的迫害也一直在继续。[1]

宗教人士认为，世俗政权在宗教崇拜方面的措施都是为了反对教会而实施的，试图破坏它的教义和破除陈规旧习。M. 罗德舍夫斯基在对这一"阴暗时期"的描述中表达了宗教人士对这些措施的深恶痛绝："举国上下，所有的小礼拜堂都被毁掉了，世俗政权下令把里面的圣像都毫不留情地移出去，小礼拜堂里剩下空空如也的四壁，原来做祷告、唱圣诗和赞美诗的地方现在让人进去贩卖烟草、药粉，给人剃胡须，而所有有灵的圣像用污秽不堪的蒲席盖着，放在破旧的大车上拉走，运到主教公会；世俗政权还下令把圣徒的棺柩打开，把他们的遗骸从地里挖出来，

---

[1] Грекулов Е. Ф. Православная церковь-враг просвещения. М. , 1962. С. 35–37.

咒骂这些上帝的侍者，称他们是'伪圣尸'。而如果有人说自己身上有神奇魔力的话，就会遭到残忍的惩罚。"①

　　上述可怖的景象中不乏夸张的成分。宗教崇拜中的某些问题是教会改革思想中的一项内容，对其进行重新审视绝不意味着否定一切崇拜。相反，世俗政权清楚地意识到，崇拜是宗教借以实现其作为信徒的宗教意识和行为指明方向的重要元素。因此，针对"疏忽、轻视"东正教崇拜的行为制定了一系列严厉的行政处罚措施。自彼得一世开始，世俗政权在整个18世纪颁布了多条命令，对崇拜活动做出明确规定。其中，教徒每年必须做一次忏悔；责成神甫对"违反者"进行统计，并负责监督本教区教民在节日和礼拜日"来教堂做晚祷、晨祷和弥撒"，以及在做礼拜期间不能分心去做其他事情。命令规定，做礼拜时要"沉默不语""心怀虔敬"地听祷告；在宗教游行期间，禁止酒肆开业，禁止举行斗拳、赛马、跳舞等活动。针对"未进行忏悔"、神甫包庇"未忏悔者"、做礼拜时违反规范（如在教堂站立祈祷）等行为，实行罚款制度。② 当然，通过这些惩治措施只能达到表面上的合乎规范。这样一来，崇拜从一种内在需求变成了遵守表面上的、外在的义务规范，其影响不次于与迷信做斗争所带来的影响，人们对宗教的态度愈加冷淡。

　　在18世纪下半叶的上流社会，一方面自由思想盛行，普遍对宗教持怀疑态度；另一方面，承认宗教是实现对"下等人"的控制，让其驯服听话的必要手段。同时，上流社会人员清楚地认识到宗教的社会作用，即宗教是实现阶级统治的思想手段。18世纪的法国贵族曾说过："我们需要伏尔泰，而民众需要的是弥撒。"俄国的"伏尔泰信徒们"也如此说。普斯科夫的贵族在给自己在法典编纂委员会代表的委托书中写道，民众当中的宗教启蒙工作做得不好，导致无法根除"社会上极度不公

---

① Родышевский М. О житии еретика Феофана Прокоповича // ЧОИДР. 1862. Кн. I . С. 4.
② ПСЗ. Т. V . № 3169，3250；Т. Ⅶ . № 4140；Т. XI . № 8559，8821；Т. ⅩⅨ . № 13847.

的事件以及欺骗、偷盗、抢劫等行为。这是因为根据世俗法律规定，这些罪行不会受到惩罚，但同时，犯罪者对上帝和上帝的法则也没有敬畏之心"①。

　　政府颁布的命令也明确承认宗教的这一社会阶级职能。命令规定，神职人员的主要职责是"对自己的教民进行言传身教，让他们安于现状，顺从天命，循规蹈矩"，"品行善良，服从君主之命"。②

　　当然，要想让人们笃信宗教，仅限于外在的礼俗仪式上的虔诚是不够的。这还需要采取更为有效的方法和手段，向满足统治阶级和专制国家需要的方向引导人们的意识，并影响他们的行为，从而更好地发挥宗教思想作为社会关系调节器的作用。第一，要加强神职人员的传教活动；第二，出版专门面向大众的"袖珍书"；第三，改善神职人员的整体面貌，首先是提高他们的文化教育水平；第四，建立监察体系，通过实施一系列监督措施，加强占统治地位的宗教对意识形态的控制及其垄断地位，并同一切自由思想和宗教批判思想做斗争。

　　《宗教章程》指出了加强传教活动的必要性，因为这是教会的主要任务，而神职人员的文化水平低则是加强传教活动的一大障碍。他们在自己对基督教教义的基本内容都知之甚少，甚至是一无所知的情况下，去主持宗教崇拜和圣礼仪式。试想，又能期待一位"没文化的"神甫怎样传教呢？正如普斯科夫的贵族所说，"别说让他们去教导训诫他人了，就是对自己所讲的东西能分辨出孰是孰非也行啊！要知道他们自己也是不明所以"③。

　　《宗教章程》的起草者很清楚这一点。因此，他提议道："很少有传教士能够一字不差地去宣传圣书的教义，所以，急需有一本通俗易懂、

---

①　Сб. РИО. Т. 14. С. 396.

②　ПСЗ. Т. XXVI. № 17769，19937.

③　Сб. РИО. Т. 14. С. 396.

简洁明了、内容足以教诲大众的袖珍书，在礼拜日和节日时，教会可以在民众面前诵读袖珍书各部分的内容。"Ф. 普罗科波维奇认为，必须出三本这样的袖珍书：第一本——"关于东正教最主要的救赎教条以及应该遵守的上帝的十条诫命"；第二本——"关于教会各职级的职责义务"；第三本——"各位圣师的圣训及布道集，其内容既包括最主要的教义教规，也有关于罪恶和行善的讲章以及各职级的职责义务"。"对于第一本和第二本袖珍书，儿童从识字开始就可以学习。"① 由此可见，《宗教章程》已将宗教的社会功能提居第一位，并指明了教会意识形态工作的内容和方向。

第一本这样的袖珍书《对青少年的第一次教学》由 Ф. 普罗科波维奇编写而成。在整个 18 世纪，这本书几乎是神职人员学习东正教基本教义的主要教材。当然，对于广大民众来说，宗教思想的主要传播者就是教区的神职人员。因此，要解决教会面临的问题，首先要对神职人员进行职业培训，让他们具备解决问题和完成任务的能力，即必须建立宗教职业教育体制。

18 世纪伊始，俄国已经出现了第一批由高级僧侣在他们的主教区自行出资创办的学校。然而，由于这一时期世俗学校的数量很少，而国家急需有文化的人，政府只好安排主教区学校的毕业生去世俗部门任职，以满足其需求。因此，同早前开设的莫斯科斯拉夫-希腊-拉丁语学院一样，这些教区学校并非只是面向教会阶层的职业学校，在这里接受教育的有社会各阶层的代表，其培养目标则不仅仅是为教会培养人才，也为世俗部门提供人才。

《宗教章程》的颁布是俄国宗教职业教育体制形成的重要里程碑。《宗教章程》明确规定了宗教学校的培养目标：学校旨在培养"与自己的

---

① ПСЗ. Т. Ⅴ. № 3718. С. 321，322.

教职相称的优秀神甫"。宗教学校面向"神职人员子弟或其他希望成为神职人员的人"招生。[①]

然而，在《宗教章程》颁布后，政府仍然利用这些宗教学校来满足世俗部门之需。彼得一世下令，允许"城市各衙门的优秀官员和贵族"把家中子弟送到莫斯科神学院学习，这不仅仅是为了培养他们，让其为未来做神职人员做准备，同时，也让他们接受普通基础教育，因为这是将来在世俗专科学校继续学习所必需的。不过，政府并不赞成让纳税阶层出身的人到宗教学校学习，因为如果他们得到教职的话，便可以脱离纳税阶层。于是，政府在 1728 年又颁布命令，禁止这些学校招收"地主和农民子弟"[②]。

教会极力反对宗教学校招收非神职人员出身的人，因为不想为他们的教育花费钱财。直到 18 世纪中期，随着世俗教育体系的发展，教会终于如愿以偿，宗教学校只面向本阶层的人招生。无论是在中等宗教学校，还是在从中分离出来的初等宗教学校，念书的只有神职人员子弟。斯拉夫-希腊-拉丁语学院面向各阶层招生的时间保持得最长，但到 18 世纪 70 年代，它也变成一所纯粹的宗教学校。[③]《宗教章程》规定，对于教会神职人员子弟来说，接受学校教育是他们能够留在本阶层、免于服兵役和缴纳人头税的基本保障。神职人员对本阶层的这一新义务极为不满和排斥，千方百计地敷衍搪塞。1723 年，主教公会下达命令，"即使不情愿也必须上学"。每一所中等宗教学校开办之初，都不得不强制性招生。但其进展并不顺利，有时候只好派出专门的警察，甚至是士兵，把一批批学

---

①　Там же. № 3718.

②　Смирнов С. С. История Московской славяно-греко-латинской академии. М.，1855. С. 180.

③　Там же. С. 338，339.

生捆起来、套上足枷押去上学。①

　　法律针对父母窝藏子女不上学的行为制定了一系列严惩措施（如剥夺教职；1742 年开始，对于不在规定时间内交出学生的行为处以 10 卢布罚款）。其中，最行之有效的是规定 15 岁以上未上过学的儿童必须服兵役。

　　这样一来，不久之后，中等宗教学校的学位和教学物资甚至都不够用了。于是，只好不再坚持必须接受学校教育的原则。1740 年，中等宗教学校开始招收在家里学过识字或是在专门的初等宗教学校念过书的儿童。对成绩不合格者处以罚款，学生必须在指定时间内参加下一次考试。因此，学习不好者和超龄者被开除的现象颇为常见。②

　　宗教学校的学制是参照经院式学校的模式而定的，分为三个阶段：学习斯拉夫语和俄语知识的低年级，又称"预备年级"；"初级学校"，即"学习拉丁语的年级"；"高级学校"，教授诗学、雄辩术、哲学、神学等课程。

　　初级阶段提供入门基础教育（教授日课经、赞美诗、写作、唱教会歌曲，根据 Ф. 普罗科波维奇编写的《识字课本》学习基本教义）。在学习拉丁语的年级主要教授拉丁语课程，一些学生读到高年级时甚至忘了俄语怎么说。18 世纪 60 年代，学校逐渐认识到这种局面的荒谬可笑，于是，高年级开始重视俄语教育。

　　诗学课程教授的主要是拉丁语作诗法。雄辩术课程修习者经过两年的学习，要掌握大量的修辞手段、辞藻华丽的语句、格言警句，以及在撰写任何题目的讲稿时经常用到的历史典故和例证。18 世纪，大多数中等宗教学校的课程教学差不多到这里就结束了。在这些学校的高年级开始教授哲学和神学课程实际上已经是 18 世纪末的事情了。但能够读到高

---

① Знаменский П. П. Духовные школы в России до реформы 1808 г. Казань，1881. С. 332，333.

② Там же. С. 575，576.

年级的人为数不多，而能够修完全部课程毕业的学生更是凤毛麟角。

很长一段时间，哲学课教学的主要教材是以亚里士多德的文集和经院哲学为基础的哲学经典论著。从 18 世纪 50 年代起，经院哲学的统治地位有所动摇，新的哲学思想，特别是德国的哲学思想开始渗透进来。莱布尼茨与伏尔泰的哲学思想体系成为当时的主流哲学思想，他们的学说常被用来对宗教教义的真理性进行论证，并被用于与当时流行的法国哲学思想做斗争。自 18 世纪 60 年代起，Ф. 普罗科波维奇基于新教思想建立起一套哲学体系。哲学课是用拉丁语授课，不过，学生们做布道训练是用俄语。[①]

《宗教章程》规定，将算术、几何、物理、地理、历史、政治等世俗学科引入宗教学校的教学内容中。但这些科目的学习被置于次要位置。比方说地理和历史知识，这只是在学习拉丁语的过程中用地理和历史方面的文本做翻译练习时顺便学习和掌握的。[②]

然而，在现实生活中，宗教学校的具体教学实践却与上述设想相去甚远。要将这些想法都付诸实践需要数十年的时间。直到 18 世纪下半叶，宗教学校的教学内容中才逐渐开始增设世俗学科：60 年代开始教授历史和地理；80 年代时算术成为必修科目，不过只教授最基础的入门知识；大概到 18 世纪末时，增设农业和医学课程，但即使是到了这一时期，在教学中居首要位置的仍然是"成为一名优秀神职人员所必需的那些学科和课程"。世俗学科是作为补充的选修课程，这些课程的教学不受重视，几乎没有专门的任课教师。例如，都主教普拉东·列夫申为伯大尼宗教学校引入了"世界及俄国简史"课程，他在该课程的简介中写道："教师的职责只是监督学生牢牢掌握相关知识，因为学习历史重要的是多

---

① Знаменский П. П. Духовные школы... С. 388–469，680–806.
② ПСЗ. Т. V. № 3718.

读多记，而不要求对其进行过多的诠释和解读。"[1] 他的这番话道出了对世俗学科的态度。

德语和法语课程的开设具有重要意义。第一，从实践的角度来说，这对宗教学校的学生颇为有益，因为可以为他们提供靠翻译和讲课赚外快的机会。第二，懂法语让他们能够接触到包括哲学书籍在内的法国文献，这些书籍对宗教学校在校生宗教和政治信仰的形成和确立有较大影响（正是出于这个原因，从 1794 年开始，所有的宗教学校都禁止教授法语，但 1798 年，又恢复法语课教学）。第三，懂几门外语，精通拉丁语，以及多年来养成的从事脑力劳动的习惯，这些都为学生将来在任何科学舞台上贡献自己的力量提供了广阔的前景和可能。

学识渊博的高级僧侣深深地意识到，必须挖掘教会在文化教育方面的潜能，改进宗教学校教师的人员构成。为此，他们派出自己最优秀的学生去莫斯科大学听课，正如都主教普拉东·列夫申所说的，让他们在那里"从世俗知识的花朵上采摘新的果实"。与此同时，学生们要立下字据保证他们未来会留任教职，而现在继续在自己的学校念书。[2]

对教会来说，不加区分地对科学知识进行全然否定不仅是盲目的，还是很危险的。因此，教会不得不承认，科学成果对于认识周围世界发挥着一定的作用，必须对其进行学习和利用；但与此同时，应该保持宗教的领导地位，将科学置于宗教之下。这些观点的实质与以前是一样的，并没有变，变化的只是与先进科学开展斗争的策略和方法。为此，教会从西欧的经院哲学中借鉴了一系列理论思想，如信仰与知识之间的和谐关系，科学与宗教不相矛盾，在科学成果和宗教教义的内容一致的情况下可以用前者对后者进行论证。

受教育程度较高的宗教活动家在布道和讲话中会发表不少掷地有声

---

① Знаменский П. П. Духовные школы. . . C. 794.

② Знаменский П. П. Духовные школы. . . C. 684；Смирнов С. Указ. соч. C. 350.

的言论，来"捍卫"科学和教育。但是，他们虽然承认具体科学发现的价值，却一直与那些动摇宗教立场的理论学说（如"哥白尼的体系"等）进行着不可调和的斗争。他们认为，科学应该是为人们认识"造物者的智慧"服务的，而不应动摇宗教的基本教义，没有被教义之光照耀的知识被称为"恶"。

宗教思想家极力想利用学者和科学的权威性来论证宗教教义的正确性，给神学穿上"科学的外衣"。他们试图使宗教教义合理化，从理性主义的角度对其进行阐释和论证，利用科学成果来夯实宗教教义。这一切意味着尽管他们很不情愿，但世俗的科学世界观还是得到了承认，这也是文化世俗化的一个标志。

在这一时期的教权主义文献中，论信仰和知识和谐统一的经院哲学观融合了一个新的趋势——竭力划清科学领域与宗教之间的界限，从而保护宗教免遭批评。许多杰出的学者都支持"划清界限"这一观点，但他们的目的在于借此来巩固科学的地位，让科学摆脱宗教和教会的影响。而宗教人士则是利用该观点来对宗教进行更为细致的阐释和解读，从而让它适应新的发展条件。

那么，18世纪建立起来的宗教学校教育体系对神职人员整体教育水平的影响作用到底如何呢？

《宗教章程》宣布，所有神职人员子弟必须接受学校教育。从世纪之初（自1708年起）开始，政府多次颁布命令，要求只有"有学识的人"，即修完学校课程的人才有资格成为充任神职人员的候选人。但事实上这一要求根本就不切实际。到18世纪末，学校教育在神职人员当中也未能成为义务教育。宗教教育体制的形成是一个漫长的过程，其间困难重重。教师不足，许多高级僧侣不愿意为办学校花钱。因此，在很长一段时间里，不是所有教区都有学校。虽然在18世纪宗教学校的数量及其招生人数一直在增长，但还是无法把所有神职人员子弟都招进来。18世纪30年代，在神职人员阶层的 1.25 万名男性当中（年幼者除外），在宗教学校上学的有 2600 人。甚至到了 1806 年，宗教学校的在校生已逾 2 万人，但 15 岁以上没有接受过中等宗教教育的神职人员子弟共计有 3368 人，其中 1166 人是文盲。[①]

1739 年颁布的命令要求，充任神职人员的候选人即使不是"有学识的人"，那么，"至少也应该谙熟基督教教义，勤于读阅圣书，善于思考"。[②] 但这一要求根本就是不现实的。在具体的实践当中，只能要求他们具有 Ф. 普罗科波维奇编写的《识字课本》中的基础文化知识，了解东正教的基本教义。有时有些神甫自己也缺乏相关的基础知识。例如，1781 年，沃罗涅日主教吉洪在对神甫阿法纳西·米哈伊洛夫进行教义问答考试时发现，后者"把圣徒尼古拉奉为上帝，而对救世主耶稣却是一无所知"[③]。因此，许多高级僧侣强制要求神甫自己也学习教义问答的内容。

如前所述，18 世纪中叶，在所有就读宗教学校的人当中，只有一小部分读到了高年级。因此，在这一时期，即使是在莫斯科和圣彼得堡，能够修读完中等宗教学校全部课程毕业的神甫也是非常少见的。1775 年，在莫斯科的 303 名大司祭和神甫中，只有 95 人学习了神学和哲学课程；而其余大部分人则根本没有上过学。[④] 都主教普拉东·列夫申要求所有有文化的神甫都必须在自己所在的教堂讲道，而对其余人，虽然不要求他们能够自己写布道稿，但必须能"清楚地"诵读印制好的讲稿。对于做不到这一点的神甫，他命令监督司祭对其进行"调教"，"重新对他们进行担任神甫和助祭的考试；除了普通的书本知识，还要考察他们能否清

---

① Знаменский П. П. Духовные школы... С. 315；ПСЗ. Т. XXIX . № 22476.

② ПСЗ. Т. X. № 7734.

③ Успенский Б. А. Филологические разыскания в области славянских древностей. М., 1982. С. 6.

④ Розанов Н. История Московского епархиального управления. М., 1870. Т. III. Кн. 1. С. 102 （прим. 37）.

晰地、字正腔圆地进行诵读，不合格者再继续学习，何时达到要求，何时才能再当神甫和助祭"①。正因如此，神甫应具备"字正腔圆的诵读能力"的问题在 70 年代的莫斯科被提出。至于农村教区，直到 18 世纪末，普拉东·列夫申才得以派出一些神甫到那里去。②

正如上文强调指出的，宗教学校的意义不仅体现在宗教领域。这一类学校或多或少还担负着提高全民文化素养的使命，并为世俗学校和国家机关输送人才。国家和教会一直在为抢夺"人才"进行着激烈的斗争，并且"国家利益"总是占了上风。从 18 世纪初起，国家便开始"抽调"宗教学校的学生去充实世俗学校的学生队伍，也有学生自愿转去世俗学校，学医科的尤其多。1706 年成立的莫斯科医院附属医科学校的学生全部来自以莫斯科神学院为首的宗教学校。仅在 1719 年至 1722 年，H. 比德洛医生就成功吸引 108 名宗教学校的学生转到这里来。正如莫斯科神学院院长 C. 亚沃尔斯基所言，其中的原因在于医院"同神学院相比，这里的学生素质和教学安排更令人满意，让人感到充实而又自由"③。随着莫斯科大学的建立，宗教学校的学生开始转到莫斯科大学医学系继续读书。

1735 年，首批莫斯科神学院的学生被抽调到俄国科学院深造。在 12 名通过选拔的学生中就有 M. B. 罗蒙诺索夫。根据 1747 年颁布的《科学院章程》，此类抽调成为惯例规定。④

这样一来，原本能够修完全部神学课程从中等宗教学校毕业的学生好多被调走，中等宗教学校学生已经所剩不多了。转走的往往都是高才生。1735 年，神学院院长抱怨说，"只有为数不多的人能读到神学阶段，因为在此之前，大多已经被派往各处了"，有的被派去参加各类考察，有

① Там же. C. 86-91.
② Смирнов С. Указ. соч. С. 374-376.
③ Там же. С. 239.
④ Там же. С. 238.

的被分配到莫斯科印刷厂、制币管理局、各个衙门、医院，等等。①

叶卡捷琳娜二世在位期间，这一类抽调尤为频繁。在 1775 年实行省级区划改革之后，国家对办公室文员的需求量很大。1779 年颁布的命令规定，经所有主教区高级僧侣一致同意，可以指派中等宗教学校毕业生去担任办公室职员。② 数百名学生抓住了这一时机。同年，就有 155 名学生从下诺夫哥罗德中等宗教学校离开，到下诺夫哥罗德总督辖区办公厅任职。

18 世纪 80 年代，许多中等宗教学校的毕业生被抽调到为国民学校培养教师的中心国民学校。③ 医科学校也依然在抽调学生，特别是从 1786 年起，三所医学专科学校扩大了医学生的招生名额。1797 年，政府颁布命令，规定每年从中等宗教学校选调 50 名学生到医科学校学医，其中不包括自愿离开宗教学校转去那里的学生。④

宗教政权不希望自己的人才流失，千方百计极力阻止宗教学校的学生去世俗机构任职。1737 年，主教公会下令，中等宗教学校的学生毕业后只能出任教职，因此，在他们未确定自己的职位之前，学校不准其毕业，要在他们最后就读的年级为其保留几年学籍。后来，中等宗教学校又要求升入高年级的学生立下字据，保证自己未来一定会留任教职。如果这些举措都不管用的话，那就强行阻止。例如，莫斯科神学院的教师和在校生提出请求，希望辞职或退学去上大学，但请求都被都主教普拉东·列夫申断然拒绝。他指出："他们应当在宗教学校念书，以期未来获得教职。否则，学校为培养他们所花费的一切都将白白付出。"⑤

---

① Смирнов С. Указ. соч. С. 243，244.

② ПСЗ. Т. XX. № 14831. 在此之前，只有经主教公会准许才可以转离教职（ПСЗ. Т. XX. № 14343）。

③ Знаменский П. П. Духовные школы... С. 606.

④ Там же. С. 608.

⑤ Знаменский П. П. Духовные школы... С. 598-600；Смирнов С. Указ. соч. С. 373-375.

从这一意义上讲，莫斯科大学对于宗教政权来说是一个特别巨大的"危险"，因为最宝贵、最优秀的人才都到那里去了。神学院和中等宗教学校的优秀学生希望能够上大学继续接受教育，高级僧侣对此非常警惕。下诺夫哥罗德主教 Д. Е. 谢苗诺夫-鲁德涅夫致信普拉东·列夫申，向他汇报了自己所辖教区两名大学生瓦西里·博戈罗茨基和列夫·巴普洛夫斯基的情况。这两名学生在就读莫斯科神学院的同时也去大学听课。主教在信中写道："两名莫斯科神学院的学生近日到我这来，请求准许他们在神学院再学一段时间之后，去莫斯科大学继续读书。但我从和他们的谈话中发现，他们想通过上大学再谋求其他职务，而非教职。于是，我决定把他们留下来不让他们去。"[①] 应当指出的是，这位主教在当时是受教育水平最高的高级僧侣之一：他曾在格丁根大学读书，学成归来后通过考试获得了俄国科学院哲学、历史学和文学教授职称，1770 年出版了《М. В. 罗蒙诺索夫文集》。

宗教学校在 18 世纪逐渐取代了修道院，成为教会的人才培养中心和培养高级僧侣的摇篮（特别是莫斯科神学院）。因此，学校大力鼓励优秀在校生加入僧侣行列，以此作为为教会留住最需要的人才的一种手段。1739 年，宗教学校针对被分配去做教师工作的神学院毕业生，甚至缩短了他们的修行期（从 3 年缩减至 6 个月）。对于此举的解释非常有趣："他们从小就接受学校教育，为此付出了不懈的努力，承受了艰苦的条件。再让他们欣然接受僧侣的苦修生活需要费一番周折。"[②] 总而言之，宗教政权希望所有教师都是僧侣。[③] 而莫斯科神学院的教师中有白僧侣（可以结婚的僧侣——译者注）是极为罕见的情况。他们在被指派担任教师工作时，一般要给出会剃度为僧的承诺。如果他们不履行这一承诺，

---

① Смирнов С. Указ. соч. С. 351，352.

② Там же. С. 228.

③ ПСЗ. Т. XI. № 8382.

而且任何劝诫都无济于事的话，那么，学校可以将这些教师解职。这种情况也确有发生。[①]

《宗教章程》提出了一系列旨在对整个神职人员阶层进行"整顿"和"改进"的措施，提高神职人员的文化水平是其中很重要的部分，而并不是唯一的部分。

这里的"整顿"具体表现在：将神职人员阶层变成为国家供职的一个封闭的阶层，将这一阶层官僚化，让其服从于国家的管辖。国家对神职人员实行的政策主要包括三方面。第一，限制其人数，在满足必要需求的情况下，把人数压缩到最少；第二，停止接受其他阶层，特别是纳税阶层；第三，加大神职人员的政治责任和义务（为了国家利益可以违反为忏悔者所说内容保密的原则，协助抓捕逃跑者；告发有自由思想异动的行为；宣誓忠于沙皇及其继任者；在做礼拜和布道时赞美沙皇；在教堂诵读政府的命令；等等）；第四，让神职人员阶层完全依附于国家，成为国家统治的"驯服工具"。

在对待神职人员阶层的政策方面，世俗政权和教会的立场截然不同。国家希望切断其他阶层的人加入神职人员阶层的可能性，而以主教公会和各主教区高级僧侣为代表的教会则坚持让人们可以自由加入这一阶层。前者出于国库利益和其他利益的考量，极力缩减神职人员的人数，为此，甚至采取强制性措施，即对神职人员的人数和构成进行大规模的清查，将多余人员清除出这一阶层。而后者则千方百计试图不让任何人离开本阶层，保住自己的人力资源，阻挠针对本阶层多余人员做的人头税登记工作。二者之间的矛盾在进行人口清查期间尤为尖锐，但二者势力悬殊。"国家利益"在这里再次战胜了"教会利

---

① Смирнов С. Указ. соч. С. 84，85.

益"，占了上风。①

18 世纪 20 年代初，神职人员阶层的地位发生了新的变化。1722 年，开始实行教区神职人员定编制，对教区神职人员的总数限定数额，具体数额根据教区大小设定。② 本人出自神职人员阶层是担任编制内教职的基本条件。神职人员阶层包括正在为大家服务的所有神职人员及其子弟，而其余的人都应被清除出该阶层，并做人头税登记或是去当兵。政府通过对神职人员阶层进行大规模的清查实现了对其人数的控制，18 世纪一直持续进行着此类清查行动。仅以 1784 年的一次清查为例，被清除者有权在商人、小市民和国有农民三个阶层当中选择自己想加入的阶层。

国家不断对神职人员阶层进行"清查"，还有其"教育"目的：一方面，希望借此根除神职人员中存在的一切反对专制国家的萌蘖；另一方面，培养他们，使其具有一名训练有素、严格守纪的官员和警察应有的心理素质。

神职人员身上还担负着一系列司警职能，这也让他们逐渐变成了专制国家官僚机构的一部分。为了国家利益，神职人员必须打破为忏悔者所说内容保密的原则，对教民的政治可靠性实施监督，告发人口清查期间的瞒报行为，协助抓捕逃跑者，在教堂宣读政令，等等。在彼得一世时期，神职人员还要履行以下职责：承担警戒任务、火灾的出勤任务、监督接生婆等工作。

神职人员的官僚化还表现为在具体实践当中取消了教区选举以及教职的补位选举制度。尽管在 1797 年之前，教民对神职人员进行的选举在表面上还未取消，但事实上从 18 世纪初起，这些选举就已经通过制定各

---

① 关于国家和教会针对这些问题展开的斗争以及对神职人员进行"清查"的详情参见 Знаменский П. П. Приходское духовенство в России с реформы Петра Ⅰ. Казань，1873；Ден В. Э. Податные элементы среди духовенства России в ⅩⅧ в. // Известия Российской Академии наук. 1918. № 5-7，13，14；Зольникова Н. Д. Указ. соч. С. 24-98。

② ПСЗ. Т. Ⅵ. № 4072，4186.

种规定被细化和限制。对地方教会的控制权完全掌握在主教区的手中。教民提名人选必须提交"个人请愿书",但他们提名的候选人常常是主教亲自举荐的,而他们自己却一次也未见过,而且一点也不了解,甚至是一无所知。如果有教民胆敢向都主教普拉东·列夫申提及自己的权利,他一般会回答说:"你们该做的事情就是努力种好地,而我来负责给你们安排神甫。"不过,遇到不满意的神甫,教民可以提出把他们换掉,或是通过少付薪俸的方式把他们从教区"硬撵走"。

新的教职空缺填补制度规定,全体神职人员的任命工作均由主教区负责,这导致教区神职人员与教民之间的关系逐渐疏远。该制度一方面有助于神职人员更好地履行他们身上担负的警察职能,但另一方面,也使教民养成对教区事务漠不关心的态度。教民们渐渐习惯于看到自己的牧师是由上而下任命、完全听命于主教区的"穿教士长袍的官员",因此,对他们也采取了听之任之的态度。这样一来,神职人员对民众的影响力也就下降了。

教区神职人员的社会地位低,物质生活条件差,这与他们需要承担的社会任务完全不相符。这一点在农村神职人员的身上表现得尤为明显。对大多数农村的神甫来说,主要的收入来源是他们自己耕种的土地,而主要的营生就是干农活。18 世纪 60 年代,罗斯托夫主教阿法纳西曾写道:"县城的白衣神甫(结婚的神甫——译者注)大部分都是靠自己种地来糊口,因此,他们要务农,要耕地、割草和干其他农活。"他指出,也正因如此,神职人员对自己的本职工作常常敷衍懈怠。[1] 当然,神甫还有一个收入来源——受信徒所托为其举行"圣礼"的报酬,但其数额取决于教民对他的满意程度。神职人员在物质上依赖于教会,因为教会负责具体的经营运作,为神职人员提供土地,还决定着他们薪俸的数额。[2]

---

[1]　Сб. РИО. Т. 43. С. 421.

[2]　Александров В. А. Сельская община в России（XVI-начало XIX в.）. М.，1976. С. 165.

农村的神职人员完全依附于地主，这令他们的威信和地位难以提高。在地主眼中，在自己领地上供职的教士、牧师就同自家的农奴一样，对待他们的态度也同对待农奴一样：在马厩用鞭子打他们，给他们下毒，剥夺他们的份地，等等。1769 年，主教公会向枢密院报告说："一些地主对神职人员进行侮辱、殴打，实施体罚；与之相反，受辱者告状无门，一些人向世俗法庭提出诉求，但往往得不到任何满意的结果，另一些人则因为贫穷没钱，直接被法官驳回诉状。"枢密院的回复仍然是老一套没有任何实际效力的话（1744 年颁布的命令）："绝不容许任何地方、任何人欺侮、迫害神职人员。"①

神职人员的道德素养极低，他们当中弥漫着污秽的放荡之风。《宗教章程》呼吁要彻底改变这种状况，因为这对教会履行其基本社会职能造成了影响。关于这一点，教权主义史学家 П. П. 兹纳缅斯基不得不坦承："如果我们能够直观地呈现出 18 世纪神职人员生活中所有不正常的现象，那么，也许现在的许多人会认为这种对现实的描绘只是对 18 世纪神职人员的一种讽刺，而不会相信它其实是真的。"②

**\*\*\***

18 世纪的俄国仍然是封建制社会，而这就意味着宗教思想影响下的经济、社会和政治基础完全延续保留下来了。绝大多数民众秉持的仍是宗教世界观。

文化世俗化是 18 世纪文化发展的最典型特征之一。因为当时的俄国实行的仍然是基督教发挥主导作用的封建农奴制，所以这一进程的发展

---

① ПСЗ. Т. ⅩⅧ. № 13286.
② Знаменский П. П. Положение духовенства в царствование Екатерины Ⅱ и Павла Ⅰ. М., 1880. С. 81.

表现出矛盾性、有限性和不均衡性的特点。18 世纪的文化世俗化进程绝不意味着对宗教的清除，变化的只是宗教与其他文化领域之间的相互关系，宗教对文化各领域仍起到不同程度的影响作用。因此，18 世纪新文化的世俗化程度还较低，"绝非基于反宗教世界观的世俗化"[1]。

在对待宗教和教会的问题上，统治阶级和最高领导层的立场充满矛盾性。这对文化世俗化进程的特点也产生了影响。一方面，贵族阶层和封建专制国家的利益要求学习和发展新的世俗文化，也就是说，要限制宗教在某些生活领域中的影响作用，使相应的生活领域摆脱宗教的控制。另一方面，也正是为了维护这些利益，所以，必须继续把宗教作为实现阶级统治的强有力的思想工具。

然而，无论教会和国家的矛盾多么尖锐，封建社会这两大主要势力之间的角逐有多么激烈，二者为了保存自己的实权而彼此需要、相互支持，这让他们走向政教合一，结成联盟。18 世纪，随着专制制度的确立，这一联盟中的力量对比发生了变化：教会失去了"国中国"的地位，变成了专制王朝统治体系的一部分，但其作为专制政权思想支撑的基本功能保存了下来。政教联盟的形式虽然变化了，但其阶级本质并未改变。A. H. 拉吉舍夫清楚地认识到这一点，并在自己的《自由颂》中写道：

> 皇权给宗教以保护，
>
> 宗教给皇权以确认；
>
> 二者联合起来将社会压迫……

可见，即使在 18 世纪，宗教仍然是文化中的一个重要的也是最为保守的组成要素，而教会则是封建制度体系中一个必不可少的机构。

---

[1]　Краснобаев Б. И. Указ. соч. С. 65.

**图书在版编目（CIP）数据**

狂飙年代：18 世纪俄国的新文化和旧文化．第一卷／
（俄罗斯）鲍里斯·亚历山德罗维奇·雷巴科夫主编；万
冬梅，崔志宏译．--北京：社会科学文献出版社，
2024.1

（俄国史译丛）

ISBN 978-7-5228-2183-2

Ⅰ.①狂…　Ⅱ.①鲍…②万…③崔…　Ⅲ.①文化史
-俄罗斯-18 世纪　Ⅳ.①K512.03

中国国家版本馆 CIP 数据核字（2023）第 141226 号

俄国史译丛
**狂飙年代：18 世纪俄国的新文化和旧文化（第一卷）**

主　　编／〔俄〕鲍里斯·亚历山德罗维奇·雷巴科夫
译　　者／万冬梅　崔志宏

出 版 人／冀祥德
责任编辑／高　雁
文稿编辑／贾全胜　田正帅
责任印制／王京美

出　　版／社会科学文献出版社（010）59367226
　　　　　　地址：北京市北三环中路甲 29 号院华龙大厦　邮编：100029
　　　　　　网址：www.ssap.com.cn
发　　行／社会科学文献出版社（010）59367028
印　　装／北京联兴盛业印刷股份有限公司

规　　格／开 本：787mm×1092mm　1/16
　　　　　　印 张：38.75　插 页：2　字 数：503 千字
版　　次／2024 年 1 月第 1 版　2024 年 1 月第 1 次印刷
书　　号／ISBN 978-7-5228-2183-2
著作权合同
登 记 号　　／图字 01-2023-1646 号
定　　价／158.00 元

读者服务电话：4008918866